탈현대사회의 가치와 생태윤리

능혜 김 용 환 지음

충북대학교 출판부

머 리 말

가치교육은 인간의 가치를 형성하고 가치를 판단하여 가치관을 수립할 수 있도록 그들을 도와주는 교육이다. 가치교육의 목표는 가치를 스스로 형성할 수 있도록 도와주며, 가치문제를 합리적으로 해결할 수 있는 판단력을 기를 수 있도록 하는 데 있다.

탈현대사회에서는 정보소통이 지배적이어서 지구촌이 한 가족처럼 가까이 의사소통을 할 수 있게 되었다. 그 이전까지 서구 사회를 지배해 온 이성중심 사고의 한계가 노출되면서 문화적 인식 체계의 근본적인 변화가 초래되었다. 포스트모더니즘과 모더니즘의 공통점은 전통과의 단절·반리얼리즘·전위적 실험성·비역사성·비정치성 등이다. 그 차이점은 모더니즘이 기능주의와 결부되어 비교적 단순요소로 이루어진 데 반하여, 포스트모더니즘은 이질요소를 섞거나 과거 작품을 인용하여 통합하는 등 기존의 규범을 해체하면서도 대위하고 개신을 지향하는 데 있다.

이러한 포스트모더니즘은 후기 자본주의사회의 특징인 대량 생산·대량 소비와 결부하여 인간성 상실과 정신의 빈곤에서 오는 다양한 징후들을 변화와 실험이라는 복합적 예술양식으로 표현하고, 권위적 이성과 그에 따른 억압을 해체함으로써 인간을 문화적 속박에서 해방시킬 수 있다. 우리나라에서는 서구 사회의 역사적 과정과는 달리, 조국의 광복과 더불어 곧바로 도입된 자유 민주주의와 공산주의의 이념적 대립(對立)이 민족 분단을 야기하였고, 이로 인해 역사적 비극의 하나인 6·25전쟁이 일어나기도 하였다. 남북한 사이의 이념적 갈등은 아직 우리의 숙원인 민족 통일을 방해하는 중요한 원인으로 작용하고 있다.

민족 통일의 실천적 과제에서 사회주의 이념과 가치를 제대로 이해할 필요가 있을 것이다. 사회주의는 정치적 경제적 통제 체제를 종합적으로 지칭하는 개념이다. 그러나 그 출발점은 생산의 소유 형태를 문제 삼는 경제적 개념이었다. 이는 마르크스의 유물사관과 레닌의 경제관에 입각한 것이다. 여기서는 인간의 정신적, 사회적, 정치적 존재 결정에 물질적 환경과 조건을 전제로 삼는 것이다. 인간의 개별적 생산수단과 집단적 생산수단은 각각 다른 경제생활로서 정치 생활을 포함한 모든 인간의 생각과 생활 양상을 다르게 만들어왔기에 이질적 문화를 형성하였다.

주지하다시피 자본주의는 자본이 생산 활동의 주체가 된다는 경제 체제를 가리키는 말이다. 경제 체제를 긍정하고 옹호하거나 추진하는 사상의 경우, '자유주의'라는 용어가 사용되지만, 자본주의의 입장에서는 자본주의라는 말을 기피하여 '자유경제'라고 부르기도 한다. 마르크스에 의하면, 자본주의는 인류가 역사적으로 경험해 온 여러 가지 생산방식의 하나일 뿐 영원히 존속할 수 있는 최후의 생산방식은 아니다. 역사 속에서 새로이 탄생하고 사라지는 한 생산 양식이라는 성격을 강조하고자 '자본주의'라고 부르기보다 '자본가의 생산 양식'이라는 용어를 선호하였다. 탈현대사회에서는 이 양자를 동시에 초극하여 비전을 제시한다.

특히 탈현대사회에서는 생태지향의 공공 가치관이 중시되고 있다. 인간은 다른 생명체와 똑같은 이유에서 지구 공동체의 구성원이다. 인간을 포함해 모든 종은 상호의존 체계의 일부이다. 모든 생명체는 자기 고유의 방식으로 자기 고유의 선을 추구한다. 인간이 다른 생명체보다 내재적으로 더 우월한 것은 아니다. 생명상통의 관점이야말로 생명이 상호교감하면서 서로가 변화되어 홍익생명의 공공작용을 하는 '한'을 살릴 수 있는 가치관이다. 이는 곧 인간뿐만 아니라 인간과 다른 생명체까지 공경하고 존중하는 태도이다. 다른 생명체도 고유의 선을 가진다는 발상에서 타자를 존중하고 다른 생명체의 선을 증진하고 배려하는 성향을 실천하여 상생하는 것을 의미한다.

이처럼 본서에서는 탈현대사회의 가치 이념을 올바로 모색하고 가치교육으로 자리매김하여 '한'의 홍익생명 영성작용을 오늘에 살리고자, 사회주의 이념과 가치, 탈현대사회의 이념과 가치, 탈현대사회의 가치교육, 생태공경의 가치, 생태정의의 실현 등 다양한 관점들을 비교 고찰하여 보고자 한다.

본 도서가 나오기까지 고생하신 모든 분들에게 깊은 감사를 드린다. 무엇보다도 본 도서가 임용시험을 준비하는 수험생에게 도움이 되기를 바란다. 그리고 규형, 규아 모두 씩씩하게 성장하여 이 사회에 빛과 소금이 되기를 희망한다. 끝으로 독자여러분의 아낌없는 질정과 관심을 기대하게 된다.

2009년 팔월 한가위에 개신별판의 새 기운을 들이키며

능 혜　　김 용 환

목 차

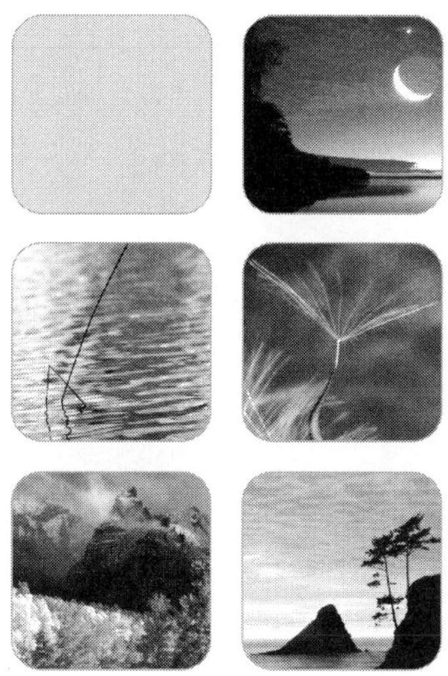

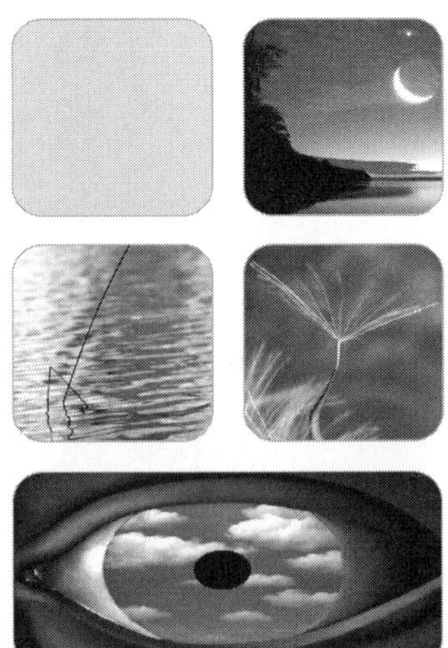

제1장 사회주의 이념과 가치

특별한 세 가지 재능

우리는 태어날 때 아주 특별한 세 가지 재능을 부여받았다.
생명, 사랑 그리고 웃음이 그것이다.
이런 소중한 재능들을 세상의 다른 사람들과 함께 나누는 것을 배운다면,
세상의 다른 사람들 역시 기꺼이 우리와 함께 즐거운 시간을 보내줄 것이다.

- 어니 J. 젤린스키의 《느리게 사는 즐거움》 중에서 -

Story-Telling : 물소가 된 사람

인도의 어떤 산기슭에 아름다운 꽃들로 뒤덮인 계곡을 굽어보고 있는 아늑한 암자가 있었다. 이 암자는 사실상 산의 바위 턱을 깎아내서 만든 동굴이었다. 이곳에 위대한 스승과 헌신적인 제자가 거주하였다. 동이 트면서 언덕들의 얼굴로부터 어둠이 씻겨날 때, 산비탈들은 다채로운 꽃들로 환한 미소를 지었다. 태양이 떠오를 때 스승과 제자는 함께 찬송가를 불렀는데, 그것은 오랜 무지의 잠을 잔 후에 각성되는 지혜를 그들에게 상기시켜 주었다. 자연이 밤의 침묵을 깨고 미소 지을 때 그들도 미소 지었다.

여명이 여전히 계곡에 남아 있는 동안 스승은 제자에게 완벽한 명상 자세로 똑바로 앉아서 주의를 집중하여 자신의 가르침을 듣도록 하였다. 제자는 매일 자신의 스승의 입에서 쏟아져 나오는 가르침들을 열성적으로 받아들였다. 그러나 어느 날 스승은 자신의 젊은 제자가 방심하고 산만하다는 것을 알아챘다. 그래서 그는 제자에게 부드럽게 말하였다. "얘야, 오늘 너의 마음은 내 말에 귀를 기울이지 않고, 언덕들 너머의 어딘가를 방황하고 있는 것 같구나. 말해 보아라. 너를 방심하게 만드는 것이 무엇이냐?" 제자가 공손하게 대답하였다. "존경하는 스승님, 저는 오늘 당신의 가르침에 집중할 수 없습니다. 저의 마음은 계곡의 푸른 초원에서 풀을 뜯고 있는, 우리가 새로 얻은 길들여진 물소에 대하여 무력하게 생각하고 있기 때문입니다."

스승은 제자를 꾸짖는 대신에 차분한 말로 침묵의 방으로 물러나서 문을 닫고 오직 물소에 대한 생각만을 하라고 권하였다. 하루가 지나고 다음날 아침, 스승은 침묵의 방에 나 있는 작은 창문으로 들여다보았다. 제자는 여전히 물소에 대한 생각에 집중을 하고 있었다. 그래서 스승이 물었다. "얘야, 무얼 하고 있느냐?" 제자가 대답하였다. "선생님, 저는 물소와 함께 풀을 뜯어 먹고 있습니다. 당신한테로 갈까요?" 스승이 대답하였다. "아니다. 얘야. 아직은 아니다. 네 물소와 함께 계속 풀을 뜯어먹어라."

세 번째 날 아침, 스승은 다시 침묵의 방의 창문을 통하여 들여다보면서 물었다. "사랑스런 아이야, 무얼 하고 있느냐?" 제자는 그 말에 대한 대답으로 황홀경의 상태에서 말하였다. "하늘 같은 스승님, 저는 제 방에 있는 물소를 보고 있고, 그에게 먹이를 주고 있습니다. 저의 물소를 데리고 당신한테로 갈까요?" "아직은 아니다. 얘야. 물소를 보면서 그 물소에 먹이를 주는 상상을 계속하여라."

다섯 번째 날, 스승이 물었다. "이제 말해 보아라. 지금 무얼 하고 있느냐?" 제자는 물소 같은 목소리로 울부짖었다. "그게 무슨 말씀인가요? 저는 당신의 제자가 아닙니다. 저는 물소입니다!" 이 말에 스승은 미소를 지으며 응수하였다. "좋아요. 물소 양반, 당신은 침묵의 방에서 나오는 것이 좋겠소." 제자는 나오려고 하지 않았다. "제가 어떻게 저 좁은 문을 통하여 나갈 수 있겠어요?"라고 그는 투덜거렸다. "제 뿔이 너무 커요!" 그러자 스승은 침묵의 방으로 들어가서 이전의 "물소"를 무아경에서 빠져나오게 하였다.

제자는 자신이 집중하던 대상을 모방하려고 애쓰면서 네 발로 걷고 있는 자신의 모습을 발견하고는 미소를 지었다. 그러고 나서 제자는 가벼운 식사를 한 다음 자신의 스승의 말씀을 들으러 갔다. 그는 많은 심오한 영적 질문들을 받았고, 그 모든 것을 전례 없이 정확하게 대답하였다. 마침내 스승이 소견을 말하였다. "이제 너의 집중은, 너와 너의 마음이 공부의 대상과 하나가 될 수 있는 완벽한 상태에 도달하였다."

* * *

Point Up: 우리는 사회로부터 집중할 대상과 자신을 하나로 만들고자 하는 노력을 지금부터 시작할 수 있다. 끊임없이 이어서 수행하라. 위대한 사업가와 그의 능력에 대해서 생각하든 신에 대하여 생각하든, 깊이 생각하라. 그 사업가가 된 것으로 또는 신과 하나가 된 것으로 느낄 때까지 깊이 집중하라. 물소가 된 사람처럼 사회 혁신에 공헌한 사람으로서의 몰입과 자기 성찰을 전제로 한다.

기술 산업사회는 인간에 대한 축복이다. 그러나 다른 한편으로는 인간의 기술의존이 심화되면서 인간에 대한 기술의 지배가 점차 강화되었다. 그와 더불어 인격품위와 존엄을 가능케 하는 인간의 주체적 이성 능력은 둔화되고 자유에 대한 열망이나 타자에 대한 책임의식은 사라지고 있다. 이에 사회주의의 공동체에 대한 새로운 이념이 자리 잡게 된다.

그 방법은 무엇인가? 자연에 귀를 기울이며 자성을 일깨우는 방법이다. 일찍이 서산대사는 《청허당집》, 〈증벽천선화자〉에서 "비우고 밝기는 물 위에 비친 달 같이 하며(虛明如水月), 늦추고 급하기는 거문고 고르듯 하라(緩急若調琴), 공부 열심히 하는 곳에(做工親切處) 붉은 해 동녘 뫼뿌리에 오르리라(紅日上東岑)"고 하였다. 〈증벽천선화자〉 의 시는 자연을 비유하여 심지(心地)를 밝게 깨닫게 하는 기연(機緣) 방편으로 공안을 주제로 참구하는 실천 방법과 자세를 설한 한편의 자연법문이다. 그 방법으로 뜨지도 잠기지도 말고 늦추고 급하게 하는 데도 거문고의 줄을 고르듯이 하라는 '거문고의 비유'를 들어 중도(中道)의 실천을 말하고, 이를 책임지는 자세로 '병자가 의원을 구하듯' 하고, '아이가 어미를 그리듯' 하라고 일러 주셨다.

I. 헤겔의 사회주의 이념

1. 이념의 이해

이념은 현재나 미래의 사회를 위해 바람직한 정치 질서를 설명하고 정당화하는 신념체계(信念體系)이며, 인간의 본성과 목적 그리고 그의 존재 양식을 충족하는 조건 등에 관한 규범적(規範的)인 전제를 포함한다. 대부분의 이데올로기는 그 자체가 보편적(普遍的)이라는 성향을 가지는 바, 이 보편성의 주장은 이데올로기를 경직화하고 편협한 교조주의(教條主義)로 만들기 때문에 '이데올로기 비판(批判)'이 생긴다. 따라서 이데올로기는 달라지는 현실과 더불어 변화되어야 하며 새로운 세계의 목표와 관심에 맞는 내용으로 바뀔 수 있을 때, 사회적 갈등(葛藤)을 조정하고 통합을 이룩하는 도구로서 기능을 감당할 수 있게 된다.

이데올로기는 〈관념(觀念)〉을 기원으로 한 희랍어 이데아(idea)와 〈논리(論理)〉의 합성어로서 관념 형태・이념・사상・기본적 사고 양식・허위의식 등으로 번역되어 사용되고 있다. 그러나 정작 이데올로기라는 용어 자체를 처음 쓴 사람은 프랑스의 드 트라시(Destut de Tracy)였다. 당시 프랑스에서 이 용어가 처음 쓰였을 때는 관념들(ideas)에 대한 과학, 또는 관념들에 대한 연구를 의미하였다. 그리고 이 말은 18세기 말기에서부터 19세기 초기까지 유명했던 철학의 한 유파를 가리키는 말로서도 사용되었다. 이 유파의 가장 유명한 사상가는 프랑스의 콩디야크(Condillac)이었다. 그는 영국의 경험론(經驗論)을 신봉했던 사람이었다. 그러나 이데올로그(idéologue)라는 명칭은 나폴레옹의 경우 조소(嘲笑)하는 뜻에서 사용되기도 하였다.

19세기 마르크스주의의 형성기를 지나 오늘에 이르는 동안, 이데올로기라는 말은 사회에 관한 관념의 의미로 변하였다. 사회에 관한 관념의 의미 속에는 왜곡(歪曲)되었거나 또는 편협(偏狹)하고 선택적인 관념이라는 의미가 내포되었다. 이데올로기라는 말은 오늘날 매우 다양한 의미로 사용되고 있다.

(1) 정치・사회적 설계를 정당화하는 이론

이데올로기는 어떤 사회가 지향하는 정치・사회적 설계를 정당화(正當化)하는 주장이나 이론을 의미한다. 이러한 의미의 이데올로기는 현재 사실에 관한 설명적 요소(說明的 要

素)뿐만 아니라 규범적인 가치까지도 포함하며, 보다 나은 사회를 건설하고자 하는 정치·사회적인 신념 체계를 제시한다.

(2) 급진론자들의 행동계획

이데올로기는 전체적으로나 부분적으로 인위적, 가설적인 개념을 토대로 하여 구성된 급진론자(急進論者)들의 행동 계획을 의미한다. 이러한 의미의 이데올로기는 우리가 흔히 '좌파(左派)' 또는 '우파(右派)' 이데올로기라고 부르는 경우이며, 매우 폐쇄적(閉鎖的)인 관념 체계에 해당된다.

(3) 현상 유지를 위하여 사실을 왜곡하거나 편파적으로 선택한 관념 체계

이데올로기는 어떤 사회 체계가 그 현상 유지를 위하여 사실을 왜곡하거나 편파적(偏頗的)으로 선택한 관념의 체계를 의미한다. 이것은 마르크스주의자들이 흔히 말하는 이른바 '허위의식(虛僞意識)'을 의미하는 것이며, 특히 자본주의 이데올로기를 비난하는 경우가 이에 해당된다. 이처럼 부정적인 의미에서는 거짓·왜곡·기만(欺瞞)으로 가득 찬 계급의 허위의식이나 실현성 없는 이론 체계로 사용되는 경향이 있다.

(4) 인간·사회·우주에 관한 포괄적 유형의 인지적·도덕적 신념 체계

이데올로기는 가장 넓은 의미로 인간과 사회와 우주에 관한 포괄적 유형의 인지적, 도덕적 신념 체계를 의미한다. 이는 세계관, 가치관, 사고방식이라는 말들과 큰 차이가 없이 사용되는 경우이다. 다만, 이데올로기는 행동 지향적인 신념 체계라는 점에서 이들 개념들과 다를 뿐이다. 이처럼 긍정적 의미에서의 이데올로기는 한 시대의 사회 구성원들이 공유하고 있는 가치, 신념, 태도의 집합으로서 공통적으로 사용되는 경향이 있다.

우리나라에서는 서구 사회의 역사적 과정과는 달리, 조국의 광복과 더불어 곧바로 도입된 자유 민주주의와 공산주의의 이념적 대립(對立)이 민족 분단을 야기하였고, 이로 인해 역사적 비극의 하나인 6·25전쟁이 일어나기도 하였다. 남북한 사이의 이념적 갈등은 아직 우리의 숙원인 민족 통일을 방해하는 중요한 원인으로 작용하고 있기 때문에 이데올로기에 대한 부정적 의미의 뜻이 부각되어 있다. 민족의 미래의 방향과 연관되기 때문에 이데올로기는 몇 가지 유형으로 살펴볼 필요가 있다.

1) 자유주의(自由主義, liberalism)

자유주의는 17~18세기 주로 서구의 신흥 시민 계급에 의해서 부상되기 시작하여 오늘에 이르고 있다. 이는 민주주의 이데올로기로서 전체주의 이데올로기와는 상반되는 성격을 지니고 있다. 자유주의의 의의는 인간 이성에 대한 철저한 신뢰에서 출발하였다는 점과 자유의 신장을 내세웠다는 것이다. 이러한 자유주의 이데올로기는 미국의 독립혁명과 프랑스 대혁명의 기본 정신을 이루었다. 이는 경제적 이익의 창출, 국제적 자유 무역을 통하여 인간의 경제적인 부를 증진시킬 것을 강조하게 된다.

2) 보수주의(保守主義, conservatism)

보수주의는 프랑스 혁명 이후 나타난 반혁명적 사상으로서, 자유주의에서 추구하는 급진적 개혁에 대항하고자 나타난 이데올로기이다. 개인적 자유를 선호하는 점에서는 자유주의와 보수주의가 입장을 같이하지만, 자유주의가 개인적 자유를 선호하는 데 반하여 보수주의는 변화에 저항하기 때문에, 개인적 자유를 제한하게 된다.

3) 사회주의(社會主義, socialism)

사회주의는 인간에게 경제적 복지를 실현하겠다고 약속한 자유주의가 그 약속을 충실히 지키지 못하자, 이를 해결하고자 등장한 이데올로기이다. 19세기 초 생 시몽(Sant-Simon), 푸리에(Fourrer, F.M.C), 오엔(Owen, R.) 등에 의해서 주장된 일련의 사상을 공상적 사회주의(Utopian socialism)라 한다. 이와 달리 마르크스(Marx, K.)와 엥겔스(Engels, F.)가 창립한 일련의 사상 체계를 가리켜서 과학적 사회주의(Scientific socialism)라고 불렀다.

4) 공산주의(共産主義, communism)

공산주의는 마르크스, 엥겔스 등에 의해 체계화되고, 레닌, 스탈린 등에 의하여 실천적으로 계승됨으로써, 소련과 중국 및 그 주변국가들과 쿠바 등에서 공식화되었던 이데올로기이다. 이 사상의 이론적 기초로서는 변증법적 유물론(辨證法的唯物論), 역사적 유물론(歷史的唯物論), 폭력 혁명론, 자본주의 붕괴론, 계급투쟁의 역사관 등이 있다.

5) 국가 사회주의(國家社會主義, state socialism)

계급투쟁을 부정하고 기존의 국가 조직을 통하여 주요 산업의 국가 경영 및 입법적 수단에 의한 노동자 계급의 이익 증진을 도모함으로써 사회주의적 요구를 실현하려는 정치적 이데올로기이다. 국가 사회주의는 19세기를 지배했던 기존의 자유주의와 사회주의를 거부하고 20세기 전반기에 비합리주의, 사회적 진화론, 민족주의, 인종주의 등을 내세우면서 등장한 이데올로기이다.

6) 민족주의(民族主義, nationalism)

민족주의란 민족 공동체의 정치적 통일과 독립, 번영과 발전을 보다 큰 이상으로 추구하는 집단의 의지와 노력이 집약된 이데올로기이다. 민족주의는 프랑스 대혁명 이후 나폴레옹 통치에 대한 각 민족의 저항 운동과, 제1차 세계대전과 함께 등장한 민족 자결주의, 그리고 제2차 세계대전 중 파시즘(fascism), 국가 사회주의와 함께 관심의 대상이 된 이데올로기이다. 민족주의는 그것이 애국, 애족의 정신을 강조하기 때문에, 가장 광범위하게 수용되는 이데올로기라고 볼 수 있다.

7) 민주주의(民主主義, democracy)

주권 재민주의 · 권력 분립 · 법치주의 · 의회주의 등을 기본 원리로 하고, '국민의, 국민에 의한, 국민을 위한 정치'를 통해서 인간의 존엄성 · 자유 · 평등 · 복지의 조화로운 실현을 궁극적 이상으로 삼는 인류 보편의 이데올로기이다.

이러한 유형들의 이데올로기는, 크게 현존 사회의 정치적, 경제적, 사회적 질서를 옹호하는 현상 유지 이데올로기와, 그 변화를 요구하는 급진적 또는 혁명 이데올로기로 대별될 수 있다.

이데올로기에 과학의 의미를 강조하는 이유는 무엇인가? 그것은 이데올로기의 정당성을 확보하기 위함이다. 과학(科學)은 뉴턴의 만유인력(萬有引力)의 법칙에서부터 급속한 발전을 하게 된다.

뉴턴의 가설은 당시까지의 신학적(神學的) 흐름 속에서의 과학적 탐구에서 자연을 탐구하는 영역으로의 전환(轉換)이라는 철학적 의미를 지녔기 때문에 그 의미가 과학 전체에 파급되었다. 칸트는 『순수이성비판(純粹理性批判)』에서 사람은 변화를 하지만 자연의 진리는 변화하지 않는다고 했으며, 과학에 대한 신뢰감과 영원불변의 법칙은 신이 아닌 과학의 영역이라는 주장을 하였다.(physicism) 그러나 아인슈타인의 상대성이론(相對性理論)에 의해 뉴턴의 가설이 허물어짐에 따라 과학은 큰 타격을 받게 된다. 아인슈타인은 그의 상대성이론에서 우주팽창설(宇宙膨脹說)을 주장하며 자연은 절대적이 아니라 상대적이라는 것을 가설로 내세웠던 것이다. 이러한 과학의 충격은 종교를 부활시켰으며 과학은 과연 종교, 이데올로기와 별개의 객관적 기준을 갖추고 있는가에 대해 회의하게 되었다.

현대의 이러한 과학의 불명확성에 대해 토마스 쿤(Tomas, Kuhn)은 그의 『과학혁명의 구조』에서 패러다임(paradigm, 正常科學)이라는 용어를 사용하여 뉴턴식의 절대과학은 존재하지 않으나 현대 과학은 패러다임을 인정한다고 하였다. 즉 절대불변이란 없으며 과학의 대상은 과학자들의 주관성에 의해 규정되고 그러한 과학이론이 공동체의 지지를 받으면 인정을 받는다고 하였다. 이처럼 과학 활동에는 종교와 함께 이데올로기가 영향을 미치고 있는 것이다.

다만 객관성 · 보편성 · 필연성 · 법칙적 일관성 등이 보장된 과학적 지식을 이데올로기라고는 부르지 않는다는 점을 주의해야 한다. 왜냐하면 과학적 지식은 인간이 자신의 삶을 선택하고 결단함에 있어서 이용할 수 있어도, 법칙적인 원리는 인간의 주체적인 선택이나 결단과는 전혀 관계없이 하나의 단일적인 여건으로 주어져 있기 때문이다.

또한 이데올로기나 체제의 우월성 비교 문제에 부닥치게 된다면, 각 이데올로기가 내세우는 유토피아적 청사진이나 주장만을 그대로 받아들이기보다는, 어느 특정한 이데올로기를 수용하여 발전해 온 체제의 특징을 사실적 근거에 입각해서 비판하는 것이 바람직하다. 그리고 어느 한 체제를 보편적 기준에 근거해서 비판하는 것이 좋을 것이다. 보편적 기준은 어느 이데올로기가 인간의 삶의 질을 향상시키는 데 더 기여하였고, 인간의 존엄성을 더 고양시켰으며, 체제의 갈등 조정과 통합에 얼마만큼 더 합리적으로 기여하였는가 등을 평가할 수 있는 기준이 된다. 이념적 파악을 용이하게 하기 위해서는 공상적 사회주의의 등장과 역사의식을 규명해 볼 필요가 있다.

2. 공상적 사회주의

현대 산업문명의 물질 중심적, 분업 중심의 기계적인 세계관에서 탈피하기 위해서는 보다 총체적인 역사의식이 요청된다. 인간이 운명적 굴레에서 벗어나 주체적, 자립적 존재로 자기위상을 정립하기 위해서도 역사법칙에 대한 이해가 선행될 필요가 있는 것이다. 역사의식은 공상적 사회주의자들의 문제의식에서 비롯된 바가 크다고 할 것이다.

공상적 사회주의(utopian socialism)는 생시몽 · C.푸리에 · R.오언 등이 주장하는 사회주의로서 마르크스주의자들의 자칭 과학적 사회주의와 비교하여 부르는 명칭이다. 따라서 일체의 사회주의자를 공상적 개혁론자로 보는 K.만하임의 규정보다는 훨씬 좁은 의미의 정의라고 볼 수 있다. 그들의 사상은 그들이 지낸 시대의 현실적 차이로 인한 여러 상이한 요소를 내포하지만 유사한 면도 있기에 이를 공상적(空想的)이라고 마르크스주의자들이 규정한 것이다. 즉 그들이 생존한 시대는 아직 산업자본이 발달하지 못한 시기였으나 자본주의의 본질은 여실히 노출되고 있었다. 이들은 이 자본주의적 본질을 비판하고 이러한 경제적 요인을 사회의 여러 요인 속에 포함시킴으로써 생산조직의 새로운 체계를 확립하고 〈공상적〉 사회주의의 세계를 건설하려고 하였다.

먼저 생시몽(Claude Henri de Rouvroy de Saint-Simon 1760～1825)은 프랑스 공상적 사회주의자로서 파리에서 출생하였으며 계몽사상가 J.R.달랑베르에게서 교육을 받았다. 1802년 최초의 저서 『한 제네바 주민이 동시대인에게 보내는 편지』를 간행하였다. 그 뒤 19세기에 적합한 종합적 과학을 만드는 일에 노력하여 1814년에 『유럽사회의 재조직에 대하여』를 간행하였다. 그 뒤 그의 관심은 사회문제에 집중되었다. 그의 사상의 기초에는 〈산업주의〉가 있었으며, 그것은 〈모든 것은 산업에 의하여, 그리고 모든 것은 산업을 위하여〉라는 표어로 집약된다. 거기에서 유한계급 비판과 자유주의 비판도 나온다. 1921년에 간행된 《산업체제에 대하여》에서 그가 구상한 미래의 산업체제는 능력에 바탕을 둔 계층제 조직을 갖추어 옛 지배자는 소멸되고 능력에 따라 지도 기능을 발휘하는 관리자가 등장한다.

이 계층제는 어떠한 특권 · 지배권과도 결부되어 있지 않으며, 〈인간의 지배〉 대신 〈사물의 관리〉가 실현된다. 즉 국가의 소멸이며 이것이 그가 구상한 생산자의 〈협동사회〉이다. 그러나 그가 말하는 생산자 · 산업자에는 노동자와 동시에 자본가도 포함되어 있으며 거기에 당시 프랑스 자본주의의 미숙함이 반영되어 있다. 《산업체제에 대하여》에서는 산업계급 내부의 고용주와 노동자와의 대립에 대한 관심을 나타내고 〈노동자 여러분에게 내가 제안하는 주요 목적은 당신들의 처지를 되도록 개선하는 일〉이라고 했으며, 그 이후 〈가장 수가 많고 가장 가난한 계급의 개선〉을 호소하고, 나아가 〈프롤레타리아트는 재산을 잘 관리할 능력을 가지고 있다〉고 주장하였다. 마지막 저술 『신 그리스도교(1825)』에서는 '종교란 사회를 가장 가난한 계급의 운명을 가능한 한 빠르게 개선한다는 큰 목표로 인도하여야 한다.'고 말하였다. 그는 『산업체제에 대하여』가 산업자들에게 따돌림을 당하게 되자 절망하기도 하였다.

그리고 푸리에(F. M. Charles Fourier 1772~1837)는 프랑스의 공상적 사회주의자로서 브장송 출생이다. 생산자 협동조합인 〈팔랑주(phalange)〉에 바탕한 사회 건설을 주장한 그의 사상 체계를 〈푸리에주의〉라고 한다. 20세에 리옹의 상점 외무원으로 일하면서 사회적 부의 모순을 깨닫고, 자본주의제도에 대한 근원적인 회의를 품게 되었다. 4년간 연구 끝에 독자적 이론을 세우게 되었는데, 최초의 주저서 『인간의 사회적 운명과 4가지 운동 논리(1808)』를 집필하여 상업을 사회악의 근원으로 비판함과 동시에, 팔랑주라는 농·공업조합을 중심으로 상업이 존재하지 않는 자유로운 생산·협동사회를 실현할 것을 제안하였다.

그에 따르면 I.뉴턴이 말한 보편적 물리 질서에 상응하는 사회 질서가 존재하는데, 바로 팔랑주가 자본주의 체제보다 더욱 공정하게 부를 분배할 협동체계라고 생각하였다. 이러한 주장은 K.마르크스 사상의 출현을 예고한 것으로서, 산업적 봉건제가 되게 한 경쟁자본주의 체제를 사회의 평화적 개조에 의해 이상사회로 건설하려는 시도였다. 주요 저서에는 『가정적·농업적 협동사회론(1822)』 『신산업세계(1829~30)』 등이 있다.

로버트 오언(Robert Owen 1771~1858)은 영국 사회운동가로서 웨일스 뉴타운 출생이다. 그는 공상적 사회주의의 대표자로서 알려져 있다. 산업혁명 시대에 활동하였으며, 유치원의 시조, 협동조합운동의 시조, 공장법의 제안자로 알려져 있다. 상점 등에서 일한 체험을 바탕으로 환경의 영향력을 중시하는 〈성격형성원리〉를 확신하였고, 스코틀랜드 뉴라나크 방적공장의 개혁에 성공하여 경영자로서 이름을 드높였다. 이 경험을 바탕으로 쓴 『사회에 관한 새로운 견해(1813~14)』에서 환경 개선·아동 교육·노동자 교육·국민 교육 등을 주장하였다. 그는 자기의 주장을 실천하여 1815년에 공장노동시간규제법을 제안하였고, 1816년에 성격형성학원을 개설하였으며, 1817년에는 기성 종교를 비판하며 사회주의자가 되었다.

『라나크주(州)에 제출하는 보고서(1821)』에서는 실업문제의 근본적 해결을 위하여 공산주의적 협동체 건설을 제안하였고, 1825~28년 미국 인디애나 주에 뉴하모니평등촌을 개설하였다. 이것은 실패하였지만, 세계 최초로 시도한 비종교적 공동체라는 점에서 중요한 것이었고, 미국에 남은 오언의 동료와 아이들은 노예해방 운동·여성해방 운동·페스탈로치식 교육운동 등의 선구자가 되었다. 고국으로 돌아온 오언은 협동조합운동의 지도자가 되었고, 1832년에 노동권(勞動券)으로 상품을 교환하는 국민공평노동교환소(國民公平勞動交換所)를 설립하였다. 또 노동운동에도 영향을 끼쳐 1934년에는 유명한 전국노동조합대연합의 의장이 되었다.

이 단체는 100만 명 이상의 조합원을 가진 대조직으로서, 노동조건의 개선과 자본주의의 변혁을 목표로 하였는데, 이것이 와해된 뒤 오언은 노동운동에서 손을 떼고 설교자가 되어 죽을 때까지 전도를 계속하였다. 그는 차티스트운동과 W.톰프슨 등 오언주의자, 그리고 K.

마르크스・F.엥겔스 등에게 큰 영향을 끼쳤으며, 또 노동과 교육을 겸한 성인 교육, 금주 운동, 교도소 개선, 결혼제도 비판, 서머타임과 그린벨트 고안 등 많은 개혁의 선구자였다. 오늘날에도 교육 중시, 정치적 수단에 의하지 않는 개혁, 협동체의 실험, 공업문명 비판, 분업과 경쟁원리의 극복, 인간의 전면적 해방 등 그의 사상은 새롭게 재평가되고 있다.

이처럼 공상적 사회주의자들은 그들의 이상(理想)으로 그린 세계의 실현을 가상적 실험을 통해서 설명하고, 더 나아가 현실적인 실현을 주장하였다. 그런데 그것을 자본가 내지 정치적 권력의 소유자의 조력을 빌려 실현하려 하였고, 노동자 계급을 현실 속에서 가장 괴로움에 시달리는 계급으로 보고, 지도자가 나타나 그들을 계몽함으로써 행복한 환경을 조성하려고 하였다. 그들은 교육 계몽에 계급성을 두지 않고 이른바 계급투쟁이나 정치투쟁을 반대하여 사랑과 협동으로서 훌륭한 신세계의 창조를 역설하였다. 이것이 공상적 사회주의라고 그들이 부르는 요지이다. 그러나 그들의 자본주의 분석과 무산계급을 위한 사회를 처음으로 주장한 점, 그리고 역사의식을 통해 현실을 위한 설계도까지 제시하여 각성시킨 점은 그 이후의 사회사상・사회운동의 원천이 되었다. 이것이 그 사상이 허다한 결점을 내포하고 있음에도 불구하고 사회사상의 원천으로 중요시되는 까닭이다.

역사의식이 서구 사회에서 본격적으로 나타나게 된 것은 낭만주의의 시대사조를 통해 관념철학이 형성된 때이다. 헤겔(Georg W.F.Hegel 1770~1831)은 낭만주의가 한창 무르익을 무렵에 인간의 존엄성을 찾고 역사를 총체적으로 파악하려는 의도에서 역사의식을 탐구하기에 이르렀다. 그는 인간을 '시대의 아들'로 규정짓고 국가와의 관계를 중시하면서 그 누구도 시대의 배후에 머물러 있거나 시대를 초월할 수 없다고 말하면서 역사의식의 관점에서 인간을 이해하려고 시도하였다.

헤겔은 뷔르템베르크주 슈투트가르트에서 출생하였으며 신(新)플라톤학파의 철학과 르네상스 이래의 근대사상을 독자적 관점에서 논리학・자연철학・정신철학의 3부로 체계화하였다. 〈독일 관념론〉의 대성자(大成者)로 알려졌으나 독일 관념론을 창시한 J. G.피히테에 관한 계통적인 연구가 진척됨에 따라 헤겔을 피히테의 계승자로 규정하기는 어렵다. 헤겔의 시대는 혁명의 시대였다. 헤겔은 19세의 대학생으로서 프랑스 혁명의 발발을 목격하게 되었다.[1] 그의 혁명에 대한 감격은 나폴레옹 몰락 이후 반동의 시기에도 그대로 유지되어 프랑스 혁명을 일종의 역사적 필연으로 평가하게 되었다. 세계 역사는 부정적 계기들에도 불구하고 긍정적 방향으로 변증법적 발달을 한다는 것이다.

이처럼 헤겔이 역사의 변증법적 발달과 총체성을 강조하며 현상의 배후에 있는 본질에 대해 관심이 집약되고 있는 데 반해, 프랑스의 탈구조주의자 루이 알튀세르(Louis Althusser)는 헤겔의 역사의식은 지나칠 정도로 단순하다고 비판한다. 그는 '지배적 구조', '다원 결정론'에서 역사 변화의 지배적 요소가 본질적 관념이 아니라 모순들의 불균등 발전에 따른 다양한 성격임을 부각시키면서 헤겔의 역사의식으로는 이론과 실천 양식의 결합은 불가능하다고 혹평한다.

1) 헤겔은 동지들과 함께 자유의 나무를 심고 축복하며 "자유 만세!"라고 찬미하였다.

[그림 1] 미네르바의 올빼미는 황혼녘에 날개를 펴고 난다.

역사의식과 관련하여 '미네르바의 올빼미는 황혼녘에 날개를 펴고 난다'라는 말을 즐겨 인용한 헤겔의 역사의식을 먼저 살펴보고, 그리고 그것에 근거한 역사구조의 해명, 아울러 알튀세르의 헤겔의 역사인식에 대한 비판을 차례대로 언급함으로써 세계사의 발전 원리에 대한 거시적 안목과 함께 그 한계점을 찾아보고자 한다. 아울러 헤겔의 역사의식에 대한 객관적 이해를 통하여 우리의 삶을 통시적으로 파악할 수 있는 슬기와 함께 이론과 실천의 종합에 대한 대안을 찾아볼 수 있을 것이다.

3. 헤겔 역사의식의 의미

헤겔사상은 변증법과 이성주의가 주축을 이룬다. 세계를 현실과 이성의 일치라고 본 그는 절대적이고도 유일한 방법인 변증법에 의하여 전개되는 세계를 이성적으로 추구하였다. 독일 관념론 테두리 안에서 변증법을 완결시킨 그의 영향은 세계로 번져 헤겔학파를 이룩하였으나 P. J. A.포이어바흐로부터 시작되는 헤겔 좌파에 의하여 논리가 정반대인 유물변증법을 만들어 내기에 이르렀다. 또 그의 존재론(存在論)은 원자론(atomism)과 개체적인 요소로의 환원주의를 비판, 생명적 존재의 일원론을 주장함으로써 현대 전체론(全體論;holism)의 효시를 이룬다.

헤겔철학은 형이상학적 관념론으로 많은 비판과 반발을 받았다. 하지만 헤겔철학의 역사적 의의는 18세기 I. 칸트로 대표되는 계몽사상의 한계를 통찰하고 〈역사〉가 지니는 의미에 중점을 두어 19세기 후반 이후 국가주의·역사주의의 길을 열었다는 데 있다. 그는 현실이란 인간이 마음대로 바꿀 수 있는 것이 아니고 역사 과정은 오히려 그 자신의 법칙에 의해 필연적으로 정해져 있다고 판단하였다. 따라서 사람들이 아무리 이상을 실현하려고 애써도 역사 법칙의 흐름에 부합되지 않는 한 결코 이루어질 수 없다는 것이었다. 그는 이 역사를 지배하고 있는 법칙에 대해 관념론적·형이상학적 견해를 가졌으며 역사는 절대자나 신(神)이 자기를 실현해 가는 과정이라 판단하였다. 그에 의하면 절대자는 이성(理性)이고 그 본질은 자유이다. 따라서 역사는 자유가 그 속에서 전개하여 나가는 과정이며 전제군주만이 자유였던 고대로부터 소수의 사람이 자유였던 시대를 거쳐 모든 사람이 자유가 되는 시대로 옮아간다. 그리하여 현대를 바로 이 마지막 단계가 실현되어야 할 시대로 보았다.

[그림 2] 헤겔 : 1770-1831

헤겔은 이러한 근본 사상을 바탕으로 〈논리학〉, 〈자연철학〉, 〈정신철학〉의 3부로 된 철학 체계를 수립하였다. 그리고 이 전 체계를 일관하는 방법이 모든 사물의 전개를 정(正)·반(反)·합(合)의 3단계로 나누는 변증법이다. 헤겔에 있어서 역사의식은 일종의 변증법적 의식 경험이다. 이러한 역사의식을 우리는 그것의 근거, 그것의 목적, 그것의 발전요소로 나누어 살펴보기로 한다.

(가) 역사의식의 근거

헤겔은 『철학체계(Encyclopädie der Philosophischen Wissenschaften in Grundrisse, 1817)』에

서 세 가지 주제를 다루고 있는데, 이는 곧 논리학, 자연철학, 정신의 철학을 말한다. 이 가운데 정신의 철학에서는 주관적 정신, 객관적 정신, 절대 정신을 언급하고 있다. 주관적 정신은 다시 인간론, 정신 현상학, 심리학으로 나누어지고, 객관적 정신은 법, 도덕성, 시민 정신으로 세분된다. 또한 절대정신에서는 예술, 종교, 철학을 언급하고 있다.[2)]

헤겔은 주관적 정신의 첫 부분에 해당되는 '인간론(anthropplogy)'에서 동물과 달리 인간의 영혼이 어떻게 의식의 고귀한 상태에 이르게 되는가를 취급하고 있다. 그리고 그 다음 부분에 해당되는 '정신 현상학'에서는 오성(verstand)을 넘어서 어떻게 이성(vernunft)의 자기의식에 도달할 수 있는가를 보여주고 있다. 마지막의 심리학에서는 지적 기능이라고 할 수 있는 의도, 표상, 회상, 상상, 사유 등의 이론 이성을 다루고, 주관적 정신의 정점에 해당되는 것으로 자유정신을 나타내고 있다. 이러한 자유정신은 실천적이며 객관적인 영역으로서, 가정, 시민사회, 국가로 이행되면서 주관적 정신은 객관적 정신 영역으로 발전하게 된다.

이러한 사실에서 역사의식이란 객관적 정신의 영역을 대상으로 삼는 사변적 이성의 의식을 의미하는 것으로 풀이된다. 사변적이란 말은 일종의 반성적 사고를 하는 것으로서 인간이 동물과 달리 통찰하고, 의지적 결단을 꾀하고, 욕망을 일으키는 사유하는 존재로서의 모습을 지칭하는 것이다. 또한 헤겔에 있어서 이성은 역사 속에 내재되어 있는 합리성으로서 세상의 법칙을 의미한다. 따라서 역사는 우연에 방치되어 있는 것이 아니라 이성적 이념에 의해서 조화롭게 이루어지는 것이라고 말할 수 있다. 결국 이성은 역사를 통치하는 의식으로서 그 어떠한 악과 부정성에도 불구하고 발전적 지향성을 드러내게 된다는 것이다. 여기서 우리는 역사의식의 근거로서 사변적 이성을 찾아볼 수 있고, 그것은 바로 모든 부정적 계기들에도 불구하고 긍정적 방향에로 변증법적 발전을 꾀하여 가는 의식이라고 규정할 수 있다.

"참된 선, 우주적인 신성한 이성은 그 자체를 발생하게 하는 힘이기도 하다. 이러한 선, 이러한 이성의 가장 구체적 표상은 신 자체이다. 철학적 통찰을 통해서 볼 때 신, 선의 힘을 꺾을 수 있는 그 어떠한 힘도 만연될 수 없다.......세계사는 섭리의 전개사 이상의 의미를 지니지 아니한다. 신이야말로 세계를 다스린다."[3)]

---

2) 헤겔은 경건한 프로테스탄트 가정에서 자라나 1788년 튀빙겐대학에서 철학·신학을 공부하고 J.C.F. 횔더린 및 F.W.셸링 등과 사귀었다. 처음에는 베른·프랑크푸르트 등에서 가정교사를 하며 독자적인 인생철학에 바탕을 두고 그리스도교를 비판하는 글을 썼다. 1801년 예나대학의 사강사(私講師), 1805년 원외(員外)교수가 되었고 이때 셸링의 사상에 동조하여 그와 공동으로 〈철학비판잡지〉를 출판하였다. 그러나 점차 셸링의 입장을 벗어났으며 예나대학이 나폴레옹군에 점령된 상황 아래에서 1906년 최초의 저서 《정신현상학》을 내놓아 독자적인 입장을 굳혔다. 1818년 피히테의 뒤를 이어 베를린대학 교수가 되었으며 마지막 주저 《법철학강요》를 간행하였다. 그의 저작 중에서 가장 많이 읽히는 《역사철학》, 《종교철학》, 《미학(美學)》 등은 죽은 뒤 제자들이 편찬한 강의록이다.

3) *Die Vernunft in der Geschichte,* ed. J. Hoffmeister, Hamburg, 1955, p.77.

이처럼 헤겔에 있어서 이성은 섭리의 내용을 내포하는 것으로 일종의 신정(theodicy)의 의미로 사용되었다. 이러한 이성은 세계의 가장 큰 도전을 받으면서도 세계의 궁극적인 참된 목적을 세계에 실현하려는 정신의 이념(idea)으로 드러나고 있다. 이념은 정신의 영역을 통하여 구체성을 보여주게 된다. 이제 역사의식이 지향하는 목적을 살펴보기로 한다.

(나) 역사의식의 목적

헤겔에 의하면 정신의 발전 과정이 역사의 본체인데 이러한 정신의 지향성은 자유이다. 역사의 목적은 바로 자유의 이념이다. 목적론적 의식으로 볼 때, 헤겔의 역사의식은 정신의 본성과 일치한다고 할 것이다.

헤겔에 따르면 물질의 본성은 자유에 있는 데 반해, 정신의 본성은 자유 그 자체에 있다. 앞의 것은 자기 밖에서 중심을 갖는다. 반면에 뒤의 것은 그 자체 내에 중심을 갖고 있으며 자기만족적으로 존재하는 특색을 갖는다. 이는 곧 정신의 자기의식으로서 자유의 내용을 이룬다.

"의식은 자기의식(self-consciousness)으로서 두 가지 목적을 지니고 있다. 한 가지는 감각적 확실성과 지각의 대상으로서 직접성을 나타내지만 의식의 차원에서는 부정적 특색을 갖는다. 다른 한 가지는 참된 본질로서 첫 번째의 대상과 대립적으로 존재한다."[4)]

이처럼 헤겔은 정신의 작용은 일차적으로 욕망의 대상에 직접적으로 의존하고 있지만 그 대상에 사로잡히지 않고 부정할 수 있는 자유로운 속성을 지니고 있다. 이러한 정신의 자기의식적 작용은 자연과의 싸움(소외), 사회적 진보의 과정(소외 극복), 자유의 성취(자아실현을 위한 인간주의 사회의 건설)라는 역사의 전체적 과정으로 구체화된다.

따라서 정신의 자유 이념은 추상적이 아니라 보편적 구체성으로 나타난다. 역사는 개인들의 이념들과 열정으로 짜인 양탄자와 같이 개별적 욕망과 의욕들의 집합체와 같다. 그런데 개개인들의 이념들과 행동들은 공동체의 이념에 부합되어야 한다. 이 순간 역사의 참주체가 될 수 있다. 역사적 인물들은 자신들의 목적에 보편적 정신의 이념을 내포하였다. 여기서 내면적 도덕성, 윤리 종교는 개개인들 속에 내재하는 신성으로서 정신의 이념과 부합되는 것이다. 이에 따라 개개인은 역사의 주체이면서 목적으로서 내면세계는 무한한 자유의 이념을 구가하는 셈이다.

"역사 주체는 유기적으로 자체 내에 완결된 크기를 지닌 하나의 단위가 아니라 실천을 통하여 구성되어야 하는 통일체라는 점에서 실천 개념은 이론적으로 확정되기가 힘든 것이 사실이다....여기에 개별자가 직접적으로 이 상호 교감하는 작용 장에 뛰어들 필요가 있는 것이다."[5)]

---

4) *Phänomenologie des Geistes*, G. Lasson edition, Hamburg, 1963. p.135.

이처럼 역사 현장에 뛰어들 수 있는 의무를 자각하지 못 하거나 열정을 지니지 못 할 때는 이성의 간계(List der Vernunft)에 조종당할 수밖에 없다. 여기서 자유를 향한 역사의 발전 요소를 생각해 볼 수밖에 없다. 그것은 바로 역사의 도도한 힘과 개체의 무력감 사이의 변증법적 관계를 올바르게 파악할 수 있는 길이 되기 때문이다.[6)]

(다) 역사의 발전요소

자유를 향한 보편적 세계 원리가 하나의 거대한 추진력을 발휘할 때 개체의 자율성은 여지없이 박탈되고 유린되는 것이 아닌가하는 의문을 갖게 된다. 헤겔은 이에 대해 역사 발전의 원동력을 이념과 열정의 변증법적 관계로 간주한다. 이들은 일종의 중심연결부 역할을 통해 전체와 개체, 자유와 필연의 통일을 꾀하고 마침내 그 열정 속에 개별성, 국민의식, 세계정신까지 포용하게 함으로써 이성적 자아의 실현을 꾀할 수 있다는 것이다.

이와 같이 정신이 부정의 부정을 통하여 자기 내면의 자유의 이념을 끊임없이 밀고나가는 것이 다름 아닌 역사 발전의 모습이다. 따라서 역사를 이끌어 가는 전체적 진리로서의 이념과 이것과 변증법적 긴장 관계에 있는 특수 관심을 수행할 열정이야말로 역사 총체성의 주요 요소라고 말할 수 있다. 개체가 자기소외를 느끼고 역사의 주류에서 밀려간다고 느끼더라도 결국 소외로부터 자유를 향한 자기 내적 복귀과정을 거칠 수밖에 없기 때문에 아무리 우연적, 하찮은 사건이라도 필연의 과정 속에 소멸될 것으로 보인다.[7)]

우리는 여기서 역사적 필연과 자유의 이념 사이의 끊임없는 긴장 관계를 목격할 수 있다. 역사의 현장이 얼핏 보기에 모순투성이라고 간주되는 것은 이러한 긴장 관계가 지속적으로 표출되기 때문이다. 그러나 필연은 스스로 소멸되는 역사 발전의 원동력에 의해 마침내 자유를 향한 실천적 행동과 변증법적 통일을 꾀하여 가기 때문에 필연과 자유는 서로를 함유할 수밖에 없다. 이러한 함유의 원리가 구체적 현실을 통하여 공동체 의식을 낳게 함으로써 역사 전체의 진리를 향한 열정을 지속적으로 발현하게 된다. 이에 따라 추상적 이념이 지닌 전체적 보편성과 개별적인 특수성의 자유 의지가 서로 맞물려 필연과 자유는 역사적 발전의 변증법적 관계를 형성하면서도 도도한 발전의 추진력으로 작용할 수 있다.

4. 헤겔의 역사적 구조와 전개

헤겔은 『역사철학 강의』, 『법의 철학』 등에서 역사적 구조를 언급하고 있지만, 이 책에서는 『정신 현상학』을 중심으로 그것을 살펴보고자 한다. 여기서는 분리의 악, 역사적

5) W. Schulz, *Philosophie in der veränderten*, Welt, Pfullingen, 1972, p.627.

6) 林錫珍, 『헤겔 연구 3』 서울, 중원 문화, 1986, p.28 참조

7) D. Henrich: *Hegel's, Theorieüber den Zwfall,* in Hegel im Kontext, Frankfurt/M. 1975, p.164.

토대로서의 주노 관계, 상부 구조로서의 비현실적 의식으로 분석되고 있다. 먼저 이에 따른 역사적 구조를 살펴보고 그리고 그것의 적용으로써 역사적 전개를 차례대로 언급하고자 한다.

[그림 3] 절대 자유의 실현과 파괴와 죽음의 현상

(가) 분리의 악

헤겔은 역사가 분리에서 시작된다고 말한다. 인간과 자연, 인간과 인간, 인간 자신 가운데 분리가 나타날 때 그들의 통일을 꾀할 역사적 과제를 의식하게 된다. 분리라는 것은 친화적 관계가 아니라 적대적 관계를 의미한다.[8] 헤겔은 이러한 분리의 원형을 『구약성서』에서 찾고 있다.

창세기 12장에는 분리의 원형으로서 아브라함의 여로에 관한 이야기가 나타나 있다. 인

8) 헤겔, 『기독교의 정신과 운명』, p.6.

간은 자연, 사람들을 사랑할 수 있지만 척박한 자연 환경이나 배척하는 사람을 만나게 될 때 결국 이들과 친화 관계를 맺지 못하게 된다. 그리하여 그들은 고향을 떠나게 된다. 그러나 이러한 경우에도 자신을 받아들이는 자연이나 사람들을 마침내 만나게 된다.

유대 민족의 선조 아브라함이 고향을 버리게 된 것은 이러한 분리 관계의 실례가 되고 있다. 헤겔은 이러한 분리를 추악한 모습으로 평가하고 있다. 마찬가지로 창세기 2장, 3장에 묘사되고 있는 낙원 상실에 관해서도 부정적 평가를 내리고 있다.

창세기에 의하면 신은 태초에 아담과 이브를 창조하고 에덴동산에 살게 하였다. 수많은 과일 가운데 선, 악을 알 수 있는 과일만을 금하고 풍요롭게 삶을 영위하도록 하였다. 그러나 뱀의 유혹을 받은 이브가 먼저 금기의 과일을 따먹고 아담이 이어서 그것을 먹자, 그들은 눈이 열리고 자기들이 벌거벗은 것을 발견하게 된다. 이에 신은 분노를 일으키고 그들을 낙원에서 추방하고 출산의 고통과 평생 동안 노고를 면치 못하도록 하였다. 이것이 바로 원죄이다.

헤겔은 이 이야기에 내포되어 있는 의미를 해석하고 있다. 그는 낙원은 바로 인간과 자연의 근원적 통일에 해당된다고 보았다. 반면에 인간의 주체적 행위에 의하여 이러한 통일이 분열되고 한쪽에서는 새로운 인식 능력을 획득하고 다른 쪽으로는 벌을 받게 되었다고 말한다. 아담과 이브의 관계도 인간과 동물의 관계가 아니라 동물과 동물의 관계였다. 아담은 이브를 자신의 뼈의 일부, 살의 일부로 보았다. 그들이 육체적으로 절반의 결합을 하고 있을 때 나체의 부끄러움은 인식되지 아니하였다. 선, 악을 알지 못하였고 무지한 상태였기 때문에 영원에 대한 동경이나 진실에 대한 가치를 필요로 하지 아니하였다.

인간은 이와 같은 자연 상태를 주체적 행위에 의하여 부정하고 초월함으로써 선, 악을 알 수 있는 인식을 획득하였다. 따라서 아담과 이브는 무화과 잎으로 옷을 만들어 입게 되었다. 그들은 수치를 느끼고 상대방과 구별되는 자아를 의식할 수 있었다. 여기서 중요한 것은 인간이 자기를 의식하고 있어서는 아니 되는 것을 악으로 간주하고, 의식하고 있어야 되는 것을 선으로 판단하게 되었다는 사실이다. 결국 창세기가 우리에게 시사하는 바는 인간이 자연이나 다른 인간과 분리되는 것을 원죄, 악으로 보고 인간과 자연, 인간과 인간의 통일 상태를 선으로 파악하게 된 사실이다. 따라서 통일의 상태는 이상향, 신으로 표상되어 있다.

만약 분리의 상태가 악이고 통일의 상태가 선이라고 한다면, 잃어버린 통일의 상태는 회복될 필요가 있다. 그런데 헤겔은 원죄라든가 근원적인 악을 인정하지 아니한다. 동시에 인간이 분리의 상태에 머물러서도 아니 된다고 본다. 인간은 분리의 상태에서 벗어나 앞에서 살펴본 바와 같이 자유의 이념을 추구할 당위성을 지니고 있다. 이러한 자유의 이념에 의하여 바로 인간과 자연, 인간과 인간 사이의 통일을 회복할 수 있다. 이러한 인식 지평을 헤겔은 인간의 상호 승인, 대자존재와 대타존재의 통일, 혹은 자유의 이념으로서 포착하고 있다.[9] 바로 이러한 것을 사유하고 인식하는 것이야 말로 역사의 과제이다.

따라서 헤겔은 역사적 전개의 기본적 구조를 분리를 매개로 한 재통일로 파악하고 있다. 그것을 주노 관계로 본다. 이제 역사적 토대로서의 주노 관계를 이해할 필요가 있다.

(나) 역사적 토대로서의 주노 관계

[그림 4] 구약성서의 원죄

『구약성서』에 나타난 원죄의 의미는 인간이 최초로 자신의 자유에 대한 주관적 확신을 객관적으로 나타내려고 한 점에 있다. 헤겔은 이를 다른 사람에게 자신의 승인을 받기 위한 '생사를 건 싸움'으로 평가하고 있다. 이러한 생명을 건 싸움을 통하여 인간은 자연적이며 동물적 생명에서 인간적 자기로 비약하는 것이다.

그러나 싸움이 죽음으로 끝나면 상호 승인은 이루어질 수 없다. 주노 관계는 이와 같이 생명을 걸더라도 죽음으로 끝나지 아니하는 역사적 딜레마에서 나타난 것이다. 대결한 한쪽이 죽음의 공포를 느끼고 상대방을 인간으로 승인하지만 자신을 상대로 인간으로 승인하는 결과가 되지 않기 때문에 자신의 자유는 포기하는 셈이 된다. 이러한 불평등 관계에서 한쪽을 주인, 혹은 대자존재라 부르고, 다른 쪽은 노예, 혹은 대타존재라고 지칭한다.[10)]

그런데 이러한 관계는 두 가지 관계를 포함한다. 한 가지는 주인이 사물을 매개로 노예를 지배하는 主-物-奴의 관계이다. 주인은 생명을 건 행위를 통하여 자연의 자립성을 부정하고 지배하는 위력을 획득하게 되었다. 이에 대하여 노예는 자신의 가치를 자연의 생명에서 발견하고 자연의 자립성을 부정할 수 없으므로 자연에 예속된다. 따라서 주인은 사물을 매개로 노예를 지배하고 사물을 도구로써 소유하게 된다.

다른 한 관계는 主-奴-物의 관계이다. 여기서는 노예를 도구로 삼아 사물에 대한 지배를 한층 강화하게 된다. 앞의 관계를 기본적 관계라고 한다면, 이러한 관계는 파생적 관계라고 말할 수 있다. 따라서 이들 관계를 통하여 주인과 노예의 관계는 순환적으로 한층

9) 헤겔, 『정신철학』, 木村毅譯, 現代思潮社, p.125.

10) 헤겔, 『역사철학』, 武市健人譯, 東京, 岩波文庫, p.223.

깊어가게 된다. 이러한 관계의 가장 큰 취약점은 주인은 노예를 인간으로 취급하지 않는데 반해 노예는 주인을 인간으로 취급하고 있음이다. 서로 의존관계에 있는 측면에서 말한다면 주인의 지위와 생명이 노예의 승인과 노동에 의존하고 있는 만큼 주인은 노예의 노예라고 말할 수 있다.

주노 관계에서 노예는 신체나 자연이 주인에게 소유되므로 일종의 분리 현상에 처해 있다고 말할 수 있다. 여기에 신체와 자연을 회복하고 대자존재로서 승인을 받을 필요가 있다. 따라서 대타존재인 노예는 대자존재와 대타존재의 통일, 이른바 상호 승인으로써 인간을 실현할 필요가 있다. 만약에 이러한 인간 회복이 이루어지지 아니한다면 그것은 이러한 상태를 자각하지 못하는 노예근성 때문이다. 이에 근거하여 역사의 전개는 노예가 이것을 자각하고 예속 상태를 청산하고 이러한 분리를 재통일하는 데 있다. 그것을 위한 준비가 봉사와 노동이다.

노예는 주인을 위한 봉사와 노동을 통하여 사회의 보편적이고 법칙적인 것을 배운다. 이른바 주인을 두려워하는 것이 지혜의 시작이 된다. 주인이 주인인 것은 사회나 자연의 법칙을 통찰하고 그들을 지배하는 힘을 얻었기 때문이다. 반면 노예도 도구 사용을 통하여 점차 보편적인 것을 배우고 그를 통해 자신도 변화할 수 있다. 이는 바로 인간의 역사성의 근거가 된다. 이러한 노력을 통해 자연도 기술사회가 되고 노예는 그곳에 몸담고 있는 자신을 직관한다. 노예는 노동의 자립성을 통해 자신의 힘을 재인식하고 자연의 공포에서 벗어나게 된다. 그러나 주노 관계에서 벗어나지 못하는 한 스스로의 주체성을 회복할 수 없다. 여기서 새로운 역사적 전개가 요청된다.

(다) 상부구조로서의 비현실적 인식

그러나 노예는 처음에는 현실적인 자유의 획득을 단념하고 그 대안으로 비현실적 사상을 도출한다. 이른바 노예 상태에서 자유에 대한 몽상을 하는 것이다. 이는 곧 스토아주의, 회의주의, 불행한 의식으로 전개된다.

1) 스토아주의

현실적으로 노예계급을 느낄수록 자유를 동경하기 마련이다. 주노 관계를 청산하는 것이야말로 자유를 실현할 수 있는 방법이지만 그것은 불가능하고, 사유를 통해 자신의 자유를 향유하려고 꾀하게 된다. 이는 곧 현실에 대한 무관심을 유발하여 현실을 도피하려고 하지만 결과적으로는 현실을 긍정하는 셈이 된다. 이러한 태도는 사유 내용에 있어 무비판적인 현실감각으로 이어진다. 주인의 소유를 대체로 긍정하면서도 이러한 스토아주의에 방치될 수만은 없다.

2) 회의주의

앞의 경우와 달리 회의주의에서는 현실에 회의를 느끼거나 존재 자체의 허무감을 통하여 마음의 평정을 누리려고 한다. 그러나 이 평정은 동요하게 마련이다. 마음의 평정은 회의에 의하여 부정되는 현실을 전제로 하는 만큼 이러한 부정은 사유에 의한 부정이고 현실 자체의 부정은 아니기 때문이다. 회의주의의 동요는 스토아주의의 동요보다 현실적으로 되는 것을 의미하게 된다.

3) 불행한 의식

불행한 의식은 비현실적 의식의 최후의 단계이다. 기독교의 사유 방식에서 이와 유사한 예를 찾아 볼 수 있다. 여기서는 자유의 이상으로서 신을 의식하지만 이상에서 떨어진 현실에서 자신을 바라보고 있기 때문에 모순된 의식을 지니고 있다. 이른바 신과 인간의 관계를 주인-노예 관계로 보고 현실을 이러한 프리즘으로 간주한다. 여기에 신과 인간의 통일을 요청하게 되고 그러한 표상이 예수 그리스도에 집약되어 나타난다.

그러나 이러한 통일은 피안에 머물고 죄의식을 느낀 노예는 자신을 부정함으로써 신과의 통일을 꾀하게 된다. 이른바 고행이나 금욕을 통하여 현실의 자기를 부인하고 이상의 자기를 획득하려고 한다. 그럼에도 불구하고 노예로서 자신을 부정할 수는 없다. 그렇지 아니하면 주인으로서 주인을 청산할 때 노예로서 노예인 자신을 던져버리고 자유로울 수 있다. 사람이 사람 위에 사람을 둘 때 사람 위에 신을 만들게 된다. 그러므로 불행한 의식의 청산은 인간의 현실적 불행의 폐기와 연관 맺고 있다고 할 것이다.

(라) 역사적 전개

이제까지 살펴본 주노 관계와 현실도피의 '비현실적 의식'을 기본 틀로 하여 서양의 역사 전개를 희랍, 로마를 포함하는 '인륜적 세계', 그 다음의 프랑스 혁명에 이르기까지 '차안과 피안으로 분열된 세계', 그리고 차안과 피안의 통일적 기도로서 프랑스 혁명을 추적해 보고자 한다.

1) 인륜적 세계

헤겔은 희랍 세계를 인류의 청년기에 해당되며 "아름다운 자유의 나라"라고 묘사하고 있다. 그리고 그 원인을 주관적 자유의 출현에 있다고 보고 있다. 따라서 이 세계에서는 이 세상과 저 세상이 분열되어 있지 아니하다. 헤겔은 이 세계의 세 가지 요소로서 노예제, 신화, 도시국가를 들고 있다.

주노 관계의 관점에서 희랍 세계를 바라보면 이러한 노예제 사회에 그 특색이 있다. 여기서 주인들의 생활은 노예들의 노동에 의존하고 있다. 주인들은 노예들에 대한 지배와 보급을 위해 공권력으로써 국가를 형성한다. 그리고 주인들은 시민의식을 갖고서 국가 구성요소로서 가족을 형성한다. 여기서는 주인들의 내적 모순이 역사적 전개의 주요 모멘트가 되고 있다.

이러한 노예제 국가는 전쟁에 의해 자신의 자유와 안전을 보장하고 있기 때문에 젊은이들에게 최고의 노동인 죽음을 요구한다. 그러나 국가의 존립이 청년의 자연력에 의존하고 있기 때문에 이것은 우연한 행운으로서 한계가 있기 마련이다. 차츰 새롭게 출현한 현실의 세계에서 자신이 비현실적이라는 심정을 품게 된다. 이 세계를 아름답게 하려는 정신과 현실의 균열을 경험하면서 자기소외적 정신이 만연하게 된다. 이러한 모순은 신화를 통한 세계 인식, 도시국가 내에서의 갈등 현상을 야기하게 된다.

희랍 세계와 달리 로마 세계는 인륜적 세계에서 차안과 피안이 분열된 중세의 세계로 이행되는 중간 단계로서 의미가 있다. 이를 법의 상태라고 할 수 있다. 이것은 인격, 소유, 세계의 주인의 세 가지 상태를 경과한다.[11)]

여기서 말하는 인격은 타자와의 자연적 결합에서 분리되어 자신을 실체로 느끼는 것을 말한다. 인간이 자기를 인격으로 포착하게 되는 것은 신체의 개별성을 느끼는 데 국한하지 않고, 자기를 자유로운 것으로 느끼고 그것을 결단할 수 있음을 의미한다. 이른바 내면세계로서의 초월적 자기를 자연과 구별하여 느끼게 됨으로써 주관적 자유를 향유하는 것이다. 이는 인간의 자유를 사유로 포착하여 만인의 평등성을 발견하는 계기가 되며, 현실의 노예 상태를 정당화하는 비현실적 스토아주의와 대응한다.

스토아주의가 회의주의로 이행하였듯이 인격의 입장도 주관성에 머물지 않고 객관성을 확보할 필요가 있다. 이른바 인격의 자유를 생각하면서 사상된 자연을 자신의 소유로서 인격과 관련하여 살펴볼 필요가 있다. 그런데 인격이라는 추상적 수준에서 느낀 인간의 평등은 현실적으로 약육강식이라는 불평등에 귀착한다. 따라서 인격과 소유의 결합은 우연적 힘의 우위와 관련되므로 약자로서의 자립성에 대한 의식과 현실의 비자립성 사이에 마음의 동요가 일어나는 회의주의에 이르게 된다.

사람들은 자신을 인격적으로 절대화하여 이기적 존재가 되기 때문에 소유에 이르러 약육강식의 상황에 들어가게 마련이다. 이러한 대립은 하나의 정점에 집약되어 대립의 통일로서의 '세계의 주', 또는 황제로서 현실의 신을 요청하게 마련이다. 이러한 세계의 황제는 대립의 세계를 규정하는 법의 보편성을 드러내면서 한 개인으로서 감각적 존재이기도 하다. 따라서 황제는 야성적 욕망에 의해 광기 어린 파괴를 행사하여 무법천지를 이루게 된다. 여기서 사람들은 자립성이 황제의 편에 있고 인격으로서 자신의 편에 있는 것이 아님을 발견하여 자신을 '시대의 신'의 노예로서 상정하는 불행한 의식이 나타나게 된다.

희랍의 인륜적 세계에서는 정신과 현실의 통일이 존재하는 공동체의식이 현실적인데, 그에 반해 로마의 법적 상태는 이러한 불행한 의식의 상태에 이르러 공동체의식은 사라지고 정신은 비현실이 된다. 이른바 차안과 피안의 분열된 세계, 자기소외의 정신이 출현한다.

2) 차안과 피안으로 분열된 세계

차안은 현실의 나라이다. 여기서는 앞에서 살펴본 바와 같이 인간소외에 의해 순수의식의 피안을 꿈꾸게 된다. 이는 곧 신앙의 나라이다. 그런데 신앙의 나라는 현실에 의하

11) 헤겔, 『법철학』, 藤野涉 外譯, 中央 公論社, p.117.

여 규정되며 자신을 소외시키게 된다. 그리고 다시 신앙에 대한 이성적 비판이 야기된다. 이러한 소외의 과정을 통해 이 세상과 저 세상의 괴리를 느끼면서 계몽에 대한 자각이 이루어진다. 이를 각각 현실의 세계와 교양, 신앙의 세계, 계몽에 대한 자각의 순서로 살펴보자.

인간은 자신의 인격을 절대화하고 개별적 존재 차원에 머물고 있는 한 현실의 세계와 대립하게 마련이다. 이에 현실에 적합한 자기 혁신을 도모하게 되는데 헤겔은 이를 교양이라고 말한다. 그것은 자신을 개별적 존재에서 사회가 요구하는 보편적 수준으로 높이는 것을 의미한다. 따라서 교양의 함양을 통한 자기 형성은 주인과 노예의 관계에서 노동에 의한 자기 형성의 변형된 형태로 파악할 수 있다. 이는 경제적 자기 형성, 정치적 자기 형성에 귀착되는데, 이를 각각 노동에 의한 재산, 봉사에 의한 국가권력이라고 말할 수 있다.

재산은 개개인의 향락을 위해 존재하고 국가권력은 개개인의 존립을 위해 존재한다. 반면에 재산은 만인의 노동의 결과이고 국가권력 또한 만인의 행위의 결과이다. 이들 모두는 목적론으로 볼 때는 개별성을, 그 성립 근거로 볼 때는 보편성을 함께 갖추고 있다. 그러나 인간은 이들을 바라볼 때 그것이 자신에게 쾌적한 경우에는 선이라고 보고, 불평등하거나 자신에게 불쾌한 경우에는 악이라고 판단한다. 다시 말하여 국가권력의 보편성에서 바라보면 억압적인 측면이 강하므로 악이 되고, 재산은 향락의 대상이 되므로 선이 된다. 이에 대해 재산의 보편성으로 평가하면 그것은 욕망의 덩치로 간주되는 즐거움에 불과하고 국가권력은 법률, 통치 등으로 선이 된다. 헤겔은 로마 이후의 역사를 자기 형성의 교양과 관계된 고귀(국가권력과 재산의 소유, 귀족과 부르주아)와 비천(서민)의 대립으로 간주하며, 이는 곧 주노 관계의 변형에 해당되는 것이라고 말한다.

현실의 세계에 좌절을 느낀 인간은 초감각적 세계에 들어가려 한다. 이 경우 신을 의식하거나 순수의식으로서 자아를 느끼기도 한다. 앞의 경우를 신앙, 뒤의 경우를 순수투견(純粹透見)이라고 말한다. 현실의 세계에서 제일 큰 의미는 국가권력이다. 반면에 신앙의 세계에서는 절대적인 신의 존재가 강조된다. 기독교 신앙에서는 예수 그리스도를 통하여 신과 인간, 보편성과 개별성의 통일을 보게 된다. 이 관계를 자각하여 내면적인 것의 개념을 파악하는 당체(當體)가 자신임을 느낄 때 순수투견이 이루어진다.

여기서는 자신과 대상 사이의 보편적인 것을 개념화하게 되고 이러한 개념에서 의식되는 것은 자기이다. 이러한 개념이 더욱 보편화되어 자기만의 소유가 아니라 만인이 소유하는 것으로 확대되면 이성에 도달한다. 이는 높은 교양의 수준으로서 자신의 재능, 능력을 과신하는 상호 경쟁의 상태에서 벗어날 수 있는 관건이 된다.

계몽은 신앙이 미신이고 조직된 오류의 세계라고 비판하는 것을 말한다. 계몽에 의한 신의 비판은 기독교의 경우 성부, 성자, 성령에 대해 이루어지게 된다. 성부의 경우 신을 대자적 존재로 자신을 대타적 존재로 간주하는 것을 말한다. 이는 노예가 주인에 대해 느끼는 태도이다. 마치 노예가 주인을 상정하듯이 신은 인간의 본질이 대상화된 것에 불과하다. 계몽의 입장에서는 인간이 신을 의식하는 것은 인간의 자기의식의 현상에 속한다고 간주한다. 그리고 성자에 대한 비판에 있어서는 우연의 사건에 대한 우연의 인식으로 간주한다. 그 자체를 신문 기사보다 불확실한 것으로 비판한다. 또한 성령에 관해서는 신앙으로서 신의 존재를 확신하는 것뿐만 아니라 구원을 위한 신과의 합일이 문제가 된다. 여기에서 신앙은 단식, 금욕, 순례 등의 행위에 의한 자기 부정의 방법으로 신과의 합일에 도달하려고 한다. 이것이 이른바 성령이고 교단의 정신이다. 그러나 자기 부정에는 여전히 부정할 수 없는 자기가 남게 된다. 이러한 자기는 진실한 인간의 모습이기 때문이다.[12)]

이처럼 보이지 않는 보편성에 대해 계몽주의의 시각은 감각적 세계를 토대로 평가하려고 한다. 따라서 신앙의 절대 실재는 이러한 시각에서 공허한 실재로 드러나며 그것의 가치를 인간의 효용성에 두고 있다. 이에 따라 계몽과 신앙의 대립은 인간의 정의에 대한 신의 정의로 나타난다. 계몽의 입장에서는 신앙의 내용 중에 진실한 자기 자신을 회복하려는 자기반성의 정신이 뚜렷하게 부각되고 있다. 따라서 계몽이 신앙에 승리하고 개별적, 감각적인 것의 가치가 긍정된다. 그러나 인간은 결코 개별적인 것에 머물 수는 없다. 공허한 피안에의 동경이 남기 때문에 가장 추상적이며 보편적인, 이른바 절대 개념에 도달하려고 시도하게 된다. 이것은 결국 대상화된 의식의 추상 작용이며 대상과 의식을 일치시키려는 자기 운동으로 구체화된다.

그러나 계몽은 아직 현실의 주노 관계를 폐기하지 않고 근원적으로 분리의 상태에 머물러 있기 때문에 소외의 단계라고 말할 수 있다. 따라서 주체인 자기와 객체인 절대 실재의 동일성을 인정하지 않고 공허한 상태대로 자기 밖에 방치하여 둔다. 이러한 실재와 감각적인 것과의 관계에 따라 세 가지 형태의 구별이 가능하다. 첫째, 공허한 실재를 종래의 신앙의 입장과 같이 신이라고 부르는 이신론을 들 수 있다. 둘째, 순수물질 혹은 자연이라고 부르는 계몽은 유물론이다. 그리고 이들의 통일 관점에서의 계몽으로서 공리주의를 들 수 있다. 공리주의적 계몽은 대상 가운데 자기를 보려는 의식이 분명하게 나타나지 아니한다. 여기서는 인간의 노동의 결과인 기술 세계에 인간 자신을 그대로 소외시키는 결과를 야기하게 된다. 이러한 유용성의 관점에서도 비현실적인 인식은 현실적 인식에로 내적 변혁을 수반할 수 있다.

이제까지의 논의에서 드러난 바와 같이 교양의 세계는 현실적인 자기 형성을 도모하기 때문에 정치적, 경제적인 만족을 이룰 수 있더라도 진실한 자기 인식을 결여하고 있기 때문에 공허한 세계라고 할 것이다. 그 다음 신앙의 세계에 있어서는 진실한 자기에 대한 의식 추구는 분명하지만 현실과 피안의 분리로 말미암아 현실 원리가 결여된 상태로 있다. 이들 두 가지 세계를 비로소 통일하고 현실 감각을 회복하게 되는 것은 바로 계몽에 의한 유용성의 입장이라고 말할 수 있다. 이러한 유용성도 그 대상의 형성 주체를 포착하기에는 미흡하므로 현실을 변혁할 필요가 있다. 이는 곧 신앙의 세계로 도피하기 직전의 문제를 다시 해결하는 셈이다. 헤겔은 프랑스 혁명이 이러한 의미를 갖는다고 말한다.

---

12) 헤겔, 『기독교의 정신과 그 운명』 木村毅譯, 現代 思潮社, p.107.

3) 차안과 피안의 통일적 기도

[그림 5] 절대 자유를 실현하려는 노력의 구체화(바스티유 감옥 습격)

유용성의 입장에서 대상은 자체 존재와 대타존재의 통일이고 대자존재였다. 그런데 대상은 본질적으로 대타존재이다. 그것은 노동에 의해 형성된 인간을 위한 존재이다. 따라서 이러한 입장에서 대자존재가 될 수 있는 것은 현실적 세계와 초감각적 세계의 본질로서 자기를 의식할 수 있는 절대 자유이다. 이러한 절대 자유는 분업, 신분, 간접민주제, 기타 인간을 제어하는 모든 것을 부정하고 보편적 목적, 보편적 작업을 추구한다.

이에 따라 인간과 피안의 대립은 소멸되었지만 인간 내면의 개별적 의식과 보편적 의식은 여전히 남아 있게 된다. 왜냐하면 절대 자유는 그 속성에 있어 사회의 조직화를 허용하지 아니하는 부정적 행위이고, 유일한 작업은 파괴와 죽음을 초래하는 것이다. 또한 그것은 보편적 의지로서 한 사람에 집약되지 아니하면 실현의 한계를 지니게 된다. 이처럼 절대 자유는 인간의 근원적 분리를 파기하고 삶의 공동체를 형성하게 하는 것이 아니라 오히려 분리를 철저히 하고 궁극에 이르기까지 유도한다.

따라서 프랑스 혁명을 통하여 절대 자유를 실현하려는 노력은 구체화되었지만 파괴와 죽음의 현상으로 나타났고 나폴레옹의 권력으로 이어졌다. 이는 역사적으로 인간의 노예 상태로부터의 해방을 의미한다. 프랑스 혁명은 절대 자유를 지향하는 인간 의식의 발로로서 차안과 피안을 현실적으로 통일하려는 시도이지만, 역사적인 노예 관계 청산의 이정표가 될 뿐 그것의 완성이라고 말할 수는 없을 것이다.

5. 루이 알튀세르의 헤겔사상 비판

루이 알튀세르는 후기 구조주의 시각에서 철학적 이론과 실천 양식을 접목시키려고 시도한 프랑스 철학자이다. 그는 『마르크스를 위하여(Pour Marx)』라는 저서를 중심으로 헤겔의 역사의식의 문제점이 무엇인가를 발견하고자 한다. 그의 비판은 헤겔의 관념적 변증법의 한계, 역사적 단순 결정론의 모순에 집약되어 있기 때문에 그것들에 대한 대안도 보다 구체적이라고 할 것이다. 그는 포스트구조주의의 관점에서 구조주의라는 과학이 제기하는 철학적 함의(含意)를 철저히 하려는 것이었다. 인간 자체를 중시한 나머지 관계라는 것을 경시한 실존주의를 비판하면서 등장한 것이며, 인간 경시(人間輕視)에 대한 반작용으로 나타난 것이다. 이에 포스트구조주의에서는 무시되었던 종교와 역사의식의 역할을 중요시한다.[13)]

이 역사적 요소를 다시 도입한 포스트구조주의에서는 이미 '교환(交換)'은 중요한 원리가 못 되며 그 대신 소음(騷音)·사건·폭력·혼돈과 같은 요소가 고려된다. 또 구조(構造)라는 것은 존재를 인정할 때도 이를 구성하는 요소가 상호이질(相互異質)이어야 한다. 이질적인 것이 겹쳐짐으로써 중층적(重層的)인 것이 형성된다. 정신분석에서 도입된 중층결정[多元決定]이라는 개념이 중시되는 것은 이 때문이다. 갖가지 소소한 사상들이 얽히어 혼재해 있는 것이 포스트구조주의의 특징이기도 하며, 구조주의가 사실상 개척한 탈인간주체주의(脫人間主體主義)의 방향으로 철학적 분석을 추진하는 일이야말로 그 주제가 된다.

(가) 헤겔의 관념적 변증법의 한계

알튀세르는 헤겔의 변증법을 '사변적 변증법'(la dialectique spéculative)이라고 말한다. 그에 의하면, 역사의 흐름을 역사의식의 정신적 실체를 중심으로 설명하는 사변적 변증법은 역사 현실이 하나의 과학으로 설명되는 것이 아니라, 정신에 미리 주입된 목적의 실현과정으로 정당화되어 버린다는 것이다. 이 설명방식으로는 목적론의 정당화, 총체성의 정당화로 말미암아 이론과 실천 양식의 결합을 꾀하기가 어렵다고 말한다.

"사람들은 헤겔적인 모형의 집요한 논리가 다음과 같은 개념들을 엄격히 연결시키고 있다고 본다. 그 개념들은 단순성, 본질, 동일성, 통일성, 부정, 분열, 소외, 대립자들, 추상, 부정의 부정, 지양, 총체성 등등을 말한다. 헤겔 변증법은 모두 거기에 있다. 즉 모두 근원적인 단순통일의 근본적인 가설에 매달려 있고, 그 다음 부정성의 덕택으로 그 단순통일의 와중에서 발전되며, 모두 자기 발전 속에서 매번마다 좀 더 구체적인 하나의 총체성 속으로 언제나 근원적 단순성과 통일성만을 회복한다."[14)]

---

13) 데리다의 해체의 철학, 들뢰즈의 차이(差異)의 철학, 푸코의 탈중심화(脫中心化) 등 모두 서구(西歐) 형이상학 전체에 대한 저항의 시도이다. 한마디로 포스트구조주의는 고대 이래의 '철학제도'에 의문을 제기한 철저한 자기비판임과 동시에 정치적·윤리적 사상의 새로운 기획이다.

이처럼 헤겔의 부정의 부정의 변증법에 의한 역사의 추진과 발전의 논리는 목적론적 사고 없이는 도출될 수 없다. 아울러 과거와 미래가 동질화 되고 경제, 정치, 종교가 동질화되는 총체성의 논리에 입각해 있다. 통시적이며 동시적인 헤겔의 변증법은 한 시대의 여러 문화적 요소를 하나의 원리, 이를테면 앞에서 살펴본 주노 관계처럼 총체화한다는 것이다. 이는 곧 목적론적 관념에 철저히 사로잡혀 있다는 것이다.

"헤겔적 통일성은 하나의 단순한 통일성으로부터 그 자체가 관념의 발전의 계기인 하나의 단순한 원리로부터 소외된 발전이다. 따라서 엄격히 말하면 그 총체성은 그것의 모든 발현을 통해, 그것의 재건을 준비하는 소외 그 자체를 통해 지속되는, 그 단순한 원리의 현상, 자아 발현이다."

따라서 헤겔적 총체성은 실제적으로서가 아니라 단지 외형적인 영역들로 분절되어 있고, 그것의 통일성은 그것 자체의 복잡성의 구조가 될 수 없다. 또한 실천의 대상이 되게 하는 절대적 조건인 '지배 내 구조'(structure à dominante)가 결여되어 있다는 것이다. 이를 통해 사회적 총체성에 대한 헤겔적 이론이 정치적 실천을 도모할 어떠한 변형된 대안도 갖추고 있지 아니하다는 것을 알 수 있다.

알튀세르는 그 대안으로 일반성 Ⅰ, Ⅱ, Ⅲ로 구성된 이론 실천의 양식을 언급하고 있다. 헤겔의 오류는 이론적 실천이 하나의 지식으로 변형되는 일반성 Ⅰ을 변형 과정 자체의 원동력과 본질로 생각한 데 있다. 비유하면 연료가 자체의 변증법적 자기 발전을 통해 증기기관이나 공장을 돌리고, 전기를 이용한 기구 일체를 생산한다고 하는 것과 마찬가지다. 알튀세르는 이에 대해 실천의 변증법을 말한다. 이에 따르면 시초의 추상적 일반성(일반성 Ⅰ), 이는 곧 노동이 부과된 일반성을 말하는데, 이것은 노동하는 일반성(일반성 Ⅱ)과 같은 것이 아니다. 더구나 이것은 그 노동의 산물인 특수한 일반성(일반성 Ⅲ)으로서 이론적-구체적 지식은 될 수 없다.

"그러므로 일반성 Ⅱ가 일반성 Ⅰ에 작용할 때, 앞의 것이 뒤의 것에 그대로 적용되는 것이 아니며, 과학의 토대가 성립되는 과정에서나 과학사의 변천 과정 속에 작용하는 것도 아니다. 바로 그 때문에 일반성 Ⅰ은 그 노동에서 항상 실제로 변형되어 나오게 된다……. 헤겔은 이론적 실천의 실체, 구체적 변증법에서 생산 과정의 연속성 속에 나타나는 상이한 일반성들 사이에 끼어들거나 나타나는 질적 불연속성을 부정한다."[15)]

이처럼 지식 생산 과정에서 일반성 Ⅰ은 과학의 원재료인 추상적인 것으로서 부분적으로는 이데올로기적이며 부분적으로는 과학적인 일반성을 말한다. 반면에 일반성 Ⅱ는 주어

14) 김형효, 『구조주의의 사유체계와 사상』 서울, 인간사랑, 1990, pp.449-450.

15) J-P. Cotten, *La pensée de Louis Althusser*, Privat, Toulouse, 1973, pp.118-119.

진 순간에의 과학적 이론, 지식 생산의 수단을 말하며, 일반성 III은 생산되는 구체적이거나 과학적인 일반성을 말한다. 결국 알뛰세르는 여러 가지 실천 양식을 통합하는 기능으로서 이러한 실천 양식을 생각하게 되었다. 이것은 이데올로기적, 경험적, 기술적 실천 양식들에 의하여 주어진 원료(표상, 사실, 개념) 위에서 질적 변양을 통해 다듬어지는 것이라고 한다. 이는 헤겔의 역사의 관념적 변증법에 대한 실천 변증법의 질적 구조로서 의미가 있다고 할 것이다.

(나) 헤겔의 역사적 단순 결정론의 모순

알뛰세르는 헤겔의 변증법이 관념의 자기 전개를 단순히 표현한 것에 불과하다고 말한다. 그것은 바로 헤겔의 변증법 속에는 주모순과 부모순의 구별이 없이 무차별하고 단순하게 역사가 결정된다고 보았기 때문이다. 그 원인을 알뛰세르는 헤겔의 변증법에서는 현실의 복잡한 모순 자체를 이론적으로 분석하지 않고 소외와 그 극복이라는 단순한 차원으로 환원하는 데 있다고 한다.

이러한 역사의 단순 결정론은 결국 이데올로기에 다름 아닌 하나의 내적 정신 원리의 외현화와 소외를 통해 역사의 구체적 삶을 완전히 파악할 수 있다는 조건하에서만 가능한 것이다.[16] 따라서 헤겔적 역사 인식에 있어서 단순 결정론은 한 민족의 물질적 현실이 아니라 가장 추상적인 이데올로기에 불과하다는 것이다. 이에 따라 알뛰세르는 헤겔이 즐겨 사용한 시민사회, 국가, 경제, 정치 등의 용어들이 이데올로기적인 단순 원리에 불과하다고 비판한다.

"헤겔적인 모순의 단순성은 국민의 내적 원리의 단순성의 반성이다. 이는 곧 국민의 물질적 현실이 아니고 가장 추상적인 이데올로기의 반성 이외에는 결코 다른 것이 아니다."[17]

따라서 헤겔은 하나의 단순한 원리에 의하여 변증법을 말하였고, 그것을 중심으로 동질적으로 역사를 설명하고 모순을 해석한다는 것이다. 앞에서 살펴본 역사의식의 구조나 주노 관계의 역사적 전개에서 이러한 사실을 확인할 수 있었다. 헤겔에 의하면 역사적인 전개의 목표는 절대적인 무한한 정신을 완전하며 구체적으로 실현하는 데 있다. 이것은 바로 절대 자유의 실현을 의미한다. 물론 구체적 현상에 있어 개개인의 열정에 관해서 역사적 원동력을 발견하려고 하였지만, 헤겔의 경우에는 절대의 총괄적인 전체만이 무한하며 영원할 수 있다고 간주한다. 이념의 역사변증법적인 단순 원리가 역사를 총괄적인 전체로서 파악하게 하는 힘이 되며 이는 곧 구체적인 자유 실현의 동기가 된다.

이에 반해 알뛰세르는 역사의 다원결정(la surdétermination) 구조주의적 입장을 택하고 있다. 이는 사회 구성체를 이루고 있는 각각의 실천 속에서 모순들이 전체적으로 사회 구성

16) Louis Althusser, *Pour Marx*, ed., Maspero, 1967, pp.64-67.

17) 위의 책, p.102.

체에 영향을 미친다는 것이다. 이 경우 주어진 역사적 순간에 지배 내 구조 속의 모순들의 지배와 종속의 유형, 모순들의 적대성과 비적대성을 규정하는 각각의 실천과 모순에 복합적으로 영향을 미친다는 의미이다. 결코 단순하게 역사가 결정되는 것이 아니라 복잡한 전체 속의 다른 모순들이 그 모순에 다원적으로 반영되는, 이른바 모순의 불균등 발전 이론이라고 말할 수 있다.

알튀세르는 헤겔의 변증법이 원의 중심처럼 단순 원리라는 중심에 의해 사회적·역사적 현실을 남김없이 포괄하려는 자세에 문제점이 있다고 말한다. 결코 모순은 단순하지 않고, 모순과의 관계도 동등한 원리에 의해 지배될 수 없다. 다원 결정론에 있어서 모순의 구조는 복합적인 모순 항들의 얼개, 비동등한 모순 사이의 관계를 지칭한다. 그의 실천적 변증법은 이러한 맥락에서 역사가 복합적으로, 비동등한 구조로 결정된다고 말할 수 있다. 이러한 점에서 헤겔은 변증법의 구조를 지나치게 단순화하는 신비화 작업을 통하여 역사의식에 대한 놀라운 매력을 불러 일으켰다고 할 것이다. 따라서 신비적인 외피 안에 감추어진 합리적 핵심을 발견하기 위해서는 헤겔의 변증법을 다시 한 번 뒤집을 필요가 있다.

이제까지 헤겔의 역사의식을 살펴보고, 이에 대한 비판을 알튀세르의 후기 구조주의 시각과 마르크스주의를 해체한 알튀세르 사상을 중심으로 비교하여 보았다. 여기서 우리는 자유 이념의 관념 변증법에 대한 이념-실천 양식의 실천 변증법의 구조적 대비를 발견할 수 있었다. 헤겔에 있어서 역사의식은 '객관적 정신의 영역(법, 도덕성, 시민정신)을 대상으로 삼는 사변적 이성'을 뜻한다. 이러한 역사의식은 모든 부정적 계기들에도 불구하고 그것을 긍정적 방향으로 이끄는 변증법적 발전을 꾀하는 의식으로 풀이할 수 있다. 오성(悟性)을 넘어서 역사의식이 나타나게 하는 원동력은 보편적 자유 이념과 역사적 모순을 타파하려는 구체적 열정이다.

또한 역사의식은 정신의 자기의식의 작용을 의미하는데, 이의 변증법적 전개는 자연과의 싸움(소외), 사회적 진보의 과정(소외극복), 자유의 성취(자아실현을 위한 인간주의 사회의 건설) 양상으로 구체화된다. 따라서 헤겔에 있어서 역사의식의 지향점은 자유의 이념을 구현함으로써 자아를 실현하는 데 있다고 할 것이다.

그런데 이러한 역사의식이 대자존재와 대타존재의 대비 관계로 함축된 주노 관계의 기본적 구조가 역사적인 전개 과정을 통해 다양하게 나타나면서, 역사적으로 인륜성의 세계, 차안과 피안이 분열된 세계, 차안과 피안의 통일적 기도의 모습으로 드러났다. 결국 이러한 과정에서 노예상태를 극복하지 못하고 자유에 대한 몽상을 꿈꾸게 되는데, 이는 비현실적 의식의 세 가지 유형, 스토아주의, 회의주의, 불행한 의식의 모순현상을 야기하게 된다. 역사적으로 이러한 모순을 타파하고 절대 자유를 향한 현실 속에서의 소외의 극복은 프랑스 혁명을 통해 가장 구체적으로 이루어졌다. 그러나 헤겔은 이러한 프랑스 혁명조차도 절대 정신에 의한 자유 실현의 역사적 서장에 불과하다고 평가한다.

반면에 알튀세르는 이론 실천 양식을 내세우면서 헤겔의 역사의식에는 목적론적 변증법의 한계, 지나친 단순화의 오류 등이 발견된다고 비판하고 있다. 그것은 정신에 미리 주입된 목적의 실현 과정으로 이데올로기적인 역사 인식의 한계라고 할 것이다. 따라서 헤겔의 역사의식에 있어서 총체성의 논리가 중요하게 부각되고 있지만, 이는 자유 실현의 단순한 내적 원리가 외현화되는 것에 불과하다.

여기서 우리는 헤겔의 역사의식이 복잡한 현상의 배후에 놓여 있는 근원적인 본질을 전제로 한 이념에 중심을 둔 구조라고 말할 수 있다. 그러나 결코 역사 현상이 단순하며 지배적 구조에 의해서 통시적, 공시적 결정을 통해 이루어진다고 볼 수는 없다. 이러한 측면에서 알튀세르는 구조 내의 각각의 요소들이 서로 다원적인 영향을 미치면서, 때에 따라서는 주요모순이 부수모순으로 전도되는 과정을 다양하게 드러내는 다원 결정론을 옹호하고 있다. 이는 후기 구조주의의 입장을 반영한 것으로서 '탈중심화된 구조'(structure décentrée)를 옹호한 이론이라고 할 것이다. 루이 알튀세르는 이처럼 이론과 실천 양식을 하나로 합치려는 역사의식에서 헤겔을 비판하였다. 이론은 이성을 경험에 연계하기 위해서 논리적이며 사변적인 특성을 갖는다. 반면에 실천 양식은 현실 속에서 바람직한 결과를 산출하기 위해서 능동적이며 유용한 행동적인 표출을 전제로 구체성을 드러낸다. 그의 방법론은 이처럼 구조주의의 방법을 마르크스주의에 접목하려는 실천 양식이라는 점에서 헤겔의 이념 중심의 역사의식에 대한 탈중심의 비판이라고 할 것이다.

2. 유물변증법의 이해

1. 마르크스주의

마르크스 사상은 유물론의 범주에서, 불교 사상은 유심론의 범주에서 다루고 있다. 실제로 유물론의 사상은 인간정신의 소산이라는 측면에서 관념론의 변형으로 볼 수 있으며, 불교 사상도 마음의 항상적인 실체를 근본적으로 부인하고 있는 점에서 유심론의 범주에 넣어 살펴볼 수 있을 것이다. 그러므로 이들 사상을 유물론, 유심론의 이분법적 단순화 논리에 국한하여 고찰한다면 위험이 따를 수 있다.

이들 사상을 비교함에 있어 그것의 논리적인 성격에 주목하여 비판적인 고찰을 하고자 한다. 그런데 마르크스 사상은 정치, 경제의 현실 문제에 관심이 집약되고 있는 데 반해 불교 사상은 인간의 정신적 자유 실현에 초점을 두고 있다. 따라서 이들 사상을 비교함에 있어 정치경제학적 범주와 정신과학의 양면을 함께 볼 필요가 있다. 마르크스 사상은 그 논리에 있어 유물론의 세계관에 정신 현상의 역동성을 함께 고려한 유물변증법의 특색을 드러내고 있다. 그리고 불교 사상은 유식 및 중관의 사상을 통해 합리성의 모순을 철저하게 보여주며, 언어의 세계를 벗어난 참의 실상을 제시하고 있다. 이러한 논리 형식을 지칭하여 무르티(Murti)는 귀류법(reductio ad absurduim)이라고 말한다.[18] 그리고 사회주의 이념은 그 실상에 있어 동구 공산권의 붕괴뿐만 아니라 종주국의 해체를 이미 경험한 바 있다.

비록 변증법의 형식을 갖추고 있지만 마르크스 사상은 주관을 객관의 반영 관계로 취급하여 객관에 환원되는 하부 구조 결정론에 근거하므로 정신적 가치를 고려한 다원적 가치관이 배제되고 있는 실정이다. 반면에 불교의 유식 및 중관 사상에 있어서는 언어 형식에 의존하여 해탈의 세계를 드러내 보이면서 언어에 대한 불신을 감추지 못하고 있다. 이러한 한계에 대한 비판도 아울러 고찰하고자 한다.

---

18) T.R.V. Murti, *The Central Philosophy of Buddhism*, p.252.

2. 유물변증법

마르크스 사상에 있어 유물변증법은 반형이상학의 논리에 근거하여 인식의 방법과 행동의 지침을 제시하려는 특색이 있다. 마르크스는 이에 관해 다음과 같이 언급하고 있다.

"유물변증법은 역사적으로 발전한 모든 사회적인 형태를 유동적인 운동 속에 있는 것으로 보며 일시적인 존재에 못지않게 그 변화하는 속성을 고려한다. 왜냐하면 그것은 어떠한 강요도 받지 않으며 그 본질에 있어 비판적이며 혁명적이기 때문이다."[19]

이처럼 역사를 형이상학에 대한 비판적 입장에서 역동적인 운동의 관계로 이해하려는 자세를 찾아볼 수 있다. 이와 연관된 관점에서 엥겔스는 변증법적 부정이 역사적 발전의 원동력이 된다고 주장한다.

"변증법은 총체적 연관의 과학이며 이것의 주요 법칙은 양과 질의 전화, 극단적 대립물의 상호 침투와 상호전화 그리고 모순 또는 부정의 부정에 의한 발전의 최고 형식으로서 나선형의 발전 등에 관한 법칙이다."[20]

이와 같이 법칙으로 범주화되고 있는 유물변증법의 논리는 다섯 가지로 집약될 수 있다. 여기서는 이들 논리에 대해서 살펴보고자 한다. 이것에는 연관의 논리, 변화의 논리, 발전의 논리, 변혁의 논리, 실천의 논리 등이 포함된다. 먼저 그 논리의 흐름을 찾아보고 이에 관한 문제점을 언급하게 될 것이다.

(가) 연관의 논리

상호작용에 의해 구성된 것으로 주장하는 연관의 논리에서는 일회적이며 개체적인 것의 존재를 인정하면서 그것의 유기적 관계를 고려한다. 이를 엥겔스는 하나의 체계로서 부각시키고 있다.

"우리가 접근할 수 있는 자연 전체는 하나의 체계를 이루고 있는데 이는 바로 물체들의 총체적 연관이다. 이때 물체란 물질적으로 존재하는 것들이다......이 물체들이 연관을 이룬다는 사실은 이 물체들이 서로 영향을 미친다는 점과 이러한 상호작용이 운동으로 나타난다는 것을 말한다. 이러한 결론에서는 일단 우주를 하나의 체계, 다시 말하여 물체들의 연관으로 인식할 수밖에 없다."[21]

---

19) K.Marx, *Capital*, Vol. Moscow, Foreign Languages Publishing House, 1958, p.20.

20) 엥겔스, 『자연 변증법』 전집, 제20권, p.307.

21) 위의 책, p.497.

이러한 총체적 연관이라는 개념은 객관적 실재의 일반적인 성질을 반영한다. 이 개념은 모든 사물들이 직접 또는 간접으로 연관형식에 의해 인식 가능한 체계를 이루고 있음을 뜻한다. 객관적 체계를 형성함에 있어 변증법적 요구의 다음 사항을 충족 요건으로 한다.

첫째, 총체적 연관 속에서 탐구되는 과정들은 모순되는 측면들의 통일적 법칙으로 인식될 필요성이 있다.
둘째, 대립 전개와 투쟁의 과정은 발전의 원인으로 간주될 필요가 있다.
셋째, 실천이 인식 토대이며 동시에 진리 기준으로 간주될 필요가 있다.

이상의 충족 요건에 근거하여 총체적 연관을 살펴봄에 있어 주목할 사항은 변증법적 결정론의 성격을 지니고 있음이다. 이러한 결정론은 기계적 결정론과 달리 인과성, 합법칙성, 예측 가능성과 동일시되는 필연성을 뜻하지 아니한다. 기계적 결정론에서는 우연을 아직 그 원인이 인식되지 못한 상태로서의 사유 범주에 국한하게 된다. 여기서는 인과성과 필연은 동일시 되게 마련이다. 이를 사회에 적용하면 인간 활동의 자유 의지를 부인하는 숙명론의 논리로 귀착된다. 이러한 모순을 엥겔스는 다음과 같이 지적한다.

"만약 하나의 완두 꼬투리의 원인을 인과 관계 속에서 탐구하지 아니하는 과학이 있다면 그것은 과학이 아니라 말장난에 불과하다. 왜냐하면 그 완두 꼬투리 한 개만 보더라도……. 현미경으로 볼 수 있는 미세하고 개별적인 특성들까지 말하지 않더라도 이미 수없이 많은 다른 성질들을 지니고 있기 때문이다."[22]

[그림 6] 20톤 바위의 마르크스 동상 : 모스크바)

22) 위의 책, p.488.

이처럼 기계적 유물론의 숙명론을 수용하게 되면 모든 대상의 성질과 관계들이 모두 필연적인 것이므로 모두 탐구되어야 한다는 논리가 된다. 그러나 과학은 모든 연관을 분석할 수 없다. 단지 합법칙적인 연관만을 분석할 수 있다. 이는 곧 조건이나 관점을 달리하면 우연적 연관이 필연적 연관으로 될 수 있고, 그 역도 성립될 수 있음이다. 예를 들면 병원체에 합목적적으로 대항할 수 있는 항체를 발견하려는 의학 노력이 그러하다.

우연과 필연의 변증법적 관계를 함축하는 총체적 연관 논리는 사회를 예측하기 위한 요인으로서 역동성을 나타낸다. 미래의 발전에 대한 예측은 항상 일정량의 불확정성을 내포한다. 예견하지 못한 조건들에서는 우연적 연관이 필연적 연관으로 바뀌거나, 앞의 것이 오히려 예측된 과정을 빗나가게 할 수도 있다. 결국 총체적 연관으로 법칙을 정립한다는 것은 '계산할 수 없는' 우연의 효과를 축소함을 뜻한다. 아울러 우연은 자동적으로 발생할 수도 있고 조작될 수도 있다. 따라서 총체적 연관의 논리는 사물들 사이의 상호작용을 총체적으로 관찰하되, 인간의 영역에 있어서는 목적지향론의 관점에서 그 법칙을 정립하는 것이라고 말할 수 있다.

(나) 변화의 논리

앞에서 살펴본 것처럼 유물변증법은 기계적 유물론과 달리 전체적 연관 관계를 중시하고 있다. 이러한 연관 관계에서 개개의 현상들은 변화를 겪게 된다. 유물변증법에서는 이들 변화를 질, 양, 한도의 구조적 맥락에서 파악하고 있다.

유물변증법은 질에 관해, 어떠한 대상을 그 자체로서 규정짓는 본질적 특성들의 전체라는 의미로 받아들이고 있다. 이에 관한 정의를 살펴본다.

"대상 자체와 분리할 수 없는 규정성이며 ……. 질은 대상에 상대적 안정성을 주고 그것을 다른 대상들과 구별하는 변별적 기능으로서 본질적 특성들의 총화이다."[23)]

"만약 내가 어떤 컵을 술잔으로 사용한다면, 그 컵의 모양이 실린더처럼 생겼는지 또는 그 컵이 유리로 만들어졌는지 따위는 나에게 별로 중요한 것은 아니다. 이때는 바닥에 깨어진 틈은 없는지 그리고 사람들이 그 컵을 사용해도 입술이 상하지 않는지 등이 중요하다. 반면에 내가 그 컵을 술 마시는 데 사용하지 않고 유리 실린더로서 사용한다면, 바닥에 틈이 있는 컵도 좋고 아예 바닥이 없는 컵도 상관없을 것이다."[24)]

이처럼 『마르크스주의 철학의 기초』, 『노동조합, 현 정세, 트로츠키와 부하린의 오류에 관하여』에서는 각각 유물변증법의 질에 관한 정의를 표현하고 있다. 앞의 경우는 본질적 속성을 강조하고 있음에 반해, 뒤의 경우는 의미의 속성을 부각시키고 있다. 결국 이들의 차이

---

23) *Grundlagen der marxistischen Philosophie*, Berlin, Dietz, 1960, p.251.

24) 레닌, 『노동조합, 현정세, 트로츠키와 부하린의 오류에 관하여』 레닌전집, 제32권, pp.84-85.

는 사물 자체의 내적인 관계와 다른 것과의 맥락에 의한 외적인 관계라고 말할 수 있다.

사물들 사이의 질적 차이를 말하는 것은 그것들과 다른 것을 구분을 짓는 이외에 실천적 중요성도 지니게 된다. 이는 곧 앞의 인용에서 본 바와 같이 특정 체제를 다른 것과 구별 짓는 경우뿐만 아니라 본질적 차이를 파악함으로써 사물을 가장 유용하게 사용할 수 있는 길을 알 수 있다.

이에 반해 양은 상대적으로 외적인 규정성을 의미한다. 양이 대상을 규정짓게 되는 것은 사물의 크기, 범위, 수, 운동속도, 색의 강도 등과 같은 성질들의 발전에 관여할 때 나타나게 된다.[25] 우리는 양을 현상과 과정들이 질의 집합 및 등급의 형식으로 존재한다는 뜻으로 이해할 수 있을 것이다. 예를 들면 원자핵은 고유한 수의 양자 및 중성자와 특정한 에너지의 상태를 가지고 있는데, 이 경우 수의 개념은 일종의 양으로 파악될 수 있다. 과학의 발전은 질적으로 서로 다른 많은 대상과 과정들에 공통된 양적인 관계가 있음을 보여준다. 이 모든 현상들이 그와 같이 표현될 수 있는 것은 양적으로 공통된 특징을 객관적으로 갖고 있기 때문에 가능하다.

일정한 한계에서 사물의 양은 그 질을 바꾸지 않으면서 변화할 수 있으나 일정한 범위를 벗어나게 되면 질적인 변화를 수반하게 된다. 여기서 양적 변화가 대상의 질에 접촉되지 아니하는 한계를 한도라고 지칭하는데, 이는 곧 내적 연관으로서 질과 양을 통일시키는 의미를 지니게 된다. 물론 우리의 인식 과정에서도 이와 같은 통일성을 발견할 수 있다. 이를테면 인간의 의식은 직접 지각할 수 있는 질의 확인에서 출발하여 양적 관계를 파악하고 마침내 질들에 대한 보다 깊은 인식에 이르게 된다.

그러므로 한도는 어떠한 현상이 하나의 기본적인 질 속에서 유지되는 한계라고 말할 수 있다. 그런데 어떠한 대상의 한도를 넘어서게 되면 근본적으로 질적 변화를 유발시키게 된다. 그 결과 대상들 자체가 변해서 낡은 질은 소멸하고 새로운 질이 발생하게 된다. 이러한 논리에 근거하여 엥겔스는 천체역학으로부터 물리학으로의 이행, 물리학에서 화학으로의 이행, 일상적 화학 반응에서 단백질의 화합 및 유기체로의 이행 등과 같은 새로운 양적 변동 가능성을 추적할 수 있다고 말한다.[26]

이러한 한도의 관점에서 마르크스는 양적 분석과 질적 분석의 통일성을 강조하고 있다. 그는 사용가치와 교환가치 사이에는 질적 연관이 발견될 뿐만 아니라 이를 통해 가치를 상품 교환의 토대로 인식할 수 있다고 한다. 결국 가치는 사회적 필요 노동 시간에 의해 양적으로 규정될 수 있고 가치의 편차는 가격으로, 이윤은 잉여가치 생산의 산물로, 임금은 상품의 가격으로 이해될 수 있다.

"상품 생산이 충분히 발달하고 나서야 비로소 경험 자체로부터 과학적 인식이 이루어질 수 있다. 이러한 인식은 서로 독립적으로 이루어지지만 자연 발생적인 사회적 노동 그룹의

25) 위의 책, p.251.

26) 엥겔스, 앞의 책, p.514.

구성원으로서 서로 의존해 있는 사적 노동들은 그 사회적 비례 한도로 계속 환원된다."[27]

이처럼 참된 한도는 구체적이며 역사적인 조건들에 의해 규정된 한도이다. 하나의 기본 질에서 새로운 기본 질로의 이행은 모든 내적 외적 관계들뿐만 아니라 구체적 진행 조건들에 의존하게 되는데, 이는 이중적인 형태를 나타내게 된다. 첫째로 점진적이며 진화적인 형태로 나타나고 둘째로 질적 변화를 수반하는 혁명적 형태로 드러나게 된다. 이 경우의 변화 양상으로 양적 변화의 점진적 측면과 질적 변화의 비약적 측면이 함께 파악될 수 있다. 따라서 유물변증법에서 변화라는 의미는 질, 양, 한도의 구조적 관계에서 파악될 수 있는 양과 질 사이의 역동적인 전화 관계(轉化 關係)라고 말할 수 있다. 이는 발전의 논리와 불가분의 관계를 맺고 있다.

(다) 발전의 논리

위에서 살펴본 바와 같이 양으로부터 질로의 변화 과정은 새롭고 고차원적인 것으로 바뀌게 됨을 말하고 있는데 이러한 변화의 모순 발견과 통일과 투쟁의 전개 양상은 발전의 동력이 된다. 유물변증법에서는 변증법적 모순과 투쟁의 논리에 근거하여 발전을 파악하고 있다.

레닌은 『변증법의 문제에 붙임』에서 발전에 관한 두 가지 견해를 구별하고 있다. 그가 말하는 두 가지 발전이란 바로 통속적이며 진화주의 뜻을 지니고 있는 기계론적 발전과 대립물의 통일에 근거한 변증법적 발전을 말한다. 그런데 변증법적 발전은 앞의 경우와 달리 운동의 근원을 사물의 안에서 찾게 된다. 그것은 바로 내적인 모순들이 원인이 되어 스스로 운동을 하는 양상을 나타내기 때문에 이는 곧 '연속성의 단절', '비약', '낡은 것의 소멸과 새로운 것의 발생' 등의 뜻으로 새길 수 있다.[28]

이와 같이 발전은 일종의 비약으로 상호작용하는 대립물 사이의 변증법적 모순을 전제로 한다. 여기서 모순은 차이, 대립과 구별되는 의미로 사용된다. 이를테면 다른 대상과 뚜렷하게 구별 짓는 차이점을 형이상학에서 강조하는 데 반해 유물변증법에서는 이러한 차이의 인식으로부터 대립과 그것의 통일을 중시한다. 따라서 변증법적 모순이란 일정한 대상이나 과정 속의 대립물의 통일을 의미하는 것으로서 차이, 대립과는 그 본질에 있어 다르다고 할 것이다. 그런데 이러한 변증법적 모순은 사물 및 현상들 속에서 작용하는 대립적 힘, 경향 등의 내적 통일로 나타난다. 아울러 대립물의 통일은 그것의 투쟁에서 실현되며 그 투쟁은 일정한 질적 한계 내에서는 와해되지 않는 대립물의 통일에 의하여 야기된다. 인간의 의식은 이러한 사태를 추종하여 형식적 동일성 배후의 대립적 경향을 추구하게 된다.

엥겔스는 대립물의 투쟁과 통일 사이의 불과분의 관계를 지칭하여 '침투(Durchdringen)'라고 불렀다.[29] 대립물 투쟁의 상대적 성격은 이러한 통일이 그 현상의 질적 상태가 유지되

27) 마르크스, 『자본론』 제1권, 전집, 제23권, p.89.

28) V. I. Lenin, *Zur Frage der Dialektik*, Berlin, Aus dem Philosophischen NacklaB, 1954, p.286.

29) 엥겔스, 앞의 책, p.307.

는 동안에만 나타나며, 그 절대적 성격은 다른 질적 상태나 현상들 사이의 이행이 이루어지는 단계에서도 지속적으로 나타난다. 그리고 대립물의 통일은 현상의 동일성을 만들어내는 성질과 관계들 자체가 사라지면 없어지는 데 반해 대립물의 투쟁은 계속 작용하는 요인이 된다.

유물변증법에 의하면 변증법적 모순들은 하나의 발전 과정을 거치며 여러 단계를 거치게 되는데 갈등의 첨예화와 모순 해소화의 과정을 겪게 된다고 말할 수 있다. 이 과정에 있어 적대적인 변증법적 모순과 비적대적인 변증법적 모순을 구분할 필요가 있다. 앞의 경우는 갈등이 첨예화될 때 화해할 수 없는 대립물의 통일인 데 반해 뒤의 경우는 본질적으로 공통적인 경향들을 내포하고 있기 때문에 중립화, 공통적인 확립 등에 의해 그것의 해소화가 가능하다. 레닌은 갈등 첨예화와 모순 해소화의 끊임없는 운동만이 발전의 원동력이 된다고 말한다.

"대립물의 통일은 조건적이며 임시적이고 상대적이다. 서로 배타적인 대립물의 투쟁은 운동과 발전이 절대적인 것과 마찬가지로 절대적이다."[30]

이러한 발전 논리는 발전의 원동력을 자기 내부에서 찾고 있기 때문에 반형이상학적, 반종교적 태도를 드러내게 된다. 어디까지나 변증법적 모순에 근거하여 낡은 것의 파괴와 새로운 것의 출현을 기대하므로 발전적 근원의 초자연적인 힘은 철저하게 부인하게 된다. 이는 이중부정의 변혁논리로 구체화되고 있다.

(라) 변혁의 논리

유물변증법에서는 이중부정에 근거한 변혁을 논리화하고 있다. 이중부정(zwaiface negation)은 앞에서 살펴본 통일과 부정의 논리에 기초하여 새로운 질에서 정체하는 것이 아니라 끊임없이 그것을 넘어서 새로운 부정을 지향함을 말한다. 결국 이러한 변혁은 직선적으로 나아가는 것이 아니라 나선형으로 발전함을 뜻한다. 이러한 이중부정에 근거한 변혁에 관해 마르크스, 엥겔스, 레닌의 견해를 각각 찾아보자.

"어떤 영역에서이든 이전의 존재 형태를 부인하지 않고서는 발전이 있을 수 없다."[31]

"변증법에서의 부정은 단지 아니라고 말하는 것, 혹은 어떤 것이 존재하지 아니한다고 선언하는 것, 혹은 임의의 어떤 방식으로 그것을 파괴하는 것을 의미하지 아니한다."[32]

"발전은 이미 지나간 단계를 반복하는 것처럼 보이지만 그것은 이를 다르게, 즉 보다 높

30) V.I.Lenin, *Works,* Vol.38, p.358.

31) K.Marx, *Die Moralisierende Kritisierense Moral*, MEGA, 1. Moscaw-Leningrad

32) F.Engels, *Anti-Duhring, Moscow, Foreign Languages,* Publishing House, 1959.

은 기초 위에서 반복(이중부정)함을 의미한다. 다시 말하여 직선적이지 않고 나선형으로 이루어진다."[33)]

따라서 유물변증법에서의 변혁은 변증법적 부정과 관련된 이중부정으로서 더한 층의 발전을 포함하는 나선형의 연속으로 파악할 수 있다. 이러한 경우 나선형의 발전에 근거한 상향적 변혁 논리는 두 가지 본질적 문제를 내포하게 된다. 그것은 개개의 사례들의 경우 퇴보나 후퇴가 있을 수 있음이며, 이중부정의 논리가 반드시 모든 발전의 변혁 과정을 필연적으로 규정할 수는 없음이다. 다시 말하여 이는 곧 일종의 변혁에 관한 경향성으로 정립된 논리로서 구체적 상황에 있어서는 예외 적용이 가능함을 의미한다. 결국 전 단계들의 긍정적인 요소는 자신 속에 수용·보존하고, 보다 높은 수준으로 변혁되기 위해서 새로운 부정을 지향하게 됨을 말한다.

이러한 변혁의 논리는 정체, 퇴행 및 형성을 포함하는 경향의 측면으로 이해될 수 있기 때문에 포괄적인 측면으로 그 기능을 탐색할 수 있다. 이에 따라 더 높은 발전을 위한, 이중부정에 근거한 변형은 다음과 같은 기능적 관점에서 음미될 필요가 있다.

1) 낡은 질은 부정되고 새로운 질은 더 발전하기 위한 내적, 외적 조건들을 갖추고 작용할 필요가 있다. 이는 곧 씨앗이 소멸하여 식물로 되면서 스스로를 부정하지만 그 씨앗이 메마른 땅에 뿌려지거나 부패하여서는 아니 되는 이치와 같다.

2) 피상적으로 보면 이러한 변혁이 순환이라는 인상을 불러일으키지만 결코 초기의 질로 복귀하는 것을 뜻하지 아니한다. 마치 새로운 수확을 통해 양적으로 풍부하고 환경에 더욱 잘 적응하는 생물학적 진화가 이룩되듯이, 변혁은 변증법적 논리 구조에서는 질적인 상향 발전을 의미한다. 이러한 측면에서 새롭고 더 높은 발전을 설명할 수 없는 기계적 결정론과 구별된다고 하겠다.

3) 이중부정의 법칙은 정립, 반정립, 종합의 선험적 도식으로 평가되기보다 중대한 세계관의 기능을 하는 실천 모델로서 수용되어야 한다. 이는 곧 관념적 변증법과 구별되는 기능이 아니라고 말할 수 있다. 다시 말하여 변혁의 경향을 규정하는 '부정의 부정의 법칙'은 유기적 자연, 사회, 인간 사유에서 역동적인 발전 속도를 지닐 때 사회의 잠재력을 고양시킬 수 있다.

(마) 실천의 논리

유물변증법은 살펴본 바와 같이 실천에 그 귀결점이 있다고 하겠다. 실천이란 현실의 대상들과 과정들을 변혁하는 인간의 감성적, 물질적 활동으로 이해된다. 구체적으로는 생산활동뿐만 아니라 사회적, 정치적 활동 및 계급투쟁 과학적 실험 등이 이에 포함된다.

실천은 인식의 목표이며, 동시에 인식의 정확성을 측정할 수 있는 기준이 된다. 따라서

33) V.I.Lenin, *Works*, Vol.21, p.38.

유물변증법에서 실천의 논리를 찾기 위해서는 특정한 경우에 변증법의 논리가 어떻게 창조적으로 적용될 수 있는지를 모색하고 삶을 변혁시키는 힘이 어떤 방식으로 나타나는가를 찾아보는 데 있다. 이러한 맥락에서 그람시(Gramsci)의 다음과 같은 주장은 설득력이 있다고 하겠다.

"실천의 철학은 대중을 소박하고 상식적 수준 그대로 유지하려는 데 목적이 있지 아니하다....... 이와 달리 그것은 대중을 완전한 인간존재에까지 높이려고 노력한다. 이 철학은 학자와 평균인 사이의 긴밀한 결합을 요구하지만, 학자들을 현재의 대중의식 수준으로 끌어 내리는 데 있지 아니하고 오히려 좁은 의미의 지식인뿐만 아니라 대중 전체 속에 지적 진보를 낳게 하는 긴밀한 지적 인연을 창조하는 데 그 목표가 있다."[34]

마르크스 사상에서는 사회와 인식의 과거 반성과 미래의 발전이라는 측면에서 실천에 대한 무비판적 숭배를 거부한다. 이에 의하면 실천과 이론의 창조적 통일을 꾀하기 위해 실천적 활동의 영역에서 이론을 배척하는 것은 아니다. 실천은 가장 발전적 형태에서의 인간의 의식적, 합목적적인 활동이므로 근본적으로 창조적이고 조직적인 활동으로 평가되고 있다. 따라서 마르크스 사상에서 실천은 인간 활동의 유일한 형식으로서 과학적으로 이해되고 있다.

실천의 결정적인 형태는 물질적 생산이다. 왜냐하면 물질적 생산은 특정한 욕망을 만족시키는 수단일 뿐만 아니라 인류를 역사적으로 형성하고 경제적 영역이나 생활의 다른 영역에서 인류 발전의 역사적 형태를 규정짓는 여러 조건을 창조하는 활동이기 때문이다. 물론 지적 노동도 실천적 활동에 속하지만 물질적 수단을 이용하는 범위 내에서만 그렇게 평가되고 있다. 이를테면 문화적 영역의 경제면뿐만 아니라 정치적, 사회적 생활의 여러 측면에 나타나는 조직적 활동이 그러하다. 정치적 활동은 특정한 사회적 과제를 시행하기 위하여 인간의 조직과, 공동 행동의 특수한 매체이므로 실천적인 사회생활의 가장 중요한 형태의 하나이다.

이러한 관점에서 볼 때 계급투쟁도 사회적·정치적 실천의 독자적 형태로서 중요한 의의를 갖기 때문에 실천으로 보지 않으면 아니 된다. 무산자 계급은 해방 투쟁을 위하여 불충분하게 조직된 자연 발생적 운동에서 정치적으로 조직된 의식적인 대중운동으로 전환하게 된다. 이 경우 이러한 실천적 전환 운동은 사회생활의 전진적 발전의 가장 현저한 표현형태로 간주할 수 있다.

마르크스 레닌 사상에서 발전시킨 혁명적 실천의 논리는 철학과 사회학의 연구 가운데 새롭게 부각된 중요한 동향이다. 이는 마르크스 이전의 철학과 사회학에서는 그 가능성이 별로 나타났다고 할 수 없는 경향이다.[35] 이전의 사상에서 찾아보기 힘든, 자연의 변혁과 사회적 현실의 변혁이라는 유물 변증법의 실천 논리는 인간 활동이 실천적 활동과 불가분의 관계에 있음을 강조한다고 말할 수 있다. 그런데 과학은 이러한 실천적 활동에서 파생된 것이다. 결과적으로 실천과 단절하여 보편적 사고 범위를 넘어서는 여러 가능성은 이론

34) Gramsi, *Opere,* Vol.2, (沒後出版, 1948), p.21.

35) Besse, *Pratique sociale et théorie*, 1963 참조.

적인 구성력을 통하여 드러나지만 마르크스 사상에서는 어디까지나 이론과 실천이 통일을 이룰 때 그 설득력을 갖게 된다.

이와 같이 이론과 실천의 통일 논리는 실천적 생산 활동과 가장 밀접한 기술 및 여러 과학에서 전형적으로 구체화되고 있다. 어떠한 기술도 생산에 활용하기 이전에는 이론적 고찰을 포함한 특수한 연마를 겪어야 한다. 자연과학에 관련된 이론적 모델의 경우에는 실천적 응용에로의 길이 성격상 다소간 복잡하고 간접적이라고 말할 수 있다. 아울러 철학과 사회적 실천에 있어서는 한층 더 복잡하고 간접적인데 이는 곧 한 시대의 사회적 경제적 변동과 전망은 철학 가운데 이론적 표현으로 모습을 드러내기 때문이다. 이러한 측면에서 엥겔스는 18세기의 프랑스 계몽 시대를 프랑스 대혁명에 직접적으로 선행하는 철학혁명이라고 불렀다. 같은 뜻으로 그는 독일 고전 철학을 독일에서의 철학 혁명이라고 명명하였다. 왜냐하면 이들 철학 혁명은 자본주의혁명이 역사적으로 도래하게 되는 정치 문화적 흐름을 지적으로 표현하였기 때문이다. 이와 같이 진보적 철학은 혁명적 실천의 형성으로서 중요한 역할을 나타내게 된다.

결국 유물변증법에 있어서 실천 논리는 인식 과정의 변증법적 해석 및 역사적 필연성의 과학적 해석을 위한 토대로서 그 의의가 있다고 하겠다. 반면에 유물변증법과 구별되는 경우의 칼 만하임, 장 폴 사르트르, 존 듀이 사상 등에 있어서 인식과 실천의 관련은 인식의 객관적 내용의 부정이라는 측면에서 해석되고, 사회적 실천은 객관적인 사회 법칙의 부정으로 풀이되고 있다. 이러한 논의의 차이점에 대해서 페트로비치는 다음과 같이 말하고 있다.

“실천이라는 것은 우리들이 그 영향으로 존재의 참된 의미와 궁극의 본질을 발견하는 근거로서의 존재의 진정한 양태가 아니겠는가? 다시 말하면 실천은 그것에 의하여 우리들 존재 의미를 본래부터 존재의 본질과 (하위의) 존재의 제 양태와 구별 짓는 출발점이 아니겠는가?”[36)]

유물변증법의 실천 논리는 인식 주체에 속하는 진리의 논리 형식과 진리의 내용이 인간의 외부에 실재함과 아울러 인식 대상의 충실한 반영에 있어 그것이 주관적 인식과는 별도의 인식 내용을 형성하는 점에서 객관적 진리로서 알려진다는 데 그 특색이 있다고 할 것이다. 이와 같이 인식 내용은 실천적 지표로서 인식 주체와 완전히 독립되어 있다고 말할 수 있으나 실천을 통해 창조된 대상들은 인간에게 의존적이라고 할 것이다.

유물변증법에서는 이러한 실천 논리의 특색에 근거하여 질적으로 더 낮은 것의 부정, 반복성, 더 높은 것의 안정 등 새로운 진보가 사회적 내용을 구성하는 것으로 간주되고 있다. 그리고 이러한 진보는 적대적 계급사회에서처럼 사회 부문들 사이의 파괴적 충동에 의하여 이루어지지 않고, 사회 구성원 모두의 참여와 능동적 협동에서 의식적이고 조직적인 형태로 실현된다고 본다. 따라서 이러한 진보에 의해 사회의 잠재력을 고양하고 더 나은 물질적, 문화적 생활수준을 기대하는 것이다. 이제 이에 근거한 사회주의 이념과 실상을 살펴본다.

36) Petrovic, *Filozofija i marksizam*, 1968, p.227.

3. 사회주의의 실상

1. 사회주의 이념

사회주의는 정치적·경제적 통제 체제를 종합적으로 지칭하는 개념이다. 그러나 그 출발점은 생산의 소유 형태를 문제 삼는 경제적 개념에서 출발하였다. 이는 마르크스의 유물사관과 레닌의 경제관에 입각한 것이다. 여기서는 인간의 정신적, 사회적, 정치적 존재 결정에 물질적 환경과 조건을 전제로 삼는 것이다. 인간의 개별적 생산수단과 집단적 생산수단은 각각 다른 경제생활로서 정치생활을 포함한 모든 인간의 생각과 생활 양상을 다르게 만든다는 것이다.

19세기 중반에 사회주의는 노동자계급의 해방운동과 결부되었다. 여러 사회주의 사상이 나타났으나, 그 가운데 가장 영향력이 컸던 것은 K.마르크스와 F.엥겔스의 마르크스주의였다. 그들은 사회주의를 사회의 발전법칙, 특히 자본주의 발전의 필연적 결과인 신사회(新社會)로 규정하였다. 즉 자본주의에서 사회의 생산력은 급격하게 성장하고 대규모 생산은 사회적인 성격을 띠게 되지만, 이것은 생산수단의 사유, 자본가에 의한 노동자 착취라는 모순이 심화되어 빈곤·실업, 주기적 공황을 초래한다. 이 모순은 생산수단의 사유 폐지와 그 사회화, 국민경제의 계획적·조직적 관리에 의해서만 해결된다.

마르크스와 엥겔스는 사회주의로의 변혁은 노동자계급에 의해 달성되는 것이라고 하여, 사회주의사상을 노동자계급의 대중적 운동과 결부하고 노동자계급의 정치적인 조직과 운동의 필요성을 역설하였다. 그들에 의하면 자본주의에서 사회주의로의 이행은 혁명을 필요로 하며, 승리한 노동자계급은 사회주의를 조직하고, 생산력을 급속하게 발전시키기 위해 자신들의 국가를 필요로 한다. 그들은 계급투쟁이 혁명 후에도 계속되며, 초창기에는 구지배계급의 저항을 물리치기 위해 프롤레타리아독재가 필요하다고 하였다. 사회의 생산력이 더욱 발전하고 사람들의 도덕수준이 향상되었을 때, '각자는 능력에 따라서 일하고, 필요에 따라서 받는다.'라는 공산주의의 원칙이 실현되어, 그때에는 권력 조직인 국가가 없어진다는 것이다. 마르크스주의의 사회주의는, 역사 및 자본주의 사회·경제에 대한 과학적 분석에 바탕을 둔 것이었으므로 과학적 사회주의라고 한다.

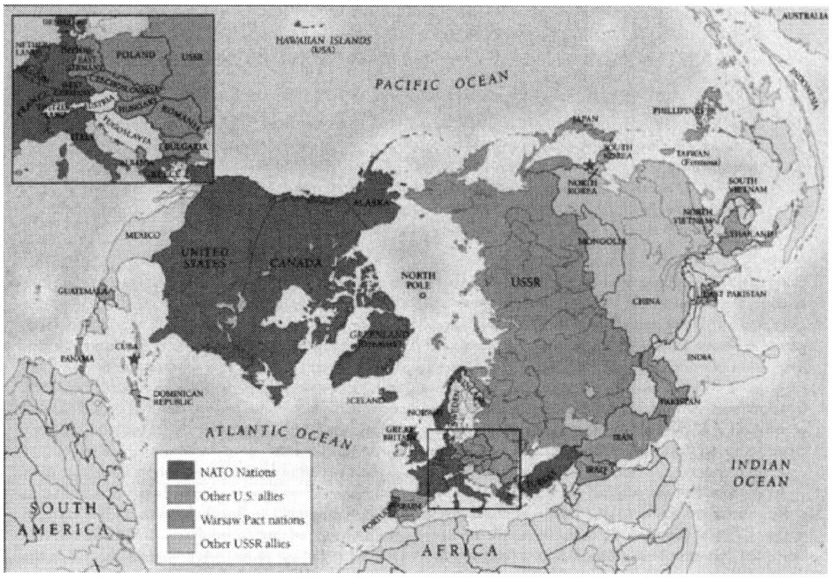

[그림 7] 냉전 시대의 이념 지도

이러한 과학적 사회주의의 이념은 사회적으로는 전체 귀속을 강조하는 집단주의이고, 정치적으로는 집권화를 강조하는 정예제이며, 경제적으로는 공유화를 표방하는 계획경제를 지향한다. 이 요소는 자본주의의 기본 틀인 개인주의, 대의제, 시장경제와 각각 대칭적이다. 따라서 이 세 요소가 균형을 이루어 서로 유기체적 조화를 목표로 삼는 것이 사회주의의 이념이라고 할 것이다. 만일 사회적으로 집단주의 대신에 개인주의가 허용된다면, 그러한 개인들을 상대로 조직적이며 효율적인 계획을 세운다는 것은 거의 불가능하다. 정예제 대신에 대의제를 해도 자기 지역구를 이해 계획에 넣고 있는 상태에서 체계적이며 계산 가능한 계획 수립은 어려워지기 마련이다. 계획경제 대신에 시장경제를 도입하게 되면 개인의 선택 중심의 방식에서 집단주의 기능은 상실되게 마련이다. 따라서 사회주의 체제에서는 이념적으로 이들 세 요소의 상호 의존 작용을 중시하지 않을 수 없다.

이에 반해 자본주의는 사회적으로는 개인 해방을 강조하는 개인주의, 정치적으로는 분권화를 강조하는 대의제, 경제적으로는 사유화를 표방하는 시장경제의 이념을 갖는다. 이 요소들은 자본주의사회의 내적 조화를 이루는 불가분의 요소로 작용하기 때문에 그 어느 하나의 요소라도 기능이 작동하지 못하면 도미노처럼 다른 기능들도 점진적이든 급격히든 무너져 자본주의사회 자체가 붕괴 위험에 처하게 된다. 자본주의 사회의 권력과 부와 위세는 경쟁 구조와 이동 구조에서 만들어지고 배분되는 것이다.

그 경쟁성은 사회 구성원 모두가 정당성을 인정하는 경쟁성이라고 말할 수 없고 그 이동성 역시 권력과 부와 위신을 사회구성원 모두에게 공평하게 분배하는 이동성이라고 말할 수 없다. 그 경쟁성은 게임의 규칙에 따라 어긋날 수 있고 그 이동성 또한 특정 집단, 계급, 또는 개인에게 편중될 수 있다. 그렇지만 이들이 곧 경쟁 틀의 붕괴와 이동맥의 절단을 뜻하는 것은 아니다. 마르크스의 논리대로 폭발적인 혁명에 의해 폭발적으로 체제가 전복되지 않더라도 경쟁성과 이동성이 있는 한 특정 집단, 특정 지위는 존속해도 그것을 차지하는 개인은 끊임없이 바뀌게 된다.

베링턴 무어의 표현에 따르면 이 경쟁성과 이동성이 자본주의 사회의 특성이며 불평등을 생산해 내는 특징이다. 따라서 경쟁성과 이동성 때문에 강압성, 억압성, 탄압성은 언제나 도전받고 탈구조화될 수밖에 없다. 부서지는 평등이 자본주의 사회의 이념이라고 할 것이다. 이와 달리 사회주의 이념을 존중하는 사회주의 체제에서는 경쟁성보다 할당성(배치성)에 의존하고, 이동성보다 공동체성(비이동성)을 지향하므로 현실적으로는 권력의 독점 가능성이 높고 부의 자기 영속화, 위신의 고착화가 지배적이라고 할 것이다.

사회주의 사회의 권력은 공개적 경쟁성과 정기적 이동성이 아주 낮고, 소유자와 박탈자 사이의 거리가 멀며, 이로 말미암은 탄압성과 억압성이 높아 자본주의 사회에서처럼 강한 저항감을 불러일으킬 수가 없다. 사회주의 체제는 소득이 일원적인 중심(공산당, 정부)에 의해 할당되며 비이동성으로 말미암은 주거의 제한, 생산과 분배의 분리, 집단적 협동성을 부각시키는 공동체성을 드러내게 된다. 이처럼 소득분배보다 지위 중심의 부가급부에 따른 격차가 심화되므로 불평등은 공고하게 자리잡게 된다. 위신도 단원 주의적이며 이동성이 적어 한 번 벌어진 격차는 더욱 벌어지게 마련이다.

제2차 세계대전 뒤 사회주의 이념은 과거의 식민지·종속국이었던 개발도상국으로 확산되었다. 몇몇 국가에서 외국 자본과 상인이 지배하는 사적(私的) 경제의 배제, 국유경제의 발전을 중심으로 한 사회주의적 방법으로 서유럽제국으로부터의 경제적 독립과 자국의 사회적·경제적 후진성을 극복하려는 사상이 나타났다. 마르크스주의를 지역 조건에 맞추어 수정한 아프리카사회주의, 전통적인 종교를 기반으로 하는 이슬람사회주의 등을 지도이념으로 하는 개발도상국이 사회주의를 지향하는 국가들이다.

[그림 8] 사회주의 실천의 결정형태, 생산수단

2. 사회주의 국가의 실상

제2차 세계대전까지 사회주의국가는 러시아와 몽골뿐이었는데, 전후에 그 수가 크게 늘어 1980년대 중반 사회주의국가는 16개국에 이르렀다. 사회주의국가들 가운데 알바니아는 쇄국주의를 취하고 있으며, 중국은 1960년대와 70년대에 소련과 대립하였는데, 70년대 이후로는 사회주의국가들보다도 미국을 비롯한 서방측과의 협력을 중요시하였고, 베트남전쟁 뒤에는 베트남과의 관계가 악화되었다. 한편 캄보디아 문제를 둘러싸고 베트남·러시아·중국이 대립하였다.

이와 같이 사회주의국가들의 상호관계가 원활치 못했던 기본적인 원인은, 각국의 역사적·사회적 조건의 차이가 컸기 때문이다. 사회주의국가들은 혁명 후 이미 60년이 경과된 소련, 1940년대 후반에 사회주의 건설을 시작한 나라들, 50년대 말, 70년대 중반에 사회주의 국가가 된 나라들 등으로 나누어져 있다.

또한 사회주의 체제가 이미 확립되어 있는 국가, 사회주의가 아직 건설 도상에 있는 국가, 사회주의 건설이 막 시작된 국가, 한편 경제의 발전 정도에 따라 선진국·중진국·개발도상국으로 나누어지고 있는데, 이 같은 차이가 해소되기에는 상당히 오랜 세월이 필요할 것이다.

먼저 사회주의경제는 기본적인 생산수단, 기본적 경제부문의 국유를 특징으로 하고 있다. 농업은 생산농업협동조합이 일반적이지만, 러시아의 경우 국유농장의 비중이 증대하여, 생산농협인 콜호스의 역할은 작아지고 있다. 소련에서 개인경영은 타인을 고용하지 않는다는 조건으로 특정 수공업에 대해서만 인정되고 있는데, 대부분의 사회주의국가들은 상업·서비스업·수공업에서 가족을 중심으로 하는 개인 경영을 인정하고 있다. 농촌 부문에서는 근로자가 가족 단위의 영세한 부업 경영을 하여 야채 등의 생산으로 큰 역할을 차지하고 있다. 개인의 생활을 뒷받침하고 있는 것은 노동으로 얻은 소득이고, 일상생활에 필요한 것은 개인소유이나, 도시의 주택은 원칙적으로 국유·시영, 또는 협동조합 소유의 집단주택이다.

사회주의경제의 중심은 국유경제이지만, 대부분의 사회주의국가에서 국유기업과 그 통합체는 정부기관이 직접 관리하는 국영이 아니고 독립된 경영단위이다. 국유경제의 관리에 대해서는 여러 가지 방식(모델)이 있는데, 그 가운데서 1930년대에 러시아에서 만들어진 제도가 오랫동안 공통 모델로 되어 있었다. 이 모델에 의하면, 국유기업은 정부기관의 지도 아래 정부의 계획담당기관이 지시하는 각종 지표에 의거하여 경영을 하고, 기업이 얻은 이윤의 대부분은 국가에 환수되어 재정투자에 이용된다. 정부기관이 기업 활동의 기본적인 사항에 대하여 결정권을 갖는 이와 같은 중앙집권적인 방식은, 공업화와 국민경제의 외연적(外延的) 발전에 크게 이바지해 왔다.

이것은 사회주의국가들과 발달된 자본주의국가들의 1950년부터 1974년까지의 공업 총생산과 연평균 성장률이 사회주의국가가 10.1%, 자본주의국가가 5.2%이었던 것으로도 알 수가 있다. 그러나 제품(특히 소비물자)의 질과 다양화, 기술혁신의 도입에 의한 신제품의 개발에서 사회주의국가들이 서방 국가들보다 낙후되어 있고, 일부 사회주의국가에서는 1960년대 이후 성장률이 저하되고 있으며, 특히 폴란드에서는 1980년의 경제적 곤란으로 정치적 위기가 조성되어 다른 사회주의국가들에게 큰 충격을 주었다. 이것은 종래의 국유경제 관리 방식이 생산의 질적 향상과 다양화, 과학기술 성과의 도입에 의한 생산의 집약화, 국민경제의 내포적(內包的) 발전이 과제로 되는 오늘날의 상황에 적절히 대응하지 못했기 때문이다.

1960년대 중반부터 러시아와 동유럽 여러 나라에서는 기업의 자주성을 확대하고, 정부에 의한 계획화와 시장 원리를 가장 적합한 형태로 결합하는 방향에서 경제개혁이 이루어졌는데, 대부분의 경우 중도에서 끝나 성과를 올리지 못하였다. 그 때문에 1980년대로 접어들자 경제관리의 근본적인 개혁을 시도하게 되었다. 유고슬라비아에서는 앞에서 언급한 방식을 관료주의·국가개입주의(國家介入主義)라 부르고, 기업 또는 그 내부의 경제조직에 완전한 자주성을 부여하여 기업 활동에 시장 원리를 전면적으로 도입하였다. 이 시장사회주의는 경제활동에 활력을 불어넣어 준 반면, 되풀이되는 물가 상승, 만성적인 실업 등을 초래하고 있다.

유고슬라비아는 국유 개념을 부정하고 기업을 그 종업원의 자주 관리에 맡기는 자주 관리 사회주의를 지도 원칙으로 하였다. 다른 대부분의 국가에서는 기업의 특별히 중요한 사항에 관한 결정권을 정부기관 또는 정부기관에서 임명하는 기업 간부에게 맡기면서도 종업원 집단의 경영관리에 대한 참여의 범위를 확대하고 있다. 그러한 가운데 사회주의적 자주 관리라는 개념이 싹트고 있다. 이와 같이 생산 단위의 자주 관리를 중시하는 상황 아래, 많은 사회주의국가에서 기업 단위 또는 그 내부 조직 단위인 근로자 집단이 사회주의 사회의 기본적인 단위, 즉 세포라는 생각이 싹트고 있다. 일찍이 사회주의 사상과 운동에서, 사회주의가 이루어지면 생산력과 생산관계의 모순이 없어지고 경제는 모두 순조롭게 발전한다는 생각이 지배적이었다. 그러나 현실은 사회주의에도 생산력과 생산관계의 모순이 있고 경제발전을 위해서는 생산관계의 여러 제도에 대한 적시(適時)의 적절한 개혁이 필요하다는 것을 보여주고 있다.

그리고 사회주의국가에서 정치의 중심은 마르크스주의를 지도 이념으로 하는 각국 공산당이다. 국가에 따라 차이는 있지만, 일반적인 경향을 보면 공산당의 중앙 기관은 당의 하부 기관·정부 기관·연구 기관 등의 협력 아래 국가의 정책을 장기계획 형태로 결정하며 당면한 중요문제에 관한 정책도 결정한다. 당의 결정은 국가기관과 사회단체에 의해 구체적으로 실시되는데, 그때 당의 하부 기관과 당원은 결정 사항을 적극적으로 실시하는 역할을 수행한다. 이상과 같은 과정에서 당 내외의 여러 가지 요인이 작용하고, 제각기 독자적인 이익을 지닌 사회계층과 사회집단이 이 과정에 영향을 주고 있다. 여러 사회주의 국가에서 체험된 바에 의하면 당 지도부에 의한 독단, 객관적 조건의 과소평가, 당원과 일반 국민의 정치적·사회적 의식의 경시, 사회과학 성과의 무시, 당내 민주주의와 사회주의 민주주의의 침해는 일시적으로는 성공하지만, 장기적으로는 혼란과 후퇴를 가져온다는 것을 보여준다.

마르크스주의는 근대적 합리주의의 소산인데, 실제로는 일부 국가에서 당의 최고 지도자를 신격화하고 그 언동을 정치의 절대적인 지침으로 삼는 권위주의적인 개인숭배로 나타났다. 그러나 이러한 개인숭배는 지도자의 사망과 함께 붕괴되고 있다. 사회주의국가의 중심적인 권력 기관은 공선에 의해 구성된 중앙과 지방의 의회이다. 의원선거의 중점은 후보자 선출 과정에 있다. 일반적으로 각 선거구에서 정수와 동수의 후보자만을 내세워 투표로 그 신임을 묻는 방식이 채택되고 있다. 그러나 근래에는 정수 이상의 후보자를 내세워 최종적인 선택권을 선거인에게 부여하는 방식을 취하는 국가가 늘고 있다. 의원의 대부분은 본래의 직업을 가진 근로자이므로 의원 활동에 전념할 수 없다. 그 때문에 의회에 의해 선출되는 정부 및 그 밖의 집행기관, 그 지휘를 받는 행정기구가 실제 통치에서 수행하는 역할이 커지나, 관료주의와 비능률이 끊임없이 문제로 되고 있다.

대부분의 사회주의국가에서 노동조합·청년 단체 등의 역할은 크다. 이들 단체는 정책형성에 참여하고, 대표가 의원으로 선출되며, 각종 행정위원회와 심의회에도 대표가 참여하고 있다. 사회단체는 전국적인 큰 조직이므로 일반근로자의 의사가 평상시의 정치에 직접적으로 반영되는 것은 아니다. 그래서 많은 사회주의국가에서 공장 등 기업 근로자의 집단을 사회주의 정치제도의 기반으로 하는 개혁이 진행되어 왔다. 예를 들어 유고슬라비아의 의원은 직장 단위에서 선출된 자와 지역에서 선출된 자의 2종류가 있다. 러시아에서는 직장 단위의 집회가 선거후보자를 뽑고, 그 적격성을 검토하며, 당면한 정치문제를 검토한다. 이와 같은 직장의 중시는 헝가리에서 공장 민주주의로 불리고 있으며, 지역 단위 주민집회의 역할도 중요시되고 있다.

대부분의 사회주의국가 헌법은 개인(시민)의 권리와 자유에 대하여 상세하게 규정하고 이를 존중하도록 강조하고 있다. 사회주의국가들이 이제까지 주장한 다수 의견에 따르면, 개인의 권리의 중심이 되는 것은 노동의 권리, 노동에 상응하는 급여를 받을 권리, 유급휴가를 포함한 휴식의 권리, 사회보장을 받을 권리, 무료로 진료를 받을 권리, 주택보유의 권리, 무상교육을 받을 권리 등 사회적·문화적 권리이다. 사회주의의 성과는 이들 권리로 구현되고 있고, 언론·출판의 자유 등 정치적 자유는 위에 든 권리를 보장하는 체제의 강화에 도움을 주는 정도이다.

그러나 사회주의에서의 개인의 정치적 권리를 최우선으로 중요시하는 사람도 있으며, 그들은 선거권을 포함한 국가와 사회의 업무에 참여하는 개인의 권리를 인권 체계의 중심에 두고 있다. 제3의 견해는 참여의 권리와는 별도로 언론·출판이라는 표현의 자유가 독립된 가치를 지니고 있음을 강조하고, 그 보호의 강화를 제안하고 있다. 대부분의 사회주의국가들의 현실은 정치에 대한 개인의 생각이 그가 속하는 집단과 단체를 통하여 조직적으로 전체에 반영되는 방법이 취해지고 있는 실정이며, 집단과 조직을 벗어나서 개인의 의사가 자유롭게 전달되고 사회적 영향력을 행사한다는 것은 제도적으로 보장되어 있지 않다. 개인의 의사 형성의 재료가 되는 것은 정보인데, 정치에 관한 중요 정보는 조직 내에서만 전달되고 공표되지 않을 때가 많다. 1970년대부터 몇몇 사회주의국가에서 이상과 같은 상황에 대한 시정 작업이 시작되었으며, 정보공개, 정보에 대한 권리, 알 권리가 헌법과 공산당의 결정에 등장하고 있다. 또 제도화되어 있지 않은 국민의 의사, 즉 여론을 중요시하는 경향이 거세어지고 있다. 80년대 이후 많은 사회주의국가에서 사회주의적 민주주의와 발전이라는 정치 개혁을 과제로 삼고 있다.

대부분의 사회주의국가들은 서방측의 자본주의 국가들보다 경제적·사회적으로 낙후되어, 이들 국가들은 후진성 극복을 위해 공업의 급속한 발전에 역점을 두고 사회주의 공업화의 노선을 실행해 왔다. 몇몇 국가에서는 공업화 자금을 농업에서 충당하려는, 이른바 사회주의적 본원축적(本源蓄積) 정책을 취하여 농업생산 발전에 지장을 초래하게 되었다. 또 노선과 정책의 강행으로 프롤레타리아독재의 확대 해석과 개인숭배가 나타났다. 전통적 정치문화와 권위주의, 민족주의, 그리고 소련의 스탈린 문제, 중국의 마오쩌둥 [毛澤東] 문제가 그 대표적인 예이다. 1960년대 말에 소련과 동유럽 여러 나라에 〈발달한 사회주의〉〈성숙한 사회주의〉라는 말이 나타났다. 이것은 사회주의가 체제로서 안정되어 있고, 경제적으로도 발전수준이 높은 사회주의를 뜻한다. 그러나 이 기준에서 본 발달한 사회주의국가는 소련뿐이고, 동유럽 국가들은 발달한 사회주의로 이행하는 과도기에 있었다. 하지만 이 또한 페레스트로이카와 제국의 붕괴에 따라 해체된 실정이다.

1985년 고르바초프의 등장은 소련 공산주의가 잘못된 사회주의이며, 새로운 사회주의 건설을 약속했다는 점에서 중요한 시사점을 갖는다. 고르비의 등장으로 소련 사회주의 실체인 공산당이 해체되고, 국가 최고 권력 기구인 소비에트 최고회의가 해산되었으며, 발트 3국의 독립을 위시하여 소수민족 공화국이 독립을 선언함으로써 사실상 소련연방 공화국이 붕괴되는 현실을 맞이하게 되었다. 그 후 옐친이 러시아 공화국의 직선 대통령에 당선됨에 따라 15개 공화국으로 형성되었던 소련 연방국의 붕괴는 기정사실이 되었으며, 경제적 필요에 따른 새로운 국가연합과 같은 경제 공동체를 형성할 가능성에 직면해 있다.

이제 페레스트로이카 대신에 노보스트로이카(신개조)의 신용어가 등장하였으며 이는 각각의 공화국 특성을 살리는 시장경제 체제로의 전환을 뜻하게 되었다. 발트 3국이 시장경제 체제로 전환한 것에 비한다면 러시아는 슬라브 민족주의의 발로로서 부분적인 시장 개방화와 자영화를 꾀하면서 공공분야에 대한 국가 관리를 여전히 유지하고 있다. 이처럼 러시아 공화국은 점진적으로 혼합경제구조를 형성하고 있다.

3. 사회주의 운동

1864년에 창립된 제1 인터내셔널은 각국의 각종 사회주의자의 집합체였는데, 마르크스와 엥겔스가 지도적 역할을 하여 마르크스주의의 국제화에 기여하였다. 그러나 1871년에 파리 코뮌이 진압된 뒤, 각국 정부의 탄압으로 1876년에 해산하였다. 각국 사회주의정당의 연합체로서 1889년에 설립된 제2 인터내셔널의 중심은 독일 사회민주당이었다. 1880

년대에서 1890년대에 걸쳐 다른 유럽 여러 나라에서도 잇따라 노동당·사회당·사회민주당 등이 결성되었다. 이들 정당은 일반적인 경향으로서 마르크스주의를 그 지도 이념으로 하고 있었다. 이들 사회주의정당은 각국의 정치 과정에 영향을 주어 노동자계급의 사회적 지위를 향상시켰으나, 1871년의 파리 코뮌을 마지막으로 러시아 등 일부를 제외한 유럽 여러 나라에서는 혁명적인 상황이 없었다. 제2 인터내셔널은 노동자계급의 국제 연대를 기본 원칙으로 하였는데, 제1차 세계대전이 발발하자, 사회주의정당의 다수파가 자국의 전쟁정책 지지를 결의함으로써 각 당은 분열되고 제2 인터내셔널도 붕괴되었다.

1917년 러시아에서 사회주의혁명이 성공함에 따라 사회주의는 사상과 운동 면에서 한 국가에서의 실현 과정에 들어갔고, 운동으로서의 사회주의운동도 새로운 단계로 접어들었다. 러시아의 혁명과 사회주의 건설을 주도한 것은 V. I.레닌을 지도자로 하는 좌파인 러시아사회민주노동당이었다. 이 당은 1919년 우파(수정주의)인 사회주의정당과의 차이를 명확히 하기 위해 러시아공산당으로 개칭하였다. 같은 해 각국의 좌파 사회민주당·공산당에 의해 제3인터내셔널(약칭 코민테른)이 결성되고, 가입하는 당 명칭은 원칙적으로 공산당이 되었다. 코민테른과 각국 공산당은 러시아 혁명과 소비에트정권을 지지하고, 처음에는 러시아혁명을 유럽 여러 나라의 혁명 모델로 삼았다.

그러나 제2 인터내셔널계의 사회민주당·사회당에서는 우파가 지도권을 장악하고, 그들은 러시아혁명과 소비에트 정권을 비판하며 혁명이 아닌 개혁 노선을 취하였다. 그때의 모델은 독일사회민주당이 정권에 참가했던 바이마르시대의 독일(1919~32)이었다. 1933년 독일에서 나치당이 정권을 장악하여 나치당 이외의 모든 당을 탄압하고, 파시즘이 수립되어, 사회주의운동에 큰 타격을 주었다. 1935년 코민테른은 사회주의를 직접 지향하지 않는 반파시즘 통일전선노선을 결정하고, 각국 사회당 사이에도 공산당과의 협력 분위기가 고조되었다. 1936년에는 프랑스와 에스파냐에서 사회당·공산당 등이 참여하는 인민전선정부가 수립되었으나, 프랑스의 인민전선정부는 1938년 해체되었고, 에스파냐의 인민전선정부는 1939년 붕괴되었다.

제2차 세계대전 말기부터 그 직후에 걸쳐 동유럽 여러 나라에서는, 전시에 결성된 반나치스 통일전선을 기반으로 공산당이 주도하는 통일전선 정권이 수립되었다. 아시아에서도 베트남·북한·중국에 공산당 중심의 새로운 국가가 수립되었으며, 이들도 사회주의국가의 성격을 띠게 되었다. 코민테른은 1943년 해체되었는데, 냉전 개시와 동·서유럽 사이의 긴장이 격화되는 가운데, 1947년 소련과 동·서유럽 주요 국가들의 공산당 연락 조정 기관으로 코민포름이 결성되었다. 그러나 코민포름은 각국의 상황을 무시한 지도로 인해 구체적인 성과 없이 1956년에 해체되었다. 사회당 계열의 국제 조직은 1951년 사회주의 인터내셔널로 재발족되었는데, 여기에 가입한 사회당·사회민주당의 대부분은 마르크스주의에서 이탈하였고, 특히 서독의 사회민주당은 1959년에 마르크스주의 지도 이념을 포기하였다.

4. 중국과 북한의 변화

(1) 중국의 사회주의

① 중국 마르크스, 레닌주의

모택동의 공산주의에는 중국을 단시일 내에 부강한 나라로 건설하려는 일종의 변증법 운동적인 민족주의 측면이 있다. 그는 마르크스·레닌주의만이 '보편적 진리'이며 혁명의 과학과 무기를 제공하는 이론적 보고라고 찬양한다. 아울러 모택동은 중국 공산당원에게 마르크스·레닌주의의 학습을 강조하고 그 효용은 이론의 기능에 그친다는 점에 주의를 환기하고 원형 그대로 중국혁명에 적용하는 데 부정적 태도를 취했다. 즉 구체적 실천의 문제와 결부되어야 한다고 하였다. 중국의 특수 조건과 특수 사정에 적합하게 창조적으로 발전시켜야 한다는 뜻이다. 모택동사상이 하나의 전략이나 책략의 측면이 뚜렷하며 그때그때 현실적 필요에 따라서 그 내용이 변화하고 변질까지 할 수 있는 것도 중국혁명이 구체적 실천이 갖는 상황변화에 적응하는 신축성과 현실성 때문이라고 할 수 있다.

② 신민주주의에서 인민민주전정으로

모택동이 신민주주의를 내세운 것은 중국공산당이 국민당에 비해 약세에 있었고, 국민당의 예봉을 피하고 노동자, 농민, 소시민, 그리고 민족자본가의 일치단결을 위한 민족통일전선의 명분 때문이었다. 모택동은 신민주주의를 통하여 사회주의 혁명의 단계로 전환되어야 한다고 신민주주의론에서 주장하였다. 그러다가 종래 농촌중심의 혁명 전략은 도시로부터 농촌을 지도한다는 새로운 단계의 전략으로 수정하는 것과 더불어 신민주주의의 탈을 벗고 인민민주전정으로 전환할 방침을 인민민주전정론에서 천명하였던 것이다.

인민은 노동자, 농민, 소시민, 민족자본가 등 신민주주의 혁명에 가담할 수 있는 반제·반봉건의 진보세력이라고 규정되고 비인민은 제국주의주구, 봉건지주, 관료자본가, 국민당반동파 등 신민주주의 혁명의 타도대상이 반동세력이라고 규정된다. 인민민주전정의 주체는 노동자, 농민, 소시민, 민족자본가 및 애국·민주적 인사들이라고 한다.

모택동사상은 마르크스, 레닌주의의 기본 원리에 입각하여 장기간에 걸친 중국혁명에서 얻은 중공체제 이데올로기의 기저라고 한다. 하지만 중국의 제반문제에 꼭 맞는 기성답안을 제공하지는 못한다. 지난날 중국공산당은 마르크스, 레닌, 스탈린의 저서를 일부 잘못 이해하여 교조화한 까닭에 중국의 현실생활에서 일탈하는 주관주의적 사상이나 방법에 이론적 근거가 있는 양 착각하기도 하였다. 사회주의 개조가 기본적으로 성취된 이후 일상적인 가내 소규모 생산까지도 자본주의와 부르주아계급을 출현하게 하는 원인으로 생각하였다. 오늘날 중공지도자들은 마르크스·레닌주의에 대한 우경적 관점이 기본적인 사상지도 노선이며 나아가 수정주의적인 것에 긍정적 입장을 취하고 있다.

③ 모택동사상의 격하

등소평 등 중공지도자가 모택동 격하운동을 전개하는 이론적 토대는 문화대혁명에 있다. 모택동이 일으킨 문화혁명은 당과 국가, 인민에게 건국 이래 최대 좌절과 손실을 끼쳤다고 주장한다. 당, 정부, 군, 그리고 문화영역에서 자산계급의 대표적 인물과 반혁명의 수정주의 분자가 잠복하고 있다. 중국의 지도권은 당내 자본주의 길을 걷는 당권 파들이 장악하고 있다는 점이다. 이들은 중앙에 자산계급의 사령부를 만들어 수정주의 정치노선을 유지하고 각급 지방단위로 그 대리인을 세워 견지한다. 실질적으로 무산계급이 자산계급을 타도하는 정치대혁명이며 계속 혁명이어야 한다는 것이 모택동이 주장한 문화대혁명의 논거였다.

따라서 잘못된 좌경적 논거에 입각한 모택동의 문화대혁명은 마르크스·레닌주의와 합치하지 않으며, 중국실정에 맞지 않는다고 등소평은 강조한다. 중국의 계급적 정세와 당, 그리고 국가의 정치적 상황에 대해 잘못된 판단을 내리고 있다고 주장한다. 더구나 그들은 문화대혁명은 적과 동지의 혼동을 가져온 망발로 타도된 주자파는 사실상 당과 국가의 각급 조직에 있어서 지도적 간부였고 사회주의 사업의 핵심이 되는 힘이었다고 주장한다.

④ 모순론(무단혁명논리)의 변질

자연계 변화에 내재하는 보편성을 주장하는 모순론은 생산력과 생산관계의 모순, 계급 상호간 모순, 새로운 것과 낡은 것 간의 모순 등에 기인하며 사회의 내부적 모순의 발전이야 말로 사회발전의 원동력이고, 그러한 모순의 법칙이 바로 사회발전의 법칙이라고 모택동은 모순론에서 밝혔다.

모순의 특수성을 강조하여 중국현실에 적합한 혁명방식을 역설하고 기회가 있을 때마다 반대하는 당내 해외유학생파를 누르고자 하였다. 제2차 국공합작에 대한 당내 일부 반대세력의 반발을 누르고 다수 당원에게 국민당과의 합작이 불가피한 과제로 납득시키고 무마하는 당내공작의 수단이었다.

인민내부의 모순에는 정부와 인민대중간의 모순도 포함한다. 국가의 이익, 집단의 이익, 개인의 이익 간의 모순, 민주와 집중과의 모순, 지도와 피지도 사이의 모순, 국가기관 일부 요원과 대중 사이의 모순까지도 인민내부 모순이라고 모택동은 주장하였다. 모순해결방법은 '독재가 아니라 민주집중제가 적용되어야 하며, 인민은 스스로에게 독대를 강행할 수 없으며, 일부 인민이 다른 부분인민을 억압해서는 안 된다'는 논리를 편다. 또한 사회주의적 민주주의 방법에 의하여 해결해야 한다고 한다.

급진적 사회주의 혁명을 추진하는 동기와 원동력은 정치성·계급성, 즉 계급모순과 계급투쟁을 강조하는 모택동사상으로 인민이 무장하는 길이 유일하였다. 대약진운동, 인민공사운동을 추진하고 정치·사상공작을 강화하고 학습을 강화하는 데 우선하였다.

⑤ 실용주의 실천

인식과정 중 감성적 인식의 단계, 즉 객관적 외계로부터 감각적 경험에 의해 얻어진 인식의 단계와 개념화하고 추리와 판단을 하며 사물의 본질과 전체, 내부적 연관을 포착한다. 이러한 인식론을 당내의 노선투쟁 물질로, 즉 실천에서 인식, 인식에서 실천으로 여러 번 반복에 의해 완성된다고 주장한다. 새로운 상황의 변화에 적응하도록 새로운 혁명의 임무와 활동의 성안을 제기해야 한다고 말한다. 따라서 실천은 진리를 검증하는 유일한 기준이 되고 실사구시의 명분이 되었던 것이다.

⑥ 신민주주의 문화

중국 공산당이 지도하는 공산주의 문화, 사상, 세계관, 사회혁명론이 나타남에 따라 중국에 새로운 무기로 장비된 새로운 문화사상전선이 출현한다는 것이 신민주주의 문화이다. 모택동의 주관주의에는 교조주의와 경험주의의 두 종류가 있다. 교조주의는 마르크스, 레닌, 스탈린주의 서적만을 읽고 이론만 알고 구체적 현실에 결부시키지 않는 입장에서 체계화·이론화하지 못하는 작품을 뜻한다. 정치적 문예사상은 중국이 견지해야 하는 문예활동의 기초임을 모택동은 강조한다. 자산 계급의 자유화 경향을 반대하고 비판하여야 하며, 문예영역에서 자본주의 사상을 반대하고 문예창작의 연출과 출판에서의 상업화 경향을 반대해야 한다고 역설한다.

⑦ 정치조직

정권수립 이전 러시아혁명을 주도한 레닌의 전략에서 영향을 받았다고 할 수 있다. 당조직의 기본원칙 역시 소련 공산당 헌법에 규정한 민주집중제를 도입했다. 조직원칙은 '민주의 기초 위에 집중을 실행'하는 민주집중제의 원칙에 입각하여 지역과 생산단위라는 두 개의 계통을 기초로 하였다. 당시 중국 공산당 조직은 정부조직, 지방행정조직과 미분화 상태에 있었다. 농민, 일부 노동자, 소시민, 지식분자를 혁명세력으로 동원하고 농민혁명의 게릴라근거의 성격을 띠었다. 당 중앙위원회안에 정치국과 서기처를 두고 그 밑에 중앙위의 각부를 두었다.

중국 공산당의 임무는 국민경제를 계획적으로 발전시킴으로써 국가의 공업화를 실현하고 국민경제의 기술개조를 실행하여 중국으로 하여금 강대한 현대화된 공업, 농업, 교통, 운수와 국방을 갖게 한다고 규정하였다. 지역단위와 생산단위를 토대로 민주집중제의 원리에 입각해 있다.

(2) 사회주의 경제

모택동과 주은래가 사망한 후 중국은 변화를 보여 1978년 12월 중앙위원회 전체회의에서 실용주의 노선을 채택하여 시장경제요소 도입과 서방국가와 경제협력을 증진시키고 있다. 사회주의적인 개조와 사회주의 경제건설을 기본으로 하여 관료자본을 몰수하기 시작했다. 토지개혁을 실시하여 지주로부터 농지를 몰수하여 소작농민에게 분배하였다. 재정수지를 집중관리하고 중화민국은행이 현금을 관리하였다.

중국은 소련식 경제발전방식을 모방하였다. 자력갱생, 자기완결적인 공업구조, 높은 투자율, 중공업과 군수산업의 중시, 대규모기업의 선호, 농업의 사회주의적인 개조, 중앙집권적 경제계획 등이다. 중공업우선정책으로 과도한 농업부담, 경공업 침체로 소비재 부족, 수공업 도산, 전력수송노력의 한계가 나타났다. 제2차 5개년 계획(1958~1962년)기간에 공업과 농업, 중공업과 경공업, 중앙공업과 지방공업, 대형공업과 중소형공업, 근대부문과 전통부문을 동시에 발전시키며 풍부한 노동력을 사용하여 공업화 기간을 단축시키려고 하였다.

대약진운동의 실패 후 노동력의 강제동원보다는 자유 시장, 자유지, 자유경영의 생산청부제도를 뜻하는 '삼자일색(三自一色)'의 정책을 실시하였다. 3차 계획(1966~1970년)기간 중 개인의 이익을 중요시하는 경향이 젊은 층에서 있게 되자 이데올로기의 순수성도 강조하였다. 1970년 UN에 가입하여 대외개방과 서방접근을 본격화하였다. 석유화학과 전자공업부분에 서방시술과 시설재가 도입되었다. 1975년에서 80년까지 농업, 공업, 국방, 과학기술의 현대화를 달성하여 중국경제를 세계대열에 서게 하려고 했다. 국민경제 10개년 계획, 조정계획의 집행을 제5차 5개년 계획은 실천에 옮기지 못했으나, 국민소득은 증가하여 1인당 261원에서 376원으로 증가하였다.

(3) 중국의 개혁정책

① 개방정책

중국공산당은 집권 이후 공산주의 이념에 입각한 정치체제의 확립에만 몰두하여 가장 경직된 폐쇄적 사회구조를 형성해 왔다. 그 결과 정치·경제적 후진성과 국민생활의 낙후성을 면할 수 없었다. 그러나 모택동 사망 이후 등장한 등소평은 이들 여러 문제들을 해소하기 위해 정치, 행정, 경제, 군사 등의 개혁정책에 박차를 가하기 시작했고, 중국의 정신적 지주로 군림해 왔던 등소평이 사망함에 따라 중국은 또 한 번 변혁의 소용돌이에 휘말리고 있는 듯 한 조짐을 시현하고 있다.

1979년 개혁개방정책을 추진하기 시작한 이래 중국은 정치·행정·경제개혁에 이어 외국에 대해서는 개방정책을 확대하면서 각국의 자본과 기술을 끌어들이려고 노력해왔다. 그러나 1989년 4월부터 급속히 불어 닥친 중국의 민주화 운동은 동년 6월 4일 피로 물들인 천안문광장의 일요일의 총성으로 개혁정치의 한계성을 드러내기도 했다. 천안문 광장 사건의 근인은 인플레에 시달리는 인민들이 생활개선의 요구로부터 시작되었고, 민주주의 경험이 부족한 중국당국의 대응책이 서툴러 반체제운동으로 확대되었으며 결국에는 민주화운동의 불꽃으로 확산되었던 것이다.

등소평 등장 이후 중국은 민주화, 개방정책을 표면에 내세우면서 과거 모택동의 정치·경제적 유산들을 정리하고 새로운 이념의 정립과 함께 정치·행정·경제·사회·군사 등 여러 분야에서 개혁을 추구해 왔다. 등소평 정권은 집권 후 영구직무송신제폐지, 간부정년퇴직제도의 수립, 기구의 간소화, 농촌에서의 正史合一의 인민공사제도폐지, 민주적인 법제의 건립, 경제체제의 개혁, 대외개방, 그리고 조직의 활성화를 위해 黨·政분리, 기업의 자율성보장, 경제특구의 신설 등 일련의 혁명적 조치들을 취하였다. 그러나 중국의 정치행정개혁은 천안문사건을 시발로 유보된 채 경제개혁만이 지속되고 있을 뿐이다. 등소평은 중앙집권적 일원적 통제의 계획경제체제를 목적으로 평등주의 원칙을 추구하며 사회주의적 생산 양식의 우월성을 내세워 경제성장을 추구했던 모택동의 '형평정책'과는 달리 개발할 수 있는 곳부터 먼저 발전시켜 보겠다는 효율성 위주의 '불평등원칙'을 채택했다.

원래 정부가 국민의 정치·행정·경제생활에 과도하게 간섭할 때 정부실패 또는 관료실패가 생기고 또 시민의 완전히 자유로운 정치·경제·사회·문화 등의 생활에서 시장실패가 생기게 되는 것이 자본주의 체제하의 일반적인 현상이다. 그리고 정부실패나 시장실패는 각 정부가 처한 정치·경제체제의 특수성과 정치문화에 따라서 그 순환성이 결정된다. 그런데 공산사회주의 체제하에선 시장실패란 이론상 있을 수 없고 있다면 관료실패만 있을 뿐이다. 그리고 이러한 관료실패는 지속적인 이데올로기 교육과 자아비판 등 대중통제에 의해 예방되고 치유된다. 그러나 15년간에 걸친 중국의 경제개혁에서는 여타 사회주의 국가에서 볼 수 없는 관료의 실패가 발생하였고, 그 실패를 스스로 인정하는 것이 개혁정치의 한계를 알리는 '천안문광장'에서의 총성이었다.

중국의 체제개혁은 1978년 11~12월 사이에 북경에서 개최된 중공당 11기 3중전회로부터 시작된다. 등소평은 1980년 8월 18일 중앙정치국 확대회의에서 「공화국과 영도체제 강화」라는 제목으로 연설을 하였는데, 이것이 중국에 정치체제개혁을 진행시키는 강력한 문건이 되었다. 한편 중국은 1992년 10월 14일 전대회에서 '사회주의 시장경제'체제를 당규약에 삽입함으로써 사회주의 4원칙의 견지와는 달리 거의 확고하게 시장경제로의 이행을 결정했다. 1992년 '남순강화'이후 등소평은 자신이 직접 주요 정책결정에 참여하지 않고 '등소평 변공실' 주임인 왕서림을 통해 자신의 의사를 개진하는 형태로만 영향력을 행사하는데 그쳤으며, 실제적으로는 강택민과 이붕이 중국의 주요 대외정책결정 권한을 행사해 왔고, 그나마도 1995년부터는 거의 개입하지 않았다.

② 개혁정책의 동기와 목표

중국은 정치구조면에서는 1당 독재체제, 경제구조면에서는 중앙집권적 계획경제체제를 지향해왔다. 특히 정치행정개혁은 영도체제개혁, 권한분할기구의정예간소화, 민주제도 및 선거제도수립, 인사제도 등을 다루고 있지만 서구사회에서 채택하고 있는 다당제나 언론·출판·결사의 자유나 인권법제의 쟁취 등의 문제는 다루지 않고 있다. 경제체제에 있어서는 ① 생산요소의 국유화, ② 의사결정의 일원화, ③ 중앙정부의 통제와 계획에 의한 자원배분 등을 특징으로 하는 계획경제체제였다. 중국은 이러한 사회주의 경제체제의 기본정책노선으로부터 발생하는 구조적인 문제점을 극복하지 못하고 만성적인 경제침체에 빠지자 사회주의 시장경제체제로의 이행을 결정하게 된 것이다.

- 개혁정책의 동기 및 배경

중국이 정치행정개혁을 단행하게 된 동기에는 기본적으로 다음의 두 가지 요인에 기인한다. 그것은 첫째, 중국의 현행 정치행정체제가 중국의 혁명전쟁시기에 소련의 정치행정체제를 모방한 것이기 때문이었다. 즉 혁명전쟁시대에 사용했던 정치행정체제를, 그리고 그 당시 소련의 정치제도를 사용함으로써 각종 폐단이 야기되고 있어 이를 현대에 맞게 개혁하지 않으면 안 될 처지에 놓여 있었기 때문이었다. 둘째 요인은 그 당시 중국의 정치행정체제는 여러 방면에 걸쳐 중국이 추구하는 사회주의 현대화건설의 요구에 적응할 수 없었으며 사회주의 제도의 우월성을 발휘하는 데도 장애가 되고 있었다. 특히 4개현대화건설, 개혁과 개방정책, 경제발전을 위한 경제체제 개혁에 적합하지 못하므로 이에 알맞게 개혁을 해야 한다는 것이었다.

- 개혁정책의 이론과 목표

정치체제 개혁은 다음과 같은 이론적 배경에 의지하고 있다.

첫째, 사회주의 사회가 건설되면 이것은 불변하는 것이 아니라 항상 변하고 개혁되는 사회로 간주해야 한다. 중국의 정치체제는 정치·행정·경제·문화·사회 등 모두를 일률적으로 통제·관리하는 권력이 과도 화된 중앙집권화 체제이다. 따라서 이러한 정치체제는 경제체제개혁과 기타 체제개혁의 실시에 있어 걸림돌이 되고 있었다.

둘째, 상품경제는 평등교환, 부단한 개척, 자유경쟁, 자유경영, 자유선택 등을 요구한다. 이러한 것들은 모두 정치적으로 이에 상응하는 평등, 자유, 민주적인 환경과 조건을 창조할 것을 요구하고 전통 관념과 관리체제를 개혁할 것을 요구하면서도 또한 직접 관리 위주에서 간접관리 위주로 바꿀 것을 요구한다.

셋째, 정치개혁은 사회주의 국가 사무 관리의 민주화 요구에 따라야 한다고 생각했기 때문이다. 즉 현재 사회주의 국가들의 민주화과정이 비록 불완전하지만 민주화 방향으로 나아가고 있는 것은 확실한 추세이다.

넷째, 국가권력은 한 개인이나 한 개의 조직에 의해서 장악되어서는 안 되고 분산되어서 상호 균형과 견제가 이루어져야 한다. 권력이 한 곳에 집중되면 정제정치가 되므로 합리적으로 분립시켜야 한다는 것이다.

중국의 중심과제는 이제 정치적 사회주의와 경제적 시장개념을 유기적으로 결합하는 설득력 있는 이론정립이 요구되는 시점이다. 중국이 정치 및 경제개혁 및 개방정책을 채택, 추진하고 있는 일차 목표는 등소평을 중심으로 개혁세력들이 마르크스주의의 중국화와 중국적 특색의 사회주의 건설의 개혁노선을 추구하면서 경제발전을 이룩해 국민의 생활수준을 향상시킴과 아울러 국력을 증대시킴으로써 국민의 지지를 유도하고 사회주의 체제를 유지하자는 데 그 속셈이 있다.

또한 중국은 정치개혁의 근본목표를 고도로 민주적이고 법제가 건전하고 효율성이 높은 사회주의 체제를 건설하는 것이라고 주장하면서 기본목표의 내용을 정치민주화, 정치공개화, 정치결정의 과학화, 정치운영의 법제화, 감독기구 제도화 등을 내걸고 있다.

- 개혁정책의 내용

먼저 제13차 당대회에서 조자양 총서기가 제출한 정치개혁의 내용을 알아본다.

① 당 공작의 중심을 '이계급투쟁위망'에서 '사회주의 현대화건설전략'으로 전환시켜 나간다.

② 경제체제, 과학기술체제, 교육체제의 개혁을 추진시키고 계획적인 사회주의 상품경제에 적응시켜 생산력발전을 가속화시킨다.

③ 당과 국가의 정치생활에 민주화를 촉진시키고 사회주의 법제를 강화시키며 근본적으로 관료주의를 극복한다.

④ 문화대혁명의 비극적인 재현을 방지시킨다.

⑤ 4개항 기본원칙을 견지하고 자산계급화를 반대한다.

- 4개항 기본원칙

① 사회주의 노선의 견지

중국의 기본정책은 「일개중심(경제발전)」에 양개의 기본관점(개혁·개방과 사항견지)을 견지함으로써 중국식 사회주의를 건설한다는 것이다. 다시 말해 4개항의 기본원칙과 경제개혁, 그리고 개방정책을 견지하는 것을 뜻한다. 중국식 사회주의 건설은 정신문명과 물질문명을 동시에 추구한다는 정책을 입안하고 있으나 물질문명건설에 우선순위를 두고 있다.

② 프롤레타리아 독재의 견지

많은 사람들이 계급투쟁의 실효성을 부정하고 있으며 프롤레타리아 독재에 대한 부정적 시각도 높아지고 있다. 이와 같은 문제를 간파한 등소평은 프롤레타리아 독재의 견지를 선언했다. 그러나 인민에 대해서는 확고부동한 민주정치를 실시할 것이나 극소수의 반동세력에 대해서는 계속 독재적인 통제성을 가하는 원칙을 준수할 것이라고 했다.

③ 중국공산당의 집권·지도견지

당지도의 견지방책은 당지도가 있어야 개혁과 개방정책이 성공적으로 수행될 수 있고 또한 제국주의와 봉건주의 그리고 관료자본주의 등 삼좌대산의 타파, 민족통일국가의 성취, 강력한 인민정부의 유지, 그리고 중국인민의 생활수준들의 향상이 가능하다는 것이다. 결국 국가발전과 민족의 희망을 높이기 위해 당이 계속적인 지도력으로 통치해야 한다는 것을 의미한다.

④ 마르크스·레닌주의와 모택동 사상의 견지

마르크스·레닌주의와 모택동사상을 계속 견지해야 함은 그것이 곧 중국의 발전을 이룩하는 사상적·이론적 기초이며 혁명과 건설을 완성하는 사상적 보증이기 때문이다. 당중앙기관은 앞으로 마르크스·레닌주의와 모택동 사상을 대신할 수 없다는 입장을 결의하고 전국에 선포했다. 결국 자유화에 대한 시위운동이 4개항 기본원칙의 견지 문제를 대두시켰다고도 생각해 볼 수 있겠다.

(4) 중국의 민주화시위

중국의 민주화 시위는 1986년 12월 5일 중국 과학기술대학에서 처음 시작되었으며, 이것이 등소평이 실용주의 노선을 채택하도록 만든 1989년 6월 4일 천안문 학살 사태의 진원이 되었다. 중국은 소련 사태에 대한 대비책으로 사회주의 파괴에 대한 제국주의자들의 '평화적 변혁 책동'을 준엄하게 경고하는 5개 항의 원칙을 정립하였다.

① 공산당 지도를 견지하고 다당제를 반대한다.
② 군에 대한 당의 절대적 영도 원칙을 견지하고 군의 정치 참여를 반대한다.
③ 인민 민주 독재 체제를 견지하고 의회 제도를 반대한다.
④ 사회주의 노선을 견지하고 사회민주주의를 반대한다.
⑤ 공유제를 기초로 한 경제체제를 견지하고 사유화를 반대한다.

이처럼 민주화 시위에 대항하여 사회주의 노선을 견고히 하려는 공산당의 조직적 활동이 두드러지게 나타났다. 중국의 천안문 사태는 공산국가의 고질적 빈곤을 벗어나기 위해 자본주의 생산방식은 도입할 수 있어도 자본주의 정치제제인 민주화와 개방화만은 수용할 수 없다는 것을 분명하게 보여주고 있다. 이에 따라 아시아 공산국가에서도 경제적으로는 개방화를 추진하되 정치적으로는 중국의 전제적 특성을 지닌 사회주의 건설을 견지하려고 꾀한다. 중국의 사회주의 노선은 '5개 견지 5개 반대 원칙'에서 아시아 공산주의 체제적 특성을 잘 보여주고 있다고 할 것이다.

등소평체제가 출범하면서 시작한 정치·행정개혁과 경제개혁은 정치·행정개혁에 비해 경제개혁이 상대적으로 좋은 성과를 거두었다. 등소평 사후 강택민 체제에서도 경제정책을 더욱 가속화시키면서 정치·행정개혁도 점진적으로 추진할 것으로 전망된다. 또한 중국은 실질적으로도 정치·행정개혁을 통해 간부의 사상인식에서뿐만 아니라 조직노선의 조정 및 간부의 태도에서 이미 상당한 변화를 야기시켰다. 중국의 지난 20년간의 개혁을 전반적으로 관찰해 보면 정치·행정개혁 범주에 따라 진행된 일련의 조치들은 혁명성이 완전히 결핍되지 않으면서 새로운 방법을 창조하였다. 예를 들면 지도간부종신제 폐지, 당정분리의 실시 등이 그것이다.

그러나 대다수의 개혁조치는 이미 거론되었던 것을 이제 와서 실행한 것에 불과하다. 즉 당정감찰기관, 중앙서기처, 정당정풍, 영도집단조정을 진행하는 것 등이 모두 여기에 속한다. 그 밖에 국가공무원제도건립과 같은 것이 있고 서방국가 간부관리 제도를 도입하는 조치 등도 관련이 있다. 경제개혁에 있어 농촌개혁이나 도시경제체제는 구소련이나 북한에 비해 엄청난 변화를 보여 왔다. 특히 중국의 농업경영은 이미 사영경영으로 전환, 국영농장이 점차 농가의 생산책임제로 대체되고 있는데, 이러한 개혁과정에서 나타난 「사유」에 대한 의식형태에 많은 융통성을 갖게 된 것이다.

개혁이전에 중국의 경제체제는 구소련에 비해 더욱 집단화되고 공산화되어 있었으나 개혁 후에 있어서는 사유의 정도가 상당히 증대되어 토지를 비롯한 중요한 생산수단을 제외하고는 대부분의 생산수단에 대해서는 부분적 사유를 인정, 개인의 이윤과 재화축적을 추구할 수 있게 되었고, 동시에 생산성 제고를 위한 자본주의적 경제방식의 도입에 더욱 다양성을 띠게 되었다. 경제체제의 개혁과 그 진도에 따라 이익개념의 다원화 추세가 더욱 명확해지고 있고, 정치참여와 자유화의 폭을 증대시켜야 한다는 사회적 요구도 크게 증가되어 왔다. 이에 따라 권력의 집중과 당정일체로 특징되는 기존의 정치체제는 경제체제개혁의 지속적인 전개에 불리하고 더 이상 적응할 수 없게 된 것이다. 이와 같이 기존의 정치체제를 경제체제의 개혁추세에 적응시켜 정치와 경제의 개방과 자유화의 폭을 계속 증대시켜 가는 데서 「중국식 사회주의」의 발전방향을 모색해 갈 것이다.

(5) 북한의 변화

북한은 1990년 6월 4일 고르바초프 소련 대통령이 미국 샌프란시스코에서 최초로 남한의 최고 지도자와 정상회담을 열게 되자, 6월 7일자 북한의 관영 '중앙통신'을 통하여 '용서할 수 없는 배신적인 거래를 했다'라고 매도하였다. 그리고 북한은 동구 공산권의 몰락과 소련의 과감한 개방화와 민주화에 불안감을 갖고서 '신사회주의 연맹'의 결성 및 중국과의 상호 의존적인 방어 체제를 구축하기에 이른다. 북한은 주체사상에 근거한 사회주의 노선을 표명함에 따라 광신적 1인 숭배의 정체 체제의 성격을 극명하게 드러내고 있다.

북한은 1990년 6월 27일자 '로동신문' 논설을 통해 '집단주의 원리에 기초한 사회주의가 개인주의 원리에 기초한 자본주의 방법을 받아들이는 것은 독약을 먹는 것과 같다'라고 역설하고, 사회주의는 개량이 아니라 혁명으로 건설해야 된다고 말한다. 결국 주체사상과 어긋나는 어떠한 사상 조류도 침투하지 못하도록 철저히 폐쇄정책을 고집하고 있다. 중국의 경제적 사회적 개방의 수준에도 미치지 못한 채, 북한은 동구와 중국 유학생을 소환하여 재교육하는 등 굶어죽는 한이 있더라도 사상의 오염을 방비하기 위한 노력을 경주하고 있다. 우리는 북한이 동구 사회와 달리 정치적 민주화에 다가서지 못하는 이유를 세 가지로 집약할 수 있다.

첫째, 민주적 정치 문화의 결여이다. 공산화되기 이전에 의회제 등에 대한 경험이 부족하기 때문에 정치적 민주화를 불안 요소로 간주하여 이를 거부하게 된다.

둘째, 경제적 후진성이다. 경제적으로 핍박을 면치 못하는 실정에서 개인의 자유와 창의성은 엄두도 못내는 실정이다.

셋째, 권력 엘리트의 세대교체 부진이다. 사회주의 국가에서도 찾아볼 수 없는 권력의 세습화는 권력의 합리적 경영 배분의 원리를 생각할 수 없는 실정에 있다.

그러나 김일성이 사망한 북한의 현재 상황에서는 8.19 모스크바 쿠데타 불발을 환영할 입장이 되지 못한다. 오히려 민족의 자주권을 회복하기 위한 민주화의 준엄한 도전에 북한 공산당이 참혹하게 무너지는 비극이 예견된다고 할 것이다. 그러한 예견의 세 요소는 다음과 같다.

첫째, 인간의 궁핍화를 면치 못하는 공산주의 생산방식의 자기파멸성이다. 북한의 하루 두 끼 먹기 운동과 1990년 초의 1,000$ 정도에 불과한 1인당 국민소득이 그러하다. 이의 해결은 자유 민주 시장 체제로의 전환을 뜻하는 데, 이는 곧 공산 체제의 종언과 다름이 없다.

둘째, 자유 확산에 근거한 인류 역사의 발전 법칙이다. 헤겔의 역사의식에 나타나듯이 자유를 만끽할 때까지 변화를 거듭한다고 볼 수 있다. 북한이 주체사상에 입각하여 아무리 '자기식대로 살아간다고 하여도 자유의 이념을 지향한 역사의 도도한 물줄기를 역류시킬 수는 없을 것이다. 이러한 물줄기에 순응하듯이 2000년 6월 13일에서 15일까지 평양에서 남북정상이 만나 남북공동선언을 하기에 이른다. 이러한 선언은 평화통일을 실현하기 위한 첫걸음으로 많은 기대를 모으고 있다.[37)]

셋째, 자유민주 체제와 시장경제 원리에 입각한 한국 사회의 지속적인 번영이다. 이미 정보화 사회로 들어가고 국민소득 10,000$ 시대를 돌파한 한국 사회와 비교해 볼 때, 북한이 교류의 필요를 절감하고 남북대화에 임하는 것은 역사 발전에 대한 자연 섭리의 귀결이라고 말할 수 있다.

5. 자본주의 사회와 비교

【자본주의 경제와 생산 양식】 자본주의 경제는 상품생산이 행하여지는 경제이다. 상품이란 팔아서 이윤을 얻기 위해서 생산되는 재(財)를 말한다. 자급자족의 가족경제에서는 가족의 욕망을 충족시키기 위하여 재가 생산되었다. 이를 '자기생산'이라고 한다. 중세의 도시경제에서는 타재(他財)와의 교환을 위하여 재의 생산이 이루어졌다. 이를 '주문생산'이라고 한다. 반면 자본주의 경제에서는 팔아서 이윤을 얻기 위하여 재가 생산된다. 이와 같은 생산 양식을 '상품생산'이라고 한다. 자본주의 이전의 사회에서 교환이 이루어졌던 것은, 자기의 직접적인 욕망충족에 필요한 재를 얻기 위해서였다. 예를 들면, 소맥의 소유자는 이것을 팔아서 화폐로 바꾸고 이 화폐로 직물을 사는 것과 같다.

이와 같은 교환은 마르크스의 정의에 따르면, W(상품) → G(화폐) → W'(다른 상품)이라는 형식으로 나타난다. 이에 대하여 자본주의 사회에서 화폐는 자본으로서 작용한다. 자본가는 화폐 자본으로써 생산수단을 사들이고, 이것을 사용해서 재를 생산하며, 이것을 팔아서 먼저 투입한 화폐보다도 큰 화폐액을 획득하려고 한다. 이와 같은 교환은, G(화폐자본) → W(상품) → G'(=G+g)의 형식으로 표시된다. 이 식에서 g는 이윤 또는 잉여가치(剩餘

37) 대한민국 대통령 김대중과 조선민주주의인민공화국 국방위원장 김정일이 합의한 5개 조항은 이와 같다. 첫째, 통일문제를 자주적으로 해결함인데, 이는 주변 4국과 국제사회의 지지와 협조를 바탕으로 한 통일이며, 둘째, 통일 논의의 접점으로서 남북연합과 낮은 단계의 연방제 사이의 공통성을 인정한 통일의 방안이며, 셋째, 2000년 광복절을 기하여 이산가족 방문단 교환에 합의하고, 넷째, 경제협력과 사회 제반 분야의 협력과 교류를 활성화하고, 다섯째, 남북 사이의 당국자 대화를 지속적으로 실천하는 것으로 되어 있다.

價値)이며, 이것을 획득하기 위한 생산이 상품생산이다. 이 이윤 또는 잉여가치는 어떻게 해서 발생되는가. 마르크스는 이것은 자본가가 노동자를 착취함으로써 발생하는 것이라고 정의하였다. 즉 자본가는 노동자에 대하여 그 노동력의 가치에 상당하는 임금을 지급하고, 실질적으로는 그 가치 이상의 일을 시킨다.

이 가치 이상의 노동에 의해서 잉여가치가 발생한다. 예를 들면 노동력의 가치가 6시간 분량의 생산물과 같다고 하면, 자본가는 그만큼의 임금을 지급하고 노동자를 8시간 작업시킬 수 있다. 이 경우 2시간 분량의 생산물이 잉여가치이며, 이 부분은 자본가가 노동자를 착취한 것이 된다. 이에 대하여 근대 경제학자들은 이윤은 자본의 제공자에 대한 정당한 보수라고 생각하였다. 상품의 가치는 노동과 생산수단의 결합에 의해서 창출되며, 그 가치는 노동자와 자본가에게 각각의 기여도에 따라 분배된다. 이윤은 노동자를 착취한 결과가 아니라 자본의 공헌에 대한 보수라는 것이다. 이와 같이, 이윤이 착취에 의해서 발생하는 것이냐의 여부에 대해서는 학자에 따라 견해를 달리하고 있으나, 자본주의 사회에서는 이윤 획득이 인정되고 있으며 이를 획득하고자 생산이 영위되고 있다.

[그림 9] 사회주의 자본주의와 가치

【자본주의의 경제적 질서】 자본주의 경제에서는 모든 재에 각기 가격이 성립되고, 그 가격을 기준으로 하여 재의 생산·교환 및 소비가 이루어진다. 재의 가격이 올라가면 생산 또는 공급이 증가하고, 소비 또는 수요가 감소한다. 가격이 하락하면 공급은 감소하고 수요는 증가한다. 그러므로 가격은 그 가격에서 수요와 공급이 일치할 수 있는 높이로 결정된다. 이와 같이 자본주의의 경제적 질서는 가격의 성립에 의하여 유지된다. 상품의 가격은 수요와 공급의 관계에 의해서 결정된다는 설이 일반적이지만, 상품생산에 투하된 노동량에 일치 또는 비례한다는 설, 상품의 생산비에 평균 이윤을 더한 선에서 안정된다는 설, 상품의 효용에 의해서 결정된다는 설이 있다.

국가는 원칙적으로 경제에 간섭하지 않는 자유방임(laissez-faire)정책이 취해진다. 그런데 가격에 의한 질서에만 의존하게 되면 그 특징적인 경제적 무정부성(無政府性)에 의하여, 생산과 소비와의 모순이 생겨 자본주의 경제 특유의 순환적인 공황이 발생하기에 이른다. 가난한 사람들의 생활이 더욱 어렵게 되고 실업자가 생기게 된다. 따라서 국가는 여러 방법으로 경제에 통제를 가하게 되었다. 오늘날 자본주의의 경제적 질서는 가격과 국가통제에 의해서 유지된다.

【자본주의와 노사관계】 자본주의 사회에는 자본가계급이라고 불리는 생산수단을 소유하는 사람과, 노동자계급이라고 불리는 생산수단을 소유하지 않은 사람으로 크게 나누어 볼 수 있다. 이 두 계급의 중간에 위치하는 사람도 있으나, 이 두 계급은 뚜렷하게 대립되어 있다. 자본가는 자기자본으로 기계와 원료를 구입하고 노동자를 고용하여 생산을 영위한다.

생산조직이 방대해짐에 따라 사업을 경영하는 특수한 재능이 필요하게 되어, 자본가와는 별도로 경영자가 생겨나게 된다. 이 경영자가 노동자를 사용하는 것인데, 경영자의 배후에서 생산에 대한 실권을 쥐고 있는 것은 역시 자본가이다. 노동자와 사용자(자본가 또는 경영자)는 법률상으로는 평등한 지위에서 노동조건, 즉 임금이나 노동시간 등을 계약하게 된다. 노동자는 고용되는, 다시 말해서 노동력을 상품으로서 파는 길 외에는 생활 방법이 없기 때문에 실제로는 이 계약의 체결에 있어서 언제나 약자의 지위에 서게 되기가 쉽다. 그러므로 노동자는 노동조합을 조직하여 단결함으로써 자본가와 대항하게 되었다.

【자본주의 경제의 장점과 단점】 자본주의 경제의 장점은 첫째, 경제활동의 자유가 있다는 점이다. 사람들은 마음대로 직업을 선택하고, 마음대로 생산을 하며, 원하는 것을 소비할 수 있다. 둘째, 이윤획득을 목적으로 자유경쟁이 벌어지기 때문에 사람들은 창의(創意)를 발휘하여 좋은 상품을 풍부하게 저렴한 가격으로 생산하게 된다. 이것이 사회에 양질(良質)·풍부·저렴한 재(財)를 공급하는 결과가 된다. 이것을 A.스미스는 '보이지 않는 손'에 의해 인도되고 있는 것이라고 하였다. 자본주의의 단점은 첫째, 빈부의 차가 크다는 점이다. 최근에는 노동조합의 힘이 강화되고, 국가에 의한 소득재분배 정책도 추진되기에 이르러, 분배의 불평등이 꼭 커지는 것만은 아니다. 둘째, 생산이 자유경쟁을 바탕으로 영위되기 때문에, 전체로서는 무계획적이 되어 공황이나 실업이 발생할 수 있는 경향이 있다.

【자본주의의 발전】 자본주의 경제가 성립한 초기에 있어서는 다수의 소자본가(小資本家)가 자유경쟁에 의하여 생산을 영위하고 있었다. 자본가는 봉건시대의 전통적 생산방식을 타파하고 근대적 공장제 생산 조직을 구축하였다. 이와 같은 초기의 자본주의를 '상업자본주의' 또는 '초기 자본주의'라고 한다. 산업혁명을 거쳐 산업자본이 확립되고, 산업자본이 주역을 맡게 된 시기를 '자유자본주의' 또는 '산업자본주의'라고 한다. 19세기 말부터 독점(獨占)이 널리 존재하게 되었다. 자유경쟁에 의하여 약소기업이 자연 도태되고 대기업만이 남게 되자, 대기업과 대기업 사이에서 경쟁이 치열하게 되었다.

이와 같은 경쟁으로 대기업들이 함께 치명타를 입는 결과를 낳자, 대기업들은 서로 간에 독점을 결성하기에 이르렀다. 독점에는 카르텔・트러스트・콘체른 등이 있는데, 이와 같은 독점이 일반화한 경우를 '독점자본주의'라고 한다. 이 단계에서는 산업자본과 결합한 은행자본, 즉 R.힐퍼딩이 말하는 금융자본이 지배적인 데서 '금융자본주의'라고도 한다. 마침내 자본주의의 내재적 모순이 표면화되기 시작하여 자유주의의 원칙을 대신하는 계획경제 또는 통제경제가 주장되었다. 이에 부응하여 등장한 것이 케인스경제학인데, 그 후 여러 면에서 자본주의의 성질이 변화되어 왔기 때문에, 오늘날은 수정자본주의로 일컬어진다.

【자본주의의 장래】 자본주의사회는 붕괴되고 사회주의사회가 도래한다고 생각하는 사람도 있다. 마르크스는 자본주의 사회에 있어서 필연적으로 산업예비군(産業豫備軍)과 공황이 발생하여 노동자계급의 사회주의혁명이 성취된다고 주장하였다. 지금까지도 이 생각을 지지하는 사람도 있기는 하지만, 어느 선진자본주의국에서도 사회주의혁명은 일어나지 않고 있다. 혁명은 오히려 후진국에서 빈발하고 있다. 선진국은 일반적으로 자본주의를 수정하여 복지국가(福祉國家)를 지향하고 있다. 한국은 중진국 선두 그룹에 속해 있으며 선진복지국가에의 길을 걷고 있다.

이제까지 사회주의 이념과 실제의 한계를 살펴보았는데, 이제 귀류법의 논리성에서 그 모순점을 찾아보자.

4. 귀류법의 비판

1. 귀류법의 발생

[그림 10] (반가사유상)

4세기에 굽타왕조에 의한 인도 세계의 재통일은 사상계에 큰 변화를 일으켰다. 이 왕조는 인도의 정통 문화를 회복하고자 산스크리트어를 공용으로 사용하였고 힌두교를 국교로 채택하였다. 이러한 상황에서 불교는 상대적으로 세력이 저하되었고 불교 내부에서도 학설의 조직화가 이루어져 상호 논쟁이 야기되었다. 이러한 논쟁에 의한 불교의 학설은 네 가지로 구분된다.

첫째, 일체가 공이라는 중관파의 이론
둘째, 외계의 모든 대상은 공이며 인식 주체인 심만이 실유라는 유가행파의 이론
셋째, 외계의 모든 대상은 다만 추론될 뿐이라는 경량부의 이론
넷째, 외계의 모든 대상은 직접 지각 되는 것이라는 유부의 이론

이들 가운데 앞의 두 가지는 대승불교의 논리로서 뒤의 두 가지는 소승불교의 논리로서 구체화되었다. 그런데 중관파 공성에 의하면 유부의 진리는 법으로 존재한다는 법유설이 철저히 부정되고 있다.[38] 이 이론은 용수에서 비롯된 것으로서 그의 제자 제파(Aryadeva)에 의해 널리 유포 되었다. 반면에 유가행파의 유식은 용수에 의해 확립된 대승의 일체공관에서

---

38) 인도 대승불교(大乘佛教)의 한 학파. 용수(龍樹, 2・3세기)의 《중론(中論)》 등을 기본적인 전적(典籍)으로 한다. 용수는 반야경전(般若經典)을 배경으로 하여 〈모든 것은 인간이 상정(想定)한 것이며, 불변하고 고정적인 본질을 가지는 것은 아니다〉라고 하는 공(空)의 사상을 고도의 논리로 표현함으로써, 일상적인 언어나 사고가 지니는 모순을 명확하게 파악해냈다. 그 뒤 제바(提婆, 3세기)는 용수의 사고를 체계화하려고 노력했고 5・6세기에는 불호(佛護)가 《중론》의 충실한 주석을 시도하였다. 청변(清辨)은 공의 사상을 논리학적 추론식으로 논증하는 방법을 확립하였는데, 7세기에는 월칭(月稱)이 청변을 비판하면서 상대의 논법에 따른 형태로 그 논법의 불합리성을 분명히 하는 귀류논증(歸謬論證) 쪽이 한층 유효하다고 했다. 후대에 중관파가 청변측의 독립논증파와 월칭측의 귀류논증파로 분열된 것은 이 월칭의 비판 때문인 것으로 보인다. 이 무렵 유가행파(瑜伽行派)와 심하게 대립했지만 8세기에는 중관파 우위의 입장에서 통합이 추진되었다

한 걸음 나아가 일체의 존재를 보는 자와 보이는 것으로 구분하여 보는 자의 수도에 따라 보이는 것의 현현 방식이 달라질 수 있음을 제시한 것이라고 말할 수 있다. 이러한 유식은 선정 중에 체험되는 갖가지 영상이 마음의 소연이라는 확인에서 우리가 일상적으로 경험하는 여러 가지 모습도 마음이 만들어낸 이미지에 불과함을 깨닫고, 대상이 실유가 아니므로 마음도 존재하지 않음을 체득하여 마침내 대상과 주관이 일체가 된 경지를 추구하는 것이다.

아울러 유식 사상에서는 식의 전환에 근거하여 합리성의 한계를 드러내고 있다. 합리적 판단에는 망상의 소산인 편계소집성이나 의타기성에 의해 대상의 진실성 파악에 제약이 따른다는 것이다. 이른바 제팔아뢰야식, 제칠마나스식, 제륙의식으로부터의 실천적 전환을 추구하게 된다. 이를 지칭하여 각각 이숙, 사량, 판별로서의 전환이라고 부른다. 유식성이라는 깨달음에 이르기 위해 이러한 전변은 필수적이라는 것이며 그것은 실천적 관조를 전제로 하고 있다.[39]

그런데 중관사상은 이중부정의 변증법으로 합리성의 자기모순을 폭로하고 합리성 그 자체를 버리는 변증법이라고 말할 수 있다. 이는 합리성의 범위 내에서 전개되는 유물 변증법과 달리 철저하게 합리성의 모순을 논리적으로 격파하려는 특색을 지니고 있다. 이러한 논리가 진체와 속체의 이체설에 의하여 중도의 논리로 전개되고 있다. 이는 유식사상에서 식의 전변에 근거한 실천적 측면을 강조한 것과 달리 철저히 논리적이라고 말할 수 있다.

따라서 중도의 논리에 근거하여 인간의 합리성이 어떻게 부정될 수밖에 없는가를 살펴보기 위해서는 합리성의 부정적 논리 형식으로서 귀류법에 담긴 그것의 특색을 찾아볼 필요가 있을 것이다. 이는 주관을 객관의 반영 관계로 취급하여 근본적으로 인간의 인식 외부에 진리의 세계가 존재한다는 유물 변증법의 논리와는 뚜렷하게 구분된다고 할 것이다.

일상적 경험을 통하여 실체는 우리가 있는 그대로 지각하는 양상에 따라 구성된 것이라고 말할 수 있다. 중관파의 논리에 따르면 이러한 경험적 실재는 절대적으로 우연적(contingent)인 것으로 간주하고 있다. 어떠한 총체적인 연관성을 발견할 수 없을 뿐만 아니라 그와 같이 발견된 것이라고 하더라도 결국 부분적인 것들의 조합에 불과하다고 여긴다. 더욱이 어떠한 것도 영원하지 않으며 비록 발전적 양상으로 투영되더라도 부패와 퇴락의 과정에 있을 뿐이라는 것이다. 마치 꿈이나 아지랑이와 같이 근본적으로 실재하는 것이 없음에도 불구하고 영원한 실체와 같이 기만적인 모습으로 보이는 것이 바로 경험적 실재라고 인식된다.

---

39) [唯識二十論]에는 이러한 관점이 잘 드러나고 있다. 이 책은 인도의 불교학자 바수반두(Vasubandhu)의 저서이다. 유식학파의 입장에서 쓰여진 대표적인 인식론서이다. 22개의 시절(詩節)과 산문으로 자신이 주석을 달았다. 이 세계에 속한 모든 것은 우리들의 인식의 표상에 불과하다는 유식사상을 논증하고 있다. 우리들이 눈을 떴을 때의 인식이 꿈속에서의 인식과 동일한 것이고, 외계의 대상이 없어도 모든 인식은 성립될 수 있다는 것, 외계의 실체로 생각되고 있는 전체성(산스크리트로 avayavin)이나 원자가 실재할 수 없다는 것을 정밀한 이론으로 논증하였다. 산스크리트로 된 책이 현존하고 있으며 티베트어와 중국어로 번역된 것도 있다

따라서 중관파의 사상에서는 유물 변증법과 대조되는 논리를 보여주고 있다. 이른바 연관의 논리에 대한 상반의 논리, 변화의 논리에 대한 동일성의 논리, 발전의 논리에 대한 투영의 논리, 변혁의 논리에 대한 전도의 논리, 실천의 논리에 대한 파사의 논리가 전개된다고 말할 수 있다. 이는 곧 이체에 의한 중도의 구현이라고 할 것이다. 그러므로 중도의 구현을 상반, 동일성, 반영, 전도, 파사의 관계 구조로 파악할 때 그 의도가 보다 분명하게 드러날 것이라고 생각된다.

2. 상반의 논리

중관파의 주장에 의하면 두 가지 상반되는 실재가 있다고 한다. 그것은 우리들 앞에 현상적인 실체로서 보이는 경험적 실재와, 그것의 참된 모습으로 보이는 진실의 실재이다. 새끼줄이 눈에 보일 때 새끼줄에 대하여 짚은 진실의 실재가 되고 새끼줄은 경험적 실재가 되지만, 그 짚은 그것을 구성하는 섬유질에 대하여 경험적 실재가 되고 섬유질은 진실의 실재가 된다. 이러한 논리를 계속 확대 적용하게 되면 새끼줄에 관한 한 진실의 실재를 무엇이라고 규정할 수 없을 것이다. 이러한 상반의 논리를 『중론송』에서는 다음과 같이 표현하고 있다.

"두 가지 종류의 진리에 근거하여 제불의 설법이 있다. 세간의 세속적 진리와 궁극적 진리로써의 진리가 그것이다. 이 두 가지 종류의 진리를 구별하지 못하는 자는 여러 부처들의 가르침 속의 진실을 알지 못하게 된다. 세속적 진리(언어표현)에 의하지 않고는 궁극적 진리는 설명되지 아니한다. 궁극적 진리에 도달하지 아니하면, 열반은 체득되지 아니한다."[40]

이처럼 용수는 궁극적 진리와 세속적 진리를 구별하고 있다. 앞의 것을 제일의제 또는 승의제라 부르고 뒤의 것을 세속제라 지칭하고 있다. 이는 바로 진실의 실재와 경험적 실재를 각각 말하는 것으로서 진실의 실재가 궁극적인 것을 지향하고 있음에 반해 경험적 실재는 임시방편으로 우리의 지각에 그것이 투영된 것이라고 볼 수 있다. 따라서 용수의 주장에 의하면 세속의 경험적 진리 또는 실재는 궁극적 진리를 감추고 있는 측면이 있기 때문에 '포장된 실재(samvrtisatya)'라고 지칭할 수 있다. 이러한 포장된 실재를 우리는 언어 표현으로 알 수 있는데, 언어 표현을 끊지 않고는 궁극적 진리를 파악할 수 없게 된다.

결국 우주에는 상반되는 두 가지 실재의 관계에 의하여 우리의 인식이 성립되지만 경험적 실재는 궁극적 실재를 은밀하게 감추고 있다는 점에서 무엇인가의 암시를 하는 상징적 기능밖에 할 수 없다. 이는 곧 경험적 표상과 관계없이 동일한 인식 토대를 구축할 필요성을 보여주는 것이라고 말할 수 있다. 이것이 바로 동일성(samata)의 논리이다.

---

40) 『中論頌』 제24장, pp.8-10.

3. 동일성의 논리

용수의 잘 알려진 중론송의 구절(20장, 19-20)에서는 경험적 실재로서 윤회의 세속과 열반이 동일한 것으로 말한다. 양쪽 모두 진실로 공성(sunyata)을 표상하고 있기 때문이다. 앞에서 살펴본 상반의 논리를 적용하게 되면, 양쪽 모두 경험적 실재를 구성하는 요소들이 진실의 차원을 드러내기 위해서는 제거될 필요가 있게 된다. 이는 곧 윤회의 궁극적 차원이나 열반의 궁극적 차원이나 한결같이 공성에 귀결된다. 따라서 윤회와 열반은 둘이 아닌 것이라고 말할 수 있다.

현대적 개념을 이에 적용하게 되면, 세상을 구성하는 모든 존재들과 사물들은 그들 자신들과 동일시된다고 할 수 있다. 달리 말하면, 그들은 본질적으로 원자와 에너지로 한결같으므로 그들의 보편적 속성은 공통성을 갖고 있다고 할 것이다.

원시 불교에서는 윤회와 열반이 서로 대립되는 것으로 보았는데, 그것은 바로 윤회의 소멸이 열반으로 인식되었기 때문이다. 반면에 중관사상에 있어서는 윤회는 열반과 다르지 아니하다고 주장한다. 양쪽 모두 근본적으로 공성이기 때문이다. 이를 『중론송(18장, 8)』에서 찾아보자.

"'일체는 그와 같다.', '일체는 그와 같지 않다.', '일체는 그와 같으며, 또한 그와 같지 않다.', '일체는 그와 같은 것도 아니며, 그와 같지 않은 것도 아니다.'"

이와 같이 공성의 입장에 서면 만물은 무차별의 동일성을 보여준다. 그것은 바로 공성 자체가 언어 표현이 끊어진 체득의 세계를 말하기 때문이다. 여기서 우리는 동일성의 논리를 발견할 수 있다. 우리들의 감각과 추리를 통하여 경험적 실재를 파악하게 되지만 만물에서 이들 작용을 소거하게 되면 그것을 받치고 있는 것은 동일하다고 말할 수 있게 된다.

우리가 하나의 병을 바라본다고 할 때 병은 궁극적인 요소인 원자들의 집합체라고 할 수 있다. 우리가 그것의 형태나 색깔, 속성 등의 차별성을 인식하면서 공통적으로 병이라고 부르는 것은 논리적인 제 요소에 항상적 동일성을 갖춘 사물의 실재를 인정하기 때문이다. 그런데 중관 사상에서는 현상 세계의 비실재성에 근거하여 사물의 동일성을 부여하고 있다. 이는 곧 공성의 발견에 의한 신비적인 직관의 세계에 이르기 위한 일련의 논리체계라고 볼 수 있다. 더 이상 언어로 표현할 수 없는 것을 그것으로 표현한다는 것은 절대적 모순이기 때문이다. 이른바 조건과 원인을 벗어나 사물을 궁극적 차원에서 바라볼 때 만물은 동일하게 보일 수밖에 없다는 주장이다.

4. 투영의 논리

만물은 공성 관점에서 동일하지만, 각자의 마음에 서로 다르게 비치기 때문에 상이한 것으로 보이게 된다. 중관 사상에 의하면 경험적 실재가 보편적 공성을 벗어나서 일련의 마음작용 때문에 무한한 차별성을 나타내게 된다고 한다. 그러므로 마음의 창조적 작용은 시작도 끝도 없는 것이라고 말하고 있다. 결국 마음이 빚어낸 일련의 상념 연쇄 고리를 끊기까지는 결코 진실의 실재가 드러나지 아니한다고 말할 수 있다.

마음의 창조적 작용은 대상을 보는 자의 상상적 역동성과 대상과의 독특한 인연을 계합하여 다양성과 복합성을 창출하게 된다. 경험적 실재가 끊임없이 발전된다고 생각하는 것은 이러한 마음의 작용에 의존하기 때문이다. 다시 말하여 감각과 주관적 특수성을 배제할 수 있게 되면 경험적 세계의 환영 실상을 직관할 수 있다는 것이다. 경험적 실재에 대한 소거를 통하여 마음에 다양하게 투영된 영상들을 초월하여 공성을 파악할 수 있게 된다.

세계가 원자와 에너지로 구성되어 있더라도 다양한 색깔과 맛으로 느껴진다면 이는 곧 대상 세계가 감각과 주관성에 근거하여 우리들 마음에 서로 다르게 투영되었기 때문이다. 원인과 조건이 존재하는 한 이러한 투영은 멈추지 아니하고, 발전에 대한 새로운 환상을 수반하기 때문에 거대한 마음의 작용으로부터 벗어날 수가 없다고 한다. 이를 용수는 이와 같이 『중론송』에서 말하고 있다.

“오로지 분별된 것으로서의 원인 조건에서 분별된 것으로서의 결과가 발생한다. 허망하고 실체적으로 존재하지 아니하는 결과가 나타날 수 없다면, 물, 달 등은 누구에 의하여 발생한 것일까?”(일장)

“허망한 원인, 조건이 존재하는 한 허망한 것은 생기하고, 소멸하고, 그리고 지속한다.”(일장)

따라서 진실의 공성 차원에서는 발전이나 퇴보는 성립되지 아니한다. 그러나 마음의 창조적 작용이 일어나게 되면 끊임없이 꿈의 영상들이 투영되어 무한한 환영을 실상처럼 느껴지도록 하게 된다. 마치 어두운 밤에 새끼줄을 보면서 뱀을 본 듯한 두려움에 전율하듯이 경험적 실재가 진실의 차원을 감추고 있기 때문에 끝없는 공포와 고통에서 벗어날 수 없다는 것이다. 이에 이러한 경험적 실재가 마음의 작용임을 알고, 이것을 전도시킬 필요를 느끼게 된다. 이제 이러한 전도의 논리를 살펴본다.

5. 전도의 논리

경험적 실재는 마음의 창조적 작용임을 살펴볼 수 있었다. 진실의 차원에서 실재하는 것이 없음에도 불구하고 이러한 마음의 연속적 작용을 종식시킬 수 없기 때문에 윤회에서 벗어날 수 없게 된다. 결국 환상적 창조의 근원이 되는 마음의 작용을 멈추는 길만이 자유

실현의 관건이 된다.

그러나 이는 결코 쉬운 일이 아니다. 마음의 본질이 창조성이고, 인간은 경험적 실재에 함몰되어 끊임없는 마음의 작용으로부터 벗어나기 어렵기 때문이다. 이는 곧 마음의 작용을 뒤집는 수밖에 다른 도리가 없다. 뒤집어진 것을 바로 보고 착각한 것을 인정하는 것이 선결과제이다. 다시 말하면 경험적 실재가 무상이며, 공(空)인 것을 알고 이것을 바로 잡을 필요가 있다는 것이다.

"탐욕과 성냄과 어리석음은 분별심으로부터 생겨난 것이라고 말한다. 왜냐하면 이것들은 깨끗함과 더러움의 전도로 말미암아 생겨난 것이기 때문이다. 깨끗함과 더러움의 전도로 말미암아 생겨난 것은 모두 그 자성에 의하여 존재하는 것이 아니다. 그러므로 여러 번뇌는 실상으로서 있는 것이 아니다."[41)]

자아를 떠나서 번뇌는 없다. 감각의 경계에 접하여 자아를 내세우면 삼독이 일어난다. 경험적 실재의 토대가 되는 자아를 세우는 한 번뇌는 종식되지 아니한다. 이에 자아의 전도가 요청된다. 일반적으로 자아라고 말할 때는 오온(色, 受, 想, 行, 識)을 지칭한다. 이러한 오온에 근거하여 자아를 내세우면 번뇌가 자성을 가지고 있음을 인정하는 셈이 된다. 결국 공성의 진실상을 전도시킨 결과가 되는 것이다.

그런데 자아를 부정하고 무아를 인정하면 올바로 뒤집은 것이 되는가? 이것 또한 무아를 영원히 인정하는 상견이 되는 한 전도의 대상이 된다. 사로잡히는 마음의 창조적 본성으로부터 벗어나지 않고서는 집착과 집착의 대상은 적멸되지 아니한다.

"만일 我, 淨, 常, 樂이 (자성을 지니고 존재한다면) 그것들은 전도가 아니다. 만일 아, 정, 상, 낙이 존재하지 아니한다면, 무아, 불정, 무상, 고도 존재하지 아니한다. 이와 같이 전도가 멸하기 때문에 무명(유아견)이 멸한다. 無明이 멸하기 때문에 (윤회의 인과인) 제행 등도 멸한다."[42)]

그러나 전도라고 하더라도 그것을 진실로 실재하는 것으로 말할 수 는 없다. 왜냐하면 자아에 자성을 인정하지 아니하면 전도할 자도 없고 전도되어야 할 번뇌도 없기 때문이다. 그러므로 십이 연기의 작용에 실상이 없듯이, 전도 또한 잘못된 인식을 전제하지 않고서는 성립될 수 없다고 할 것이다.

---

41) 『중론송』 제23장, pp.1-2.(從憶相分別 生於貪瞋痴 淨不淨顚倒 皆從衆緣生 若因淨不淨 顚倒生三毒 三毒卽無性 故煩惱無實)

42) 『중론송』 제23장, pp.22-23.(若常樂我淨 而是實有者 是常樂我淨 卽非是顚倒 若常我樂淨 而實無有者 無常故不淨 是卽亦應無 如是顚倒滅 無明卽亦滅 以無明滅故 提行等亦滅)

6. 파사의 논리

용수는 공사상에 근거하여 실천 논리를 전개하고 있다. 철두철미하게 삿된 것을 타파하고 올바른 것을 세우려고 하였지만, 올바르다고 말할 경우에는 다시 언어의 허구성에 제약을 받게 되기 때문에, 그는 파사(삿된 것의 타파)에 치우치면서 현정(올바른 것의 드러냄)에 관해서는 거의 언급하지 아니하였다. 그러나 파사를 실천하게 되면 결국 진실의 베일은 자연히 드러나게 되는 것이다.

파사는 부정만을 위한 부정의 궤변은 아니다. 그것은 어디까지나 진리의 법음을 스스로 나타나게 하여 그것의 감로미를 맛보게 하기 위해서이다. 결국 이는 그 모든 것이 진실의 차원으로 승화될 때는 열반으로 변모할 수 있음을 말하는 긍정 태도일 것이다. 원시 불교에서는 열반이 경험적 실재와 판이하게 다르다고 간주하였다. 앞에서 살펴본 바와 같이 중관사상에서는 열반이 바로 공성이므로 경험적 실재의 어떤 형식으로도 이를 범주화할 수 없다고 주장한다. 이것은 또한 윤회의 결과적 본성이기도 하다. 윤회를 진실의 차원에서 조견하게 되면 경험적 실재의 모든 것을 부정하는 결과가 되므로 공성이라고 말할 수 있다.

현대 과학의 관점에서 바라보더라도 원자와 에너지들이 우리들이 인식하는 경험적 실재로서의 특성을 갖추기 위해 그들 스스로를 결코 전환시키는 것은 아니라고 할 것이다.우리들의 마음과 감각에 근거하여 그들을 경험적 실재로서 투영하기 때문에 결국 다양한 형상으로 포착하게 되는 것이다. 어떠한 것도 원자와 에너지 상태로 부터 결별할 수 없다면 모든 것은 항상 그와 같은 상태로 남아있다고 할 것이다. 이는 곧 모든 것이 원초적으로 열반의 상태에 있음을 비유한 것이라고 말할 수 있다.

『중론송』에서는 몇 가지 삿된 견해를 피력하고 이것을 실천적으로 타파함으로써 결국 진실의 차원에 이를 수 있다고 주장한다. 이를 살펴보도록 한다.

"과거세(前生)에 내가 있었는지 없었는지, 또 세계 등이 영원히 존재하는지 등등은 과거제에 의하여 생겨난다. 그리고 미래세(來世)에 내가 있을 것인가 아닌가 하는 것과 세계가 유한한가 등등은 미래제에 의하여 생겨난다."[43]

이러한 견해들의 모순은 과거, 현재, 미래를 통하여 자아가 존재한다는 유아론에 근거하기 때문에 이에 대한 타파를 다음과 같이 말하고 있다.

"과거세에 내가 있었다는 생각은 옳지 않다. 전생에 있었던 것이 그대로 내가 아니기 때문이다. 그러나 (과거세에 있었던) 그것이 그대로 지금의 '나'라고 말할 수 있겠지만, 다만 취(전생에 범한 행업)만을 구분할 수 있을 뿐이라고 말한다면, 그것들을 떠나서 어떻게 자아가 있을 수 있겠는가?"[44]

---

43) 『중론송』 제27장, pp.1-2.

이처럼 자아의 상주론에 근거하여 과거세의 나와 현재세의 나를 동일시하여 영원히 자아가 존재한다는 주장은 삿된 견해이다. 아울러 과거 행업의 축적으로서 자아를 긍정한다면 자아의 생멸을 인정하게 되고, 행업과 행업을 받은 주체를 동일시하는 오류를 범하게 된다. 진실의 차원에서는 행업은 생멸하지만 그것의 주체는 공성이므로 불생불멸이라고 말할 수 있다. 따라서 이 양쪽의 견해는 모순에 근거한 단견이므로 타파되어야 한다. 이는 곧 중도에 입각한 실천논리로서 양극단을 떠나게 됨으로써 실제로 있다고 생각하는 '나, 나의 것'의 관념을 타파하게 됨을 말한다. 열반도 또한 이러한 중도에 입각하여 일체의 개념 규정으로부터 벗어난 공성으로 파악될 수 있다.

따라서 공성에 입각한 실천의 논리는 철저하게 단견의 모순을 타파하고 진실의 차원이 스스로 드러나게 함에 그 묘미가 있다고 할 것이다. 용수는 열반에 사로잡혀 자비행의 방편을 상실하지 말고, 중생과 함께 고난의 길을 함께 나누더라도 열반의 이상을 포기하지 말 것을 파사의 보살도로서 제시하고, 스스로 대승 보살의 논리로서 구현하였다고 할 것이다.

앞에서 살펴본 바와 같이 유물변증법과 귀류법은 서로 다른 논리에 근거하고 있기 때문에 삶에 대한 상이한 가치를 제시하고 있다고 하겠다. 이는 인간의 자기상실의 원인에 대한 분석 및 처방에 대한 이질적인 해석에 근거한다. 이제 이러한 차이점을 비판적으로 비교하여 보고자 한다. 먼저 현실 문제의 진단과 처방에 관해 각각의 논리 근거를 살펴보고, 그리고 그것의 논리적 한계를 차례대로 고찰하게 될 것이다.

7. 진단과 처방

유물변증법은 연관, 변화, 발전, 변혁, 실천의 논리 체계에 의해 자본주의 사회를 진단하고 그것의 모순에 대한 처방을 내리고 있다. 먼저 진단에 있어 자본주의 사회는 노동자와 자본과의 계급투쟁의 결과 사회에 소외 및 빈곤이 총체적으로 만연한다고 보고, 그 원인은 자본주의 경제 체제가 안고 있는 소유계급에 의한 잉여가치의 착취 때문이라고 말한다. 이에 대한 처방은 이러한 모순의 원인이 되는 자본주의사회를 폐지하고 사회주의 건설을 위한 계급투쟁의 실천에 있다고 주장한다.

인간의 소외현상에 대한 마르크스주의의 논리는 인류의 휴머니즘 실현의 차원에서 훌륭한 시금석이 되고 있다. 마르크스 사상에 있어 소외는 본질적인 인간존재의 측면으로 부각되고 있다. 그런데 자본주의사회에서는 서로 다른 계급 사이의 질적 차이를 근본적으로 해결할 수 없으므로 이 소외 현상은 본질적인 문제이다. 이를 『신성가족』에서 확인하여 보자.

---

44) 『중론송』 제27장, pp.3-4.(過去世有我 是事不可得 過去世中我 不作今世我 若謂我卽是 而身有異相 若當離於身 何處別有我)

"유산계급과 노동자계급은 다 함께 인간소외에 관심을 갖는다. 그러나 앞의 경우는 소외 속에 있는 것이 기분이 좋은 일, 자기가 강화되는 것으로 느껴지게 된다. 아울러 자기소외 가운데 자기 자신의 힘을 인식하고 그것을 통하여 인간존재의 외관을 형성한다. 그것에 대하여 뒤의 경우는 이러한 소외 가운데 자기가 무화되는 것을 느끼고 자신의 무력과 비인간적 존재의 현실을 보게 된다."[45)]

이처럼 소외는 사회 경제적 모순과 불가분의 관계를 맺고 있다. 소외에 구체적이며 역사적인 내용을 이루는 것은 소외 노동의 개념이다. 자본주의사회에서의 만족은 생산수단의 사적 소유나 계급사회의 구성에 근거한 일방의 착취에 의한 타방의 희생에 의해서 이루어지기 때문에 소외 노동이 야기된다는 것이다.

마르크스 사상에 의하면, 생산과 노동에 근거한 경제적 소외가 지배적이며 그 밖의 종교, 철학, 이념 등의 일반적 소외가 경제적 소외의 결과로서 야기된다. 특히 『자본론』에서는 과잉생산의 위기와 같은 자본주의 생활의 무질서, 인간 욕구 가치법칙에의 종속화, 기계의 단순부품으로서의 노동자의 전화 등을 소외로 말미암은 인격의 노예화 형태로 간주하고 있다. 이러한 의미에서 루마니아의 철학자 구리안(Gurian)에 의하면, 마르크스의 모든 저작에는 충분하지는 않더라도 현대의 철학적 인간학의 전제가 발견되고 있다고 주장한다.[46)] 그는 구체적으로 철학적 인간학의 기본적 전제로서 마르크스 사상에서 두 가지 요건을 발견할 수 있다고 한다. 첫째, 인간을 다차원적으로 변증법적 방법에 의해 분석하려는 태도, 둘째, 인간성의 발달사에서 그 전환점을 실천적 진리에서 찾고 이를 실현하기 위해 과학적 기초에 근거하려는 태도가 그것이다.[47)]

그러나 이러한 긍정적 평가를 받기도 하지만, 마르크스 사상에 있어서 인간학의 요소들은 자본주의사회가 빈곤 및 소외가 총체적으로 만연하게 될 것이라는 기본 전제에 근거한다. 아울러 그의 인간학적 기술이 무엇이든 간에 이론적으로는 부정합을 면할 수는 없을 것이다. 따라서 이를 증명하기 위한 유물변증법의 논리는 인간에 대한 낙관적이며 신비적인 해석에로의 회귀 이상의 또 다른 설득력을 지닌다고 말할 수는 없을 것이다. 반면에 귀류법에서는 진단과 처방에 있어 유물변증법과 상이한 논리를 전개하고 있다.

먼저 환상적인 불변의 자아에 근거하여 전반적 고뇌를 인과의 경험적 실재처럼 느끼기 때문에 윤회를 벗어날 수 없다고 진단한다. 그리고 그 처방에 있어 고뇌의 보편성에 대한 참된 통찰이 요청된다는 것이다. 그것이 바로 파사현정의 논리이다. 이는 지적 분열과 감정의 혼탁으로 만들어진 대립의 세계를 논리적으로 타파하고, 인간 존재를 포함한 모든 존재의 우주적인 조화를 꾀하려고 시도한다. 따라서 대립적인 세계를 초월할

45) Marx-Engels, *Die Heilige Famile*, 1985 (佛譯 *La sainte famille, 1969*, p.47).

46) Gulian, 'Humanisme et anthropologie philosophique chez Marx', Proceedings of the 14th *International Congress of Philosophy*, Vienna, 1968. Vol.2, p.39.

47) 위의 책, p.34.

수 있는 직관지를 통하여 화합의 정신을 추구하게 된다. 이는 명백하게 경제적 소유의 측면에서 소외와 투쟁의 대립 의식을 부각시킨 유물변증법과 상이한 논리 체계를 지양한다고 말할 수 있다.

오늘날 물질적 생산에 비중을 두고 인간의 정신세계를 외면한 가운데 대립과 파행의 논리들이 난무하는 실정에 있다. 이는 다소간 정도의 차이는 있겠지만 유물변증법과 유기적인 상관관계를 맺고 있는 것이라고 볼 수 있다. 귀류법도 논리 형식에 있어 제한적으로 오류를 내포하고 있지만 어디까지나 인간이 물질적 존재이기 이전에 정신적 존재라는 사실을 분명하게 보여주고 있다. 이제 이들 양쪽의 논리적 한계를 살펴봄으로써 그것들에 대한 비판적 이해를 꾀하고자 한다.

8. 논리 한계

마르크스 사상은 스스로를 휴머니즘의 한 형태로 바라보고 있다. 유물변증법에서 강조하는 전체적 연관과 발전의 논리는 철저하게 실천을 통한 휴머니즘 구현에 관심을 집중시키고 있다고 할 것이다. 예를 들면 기독교적 휴머니즘은 노예제도의 붕괴기에 출현하고, 자본주의적 휴머니즘은 봉건제도의 위기 시에 나타나듯이, 자본주의사회의 적대적 모순은 노동자 계급의 휴머니즘 실현에 달려있다는 것이다.

이러한 휴머니즘 구현의 시각에서 드러나고 있는 논리적 한계는 개인으로서의 인격을 간과하고, 인간을 사회와 동일시하려는 태도라고 말할 수 있다. 마르크스는 연관과 변화의 논리를 통해 인간의 본질은 개개인에게 내재하는 막연한 추상이 아니라 역사적으로 규정된 사회관계의 총화라고 보고 있다. 이러한 논리는 일정한 개인을 그를 구성하는 사회적 관계의 전체와 동일시하는 결과를 야기하게 된다. 그것은 인간 개개인의 서로 다른 특성을 배제하고 사회적 연관의 조건반사의 측면으로 환원시키는 오류를 갖는다고 할 것이다.

그러나 휴머니즘 구현의 요체가 되는 것은 사회적 변화의 내용, 형식, 방향 등의 여러 조건만이 아니라 인격적 삶의 수준, 강도, 표준 등에 의하여 결정될 수 있다는 사실이다. 다시 말하여 마르크스가 주장하고 있듯이 계급투쟁, 사회운동으로써만 세계를 혁신할 수 있는 것이 아니라 개개인의 주체적 결단에 의해서도 삶의 변혁은 기대될 수 있다는 것이다. 그의 사상의 치명적인 결함은 휴머니즘 실현을 인간의 존재 조건과 결부함으로써 이데올로기의 차원에서 휴머니즘의 필연성을 역설하고 있다는 것이다.[48)]

그리고 사회주의는 정치적 경제적 통제 체제를 종합적으로 지칭하는 개념이다. 그러나 그 출발점은 생산의 소유 형태를 문제 삼는 경제적 개념에서 출발하였다. 이는 마르크스의 유물사관과 레닌의 경제관에 입각한 것이다. 여기서는 인간의 정신적, 사회적, 정치적 존재

48) Althusser, *'Marxisme et humanisme'*, La Nouvelle Critique, No.164, 1965, p.10.

결정에 물질적 환경과 조건을 전제로 삼는 것이다. 인간의 개별적 생산수단과 집단적 생산수단은 각각 다른 경제생활로서 정치생활을 포함한 모든 인간의 생각과 생활양상을 다르게 만든다는 것이다.

19세기 중반에 사회주의는 노동자계급의 해방운동과 결부되었다. 여러 사회주의 사상이 나타났으나, 그 가운데 가장 영향력이 컸던 것은 K.마르크스와 F.엥겔스의 마르크스주의였다. 그들은 사회주의를 사회의 발전법칙, 특히 자본주의 발전의 필연적 결과인 신사회(新社會)로 규정하였다. 즉 자본주의에서 사회의 생산력은 급격하게 성장하고 대규모 생산은 사회적인 성격을 띠게 되지만, 이것은 생산수단의 사유, 자본가에 의한 노동자 착취라는 모순이 심화되어 빈곤·실업, 주기적 공황을 초래한다. 이는 논리적 비약의 어리석음을 단적으로 드러낸 것이다.

가능태로서는 전능의 자연과 전능의 인간성을 신뢰할 수 있다. 그러나 이들 가능적인 무한성은 결코 완전히 현실화될 수 있는 것이 아니다. 아울러 욕망은 실현될수록 욕망의 후광에 의해 인간이 그것으로 자유로워질 수가 없다. 따라서 마르크스의 유물변증법은 가능성을 필연성으로 동일시하여 끊임없는 투쟁의 논리를 정당화하고 있다고 말할 수 있다. 이제 이러한 가능태의 모순을 폭로하고 있는 귀류법을 살펴볼 필요가 있다.

욕망의 세계를 근본적으로 부정하고 현상세계의 비실재성을 논증하기 위하여 용수는 여러 종류의 논리 형식을 구사한 바 있다. 그는 당시의 인도 논리학을 부정하는 입장에서 정리파의 논리 체계를 전면적으로 비판하게 되었다. 이는 논리 일반을 용수가 개념과 실재 사이의 일치를 강조하는 당시의 논리관을 부정하는 것이라고 말할 수 있다. 그는 앞에서 살펴본 바와 같이 파사의 논리에 근거하고 있는데, 이는 반야 사상의 신비주의를 합리적으로 논증하기 위한 목적이라고 할 것이다.

용수의 논리 체계가 신비주의의 입장을 옹호하고 있는 만큼 그 속에는 몇 가지 뚜렷한 특징이 있다. 첫째, 용수는 논리와 존재론을 분리하여 말한다. 둘째, 형이상학의 실재론적 입장을 지지하는 당시의 정리파의 입장을 철저하게 배격하고 있다. 셋째, 논리적으로 용수는 사구부정을 자주 사용하였다. 그런데 이러한 사구부정을 통하여 명사와 실재 사이의 불일치 관계를 폭로하려는 의도를 지니고 있었다.

사구부정은 네 가지의 선언지를 부정함으로써 파사를 꾀하는 논법이다. 용수는 그 부정의 대상으로서 제이 명제는 제일 명제의 모순 명제로, 제삼 명제는 앞의 두 명제의 복합 명제로,제사 명제는 첫 번째, 두 번째 명제의 복합으로 사용하되 이들 네 명제를 부정하는 형식을 취하였다. 이를 논리 기호로 표현할 때, 제일 명제를 P로 표시하면, 전체 명제는 P∨~P∨P~P∨~P~~P가 된다. 그런데 이 경우에는 '이중부정율'에 의하여 ~P~~P=~PP=P~P이므로 제삼 명제와 제사 명제가 연언으로 긍정과 부정이 동시에 성립하기에, P~P라는 모순을 범하기 때문에 이들 두 명제는 불합리 하거나 무의미하게 된다.[49]

따라서 전체 명제가 뜻을 갖기 위해서 제일, 제이 명제를 전칭긍정, 전칭부정 명제라고

49) Richard H. Robinson, "Some logical aspects of Nagarjuna's system", *Philosophy East and West.*

생각할 때 제삼 명제는 모순 명제의 복합이 된다. 결과적으로 제사 명제는 첫 번째, 두 번째 명제의 복합이 된다. 결국 전통적 논리학의 입장에서 생각할 때 첫 번째 명제는 전칭긍정 명제, 두 번째 명제는 전칭부정 명제, 세 번째 명제는 특칭 긍정의 복합 명제, 네 번째 명제는 전칭긍정과 전칭부정의 복합으로써 정언 명제의 사형식과 유사한 꼴이 된다. 이에 따라 우리는 용수가 사구부정의 논법으로 모든 형태의 정언명제를 부정하는 결과가 된다고 말할 수 있다. 이를 『중론송』에서 확인하여 보자.

"만일 저 하늘이 그대로 인간이 된다면 그것은 상주하게 될 것이다. 그리고 그 하늘은 불생이 될 것이다. 왜냐하면 상주인 것은 불생이기 때문이다.(제일구)

만일 인간이 하늘과 다른 것이라고 한다면 그것은 무상이 될 것이다. 만일 인간이 하늘과 다른 것이라고 한다면 (업의) 상속은 불가능해질 것이다.(제이구)

(하늘로 부터 인간으로 상속이 이루어져) 만일 일부분이 하늘과 같고 일부분이 인간적이라고 한다면, 무상인 동시에 상주일 것이다. 그러나 이것은 옳지 않다.(제삼구)

만일 무상과 상주의 두 가지가 함께 성립한다면, 아마 상주도 아니고 무상도 아니라는 것이 마음대로 성립하게 될 것이다.(제사구)"[50)]

앞의 네 구절은 가언명제와 네 개의 선언지의 부정을 포함하는 추론이라고 말할 수 있다. 그런데 사구부정의 논리형식을 갖추고 있지만, 추론에 있어 고전논리학을 적용하면 전건부정의 오류를 범하고 있다. 이를 표준명제 형식으로 바꾸면 '진리는 유도 아니고 무도 아니다. 유 또한 무도 아니고 유무의 성 아닌 것도 아니다.'라고 할 수 있다. 결국 진리는 용수의 입장에서 바라볼 때 이러한 사구를 벗어난 것이라고 할 것이다. 또한 앞의 제삼구에서 볼 수 있듯이 사람과 하늘의 동일성을 논하면서, 일부분은 하늘과 같고 일부분은 인간과 같다는 주장에서 양화의 추론형식을 드러내고 있다.

이처럼 용수의 논리는 형식적인 면뿐만 아니라 내용적인 측면에서 가언명제 형식을 취하고 명제에 관한 파괴적인 구성을 보여주고 있다. 그러나 불호는 이러한 중론의 논리에 일관된 논리형식을 찬탄하여 '귀류법(Prasanga tarka)'이라고 명명하였던 것이다. 그것은 바로 언어의 허구성, 피제약성을 전제로 이루어진 명제성립의 오류를 논증함으로써 진리에 이를 수 있다는 주장이다.

그러나 이러한 파괴적 논증 형식보다 적극적인 논증 형식으로서 독립론증식(Svatantraprayoga)을 강조한 중관학자도 있지만, 이들 사이에 본질적인 차이가 발견되는 것은 아니라고 생각된다. 그런데 서양의 고전논리학은 존재를 사유 가능한 것, 개념과 실재의 일치를 전제로 성립되었기 때문에 이러한 입장에서 바로 보면, 분명히 전건부정의 오류를 범하고 있다고 말할 수 있다. 반면에 존재와 논리의 모순 자체를 주제로 언어의 한계를 질타한 중

50) 『중론송』 제27장, pp.15-18.(若天卽是人 卽墮於常邊 天卽爲無生 常法不生故 若天異於人 是卽爲無常 若天異人者 是卽無相續 若半天半人 卽墮於二邊 上及於無常 是事卽不然 若常及無常 是二俱成者 如是卽應成 非常非無常)

관사상은 현대논리학 특히 비트겐슈타인(Ludwig Wittgenstein)의 논리실증주의의 입장과 상당히 가깝다.

결국 귀류법은 점차적으로 지혜와 선근을 쌓도록 유도하여 공성의 진리에 들어갈 수 있도록 하기 위한 방편의 논리라고 할 수 있다. 물론 고전논리학의 입장에서 바라보면 논리적 한계를 갖고 있는 것이 사실이지만 이는 당시의 정리파의 모순을 파사하기 위함이라 할 것이다. 오히려 이는 현대논리학의 정신과 일맥상통하다고 볼 수 있다.

이제까지 살펴본 바와 같이 유물변증법과 귀류법은 삶의 모순에 대한 서로 다른 진단과 처방을 내리고 있음을 확인할 수 있었다. 마르크스 사상에 근거한 유물변증법은 삶의 경제적, 사회적 측면을 강조한 데 반해 중관 사상에 입각한 귀류법은 인간의 심리적, 실존적인 측면을 부각시키고 있다. 이들은 다 같이 삶에서 야기되는 전반적인 고뇌에 무관심하지 않고 그것을 해결할 수 있는 대안들을 언급하고 있다.

인간에 대한 이해의 방식에 있어서 서로 다른 접근은 문화적인 토양의 차이점에서 기인한다. 서양의 원자론적 유물론과 변증법적 정신현상학의 토대 위에서 이를 종합한 유물변증법은 서구적 맥락에서 자유의지의 선택에 관한 대안이라고 할 것이다. 그러나 가능성을 필연성과 동일시하였기 때문에 낙관적 역사관에 입각하여 피안이 이 세계 속에 구현될 수 있다는 역설을 낳게 되었다. 다시 말하여 유물변증법에서는 인간의 소외를 삶의 근본적 문제로 제기하고 그 처방은 소외의 원인이 되는 자본주의 붕괴를 통한 휴머니즘 구현에 있다고 주장한다.

따라서 자본주의 붕괴의 논리 구축은 경제 체제 중심의 사회 유기적 관계, 변화와 발전의 가속화, 체제의 변혁을 꾀할 수 있는 계급투쟁의 실천 논리가 지배적이라고 할 것이다. 인간의 노동력에 무한한 신뢰를 반영하고 극단적 혁명을 통하여 낙관적인 역사가 전개되리라고 확신하고 있다. 그러나 마르크스의 이러한 유물사관의 논리는 인간의 인격적 자각과 행동 동기를 부차적으로 생각하고 과학적 필연성 아래에 종속시킴으로써 정신의 세계를 매몰시킨 어리석음이 야기되었다고 할 것이다.

그리고 실상에 있어서도 사회주의사회의 권력 불평등은 자본주의사회의 그것보다 훨씬 크지만 강압성과 탄압성이 높아 권력 저항감은 자본주의사회와 비교하면 높지 않다. 1989년 동구의 몰락은 신진 세대들이 탄압의 잔인성을 몰랐기 때문에 훨씬 도전적이 되었다고 할 것이다. 또한 소득 불평등은 자본주의사회와 비교하면 낮은 것이지만, 사회주의사회에서는 부가급부의 불평등은 훨씬 심화되어 있다. 좋은 음식, 휴양 시설 권리, 의료 시설 권리 등 사회주의사회의 고급 엘리트는 상상을 초월하는 첨가혜택을 누리게 된다.

위신의 불평등도 다원화의 결여 때문에 사회주의사회가 훨씬 심화되어 있다. 재산을 공유하는 사회에서는 관리권의 출현은 불가피하고 권력 점유와 권력 확대 역시 불가피하다. 위신은 형식적으로는 마르크스의 주장대로 재산권에서 나오지만 실질적으로는 관리권자의 권력에서 나온다. 권력이 일원화되어 있는 사회일수록 위신 불평등은 다원 사회보다 훨씬 심화될 수 밖에 없다. 다행스러운 점은 자본주의사회와 달리 개방성이 결여되어 있어 상대적 박탈감이 아주 낮다고 말할 수 있다.

이와 같이 사회주의체제는 사회주의 이념만이 유일한 것이고 그 이외의 이념은 비합리적, 허위의식이라고 단정하여 배타시한다. 사회주의 체제는 자본주의사회처럼 수용탄력성과 수정탄력성이 없다. 그러므로 이념의 유일성과 배타성을 담고서 획일성을 전체적으로 드러내기 때문에 탄력적이지 못하다. 사회주의사회는 이념적으로 자본주의 이념처럼 '절대적인 것은 절대로 인정하지 않는다.'라는 다원적 가치를 수용할 수 없다. 자본주의 사회가 안으로부터 먼저 내려앉을 위험성이 있다면, 사회주의사회는 밖으로부터 붕괴될 위험성이 있다. 인간의 욕망을 어떻게 특정사회에서 효율적으로 실현할 것인가의 방법의 문제이기 때문에 정도의 차이는 있지만 양 체제는 모두 붕괴의 위험성을 갖고 있다고 할 것이다.

그런데 욕망은 이중의식의 모순을 지니고 있다. 욕망은 실현될수록 더 큰 욕망의 후광에 사로잡히도록 할 뿐만 아니라 사회 구조의 관계로 말미암아 필연적인 좌절을 수반하고 있다. 따라서 욕망은 본질적으로 고통을 내재하고 있는 허위의식이라고 말할 수 있다. 유물변증법에서는 자본주의사회처럼 욕망을 긍정적으로 보고 총체적으로 창조적 노동력을 통해 이를 실현하고자 한다. 반면에 그 모순을 본질적으로 폭로하여 삶의 중심축을 바꾸기 위한 논리를 찾아볼 수 있다. 그것은 바로 욕망의 근거가 되는 마음 작용의 오류를 자각하게 하는 귀류법이라고 할 것이다.

귀류법에서는 진리에 대한 상반된 견해가 있음을 인정하고 있는데, 이는 경험적 실재와 진실의 실재이다. 세속의 입장에서 감각에 투영된 대상을 상식적으로 인정하는 것은 경험적 실재를 긍정하는 셈이 된다. 그런데 경험적 실재 속에는 깊은 통찰을 통해 바라보면 그것의 실상을 다르게 파악할 수 있게 된다. 다시 말하여 보이는 것은 보이지 않는 진실의 실재로써 공성을 상징적으로 나타내고 있을 뿐이다.

따라서 귀류법에서는 변화를 초월한 동일성의 발견과 허상을 실상으로 인식하는 관점을 바로 잡음으로써 이른바 삿된 견해를 타파하여 진실을 스스로 드러내게 하려는 의도를 갖고 있다. 살펴본 바와 같이 이러한 귀류법에서도 고전 논리학의 전건 부정의 오류가 발견되기도 한다. 이것은 당시의 정리파에서 주장하는 법의 실체 관을 부인하기 위한 의도된 사구부정의 논리라고 말할 수 있다. 이는 현대의 비트겐슈타인의 '말할 수 없는 것은 침묵할 수밖에 없다'라는 논리 실증주의의 정신과 부합되는 것이라고 할 것이다.

5. 사회주의 가치

1. 사회주의 개념

'사회주의'(socialism)라는 용어는 영국에서는 사회주의자 오웬(Robert Owen)의 추종자들이 1826년 『협동조합지』(Cooperative Magazine)에서 처음 사용하였다. 프랑스에서는 1832년 사회주의자 생시몽(Saint-Simon)의 추종자인 르루(Pierre Leroux)가 기관지 『지구』(Le Globe)에서 처음 사용하였다. 여기서는 사회주의라는 용어가 단순히 '개인주의'(individualism)에 대립되는 의미로 사용되었다. 이들은 개인주의라는 용어를 전통적 사회질서의 공적 통일성과 연대성을 파괴하여 사회의 분권화와 무질서를 초래하는 원인으로 보았다.

사회주의자의 기본관심은 개인의 이기적 욕망 추구 대신에 공동체의 필요와 권리를 강조하고 나아가 협동과 공적 사회정의를 실현하는 것에 두었다. 1830년대에는 이렇듯 사적 개인주의에 대항하여 인간의 공적 사회성을 강조하기 위해 광범위하게 사용되었다. 사회주의라는 용어가 오늘날과 같이 '반자본주의'(anti-capitalism)의 의미를 띄게 된 것은 19세기의 개인주의 사회핵심은 경쟁, 즉 시장이 나타난 것에 기인한다. 따라서 사회주의적 공적 기반은 협동이나 연대가 되어야 한다는 생각이 전제 되고 있다.

사회주의의 공통성향은 사적 개인주의 경쟁원리에 반대하고, 협동원리를 통해 빈곤해소와 빈부격차의 완화 및 사회평등을 지향하며, 이것을 교양 있는 계급의 의식교육과 설득에 의해 실현하려는 것이었다. 이러한 사회주의는 그 물질기반인 사적 소유제를 거부하지도 않았고, 그것이 꿈꾸는 이상사회도 자유주의와 다르기보다는 그 연장선상에 있었다. 하지만 '공산주의'(communism)라는 용어는 1840년에 까베(Etienne Cabet)가 사용할 때부터 문자 그대로 공동체 또는 국가가 모든 생산수단을 소유하고 생산과 분배를 결정하는 사회를 지향하며, 그 실현방법으로서 프롤레타리아 계급혁명을 촉구한 것에 연원을 둔다. 마르크스(Karl Marx)와 더불어 공산주의의 창시자였던 엥겔스(Friedrich Engels)의 회상은 지나치게 이분법적이기는 하지만 당시 이들의 차이를 여실하게 보여준다. 이처럼 사회주의에는 사적 가치와 공적 가치의 대립에 대한 인식이 전제되고 있다.

『공산당선언』을 쓸 당시에는 이를 '사회주의 선언'이라고 부를 수가 없었다. 1847년에 사회주의는 중간계급의 운동이었고, 공산주의는 노동계급의 운동이었다. 사회주의는 적어도 대륙에서는 '점잖은' 것이었고, 공산주의는 바로 그 반대의 것이었기 때문이다. 그리고 처음부터 '노동계급의 해방은 노동계급 자신의 일이어야 된다.'는 견해를 가지고 있었기에 두 명칭 가운데 어떤 것을 선택할 것인가에 대해서는 의문의 여지가 없었던 것이다.

마르크스는 1840년대에 자신이 '공상적 사회주의'(utopian socialism)의 백일몽과 자신의 체계적 '과학' 이론을 구분하기 위해서 공산주의자로 자칭했다. 그러나 19세기 후반에 이르러 사회주의와 공산주의라는 용어 중에서 사회주의가 널리 사용되기는 했지만 노동계급의 운동을 의미하는 동의어로 인식되었다. 아울러 사회주의 정당들이 채택한 '사회민주주의'(social democracy)라는 명칭도 등장하기에 이르렀다. 하지만 1차 세계대전을 맞아 국제사회주의 운동이 사회민주주의 정당들의 전쟁 반대 문제로 분열되자 사회주의와 공산주의의 결정적 구분은 러시아 혁명에 성공한 레닌(V. I. Lenin)이 1918년 '러시아 사회민주노동당'이 '전 러시아 공산당'으로 이름을 바꾸면서 부각되기 시작하였다. 이후 그 구분은 널리 받아들여졌고, 20세기의 용례를 비로소 확정짓게 된 것이다.

마르크스와 레닌은 첫 번째의 불완전한 '사회주의'사회 다음에 오게 될 최종적 목표사회를 표현하고자 사변적 입장에서 '공산주의'라는 용어를 사용했다. 하지만 중요한 것은 공산주의들은 자신을 사회주의의 정통파로 자처했다는 점이다. 그 결과 우리나라를 포함한 여러 나라들에서 사회주의란 일반적으로 공산주의, 즉 19세기 마르크주의(Marxism)로부터 시작해서 이를 계승·발전시킨 20세기의 마르크스-레닌주의(Marxism-Leninsm)를 의미하는 것으로 통용되기에 이르렀다.

그러나 서구 사회의 경우 사회주의란 일반적으로 서구민주주의 국가에서 배태된 전통적 뿌리를 갖고 있는 사회주의를 지칭하는 것으로 공산주의와는 구별되는 사회민주주의를 의미한다. 이렇듯 공산주의가 동구 사회주의의 대명사라면 사회민주주의는 서구 사회주의의 대명사라 할 수 있다. 우리는 이들 차이를 무시하지 않으면서도 이들이 추구하는 공통점을 강조함으로써 사회주의가 양자를 포괄하는 의미로 사용되고 있음에 유의할 필요가 있다. 결국 사회주의가 자본주의를 전면적으로 부정하는 것이 아니다. 사회주의에는 자본주의를 전면적으로 부정하는 '혁명적 사회주의' 뿐만 아니라 자본주의를 부분적으로 수정하려는 '개혁적 사회주의'도 엄연히 존재하는 것이 현실이다.

이처럼 사회주의는 세 가지 차원에서 언급된다. 첫째, 그것은 새로운 인간과 사회를 향한 열망과 이상을 가진 하나의 '이념'(ideology)이다. 둘째, 사회주의는 이념인 동시에 또한 그것을 실현하려는 구체적 '운동'(movement)이다. 셋째, 사회주의는 하나의 '체제'(system), 더 나아가서 사회구성체이다. 따라서 사회주의를 제대로 이해하려면 이념과 운동 그리고 체제의 세 가지 차원에 대한 역동적이며 총체적 접근이 요청되고 있다.

2. 사회주의 근원

사회주의의 역사는 인류사와 그 기원을 같이 한다. 그러므로 사회주의의 기원은 고대사회로부터 시작된다. 사회주의의 가장 오래된 기원은 구약성서이다. 본시 구약은 약체인 유대민족이 솔로몬이나 다윗시대를 제외하고는 사막을 전전하면서 이집트의 노예생활과 로마의 식민지 생활을 경험하면서 절대적인 신에 의존하여 민족의 통일과 단합을 도모하는 내용이었다. 이러한 민족적 단결은 구성원 전체의 자유와 평등을 실현함으로써 가능하다고 보았던 것이다. 그러므로 민족 내부에서의 자유와 평등에 대한 요구는 그 자체가 궁극적 목표라기보다는 민족적 요구와 종교적 요구에 수반되는 반사적 산물이었다. 따라서 구약에서 드러나는 사회주의적 내용을 '반사적 사회주의'(reflective socialism)로 부르기도 한다.

초기 기독교의 사상이 종교윤리적인 데 비해서 정치적 유토피아로서의 사회주의에 관련된 역사상 최초의 언급은 그리스 철학자이자 보수적인 아테네의 귀족 플라톤(Platon, 427~347 B.C.)이 기원전 4세기 초에 저술한 『국가론』(Republic)에서 이상적 공동사회로서 '통치계급 사회주의'(ruler's socialism)를 구상했다. 플라톤의 『국가론』은 정치적·경제적·사회적 문제들에 대한 광범위한 철학적 사색 혹은'유토피아' 사상의 최초의 가장 훌륭한 사례로 간주되어도 좋을 것이다. 그 책에 상술되어 있는 프로그램-사유재산제·가족제도·기타 사생활보장(혹은 '이기주의')의 폐기, 정치적 기능에 따른 합리적 위계질서의 확립, 덕망 있고 이타적인 출신의 지배자 창출에 관한 최우선의 관심 등-은 후대의 유토피아적 사색에 지속적인 영향을 미쳤다.

초기 기독교는 생의 목적을 자아발전에 두지 않고 천국에 이르는 구세와 구원 등의 종교적 교의를 실현하는 데 두었다. 초기 기독교에 있어서의 사회주의의 내용은 신약성서를 통한 예수와 그 사도들의 가르침 속에서 발견되며 이것은 신 앞에서의 평등이라는 맥락에서 강조된다. 초기 기독교도들은 재산을 사유하지 않고 모든 것을 공유하면서, 또한 개인의 욕망을 그리스도 안에서 존재하는 공동체의 필요에 종속시키면서 생활하려고 노력하였다. 현세적인 것을 경멸하면서 종교적 가치관에 근거한 새로운 질서를 정립해 나갔던 초기 기독교는 그러나 사유재산을 거부한 것은 아니었다. 모든 사람들에게 신의 왕국에 대비할 필요성만을 강조하였기 때문에 사회제도의 개혁에는 별로 관심이 없었다. 초기의 기독교는 공동으로 소비하고 분배했을 뿐 이를 생산에는 적용하지 않았으며 이러한 점에서 초기 기독교의 사회주의적 특성은 '소비사회주의'(consumption socialism)라고 할 수 있다.

초기 기독교는 약 300년 동안 로마황제에 의해 박해를 받았으나, 콘스탄틴(Constantine) 황제에 의해 기원 313년에 정식종교로 공인되자 더 이상 현실적인 것을 부정할 수만은 없게 되었다. 교회에서의 생활은 공동으로 소비했을 뿐만 아니라 공동으로 생산했고 각자의 할 일은 특별히 지시되었으며 엄격한 통제와 규율을 좇아야만 했다. 이것이 바로 '교회사회주의'(church socialism)이다. 어거스틴(Augustine : 354~430)은 저작 『신국(The City of God)』에서 절대적 사유재산권에는 반대했다. 사유재산은 모든 사람들의 공동이익을 위해 사용되어야 한다는 의무를 부과했던 것이다. 이렇듯 4세기말부터 12세기에 이르기까지 주요 조류는 확실히 공산주의적인 것은 아니었으나 원칙적으로 사유재산에 반대하는 것이었다. 이러한 교회사회주의는 대표적인 스콜라 철학자 아퀴나스(Thomas Aquinas)에 의해 다른 방향으로 진전되었다. 아퀴나스에 이르기 전에 이미 교회는 최초에 그들이 의도했던 이상과 목적에 점차 충실할 수 없게 되었다. 교회의 재산 획득은 상하 급의 성직자들 간의 마찰의 원인이 되었으며 아퀴나스는 노동의 의무성을 전제하면서 모든 경제초기의 기초를 사유재산제도 위에 두고 있었다. 이렇듯 초기 기독교의 평등주의적, 공산주의적 제요소는 기독교가 로마제국의 공식종교가 되고, 교회가 권력과 세력의 세계 안으로 들어감으로써 점차 사라져갔다.

이론적인 면에서 볼 때 르네상스와 종교개혁 시대에 사회주의 사상의 원형을 표현한 가장 유명하고 영향력 있는 작품은 1516년 영국인 토마스 모어(Thomas More, 1478~1535)가 저술한 『유토피아(Utopia)』이었다. 플라톤의 『국가론』에 나오는 완벽한 국가와 같이 모어가 그린 머나먼 섬도 사유재산이 없으며, 의복에 의한 차별을 허용하지 않으며, 분쟁이 없을 정도로 완벽하게 조직된 사회였다. 그러나 모어는 자신의 저술을 개혁을 위한 프로그램이라기보다는 사회악을 강조하기 위한 하나의 수단으로 생각했다. 예컨대 사회악을 전통적인 기독교 시각, 즉 사회적 문제로 파악하기 보다는 개인적 문제로 보았던 것이다. 그러나 『유토피아』는 후대의 사회주의자들이 참고하고 또한 보다 더 근대적인 맥락에서 통합하려고 기도한 하나의 저술이었다.

프랑스 혁명 이전에 움트기 시작한 사회주의 이념이 확산되는 과정에서 그 이론적 기초를 제공해 준 것은 루소(J. J. Rousseau)의 사상이었다. 그는 사회주의자는 아니었지만, 사회유기체설에 기초한 전체주의적 관점은 이후 프랑스 사회주의에 커다란 영향을 주었다. 루소는 사유재산의 불평등이 정치권력의 불평등을 야기한다고 보고 재산 소유의 현격한 차이에 반대했다. 물론 이는 정치적 평등을 확립해야만 직접 민주정치를 실현 할 수 있다는 그의 신념을 반영한 것이다. 루소의 사회유기체설 역시 사회주의 이념의 중요한 이론적 토대가 되었다. 여기서 개인은 사회라는 전체의 한 부분으로 파악되며, 개인의 행복과 사회 전체의 행복은 집단을 통해 완성되며, 개인이 창출하는 가치는 그것이 사회에 공헌하는 정도에 따라 측정된다. 개인의 최대의 이익은 궁극적으로 사회 전체에 최대의 이익과 동일시된다. 사회주의는 개인들이 가능한 한 많은 것을 생산할 것을 기대하며, 또한 사회적 양심에 입각해서 그것들을 사회 전체와 공유할 것을 요구한다. 이러한 주장은 개개인의 보다 많은 생산과 거기서 얻어진 생산물의 사회적 공유를 주장한 사회주의의 이론적 토대가 되었다.

종교와 달리 천국이 아니라 지상에서, 내세가 아니라 현세에서 인간의 합리적 능력을 통해 이상사회를 건설할 수 있다는 믿음을 제시한 것은 계몽사상이었다. 계몽사상 시대로 명명 되는 17세기 후반부터 18세기에 이르는 시기는 대개 근대의 지적 토대를 제공해준 시기로 인식되어 왔다. 계몽 사상가들은 이성과 자연을 통해 세계를 지배할 수 있는 인간의 능력에 대한 고대인들의 신념을 역사상 처음으로 발견한 것이 아니라, 의식적으로 회복시킨 발견자들이었다. 사회개혁의 방법 문제에 접근함에 있어서 계몽 사상가들은 어떠한 정치제도도 한 특권계급을 위해서가 아니라 모든 국민의 이익을 위해서 만들어져야 된다는 것을 자명한 것으로 수용했다. 사회자들과 같이 모든 계몽 사상가들의 궁극적 목표는 사회의 모든 구성원이 교육 및 전반적으로 개선된 물질적 생활을 통해 자신들의 이익뿐만 아니라 공동체의 이익도 합리적으로 숙고하고 정확하게 인정하는 시기가 도래한 것이었다. 그리고 모든 계몽 사상가와 사회주의자들은 사실 그러한 시기는 현집권자들이 어떤 방법으로든지 제거된 다음에야 비로소 시작될 수 있다고 믿었다.

3. 근대 사회주의 변통

유럽은 18세기 말에 시작된 미증유의 변화를 경험했다. 프랑스와 영국의 정치적 혁명(프랑스 혁명)과 경제적 혁명(산업혁명)은 사회주의 역사학에 매우 중요한 공헌을 한 학자 홉스봄(E. J. Bobsdawm)에 의해 '이중혁명'(Dual Revolution)으로 불려 왔다. 이는 '근대화'라는 용어와도 합치되어 정치적 혁명과 경제적 혁명의 결합이라는 점에서 근대 세계의 도래를 명확하게 나타낸다는 것을 시사한다. 이 '이중혁명'은 계몽사상의 여러 이상을 현실화하였다고 말할 수 있다. 어떤 용어를 택하든 18세기 말의 유럽은 전통, 법률상의 특권, 현상유지에 기초한 낡고 비교적 정체적인 세계로부터 연속적이고 역동적인 변화를 경험하는 세계로 급격하게 바뀌어져 갔다. 프랑스 혁명은 사회주의를 탄생시킬 현실적인 조건을 만들어냈으며 영국의 산업혁명은 새로운 동원력과 새로운 생산도구의 활용을 통해 자본주의의 생산력을 미증유의 수준으로 끌어올렸다. 프랑스혁명의 충격은 특히 정치체제의 변화를 불가피한 동시에 정상적인 것이라는 인식을 낳아 이데올로기의 출현을 야기했고 근대 시민사회의 원리를 제시함으로써 사회주의가 등장할 수 있는 현실적인 조건을 마련했다. 그리고 혁명과정에서 바뵈프(Babeuf, 1760 ~ 1797)와 그의 추종자들은 공산주의를 구체적인 정치적 실천의 수준으로 끌어올리려고 시도함으로써 이후의 혁명가들에게 영향을 주었다.

산업혁명은 물질적 생산력의 폭발적 증대를 가져왔으며, 실질적 부의 증대를 가능하게 해주었다. 그러나 인류에게 경제적 풍요를 가져다줄 것이라는 기대와는 달리 경제적 불평등을 양상하는 등 사회문제를 극명하게 드러냈고 19세기 초부터 9-10년 단위로 규칙적으로 발생하는 주기적 경제위기는 새로이 등장한 자본주의체제의 효율성에 강한 의문을 제기하게 되었다. 산업혁명의 결과 자본가들은 자유경쟁을 통해 부와 교양을 획득함으로써 근대사회의 주역으로 부상했던 반면에, 노동자들은 사회구조적으로 매우 열악한 위치에 놓인 임금 노동자로 전락했다. 결과 1870년대에 시작된 산업혁명이 거의 완성되던 1820년대부터 극명하게 드러난 이러한 문제들에 직면해서 노동자들 스스로의 지위와 권리를 찾고 자신들의 각성을 촉구하는 노동운동이 일어났다. 자유시장제도하에서 실질적 부가 증대된 것은 사실이나, 그 과정에서 야기된 경제적 불평등이 자유시장의 불가피한 결과라고 생각되자, 평등의 주창자들은 자유 시장 자체를 인류의 복지를 가로막는 최대의 장애물로 보기 시작했다.

프랑스 혁명과 산업혁명에 대한 비판적 반응으로서 맨 처음 등장한 것이 프랑스혁명의 와중에 나타난 바뵈프의 공산주의이다. 바뵈프에 따르면 프랑스혁명이 내건 '자유, 평등, 우애'라는 슬로건은 막 태어나려는 근대시민사회와 자본주의사회에서는 실현될 수 없었다.

평등을 보장하려면 자본가들을 타도하고 자유재산제를 폐지하여 혁명적 독재, 즉 강력한 국가에 의한 변혁을 이루지 않으면 안 된다. 노동과 분배의 평등이 구현된 '평등인 공화국'의 완성을 내세우며 바뵈프는 국가는 만인에게 직업을 제공하고 의료와 교육을 무상으로 실시하는 등의 최초의 공산주의사상에 대한 기억을 남겼다. 바뵈프의 사상은 혁명을 정당화하고 사회주의를 실천하기 위한 국가의 형태로 프롤레타리아 독재이론의 모태가 되었으며 역사적으로 바뵈프주의(Babouvism)는 1840년대의 프랑스 혁명가 블랑키(Agust Blanqui, 1805~1881)로 전해졌다.

19세기 초, 산업 혁명기에 이르러 공상적 사회주의는 이제 산업주의와 공업화의 현실을 받아들이기 시작하면서 계속해서 프랑스혁명의 이성주의를 신봉하고 새로운 유토피아를 추구했다. 이러한 사회주의의 특징은 종교와 도덕의 의의를 인정하고 '새로운 기독교'에 의거하고자 한 점이다. 세 사람의 중요한 공상적 사회주의자들(Utopian Socialists)- 푸리에, 오웬, 생시몽-의 사상은 마르크스와 엥겔스에 의해 정중하게 '공상적' 이란 용어로 불려졌으나 그들은 무어 의미의 공상적인 사람들은 아니었다. 그들의 사상적 형태는 종교적 분파주의자, 최근의 개종자, 환상주의자 및 로망주의자들과 유사했다. 공상적 사회주의자들은 개인주의적 경제 원리에 반대하고 협동의 원리를 통해 빈곤과 빈부격차를 완화하기 위해서는 지식인들이 나서서 유산계급을 교육하고 설득해야 한다고 믿었다는 점에서 공감대를 형성하고 있었다. 이를 엥겔스는 다음과 같이 비판했다. "세 사람 모두에게 공통점이 한 가지 있다. 그들은 그 동안 역사발전에 의해 등장한 프롤레타리아 이익의 대변자로서 등장하지 않았다. 프랑스 철학자들과 마찬가지로 그들은 특정계급을 우선해서 해방시킨다고 주장하지 않고, 전 인류를 해방시킨다고 주장했다."

1848년의 2월 24일(2월 혁명), 프랑스에서 시작된 유럽혁명은 급속히 발전하는 자본주의 공업과 확대되는 노동계급이 시대에 뒤떨어진 봉건제도의 정치경제적 족쇄에 대한 타격 가운데 하나로서 부르주아 혁명의 성격을 띠고 출발했다. 마르크스가 '유럽대륙의 혁명'이라고 부른 이 혁명은 곧이어 독일, 오스트리아, 이탈리아, 헝가리, 벨기에, 포르투갈, 그 밖의 유럽 여러 나라에 확산되었다. 이 혁명이 일어나게 된 직접적 원인은 1847년의 심각한 경제공황이었는데, 이 공황은 광범위한 산업의 폐쇄, 다수의 실업, 대중의 전면적 궁핍을 초래하고 있었다. 이 혁명은 많은 결과를 낳았는데 그중의 하나가 1847년에 조직된 '국제공산주의자 동맹'(International Communist League)에 대대적인 활동무대를 제공한 점이었다. 이 동맹은 이미 혁명 전야에 프롤레타리아의 투쟁지침을 제시했으니 이것이 바로 마르크스와 엥겔스가 작성한 그 유명한 『공산당선언』이었다. 또한 1848년은 혁명과정에서 자본계급과 노동계급간의 동맹이 깨어지자 양 계급간의 최초의 혈전을 치루었던 해로서 비록 노동계급이 패배하긴 했지만 근대 사회주의운동의 출발점이 되었다. 이로 인해 봉건체제와의 투쟁에서 자본계급과 연대했던 노동계급에게는 독자정당이 필요하다는 역사적 교훈을 안겨주게 되었다. 혁명에 패배하자 국제공산주의자 동맹은 분열과 해체를 맞게 되었고 그 후부터 1864년 제1 인터내셔널이 결성되기까지는 일반적으로 정치적 반동기로서 자본주의의 안정에 기초한 급속한 산업화로 인해 사회주의 운동은 침체국면을 벗어나지 못했다. 프랑스, 독일을 비롯한 그 밖의 모든 나라에서도 혁명가들은 혹독한 추적을 받았다.

1848년 이후 마르크스주의가 사회주의 운동의 큰 부분을 장악하게 되자 '공상적 사회주의자'들은 사라졌지만 정치무대의 중앙에서 쫓겨나서 대부분 무정부주의에서 그 피난처를 발견했다. 사회주의적 무정부주의는 사회적 불평등의 주요인으로서의 국가와 함께 사유재산도 부정하고 만인의 개인적 자유를 극대화하기 위한 필요조건으로서 사회평등을 강조한다. 즉 '공동체 속에서의 개인성'(individuality in community)을 강조함으로써 자유주의와 사회주의를 결합한 '자유주의적 사회주의'(libertarian socialism)를 주장하고 무정부주의적 사회주의를 전개하였다. 이에 속하는 대표적 인물로는 고드윈(William Godwin, 1756~1838), 프루동(Pierre-Joseph Proudhon), 바쿠닌(Michael Bakunin), 골드만(Emma Goldman)등을 꼽을 수 있다. 무정부주의적 사회주의자들은 점차 과격화되어 혁명에 모든 희망을 걸었고 프롤레타리아 혁명이 즉각 일어날 것이라는 신앙을 고수한데에서 몰락하게 되었지만 주목할 만한 이론적 변화는 자치적 노동조합 국가를 인정하는 무정부주의적 생디칼리즘(anarcho-syndicalism)으로의 경향이다. 이에 무정부주의적 순수성을 지키려는 사람들과의 대립과 반목으로 혁명적 생디칼리즘으로 전환된 무정부주의적 사회주의는 혁명이 불가피하고 그 혁명에서 프롤레타리아가 중요한 역할을 수행한다는 점에서 마르크스주의와 일치하나 경제투쟁과 정치조직, 국가를 거부하면서 자유롭고 자치적인 공동체에 기초한 평등사회를 지향한다. 무정부주의적 사회주의는 사회주의 운동에서 별로 영향력을 행사하지 못했지만 1960년대 선진자본주의 국가들의 대학생을 중심으로 전개되었던 '신좌익운동'(the new left movement)에서 중요한 이념적 요소로 다시 등장하였다.

1848년 유럽혁명의 패배이후 자본주의는 서유럽 도처에서 급격히 발전했고 이에 따라 노동계급도 조직 면에서 발전했다. 특히 세계 최초의 대공황인 1857년의 대공황은 노동운동에 큰 영향을 주어 영국과 미국 등지에서 1860-32년의 강력한 파업운동을 불러일으켰다. 이러한 상황에서 제1 인터내셔널은 1864년 9월 28일 런던에서 창립된 노동자들의 최초 국제적인 조직으로서, 당시에는 아직 어느 나라에도 노동자 정당이 없었기 때문에 유럽과 미국의 노동조합·협동조합·노동자 교육단체·사회주의자 등이 모여 조직하였다. 정식 명칭은 국제노동자협회 (International Working Men's Association)이다. 그 속에는 프루동주의·라살주의·바쿠닌주의 및 영국식 노동조합주의 등 각양각색의 사상적 유대가 있었다. 마르크스는 독일 대표위원들 중에 한 사람이 되었다. 제1 인터내셔널을 이론적으로 뒷받침한 것은 K.마르크스와 F.엥겔스였다. 협회는 1872년까지 6회의 대회를 열고 노동조합운동을 비롯한 노동자계급운동의 기본 전술을 정립하였으며, 또한 8시간 노동일, 보통선거권 획득을 겨냥한 운동, 민족독립 옹호 등의 활동을 하였으나, 1871년 파리코뮌이 와해되고 난 후 일어난 탄압의 강화와 바쿠닌파의 분파활동 등으로 조직의 유지가 어렵게 되어, 1872년 이후부터 활동이 정지되었다가 1876년 해산되고 말았다. 그러나 협회의 활동을 통하여 마르크스주의가 각국에 보급되었으며, 그 결과 1869년 이후 유럽과 미국에는 사회주의정당이 출현하였다.

1889년 7월 프랑스혁명 100주년 기념일에 파리에서 설립되었고 이때 마르크스는 이미 죽고 엥겔스가 이론적 뒷받침을 하였다. 각국의 사회주의 정당, 노동조합 등의 완만한 연합체로서의 형태를 지니고 명확한 강령이나 지도기관을 가지고 있지 않았으며, 1900년까지는 상설 사무국조차도 없었다. 그러나 이 시기에 이르러 마르크스주의는 세계 노동운동의 주류를 점하게 되었고, 따라서 제2 인터내셔널은 설립 후 10년 동안 노동운동의 확대에 주도적 역할을 하게 되었다. 그러나 20세기에 이르러 독점자본주의 시대가 도래하자 제2 인터내셔널 여러 당의 지도부는 이른바 개량주의의 경향을 띠게 됨으로써 제2 인터내셔널도 전쟁반대를 결의하였을 뿐, 아무런 행동을 취하지 못하였다. 1914년 제1차 세계대전이 일어났을 때에도 러시아의 볼셰비키당을 제외한 제2 인터내셔널 여러 당은 각자 자국의 전쟁수행에 협력하게 되어 이 기구는 와해되고 말았다.

제1차 세계대전 후에는 유럽 각국의 사회당・사회민주당 등 구(旧) 제2 인터내셔널 우파들이 1920년 옛 조직을 부활시키고, 처음 이들과 별개의 조직(제2半인터내셔널이라고 부름)을 가지고 있었던 중간파도 1923년 이에 합류함으로써 사회주의노동자 인터내셔널(Labor and Socialist International)이 출현하였다. 이것도 일반적으로 제2 인터내셔널이라고 부르나 그 성격은 반공적(反共的)이었고, 제2차 세계대전의 발발과 더불어 소멸하였다. 제2차 세계대전 후 이들 사회당・사회민주당이 공산주의에 대항하기 위하여 1947년 '국제사회주의자회의위원회'(Committee of the International Socialist Conference: COMISCO)를 결성하고 1951년 '사회주의인터내셔널'(Socialist International)로 발전시켜 지금에 이르고 있다. 사회주의인터내셔널은 마르크스주의를 부정하고 민주사회주의의 입장을 취하는 조직이라고 볼 수 있다.

마르크스는 제1 인터내셔널(국제노동자협회 : 1864~1872)에서 한정된 역할을 하였다. 그런데 마르크스주의가 큰 영향을 미친 것은 제2 인터내셔널(1889~1914)의 시기였다. 당시 마르크스주의를 강령으로 채택하는 사회주의 정당들이 유럽에서 속출하여 마르크스주의는 제2 인터내셔널의 주류가 되었다. 그러나 마르크스주의 정당의 수가 증가함에 따라 마르크스주의의 분파도 그만큼 증가하여 각국의 사회주의 정당들은 자당의 운동에 유리하도록 마르크스주의를 해석하였다. 당시 혁명주의를 표방했건 의회주의를 표방했건, 또는 민주적 대중정당이거나 폐쇄적 전위당(前衛党)이거나를 막론하고 사회주의 정당들은 사회민주당(社会民主党), 사회당 또는 노동당이란 당명으로 호칭하였다. 한편 제2 인터내셔널의 시기에는 유럽 각국에서 노동자의 생활수준과 지위가 상대적으로 향상되어갔고, 보통선거권의 확대로 사회주의자들이 국회 내 의석을 급속히 늘려가고 있었다.

4. 민족우선 사회주의

사회주의에서의 민족우선주의의 입장을 규명하기 위해 초기 사회주의와 과학적 사회주의로 나누어 고찰해 볼 때, 각각에는 민족에 대한 개념과 민족에게 부여하는 역할에서 상당한 차이가 있음을 알 수 있다. 비록 초기 사회주의와 과학적 사회주의에서의 민족이론이 세계주의 차원으로까지 발전하고 있다는 점에서 양자 간에 유사한 측면이 있다고 할 수 있다. 그러나 그들의 기본적인 사상과 민족에 대한 시각의 차이로 말미암아 세계주의 실현을 위한 절차와 방법에서는 역시 큰 차이를 드러내고 있다.

무위도식인과 생산자를 대응시키고 있는 생시몽은 사회의 공동 목적을 실현시키고자 하는 개인의지와 이에 따른 노력의 결합을 민족으로 규정하고 있다 물론 생시몽의 이러한 무위도식인과 생산자 대한 계급 개념은 자산계급과 노동계층이라는 개념으로 발전되지만 이 두 계급 간에는 적대적인 형태를 나타내는 투쟁만이 있는 것이 아니다.[51] 과학과 기술의 발전으로 새로운 형태의 산업사회가 정착되어감에 따라 계층 간의 갈등이나 대립은 점차 사라지고, 평화적이고 민족적인 산업조직이 자리 잡게 되며, 이 조직에서의 생산 활동에 참여 하는 민중계층이 중심적인 구성 요소가 되는 민족의 개념과 역할로 규정되고 있다. 이러한 민족은 인종적인 측면에서나 조직적인 측면에서 일체감을 지니는 것이 아니라 민중의 행위를 결정하는 '목적'을 달성하기 위해 단결하게 되므로, 민족이란 정신적이고 활동적인 본질을 동시에 지니는 인간집단으로 인식되고 있다 또한 생산자들의 안전과 민중계층의 해방을 보장할 수 있는 개혁을 완성시키고 보다 확대된 과학활동을 결합시키기 위해서는 정치적 동질성을 지니면서 내적 평화가 정착된 사회를 구성하고 있는 민족들이 민족 감정의 테두리를 벗어나서 유럽 차원의 의회를 구성하여 연맹을 맺고, 더 나아가 전체 인류를 포함하는 단일한 산업사회가 되어야만 한다는 생시몽의 주정에서 그의 사회주의 시장이 지니는 국제성을 간파할 수 있다.

뷔쉐(Busser)의 개혁사상에서 민족은 인간의 공동목적을 추구하는 집단으로 정의되며, 여기서 보편적인 진보 행위의 유일한 공동목적인 민족우선의 목적을 실현시키기 위해 거쳐야만 하는 과정인 것이다. 이러한 관점에서 그는 프랑스 대혁명을 찬양하고 있으며, 민족의 개념에 종교적 의미를 부여하고 있다. 일단 기독교 정신의 사회적인 실현을 프랑스 민족의 공동목적으로 설정하면서, 산업화에 따른 불평등 현상을 제거하고 노동계급의 완전한 해방을 달성하기 위해 뷔쉐는 생산노동조합의 설립을 주장한다. 그에게 있어서도 유럽 민족 간의 연합은 생시몽에 있어서와 마찬가지로 상당히 중요한 부분을 차지하고 있다. 그러나 공동목적을 달성한 프랑스 민족의 주도하에 구성되어야 한다는 유럽연합은 생시몽이 주창한 유럽연방과는 달리, 정치적인 조직을 통한 것이 아닌 경제적 개혁을 수반하는 계약에 근거하는 것이다. 왜냐하면 이 유럽연합에 의해서 '고통 받는 자들의 생활조건 개선'이

51) Georges Gurvitch, *Les fondateurs franÇais de la sociologie contempraine*, T. I: Saint-Simon sociologue (Paris: Centre de Documentation Universitaire, 1955), p.34.

라는 민족의 공동 행위 목적뿐만 아니라 보편적인 평화회복이 완성될 수 있다고 보았기 때문이다.

생시몽과 뷔쉐의 사회사상에서 인식되었던 민족 그 자체의 중요성은 마르크스와 엥겔스를 비롯한 과학적 사회주의자들에 의해 커다란 전환을 겪게 될 뿐만 아니라 사상가와 역사적 상황에 따라 변화를 거듭하였음을 알 수 있다. 이것은 민족우선의 자본주의 일정단계와 결부되어 있다. 사회주의 혁명을 준비하는 단계들 중의 하나로서 이 혁명의 완수에 필요한 수단으로만 간주할 뿐, 민족 그 자체의 속성은 인정하지 않았던 데에 기인 한다고 볼 수 있다. 물론 마르크스와 엥겔스에 있어서도 민족 억압은 도덕적으로 분명히 비난받지만, 그들은 생산형태가 주요한 원동력이 되는 사회경제적인 역사의 발전 과정에서 계급과 구별하여 민족을 근본적인 요소의 범주에 포함시키지 않았으며, 민족문제는 오로지 계급투쟁을 통해 역사 발전을 자극하는 정치적 전략이거나 전술에 불과한 것으로 보았다.

마르크스와 엥겔스가 사회주의 혁명을 위한 정치적 전략의 영역으로 민족문제에 접근한 태도는 레닌과 스탈린에게로 계승되었다. 레닌에 있어 민족에 관한 주요 관심은 민족 그 자체에 대해 가치를 부여하고자 한 것이 아니라 구체적인 역사적 상황에서 표출되는 민족적인 힘이었으며, 사회주의가 결국은 민족 사이의 차이를 소멸시키고 여러 민족을 융합시킬 것이라고 판단하였다. 여기서 레닌의 민족자결권과 프롤레타리아 국제주의는 그 논리적 근거를 지니게 된다. 스탈린 역시 민족문제를 사회주의 혁명을 위한 전략적인 차원으로 고려하였다. 그러나 그는 레닌의 민족자결권을 프롤레타리아의 자결권으로 전환시키는 등 민족 문제에 대해 레닌과의 큰 차이를 드러낸다. 실제로 마르크스주의에서의 국제주의는 특정한 민족의 이해관계를 보호하거나 증진시키려는 전통적인 의미의 민족주의와는 구분될 수 있다. 이 경우 사회주의를 지향하는 한 단계로 반제민족해방운동을 인식하면서 이 운동들에 대한 지원을 하게 될 때는 민족주의와 양립될 수 있는 것이다.

다른 한편, 이들의 국제주의적 견해는 점차적으로 첫 사회주의국가인 소련을 옹호하기위 한 방향으로 선회하게 된다. 레닌과 스탈린에 있어 민족문제에 대한 인식은 곧 국가적인 해결책과 결부되어 있다고 볼 수 있다. 레닌이 '민족자결권'을 사회주의 혁명이라는 목적에 종속되는 권리로 제한하고 있는 것은, 이 권리를 바탕으로 하여 궁극적으로는 사회주의 제민족의 융합을 통한 대국가를 설립한다는 의미를 함축하고 있는 것이다. 그러내 스탈린은 레닌주의적 민족정책을 왜곡시키면서 결국 민족문제에 있어 레닌주의의 범주를 벗어나게 된다. 스탈린의 연방제안을 따른 소련에서의 프롤레타리아 국제주의는 러시아 민족을 정점으로 하는 '일국사회주의'로 변모하였고, 피지배 계급(민족)의 완전한 해방이 아니라 약소 민족이 억압받는 가운데 소련의 사회주의 국가 건설이 추진되었던 것이다.

초기 사회주의와 민족주의가 상치되는 이데올로기로 존재했거나 또는 초기 사회주의 사상에서 민족이 소멸되어야 하는 대상으로 인식되었던 것이 아니라 그것은 오히려 사회적 경제적 개혁이론을 실천에 옮기는 데에 필요한 기본적인 범주에 속하는 것으로 파악되고 있다. 그리고 공동목적을 지니는 각 민족을 단위체로 하여 구성되는 민족들 간의 연합을 통해서 사회개혁과 평화는 보장된다는 국제주의적인 면도 내포하고 있다. 반면에 과학적 사회주의에서의 민족은 궁극적인 목적인 계급투쟁을 동반하는 사회주의 혁명을 실현시키기 위한 전략적인 범주로 간주되고 있다. 또한 민족적 행위가 사회주의의 발전에 이용될 수 있는 현실로 인식됨으로써 민족주의는 역사적 상황에 의해 지배되는 논리가 되었던 것이다

5. 무정부 사회주의

(1) 고드윈

고드윈(William Godwin, 1756-1836)은 근대 무정부주의의 창시자이다. 그는 엄격한 캘빈주의자인 부모에게서 태어나 그의 조상들을 따라 성직자의 길을 걸었다. 그는 1793년의 저작 『정치적 정의(Political Justice)』에서 인간은 원래 평등하고 합리적인 존재이나 불행스럽게도 사회는 불공평하고 착취적인 제도, 특히 정부를 만들어 냄으로써 인간본성을 인위적으로 억압해 왔다고 주장했다. 따라서 사회의 불의는 국가의 강압적 성격에서 비롯되므로 국가가 타도되면 인간은 절대적 권위로서의 올바른 이성의 원칙에 부합되는 자유롭고 협동적인 사회생활을 할 수 있다고 주장하면서 사회주의적 내용으로서 토지소유의 분산과 철폐 및 청교도적 금욕주의를 제창했다. 비록 그는 버크(Edmund Burke)의 프랑스혁명 비판에 대한 비판을 통해 혁명을 적극적으로 옹호했지만 폭력의 사용은 사회변화를 일으키는데 적합하지 않다고 보았다.

(2) 프루동

프루동(Pierre-Joseph Proudhon, 1809-1865)은 고드윈의 무정부주의에 철학과 경제학적 관점을 가미시켜 그것을 이념적으로 체계화시켰다. 노동자의 아들로 태어나 거의 독학으로 공부한 그는 겸손한 생활방식과 인간주의적 원칙으로 프랑스의 사랑을 받았다. 그는 『재산이란 무엇인가?(What Is Property?)』라는 저작을 통해 모든 가치는 노동에 의해 창출된다는 '노동가치설'에 입각해서 "재산은 도둑질한 것이다."라고 주장했다. 이는 이윤, 이자, 지대 등의 모든 재산소득은 노동자로부터 빼앗은 것이라는 의미이다.

프루동은 정부나 여타의 제도들은 유산계급을 위해 노동자들에게 재산과 권리를 빼앗는 것이기 때문에 폐지되어야 한다고 주장한다. 그러나 자본의 권력과 국가의 권력, 다시 말해 "인간에 대한 인간의 착취를 폐지하는 것과 국가의 폐지는 동일한 것"이므로 프롤레타리아트는 국가권력을 이용하여 자신을 해방시킬 수 없다. 따라서 노동자들은 그들 자신의 자발적 노동조직을 통해 정치적 방법이 아닌 경제적 수단에 의해 자신을 해방시켜야 한다고 주장했다. 하지만 그가 바라는 이상사회는 자신의 국가관과는 모순되게도 신용에 의해 국가의 재정지원을 받는 자치적 생산자들간의 등가적 교환으로 운영되는 '상호주의'(mutualism)에 입각한 사회로서, 이러한 사회는 고도로 분권화되고 다원적인 사회질서를 지닌 지역단위들의 '연방원칙'(federal Principle)으로 결합되는 협동체적 사회주의라 할 수 있다.

(3) 바쿠닌

아마도 역사적으로 가장 유명했던 무정부주의자는 러시아의 귀족출신인 바쿠닌(Michael Bakunin, 1814-1876)일 것이다. 그는 프루동의 영향을 받았을 뿐만 아니라 프루동이 죽자 자신의 리더십 하에서 1860년 말 무정부주의를 국제무대에서 마르크스주의에 대한 가장 강력한 경쟁자로 부상시켰다. 그러나 그는 1871년의 저작 『신과 국가』 및 『채찍의 독일제국과 사회혁명』에서 나타나듯이 프루동과는 달리 폭력과 무신론을 지지했다. 그는 국가가 자유에 대한 일차적 장애라고 비난하면서 테러, 폭력, 혁명 등을 강조했다. 그는 최소한 정직한 노동자들에 의한 혁명을 선동하는 마르크스보다도 더욱 급진적이어서 하층민에 속하는 부랑아, 포주, 도둑, 살인자 등 소위 룸펜 프롤레타리아트(Lumpen proletariat)를 무장시킴으로써 성공적인 혁명이 가능하다고 보았다.

또한 바쿠닌은 신과 종교를 부정했다. 초인간적 힘을 믿는다는 것은 인간의 자유로운 정신을 박탈하고 가상의 신의 정신에 인간을 예속화시키는 것을 의미한다. 그는 인간의 자유를 철저히 강조함으로써 인간을 해방시키기 위해 신에게 도전했다. "만약 신이 존재한다면 그는 오직 한 가지 방법, 즉 죽음으로써만 인간이 자유로울 수 있도록 도울 수 있다." 이렇듯 그는 청년 헤겔파로서 변증법적 과정에서의 부정의 중요성을 강조하면서 "파괴의 열정은 또한 창조의 열정"이라고 강조했던 것이다.

그는 '인간의 해방'이야말로 인류의 최고목적이라고 선언하는데, 이 경우 인간이란 사회에서 생활하는 각 개인의 인간화와 해방을 의미하는 것으로 집단적 자유와 번영의 총화를 대표할 때만 가치가 있다고 주장했다. 그런데 신과 국가는 인간의 자유로운 발전을 억압하는 최대의 장애물로서 대중의 위에, 외부적인, 따라서 당연히 폭압적인 법률의 제도를 강요하는 것이다. 특히 국가의 부정에 있어서 그는 전제국가뿐만 아니라 보통선거에 의한 대의제 국가와 마르크스가 제시한 프롤레타리아국가도 인간의 자유에 대한 억압을 초래하는 것이라고 반대하면서 '개인의 완전한 자치'를 주장했다. 이러한 태도는 어떠한 형태의 정치적 조직이나 활동을 거부하는 그의 반권위주의적 성향에 근거한다.

이를 실현하기 위한 방안으로 바쿠닌은 사회혁명을 제창한다. 사회혁명은 민중의 본능에 따른 자발적인 혁명적 충동에 근거한 것이므로 위로부터 통제된다든지 조직되는 것이 아니라 아래로부터 위를 향하여, 주변에서 중심을 향하여 자유의 원리에 따라 이루어져야 한다. 그러나 잠재해 있는 민중의 혁명역량에 점화하는 것은 소수 혁명적 지식인들의 역할이어야 한다. 또 바쿠닌은 '행동에 의한 선전'의 일환으로 테러의 사용을 정당화했는데, 이것은 1881년 7월 반마르크스파 재건을 위한 런던의 '무정부주의 인터내셔널'(anarchist international) 대회에서 승인되었다. 같은 해 3월 러시아에서 '인민의지단'의 알렉산더 2세 암살은 이러한 테러주의를 촉진시켰으며 1890년대에는 테러의 시대가 출현했으나 이는 오히려 무정부주의에 대한 탄압을 정당화시키기도 했다.

특히 바쿠닌과 그 추종자들은 제1 인터내셔널, 일명 '국제노동자협회'(International Workingmen's Association)에 가입하여 마르크스주의자들과 반목했는데, 이는 1872년 헤이그

대회에서 심화되어 마르크스주의자들은 바쿠닌파를 제명하고 제1 인터내셔널 본부를 뉴욕으로 이전하기에 이르렀다. 당시 바쿠닌파의 마르크스파간의 논쟁의 요점은 크게 세 가지로 정리될 수 있다. 첫째는 인터내셔널의 조직원칙으로서 마르크스의 중앙집권제에 대해서 바쿠닌은 지역 분권적 연합체를 주장했다. 둘째는 프롤레타리아 국가에 대한 입장의 차이로서 마르크스가 자본주의 국가의 파괴 직후 곧 바로 국가는 소멸하는 것이 아니라 그 과도기에 프롤레타리아 독재국가가 들어서야 한다고 주장한 데 반해서 바쿠닌은 자본주의국가의 파괴 직후 곧 바로 국가는 소멸해야 한다고 주장하면서 어떠한 프롤레타리아 독재도 프롤레타리아트에 대한 독재가 될 것 이며 또 하나의 새로운 더욱 강력한 계급지배 체제가 출현하게 될 것이라고 경고했다. 셋째로 정치적 조직과 활동에 대해서도 마르크스가 프롤레타리아의 정당결성 및 정치투쟁을 지지한데 반해 바쿠닌은 정당 및 정치투쟁에 반대하고 오로지 경제적 조직과 활동에만 주목했다.

제1 인터내셔널에서 내분을 일으켰다는 이유로 제명된 바쿠닌은 이에 승복하지 않고 오히려 이 결정과 협회의 뉴욕이전으로 '국제노동자협회'는 사실상 해산되었다고 선언하면서 며칠 후 스위스의 생티미에에서 자신의 독자적 조직으로 또 하나의'국제노동자협회'를 만들었다. 이것이 1877년까지 존속함으로써 두 개의 인터내셔널은 상호 투쟁하기에 이르렀으니, 노동자들은 서로 적대하는 어느 쪽을 선택할 수밖에 없었다.

(4) 크로포트킨

크로포트킨(Peter Kropotkin, 1842-1921)은 바쿠닌과 마찬가지로 제정 러시아의 귀족출신이나 바쿠닌과는 달리 혁명가라기보다는 학자로서의 면모가 강하다. 그는 실제로도 지리학자였다. 그는 스펜서(Herbert Spencer)의 사회진화론을 반박하면서 고등동물, 특히 인간은 서로 경쟁할 때보다는 협동할 때 큰 성공을 이룰 수 있다고 주장했다. 그에 따르면 정부는 인간과 인간, 계급과 계급, 국가와 국가의 관계를 적대관계로 규정함으로써 인간의 진보를 방해하므로 철폐되어야 한다. 즉 '불의, 압제, 독점'은 철폐되어야 하며, 공산주의 원칙과 자유로운 개인들 사이의 자발적 상호협조에 기초를 둔 무정부사회로 대체되어야 한다.

크로포트킨은 지역적 결합에 의한 독립 코뮌, 직능별 노동조합연합, 개인적 관계로 결합한 집단의 세 종류의 소공동체로 하여 이들 상호간의 생산과 분배를 중심으로 한 '자유로운 연합'에 의한 '상호부조'의 사회를 이상향으로 제시했다. 여기서 '모든 것은 모든 사람의 소유'이며 필요에 따라 분배하는 공산주의적 무정부주의가 실현된다는 것이다. 이를 위해서는 소수 혁명적 지식인과 노동조합의 역할이 필요하다. 그러나 그가 노동조합의 필요성을 인정했다 하더라도 이것이 생디칼리즘((노동조합주의, syndicalism)으로의 본격적 전환을 의미하지는 아니한다.

혁명에 대한 크로포트킨의 입장은 다소 모호하다. 초창기에는 바쿠닌주의자로서 혁명 활동에 참여했으나 나중에는 혁명이 사회를 변화시키는 가장 효과적인 방법인가에 대해 의문을 가졌다. 비록 그가 확실하게 평화주의자는 아니었지만 자유로워지려는 인간의 의지에 따라 무정부주의는 자연스럽게 발전할 것이라는 믿음을 더욱 키워가게 되었다.

이와 같이 무정부주의적 사회주의자들은 점차 과격화되어 혁명에 모든 희망을 걸고 노동자들의 일상생활의 요구, 예컨대 파업이나 선거권 투쟁 등을 무시했다. 이렇게 볼 때 그들이 몰락하게 된 것은 프롤레타리아 혁명이 즉각 일어날 것이라는 신앙을 고수한 데 있다. 혁명에 대한 기대가 멀어져가자 자포자기 상태의 과격파들은 국가요인을 암살하는 등의 '행위에 의한 선전'을 꾀했으나 이는 오히려 자신들에 대한 탄압을 정당화하는 구실을 제공했던 것이다. 이러한 와중에서도 주목할 만한 이론적 변화는 자치적 노동조합 국가를 인정하는 '무정부 노동조합주의'(anarcho-syndicalism)로의 경향이다. 이는 종래 무정부주의의 결함을 보완한 것이면서도 그것과는 모순되는 것이었다.

6. 무정부 노동조합주의

프랑스에서의 극단적 테러활동으로 무정부주의자들에 대한 탄압이 가중되자 그들은 개인적 테러리즘에 대한 반성에서 집단적 행동의 긴요성을 인식하면서 노동조합에 접근하기 시작했다. 페루티에(Pellutier)는 이러한 무정부 노동조합주의의 선구자로서 1892-94년에 프랑스 노조연맹서기에 취임하면서 아나키즘으로부터 노동조합주의로의 전환을 시작했다. 그는 1895년 10월 무정부주의 신문 『신세대』에 '아나키즘과 노동조합'이라는 논문을 발표한 것을 계기로 노동조합주의가 무정부주의를 대표하는 것이라고 주장하기에 이르렀다.

무정부주의적 노동조합주의는 다음과 같은 이념특성을 보인다. 첫째는 노조를 통해 권력을 획득하고 유지한다는 것이다. 노조를 노동계급이 자본계급과 투쟁하는데 있어서의 혁명적 도구로 인식하고, 또한 코뮌이 아닌 노조를 사회질서의 기본단위로 간주한다. 둘째는 노조를 무정부적이고 혁명적으로 운영한다는 것이다. 무정부적 운영이란 개개인의 강제탈퇴의 자유를 무제한적으로 인정하는 '자유로운 생산자의 자유로운 결합'을 지향하는 것으로 여기서는 다수결에 의한 민주주의적 운영도 소수를 강요한다는 이유로 거부된다. 또한 혁명적 운영이란 일반적으로 무정부주의는 계급투쟁을 거부하는데 비해서 무정부주의적 노동조합주의는 계급투쟁을 수용하여 마르크스주의의 혁명적 전통의 진전한 계승자로 자처하면서 개혁과 타협에 반대한다. 하지만 그들은 여전히 정치투쟁에는 반대하면서 순수한 경제투쟁, 특히 총파업(general strike)의 신화에 집착한다.

7. 혁명 노동조합주의

노동조합주의는 산업일선의 노동자계급의 활동을 통해 자본가사회를 붕괴시키는 것을 목적으로 하는 운동이다. 19세기 말에 처음 등장하였으며 생디칼리스트들에게 노동자조합은 자본주의적 기존의 질서를 전복하고, 다수의 이익을 위해 사회를 움직일 가능성이 있는 방법으로 보고 있다. 생디칼리스트들의 사회에서 산업과 정부는 노동자연합에 의해 가동된다.

페루티에가 노조를 통한 투쟁 또는 사회혁명의 효율성을 강조함으로써 점차 중앙집권적 조직의 필요성을 역설하게 되자 무정부주의의 순수성을 지키려는 사람들과의 반목과 대립은 가중되었다. 이러한 혁명적 노동조합주의의 대표적 인물로는 페루티에를 비롯해서 푸제(Pouget : 1860 - 1932), 델레잘(Delesslle : 1870 - 1948), 이베토(Yvetot : 1869 - 1942), 그리퓰리스(Grifuelles : 1874 - 1922), 모나트(Monatte : 1881 - 1960), 소렐(George Sorel), 라가르델(Lagardelle) 등을 들 수 있다. 특히 1906년의 10월에 채택된 아미앙 헌장은 노동조합주의는 무정부주의나 사회주의와도 다른 새로운 원리에 기초해야 한다고 선언했다. 이에 따르면 "노동조합주의는 자본가를 수탈함으로써 실현될 수 있는 전면적 해방을 준비한다. 그것은 행동수단으로서 총파업을 내세우며 현재 저항의 수단인 노조는 장래 생산과 분배를 조직하고 사회재편성의 토대가 된다." 또한 "모든 노동자는 조합이라는 기본조직에 소속할 의무를 가진다."

이처럼 무정부주의적 사회주의는 혁명이 불가피하고 그 혁명에서 프롤레타리아트가 중요한 역할을 수행한다는 점에서 마르크스주의와 일치하나 마르크스주의에 본질적인 정치투쟁을 거절하고 프롤레타리아 독재와 당의 지도적 역할에 반대하면서 순수한 경제투쟁과 일체의 정치조직과 국가를 거부하면서 자유롭고 자치적인 공동체에 기초한 평등사회를 지향한다. 다만 무정부주의적 노동조합주의는 노조를 이상사회에서 생사의 행정과 조직을 관리하는 기구로 수용하는데 반하여 무정부주의적 사회주의는 노동조합도 인정하지 않는다.

따라서 마르크스는 무정부주의적 사회주의를 권력 장악을 위한 프롤레타리아트의 정치적 투쟁성이 결여된 소부르주아적 현상으로 비판했던 것이다. 이것은 혁명적 노동조합주의에도 여전히 적용된다. 혁명적 노동조합주의의 몰락 이후 무정부주의적 사회주의는 사회주의 운동에서 별로 영향력을 행사하지 못했지만 1960년대 선진 자본주의 국가들의 대학생을 중심으로 전개되었던 '신좌익운동'(the new left movement)에서 중요한 이념요수로 등장했다.

[그림 11] 2009 페루 노동조합연합의 총파업(general strike)

연습문제

1. 헤겔의 정신현상학에 대한 설명 가운데 틀린 항목은?
   ① 정신현상학은 '생성하는 지'를 다루는 학문의 예비이다.
   ② 정신현상학의 부제는 '의식 경험의 학'이다.
   ③ 정신현상학은 근본적인 존재론을 다루는 저서이다.
   ④ 정신현상학이 학문의 예비라는 의미는 논리학의 예비라는 의미이다.

2. 헤겔의 정신현상학에서 '생성하는 지'의 의미로서 틀린 것은?
   ① 헤겔은 칸트의 인식 능력에 대한 비판을 적극 수용하였다.
   ② 인식비판에 있어 주관적인 비판은 자기 입장에 대한 자기비판이 불가능하다는 난점을 갖고 있다. 헤겔은 객관적인 관점에서 이루어지는 인식의 비판이 필요함을 주장한다.
   ③ 객관적 관점을 갖기 위해서는 자기 스스로를 비판하고 이를 극복하여 다른 관점으로 이행하는 과정이 제시되어야 하며, 이러한 과정이 '역사적 과정'이다.
   ④ 헤겔은 인식 능력의 역사적 자기비판 과정을 '생성하는 지'라고 규정한다.

3. 헤겔 이전의 자기의식에 대한 설명으로 틀린 것은?
   ① '나는 생각한다. 그러므로 존재한다. (Cogito ergo sum)'는 의식의 본질을 제시한 것이다.
   ② 칸트는 데카르트의 자기의식의 개념을 발전시켜 선험 철학의 기초로 삼았다.
   ③ 칸트는 오성 범주가 직관의 다양을 규정함으로써 주관적인 인식이 발생한다고 주장한다.
   ④ 직관에 주어지는 것은 시간적으로 흘러가는 개별적 인상들의 계기, 병존의 복합체이다.

4. 다음의 헤겔 철학에서 '자기의식'의 설명으로 틀린 것은?
   ① 헤겔은 칸트에서 자기의식이 객관을 능동적으로 구성하는 역할을 강조하였다.
   ② 헤겔에게 있어서 자기의식이란 이론적 인식과 실천적 의지를 포괄하는 개념이다.
   ③ 헤겔은 자기의식을 정신이라고 규정한다.
   ④ 헤겔에게 있어서 자기의식은 감성이나 오성과 같이 인식 능력에만 제한되어 있다.

5. 칸트는 세계를 현상계와 물자체로 구성되어 있는 것으로 파악하여 이원론적인 성격을 가지고 있다고 하였다. 헤겔이 칸트의 이러한 경향을 극복하기 위한 방법을 한 것 중 틀린 것은?
   ① 경험이 수동적으로 인지되는 것처럼 느껴지는 것은 감각지각과 같은 경험의 형식 때문에 자기의식이 자기를 지각하지 못하므로 발생하는 자기오인이라고 주장하고 있다.

② 헤겔은 감각지각 같은 경험도 능동적인 자기의식의 일종이지만 그 고유한 형식 때문에 스스로를 수동적인 것으로 기만하는 것이라고 간주하였다.
③ 대상이 대상성을 지녀야만 인간은 대상을 인식할 수 있다.
④ 진리가 가능하기 위해서는 대상이 대상성, 즉 객관적 존재라는 양심이 제거되어야 한다.

6. 헤겔 철학에서 '진리는 대상과의 합일이다'라는 명제의 의미로 틀린 것은?

① 대상이 대상성을 지니는 한, 외부에 객관적으로 존재하는 한 대상과 합치는 불가능하다.
② 진리가 가능하기 위해서는 대상이 대상성, 즉 객관적 존재라는 양심이 제거되어야 한다.
③ 객관적 존재의 양상이 완전히 제거되면 이 영역은 진리의 영역이 된다.
④ 경험이 자기를 인식한다면, 경험은 대상을 객관적으로 구성하는 것이므로 대상성의 양상은 제거된다.

7. 헤겔의 정신현상학이 쓰일 당시의 시대적 배경으로 틀린 것은?

① 프랑스는 프랑스 혁명이 발생한 격변기에 있었다.
② 사상사적으로 낭만주의가 유행하였으며, 낭만주의에서 계몽주의로 이행하는 과정이었다.
③ 독일의 사정은 유럽의 후진국으로서 통일을 이루지 못한 채 분열되어 있는 상태였다.
④ 당시 독일은 나폴레옹 침략을 당하여 민주적 개혁과 민족 통일의 기운이 싹트고 있었다.

8. 헤겔의 정신현상학의 배경 및 설명으로 틀린 것은 어느 것인가?

① 헤겔은 초기에 셸링으로부터 낭만주의의 문제의식을 받아들였으며, 보편적 통일의 원리를 추구하고 자연과 인간의 합일을 추구하는 낭만주의에 깊이 공감하였다.
② 헤겔은 괴테, 횔덜린의 영향으로 계몽주의의 영향을 받았지만 낭만주의가 추구하는 순수 주관성, 종교적 경건성, 미적 황홀경이 인간을 해방하기에는 부족함을 발견한다.
③ 정신현상학에서 비판하고자 하는 것은 낭만주의적 정신이다.
④ 헤겔 철학은 낭만주의에 기초하므로 독일현실에 대해 비판적인 내용이 많이 담겨있다.

9. 마르크스는 노동자의 소외현상이 나타나는 궁극적인 원인을 무엇이라고 하였는가?

① 사유재산과 분업 ② 대량생산 ③ 노동의 상품화
④ 이윤의 극대화 ⑤ 자본가와 노동자의 계급구조

10. 공산주의사상을 발전시키고, 노동해방과 사회주의혁명을 위해 투신한 혁명가는?

① 뒤르켐 ② 마르크스 ③ 스펜스 ④ 콩트 ⑤ 루소

11. 다음 중 마르크스의 사상 및 생애 전반과 관련하여 부적절하게 설명된 것은?

① 여러 조직에 관여하면서 19세기 중엽 유럽의 사회주의 혁명에 앞장섰다.

② 사회주의 운동은 자본주의 사회의 과학적인 분석에 근거해야 한다고 확신했다.
③ 생애를 통하여 정치 경제학적 연구에 매진했다.
④ 사회주의 운동의 성공 여부는 낭만주의적인 감정적 폭발에 달려 있다고 생각했다.

12. 다음 중 마르크스의 사상에 대한 설명으로 합당하지 않은 것은?

① 공산주의 혹은 '과학적 사회주의' 사상을 발전시켰다.
② 실천을 중심으로 하는 사상으로 이론 특히 철학에 대해서는 무관심하다.
③ 노동해방과 사회주의 혁명을 지향했다.
④ 자본주의 경제를 비판적으로 분석했다.

13. 마르크스의 『자본론』에 대한 설명으로 올바른 것은 무엇인가?

① 마르크스의 사후에 출판되었다. ② 엥겔스와 공동 작업을 하였다.
③ 마르크스는 자본주의의 이론적 고찰뿐 아니라 사회심리학적 이론들도 고찰하였다.
④ 초기의 의도와 달리 자본에 대한 집중적인 분석이 행해졌다.

14. 마르크스가 자본주의가 갖는 특수성을 제시하고자 분석의 출발점으로 삼은 것은?

① 상품 ② 화폐 ③ 교환 ④ 자본 ⑤ 노동

15. 다음 중 『자본론』에서 보이는 자본주의적 생산 양식의 특징인 것은?

① 물물교환을 위주로 하는 사회에서 벗어나 전자 상거래를 통한 유통 양식
② 잉여가치 실현을 목적으로 하는 상품생산
③ 지배자 계급에 의한 현물 공납 착취 ④ 농업을 근간으로 하는 중농정책 우선

16. 잉여가치에 대한 설명으로 올바른 것은?

① 자본가의 경영에 의하여 창출된다.
② 유통의 과정에서 소매상들에 의해 생겨난다.
③ 상품을 화폐로 전환할 때 생기는 이윤이다.
④ 자연적인 상태의 재료에서 인간이 사용할 때 생기는 가치이다.

17. 마르크스 주장에 따르면 상품의 가치를 창출하는 것은 무엇인가?

① 자본 ② 토지 ③ 공장 ④ 노동 ⑤ 사람

18. 다음 중 마르크스가 자본주의적 생산 양식의 특징으로 들고 있는 것은?

① 단순상품생산 ② 사용가치 ③ 잉여가치의 창출 ④ 물물교환

19. 마르크스가 바라보는 자본주의는 자본가가 노동자를 착취하는 착취사회이다. 그렇다면 마르크스가 말하는 자본가의 이윤은 어디서 나오는가?

① 노동자가 생산한 잉여가치 ② 유통단계의 마진
③ 시장에서의 수요증가 ④ 생산비 절감

20. 다음 중 노동가치론에 입각하여 해명하기 어려운 문제는 어느 것인가?

① 상품들이 시장에서 동등하게 거래되는 기준은 무엇인가?
② 상품가치는 어떻게 발생하는가?
③ 자본가의 이윤은 어떻게 하여 발생하는가?
④ 노동자들은 왜 임금을 받는가?

21. 자본가의 이윤이 노동에서 비롯된 것으로 보기 힘들게 만드는 근거로 적합한 것은?

① 자본가의 경영은 상품교환의 기준이다.
② 경영은 현대사회에서 생산의 요소로 꼽히지 않고 있다.
③ 자본가는 실제로 육체노동을 하지 않기 때문이다.
④ 생산과 아무런 관계가 없는 자본 소유자에게 이윤이 돌아가기 때문이다.

22. 다음 중 마르크스의 경제사상과 무관한 것은 어느 것인가?

① 자본주의적 생산의 내적 한계로 말미암아 자본주의의 외피는 파열된다.
② 모든 부의 원천은 토지이다.
③ 상품의 가치는 노동에 의해서 창출된다.
④ 자본주의적 생산에 내재하는 이윤율 저하경향의 법칙은 주기적인 공황을 초래한다.

23. 마르크스의 잉여가치론에 대한 설명으로 합당하지 못한 것은?

① 자본가의 이윤이 노동으로부터 발생하는 것으로 보았다.
② 자본주의가 노동자를 착취하는 사회라는 입장에 근거하고 있다.
③ 이윤의 원천을 노동으로부터 설명함으로써 노동가치론의 타당성을 입증하고자 했다.
④ 자본가의 이윤은 자본으로부터 발생한다고 보았다.

24. 마르크스 이론에서 설명하는 자본주의의 주기적인 공황 발생의 원인은 무엇인가?

① 노동생산성의 저하
② 생산에 투하되는 불변자본(생산설비, 원료 등) 비중의 감소
③ 생산에 투하되는 가변자본(노동) 비중의 증대
④ 이윤율 저하경향의 법칙

25. 다음 중 『자본론』이 경제학 사상에 미친 영향으로 올바른 것은?

① 경제학적 분석을 심리적이고 철학적으로 풀어내서 충격을 주었다.
② 과학적 분석으로 사회주의적 경제 이론의 길을 열어 놓았다.
③ 리카르도나 아담 스미스와 같이 자유시장의 이념을 더욱 발전시켰다.
④ 시장의 자율성을 극대화시키는 경제이론을 확립하였다.

26. 유물론에 관해 그 특징을 설명하시오.

- 물질은 모든 정신에 앞서 독립적으로 존재한다.
- 물질적 신체 없이 정신현상이 독립적으로 존재할 수 없다.
- 객관세계의 인식은 주관적 관념에 의존하고 있다.

27. 변증법적 유물론에 관해 그 특징을 설명하시오.

- 변증법은 관념론자 헤겔로부터 유물론자 마르크스의 유물 변증법으로 바뀌게 된다,
- 자연계와 인간계를 포함한 세계가 부단한 운동과 발전의 과정으로 파악한 점에서 헤겔과 마르크스가 공통적이다.
- 모든 것을 물질적 기초 위에서 설명하되 그것을 변증법적 과정 속에서 파악한다.

28. 엥겔스의 유물변증법의 보편적 법칙에 관해 설명하시오.

- 양질 전화의 법칙
- 대립물의 통일과 투쟁의 법칙
- 부정의 부정의 법칙

29. 마르크스의 철학이론에 관해 설명하시오.

- 역사적 유물론은 역사발전의 근본 원동력을 인간이 자연을 자신의 필요의 맞게 변화시킬 수 있는 물질의 힘, 즉 생산력에 귀착시킨다.
- 자본주의 사회에서 노동이 소외의 근원지라고 보았다.
- 자본주의에서 인간이 창조한 상품들을 신처럼 받들고 그 노예가 됨으로써 인간이 물질에 예속되는 결과를 초래한다.

30. 마르크스가 주장한 유물사관에 관해 설명하시오.

- 인간사회의 역사발전은 유물변증법에 따라서 진행된다.
- 인간사회를 발전시키는 궁극적인 원동력은 경제적 요소이다.
- 경제적 토대의 변화에 다라서 전체적인 상부구조가 변화한다.

31. 역사적 유물론에서 역사발전의 근본 원동력과 소외근원에 관해 설명하시오.

- 근본원동력 : 생산관계, 생산물, 생산수단
- 소외의 근원 : 산업사회, 관료화, 계급사회

32 마르크스가 규정한 역사의 전개과정과 경제이론에 관해 설명하시오.

- 역사의 전개과정 : 역사는 피압박민의 지배계급에 대한 계급투쟁의 전개과정
- 경제이론 : 노동가치설, 이윤율저하의 법칙, 잉여가치설

33. 마르크스의 경제이론과 자본가의 잉여가치 극대화 방안에 관해 설명하시오.

- 노동가치설은 한 상품이 갖는 가치의 양은 그 상품을 생산하기 위해 투입된 노동량, 또는 노동시간에 의해 결정된다는 이론이다.
- 노동가치설을 추상적 인간노동이 상품가치의 원천이자 그 양적 크기의 척도로 본다.
- 자본주의적 생산의 직접적 목적이자 결정적 동기는 이윤산출, 곧 잉여가치의 착취이다.
- 자본가의 잉여가치 극대화 방안 : 노동시간연장, 임금지급 최소화, 생산기술개선

34. 자본주의 붕괴론의 문제점에 관해 설명하시오.

- 오늘날 자본주의 국가들은 최소한의 계획경제를 도입하여 생산의 무정부성을 극복함으로써 공황과 같은 심각한 상태는 거의 발생하지 않는다.
- 사회주의 혁명은 선진 자본주의국가에서 한 번도 일어난 적이 없고 오히려 후진 자본국가들에서만 일어났을 뿐이다.
- 이윤율저하법칙은 가변자본인 노동력만의 잉여가치를 창조한다고 하는 잉여가치설을 전제함으로 써 실질자본이 창조하는 잉여가치를 의도적으로 무시하고 있다.

35. 계급투쟁론에 대한 설명에 관해 설명하시오.

- 지배계급과 피지배 계급의 양대 계급으로 나뉘어 서로 투쟁하는 가운데 진행되어 왔다.
- 현존 국가체제를 전복시켜 정치권력을 탈취하여야 기존 사회질서를 변혁할 수 있다.
- 기존 사회질서의 수익자에 해당하는 지배계급은 사회를 변혁시키려는 생산자계급의 모든 노력을 억압하기 마련이다.

36. 마르크스의 사회·정치 이론과 국가의 소멸에 관해 설명하시오.

- 사회·정치 이론 : 계급투쟁론, 국가소멸론, 프롤레타리아 독재이론
- 국가의 소멸 : 국가는 한 계급이 다른 계급을 억압하는 도구에 불과하다.
- 국가의 소멸 : 국가란 사회적 힘이 소외된 한 형태이다.
- 국가의 소멸 : 계급 없는 공산주의 사회에 이르게 되면 그 존재기반이 상실된다.

37. 마르크스가 주장한 '자본주의 국가소멸론'의 허구성에 관해 설명하시오.

- 자본주의 사회에서 새로운 계급이 출현
- 계급 간의 협조는 자본주의 사회에서도 볼 수 있는 현상
- 초기자본주의사회의 문제점을 지적했지만 그 문제는 수정자본주의사회로 접어들어 점진적으로 개선해 나갔다.

38. 마르크스의 개혁론에 관해 설명하시오.

- 토지, 은행, 운수기관 등의 국유화
- 상속제 폐지
- 고율의 누진세 실시
- 도시와 농촌의 차별제거
- 공고무상교육 실시
- 자본주의 사회에서 지배계급의 사유재산인 전체 인민의 부를 박탈하여 국유화한다.
- 생산력 증강을 위해 계획경제를 실시한다.
- 사회적 평등을 실현하기 위해 문화적 · 교육적 개혁을 실시해야 한다.

39. 공산주의 사회 · 정치이론 비판에 관해 설명하시오.

- 계급투쟁의 역사라고 했는데, 인류역사 전체를 지배계급과 피지배계급 간의 투쟁사로 보는 것은 지나친 단순화의 오류를 범한 것이다.
- 착취계급은 부정하면서 노동자를 실질적으로 지배하는 소수의 당간부와 관료들은 공산주의사회에서 생겨난 착취계급이라는 점에서 모순이 있다.
- 계급지배의 도구로만 보는 국가소멸이론은 국가의 기능과 역할이 다변화된 사회에서는 적용가능성이 없는 논리다.

40. 마르크스주의 전체적인 비판에 관해 설명하시오.

- 인류의 역사를 계급투쟁의 역서로 단순화시키는 오류를 범하고 있다.
- 사회계급이론은 현대의 중간계급, 소위 화이트칼라계층의 존재를 예측하지 못했다.
- 국가소멸이론은 사회복지정책의 수행 등 국가기능 역할 다변화를 고려하지 못했다.

41. 산업혁명과 19세기 유럽의 동요에 관해 설명하시오.

① 경제적 측면
- 산업체제가 가내수공업에서 공장제기계공업으로 전환되었다.
- 상품생산형태로 생산형태가 변하였다.
- 이윤이 소수자본가에게 집중되었다.
- 경제적 제국주의가 초래되었다.

② 사회적 측면
- 농촌의 궁핍화로 농민들의 도시집중이 가속화 되었다.
- 불황과 대량실업 등의 노동자들의 생활조건의 악화로 각종 사회문제가 발생하였다
- 사회구조가 부르주아-프롤레타리아 두 계급으로 분화되었다.

③ 정치적 측면
- 노동자의 권익을 옹호하는 사회주의자들이 등장하였다.
- 노동조합을 중심으로 노동운동이 전개되었다.

42. 사회주의 운동의 출발과 목표에 관해 설명하시오.

① 시초 : 프랑스혁명 시기의 대다수 사회주의자들은 시민사회 테두리에서 법적인 불평등을 제거하는 것으로 만족했지만 소수는 시장경제 자체를 제거하는 것을 사회주의 운동의 궁극적 목표로 설정했다. 사회주의 운동은 1789년 프랑스혁명시기까지 거슬러 올라가는데, 만연된 경제적 불평등을 극복하기 위해, 시장경제 자체를 제거하는 것을 궁극목표로 삼았다.

② 생시몽, 푸리에, 오웬 등의 공상적 사회주의자들은 자본주의 현실을 대체할만한 실질적 해결책을 제시하지 못했다.

③ 마르크스와 엥겔스

ⓐ 사회주의에 대해 강력한 이데올로기를 제공하였다.

ⓑ 1848년 세계최초의 프롤레타리아 정당이라 할 수 있는 「공산주의자 동맹」의 창설에 적극적으로 참여하였다.

ⓒ 자본주의 경제체제에 대한 체계적인 분석으로 「자본론」(1867)을 출판하였다.

43. 제1 인터내셔널과 제2 인터내셔널사에 관해 비교 설명하시오.

⇒ 제1 인터내셔널

① 1864년 제1 인터내셔널(=국제노동자 협회) 창설
영국, 프랑스, 독일, 이탈리아, 스위스, 폴란드 가담

② 노선
- 프롤레타리아계급의 국제적 단합
- 계급투쟁
- 폭력혁명
- 생산수단의 사회화

③ 붕괴원인
- 전쟁에 대한 계급주의적 입장과 조국 방위적 입장의 분열 발생
- 바쿠닌과 블랑키가 주도한(파리코뮌)의 실패로 인해 1879년(국제노동자총회)에서 바쿠닌 일파가 축출되어 해체되기에 이르렀다.

⇒ 제2 인터내셔널

① 제2 인터내셔널의 창립총회
- 프랑스 대혁명 100주년 기념행사를 계기로 국제적인 사회주의자들의 회합이 파리에서 개최되었다.
- 결의 : 1일 8시간제 노동의 실시와 다음해 5월 1일(메이데이)을 기하여 국제노동자들의 시위를 조직한다.

② 마르크스주의적 기본원칙 채택
- 계급투쟁
- 노동계급의 국제적 단합
- 생산수단의 사회화

③ 제2 인터내셔널은 제국주의 전쟁에 반대하고 프롤레타리아의 국제적 연대 원칙을 거듭 천명했으나 각국의 사회주의 세력은 점차 조국 방위론에 기울어갔다.

④ 제2 인터내셔널의 기본 흐름
- 개량주의(reformism) : 혁명을 통해 부르주아 정권을 타도하는 것이 목적이 아니라 자본주의 질서 안에서 개량을 강조하게 됨.
- 수정주의(revisionism) : 마르크스의 자본주의 붕괴이론에 반기

⑤ 제2 인터내셔널의 특징
- 각국 사회주의 세력은 현실적으로 조국방위이론에 기울어 계급주의 원칙에서 이탈했다.
- 기본 흐름으로 개량주의와 수정주의다.
- 국가주의, 자국의 이익에로 경도되어 해체되었다.
- 제1차 세계대전이 발발하자 각국의 사회주의 세력은 자국의 이익에 따라 움직이게 되었고, 제2차 인터내셔널은 해체를 맞게 되었다.

44. 러시아혁명에 관해 설명하시오.

① 1917년 황제 니콜라이 2세의 정치적 무능과 부패상을 견디다 못한 민중이 전국 도처의 소비에트를 중심으로 봉기하여 짜리즘을 타도하고 부르주아적 민주주의 혁명을 성공시킴 → 케렌스키 임시정부출범

② 레닌 「4월 테제」 : '즉시 강화를', '모든 권력을 소비에트로', '토지를 농민에게로'라는 슬로건을 채택하여 시민민주주의 혁명에서 프롤레타리아 사회주의혁명으로 이행을 촉구했다.

③ 레닌이 제시한 주장
- 혁명적 계급으로서 '노동자와 농민의 동맹(노동동맹)'을 주장함
- 인텔리의 역할을 중시하여 소수의 정예직업혁명가들로 구성된 인민대중의 전위로서 당을 조직할 것
- 러시아에 부르주아적 혁명이 필요하지만 프롤레타리아 혁명으로 종결시킬 것.

④ 1917년 10월 마침내 볼셰비키에 의한 권력획득의 무장봉기가 일어남으로써 케렌스키 임시정부가 타도되고 소비에트정권이 수립되면서 사회주의혁명이 역사상 처음으로 러시아에서 성공했다.

45. 러시아의 사회주의 건설과정에 관해 설명하시오.

① 1918년 국가권력기관으로 소비에트 발족
② 레닌은 적군(赤軍)을 조직하고 전시공산주의체제, 코민테른의 결성을 시도함으로써 서구열강의 혁명 간섭전쟁(1918~1922)과 내전에 대처해 나갔다.
③ 1922년 소비에트 연방(소련)창설, 1924년 소비에트 헌법제정
④ 레닌 「신경제정책 : NEP」 도입
- 사유자본의 부분적 허용
- 국내 생산력 회복이 목적
⑤ 레닌사후, 스탈린의 1인 독재 체제가 등장하였다.
- 스탈린은 일국사회주의이론을 통해 독재체제를 구축하였다.
- 일국사회주의론 : 한 나라 안에서도 사회주의 혁명은 성공될 수 있다.
- 농업 집단화의 강행과 공포정치 실시
- 스탈린의 일국사회주의이론은 1인 독재와 공포정치 및 '소련의 방위'라는 대외정책을 합리화하는 도구로 이용되었던 것이다.
- 소비에트는 '평의회'라는 뜻을 가진 것으로 노동자・농민・병사들로 구성된 민주적 자치기관
- 신경제정책(NEP)은 레닌이 혁명 후 부분적으로 자본주의적 방법까지 인정하면서 국내경제의 재건을 위해 내세운 정책이다.
⑥ 탈스탈린화
- 스탈린 사후 소련과 공산진영의 여러 나라들에서 탈스탈린화 운동이 일어났다.
- 소련 내부의 변화는 집단지도체제의 부활과 스탈린 격하운동 그리고 대외적으로는 자본주의권가의 평화공존 정책으로 나타났다.
- 제20차 당 대회에서 흐루시초프가 스탈린 격하운동을 주도했다.
⑦ 스탈린 비판의 요점
- 개인숭배와 집단지도제 유린
- 민주주의에 대한 억압
- 대량 숙청
- 전후 세계정세에 대한 파악 착오
- 다른 사회주의 국가들에 대한 강압적 태도
⑧ 리베르만 방식 : 이윤 동기와 보너스 제도를 생산과정에 도입
- 생산계획 목표를 제품 판매고를 중심으로 결정함으로써 소비자 수요와 합치되는 생산방식이다.
- 기업의 경제능력을 이윤율에 의해 평가하는 방식이다.

46. 동구의 자유화 운동에 관해 설명하시오.

① 폴란드 : 1953년에 제일 먼저 탈스탈린화의 기치를 내걸었다.
② 헝가리 : 1956년 부다페스트에서 학생과 노동자의 시위가 발생했다.
③ 체코슬로바키아 : 1968년 두브체크 제1서기가 자유화 운동을 지휘하였다.
④ 브레즈네프 독트린 : 국가 사이 주권 존중 및 내정 불간섭을 규정한 '바르샤바 조약' 원칙이 사회주의 공동체 존립에 관한 중대한 이해관계에 우선할 수 없다.
⑤ 공산주의 분열을 촉진한 계기
- 동구의 자유화 운동
- 후진 공산당의 자주노선
- 중·소 분쟁
- 스탈린의 평가에 대한 차이에서 중·소 분쟁이 야기되었고, 이는 국제공산주의운동이 분극화되는 결정적 계기가 되었다.
- 탈스탈린화 운동에서 스탈린 비판의 요점에 대해 반드시 암기 학습해 둘 것

47. 중국 공산주의에 관해 설명하시오.

① 중국은 아편전쟁 이후, 특히 청일전쟁 후 서구 열강의 중국분할의 제국주의적 침략이 가속화됨으로써 중국은 자치권 및 자립경제의 기반을 상실했다.
② 반제·반봉건적 투쟁
- 1898 무술변법
- 1900년 의화단 사건
- 1905년 손문을 중심으로 한 ·중국혁명동맹회
③ 1912년 신해혁명 : 청조멸망, 중화민국 수립
④ 군벌에 대항하여 손문은 국민당을 결성함
⑤ 1921년 중국공산당 결성
⑥ 중공 정권의 정립
- 1924년 제1차 국공합작
- 1934년 대장정을 단행
- 1937년 중일전쟁 직전에 제2차 국공합작
- 1949년 10월 1일 중화인민공화국이 수립
⑦ 중국 사회주의 건설 - 봉건적 토지소유관계를 일소하고자 토지개혁 단행
- 1953년 : 개인 기업통제, 농업의 협동화를 추진
- 1956년 : 사회주의적 개조가 중국에서 달성되었다고 선언
- 1956년 : 문학, 예술, 과학, 사상의 자유를 인정하는 소위 '백화제방','백가쟁명'의 자유화 정책 실시
- 1957년 : 반우파 투쟁을 계기로 대중운동에 의한 생산건설을 꾀하는 대약진운동이 시작되었고, 이의 실천을 위해 인민공사가 전국 농촌에 실현되었다.

⑧ 모택동과 문화혁명
- 모택동은 1956년 프롤레타리아 문화대혁명을 단행했다.
- 국내적 요인 : 탈권투쟁(유소기, 등소평 등 실권파 실각)
- 국제적 요인 : 소련 수정주의에 대한 중국의 반발

⑨ 중·소 분쟁과 공산체제의 분극화
- 중소 분쟁의 원인 : 스탈린의 평가에 대한 차이
- 중국 : 소련을 현대판 수정주의로 비판
- 소련 : 중국을 교조주의라고 비판
- 신해혁명으로 인해 1912년 청나라는 멸망하고 중화민국이 수립되었다.
- 중국의 문화혁명이 제기된 원인 : 탈권 투쟁, 소련 수정주의에 대한 중국의 반발

48. 소련의 페레스트로이카에 관해 설명하시오.

① 소련은 1985년 고르바초프의 이른바 '페레스트로이카(개혁)'와 '글라스노스트(개방)'가 추진되었다.

② 페레스트로이카의 목표 : 정치, 경제, 사회 등 모든 분야의 제도 및 기구를 개편하여 새로운 시대와 국제화시대에 맞추어 능률과 탄력성을 기하는 것이다.

③ 정치제도상의 개혁 : 당기구의 선거 방식으로 복수 후보제를 도입한 것과 1990년 3월 소련 역사상 첫 야당인 소련자유민주당(LDPUS)이 탄생된 것, 옐친의 공산당탈당선언 등을 들 수 있다.

④ 공산권의 변화전망
- 1980년대 후반과 1990년대 초반에 일어나고 있는 공산권의 변화는 경제적, 정치적자유주의 완전한 승리라고 말할 수 있다.
- 프란시스 후쿠야마 : 우리가 현재 볼 수 있는 것은 단지 냉전의 종언이나 전후 역사 가운데 특정시대의 종언이 아니라 바로 역사의 종언이다.
- 사회·경제적인 실질적 변화 움직임은 중앙집권적 계획경제가 아니라 자본주의적 자유시장 경제체제를 지향하고 있다.
- 등소평의 4대 현대화계획 : 농업, 공업, 과학기술, 국방에 있어서 생산수준을 4배로 끌어올려 2000년까지 중국을 현대국가의 수준으로 만든다는 목표
- 페레스트로이카의 목표 : 모든 분야의 제도 및 기구를 개편하여 새 시대와 국제화시대에 맞추어 능률과 탄력성을 기하는 것이다.

49. 유럽에서 사회주의 운동이 탄생하게 된 경제·사회적 배경은 무엇인가?

경제적으로는 가내수공업에서 공장제 기계공업으로 전환되는 변화가 있었다는 점이다. 기계를 통한 대량생산은 부가 소수에 편중되는 현상을 낳았고, 구미열강들은 국내시장을 초과하는 상품을 내다 팔 시장을 개척하기 위해 식민지를 침탈했다. 사회적으로는 시민이

도시로 집중하여 도시가 커지면서 여러 사회적 문제가 일게 되었다는 점이다. 무엇보다도 과잉생산으로 인한 경제 불황과 대량실업은 심각한 사회문제였으며, 이런 과정에서 부르주아와 프롤레타리아의 계층 대립이 심화되고 있었다.

50. 제2 인터내셔널을 지배한 사상조류와 스탈린격하운동의 영향을 설명하시오.

- 제2 인터내셔널을 지배한 사상조류 : 정통 마르크스주의를 벗어난 새로운 사상들이 나타났으며 자본주의 틀에서 개혁하자는 개량주의와 자본주의 붕괴론에 대한 수정주의가 있다.

51. 흐루시초프의 스탈린격하운동은 국내외적으로 어떤 파급효과를 낳았는가?

- 스탈린 격하운동의 영향 : 스탈린 사후에 일어난 탈스탈린화 운동은 집단지도제의 부활과 스탈린 격하운동 그리고 대외적으로는 평화공존정책으로 나타났다. 특히 흐루시초프의 스탈린 격하운동은 국내외적인 파급효과를 일으켰다. 국내적인 파급효과는 자본주의에서나 볼 수 있는 이윤동기와 보너스 제도를 생산과정에 도입한 리베르만 방식이다. 경제학 교수 리베르만은 새로운 경제운영 방식으로 두 가지를 제시했다. 첫째, 생산계획 목표를 종전과 같은 총생산고가 아니라 제품 판매고를 중심으로 결정함으로써 소비자 수요와 합치되는 생산방식이다. 둘째, 기업의 경제능력을 이윤율에 의해 평가하는 방식이다. 국외적인 파급효과는 동구의 자유화 운동으로 나타났다. 동구의 자유화운동은 폴란드를 시발점으로 하여 헝가리와 체코로 이어졌다. 이러한 자유화 운동은 소련의 군사개입으로 인해 그 막을 내리게 되었다.

52. 모택동의 문화혁명은 어떤 국내외적 배경에서 일어난 것인가?

- 국내배경 : 백화제방, 백가쟁명의 자유화 정책과 대약진운동의 실패를 계기로 모택동은 강고한 사회주의 건설과 공산주의로의 이행을 위해 모든 영역에서 사회주의 혁명을 전개해야 한다는 방침을 세웠다. 이를 근거로 하여 문화영역을 출발점으로 하는 문화혁명을 단행하였다.
- 국외배경 : 소련에서 일고 있던 스탈린 격하운동은 사회주의 건설을 위해 어느 정도 개인우상화가 요구되던 중국 현실에 불리한 것이라는 판단을 내렸다. 게다가 동구권에까지 그 여파가 파급되는 것을 묵과할 수 없었기 때문이다. 이에 중국은 소련의 수정주의와 스탈린 격하운동에 반대하고 중국내에서 공산당의 전제적 지배를 확립코자 문화혁명을 일으키게 되었다.

53. 중・소(中・蘇)분쟁의 원인과 결과에 대해 설명하시오.

- 원인 : 소련의 흐루시초프가 스탈린을 비판하는 데 중국이 반대하면서 중・소간에 공산주의 이념의 원칙을 둘러싼 논쟁이 벌어지게 된 일이 발단이 되었다. 여기서 중국은

평화공존노선과 전쟁회피노선을 취한 소련을 수정주의라고 비판하였고, 소련은 강경노선을 취하는 중국을 교조주의라 반박했다. 이 이론 논쟁에서 비롯한 중·소 분쟁은 국경 부근의 무력충돌까지 확대되었다.

- 결과 : 중·소 분쟁은 국제 공산주의가 분열하는 현상을 빚었다. 공산권 곳곳에서 자주화선언이 일었으며 공산주의의 보편적 권위는 더 이상 발붙일 곳이 없게 되었다. 중·소 분쟁을 계기로 사회주의권은 이렇게 분열되었지만, 반면 동·서 간의 화해분위기는 더욱 고조되는 계기가 되었다.

54. 1980년대 후반부터 시작된 공산권의 개혁·개방정책의 세계사적 의미는 무엇인가?

자본주의적 개혁을 감행하는 공산권의 변화와 심지어 소련의 연방체제가 분괴되는 변화는 세계사적으로 단순히 동·서의 대결구도가 해체되고 통합을 시도하는 차원이 아니라 자유주의의 경제적·정치적인 승리를 의미한다. 세계적으로 서장의 자유 민주주의가 보편화되어 이제 더 이상 이데올로기 대립은 없을 것이다. 앞으로 인류에게 제기되는 문제는 종교, 민족문제나 환경문제 및 경제적·기술적 이해관계에 관한 문제들이 될 것이다.

55. 제2 인터내셔널의 역사적 의미는 무엇인가?

- 1889년 프랑스 대혁명 100주년 기념행사를 계기로 대규모 사회주의자들의 회합이 파리에서 개최되었다.
- 자본주의 질서에서 개량주의와 수정주의가 제2 인터내셔널의 기본흐름이었다.
- 1914년 사라예보 사건을 계기로 1차 세계대전이 발발하자 각국의 사회주의 세력은 자국의 이익에 따라 움직이게 되고 제2 인터내셔널도 사실상 해체되게 되었다.
- 각국의 사회주의 세력은 현실적으로 점차 조국방위이론에 기울어 계급주의 원칙으로부터 이탈해 갔다.

56. 흐루시초프가 평화공존과 수정주의 정책에서 비롯하여 이윤 동기나 보너스제도를 생산과정에 도입한 것을 무엇이라 하는가?

리베르만 방식으로 소련 하리코프 기술경제대학의 경제학 교수 리베르만은 1962년 「프라우다」지에 새로운 경제운영 방식을 제시했다.

57. 1800년대부터 1910년대의 서구침략과 반제·반봉건 투쟁에 관한 중국의 대응은?

- 1894년 청일전쟁 후 구미열강은 제품 판매시장뿐만 아니라 자본투하 장소로 중국분할에 열을 올렸다.
- 제국주의는 중국을 반식민·반봉건 상태에 계속 묶어 두기 위해 대지주·재벌 등 매판세력과 결탁함으로써 중국의 자립경제의 기반을 허물었다.

- 1905년 손문을 중심으로 청조 타도를 목적으로 하는 중국혁명동맹호가 조직되어 무장 봉기를 강행했다.

58. 국공합작부터 중공정권의 수립까지에 대한 설명

- 중국 공산당은 반제・반군벌의 과제를 손문의 국민당과 연합해서 싸울 방침을 굳히고 1924년 제1차 국공합작에 들어갔다.
- 1935년 공산당은 국민당 타도의 방침을 전환하여 내전중지, 일치합일을 호소함으로써 1937년의 중일전쟁 직전에 제2차 국공합작이 이루어졌다.
- 항일전쟁 후 연합정부수립을 파기한 국민당은 공산당을 반란단체로 투옥하고 내전에 돌입했다.

59. 중국의 사회주의 건설을 설명하시오.

- 건국과 동시에 중국의 봉건적 토지소유관계를 일소하고 지주계급과 소작관계를 말소하기 위한 토지개혁을 단행했다.
- 1953년 소련의 원조를 받아 제1차 5개년 경제계획을 실시하면서 개인 기업에 대한 통제를 강화하고 농업의 협동화를 추진했다.
- 1956년부터 문학, 예술, 과학 사상의 자유를 인정하는 이른바 백화제방, 백가쟁명의 자유화정책을 실시했다.

60. 중국의 문화혁명의 특징과 배경에 대해 설명하시오.

* 중국의 문화혁명의 특징

- 모택동은 '사회주의 사회에 있어서 계급투쟁의 이론'에 의거하여 1965년 문화영역에 있어서 투쟁을 출발점으로 프롤레타리아문화대혁명을 단행했다.
- 과격한 학생・청소년으로 조직된 홍위병을 앞세워 반혁명 분자의 축출로 시작하여 반대세력을 철저하게 말소하기 시작했다.
- 혁명위원회는 대중조직의 대표, 해방군의 대표, 혁명적 간부대표 등 이른바 3결합으로 구성되어 권력기구로 기능했다.
- 문화혁명의 바람이 전 중국대륙을 휩쓸게 된 데에는 탈권 투쟁이라는 국내 요인 외에도 소련 수정주의에 대한 중국의 반발이라는 국제요인이 작용하고 있었다.

* 중국 문화혁명의 국내외적 배경

- 1950년대 후반의 시기는 혁명 수행에서 개인의 우상화가 긴요한 시기였다.
- 소련에서 진행된 스탈린 격하 및 우익적 수정주의 노선에 대한 반발이었다.
- 유소기, 등소평 등의 실권파 등이 실각하게 되는 탈권 투쟁이었다.

■ 참고문헌

김선형 외,『현대사회와 이데올로기』대왕사, 1982.
김형효,『구조주의의 사유체계와 사상』서울, 인간사랑, 1990.
송복 외『사회주의 이상과 그 실험』서울, 자유신문사, 1991.
안병영,『현대공산주의 연구』한길사, 1982.
윤소영 엮음,『루이 알뛰세르 1918-1990』민맥, 1991.
이용필,『공산주의 이데올로기』화학사, 1983.
임석진,『헤겔 연구 3』서울, 중원 문화, 1986.
칼 마르크스 손철성 역『자본론』서울, 풀빛, 2005.

Bernstein, Eduard. *Evolutionary Socialism: A Criticism and Affirmation.* New York: Schocken Book, 1961.

Connor, James. ed, *Lenin on Politics and Revolution.* New York: Pegasus, 1968.

De George, Richard T. *Patterns of Soviet Thought: Origins and Development of Dialectical and Historical Materialism.* Ann Arbor: The Univ. of Michigan Press, 1966.

Fromm, Erich. ed. *Socialist Humanism : An International Symposium.* Garden City: Doubleday Anchor, 1963.

Joll, James. *The Second International,* 1889~1944. New York: Harper & Row, 1955.

Lenin, V.I. *Selected Works. New York: International Publishers,* 1968.

Mao Tse-tung. *Selected Works. New York: International Publishers,* 1954~1956.

Marx, K. and Engels, F. *Selected Works. Moscow: Foreign Languages Publishing House*, New York: International Publishers, 1968.

Meyer, Alfred G. *Marxism: The Unity of Theory And Practice.* Ann Arbor: The Univ. of Michigan Press, 1963.

Petrovic, Gajo. *Marx in the mid-Twentieth Century: A Yugoslav Philosopher Reconsiders Karl Marx' Writing.* Garded City: Doubleday Anchor, 1967.

Trotsky. *Permanent Revolution and Results and Prospects.* New York: Pioneer Publication, 1962.

제2장 탈현대사회의 이념과 가치

플라시보 효과

우리는 플라시보 효과로 몸이 낫는다는 점을 이해한다.
플라시보란 실제로는 아무 효능이나 효과도 없는 설탕 등으로 만든 가짜 약 따위를 말한다.
환자에게 가짜 약을 주면서 효과가 있다고 말하면 실제 약을 먹었을 때와 동일한 효과가 나타나기도 한다.
연구원들은 인간의 마음이 치유에서 가장 큰 영향을 미치는 요소이고
때로는 약보다 더 크게 작용한다는 점을 발견했다.

- 론다 번의 《시크릿》 중에서 -

제2장 탈현대사회의 이념과 가치

Story-Telling : 양이 된 사자

옛날에 거대한 암사자가 있었는데 임신을 한 상태로 굶주려 있었다. 시간이 흐르면서 뱃속에 든 아기 사자는 점점 더 무거워지고, 암사자는 먹이를 구하러 돌아다니는 힘든 시간을 보냈다. 암사자는 동물에게 접근하는 데 성공한 경우에도 먹이를 덮칠 만큼 빠르지 못하였기 때문에 먹이를 잡는 데 매번 실패하였다.

슬픔으로 포효하면서, 아기 사자 때문에 힘겨워하다가 허기로 여위어가던 암사자는 얼마 동안 숲 속을 헤맨 후에, 마침내 목초지의 경계를 이루던 나무숲의 그늘에서 잠들었다. 선잠을 자고 있던 암사자는 한 무리의 양이 풀을 뜯고 있는 광경의 꿈을 꾸었다. 암사자는 꿈속에서 양 한 마리를 덮치려고 몸을 움직이다가 잠에서 깼다. 그때 실제로 근처에서 풀을 뜯고 있는 큰 무리의 양을 보게 되었다.

암사자는 달래지지 않는 허기로 미칠 것 같은 나머지 너무나 기뻐서 뱃속에 들어있던 아기 사자를 깜빡 잊고 양을 한 마리 덮쳐 물고서 정글 깊숙이 사라졌다. 암사자는 어린 양을 잡기 위해 미칠 듯이 뛰어오르는 격렬한 움직임 때문에 그만 새끼를 출산하였다는 사실조차 모르고 있었다.

양들은 공격당할 때의 공포로 마비되었지만 암사자가 떠나고 공포감이 사라졌다. 그들이 망연자실한 상태에서 깨어났을 때 어린 양이 없어졌다는 것을 알았다. 양들이 비탄에 잠겨서 매매하며 울고 있을 때, 그들은 자신들의 무리 가운데에서 야옹거리는 소리를 내던 힘없는 아기 사자를 발견하고는 깜짝 놀랐다. 암양 한 마리가 그 사자 새끼를 가여워하여 자신이 입양하였다.

몇 년이 흘렀다. 고아인 사자는 이제 긴 갈기와 꼬리를 지닌 성숙한 짐승이 되었지만 양떼와 더불어 돌아다니면서 꼭 양처럼 행동하였다. 포효하는 대신에 매매거리고, 고기 대신에 풀을 뜯어먹는, 이 철저한 채식주의자 사자는 양의 나약함과 온순함에 완전히 물들어 버렸다.

어느 날 다른 사자 한 마리가 근처의 숲에서 트여있는 푸른 목초지로 걸어 나오다가 기쁘게도 양떼를 보게 되었다. 기뻐서 흥분하고 허기에 몰린 힘센 사자는 도망가는 양떼를 추적하였다. 그때 그는 튼튼한 양-사자가 꼬리를 높이 쳐들고 양들의 선두에서 전속력으로 함께 도망가는 모습을 보고 무척 놀랐다. 추적하던 사자는 잠시 멈추어서더니 놀라움의 표시로 꼬리를 흔들면서 혼자 생각하였다. "양들이 나한테서 도망가는 것은 이해할 수 있지만, 왜 건장한 사자도 달아나야 하는지는 상상도 할 수 없어. 달아나 버리는 저 사자가 정말로 궁금하구나."

도망가는 사자를 따라잡겠다는 결심으로 박차를 가한 그는 열심히 질주하여 도망가는 짐승을 덮쳤다. 양 – 사자는 공포로 기절초풍했다. 다른 사자는 전보다 더욱 어리둥절해졌다. 그는 양 – 사자를 때려서 깨우면서 쉰 목소리로 꾸짖었다. "일어나라! 무슨 일이야? 너는 형제 사자인데 왜 나한테서 도망을 치는 거지?"

양-사자는 눈을 감고서 양의 울음으로 매매거렸다. "제발 나를 놔주세요. 나를 죽이지 마세요! 나는 나를 버리고 달아난 저 양 떼 속의 한 마리 양입니다." 그를 잡은 사자가 말하였다. "아하! 이제 네가 왜 매매거리고 있는지 알겠다." 그는 잠시 생각하더니 그 양-사자의 갈기를 자신의 강력한 입으로 물고서 목초지의 끝에 있는 호수로 끌고 갔다. 그들이 호숫가에 도착하였을 때 그는 그 미혹된 짐승의 머리를 물 위로 밀어서 물에 비치도록 한 다음 여전히 두 눈을 꼭 감고 있었던 양-사자를 거칠게 흔들어 대었다. 그를 붙잡아 온 사자가 물었다. "왜 그러고 있는 거야? 눈을 떠 봐. 너는 양이 아니란 말이야."

"매매, 매매, 매매! 저를 죽이지 마세요. 놓아주세요! 저는 사자가 아니고 불쌍하고 온순한 양일 뿐이에요."라고 어리석은 짐승은 울부짖었다. 화가 난 다른 사자는 자신의 포로를 무섭게 흔들었다. 그 충격으로 눈을 뜬 양-사자는 물에 비친 모습을 보고는 깜짝 놀랐는데, 그 모습은 자신이 예상했던 양의 머리가 아니라 앞발로 자신을 흔들고 있던 사자의 것과 똑같은 사자의 머리였다. 그 다음 그 큰 짐승은 사자 목소리로 말하였다. "물에 비친 나의 얼굴과 너의 얼굴을 보아라. 똑같지. 그런데 내 목소리는 포효를 하지. 너처럼 매매거리지는 않는다. 그러므로 너도 매매 매매거리는 대신에 우렁차게 포효를 해야 해."

믿음이 생긴 양-사자는 포효를 하려고 하였지만, 처음에는 매매 소리가 섞여 있는 포효 소리를 내는 데 그쳤다. 그러나 새로 알게 된 친구가 앞발로 때리고 훈계하는 가운데 그는 마침내 포효 소리를 제대로 내게 되었다. 그런 다음 두 마리의 사자는 들판을 가로질러 달리기도 하고 함께 양떼를 쫓기도 하였으며, 드디어 선배 사자의 거처로 돌아가서 함께 살 수 있게 되었다.

* * *

Point Up : 양-사자 이야기는 우리들이 우주의 신성한 사자의 전능한 형상대로 만들어졌음에도 불구하고, 필멸의 나약함으로 양의 무리에서 태어나서 자랐다는 것만을 기억하는지를 잘 보여준다. 그러므로 우리는 불멸성과 힘으로 포효하고 필멸의 미망과 무지를 먹이로 삼아 살아가기보다 오히려 병고와 결핍과 슬픔과 죽음이란 야수에 대한 두려움으로 양처럼 매매거리는 것이다.

이제 지혜의 감은 두 눈을 부릅떠서 우리 자신을 우주적 사자의 형상대로 만들어진 신성한 사자로 제대로 인식해야 할 것이다. 무리들 중에서 지속적으로 노력을 계속하는 사람들은 나약함과 병고와 죽음이라는 필패의 매매하는 소리를 잊어버리고 전능한 불멸의 힘으로 마침내 포효하게 될 것이다.

피고용인으로서 공학자는 피고용인의 의무를 성실히 수행하는 가운데 가끔 경영자로서의 의무도 수행할 수가 있으며, 사자의 포효처럼 비판적 충성의 자율적 목소리도 낼 수 있다. 경우에 따라서는 불의를 보고 반대 행동을 할 수 있고, 항의를 하거나 불참 할 수 있는 주인공이 되는 것이다. 이는 곧 인간존엄의 원리에 근거하여 '윤리 핫라인'을 통하여 전문가로서 소신을 피력할 권리가 있음이다.

1. 반리의식과 상징 교환

1. 료타르의 반리의식

2차 세계대전 이후 구미 사회가 근본적인 전환기를 맞이할 때 건축분야에서부터 시작된 광범위한 사회변동이 문화 전반에 확산되었다. 여기서는 자본주의의 이념과 사회주의 이념을 함께 비판하는 문화적 특성을 보여주고 있다. 이를 문화적 패러다임의 변화라고 부르며 특별히 '탈현대주의'라고 말한다.

[그림 12] 포스트모더니즘 이론가 료타르

[그림 13] 반예술적인 행위인 다다이즘 작품 – 마그리뜨(R. Magritte)

탈현대주의(포스트모더니즘)에서는 정보 사회가 구축되어 지구촌이 한가족처럼 가까이 의사소통을 할 수 있게 되었다. 그 이전까지 서구 사회를 지배해 온 이성중심성의 한계가 노출되면서 문화적 인식 체계에 근본적인 변화가 초래되었다. 그러나 포스트모더니즘은 모더니즘의 기본 입장인 다다이즘·초현실주의·아방가르드 운동까지 거의 수용하면서 단지 그것을 극단적 형태로 발전해 갔다는 견해가 일반적이다. 포스트모더니즘과 모더니즘의 공통점은 전통과의 단절·반리얼리즘·전위적 실험성·비역사성·비정치성 등이고, 차이점은 모더니즘이 기능주의와 결부되어 비교적 단순한 요소로 이루어진 데 비해 포스트모더니즘은 이질적 요소를 섞거나 과거 작품을 인용하는 등 기존 규범을 해체하면서도 종합을 지향하는 데 있다. 이러한 포스트모더니즘은 후기 자본주의사회의 특징인 대량 생산·대량 소비와 결부하여 인간성 상실과 정신의 빈곤에서 오는 다양한 징후들을 변화와 실험이라는 복합적 예술 양식으로 표현, 권위적 이성과 그에 따른 억압을 해체함으로써 인간을 문화적 속박에서 해방시킬 수 있다고 주장한다.

현대 사회현상 속에는 절대이념의 와해, 개성 중시, 논리 다원화, 다국적 기업, 여성운동, 소유로부터의 탈출 등 포스트모더니즘 요소들이 많이 있으며, 그것은 포스트모더니즘이 인간의 삶 속에 깊이 침투하였음을 보여주는 현상이다. 그러나 포스트모더니즘을 자본주의 문화 논리로 보는 견해에서는 상품 사회에 대한 비판적 자세를 취하지 못하고 순응한다는 비난도 있으며, 모더니즘이 지녔던 최소한의 현실 반항조차 보여주지 못하였다는 반론이 제기되기도 한다. 그러나 문화 전반에 큰 영향을 미치면서 미술·무용·연극·문학·음악·영화 등에서 활발히 논의되고 있다.

이처럼 문화는 사회적인 요구에 따른 흐름을 갖게 되지만 문화 창조는 개별적 혹은 집단적 인격에 의해 선택의 자유를 갖게 된다. 이를 통해 개방화와 세계화의 가치의식을 새롭게 전개할 수가 있다. 이러한 점에서 료타르, 보드리야르는 시사하는 바가 크다. 특히 자본주의 및 사회주의 이념에 대한 현실적 비판 논리를 전개하고 있음에 주목하게 된다. 분명히 탈현대의 논리는 역사, 이성, 주체에 대한 거부의 비판의식을 갖추고 있다. 기존의 관념에서 벗어나겠다는 생각은 자발적이고 소집단들을 진정한 주체로 상정했다는 점에서 의의가 있다. 이는 중앙집권적이고 일원적인 주체의 시대는 사라지고 있음을 뜻한다. 이러한 경향이 21세기의 문화적 변동의 방향성을 암시하게 한다.

이른바 분권화, 파편화 국지적 전략이 강조되면서 거대한 설교와 종말적 논리가 퇴조를 보이고, 작은 담론과 해방의 자율논리가 새롭게 드러남을 뜻한다. 우리는 포스트모더니즘의 중심적 위상을 차지하는 료타르를 중심으로 이것에 대해 살펴보고 그것의 윤리적 의의를 모색해 보고자 한다.

료타르 J. F. Lyotard, (1924~)는 1979년에 펴낸 『탈현대적 조건』에서 모더니티를 신랄하게 비판하고 포스트모던시대의 인식론적 조건을 제시함으로써 포스트모더니즘 논쟁을 불러일으킨 대표적인 프랑스 포스트모더니즘 이론가이다.[1] 무엇보다도 료타르의

1) Lyotard, J. F., *The Postmodern Condition : A Report on Knowledge*, Minneapolis, Univ. of Minnesota Press, 1984 참조.

포스트모더니즘 이론의 특징은 모더니티와 포스트모더니티의 차이가 지식의 정당화 방식에 있음을 강조하는 것이다. 그는 계몽주의와 프랑스 혁명 그리고 칸트, 헤겔, 마르크스의 사상이 주도해 온 시대 상황을 모더니티로 규정하고, 모더니티의 특징은 학문적 지식이 정치적 거대담론이나 철학적 거대담론에 의거하여 스스로를 정당화하는 데 있다고 보았다.

정치적 거대담론은 계몽주의와 프랑스혁명의 이상 및 마르크스의 역사철학을 지칭한다. 이는 종교적 독단과 봉건제도의 억압으로부터 인간을 해방하며 이와 같은 인간해방의 과정에서 과학이 그 핵심적 역할을 한다는 논리로 스스로를 정당화해 왔다. 그러나 계몽주의적 기획은 해방적 기능만을 수행하는 것이 아니라 가공할 공포와 탄압을 초래하였다. 마르크스주의에서 억압과 소외가 없는 이상사회를 표방하면서도 현실사회주의의 역사는 사회주의의 약속이 허위라는 것을 입증하였던 것이다. 철학적 거대담론은 현대사조에 엄청난 영향력을 행사한 헤겔의 역사철학을 지칭한다. 즉 철학적 거대담론은 인간의 의식이 매우 소박한 수준에서 부정과 부정의 부정을 통한 점진적 자기발전을 거듭한 끝에 완벽한 의식수준에 이르게 된다는 것으로, 절대정신이 유한정신의 변증법적 발전을 통하여 스스로를 실현한다는 거대담론을 뜻한다. 이는 모든 것을 포괄적으로 정당화한다는 점에서 총체론의 거대담론이며, 어떤 궁극적 목적을 미리 상정하고 있다는 점에서 목적론적 거대담론이라 하겠다. 료타르에 의하면 이러한 거대담론은 이제 그 정당성의 위기에 직면하게 되었다.

이들 거대담론의 결과는 인간 삶의 효율화, 전체화, 소외 등 모두 인간의 해방이 아닌 억압으로 나타나고 있다. 예를 들면 과학주의에 편향되어 전개되어 온 계몽주의 설화의 현시대적 결과는 소위 합리적 이성을 앞세운 기술과 과학 제일주의로 나타났고, 이는 삶의 목적이나 인간성에 대한 고려를 배제한 채 수단과 기능의 효율성을 인간 활동의 궁극적 기준으로 만들면서 인간성을 점증적으로 기계화시키고 물화시키는 쪽으로 몰아가고 있다.

또한 헤겔과 마르크스의 해방 설화는 일찍이 현대사에서 각각 '나치즘'과 '스탈린주의'의 출현에 이데올로기적 정당화의 명분으로 차용되었다. 그리고 자본주의적 인간해방 설화는 인류의 삶 전반을 물질화하고 소외했을 뿐만 아니라, 심지어는 정신문화 영역에서까지 미적 기준을 '이윤'이라는 물질적이고도 타산적인 기준이 대신하여 상품과 구매력을 중심으로 한 상품시장의 단순논리가 이를 지배하게끔 만들었다. 더 나아가 교육영역에까지 침투한 수행성 기준은 교육제도 자체를 기존 권력에 길들이는 장소로, 또 체계적 총체성 기준은 교육의 의미를 가능성과 창조성을 열어 가는 기회제공 장소가 아닌 이미 습득된 기성지식을 체계화하여 전수하는 장소로, 그리고 상업주의적 이윤의 기준은 교육의 결과를 상품가치로 환산하게끔 만들었다는 것이다. 그래서 습득된 지식에 대한 의문은 이제 '이것이 과연 진리인가?'로부터 '이것은 어떤 소용이 있는가?', '과연 팔 수 있는 상품가치가 있는가?' 등으로 바뀌었다.

오늘날 탈현대적 시대상황에서는 윤리인식뿐만 아니라 과학적 지식이 스스로를 정당화하는 방식도 달라졌고 지식의 지위도 달라졌다. 후기 산업사회에서는 과학과 기술은 그 자체가 가장 중요한 생산력이자 동시에 잉여가치를 창출하는 주된 원천이기 때문에, 후기 산업사회의 체계 요구에 스스로가 적응하여야 한다. 이러한 과정에서 수량화되지 않거나 정보언어로 변환되지 않는 지식은 무용지물이다. 이제 어떤 연구가 참된 지식을 생성할 수 있는가의 문제가 아니라, 어떤 연구가 투입요인을 극소화하고 산출요인을 극대화하는 지식을 생성할 수 있느냐라는 준거가 지식의 지위를 결정하게 되었다. 즉 탈현대적 시대상황에 이르러 이제 과학적 지식이 스스로를 정당화하는 것은 더 이상 진리의 문제가 아니라 수행성(수단과 기능의 효율성)의 문제인 것이다.

이와 같이 수행성이 과학의 자기 정당화 근거가 되었다는 것은 과학적 지식의 타당성을 판단할 수 있는 보편적 진리 같은 것이 없다는 것을 뜻한다. 따라서 인식의 영역, 실천의 영역, 감정의 영역 혹은 진리 여부를 가리는 영역, 효율성을 가리는 영역, 정의를 논하는 규범 영역 등 어떤 획일적 기준에서 비교할 수 없을 정도로 이질적인 각 영역의 미소설화는 이제 그 영역 고유의 규칙에 따라 진술이 정당화되는 독자적인 언어놀이로 전락하게 된 것이다. 따라서 윤리적 규범도 예외가 될 수 없다.

언어놀이라는 것은 모든 유형의 진술들이 진리성을 획일적으로 판단할 수 있는 언어외적인 보편적 기준이나 궁극적 근원이란 있을 수 없고, 각 영역은 그 영역 고유의 정당화 근거를 갖는 이질적 언어놀이의 다양성이 있을 뿐임을 말한다. 따라서 언어놀이의 다양성과 언술적 규칙의 다원성을 인정하지 않을 수 없는 시대적 특성을 료타르는 탈현대적 조건이라고 한다. 그래서 참된 지식과 정의로운 사회는 무엇이며 바람직한 도덕률은 무엇인가를 가늠할 수 있는 보편적 원칙이나 궁극적 근원을 철저하게 부정하는 것이다. 모더니티의 특징이었던 보편적 근원에 대한 료타르의 이러한 부정은 데리다, 라깡, 푸코와 같은 후기구조주의자가 강조하는 해체주의와 그 맥을 같이 한다. 이른바 윤리적 규범의 해체적 경향성이다.

따라서 후기 산업사회에서는 인간해방을 표방하는 정치적 설화가 사변적 통일성에 의하여 절대적 진리를 얻을 수 있었다. 그러나 이제는 철학적 설화와 같은 모든 유형의 거대담론은 그 신빙성을 상실하게 되었고, 그 자리에 이제 다양한 작은 이야기 즉 미소설화가 공존하게 되었다는 것이다. 따라서 보편적 가치 체계에 대한 합의의 환상을 버리고, 서로 불일치와 차이가 있을 수 있다는 자각을 통해서 다양성과 다원성을 존중해야 할 시대가 왔음을 받아들여야 한다.

이와 같은 탈현대적 지식은 다양한 지역적 언어게임들이 저마다 영역 고유의 규칙, 영역 특유의 정당화 방식, 영역 고유의 실천이 있기 때문에 지식의 발전도 지역적 언술들 간의 갈등과 다양성 그리고 차이와 불일치에 기인된 논쟁적 여건 속에서 언어 게임들 간의 투쟁을 통해서 이루어진다. 이러한 지식의 발전은 연속적으로 이루어지는 것이 아니라, 기존의 사유 구조와 모순된 독창적인 역리 혹은 반리(Paralogy), 기존의 확립된 권위를 과감히 벗어나는 상상력의 도약, 지식에 관한 기존의 확립된 패러다임을 근본적으로 동요시키고 새롭게 할 수 있는 역설적 사고 실험을 통해서 가능하다. 이를테면 차이에 대한 감수성을 정교화하고, 이질적인 것에 대한 관용성을 함양할 뿐만 아니라 전문가의 상동성보다 발명가의 역리를 존중할 때, 지식의 발전이 가능하다는 것이다.

이러한 작은 이야기에는 역사에 대한 주체적 목적성의 배격, 삶 자체의 유희적 관조에 대한 성찰을 담고 있다. 야심과 자신에 대한 정당화 장치를 조작적으로 구축해 가는 현대문화를 초극하기 위해 료타르는 다원주의적 가치, 비동시성, 탈중심주의 역설을 말하고 있는 것이다.

모더니티의 과제는 중세의 획일적 세계관이 붕괴하면서 과학적 진리, 규범적 정의, 심미적 가치의 영역들이 저마다 자율성을 획득하고, 각 영역의 내재적 논리에 따라 발전함으로써 인류는 자연을 정복하고, 제도적 정의를 실현하며 사회를 발전시킬 수 있다고 하는 진보의 역사관에 근거하였다. 이른바 중세의 독단과 획일주의적 세계관을 극복하고, 이성의 힘을 발휘하여 사회적 삶의 모든 영역을 발전시킴으로써 인류사회의 진보를 이룩하려는 것이 모더니티의 기획이었다.

이러한 거대담론이 현시대의 변화와 더불어 와해되어 가고 있다는 것은 그 변화에 대한 시대사적 평가가 긍정적인 입장을 취하고 있음을 반영하는 것이다. 즉 근대적 전통사회의 주체는 체계적 총체성을 전제하여 동일화와 단순화를 강요하는 거대담론이고 이에 대하여 현시대, 즉 포스트모던의 주체는 집약된 변화의 성격과 방향은 거대담론의 해체, 비교 불가능한 언어게임 대화와 작은 설화들의 증가, 그리고 이에 따른 개별성과 다양성의 전체화적 억압으로부터의 해방인 것이다.

이처럼 '작은 이야기'는 역사에 대한 주체적 목적성의 배격, 삶 자체의 유희적 관조에 대한 성찰을 담고 있다. 야심과 자기정당화 장치를 조작적으로 구축해가는 현대 문화를 초극하기 위하여 료타르는 다원주의적 가치의식을 새롭게 강조하고 있다. 따라서 료타르에게 있어서 탈현대의 주제는 자유와 해방을 의미하는 방향으로 집약된다.

첫째로, 프랑스 공산당을 필두로 하는 전통적인 마르크스주의자들의 폐쇄적이고 고답적인 태도는 사르트르의 열렬한 '앙가쥬망'(engagement)을 프랑스 공산당에 대한 평생에 걸친 짝사랑으로 만들었고, 알뛰세르로 하여금 친구의 자살을 체험하도록 했으며, 봉기한 학생과 노동자 대중들로 하여금 정부와 함께 공산당과 경직된 노동조합을 비판하게 만들었다. 공산당이나 전통적 노동운동의 '전망'에서 벗어난 수많은 미시적인 흐름과 움직임, 창조적 힘과 저항 등을 수용할 수 없다면, 그리하여 그것으로써 공산당이나 공산주의 자체를 갱신하고 변이시킬 수 없다면 혁명이 대체 어떻게 가능할 것인가? 반대로 그것을 포착하고 그것의 힘을 혁명의 기초로 만들기 위해선 어떻게 해야할 것인가? 료타르 역시 이런 문제의식을 공유하고 있으리란 가정은 결코 부당한 것이 아니다.

둘째로, 체코의 둡체크 개혁에 대한 소련의 강제 진압, 솔제니친의 소설로 (과잉)노출된 '수용소 군도' 등은 좌익적 지식인들을 기존의 사회주의 체제를 스탈린주의와 근본적으로 다르지 않은 것으로 보게 하였다. 이는 기존의 사회주의적 이념들에 대해서조차 전체주의라는 의혹을 갖게 했다. 금욕적 체제에 반해 욕망의 해방을 내세웠던 68혁명은 일부 좌파 지식인들로 하여금 전체주의의 일상적이고 미시적인 뿌리를 추적하고, 그것을 전복할 수 있는 새로운 운동을 독자적으로 사유하도록 자극했다면, 또 다른 일부 지식인들로 하여금 모든 좌익적 전망 자체를 기각하고 비판하는 알리바이를 제공했다. 들뢰즈, 가타리와 푸코, 료타르 등이 전자에 속한다면, '신철학'이란 이름으로 한때 '잘 나가던' 앙드레 글뤽스만이나 베르나르 앙리-레비는 후자에 속한다.

2. 장 보드리야르의 상징교환

장 보드리야르(J. Baudrillard)는 자크 라캉과 같이 현대 서구 사회를 분석하여 문화적 기호체계로 접근하려는 시도를 하였다.[2] 다시 말하면 생산과 효용성보다 교환과 상징성이 삶의 토대를 이룬다는 사상이다. 이는 곧 삶의 토대로서 경제적 생산 양식보다 문화적 상징 양식이 자리 잡는 비중이 지대함을 뜻한다. 이른바 '기호의 정치경제학'으로 대변되는 보드리야르는 물신숭배에 대한 현대적 경향성을 기호의 영역까지 확장하여 『소비의 사회』, 『사물의 체계』 등에서 문화적으로 비판하고 있다.[3]

장 보드리야르 사상적 측면에서 탈현대사회는 정밀한 모사가 지배하는 정보 사회로 상징적 교환이 끊임없이 나타나는 것이 특징이라고 한다. 그의 주장을 간략히 개념화하면 현대사회가 상품화, 기계화, 교환 및 시장 원리가 지배하는 데 반해, 탈현대 사회는 모사(Simulation)가 지배하는 사회라고 말할 수 있다. 세탁기의 경우 현대사회에서는 도구로 사용되는 것이 강조된 반면에 탈현대사회에서는 행복, 위세 등의 소비의 역할을 하게 된다는 것이다.[4]

2) Jacques Lacan (1901~1981) 프랑스 정신병리학자. 처음에 철학, 후에 의학·정신병리학을 배웠다. 1932년 학위 취득 후, 생안나병원의 학부에서 임상(臨床)을 중심으로 연구하였다. 1952년 국제정신분석학회로부터 제명되자, 이듬해 파리정신분석학회를 조직하여 스스로 지도자가 되었는데, 죽음을 한 해 앞두고 이 학회를 스스로 해산하였다. 1966년 논문집 《에크리》의 간행으로 유명해지고 구조주의자(構造主義者)의 한 사람이 되었다. 프로이트 이후 정신분석학에 언어가 망각되었음을 지적, 프로이트 회귀를 제창하였다. 프로이트의 〈오이디푸스 상태〉보다 〈경상단계(鏡像段階)〉가 앞선다는 것을 주장하였다. 소기(所記 ; 시니피에)가 아니고, 능기(能記 ; 시니피앙)의 연쇄(連鎖)에 착안하여, 은유(隱喩 ; 詩抑壓)와 환유(換喩 ; 詩置換)의 구별을 중시하였다.

3) Baudrillard, J., *For a Critique of Political Economy of the Sign*, St. Louis: Telos, 1981.

4) Jean Baudrillard (1929~) 프랑스 사회학자. 랭스 출생. 낭테르대학교에서 H. 르페브르의 지도로 박사학위를 받고 1987년까지 그 대학에서 교수를 지냈다. 마르크시즘과 기호학을 비판·발전시키며 일상생활을 분석 대상으로 삼았다. 그는 현대사회를 〈소비사회〉로 지칭하는데, 소비를 사회의 원동력이며, 코드·규칙으로 조직되어 있는 〈기호 체계〉로 보았다. 또한 현대의 삶은 모사(模寫 ; simulation) 속에서 분해·재생산되며 모사물이 현실을 능가하여 그 경계가 모호해진다는 〈시뮬라시옹〉, 〈하이퍼리얼리티〉, 〈내파(內破)〉 등의 개념을 제시했다. 현대 사회와 문화에 대한 독창적 통찰과 극단적 분석으로 많은 논란을 낳았다. 저서에 《기호의 정치경제학 비판(1981)》, 《시뮬라시옹(1981)》, 《아메리카(1989)》 등이 있다.

[그림 14] 시뮬라르크, 모사

모사가 지배하는 사회는 새로운 종류의 실재감이 자리 잡게 된다. '하이퍼 리얼리즘'에서와 같이 재현 자체가 실재감을 압도하기 때문에 정보 자체도 무의미한 잡음으로 일종의 '블랙홀'을 형성한다고 할 것이다. 이러한 모사 체계에서 사이버네틱의 통제를 받게 되거나, 체제의 유지 기능을 담당한다. 그러므로 하이퍼 리얼의 모사 체계에 도전할 것은 존재하지 아니한다는 '무기력성'이 만연하게 된다.

혁명적인 담화도 이 수준을 벗어나지 못하고 핵 위험을 알리는 균형의 공포 논리가 핵 질서를 유지시키는 균형논리로 둔갑하는 모순성을 드러낸다. 핵 억제가 세계 정치체계를 안정화하지만, 핵 억제 체제 자체가 전 세계를 강대국 중심의 균형이라는 공포 현상을 초래하게 된다. 결국 민주주의 형태의 정치체제에서는 참여의 균등한 기회를 조작할 뿐 다른 어떤 대안도 불가능하게 된다.

국가와 계급투쟁 등의 담론 또한 모사의 사회구성체 측면에서 논의의 설득력을 잃게 되고 대중들의 정치적 무감각 또는 무기력성은 일종의 '전략적 저항'으로 한계성을 노정하게 된다. 그럼에도 불구하고 대중들의 자율적 차원마저 거부되거나 부정되는 것은 아니다. 그것은 침묵하는 다수가 재현되는 체계와 전통적인 정치의미를 거부하며 진보와 해방을 위한 혁명적 주장들로부터 자유롭다는 것을 뜻하기 때문이다.

오늘의 현대사회에서는 생산물이 소비되는 것이 아니라 기호가 소비된다. 사람들은 광고나 텔레비전의 기호를 소비하며, 그리하여 소비의 대상물이 기호로서의 가치를 지닌다고 주장한다. 여기에는 사물의 기능을 기호로 보고 소비를 사회의 언어활동으로 보는 기호학적 사유가 깔려 있다. 우리의 세포도 DNA라는 유전자 코드를 갖고 있는 것처럼, 사회 역시 우리의 환경이나 생활을 조직하고 구조화하는 코드를 갖는다는 것이다. 이 같은 코드가 오늘날 모사의 사회 체제를 구성한다. 코드의 원리가 사회적 조직의 모든 측면에 걸쳐 침투하기 시작했다는 뜻이다. 사회는 이 같은 모사 체계에 도전하거나 전복할 것이 없다는 '무기력성(대중 속에 사회체가 내파되며, 무기력성과 허무주의의 수렁 속에 대중이 내파된다)'이 만연하게 된다. 무기력성에 빠져 침묵하는 다수는 상징적 교환의 의의를 찾음으로써 참됨을 향한 의식에 희망을 가지게 된다.

상품의 기호 가치를 증식시키기 위한 노력 끝에 탄생된 디지털 정보기술은 하이퍼리얼리티를 넘어 이제 버추얼리얼티(가상현실)를 탄생시켰으며 현실은 그것에 의해 흡수된다. 가상현실은 인공적 환경이란 점에서 하이퍼리얼리티와 유사성을 갖지만 둘 사이에는 엄연한 차이가 존재한다. 보드리야르에게 아날로그 기술에 기초한 하이퍼리얼리티의 전형적 범례가 영화나 TV를 통해 제공되는 시청각적 대면 환경을 지칭하는 것이라면, 디지털 기술을 존재 근거로 한 가상현실은 통합감각의 3차원 입체 환경이다.

하이퍼리얼리티의 환경에서 체험자는 여전히 하이퍼리얼리티와 대상적 거리를 유지하며 응시자로서 제3자의 위치를 차지한다. 따라서 하이퍼리얼리티와 체험자 사이에는 거리와 틈이 잔존한다. 반면 가상현실 환경은 여러 가지 기계장치에 의해 디지털화된 데이터를 통하여 체험자와의 상호작용을 시뮬레이션하면서 체험자의 온몸을 향하여 인공적 자극을 날려 보내 체험자를 유인함으로써 그 체험자의 참여와 그 현실에 완전한 몰입을 유도한다.

컴퓨터를 통해 구현되는 다양한 형태의 조작이 가능한 디지털 기술은 HMD(Head-Mounted-Display), DG(Data-Glove), 모션 캡쳐(Motion-Capture) 같은 장치를 통해 가상현실 체험자의 이동 궤적을 추적하여 그로부터 신체의 위치에 관련된 디지털 데이터를 입력받게 된다. 그런 다음 다시 그 체험자의 위치의 변화에 상응하는 감각적 데이타들을 실시간(real time)으로 출력하여 체험자의 신체 기관에 새겨 넣음으로써 그 위치에서 체험할 수 있는 실재와 같은 시각적 이미지, 음향, 촉각을 실제보다 더 자극적으로 시뮬레이션 한다. 그리하여 체험자는 현실과의 거리를 상실한 채 가상현실 속으로 빨려 들어간다. 가상현실은 완전 몰입 환경(total immersion environment)인 것이다. 가상현실과 그 체험자 사이에는 소외의 거리가 개입될 수 있는 틈새가 존재하지 않는다. 이러한 가상현실의 출현은 인간에게 2가지 관점에서 치명적 일 수 있다.

우선 컴퓨터가 인공적으로 만들어내는 가상현실은 체험자가 동시에 상이한 현실에 처할 수 있게 한다. 그리하여 인간에게 인격적 개인으로 정체성을 부여하던 자아가 해체의 위험에 직면하고 있다. 예컨대 실재 현실에서 지금 여기 서울에 있는 나는 동시에 가상현실에서는 파리의 루브르 박물관에 또는 어떤 게임의 현실 속에 있을 수 있다. 이와 같이 가상현실에서 나라는 인간 개인이 존재하는 현실은 하나가 아니라 다수로 파열되며 따라서 세계와 상응관계 있는 자아와 나의 정체성 역시 다수로 파열될 수밖에 없다. 이같이 자아가 다중화되어 분산되어 해체될 때 우리의 육체는 그에 제한을 가했던 중심적 통제력의 몰락을 경험하며 무절제한 희열의 방임 속으로 빠져든다. 그 이전의 역사를 비이성과 야만이라고 경멸했던 현대인들은 디오니소스적 흥분과 동요 속에 방치되는 것이다.

또 다른 치명적인 위협은 가상현실을 향해 가는 정보화의 과정이 현재처럼 거침없이 인류 역사의 궁극적 목적인양 전면적으로 추진될 때, 인간의 종말이란 암운으로 짙어질 것이라는 우려이다. 즉 인간이 가상현실 속에서 환희를 향유하고 있는 동안 그리하여 디오니소스적 흥분으로 욕망의 늪에서 표류하고 있는 동안, 인간 이후의 존재자, 즉 포스트휴먼(Posthuman)이 출현할지도 모르기 때문이다. 이 포스트휴먼은 인간보다 훨씬 업그레이드된 지적 능력을 자연인의 몸과는 다른 물리적 기반을 통해 실행하는 인공적 존재자를 말한다. 컴퓨터 공학, 인지과학, 인공생명, 인공지능에 관한 연구 결과들이 성공적으로 수렴될 때, 포스트휴먼이 등장할 수도 있을 것이다.

『기호의 정치경제학 비판』에서 보드리야르는 상품의 기호적인 가치를 강조하면서 상품가치에 근거한 마르크스의 정치경제학을 비판했다. 그는 상품의 구조와, 후기 자본주의 사회에서 일으키는 현상이 기호의 구조와 리얼리티에 정확히 부합된다는 사실을 증명하는데 중점을 둔다. 증여된 물건은 상징적 교환가치를 갖는다. 이것이 선물의 역설이다. 선물은 동시에 임의적이다. 어떤 물건이건 증여되기만 하면 관계를 충분히 의미할 수 있다. 증여되는 물건들은 자율화될 수 없으며, 따라서 기호로서 체계화될 수도 없다. 경제적 교환의 영역에 속하지 않기 때문에, 상품과 교환가치에 입각한 체계화에 부쳐져야 할 필요도 없다.[5)]

우리가 '상징적인' 물건에서 감지하는 것은 완전한 욕망 관계의 구체적인 발현일 뿐만 아니라, 이원적인 관계 또는 통합된 집단 관계에서 한 물건의 단일성을 가로질러 나타나는 여러 사회관계의 투명성이다. 우리가 상품에서 지각하는 것은 사회적 생산관계의 불투명성과 분업의 현실인 것이다. 물건-기호들은 서로 교환된다. 소비의 대상에 대해 말할 수 있는 것은 물건들이 시차적인 기호로서 자율성을 부여받고 체계화 될 수 있을 경우이다. 기호와 차이의 논리인 소비의 논리를 네 가지 대상으로 구별 지을 수 있다.

i 사용가치의 기능적 논리:	i 실제적인 작용의 논리
ii 교환가치의 경제적 논리:	ii 등가의 논리
iii 상징적 교환의 논리:	iii 양면성의 논리
iv 가치/기호의 논리.	iv 차이의 논리

5) 장 보드리야르, 『기호의 정치경제학 비판』, 문학과 지성사, 1992, p.59.

[그림 15] 욕망에 의한 과시적 낭비

순수한 도구성의 층위에서와 마찬가지로, 엄밀하게 상징적인 차원에서도 유행은 효력을 미치지 않는다. 생명, 문화적 특색, 관념, 기호로서의 몸짓 전체, 언어 등 모든 것이 소비의 대상이 될 수 있기에 규정과 같은 것은 물건들 자체와는 관계가 없으며, 오로지 의미 작용들이 논리에 의해 좌우된다. 다시 말하면 상징으로서 심적인 결정에서, 용구로서 기능 결정에서, 제품의 판매 추정에서 풀려나야 기호로서 해방되고 마침내 차별화의 논리에 부합되어 진정한 소비 대상이 되는 것이다.

교환 및 차별화의 구조로서의 소비는 권력 체제를 합리화하는 이데올로기이다. 재산을 가진 개인들이 의식적으로 또는 잠재의식적으로 사회적 지위와 위세를 추구한다는 것은 엄연한 사실이며, 부의 소유는 명예를 부여한다. 이런 점에서 신분의 등급은 바로 사회질서인 것이다. 앞에서 말했듯이 이러한 규정은 물건들 자체와는 관계없으며 의미 작용들의 논리에 좌우될 뿐이다. 결국 욕구는 유도된 기능이다. 그것은 '해방된' 소비력으로서가 아니라 실제 체제의 작용에 의해 체계의 재생산 및 생존 과정에 의해 요구된 생산력으로 정의될 수 있다. 즉 체계가 필요하기 때문에 욕구가 있는 것이다. 탈현대사회에서 생산에 관계되는 욕구(일차적 욕구)는 문화적 욕구(이차적 욕구)인 셈이다. 이렇게 볼 때 소비는 구조의 면에서 교환과 기호의 체계일 뿐만 아니라 전략의 측면에서 권력 기제로서 규정할 수 있다. 권력과 소비 그리고 삶의 규범은 일종의 원을 이루어 끊임없이 상징적 교환을 이루게 되는 것이다.

상징적 교환은 자본주의 사회에서 지배적인 생산효용성 도구적 합리성의 논리에 대항하여 의도적 반생산 행위와 잉여의 소비를 함축하는 원관념으로 지속적인 교환 행위를 강조하게 된다. 여기서 상징은 단일 메시지를 벗어난 의미의 양가성을 회복하려는 점으로 암시적 성격이 강하며 교환은 등가 형식의 지배를 벗어나려고 하는 점에서 해체적 성격이 강하다고 할 것이다. 이처럼 상징적 교환은 충족될 수 없는 욕망의 허상을 주시하는 점에서 욕망의 주체에 대한 강렬한 비판의식을 보여주고 있다. 상징적 교환은 사회적 과정에서 등가형식의 지배를 부수게 된다는 점에서 충족될 수 없는 욕망의 부조리를 반영하고 있다.[6] 다시 말하면 상징적 교환은 상품 형식과 의미 영역에서 등가성에 대립하여 존재하기 때문에 충족이 아니라 '결핍'을 통해서만 등가 형식이 파괴된다고 말할 수 있다. 욕구는 급진적이지만 가치로 승화되고 경제 질서를 통해 가치 승화를 이루게 된다. 승화된 가치 구현의 배후에는 환원 불가능한 영역이 존재하는데 결핍, 고갈, 몰입, 만족, 충족 등에 대한 거부라는 은폐 형식을 취하며 주체가 스스로를 고갈시키는 모순에 빠지게 된다. 따라서 '주체 고갈의 정치학'이므로 인간의 무한욕망의 축이 있는 한 규범에서도 상징적 교환은 가능해 진다. 이는 언어학자 소쉬르의 기호학적 삼각형을 원용하여 이루어진 것이다.

┌ 시니피앙 (소리, 단어) ┐ 관계성에 주목 = 사용가치/교환가치
├ 시니피에 (개념, 사유) ┘
└ 레페랑 (사실대상) - 우위성을 거부

물건의 문화적 지위는 실용적 지위와 직접적으로 대립한다. 예를 들면 '과시적 낭비'가 있을 수 있다. 실제적으로 필요하기보다는 과시하기 위한 지출을 하며 유행과 장식에 치중하여 다른 계층과 다르다는 것을 보여주는 변별적 기능을 한다. 즉 남의 부러움을 받기 쉽고 품위를 유지하기 위한 것이라고 볼 수 있다. 이렇게 볼 때 재물의 소비는 위세와 위계적 분배의 사회적 작용이라고 볼 수 있으며 또한 문화적 강제에 종속됨으로 해서 보이지 않는 하나의 제도를 만들 것이라고 볼 수 있다. 또 다른 예로는 '대리 여가'를 들 수 있다. 이들은 다른 일반 계층에서 일을 하고 남은 시간을 보내는 여가라는 개념보다 처음부터 의무로서 여가를 보내야 한다. 이것은 가치들의 원천으로서의 무위활동이라고 볼 수 있다. 이는 일을 하지 않음으로 해서 다른 계층과 차별을 두는 것이다. 이런 것을 가리켜 기능의 '모사물'이라고 한다. 아무런 도구적 기능을 가지고 있지 않으면서 마치 기능인 체하는 것을 말한다. 이제 물건들은 사회적으로 차별을 짓는 기능을 하는 기호로써 작용하는 것이다. 이제 생산은 욕구의 만족을 위한 것이 아니라 상징적 노동에서의 '생산'이라고 볼 수 있다.

특권계층에서는 화분과 화분 씌우개의 예처럼 자신들의 모든 것을 보호되고 둘러싸이기를 원한다. 이는 부자와 권력층의 강박관념이다. 이런 부자와 권력층의 무의식적 의사표시 방법으로서 내포적 의미를 지닌 것들, 이른바 기호들을 과잉 생산하게 된다. 사생활의 기

6) 욕망은 큰 타자를 향한 주체의 움직임을 말하기 때문에 상상적인 동시에 본질적으로 잃어버린 속성으로 충족되어 질 수 없는 것인 반해, 욕구는 자아충동에 의해 충족되며, 요구는 주체의 나르시적인 충동의 하나로 사랑 받는 것에 의해 충족된다. 큰 타자의 부재는 끊임없이 욕망을 재연시키고, 대체할 대상을 부추기게 된다.

호들 자체가 사회적 소속의 기호로 작용한다. 그뿐만 아니라 옛것에의 '취향'을 가지고 있어 경제적 신분을 세습적 특혜로 전환하려 한다. 중산층은 유행을 통해 승리감을 맛보며 또 다른 한편으로는 체념의 이중적 감정을 가지고 있다. 유행은 문화적 불평등과 사회적 차별을 가장 적절하게 회복하는 하나의 제도이다. 거꾸로 일시적인 것에 대한 숭배는 이념적 전위집단의 특권 의식을 함축하고 있는 것이다. 이에 대한 예로 특권층에서는 처음에는 꾸미는 것을 선호하다가 다음 순간 꾸밈없는 '자연스러움'의 가치를 강요받게 된다. 이때의 자연스러움은 기능적 미학을 지닌 것이라고 볼 수 있다.

이제 소비는 계급 제도의 작용을 하고 있다. 자본주의 사회에서 볼 수 있는 계급의 문화적 논리를 만들게 된다. 이는 소비의 민주주의라는 환상을 하게 하는 이중의 속임수이다. 이는 소비가 자체의 엉큼한 사회적 연합으로 진정한 정치적 전략을 감추고 소비가 정치적 전략의 본질적인 요소들 가운데 하나로 자리 잡은 것이다. 소비는 도덕이며 제도이며 권력의 전략을 구성하는 요소로 바뀌었다.

의미 작용으로서의 소비가 등장함으로 해서 물건들의 논리적 지위가 둘로 나뉜다. 하나는 몰입과 매혹, 열정과 보호의 대상으로서의 물건이고, 다른 하나는 소비의 대상으로 물건이다. 이러한 물건들은 위계를 이루는 의미들의 약호에 따라 오직 다른 물건들과의 차이를 통해서만 의미를 갖는다. 상징적 교환가치란 일종의 선물과 같은 것으로 일방적인 증여와 차이가 난다. 이는 곧 상호성을 근거한 교환/증여이다. 선물이란 임의적이면서도 특이한 성격을 갖는다. 두 항목간의 서로에 대한 현존과 동시에 부재를 언제나 뒷받침해주는 기표로 설정된 것이다.

* 의미 작용들의 원리

┌ 사용가치의 기능적 논리 = 실용적인 작용 = 유용성의 논리 = 도구
├ 교환가치의 경제적 논리 = 등가의 원리 = 거래의 논리 = 상품
├ 상징적 교환의 논리 = 양면성의 논리 = 증여의 논리 = 상징
└ 가치 기호의 논리 = 차이의 논리 = 신분의 논리 = 기호 (소비와 관계)

이처럼 소비의 논리가 성립되기 위해서는 기호의 외재성이 필요하다. 즉, 교환 및 차별화의 구조로서의 소비는 다른 말로 표현하자면 권력 체제를 합리화하는 이데올로기이다. 재산을 가진 개인들이 의식적으로 또는 잠재의식으로 사회적 지위와 위세를 추구한다는 것은 엄연한 사실이며 부의 소유는 명예를 수여한다. 이런 점에서 신분의 등급은 바로 사회질서인 것이다. 이러한 규정은 물건들 자체와는 관계없으며 오로지 의미 작용들의 논리에 좌우될 뿐이다. 윤리적 규범도 그 자체의 가치보다 이러한 의미 작용들의 욕구에 따라 상대적인 한계를 갖게 된다.

결국 욕구는 유도된 기능이다. 그것은 '해방된' 소비력으로서가 아니라 실제 체계의 작용에 의해 체계의 재생산 및 생존 과정에 의해 요구된 생산력으로서 정의될 수 있다. 즉 체계가 필요하기 때문에 욕구가 있는 것이다. 생산력에 대한 착취는 욕구와 노동이라는

점에서 생산성의 구조적 양태는 변별적 소비성이다. 탈현대사회에서 생산에 관계되는 욕구(일차적 욕구)는 문화적 욕구(이차적 욕구)인 셈이다. 이렇게 볼 때 소비는 구조의 면에서 교환과 기호의 체계일 뿐만 아니라 전략의 측면에서 권력 기제로 규정할 수 있다. 권력과 소비 그리고 삶의 규범은 일종의 원을 이루어 끊임없이 상징적 교환을 이루게 되는 것이다.

소비의 이론

마샬에게는 욕구는 상호의존적이며 합리적이다. 갈브레이스에게는 선택은 설득에 의해 강요된다. 제르바시에게는 욕구는 상호의존적이지만 학습의 결과이다. 현대 자본주의의 모순은 이윤의 극대화와 생산의 합리화 사이의 모순이 아니라 잠재적으로 무한한 생산력과 생산물을 팔아야 하는 필요성 사이의 모순이다. 이것에 의하면 생산 장치만이 아니라 소비 수요를 가격만이 아니라 그 가격에 요구되는 내용을 통제하는 것이 사활의 문제가 된다. 이는 곧 욕구와 소비가 전문기술 관료계급에 의해 조종 받고 있는 것을 말한다.

[그림 16] 에릭 샤티의 인공빛과 자연광

2. 막스 베버(Max Weber)의 경제윤리

1. 베버의 경제윤리

19세기에 인문학이 정립되면서 새로운 시각으로 종교현상을 보게 되었다. 신성과 인간의 관계에 대한 분석이 신학이나 형이상학의 입장에서 더 이상 배타적으로 행해지지 않고, 인문학의 관점에서 그 시대 인간 행동과 동기를 제공하는 거시적인 안목으로 통합되었다.

이와 같이 종교현상은 사상과 언어 구조에 대해 독특한 의문을 제기하였고, 탈신성화된 시대에 하나의 과학적인 연구 대상이 되었다. 아울러 다양한 인문과학의 영향을 받아, 설명하는 방식이나 이해의 방식, 그리고 종교적 인간의 해석 차원도 철학, 역사학, 심리학, 사회학 등의 다양한 인식 지평을 확보하게 되었다.

이제는 종교현상을 역사·사회적 여건 속에서 살펴본 후에 외부적인 동기들을 추적하기에 이르렀다. 아울러 이것에 수반된 여러 가지 심미분석을 꾀함으로써 내적 메커니즘을 이해하려는 안목을 갖게 되었다. 여러 인식방법 가운데 사회학은 각 사회들의 생태를 알기 위한 목표에 초점을 맞추고 있다. 그것은 각 사회의 내적구조와 그들 상호 간의 관계를 집요하게 탐구하게 된다. 또한 사회학은 먼저 인간집단을 지배하고 있는 사회적 근본 원칙을 분석하고, 다양한 여러 유형의 인간사회를 비교함으로써 그로부터 사회 발전의 원인과 일반 원칙들을 추출하려고 한다. 그런데 프랑스 사회학파는 19세기 전반에 이르러, 모든 종교의 토대가 바로 집단적인 삶 속에 존재하고 있다는 사상을 형성하기에 이르렀던 것이다.

특히 변증법적인 사회학은 종교적 사실들을 경제·사회 구조와 강하게 연결하고 있으며, 종교와 사회의 대립 관계를 중시하면서, 둘 사이의 구조적 의존관계를 비판적으로 검증하게 되었다. 이러한 관점에 서면, 종교현상은 하나의 관념 표현이 되는 독특한 상황으로 간주되며, 그 토대가 되는 물질적 이해관계의 상관구조를 부각시키게 된다. 이러한 결정주의는 그것에 대한 반발을 야기했다. 이는 곧 종교와 사회 간의 구조적인 관계를 부정하지 않으면서 그것의 다양한 면모를 이해하고 설명하려는 시도를 꾀하는 계기가 되었다. 따라서 종교현상에 대한 보다 포괄적인 분석이 발달할 수 있는 계기가 요청된 것이다. 그 이후 종교 사회학은 분석의 고유한 대상에 따라서 다양성을 발휘할 수 있게 되었다.[7)]

---

7) 베버사회학에 대해 '중심주제' 성격에 관한 논란이 일고 있다. 첫째, 합리성을 근간으로 한 관념주의적

이에 따라 종교 사회학은 모래와 곡류 속에 자신의 방향을 잃어버리는 위험을 감수하면서까지 학문의 본원적인 통일성을 포기하기에 이른다. 그리고 이 학문은 점차로 과학적인 야심과 함께 그 여정을 이끌어 갔다. 그것은 때때로 한정된 영역에서나마 상당한 정도의 목표를 추구하기에 이르렀다. 이를 가장 분명하게 말해 주는 20세기의 종교사회학자 가운데, 우리는 막스 베버(Max Weber)를 손꼽을 수 있을 것이다.[8]

[그림 17] 막스 베버(1864-1920)

그의 종교사회학은 종교현상을 사회학적 시각에서 연구하는 것으로, 종교의 사회학적 해명은 사회 통합을 이해하는 데 중심적인 위치를 차지하고 있다. 초인간적・초자연적인 힘, 초월적, 성스러운 것에 대한 신앙・예배 등과 같은 인간의 근원적 종교심과 관련된 종교적 행위를 사회적 행위의 한 형태로 보고 있다. 종교제도나 종교 체계를 사회 체계의 하위 부문으로서 사회학의 준거기준(準據基準 : frame of reference)에 의해 포착하고, 종교적 행위와 종교제도의 설명을 위하여 사회학적 이론 체계를 이용한다.

에밀 뒤르켕과 그 학파가 주로 미개사회의 종교와 다른 사회현상과의 상호관계를 논한 데 반해, 막스 베버는 주술(呪術)에서의 해방이라는 합리화의 관점에서 종교와 직업윤리, 사회계층과의 역사사회학적 비교 연구를 이룩하였다. 종교적 행위는 타인과의 협동이나 조직, 경쟁이나 대립, 지배와 종속과 같은 사회과정이나 사회관계에서 항상 영위되고 있으며, 따라서 종교적 행위는 항상 사회적 행위의 한 측면을 이루고 있다. 이러한 관심은 그의 폭넓은 학문의 깊이와 연관된 것이라고 말할 수 있다.[9]

진화론의 시각(F. Tenbruck), 둘째, 근대성의 특성을 다룬 문화주의적 생활론의 시각(W. Hennis), 셋째, 이념과 제도의 변증법적 관계를 다룬 전체주의적 사회론의 시각(W. Schluchter), 넷째, 종교와 사회의 상호관계를 밝힌 종교사회적 상징론의 시각(M. Meslin) 등이 발견된다. 이 글에서는 종교사회적 상징론의 시각에 근거하여 분석하고자 한다.

8) Max Weber(1864~1920) 독일 사회과학자. 에르푸르트 출생. 19세기 말에서 20세기에 걸쳐 활동한 사회과학자로서 해박한 지식과 투철한 분석력으로 법학・정치학・경제학・사회학・종교학・역사학 등의 분야에서 뛰어난 업적을 남겼으며, 또 예리한 현실감각으로 당시 뒤져 있던 독일 사회와 정치를 비판하고, 그 근대화에 힘썼다.

초기에 관심을 가졌던 문제는 독일 국민국가를 러시아의 짜리즘(Tzarism)이나 영국·프랑스의 제국주의(帝國主義)로부터 지키고, 독일 국민국가의 부르주아적 근대화를 추진하는 일이었다. 그러한 입장에 선 그는 사회정책학회와 복음파사회회의에 속하면서 반(半)봉건적·보수적인 융커(귀족적 영주)지배와 급진적 사회주의 운동이라는 좌우 양 세력에 대항하여, 시민층을 중핵으로 하는 중도세력의 결집에 힘썼다. 이러한 관점에서 그는 종교·경제 윤리의 실체를 조명하고 그것의 상호 관계성을 정립하려는 시도를 하였다. 이에 따라 우리는 종교사회학적 시각을 중심으로 그의 저서에서 비중을 차지하는 종교·경제윤리의 성격을 규명하고자 한다.

막스 베버는 인간에게 생명력을 불어 넣고, 자신을 실현토록 해주는 '중재'의 기능으로 위대한 종교적 신념체계에 특별한 관심을 나타냈다. 이에 따라 그는 '삶의 방식'에 대한 철학적인 반증을 세우기보다, 오히려 그것이 존재하는 것을 증명하며 그러한 삶을 실천하는 사람들이 부조리하다는 것을 보여주었다. 아울러 그로 말미암아 때로는 비합리적인 세계의 다양한 대립양상을 드러내고 있음에 주목하였다. 그렇지만 그 모든 대립 관계들 중에서 가장 많은 비중을 차지하는 것은 경제활동으로부터 발생된 것과 종교 행위에서 비롯된 것이라고 말할 수 있다. 또한 역사의 흐름에 따라 경제와 종교 간에 발생하는 긴장 관계는, 종교와 세계와의 관계에 의해 설법 태도의 변화에 따라 바뀌기도 하지만 끊임없이 존속하여 왔다.

베버의 업적은 사회과학의 모든 분야에서 찾아볼 수 있는데, 특히 주목되는 것은 가치자유(몰가치성)의 정신과 이념형 조작(操作)이 뒷받침된 사회과학 방법론의 확립, 종교적 이념과 에토스(사회적인 습관)의 역사 형성력에 입각한 유물사관 비판, 근대 서구 세계를 일관해서 흐르는 합리화와 관료제적 지배의 현대적 의의의 지적 등이다. 베버의 학설은 그 후의 사회과학에 광범한 영향을 끼쳤으며, 가치자유, 이념형적 파악, 해석에 바탕을 둔 학문론은 독일 역사학파뿐만 아니라 마르크스주의 비판의 근거가 되었다.

그의 방법론의 특색은 이념형적 파악이다. 이는 역사·사회현상의 질적인 개성(個性)과 추상적인 일반성을 조정하는 것을 사회과학방법론의 기본적 개념으로 파악함이다. 여기서 이념형은 현실의 일정한 부분을 이해하기 위한 수단으로서 그것을 사유(思惟) 가운데 정합(整合)하고, 그 자신 모순이 없는 이론적 코스모스(cosmos)로서 구성된 일종의 이상상(理想像)이다. 이 개념 구성은 1904년에 간행된 《사회과학적 및 사회정책인식의 객관성》에 관하여 전개된다. 그에 의하면 경험적 소여(所與)는 무한히 다양하여 사회과학적 인식은 이 다양성 가운데 어느 일정한 가치이념을 기준으로 하여 선택된 부분을 이해하기 위하여 이념형을 인식수단으로 사용한다.

---

9) 그의 아버지는 부유한 아마포상(亞麻布商) 가문의 국민자유당 의원이었고, 어머니는 경건한 청교도였다. 하이델베르크·베를린·괴팅겐대학 등에서 법률·경제·철학·역사를 공부하였다. 졸업 후 한때 사법관시보(試補)로 법원에 근무하다 학구생활로 들어가서 1892년 베를린대학에서 로마법과 상법을 강의하였고, 프라이부르크(1894)·하이델베르크(1897) 등의 대학에서는 국민경제학교수로 있었다. 학위논문인 〈중세상사회사사론(中世商事會社史論, 1889)〉을 비롯하여 베를린대학의 교수 자격 논문 〈로마농업사(1891)〉, 프라이부르크대학 교수 취임 강연 〈국민국가와 경제정책(1895)〉 등이 당시의 주요 업적으로 꼽힌다.

이념형 개념은 먼저 특정의 관점을 일면적으로 강조하여 추출하고, 다음에 이 관점에서 선택된 개별현상을 하나의 통일된 사유상(思惟像)에 결합시킴으로써 얻어진다. 따라서 그것은 현실 그 자체의 단편(斷片)도, 모사(模寫)도 아니며, 그대로의 형태로는 현실 속에서 발견되지 않는다. 이 같은 의미에서 유토피아적(的)이라고도 할 수 있는 성격을 베버는 이념적이라는 말로 표현하고 있다. 이러한 이념형의 인위적 구성물로서의 개념성격은 있어야 할 이상이라든가 모범이라는 의미를 갖지 않으며, 오히려 현대의 경제학이나 심리학에서 사용되는 모델 개념에 통한다.

이러한 경우 합리성이 중요한데 이는 형식합리성으로 실질합리성과 대칭을 이룬다. 특정한 가치적인 이상(理想)이라든가 목적을 전제로, 그것과 일치하는 정도로서 측정되는 것이 실질합리성이며, 그와 같은 이상이나 목적과 관계없이, 사상(事象)의 경과가 추론 및 계획에 따라서 허비 없이 행해지는 것이 형식합리성이다. 계산(計算) 가능성이 그 본질을 이룬다. 베버가 역사를 보편적 합리화로 파악하는 경우, 그것은 형식합리화를 가리키며, 실질합리성과의 모순이 문제가 된다.

형식합리성의 개념에 의해 그는 천민자본주의라는 개념을 사용하였는데, 이는 전근대적·비합리적 자본주의를 말한다. 베버가 이 용어를 쓸 때 염두에 두었던 것은 유럽경제사에서 상인·금융업자로서 특이한 지위를 차지해 왔던 유대인들의 생활상이었다. 유대인의 경우 고대 말기 이후부터 그들 종교의 독특하고도 강렬한 성질로 인하여 외계에 대하여 스스로를 천민민족이라 불렀다. 이들은 주로 상업이나 금융업에 종사하였는데, 상업이나 고리대금에 갖가지 사회적 제한을 가했던 중세봉건시대에는 반대로 여기에 기생하면서 이득을 취하는 특수한 위치를 차지하게 되었다.

이처럼 천민자본주의란 비합리적이며 종교나 도덕적으로 비천하게 여겼던 생산 활동을 의미한다. '근대 자본주의' 이전의 영리 활동은, 정도의 차는 있지만, 모두 유대인의 상업 활동과 공통되는 역사적 성격을 띠고 있다. 이러한 천민자본주의에 대해 그의 고전적인 저서 [프로테스탄트 윤리와 자본주의 정신[10)]]에서는 칼빈 청교도 사상이 근대 자본주의의 특징이 되는 이윤과 이득의 정신을 잉태하였으며, 청교도에게 고유한 행동의 긴장이 나타났음을 밝혀 보여주고 있다. 실제로 청교도들이 철저하게 지킨 도덕적인 금욕주의는 청교도들로 하여금 지상적인 산물을 이기적으로 즐길 수 없게 하는 요인이 되었다.[11)]

반대로 〈야훼의 축복〉에 대한 성서 사상은 그들에게 재산의 형성과 축적에 대한 서원(誓願)을 형성하게 하였다. 직업 생활에서 겪게 되는 신앙의 시련은 숙명론의 근거를 마련하여 윤리와 밀접하게 연관을 짓고, 적극적이고 자신만만한 세속적 금욕주의를 배태하게

---

10) 1905년 초간, 셰비(J.Chavy)에 의해 불어로 번역됨(Paris, plon, 1964)

11) 막스 베버의 종교사회학 논집은 3권으로 이루어져 있으며, 초판은 1920-21년에 발간되었다. [프로테스탄티즘의 윤리와 자본주의 정신](,양회수역, 을유문화사, 1980), [세계경제의 종교윤리](막스 베버 전집, 임영일 외 역, 까치출판사, 1991) 등은 제1권 논집에서, [힌두교와 불교](홍윤기 역, 한국신학연구소, 1986)는 제2권 논집에서, [고대 유태교](한국어 번역판은 아직 나오지 않음)는 제3권 논문집에서 찾아볼 수 있다. 그 밖에도 정치논집, 사회 및 경제논집이 편집된 바 있지만, 거의 20세기 초반기에 이루어진 업적들이다.

되었다. 물론 막스 베버는 자본주의가 칼뱅주의보다 시대적으로 훨씬 앞서서 생겨났다는 것을 모르는 것은 아니었다. 그리고 그는 결코 종교개혁이 자본주의가 탄생할 수 있었던 필수적인 조건이었다고 주장하지도 아니하였다.

종교개혁은 대중적이거나 영속적이 아니며, 그 양태가 아주 상이한 서양국가들에 있어서 자본주의의 성장에 좋은 요소가 된 것이다. 만일 자본주의와 칼빈주의 사이에 상호 관련성이 존재한다고 하면, 그 둘 사이에 일종의 선택적 친화력이 존재한다는 사실이다. 칼뱅이 돈을 빌려주고 이자를 받는 것을 인정했다는 사실이 그를 현대 자본주의 아버지라고 말할 수 있는 충분조건이 되지는 못한다.

전반적인 파탄과 만연된 실직으로 위협받고 있는 상업도시를 운영하면서 무엇보다도 신의 영광에 열중해 있는 종교개혁자들은 순수한 정치적 지혜로써 돈에 대한 새로운 기독교인의 태도를 정립할 필요성에 봉착하였다. 이에 따라 그는 고리대금 등의 논쟁점에 대한 기독교의 전통적 태도를 변경함이 없이, 스콜라 학파적인 반자본주의의 교리에 의문을 제기하게 되었다. 이른바 그는 지혜로운 실용 주의자로서 주장의 논점을 변경하였다.

이자를 인정하고 '능동적이며 적극적인 기독교인'이라는 주요 개념을 정립시키면서, 직업을 통해 신에게 봉사하고 형제들을 도와주는 새로운 종교상을 제시하였다. 칼뱅은 '지극히 부유한 고리대금업자와 비참한 부채인'이라는 전통적이고 신화적인 판도라를 던져 버렸다. 이와 같이 칼뱅은 이윤의 추구를 비난하기보다 신의 섭리에 따라 현재의 위치에 있게 된 기독교인의 의무적 행위로서 이익을 환원할 줄 아는 뜻으로 설파했다. 이자 계산은 경제생활의 합리주의가 깊이 침투되어 있는 현대인 심성에 강력한 변수작용으로 등장하게 되었다.

그리하여 이제부터는 시간이나 기간이 돈의 가치로 변모되었다. 이와 동시에 이자 계산은 그것을 대담하고도 정확하게 세어야만 하는 향로를 선택하여 그 존재의 척도가 되게 하였다. 사업가는 이제 고대 기독교 전통으로부터 내려오는 고리대금업자로서의 무거운 저주로부터 해방된 것처럼 보였다. 이렇게 볼 때 종교개혁자들의 핵심적인 기여가 있다면 그것은 바로 만일 직업인으로서 좋은 상인은 결코 나쁜 기독교인이 될 수 없다는 종교·경제 윤리관을 확립시켜 준 점이다. 그는 무엇보다 자본주의를 이윤추구를 목적으로 하는 자본이 지배하는 경제체제로서 간주하였고, 이윤 추구를 인간 합리성에 토대한 것으로 체계화하였다.12)

자본주의경제는 이와 같은 태도에서 상품생산이 이루어지고 있는 유통경제조직을 말한다. 이에 따라 자본주의의 특징으로서 우리는 다섯 가지로 집약할 수 있다. ① 사유재산제

12) 자본주의란 말은 사람에 따라 다종다양한 뜻으로 쓰이고 있다. 예를 들면 이윤 획득(利潤獲得)을 위한 상품생산이라는 정도의 뜻으로도, 또한 단지 화폐경제(貨幣經濟)와 동의어로도 쓰이며(이 경우, 부분적으로는 고대와 중세에도 자본주의가 존재하였다고 가정), 사회주의적 계획경제에 대하여 사유재산제(私有財産制)에 바탕을 둔 자유주의 경제라는 뜻으로 쓰이는 경우도 있다. K.마르크스는 자본주의의 특징을 '이윤 획득을 목적으로 상품생산이 이루어진다는 점, 노동력이 상품화된다는 점, 생산이 무계획적으로 이루어진다는 점'으로 보았다. W.좀바르트는 자본주의체제란 '서로 다른 두 인구군(人口群), 즉 지배권을 가지며 동시에 경제주체인 생산수단의 소유자와, 생산수단을 소유하지 않은 노동자가 시장에서 결합되어 함께 활동하는, 그리고 영리주의(營利主義)와 경제적 합리주의(經濟的合理主義)에 의해서 지배되는 하나의 유통경제적 조직(流通經濟的組織)이다'라고 정의하였다. M.베버는, 근대자본주의는 '합법적 이윤을, 직업으로서 조직적·합리적으로 추구하는 정신적 태도'라고 정의하였다.

에 바탕을 두고 있다. ② 모든 재화에 가격이 성립되어 있다. ③ 이윤획득을 목적으로 하여 상품생산이 행해진다. ④ 노동력이 상품화된다. ⑤ 생산은 전체로서 볼 때 무계획적으로 이루어지고 있다.

[그림 18] 칼뱅주의자들의 마녀사냥

2. 경제윤리와 자본주의 발달

상업에 대한 이러한 칼뱅주의적인 교리는 이윤의 추구를 정당화하기 위해 18세기에 다시 주창되었지만, 그것은 '새로운 세대' 사람들을 위해 의무의 실행을 손쉽게 만들 목적으로 궤변가들이 종교적인 가르침을 왜곡했다는 비난을 받게 되었다. 결국 가톨릭교도들이 은행가들이나 부유한 상인들에 대해 칼뱅주의와 비슷한 태도를 취했다는 사실은 이윤 추구와 본질적으로 깊이 연결되어 있는 자본주의 정신의 특징이며, 점점 더 만연해 가는 새로운 경제윤리관이 출현했다는 좋은 증거가 되고 있다.

막스 베버의 용어를 다시 빌리자면, 본원적으로 자본주의의 발전을 설명할 수 있는 요체는 부상하는 부르주아 계급이 시대에 뒤진 종교윤리관에서 벗어나 새로운 경제윤리를 스스로 정립한 이후부터 사라지게 된 점이다.[13]

막스 베버는 자기 사상의 논리적 전개에 따라서 다른 탐구와 더불어 '종교 사회학과 경제

13) M. Weber, *The Sociology of Religion,* (trans.,E.Fischoff), Boston : Beacon Press, 1963, pp.37ff. 베버는 종교 실천윤리는 사회경제적 요인들에 의해 심대한 영향을 받는다는 입장을 제기함으로 양자 사이의 중복결정론을 강조하는 셈이다. 베버의 인과론은 특정종교의 이념적 맥락과 경제윤리의 상호관계는 현실적으로 인과성을 인정할 수 있는 측면이 강하다.

사회학에 제기된 몇몇 종류의 문제를 보완하기 위해' 종교・경제윤리과 함께 '경제적 심성'의 기원에 대해 분석하게 되었다. 막스 베버는 유교, 힌두교, 불교, 기독교, 이슬람교, 유대교 등의 여섯 개의 종교 체계에 대한 검증을 거쳐서 그들의 교리적 가르침이 아니라 그것이 인간의 일상적이며 심리적이고 실질적인 행동의 수준에 미치게 되는 자극을 연구한 것이었다. 섬세한 분석을 통해서 막스 베버는 어떤 경제윤리도 단순히 종교교리로서만 결정되지 않고 정치 체계와의 상호 의존관계임을 여실히 보여주고 있다.

이를테면 가부장제 국가(家父長 : patriarch이 최고지배권을 장악하고 있는 국가유형)의 경우 비(非)정치적인 원시공동체(原始共同體)가 붕괴한 후 최초로 발생한 정치사회로서 가장 오래된 국가 형태로 간주된다. 여기서는 장남상속제가 수립되어 가부장권의 외연적(外延的) 발전으로서의 족장정치(族長政治)가 행해진다. 처음에는 각 가족의 가부장권과 결부된 장로제(長老制:gerontocracy)가 행해지고, 이어 그중 한 사람이 전 종족의 지배권을 획득하여 군주권으로까지 발전되어 간 것으로 여겨진다. 영국의 R.필머는 《가장권론(家長權論) : Patriarchia》(1680)에서 구약성서의 내용을 근거로 하여 군주권이 인류의 시조 아담의 가장권의 연장이라고 보고, 가장이 자녀에게 가지는 권력은 신으로부터 받은 것이며, 그것이 국가권력의 기초가 된 것으로 보았다. 또한 막스 베버는 전통에 대한 경건한 마음과 주인의 인격에 대한 경건한 마음의 두 계기로 구성된 지배유형을 생각하였다.

가부장제도하에서 아들과 종속자에게 일정한 토지와 가재도구를 할당하여 줌으로써 가(家)의 권력을 분산적으로 유지하려는 지배구조를 가산제라고 말한다. 막스 베버는 이 개념을, 국가가 군주의 세습 재산처럼 취급되어 통치권과 소유권에 구별을 두지 않는 정치형태로 규정하였다. 그는 지배형태를 전통적 지배, 카리스마적 지배, 합법적 지배로 구분하였는데, 가산제는 이 중 전통적 지배와 관련된다. 스위스의 민법에 기재되어 있는 가산제도는 국민 재산상의 가족주의를 채택한 것으로, ① 집을 재산의 주체로 보는 가재단(家財團), ② 형제자매의 가산공유제(家産共有制), ③ 가족의 보호를 위하여 일정한 부동산을 집에 귀속시켜 임의처분을 금지하는 홈스테드(homestead)의 3가지 양식이 있다.

권력에 대해서 인간이 취할 수 있는 태도에 대한 종교・경제 윤리는, 독특한 삶의 형태를 결정하는 지리적, 역사적, 경제적 요인들의 영향으로 다소 상당한 수준에서 그 자율성을 간직하고 있다. 사회적 분석에 있어서 가장 중요한 것은 이러한 여러 요인들의 상호작용을 측정하는 것이다. 왜냐하면 아무리 윤리에 대한 사회적, 경제적 영향력이 심오하다 할지라도 경제적 영향력은 우선 그 무엇보다도 종교적 교리와 계시, 그리고 종교적 체험과 언약의 내용에 의해 깊이 인도되고 영향을 받기 때문이다.

고통을 성스러운 증오의 증상이나 인간적 죄의식의 표적으로 제시함으로써 종교는 보편적인 심리적 요구에 응답하고 있는 것이다. 사실 행복한 인간은 자신의 행복한 상태에 만족하지 않는다. 그는 자신의 그런 상태를 그가 받을만 하다고 납득할 수 있는 범위 내에서 행복에 대한 권리를 상정함으로써 정당화가 이루어진다. 그리고 역으로 그 행복을 향유하고 있지 못한 사람들은 그것을 받을 만한 자격이 없다고 생각하게 된다. 우리는 여기서 다양한 '위선적'행동의 뿌리를 발견하게 된다. 그렇지만 흥미 있는 사실은 고통을 다른 유형의 종교적 변용으로 이끌어 가는 역행과정이다. 이에 따른 고행 행각은 그러한 의미세계에 관심이 있는 사람에게 진정한 권위를 부여하게 된다.

힌두교는 인과응보의 까르마 이론을 토대로 재생에 의한 보상, 현존 질서의 옹호, 사회적 불평등의 수용 등에 의해 사회변혁 의식을 제대로 갖추지 못하였다. 따라서 그는 인도의 사회발전에 종교·경제 윤리가 역기능을 낳았으며, 유교 또한 독특한 종교·경제 윤리관에 의해 과학 기술혁명에 둔감한 가치관을 나타내었다. 이와 같은 맥락에서 불교는 탈속적인 가치를 강조하며 현세 생활의 의미를 상대화하는 신념 체계로 말미암아 재산 축적이나 현세의 개혁적 의미를 평가절하 하는 것으로 평가되었다. 따라서 막스 베버는 현세 활동을 근본적으로 평가절하 하는 종교·경제 윤리관의 영향으로 동양 사회는 서양 사회와 달리 자본주의 발전을 저해하는 요인이 되었다고 규정한다.

3. 경제윤리와 영혼구원

[그림 19] 영적 카리스마와 영혼의 구원

종교·경제 윤리는 구원의 세계관을 통해 인간과 신의 개인적 관계 발전을 허락하고 있다. 왜냐하면 구원의 세계관을 갖춘 종교들은 영원한 구원을 보장하고 있으며 그들은 무엇보다도 구원을 절실하게 열망하는 자들, 즉 의에 주리고 목마른 자들에게 베풀어진다. 이 종교들은 그들에게 직접적인 보답은 아니더라도 적어도 질병, 가난, 비참, 위험으로부터의 해방을 약속하고 있다. 구원자에 대한 이러한 메시아 유형의 신앙은 막스 베버가 '하층민'이라 명명했던 층에 그 원동력을 가지고 있음을 우리는 이해할 수 있다.

구원에 대한 이러한 희망은 고통에 대한 신의론(神義論)과 원시적이고 마술적인 상징을 제거하는 합리화 기능을 낳게 하였다. 하지만 진정한 어려움은 각 개개인의 고통이 부당한 것이며, 악한 사람들이 선한 사람들보다 더 성공한다고 느끼는 집단 감정이 훨씬 고조될 때 나타난다. 인간질서의 부당성은 이렇게 하여 저 세계에서 보상을 받는다는 신앙으로 귀착된다.

즉 올바르지 못한 인간은 지상의 생활에서 잠시 좋은 생활을 누리지만 영원한 지옥이 그를 기다리고 있는 것이다. 그리고 만일 영원한 복락이 정의로운 사람들에게 약속된 것이라면 이 사람은 그가 저지른 죄들을 속죄하여야 할 것이다. 따라서 이러한 수용과 원한이 어떤 종교에서는 매우 중요한 요소로 대두된다. 그렇지만 종교·경제윤리의 세계관을 통해 정신적이며 물질적 '노예들'이 겪는 억압은 실제로 사회 경제구조에 의해서 야기되는 것이다.

그리고 이러한 분석에 있어서 저 피안의 세계를 위해서 인간이 희구했던 모든 언약들을 제외시켜서는 안 될 것이다. 기독교와 몇몇 다른 금욕적인 종교들을 제외하고는 그것이 원시적이든 아니든, 또 그것이 계시적이든 아니든 종교적 은혜는 지상적인 것, 즉 건강, 장수, 부(富)와 연관되어 있다. 베다의 종교들이 그러하고, 고대 중국, 이집트, 고대 이스라엘, 이란, 이슬람의 종교들 역시 마찬가지이다.[14)]

이들 종교 조직의 심층에 있는, 막스 베버가 〈종교적 거장〉이라고 명명한 자들 즉 고행자, 수도승, 수피, 회교 탁발승들만이 이 지상의 것이 아닌 신성한 재산을 열망하였다. 그렇지만 이들이 저 피안세계에 대한 배타적 특권을 항상 누렸다고는 생각되지 않는다. 왜냐하면 그의 구원에 대한 문제에 사로잡힌 이들이 무엇보다 먼저 추구한 것은 일상적 행동에 대한 규율이기 때문이다. 그와 같은 태도는 경제적 도덕 형성에 있어서 깊은 논리적 관련성을 결여할 수가 없다.

이 종교들의 심층부에서 추구되고 있는 행복과 갱생의 성격 자체는 이 종교성을 지탱하고 있는 독특한 환경의 구성원들인 사회계층의 성격에 따라 달라진다. 기사, 농부, 장인, 지식인들은 각각 그들 종교에 적합한 세계관에 영향력을 행사한다. 결국 구원에 대한 관념이 세상의 변천에 따라 낡은 것이 되고 또한 고통, 배고픔, 죽음으로부터 벗어나고픈 욕망으로 인해 그렇게 된다면 그 구원은 단지 독특한 세계관(Weltanschaung)이 됨으로써만 그 특별한 의미를 획득하게 될 것이다.

막스 베버가 그의 저서 속에서 끊임없이 주장하는 것은 바로 인간의 행동을 직접적으로 지배하는 것은 사변적인 관념이 아니라 물질적이고 정신적인 이해관계라는 점이다. 그는 예배를 관장하는 직업적인 성직자들에 의해 통치되는 사회는 종교적 구원의 혜택을 독점하고자 한다고 한다. 왜냐하면 사회적 권력이라는 이해관계에서 볼 때, 이러한 특권 계급은 모든 종류의 자유로운 검증과 자유로운 탐구에 대해 강한 경계심과 의혹을 품은 나머지 그의 신자들을 엄격한 제의적 통제속에 두고자 하였다.

막스 베버는 그의 독특한 종교관을 가지고 '부르주아 계층'에 대한 분석을 하기에 이르렀는데, 이 계층은 다른 계층 즉 사제, 농민, 무사 계급 등과 대립된 상태로 존재한다. 이러한 부르주아 계층은 특히 〈전도 예언주의〉와 일상적인 생활을 통해서 신성의 이름으로 도

---

14) [유교와 도교]는 [세계종교의 경제윤리(The Economic Ethics of the World Religion]라고 제목이 붙여진 일련의 기획물 가운데 첫 부분이었다. [유교와 도교]에 대한 영역본은 1951년 [중국의 종교(The Religion of China)]라는 제목으로 처음 나왔으며, 여기서는 중국의 종교가 중국문화의 합리화, 특히 그것의 경제적 합리주의의 특정 형태에 얼마나 영향을 미쳤는가에 관심이 모여지고 있다. 유교가 지니고 있는 경제적 중요성에 대한 베버의 설명은 주로 문사계층의 역사적 상호작용에 의존하며, 청교도 정신과의 유형적 대비를 시도 한다.

덕적 의무를 부과하려는 신앙에 민감한 반응을 나타냈다. 이와 같이 하여 신의 뜻에 합당하도록 인간 활동에 대한 생각에 근거한 활동적인 금욕주의가 발전하게 되었는데, 그것은 각각의 인간을 통해 신의 도구가 된다는 신앙을 자라나게 하였다. 이러한 신앙 감정은 부르주아 계층에 의해 선호되는 종교적 태도인데, 그들은 신성 속의 정관이야말로 지고의 부(富)라고 믿었던 고상한 지적 태도와 상이한 것이었다.

여기서부터 서로 적대관계에 놓여 있는 사회구조의 반영인 두 가지 종교 개념이 대조적으로 나타나게 된다. 즉 이 세상에서 효용이 있는 활동을 영위하기 위해 스스로를 신의 도구라고 생각하는 것은 필연적으로 초월·인격·판정자로서의 신을 상정할 수밖에 없다. 이와 달리 단지 고요히 신을 묵상하는 것으로만 도달될 수 있는 순수한 존재로서의 비인격적인 신성은 이러한 관념과 대치된다고 할 것이다.

신에 대한 첫 번째 관념은 이란, 근동, 그그리고 제한된 의미에서의 중국의 천명사상(天命思想)이었다. 이와 같이 해서 막스 베버의 커다란 주제가 공식화되었는데, 그것은 종교·경제 윤리의 세계관이 사회발달에 영향을 미친다는 사실이다. 베버는 이 도식을 프로테스탄티즘 〈개신교〉에도 적용함으로써 이 세상에 인간 활동을 복원시킨 세속적 금욕주의 발전을 가능하게 하였던 것이다. 실제로 모든 사회적, 직업적 지위는 천직과 소명에 상응하고 있는 것이다. 따라서 '완전함의 상태'란 존재하지 않는 것이고 율법과 섭리에도 서로 차이점이 있을 수 없다. 그 이후로 이상(理想)으로 말미암아 세속을 거부하고, 일시적인 그의 의무를 포기하는 종교적 거장은 더 이상 도시국가에서 권한을 행사할 수 없게 되었다.

이 세속에서의 고행주의의 과정은 '수도원 타파주의' 현상으로 정의할 수 있다. 그렇지만 실제로는 역사가들도 잘 알다시피 이 현상은 별로 오래 지속되지 못하였고, 칼뱅주의 교회 내부 자체에서도 이 세상에 살도록 운명지어진 이른바 '신의 성자들'이라는 새로운 영성적 귀족계급과, 그 사제들의 영향력 아래에서 활동적인 기독교인, 그리고 완전히 '수동적'인 기독교인으로 나누어지게 되었다.

무엇보다도 중요한 것은 그와 같은 서양 종교의 세계관에 있어서 혁명적 변천 동기를 이해하는 일이다. 수도원 제도에 대항하는 이러한 투쟁 속에서 루터는 직업적 활동을 더 이상 부정할 수 없을 만큼 확고하게 복권시켰다. 소명(召命)이라는 개념은 그에게 있어서 단지 어떤 '상태'가 아니라 하나의 직업관으로 자리 잡게 된 것이다. 의무 즉 직업을 완수한다는 것이 이제 더 이상 다른 것을 위한 정당화 수단이 될 수 없었다. 이 세상에서 그것은 실행되어야 하는 것이다. 직업은 이와 같이 기독교인에게 있어 가장 높은 형태의 활동을 구성하고 있는 것이며, 그것은 그의 현재 상태 속에 자신을 지탱하는 힘이 된 것이다.

칼뱅에게 있어서는 이 세상의 일에 대한 이러한 태도의 깊은 동기를 이루고 있는 것이 신에 의한 예정인 것이다. 따라서 기독교인은 신이 바라는 그의 천직(天職)을 완수하는 것으로 이 세상에서 신의 영광을 증대시키며, 또한 그러기 위하여 일할 뿐이다. 이 문제에 대한 칼뱅의 다음과 같은 말은 아주 시사적이다.

"천직에 따라서 그의 삶을 영위하는 자들은 그들의 삶을 잘 이루어 나갈 수 있으리라. 그리하여 우리는 아주 독특한 위안을 받게 되는데, 만일 어떠한 직업일지라도 그것이 우리들의 천직에 합당한 것이 마땅하기에 주님 앞에서 빛나지 않을 것도 없으며, 또한 유난히 귀중한 직업도 없으며, 그렇게 비천하거나 누추한 직업도 없기 때문이다.[15)]"

우리는 이 세상에 대한 이러한 종교·경제 윤리관의 중요한 결과를 곧 알아차릴 수 있다. 즉 천주교인들은 그러한 세계관을 통하여 일에서 얻을 수 있는 이득을 보상받으려고 하는 점에 비해, 청교도들은 그들 행동의 합리화 장치로써 이를 추구하게 된 것이다. 다시 말해서 직업적인 성공 여부가 기독교인들이 도달할 수 있는 축복의 상태를 판단하도록 해준다는 것이다. 그의 직업을 효율적으로 조심스럽게 완수하는 것은 우리가 신에게 선택 받은 자인지 혹은 버림받은 자인지를 판명해주는 기준이 되어, 더 이상 불확실한 형이상학적 체계에 시달릴 필요가 없다는 것이다.

이러한 점에서 그는 '카리스마'라는 개념을 새롭게 정립하였다. 이 말은 원래 기독교 용어로 '은혜', '무상의 선물'이라는 뜻이다. 신약성서에서는 어떤 특정한 의미를 지니고 있지 않는데, '다시 거두어 가지 않는' 하느님의 선물 전체를 뜻하기도 하고, 예수 그리스도가 인간에게 거저 베푸는 '은총의 선물'을 뜻하기도 한다. 이 말이 특정한 의미를 지니고 사용된 것은 온갖 종류의 '무상의 선물'을 베풀면서 활동하는 성령의 현존을 설명하기 위해 사용하기 시작한 때부터이다. 즉 성령의 특별한 은혜이다. 기독교에서 그리스도인 개개인이 개별적으로 받게 되는 소명(召命) 또한 여기에 기인한다. 모든 신자들은 각자 자기 나름의 카리스마를 받아 단일하고 다양한 '하느님의 은총의 관리자'로서 생활하게 되는 것이라고 말한다.

막스 베버는 이 말의 원래의 뜻을 확대하여 사회과학의 개념으로 확립시켰다. 즉, 보통의 인간과는 다른 초자연적·초인간적 재능이나 힘을 이렇게 불러 그 말에 대한 절대적 신앙을 근거로 맺어지는 지배와 복종의 관계를 카리스마적 지배라고 불러 지배형태의 하나로 만들었다. 그것은 법률에 따른 지배(합법적 지배)나 관습에 따른 지배(전통적 지배)와는 달리 어디까지나 카리스마의 소유자에 대한 개인적인 절대적 신앙을 바탕으로 하고 있다.

카리스마에 의한 지배도 정통성을 갖게 된다. 막스 베버는 정통성의 근거를 전통·카리스마·합법의 3가지로 유형화하였다. 이것들은 저마다 독립적으로 존재하는 것이 아니라 대부분의 사회에서 혼합된 형식으로 존재한다. 정통성은 그 사회의 정치체제·정치권력·전통 등을 올바르다고 인정하는 일반적 관념으로 정당성(正當性)이라고도 한다. 이것에 의하여 자발적 복종이 도출되며, 정치권력은 권위화하여 안정된 지배를 확립한다.

미국의 정치학자 C. E.메리엄은 국민들에게 정통성을 심어주는 방법으로써 크레덴다(Credenda)와 미란다(Miranda)를 생각해냈다. 앞의 것은 이성에 호소하여 복종의 동기를 부여하는 것으로 신조체계(信條體系)나 이데올로기 등을 가리킨다. 예컨대 자유라고 하는 가치를 강조하고 그것을 실현하는 사회임을 보여줌으로써 정통성을 확보한다는 것이다. 뒤의 것은 정서에 호소하여 복종을 유발시키는 노래·깃발·기념비·건물 등을 가리키며, 예컨대 위엄 있는 건물에 의해서 의회가 더욱 권위적으로 느껴지거나, 국가(國歌)나 국기(國旗)로써 귀속사회에 대한 일체감을 불러일으키는 경우이다.

---

15) *L'institution chrétienne*. 1539.

그런데 지배와 복종의 관계를 안정시키기 위하여는 지배자 쪽에도 피지배자 쪽에도 그들의 관계가 정당한 것이라 하여 피차에 인정하는 지배의 정당성의 근거에 대한 신념이 필요하다. 베버는 이 근거에 대한 신념양식에 바탕을 두어 전통적·카리스마적 및 합법적 지배라는 3가지의 지배유형을 구별하였다. 이 경우 합법적 지배는 제정된 법질서가 가지는 합법성에 지배·복종의 근거를 두는 것으로서, 기본적으로는 법의 지배를 의미한다. 이 경우 법질서는 인간의 주체적인 정치적 활동에 의하여 창조되고 변경될 수 있다는 신념이 전제가 된다.

합법적 지배 체제에서는 '주술적으로' 은총을 바라기 위해서 어떠한 성직자에게도 도움을 청할 수가 없게 된다. 자신의 일에 대한 그의 행동에 대해서 스스로를 통제해야만 하는 것이다. 노동을 통해 획득한 부(富)를 아낌없이 즐기지 못하도록 하는 이러한 종교·경제 윤리는 끊임없이 축적된 자본을 재투자하는 요인으로 작용하였다.

왜냐하면 여기서 나태는 죄악이기 때문이다. 만일 그가 부유하다고 해서 나태 속에 빠져든다면, 그는 그 자신의 구원을 체험하거나 획득할 수 있는 유일한 표식을 상실하는 것이 될 것이다. 이러한 모든 상황은 종교·경제 윤리관을 세계관으로 생활화하였음을 뜻한다. 이는 곧 동기차원에서 종교적이고 활동적인 고행을 실행토록 하고, 그 실제 적용의 차원으로 볼 때 경제적이며 세속적인 활동에 박차를 가하는 것이 된다.

따라서 막스 베버의 이 이론에 우리는 상이한 몇 가지 의미를 부여할 수도 있을 것이다. 막스 베버의 이론은 사회적 인과관계의 다양한 형태에 대해서 종교·경제 윤리관이 인간 활동에 지대한 영향을 미치는 세계관으로 작용하는 점을 명백히 한 방법론이라고 말할 수 있다.[16)]

4. 경제윤리의 영향

앙리 데로시(Henri Desroche)는 초기 사회주의의 사회적 내용이 독특한 종교적 내용과 상응관계를 이루고 있는 것이 아닌가 하는 의문을 스스로 제기하면서, 유럽의 초기 사회주의에 대한 종교적인 기원을 탐색코자 할 때 참고했던 것이 바로 이 막스 베버의 분석방법 형태라고 말한다.[17)] 사실 생 시몽(Saint Simon)이나, 푸리에(Fourier), 카데(Cadet)의 저서들을 살펴보면, 우리는 세속화된 공동체 생활, 일종의 수도원 제도의 부활을 격찬하고 있는 새

16) Stewart Butts, '*Parsons' Interpretation of Weber : A Methodological Analysis*', Sociological Anlysis and Theory, vol. 7, pp.271-279. 여기서 부트는 막스베버의 종교윤리관의 세 요소를 사회학적 메카니즘 차원에서 파악할 가치가 있다고 한다. '종교의 성스러운 가치'는 형이상학적이며 우주적인 맥락에서 세계관을 제공해 준다. 베버의 관점은 종교의 전형적인 발전 경로, 원시의례로부터 합리적 신의론을 갖춘 구원 종교로 진보한다. 베버의 언급은 종교윤리에 대해 사회계층의 이해관계가 영향을 끼친다는 측면을 방법론적으로 강조되어 있다고 할 것이다.

17) 막스 베버, 『메시야 사상과 유토피아-서구 사회주의의 기원에 대한 종교적 사회적 고찰』(1959, pp.31-46)

로운 기독교에 대한 의의를 살펴볼 수 있다. 그리고 이 '새로운 기독교'는 공산주의로 인정되고 있는 한 기독교 유파의 또 다른 이상(理想)으로 회귀하게 된다.

베버가 개략적으로 윤곽을 잡은 자본주의 정신과 세속적인 고행주의는 기독교 통합운동과 상관관계를 갖고 있는 세속적 행복주의로 이어지게 된다. 즉 그의 '최대의 생산성만큼 가장 많은 욕구를 최대한 충족시킬 수 있는 것은 없다'라는 말은 종교와 경제의 상호 의존성을 웅변적으로 보여준 것이며, 이는 곧 종교·경제 윤리관으로 자리매김한다.

데로시(Desroche)는 종교개혁 이후 유럽 사회주의 출현이 있기까지, 종교적 공산주의와 천년왕국신앙이 가미된 '사회-종교적' 사슬의 존재를 밝혀냈었다. 이러한 낙관적인 신앙은 바로 근대산업의 생산력이 형성되기 시작한 시대에 있어서의 일종의 계시였던 것이다.

따라서 막스 베버가 그의 이론 속에 통합하지 않았거나 단지 간단하게 언급한 종교 체계에 이와 같은 분석방법론을 체계적으로 도입한다든지 경제 윤리에 대해서 정확한 설명을 추구하는 것은 이 주제를 벗어나고 있다. 그와 동시에 그들은 기독교와 상이한 종교들에서도 신교도 윤리와 유사한 발전 요소가 존재하는지는 보다 폭넓은 시각을 요한다.[18]

그는 동(東)엘베의 농업 노동자의 상태에 관한 일련의 조사(1892~94)에서 자본주의의 압력에 의한 융커 경영의 붕괴, 융커에 예속되는 것으로부터의 해방을 요구하는 농업노동자의 서부로의 이동, 그와 연관된 폴란드인의 진출과 동쪽으로부터의 위협 증대를 알리면서 대책을 논하였다. 그 밖에도 〈국민국가와 경제정책〉에서는 국민적 권력 이해(利害)에 봉사해야 할 경제 정책의 과제를 논하여, 경제적으로 상승하고 있던 시민층의 정치적 성숙을 가능하게 할 만한 정치교육의 필요성을 역설하였다.

그러나 베버는 하이델베르크대학에 있을 때부터 심한 신경질환을 앓아 연구·교육 생활을 단념하고 유럽 각지에서 투병생활을 하였다. 1902년 무렵부터 점차 건강을 회복하여 연구 활동을 다시 시작했으나 교직은 사양하고 학문연구에만 전념하였다. 1904년 이후 《사회과학·사회정책잡지》 편집에 관여하면서 〈사회과학적 및 사회 정책적 인식의 객관성(1904)〉 〈프로테스탄티즘의 윤리와 자본주의의 정신(1904~1905)〉 등의 논문을 기고하였다. 1909년에는 독일사회학회의 창립에 관여하였고, 이 해부터 총서 《사회경제학강요》의 편집을 맡았으며, 그 제3권 《경제와 사회(1921~22)》라는 대작을 저술하였다. 이것은 베버의 학문체제의 총괄이라고 볼 수 있다. 말년에 이르기까지 그의 현실 정치에 대한 관심도 높아서 제1차세계대전 후에는 독일민주당의 결성에 참여하였고, 헌법작성위원회에도 참가한 후, 1919년 베르사유강화회의에 전문위원으로 나가서 전쟁 책임 추급의 논거를 비판하였다. 한편 1918년에는 빈 대학, 1919년에는 뮌헨대학 교수로 있다가, 1920년 폐렴으로 이 세상을 타계하는 비운을 맞이했다.

막스 베버의 생각과 근접한 것으로는 그의 동료이자 친구인 어너스트 트룈치(Ernst Troeltsch, 1865-1923)의 저서를 들 수 있다. 역사학적인 분석 방법에 충실하면서 자유로운 신학자인 그는, 베를린 대학의 철학 교수가 되면서 특히 사회적 사실과 기독교 사상 사이의 관계에

---

18) S.N.Eisonstadt, 『현대 비 유럽국가 분석을 위한 막스 베버의 종교 사회학에 대한 고찰』, 종교 사회학 기록, 32, 1971, pp.29-52.

대한 연구에 몰두하였다. 다시 말해서 그는 현금의 기독교가 확보하고 있는 위치를 더욱 잘 이해하기 위해서 기독교의 과거를 분석할 필요를 강조하였던 것이다. 그의 주저 [기독교 교회의 사회적인 가르침][19]에서 트뢸치는 다른 사회적 집단에 대한 기독교의 영향력을 간파하려고 애쓰는 동시에, 천오백 년 이상의 긴 역사의 흐름 동안 다양한 기독교 공동체에 미치게 된 외부적 영향력들을 연구하였다.

간략하게 그의 사상을 요약하자면, 그의 기독교 발전에 대한 사회학적 분석은 단적으로 세 단계로 나눠진다고 할 수 있을 것이다. 즉 원시 기독교 시대, 중세 시대, 그리고 종교개혁 시대가 그것이다. 기독교 신자였던 트뢸치는 스스로 단언하기를 신성·초월적 존재는 이 세상에 단 한 번 예수라는 인물로 등장하였음을 강조하면서 그의 이론을 전개한다.

이러한 종교사상은 그것들이 형성되고 있는 시대, 장소 그리고 인간 집단에 따라 다양하게 변하는 '문화적 내용'들을 창조하면서, 역사적 사회적 요구에 종속된 개인들을 통해 그 맥을 유지하게 된다. 이와 같이 해서 기독교의 정수는 서로 상이한 사회 경제 조건에 따라 적절한 형태를 띠면서 종교·경제 윤리관을 나타내게 되었다.

그렇다고 해서 기독교적인 계시의 독자성이 사회 경제성 조건과의 관계로 인해서 말살되는 것은 아니다. 사회 경제적 조건들은 몇 가지 점에서 〈기독교 사상〉을 변경할 수 있다. 그렇지만 그것이 결코 원인은 될 수 없다. 따라서 기독교의 다양한 유형을 그들 속에서 꽃 핀 구조와 혼동해서는 안 될 것이다.

기독교에 대한 역사적 사실들뿐만 아니라 그것의 특이성에도 관심을 보이고 있는 동일한 분석으로, 트뢸치는 18세기 말까지 그 연구를 진행하였다. 이런 방식으로 그는 역사 속에 전개되었던 기독교를 세 유형의 구조로 고찰하였다. 이는 곧 교회, 종파, 신비주의 묶음인 것이다. 즉 구원과 은혜를 베풀어 주는 공동 조직, 세속과 격리된 독실한 기독교인들의 자유로운 연합, 그리고 보다 개인적이고 내밀한 관점에서 교리를 내면화시키는 은밀성의 세 가지이다. 이제 문제는 이러한 유형의 기독교 구조가 다른 세계와 마찬가지로 기독교 공동체에 미치는 영향을 연구하는 일이다. 바꾸어 말해서 그 사회적 힘과 기능이 무엇인지를 분석을 통해 천착해야 하는 것이다.

이 일은 아주 중요한 것이다. 그때까지 사회적 차원으로 볼 때 교리적이고 신학적인 내용에 깊이 영향받은 분석으로 뒤범벅이 된 기독교 영역을, 트뢸치(Toeltsch)는 객관적으로 연구할 수 있는 길을 열어 놓았다. 왜냐하면 아리안족의 종교관에서 밝힌 것처럼, 異教는 이제 서양인에게는 창조적인 세계관으로 드러나며, 그것은 단지 그것과 연관되는 상대적인 이미지뿐만 아니라, 그 종교에게 합당한 하나의 종교·경제 윤리의 세계관을 통해서 인간 행동의 유형을 전수한 것으로 파악되었다. 이처럼 이분화된 세계는 시간적인 두 축으로 갈라진다. 즉 '이교'는 그를 실망시키는 현재의 역사를 거부하면서, 한편으로는 과거의 경험을 회귀시켜 스스로를 정당화시키는 열쇠가 되었다.

그러나 그는 인간의 신뢰를 줄 수 있는 것은 미래뿐이라고 말한다. 아직 체험되지 않

19) Ernst Troeltsch, *The Social Teaching of the Christian Churches,* Tübingen, Westminster Press, 1912.

은 이 시간만이 무서운 절망감에서 해방을 가져다 줄 수 있고, 지속적인 불행에 대한 보상과 원인의 정당성에 대한 확신을 가져다 줄 수 있기 때문이다. 집단적인 종교적 차원으로 옮겨가기는 하였지만, 우리는 이를 통해 원한에 근거한 행동동기를 재발견하게 되는 것이다.

막스 베버의 영향에 의한 종교 사회학이 독립적인 학문을 구성하기까지는 요아킴·바하(Joachim Wach, 1898-1955)의 등장을 통해서 보다 명료해졌다고 할 것이다. 그가 강조한 종교 분석의 주요 세 영역은 해석학, 종교적 체험, 그리고 그것의 다양한 표현, 즉 종교 사회학[20]이다. 그는 종교 사회학 부문에서 여러 종교 조직이 발달하게 되는 사회 체제에 대해서 종교가 미치는 영향과 이들 상호작용에 깊은 탐구를 시도하였다.

그렇지만 그러한 탐구는 또한 여러 종교 조직들의 연상도식과 그 응집 유형을 분석하는 동시에 그 조직들의 유형을 비교 연구할 필요가 있는 것이다. 따라서 그의 [종교적 체험(신화, 교리, 기도, 희생, 의식 등)의 실재와 그 지적인 다양한 표현들에 대한 사회학적 의미를 천착함[21]은 종교 사회학적 이해이면서 동시에 종교·경제 윤리에 대한 실증적 연구로서 의의를 보여 준다.

이처럼 막스 베버에 의하면, 종교·경제 윤리의 가치관은 개신교도들의 삶의 양식에 직접적인 영향을 주었으며, 이를 통한 가치 함양은 인간의 행동을 특정 방향으로 동기를 유발하게 한다. 그는 이와 병행하여 중국과 인도의 종교, 고대 유태교를 연구하면서 이들의 종교·경제 윤리관이 자본주의 형성을 방해하게 된 점을 비교 분석하였다. 베버는 19세기 후반 독일에서 주류를 이룬 신역사학파(新歷史學派) 또는 강단사회주의자(講壇社會主義者)와 대결하였으며, G.슈몰러와의 가치판단 논쟁을 통하여 역사학파가 가지는 이론적 약점을 지적하고, 그것을 극복하려고 노력하였다. 《사회과학적 및 사회정책적 인식의 객관성》 등에서 보인 그의 사회과학 방법론은 그 성과이다. 여기서의 그의 방법론상의 개념은 과학과 가치판단을 명확히 구별하는 이른바 '몰가치성(沒價値性)'이며, 또 사회현상에 대해서 인식주체(認識主體)가 하나의 문제의식(問題意識)을 가지고 주관적으로 구성하는 '이념형(理念型)'이다. 그는 이로써 여러 역사적·사회적 현상에 대한 과학적 인식이 가능하다고 생각하였다.

그의 사회과학의 인식론은 역사학파에 대한 비판일 뿐 아니라, 마르크스주의에 대한 비판이기도 하였다. 즉, 마르크스주의를 유물사관(唯物史觀)에 의하여 주관적으로 구성된 하나의 이념형이라고 봄으로써 이를 상대화(相對化)하였고, 또 여러 경제적 요인에 의하여 역사적 인과관계(因果關係)를 설명하는 유물사관에 대하여 종교나 정치 영역에서의 행위의 동기와 관련시켜 역사적 현상을 설명하려고 하였다. 『프로테스탄티즘의 윤리와 자본주의의 정신』은 그 성과 중의 하나이다. 여기서는 근대 유럽에서의 자본주의의 발생을, 프로테스탄티즘 특히 칼뱅주의의 교리 하에서 금욕(禁慾)과 근로에 힘쓰는 종교적 생활태도와 관련

---

20) 키타가와(J.Kitagawa)가 밝힌 바하(J.Wach)의 도서목록, 종교 사회학(Sociologie de la religion), Paris, Payot, 1955.

21) 종교 사회학(20세기 사회학) G.Gusdorf. New York, 1945, p.434(불어번역 Paris, P.U.F. 1947)

시켜 설명한다.

그는 또한 근대 유럽과 비교하는 관점에서, 그리스도교의 원류(源流)가 되는 고대 유대교와 불교·유교 등과 같은 비(非)그리스도교 세계에서의 종교와 사회와의 관련도 추구하였다. 그가 내린 마르크스주의 비판의 타당성 여부는 접어놓더라도, 그의 사회과학 방법론이 오늘날의 여러 사회과학 분야에 많은 영향을 주고 있는 것만은 틀림없다.

그런데 베버에 의하면, 유교의 종교·경제 윤리는 실용적이고 현세적이기 때문에 내면적 양심에 관한 형이상학적 기반을 갖지 않는다.[22] 여기서 주장되는 사회 위계질서의 강조, 정태적 학문의 태도, 우주와 세계의 규범화, 확대가족제 등은 개인의 투자행위를 억제하고 그것의 보편적 기준과 합리화를 방지하는 억제기능을 발휘했다. 특히 기술개혁은 사회질서를 붕괴하며 삿된 기운을 조장하는 것으로 보고 부정되었다. 이는 곧 유교가 내면적인 혁신력을 갖지 못했기 때문에 현질서에 외면적으로 적응하는 전통주의적 태도를 낳았다. 베버의 관점에서 보면, 유교는 청교도 정신과 같은 근대적 인간관을 형성하지 못 하였다.

또한 힌두교는 까르마 이론을 토대로 세계관을 정립하고 있기 때문에, 막스 베버의 눈에는 재생에 의한 보상, 현존 질서의 옹호, 사회적 불평등의 수용 등에 의해 사회혁명 또는 개혁의식을 저해하는 것으로 비쳐졌다. 따라서 그는 인도의 사회발전에 종교·경제 윤리가 역기능을 낳았다고 주장하기에 이른다. 이와 같은 맥락에서 불교는 관상생활(觀想生活)을 강조하며 현세생활의 의미를 상대화하는 우주관을 지니고 있기 때문에 재산축적이나 현세의 개혁적 의미를 평가절하하는 것으로 이해되었다. 따라서 현세 활동을 근본적으로 부정하고 있는 종교·경제 윤리관의 영향으로 불교 사회는 자본주의 정신과 경제체계의 발전을 저해하는 요인이 되었다고 단정하기에 이른다.

베버는 방대한 분량의 종교비교 분석을 통하여 종교·경제 윤리는 사회경제발전에 중요한 영향을 미치기 때문에, 이를 토대로 부정적 입장의 마르크스의 갈등 이론을 수정하였다. 따라서 우리는 서구에서는 자본주의 발달의 입지요건이 미약했음에도 불구하고 칼빈의 청교도 정신이 발전의 원동력이 된 반면에, 인도와 중국등의 동양 사회에서는 자본주의체제 기본 여건이 성숙했으면서도 사회 경제 발전에 부정적 세계관을 지닌 종교·경제 윤리의 영향으로 자본주의 체제의 미숙함을 이루었다는 상관 논리로 베버의 사상을 집약할 수 있다.

따라서 베버의 논리는 경제·종교 윤리 사이의 상관관계를 정립함에 있어 이념형(理念型)의 구성에 초점을 두고 있기 때문에 상관관계의 상이성(相依性)은 선명하게 나타나고 있다. 그러나 구체적 사실에서 귀납적 자료 검증에 따른 추상적 보편성으로 나아가는 과학적·보편적인 인식 결여로 말미암아, 그의 상관 논리는 임의적 근거와 귀결의 관계들로서 구성된 한계점을 드러내고 있다.

---

22) Max Weber, *The Religion in China : Confucianism and Taoism*, trans. Hans H. Gerth (New York : Macmillan, 1964), pp.59 ff.

3. 에리히 프롬(Erich Fromm)의 자유사상

1. 에리히 프롬의 생애와 사건

[그림 20] 에리히 프롬(Erich Fromm)

에리히 프롬은 1900년 3월 23일, 독일 상공업의 중심지였던 프랑크푸르트에서 태어났다. 당시 프랑크푸르트는 독일의 어떠한 지역들보다도 자유주의적이고 계몽적인 정신이 강한 도시였다. 부모는 모두 유태인이었고 프롬은 외아들이었다. 프롬은 자신의 부모가 신경질적인 성격의 소유자였으며 자신도 매우 신경이 예민한 아이였다고 회상하고 있다. 프롬은 자신이 어릴 적부터 인간들의 비합리적인 성향과 행동에 대한 의문에 자주 사로잡혔다고 말하면서, 그렇게 된 원인들 중의 하나를 자신이 조급하고 성미가 까다로운 아버지와 곧잘 우울해 하는 어머니 밑에서 자라게 된 데서 찾고 있다. 프롬의 집안은 친가든 외가든 독실하게 유태교를 신봉했으며, 이러한 가정환경으로 인해서 프롬은 어릴 적에는 탈무드 연구가가 되려고 했다.

프롬은 제1차 세계대전이야말로 자신의 청년기에 겪은 가장 결정적인 사건이었다고 생각한다. 그는 제1차 세계대전을 19세기에 서구를 지배했던 낙관주의와 계몽 사조를 종결시킨 가장 잔혹하고 비합리적인 사건으로 보고 있다. 물론 프롬은 제1차 세계대전이 일어났던 1914년 당시에는 14세의 소년에 불과했기에 전쟁의 원인과 같은 근본적인 문제에는 관심이 없었다. 전쟁에 대해 어린애다운 관심만을 보였던 프롬이 '왜 인간은 전쟁을 하는가'와 같은 보다 근본적인 문제에 깊은 관심을 갖게 되는 계기가 되는 것은 전쟁에 대해서 교사들이 보인 태도 때문이었다.

프롬은 제1차 세계대전을 계기로 인간의 비합리성에 대해서 보다 깊은 관심을 품게 되었다. 이러한 관심으로 인해서 프롬은 대학에서 원래 법학을 공부했다가 심리학과 철학 그리고 사회학을 공부하는 것으로 방향을 바꾸고 정신분석학자가 되기로 결심하게 되었다. 프랑크푸르트 대학에서 두 학기 동안 법학을 공부한 후 프롬은 1919년부터는 하이델베르크대학에서 사회학과 심리학 그리고 철학을 공부하게 된다. 동시에 그는 자신에게 큰 영향을 끼친 라빈코프(Rabinkow) 밑에서 1926년까지 탈무드를 공부하게 된다. 프롬은 라빈코프를 통해 마이모니데스[23]의 사상과 유태교 신비주의인 하시딤[24]을 알게 되었다.

유태교에 대한 라빈코프의 보편주의적이고 인본주의적인 해석의 영향을 받고 프롬은 정통적인 유태교에서 벗어나 비유신론적인 휴머니즘을 자신의 신조로 삼게 되었다. 유태교의 교리를 더 이상 믿지 않게 되었지만, 프롬은 자신의 사상을 유태교의 인본주의적인 정신에서 발전되어 나온 것으로 보았으며 그것을 철저히 밀고 나간 것으로 생각했다. 프롬은 원래 유태 민족주의인 시오니즘[25]을 열렬히 지지했지만 코헨과 라빈코프의 영향으로 시오니즘에 등을 돌리게 된다.

프롬은 1922년에 막스 베버의 동생인 사회학자 알프레드 베버에게서 박사학위를 받게 된다. 1926년 프롬은 정신분석의인 프리다 라이히만과 결혼한다. 프롬은 프로이트 정신분석학을 치료에 응용하고 있던 프리다 라이히만을 통해서 본격적으로 정신분석학에 접하게 되면서 프로이트의 제자였던 칼 란다우어로부터 정신분석학을 배우게 된다. 나중에 프로이트의 리비도 이론을 철저하게 비판하게 되는 프롬도 1934년까지는 그것을 신봉하는 정통 프로이트 주의자였다.

정신분석학자였을 뿐 아니라 사회학자이기도 했던 프롬은 심리학과 사회학을 결합하고자 했다. 그는 분석적인 사회심리학을 발전시키고자 했다. 이러한 관심 때문에 프롬은 프랑크푸르트학파를 탄생시킨 막스 프랑크 사회 연구소와 관계를 맺게 된다. 그는 1930년에서 1938년까지 연구소 내의 사회 심리학 분야의 책임자로서 일했으며, 사회학 연구에 정신 분석을 도입하는 데 업적을 남겼다. 프롬은 프로이트와 마르크스의 사상에 대한 심도 있는 연구를 통해서 인간 개개인의 심리 현상과 사회 현상에 대한 여러 가지 의문을 풀고자 했다.

1993년 프롬은 나치의 박해를 피해 미국에 망명한다. 프롬은 미국에서도 계속해서 막스 프랑크 사회연구소에서 일했으나 프로이트에 대해서 비판적인 태도를 취하게 되면서 다른 연구원들과 마찰을 빚게 된다. 그러나 프롬의 프로이트 비판을 둘러싸고 연구소 내에서 진행되던 논란은 학문적인 성격보다는 다분히 인신 공격적인 성격을 띠게 되었다. 그리하여 1938년에 프롬은 연구소에서 탈퇴한다.

프롬은 1940년에 미국 시민권을 획득하고, 1944년에 헤이 구를란트(Henny Gurland)와 두 번째로 결혼한다. 이어서 프롬은 1949년 멕시코로 이주하여 멕시코에서 25년 이상을 산다.

---

23) 마이모니데스(Maimonides, Moses) : 유대 철학자이자 의사(1135~1204), 아리스토텔레스 철학과 유대교적 신앙을 결합하여 구약 성경의 상징적 가르침에 대한 합리적 해석을 꾀하였으며, 윤리학에서는 의지의 자유와 중용(中庸)의 덕(德)을 논하였다. 그의 철학 저작은 라틴 어로 번역되어 중세의 뛰어난 스콜라 저술가들에게 영향을 주었다. 저서에 《의혹자의 입문서》 가 있다.

24) 하시디즘 (Hasidism)은 '경건한 자'라는 뜻의 히브리어에서 유래, Chasidism 이라고도 씀. 유대교의 경건주의 운동이다. 반면에 독일의 하시디즘은 12~13세기 독일에서 일어난 유대교 종교 운동. 금욕과 신비주의의 함축적인 의미를 결합 시켰다.

25) 시오니즘(Zionism) : 유대인들의 민족 국가 건설을 위한 민족주의 운동. 세계 각지에 흩어져 있던 유대 인들이 그들 조상의 땅인 팔레스타인에 국가를 건설하려는 운동으로, 1948년에 이스라엘이 독립함으로써 실현되었다.

그는 거기서 새로운 고향을 발견했고 대학에서 정신 분석학을 가르치는 것과 동시에 연구와 치료를 겸하는 연구소를 설립했다. 두 번째 부인의 때 이른 죽음으로 정신적인 타격을 입게 되는데, 그는 미국 출신의 안니스 프리만(Annis Freeman)의 도움으로 충격을 극복하고, 1953년 그녀와 결혼하게 된다.

그 이후 프롬은 선불교[26]에 대한 관심이 증대한다. 프롬은 1957년에 서양에 선불교를 소개한 다이세츠 스스키와 '정신분석학과 선불교'를 주제로 한 공동 세미나를 개최한다. 프롬에게 스스키와의 세미나는 극히 중요한 사건이었다. 프롬은 스스키를 사랑했고 찬탄했으며 그에게서 배우고자 했다. 1955년 프롬은 미국 사회당에 참여키도 했으나 이내 현실 정치에서는 무능하다는 걸 깨닫게 되었다. 그러나 정치문제에 대해서는 관심이 높아 사회주의적 휴머니즘만이 진실한 인도주의라는 입장을 취했다. 당연히 그는 미국 내 인권과 반전운동을 비롯해 세계평화운동에 적극에 참여하여 20세기의 영향력 있는 사회학자로 부상, 활동하다가 1980년 3월 18일 스위스 무랄트에서 타계했다.

2. 에리히 프롬의 주요사상

프롬은 현대 사회가 근본적으로 병들어 있으며 건강을 회복하기 위해서는 일종의 대수술이 필요하다고 생각한다.[27] 대부분의 사람들은 현대 사회에 문제가 있지만 사람들의 개선을 통해서 충분히 해결될 수 있다고 생각하는 반면에, 프롬은 현대의 위기는 인간과 사회의 근본적인 반성과 변혁 없이는 극복될 수 없다고 생각하는 것이다.

프롬은 현대 사회가 얼마나 병들어 있는지를 여러 가지 예를 통해서 보여주고 있다. 정치적인 상황으로는 지난 1세기 동안 크고 작은 정치적 분쟁들을 통해서 수천만 인구가 살해되었고, 현재 대규모 전쟁은 일어나지 않고 있지만 지구를 파괴할 수 있는 무기들이 계속해서 생산되고 있다. 경제적인 상황의 예를 들면 지구 한쪽에는 수많은 사람들이 기아로 허덕이고 있으며, 문화적으로 볼 때 현대인들의 90퍼센트 이상이 글을 읽고 쓸 줄 알 정도로 높은 문화적 수준을 갖고 있는 것으로 보이지만, 사람들이 매일 접하는 매체들은 수준 높은 문학이나 음악이 아닌 잔혹하고 기괴한 공상 같은 것들이 난무할 뿐이다.

(1) 사회적 성격과 사회구조의 관계

현대인이 정신적으로 병들어 있다는 진단은 현대인들이 일반적으로 동질적인 정신 성향을 갖고 있다는 사실을 전제한다. 프롬은 이러한 전반적인 성향을 사회적 성격이라고 부르고 있다. 즉, 사회적 성격이란 특정한 사회가 순조롭게 기능하기 위해서 그 사회 구성원들

26) 선불교는 내적 관찰과 자기 성찰에 의하여 자기 심성의 본원을 참구(參究)할 것을 주창한 불교의 종파이다. 일본의 선불교는 13세기 전반부에 이르러 일본에 전래되어 일본 전역에 퍼져나갔으며, 선(禪)에 기반한 일본 특유의 문화들- 다도(茶道), 정원 조성, 서도, 무사도, 바둑 등이 형성되었다.

27) 박찬국, 『에리히 프롬과의 대화』 철학과 현실사, 2001, p.37-8.

이 갖지 않으면 안 되는 성향이다.

이러한 사회적 성격은 사회 구조와의 상호 관계에서 형성된다. 프롬은 사회적 성격의 파악을 위해서는 그 사회의 경제적, 정치적 구조가 인간성에 미치는 영향을 연구해야만 한다고 생각한다. 인간이 먹고 살기 위해서는 그 사회의 요구에 적응하지 않으면 안 된다는 기본적 사실 때문에 사회 경제적 구조는 인간의 성격 형성에 크게 영향을 미치게 된다. 이런 맥락에서 프롬은 현대 자본주의 사회가 인간의 성격을 어떻게 왜곡시키고 있는지를 상세히 분석하고 있다.

(2) 현대 자본주의의 병적인 성격에 대한 분석

마르크스가 지적한 것처럼 모든 자본주의 사회는 사람들을 소외 상태로 몰아간다. 소외란 '인간이 자신을 자기 세계의 중심이나 자기 행위의 창조자로 느끼지 못하고 오히려 자신의 행위의 결과물이 그의 복종과 숭배를 강요하게 되는 상태'를 의미한다. 자본주의 체제 아래서 인간은 사회로부터, 노동으로부터, 자신들이 만든 생산물로부터, 사람 사이에 자기 자신으로부터 그리고 국가운영으로부터 소외되어 있다. 프롬은 이러한 특징들은 지난 몇 세기 동안의 자본주의의 공통된 특징이지만 자본주의 내의 각 시대마다 일어난 변화 역시 유사성 못지않게 중요하다고 본다. 프롬은 자본주의 사회의 변화를 19세기와 20세기로 나누어 살펴보고 있다.

(3) 19세기 자본주의와 사회적 성격

19세기 자본주의의 가장 특징적인 요소는 우선 노동자에 대한 잔혹한 착취였다.[28] 또한 생산과 교환의 조절자로서의 시장은 19세기에 모든 전통적인 제한으로부터 해방되어 완전한 위력을 떨치기 시작했다.

프롬은 이러한 자본주의 사회구조 안에서 그것이 형성한 사회적 성격을 분석한다. 19세기 자본주의 하에서 사람들은 저축적인 성격을 가지고 있었다. 이 시대는 주로 소비보다는 생산과 축적이 경제 발전을 위해서 요청되던 시대였으며 이에 따라서 저축열과 소유열이 조장되었다. 19세기 사회적 성격은 다른 한편으로 권위주의적인 것이었다. 그 사회는 본질적으로 위계적 성격을 가졌으며, 자본의 소유에 바탕을 두고 있어서 자본을 소유하고 있는 사람은 자기 마음대로 쓸 수 있으며 자본이 없는 사람은 자본가에게 복종하지 않을 수 없었다.

19세기에 나타난 변혁 운동들은 자본주의 체제의 부정적 현상들을 극복하는 것을 과제로 삼았다. 20세기에 들어서면서 19세기의 개혁가들이 내세운 주요한 요구들은 성취되었다. 그러나 프롬은 20세기에 달성된 물질적인 번영, 정치적·성적 자유에도 불구하고 20세기의 세계는 19세기보다도 훨씬 더 병들어 있다고 말하고 있다. 우리는 익명의 권위에 두려워하고 있으며, 우리 자신에 대해 확신을 갖지 못하고 있다. 20세기는 19세기와는 전혀 다른 병적인 증상들을 갖고 있다.

---

28) 에리히 프롬, 김병익 역, 『건전한 사회』 범우사, 1975, p.92.

(4) 20세기의 자본주의와 사회적 성격

19세기에서 20세기에 걸쳐서 나타나는 가장 뚜렷한 변화는 기술의 발전에 있다. 대부분의 수동 작업은 기계에 의해서 대체되었다. 이러한 기술의 변화는 원래 자본의 집중에 의해 야기된 것이지만 그것은 역으로 자본의 집중을 더욱 심화시켰다. 또한 19세기에 생산과 저축이 중시되었던 반면에 20세기에는 활발한 소비가 경제체제의 원활한 기능을 위해서 장려되었다. 20세기의 인간들은 거대한 조직체의 부속품이 되었다. 사람들은 전문가들이 고안해낸 방법에 따라 너무 빠르지도, 느리지도 않게 다 같이 큰 전체의 한 부분이 되어 함께 일한다.

현대 산업 사회에서 사람들은 자연을 지능적으로 지배하는 것을 통하여 자신의 안전과 행복을 구하고자 한다. 이 경우 행복은 육체적 안전 및 감각적 쾌락과 동일시되고 있다. 이런 육체적 안전과 감각적 쾌락에 대한 몰두는 현대인들을 고립적이고 개인주의적으로 만든다. 프롬은 현대의 기술 문명을 근저에서 지배하는 정신을 네크로필리아(Necrophilia:죽은 것에 대한 사랑)라고 규정하고 있다. 프롬은 네크로필리아를 '인공물을 포함하여 살아있지 않은 것을 살아 있는 것보다 더 선호하는 정신 성향'을 가리키는 넓은 의미로 사용하고 있다. 프롬은 현대 산업사회에서 네크로필리아의 정신은 모든 것을 자신의 지배 의지 밑에 두기 위해서 계산과 타산의 대상으로 전락시키는 의지로 나타나고 있다고 보고 있다. 그것은 모든 존재하는 모든 것들로부터 독자적 생명을 앗아가고 하나의 처리 가능한 죽은 부품으로 만드는 의지이다.

(5) 존재지향 사회와 정신회복의 성격

우리의 사회 체제는 병들어 있으며 이러한 사회 체제는 병든 성격을 낳고 병든 성격은 다시 병든 사회를 낳는 악순환을 심화시키고 있다. 그렇다고 하여 프롬은 이 사회를 변혁하는 것은 불가능하다고 생각하지는 않는다. 프롬은 현 사회의 변혁을 위해서는 새로운 사회를 형성하는 것 이외에 현대인의 성격 구조에 근본적인 변혁이 일어나는 것이 절대적으로 필요하다고 본다. 근본적인 인간 변혁의 필요성은 윤리적 혹은 종교적 요청으로서나 현대 사회의 병적인 성향에서 비롯되는 심리학적 요청으로서 뿐만 아니라, 인류의 생존을 위한 조건으로서도 나타나고 있다.

그러면 인간은 어떠한 방향으로 변혁해야 하는가? 우리는 프롬이 현대 사회가 위기가 빠지게 된 이유를 살아 있는 것보다 인공물에 대한 소유에서 행복을 찾으려는 네크로필리아 정신에 의해서 지배되고 있다는 데서 찾는다. 그러한 네크로필리아 정신을 그는 그의 저서 『소유냐 존재냐』에서 소유 지향적 정신이라고 부르고 있다. 소유지향 특징은 산업 사회에서의 특징이며, 산업사회에서는 돈, 명예, 권력에 대한 탐욕이 인생을 지배하게 되었다.

이러한 소유 지향적 정신과 삶에 대해서 프롬은 존재 지향적 정신과 삶을 내세운다. 존재 지향적 삶은 어떤 것을 소유하지도 않고 또 소유하려고 갈망하지도 않으면서 즐거워하고 자기의 재능을 생산적으로 사용하며 세계와 하나가 되는 삶의 양식을 표현하고 있다.

(6) 인본주의와 공동체주의 성격

프롬은 현대 산업 사회의 병폐를 극복하기 위해서는 인간 개개인이 소유지향적인 삶을 버리고 존재 지향적인 삶을 지향하는 정신 혁명을 추구하는 것 이외에 사회구조의 근본적인 변혁이 필요하다고 본다. 프롬이 보기에 인간은 천성적으로 삶과 창조를 지향하지만 그것이 제대로 실현되지 못하는 것은 사회적 환경 때문이다. 따라서 사회 구조의 변혁이 요청되는 것이다. 프롬은 자신이 지향하는 사회를 인본주의적이고 공동체주의적인 사회주의라 부르고 있으며, 그러한 사회가 이루어지기 위해서는 경제적, 정치적, 문화적 차원에서의 변화가 수반되지 않으면 안 된다고 말하고 있다.

3. 에리히 프롬의 심층의식

(1) 『자유로부터의 도피』에 나타난 자유의식

프롬이 명성을 얻은 대표작의 하나인 『자유로부터의 도피(Escape From Freedom)』(1941)는 나치 체제의 성립이 가능했던 사회심리적인 배경을 파헤친 이색적인 저작이다.[29)]

근대인은 전통적인 비합리적인 규범이나 신분적인 구속에서 해방되었지만 그 대신에 모든 것을 자신의 주체적인 이성에 의해서 결정하고 그것에 책임을 져야 하는 상황에 처하게 되었다. 이러한 상황에서 많은 근대인들은 자유를 부담스러운 짐으로 생각하면서 그것에서 벗어나 새로운 비합리적인 권위에 자신을 복속시키려는 경향이 있다. 프롬은 이러한 경향을 가리켜서 '자유로부터의 도피'라고 말하고 있다. 이 경우 프롬은 자유란 말을 단순히 전통 사회의 비합리적인 규범과 구속에서 해방되었다는 소극적 의미로 사용하는 것이 아니라 자신의 주체적이고 개인적 자아를 실현하는 것, 다시 말해서 자신의 지적, 정서적 및 감각적인 능력을 온전하게 실현한다는 적극적인 의미로 사용하고 있다.[30)]

그는 보통 사람들이 자유로부터 도피하고자 그 피난처를 찾는 방법으로 3가지를 들고 있다. 이는 곧 권위주의(Authoritarianism), 파괴성의 발로(Destructiveness), 자동적인 체제순응(Automation Conformity)이다. 먼저 '권위주의'는 권위에 순응 혹은 적극 가담하는 것과 자신이 권위를 확립하는 방법이 있다. 이는 곧 심리적으로 사디즘과 마조히즘의 구조를 통해 현실화 한다. 또한 '파괴성의 발로'는 권위에 순응하는 데 따르게 될 고통스러운 자기 존재를 망각할 수 있는 탈출구로서 세계나 자신을 파괴하는 방법을 선택하는 것이다. 이것은 외부적으로는 잔학성, 야만주의, 모욕, 범죄, 테러 등으로 나타나지만 내면적으로는 질병, 마약 복용, 알코올중독, 수동적인 오락에의 탐닉, 자살 등 자기파괴 현상으로 표현된다. '자동적인 체제순응'은 위의 두 가지를 아우르는 기능이면서도 거기에 함몰될 수 없는 지극히 평범한 사람들의 방법론으로 '사회적 카멜레온(Social chameleon)'을 뜻한다. 이들은 모든 자기 행동

29) 한국디지털도서관(www.kll.co.kr), 〈기획연재〉 임헌영의 문학세계, 『에리히 프롬의 인간과 사랑론』 참조.

30) 박찬국, 앞의 책, pp.128-129.

양식을 다른 사람이 하는 대로 따라 하면서 군중 속에 섞여 튀지 않으려는 것에서 자유로부터의 도피를 실현한다. 자유주의 사회가 어떻게 전체주의화 할 수도 있는가에 대한 회답을 프롬은 이렇게 심리학적인 근거에서 구하고 있다.

이성으로부터 학대를 받음으로써 성욕을 느끼는 '마조히즘'과 성적 대상에게 고통을 줌으로써 성적 쾌감을 얻는 '사디즘'은 각각 피학증과 가학증을 뜻하는 것으로 그 의미는 상반된다.[31] 그러나 이 둘은 모두 성적 이상 장애에서 비롯됐으며 마치 악어와 악어새처럼 공존할 수밖에 없는 관계이기도 하다. 마조히즘과 사디즘이란 용어는 이런 공존 관계 외에도 모두 사람의 이름에서 유래됐다는 공통점을 가지고 있다. 우선 마조히즘의 원조는 오스트리아 태생의 레어폴트 폰 자허 마조흐(1881~85)라는 소설가이다. 피학증을 다룬 그의 소설 '모피를 입은 비너스'는 단순한 허구성 소설이 아니었다. 이 소설은 마조흐 자신의 삶을 바탕으로 쓰였는데, 그는 자신의 욕망을 자극하기 위해 결혼 직후 자신을 나무에 묶어놓고 아내 오로라와 하녀 마리에게 자신을 매질해 달라고 간청했다. 이 같은 변태적 행동은 결국 아내를 그의 곁에서 떠나게 했지만 결과적으로 200년이 넘은 지금까지도 마조흐라는 이름을 기억하게 해준 영광(?)을 가져다준 셈이다.

프랑스의 작가 마르키 드 사드(1740~1814)는 사디즘의 원조다. 사드는 탈규범적 성행위에 대한 인간의 상상력의 끝을 보여준 '소돔 120일'이라는 작품으로 세상에 알려진다. 그는 실제 성 학대죄로 감옥에 다녀온 일도 있다. 30대의 한 미망인을 가정부로 고용한 그는 자신의 저택에 그녀를 감금한 뒤 발가벗겨 피가 흐를 때까지 채찍질을 하는 등 심한 성 학대를 일삼았다. 견디다 못한 이 미망인이 사드의 눈을 피해 침대 시트로 엮은 밧줄을 타고 탈출함으로써 그런 사실이 세상에 알려졌다.

이후 그는 『자기 지향적 인간(*Man For Himself - An Inquiry into the Psychology of Ethics*)』(1947), 『잊힌 언어(*The Forgotten Language*)』(1951), 『건전한 사회(*The Sane Society*)』(1955), 『사랑의 기술(*The Art of Loving*)』(1956), 『인간의 마음(*The Heart of Man - Its Genius for Good and Evil*)』(1964), 『희망의 혁명(*Revolution of Hope-Toward a Humanized Technology*)』(1968), 『인간 파괴성의 해부(*The Anatomy of Human Destructiveness*)』(1974), 『소유냐 존재냐(*To Have or To Be*)』(1976) 등의 많은 저술을 통해 사회주의 이후의 대처방안을 강구하였다.

(2) 심리적인 인간형

일생을 통해서 프롬이 추구한 것은 인간의 심리와 사회구조가 어떤 상관작용을 하면서 인류 역사를 형성해 나가느냐는 심리학과 사회학을 통한 세계평화의 구축이었다. 심리학을 개인과 세계의 관계 맺기로 본 그는 인간이 지닌 소유, 초월, 착근, 정체, 준거의 5대 욕구 중 현대인은 소유욕구가 가장 강하게 작용하여 소외현상이 중요한 쟁점으로 부각했다고 본다. 이 해명을 위한 기본 틀로 프롬은 유명한 5가지 유형의 심리학적 인간형이 등장한다. 역사적 조건과 사회 환경, 문화와 종교, 정치 경제 체제 등등에 따라 인간은 다음 5유형으로 나뉜다고 그는 풀이한다.

31) 곽태일, 『주간동아』 324호(02. 3. 07), '마조히즘과 사디즘. 변태냐 욕망이냐' 참조.

ⓐ 수용 지향성(The receptive orientation) : 필요한 것을 얻을 때까지 기다리는 사람들로 특히 풍요로운 지역에 사는 농민들에게서 볼 수 있다. 노예, 농노, 이민 노동자 등 저변 층에 흔하고, 프로이트의 수동적인 구강 심층심리, 아들러의 의존형 심리에서 기인한다.

ⓑ 착취 지향성(The exploitative orientation) : 귀족이나 상류층에서 흔히 볼 수 있는 부란 착취라는 인식에 입각한 인간형이다. 프로이트의 능동적인 구강 심리, 아들러의 공격적인 유형에서 기인한다.

ⓒ 축적 지향성(The hoarding orientation) : 부르주아, 부유한 상인과 농민, 기술자 등에서 볼 수 있는 소유와 보유 본능이 강한 인간형이다. 완강하고 집착과 아집이 강하며 상상력은 결핍된 실제적인 인간상이며 프로이트의 항문 지향성 인간과 유사하다.

ⓓ 시장 지향성(The marketing orientation) : 최고 입찰자에게 자신을 판매하는 걸 인생의 목표로 삼는 오직 교환만을 추구하는 유형으로 현대 산업사회의 대부분 인간상이다. 프로이트의 남근 지향성과 통하고, 여피(yuppie)와 번지 점프(bungee-jumping)의 생리 구조를 가진다.

ⓔ 생산 지향성(The productive orientation) : 자신이 필요한 것을 자기 노동으로 얻을 수 있다고 보는 건전한 유형의 인간으로, 과학자, 예술가, 작가 등을 포함한다. 현대 산업사회는 비생산적인 인간 유형이 늘어나면서 사회불안과 소외의식이 만연된다고 본 프롬은 삶(to be) 그 자체보다도 소유(to have)를 열망하게 되었다고 비판한다.

(3) '사랑의 기술'로 인식하는 프롬의 관점

프롬은 사랑을 나르시시즘에 기초한 이기주의의 발로로부터 사회체제와 인류의 복지까지를 담보하는 기본 동력으로 파악하고 이를 삶 애호증(biophilous)과 죽음 애호증(necrophilous)으로 구분하였다. 후자에 속하게 되면 개인과 인류의 재앙이라는 관점을 취한다.

사랑은 도취적 합일의 성취로 이를 위해서는 기술처럼 연마가 필요한데, 그건 성장기 때 가족관계에서 공생적(symbiotic)이거나 위축(withdrawing)이 아닌 사랑과 이성의 바탕에서 자랄 것을 권고한다. 5가지 인간 유형에 따라 사랑의 도취의 합일 방법이 다를 수밖에 없기 때문에 참된 사랑은 보호, 책임, 존경, 지식이란 4요소를 갖춰야 한다는 것이 프롬의 사랑 관점의 핵심이다. 그는 보호의 방법론으로 구약성서(요나서 4장 10-11절)의 요나 이야기를 인용하면서 사랑의 가장 중요한 요인으로 꼽았다. 마지막의 지식이란 앞의 세 가지를 바람직하게 실행할 수 있는 판단력과 지혜를 뜻한다.

사랑의 형성에서 중요한 변수인 가족 간 사랑은 무조건적인 모성애와 조건부적인 부성애, 우리 모두가 하나라는 형제애로 이뤄지는데, 각기 그 방법에 따라 문제점을 야기 시킨다. 프롬에게 사랑의 대상은 모성애, 부성애, 형제애, 자기애, 성애, 신에 대한 사랑으로 나눠지는데 그렇다고 고리타분하게 마지막 것이 가장 소중하다는 식의 설교는 않는다. 프롬은 자기애의 극치로서의 성애에 대하여 오히려 관대한 한편 신에 대한 사랑 즉 신앙심은 수용 지향성 인간을 양산할 소지가 있다고 비판적으로 보았다.

4. 테오돌 아도르노(Adorno, Theodor Wiesengrund)의 계몽사상

1. 아도르노의 생애와 업적

[그림 21] 아도르노(1903-1969)

아도르노는 1903년 독일 프랑크푸르트에서 태어났다.[32] 그의 부모는 유태계 독일인으로 아버지는 포도주 회사를 경영한 재력가였으며, 어머니는 이름난 성악가였다. 김나지움 재학 시 아도르노는 수학을 제외한 모든 과목에서 뛰어난 능력을 보였으며, 고등학교를 졸업 할 당시 이미 칸트, 쇼펜하우어를 비롯한 철학자들의 사상과 괴테, 실러를 위시한 작가들의 문학에 통달해 있었다. 1921년 프랑크푸르트 대학에 입학한 아도르노는 철학, 사회학, 심리학, 음악학 등을 공부했다. 대학 시절 아도르노에게 깊은 감명을 준책은 루카치의 『소설의 이론』과 에른스트 블로흐의 『유토피아의 정신』이었으며, 이는 아도르노가 예술, 사회, 역사를 하나의 연관 관계에서 인식하는 데 큰 도움을 주었다.

1924년 후설의 현상학에 관한 논문으로 박사 학위를 받은 아도르노는 알반 베르크에게 작곡을 배우려고 빈으로 가며, 1927년 「선험적 영혼에서 무의식의 개념」이라는 논문으로 교수 자격 취득을 시도했으나 실패하고 만다. 이후 빈에서 음악 잡지 편집자로 일하면서 연구를 계속해 1931년 키에르케고르[33]에 관한 논문으로 교수 자격을 획득한다. 교수 자격 취득 기념 강연인 「철학의 현재적 중요성」과 이듬해의 강연 「자연사의 이념」에서 젊은 아도르노는 자신의 철학이 명백하게 정립되어 있음을 보여주었다. 그는 철학적 개념이 대상을 지배하는 것을 비판하는 입장과 예술의 영역에 역사가 퇴적되어 있다는 인식을 두 강연에서 알렸다. 라이프니츠의 단자론, 칸트, 헤겔에서 정점을 보인 독일 관념철학, 후설과 하이

32) 아도르노, 『103인의 현대사상』, 민음사, 1996.

33) 덴마크의 철학자. 그는 대중의 비자주성과 위선적 신앙을 엄하게 비판하였다. 다른 한편에서는 절망의 구렁텅이에서 단독자(單獨者)로서의 신(神)을 탐구하는 종교적 실존의 존재방식을 《죽음에 이르는 병》 등의 저작을 통해 추구하였다.

데거의 현상학, 키에르케고르의 실존 및 예술 철학, 루카치의 『소설의 이론』, 벤야민의 『독일 비극의 원천』에서 깊은 영향을 받은 아도르노는 비판 이론가와 예술 철학자의 면모를 일찍 드러내고 있는 것이다. 1934년 영국으로 건너간 아도르노는 옥스퍼드 대학에서 연구하다가 1938년 미국으로 이주한다. 미국 체류 중 경험한 상업주의와 대중문화는 '문화산업론'의 근거가 되며, 그는 이 현상을 일생 동안 강도 높게 비판했다.

[그림 22] 키에르케고르(1813-1855)

아도르노는 제2차 세계 대전이 끝날 무렵인 1943년부터 막스 호르크하이머와 함께 『계몽의 변증법』 집필에 들어간다. 1947년 네덜란드에서 출판된 이 책은 프랑크푸르트학파의 사상을 대변하는 고전으로 자리 잡는다. 『계몽의 변증법』은 나치즘에서 타락의 극치를 보여준 서구 문명이 이미 원시 시대부터 타락의 씨앗을 잉태해 왔다는 역사 철학적 성찰을 담고 있다. 전쟁이 끝난 후 1953년 독일로 영구 귀국한 아도르노는 1969년 스위스에서 타계할 때까지 철학, 사회학, 음악학, 음악 평론, 문학 평론 분야에서 왕성한 활동을 전개한다. 이 시기에 아도르노는 독일뿐만 아니라 유럽 지성계에서 가장 주목받는 철학자였으며, 그의 모든 활동에서 공통적으로 나타나는 이념은 부정과 비판이었다. 전후 아도르노는 라디오, 텔레비전을 포함한 거의 모든 언론 매체에 출연해 자신의 사상을 알리는 적극성을 보임으로써 비판 및 계몽 철학자의 면모를 보여주었다. 1968년부터 전 유럽을 뒤흔든 학생 운동의 와중에서 학생들의 폭력 사용에 반대하던 아도르노는 1969년 학생들과 심한 갈등을 겪은 후 스위스로 휴가를 떠났다가 그곳에서 세상을 떠났다.

2. 프랑크푸르트학파(frankfurt school)의 활동

프랑크푸르트 학파는 1930년대 이후에 프랑크푸르트의 사회연구소를 무대로 활약한 좌파 철학자 집단으로 제2차 세계 대전 후 파시즘의 등장과 서구 자본주의 세계를 분석한 학파로 1968년 이른바 68년 학생운동이라 일컫는 서방 세계와 일본의 대학가를 강타한 학생 운동의 지적 배경이 됐다. 이 학파의 중심인물은 허버트 마르쿠제, 막스 호르크하이머, 테오도어 아도르노, 에리히 프롬, 레오 뢰벤탈, 프리드리히 폴로크 등이었다.

프랑크푸르트학파에 의하여 행하여진 저항과 비판의 특색은 파시즘을 정면의 공격대상으로 끌어내는 반면 그 파시즘을 낳게 한 독점자본주의[34]적 시민사회와 현상적 유지기능을 통해서, 그 사회를 무의식적으로 지지하게 하는 근대적 과학기술이나 여러 가지 이데올로기 비판을 전개하고 있다. 또한 소련의 새로운 지배와 그 변호의 사상으로 변질한 소련

34) 자본주의가 고도로 발달하여 생산과 자본이 고도로 집적(集積)되고 은행 자본과 산업 자본이 융합되며 거대한 소수의 독점적인 기업이 지배적인 힘을 가지게 되는 단계

형 마르크스주의나 마르크스주의와 그 방법의 행사로부터 파시즘의 의미 확정까지를 포함해서 이들과 대립하고 있다.

프랑크푸르트학파의 중심이론은 변증법을 중심으로 한 "비판이론"이다. 이 비판이론에 입각해서 현대사회와 현실의 인식을 분석하고 이를 명백히 하려고 노력하였다. 또한 비판이론의 둘째 방향은 이 이론을 실제로 검증하는 여러 논문과 여러 가지 의식과정, 이데올로기의 과정, 사회 과정의 분석적 재현이라고 할 수 있다. 세 번째 방향은 파시즘 비판이라고 할 수 있으며, 또한 이 학파의 중요한 연구 분야가 대중문화론이라고 할 수 있겠다. 오늘날 프랑크푸르트학파의 사회비판이론의 주류를 이루어 왔던 호르크하이머, 아도르노 그리고 마르쿠제를 계승한 대표적 사회비판이론가는 위르겐 하버마스이다.

그는 주장하기를 1930년대의 사회비판이론은 당시의 역사적, 사회적 상황에서 충분한 의미를 지니고 있었지만 1970년대에는 그러한 역할을 담당할 수 없게 되었다고 말하고 있다. 왜냐하면 사회비판론은 철학이론으로서 불완전하고 여러 가지 이론적 소산을 수집해 놓은 단순사회이론에 불과하기 때문이라는 것이다. 따라서 그의 사회비판이론은 프랑크푸르트학파의 新마르크스주의적 입장에서 있으나 이를 극복하고 새로운 문제 시각에서 출발한 새 시대의 비판적 사회철학이라 할 수 있다. 비판이론은 1960년대 및 1970년대 초반에 구미를 휩쓸었던 신좌파운동 및 학생운동에 막대한 영향을 끼쳤으며 정신적 지주이기도 했다. 오늘날에도 비판이론은 학문연구의 대상으로서 또는 세상을 보는 안목으로 관심을 끌고 있다.

계몽주의에 있어서 비판은 정당한 것으로 받아들여지는 소수의 비합리적 권위에 도전하는 다수의 합리적 사유를 일컫는다. 칸트에 이르러서는 인식을 말하고 행동하는 능력을 가진 인간의 잠재적 가능성에 대하여 지칭하게 되었고, 헤겔의 제자들에 있어서 비판은 왜곡된 제약의 체계에 대해 성찰하는 것을 지칭하게 되었다. 마르크스에 있어서 비판은 이른바 이데올로기의 비판을 일컫는 것이었다. 비판이론가들은 이들 비판의 다양한 개념을 수용하여 철학, 문학, 심리, 대중문화의 비판에 적용하여 그것들이 내재한, 현상유지를 위한 허위의식을 폭로하고 그런 허위의식의 극복을 통해 사회 변화의 가능성을 제시하려 한 것이었다.

3. 아도르노의 비판이론

(1) 사회주의 비판이론

아도르노(와 호르크하이머)의 최초의 문제제기는 "왜 인류는 진정한 인간적인 상태에 들어서기보다 새로운 종류의 야만에 들어섰는가?"라는 것이다. 이때 아도르노가 문제 삼는 야만은 자본주의가 필연적으로 낳은 파시즘과 사회주의가 낳은 전체주의인 스탈린주의를 두고 한 말이다. 아도르노가 볼 때 특히 파시즘은 단순한 이탈현상이 역사상 장기간에 걸친 발전과정의 필연적인 결과이다. 이때 역사는 진보의 과정으로 파악될 수 없다. 역사는 더 나은 것으로의 발전이 아니라 인간에 의한 자연과 인간의 폭력적인 지배가 진보해 가는 과정으로 파악된다. 이러한 인식 하에 아도르노는 작업의 첫 번째 대상으로 계몽의 자기파괴 과정을 선택하게 된다. 여기서 아도르노는 계몽에 대한 자신의 이중적인 견해를 드러낸다.[35)]

"역사에서의 자유가 계몽적인 사유로부터 분리될 수 없다는 것은 의심의 여지가 있다. 그렇지만 우리는 다음을 분명히 인식했다고 믿는다. 이 사유의 개념 자체에—이 사유가 얽혀 들어간 구체적인 역사형태나 사회제도에 못지않게—오늘날 도처에서 일어나고 있는 저 퇴보의 싹이 숨어 있다는 것을."[36)]

"계몽이 신화로 퇴보하게 된 원인은 이러한 퇴보를 위해 고안된 민족주의, 이교적 또는 다른 현대적 신화에서 찾을 수 있는 것이 아니라 진리에 대한 두려움 속에서 경직된 계몽 자체에서 찾을 수 있다는 것을 보여주고자 하였다."[37)]

아도르노 역사인식의 특징은 역사인식의 부정성이라는 기본 틀에도 불구하고 앞으로 나아갈 수밖에 없는 역사의 필연을 받아들이면서 과거로 향하는 퇴행적이고 도피적인 사고를 용인하지 않는 데 있다. 이것이 아도르노 사상을 낭만주의적인 도피심리와 구별시켜준다. 역사의 진행은 필연적인데, 불행의 씨앗은 인간이 자연종속성을 망각한 채 자연을 단순히 지배하려 한 것이다. 그러나 이러한 자연과의 대립은 또한 자연적인 것인데, 왜냐하면 이는 모든 생명체의 진정한 법칙인 자기보존 노력이었기 때문이다. 즉 인간의 존재 자체, 주체성 자체가 원죄가 된다. 인간에게는 자연에 굴복하든가 아니면 자연을 굴복시켜야 한다는 두 가지 가능성만이 주어지게 된다. 인간은 죽음의 공포에 쫓겨 위협적인 자연지배로부터 벗어나고자 투쟁하면서 정신없이 자연지배의 길을 걷게 된다. 이제 인간과 자연의 통일성은 깨어지고 만다. 이러한 자기보존을 위한 추구는 도구적 이성[38)]을 강화시키게 되고 인간의 자연지배, 나아가 인간의 인간지배를 낳는다.

자기보존을 위해 필수적으로 요구되는 결핍된 재화의 획득을 위한 노동이라는 무거운 짐과 노동의 결과 획득된 재화의 소비와 분배를 강제를 가지고라도 관철할 수 있는 사회적 지배구조의 성립이 없이는 자연지배는 불가능하다. 따라서 사회적 지배는 자연지배의 필연성으로부터 파생해 나오는 이차적 형식이다. 이로 인해 자연지배의 강화는 사회적 지배의 강화로 이끌릴 수밖에 없다. 최초에 위협적 자연에서 비롯하던 인간의 부자유는 점차 자연지배, 사회적 지배에서 비롯하는 부자유로 대체된다. 계몽의 변증법은 근대의 합리성, 도구적 이성에 대한 비판으로부터 출발한다. 즉 근대의 계몽이 신화에 대한 비판, 탈마법화의 이름으로 자연성을 파괴하여 힘과 동의어인 지식이 자연과 인간에 대한 완전한 지배

35) 김유동, 『아도르노 사상』, 문예출판사, 1993, pp.31-33.

36) 위의 책, p.36.

37) 위의 책, p.52.

38) 도구적 이성은 목적과 수단이 전도되어 이성이 자기 유지의 도구로 전락한 상황을 지칭하는 개념이다. '이성의 이념을 구상한다면 이성이 단순히 목적과 수단의 관계를 규제하는 것 이상을 성취해야 한다는 것이다. 이성은 목적을 이해하고 이를 규정하는 도구이다'. 이러한 올바른 이성 개념에 비추어볼 때 도구적 이성은 개별 개인의 자기유지라는 파편적 이해를 위한, 반성되지 않은 특정한 목적을 달성케 하는 전략을 개발하는 것이다.

를 추구하는 도구로 사용됨을 비판한다. 그러나 계몽의 변증법은 신화에 대한 비판을 또한 포함하고 있다. 이미 신화는 고대적 계몽의 산물이라는 것이다.[39)]

"계몽의 제물이 되어버린 '신화' 자체도 이미 계몽의 산물이었다. 일어난 사건을 과학적으로 계산함으로써, 일어난 사건이 신화로 정착하는 과정에서 생기는 제반 정황에 대한 고려가 제거된다. 비극작가들의 눈에 포착된 신화에는 이미 베이컨이 열렬히 목표로 삼는 '훈육과 힘'이 들어있다. 지방 신들과 데몬들 대신에 하늘과 하늘의 위계질서가, 씨족사람들과 주술사의 초혼제 대신에 정교하게 등급이 매겨진 제물과 명령에 따라 움직이는 노예들의 노동이 등장했다."

신화가 학문과 다른 점은 학문이 개념어를 사용하지만 신화는 상징 형식 속에서 형상을 통해 보고한다는 데 있다. 신화의 단계를 거쳐 개념적 언어를 사용하는 본래적 의미의 계몽의 단계가 성립한다. 이 단계에 이르면 미메시스(mimesis)[40)]와 신화는 추방되며 마침내 무정형한 마나는 고정된 것으로 파악된다. 미메시스는 인식이 추구하는 유토피아적인 목표로서 객체를 주체의 실용적인 목적에 종속되는 대상으로 도구화하는 것이 아니라 객체로 하여금 말하도록 하는 것이다. 형상을 사용하는 미메시스는 대상에의 동화를 통해 실제대상을 만나지만 추상적인 개념 속에서는 이것이 불가능해진다. 신화는 모든 현상들을 의인화하는 표상세계를 구현하고 이 때 주체와 객체의 엄격한 분리는 이루어지지 않는다. 이제 학문적 사고가 신화를 대체함에 따라 이러한 주객관계는 파괴되고 인식주체와 인식되는 객체사이의 균열은 영구화된다. 인간이 자신의 힘을 증가시키기 위해 치르는 대가는 힘이 행사되는 대상으로부터의 소외이다.

개념적 인식에서는 특수자가 추상적인 보편성 속에 종속되어 내용적으로 규정될 것을 놓치게 된다. 외부세계의 대상을 파악하는 데 기여하는 개념은 그 보편성으로 말미암아 동일화하는 현상과 거리가 생긴다. 보편개념은 그때그때의 개별적인 특수한 범례들을 무차별하게 상위에 있는 류(類)에 포섭하게 된다. 언어적인 동일화 시도는 항상 불충분하다. 모든 것을 반복할 수 있는 것으로 만들게 됨으로써 평준화, 획일화시키는 추상화, 그리고 이 추상화가 봉사하는 산업의 지배 아래 대중은 놓이게 된다. 사유의 보편성, 즉 개념영역에 있어서의 지배는 실제적인 지배의 토대 위에 세워진다. 계몽은 모든 것을 물화시킨다.

39) 위의 책. pp.34-36.

40) 이종하, 『아도르노의 문화철학-아도르노와 함께, 아도르노를 넘어서』 철학과 현실사, 2007, p.57.
아도르노는 문명화 과정을 미메시스의 단계에 따라 구분한다. 〈이때 미메시스는 자연의 공포에 대한 인간의 반응 양식의 발전과 관련된다〉 여기서 문명사는 지속적 공포 구도에 대한 인간의 자기 유지의 역사를 의미한다. "타자(자연)에의 유기적인 순응"으로 정의되는 초기의 미메시스는 실제적인 미메시즈적 태도로서 신체적인 미메시스적 태도다. 두 번째 단계의 미메시스는 마술적 단계에서 나타나는 공포의 단계다. 신체적 미메시스 단계가 자연의 위협적 공포에 대한 방어적 반응 양태인데 반해 이 단계에서는 마술사의 의식과 희생물을 통해 자연에 적극적인 영향력을 행사하려는 "미메시스의 조직화된 사용"단계이다. 이 단계에서는 대상화와 주체형성의 경향성을 보여주지만 완전한 상태가 아닌 과도기적 상태다. "유럽 문명화의 기본 텍스트"인 호머의 오디세우스의 단계에 해당된다. 마술적 미메시스는 "합리적 실천인 역사적 단계에서의 노동에 의해 대치"된다. 여기서 미메시스적 태도는 주체를 형성시키고 유지하는 데 기여하는 목적 합리적인 태도이다.

계몽은 예전의 부당한 불평등, 즉 매개를 모르는 주인의 의식을 무너뜨리지만 동시에 보편적 매개, 즉 개개의 존재자는 다른 존재자와 연결되어 있다는 사실을 영구화한다. 인간은 실제적인 획일화를 강요당하며, 인간에게 자아란 좀 더 확실하게 획일화되기 위한 것이다. 자연을 파괴함으로써 자연의 강압을 분쇄하려는 모든 시도는 단지 더욱 깊이 자연의 강압 속으로 빠져 들어갔다. 계몽은 자연을 탈신화화 했지만 새로운 신화를 만들어낸다. 물질생산은 본래 인간적인 사회를 만들기 위한 수단으로부터 그 자체 목적이 된다. 이제 계몽은 신화와 뒤엉키게 되는 것이다.

아도르노가 계몽을 전적으로 부정적으로만 보는 것은 아니다. 계몽은 지배를 더욱 강화하지만 지배와는 상이한 계기인 합리성을 자신의 내부에 허용하게 된다고 본다. 수단이 보편적으로 통용되게 한다는 것, 즉 수단의 객관성 속에 이미 지배에 대한 비판의 수단으로서 사유가 성장한다고 본다. 자신의 강압 메커니즘 속에 자연을 반영하고 되풀이하는 사유는 자신의 철두철미함 덕분으로 스스로가 또한 잊힌 자연임을 드러낸다. 스스로 지배임을 고백하고 자연 속으로 퇴각하는 결단을 통해 지배에의 요구를 분쇄할 수 있다. 주체 속에 있는 자연의 기억을 통해 계몽은 지배일반과 대립한다. 그러나 진정한 혁명적 실천은 사회가 사유를 경직시키는 수단인 의식부재 앞에서 쉽게 굴복하지 않는 이론에 달려 있다.

그러나 아도르노가 이처럼 계몽의 긍정성이 힘을 발휘할 수 있음을 잊힌 자연의 기억이 되살아날 수 있음을 이야기함에도 불구하고 압도적인 계몽의 부정성과 현실의 참혹함은 그러한 것을 허용하지 않을 것처럼 보인다. 그래서 계몽의 계몽을 꿈꾸지만 그것이 거의 불가능한 것이라는 것을 아는 아도르노는 계몽에서 사회에서 이론에서 실천에서 혁명적 에너지를 기대하지 못하고 예술로 도피하게 된다.

(2) 동일성의 철학비판 – 부정의 부정이냐 무한한 부정이냐 –

아도르노는 헤겔, 칸트와의 대결을 통해 부정변증법[41], 비동일성의 철학을 내세운다. 아도르노의 부정변증법은 주체의 인식을 통해 객체의 진리를 포착하려는 시도 또는 개념으로써 특수자를 파악하려는 전통철학의 시도를 무너뜨리려는 작업이다. 아도르노의 부정변증법은 개념으로써 진리를 인식하려는 노력의 좌절로 미학으로 넘어가게 된다. 이에 따라 철학의 중심과제도 개념에 의한 진리파악이 아닌 예술의 해석이 된다. 아도르노의 부정변증법에서는 주객의 화해는 불가능하고 오직 주체와 객체의 분열에 대한 의식만이 가능하다.

헤겔에게 있어 전체는 진리이다. 이는 정신과 실재는 실현된 통일체로서만 진리일 수 있고, 또한 폐쇄적인 체계로서의 철학, 즉 전체로서의 철학만이 이러한 진리를 파악할 수 있다는 것이다. 헤겔의 세계정신이나 이성의 간지는 보편과 특수의 관계에서 보편을 편듦으로써 긍정적인 역사구성을 할 수 있었다. 헤겔은 시민사회에 모순이 존재한다고 하지만 이

41) 차봉희, 『비판미학』, 문학과 지성사, 1992, p.125. 부정의 변증법은 인식주체가 그릇된 의식의 결과물로 탄생한 '진리'와 일치하지 않으면서 동시에 진리를 추구하는 자세를 잃지 않은 채로, "그릇된 의식이나 그릇된 가상으로부터 진리를 생산해 내려는" 독특한 변증법적 인식이다.

성의 간지가 출현하여 무제한적인 투쟁으로부터 이성적인 전체가 도출된다. 화해가 인간들을 결합시키는 유대감에서 나오는 것이 아니라 휴전상태의 결과이기 때문에 헤겔은 자유의 전제로서 개별의지의 원리를 포기할 수밖에 없다. 그 대신에 헤겔은 윤리의 카테고리를 국가와 결합시켜 국가가 진정한 삶이 된다. 인간의 주관적 의지는 법에 스스로를 종속시킴으로써 자유와 필연의 대립이 사라진다.

그런데 아도르노가 볼 때 헤겔 철학은 아우슈비츠를 비판할 수 없다. 즉 아우슈비츠는 동일자에 의해 비동일자가 죽임을 당한 것이다. 즉 헤겔이 기대했던 총체성을 실현시켰지만 총체성은 극단적인 악이 되었다는 것이다. 헤겔이 비동일성을 체계적인 전개과정의 필수적인 요소로 허용하면서도 주체의 동일성 원리를 지나치게 높여 특수성을 절대자 속으로 용해시킴으로써 사회적 총체성은 실제로 비동일적인 특수자를 억압하게 되었다.

이에 아도르노는 헤겔에 대항하여 '전체는 진리 아님'이라는 대항명제를 내세운다. 보편자의 우위가 실현된 현대사회에 대한 전율 속에서 아도르노는 비동일적인 것, 비언어적인 것, 비개념적인 것을 구제하려 한다. 이제 변증법은 긍정적인 체계를 다시 세워서는 안 되고 오직 부정적으로만 가능하다. 부정변증법은 개념 없고 개별적이고 특수한 것을 동일성이라는 이름으로 차이를 무시하는 것이 아니라 그 차이를 인정하는 철학이다. 모든 목적론적인 역사구성은 잘못된 현실을 이상적인 조화의 가상 밑에 숨기는 이데올로기라 비판받는다. 부정변증법은 변증법을 긍정적인 본질로부터 구해내고 어떠한 확정성도 남겨놓지 않으려고 한다. 모순에서 종합으로 가는 길은 긍정의 의혹을 받기 때문에 거부된다. 부정변증법은 부정과 안티테제에만 머물러 있는 것이다.[42)]

사고의 보편적 동일성의 기본전제는 지나간 것을 현재 속에서 확정할 수 있는 개별 인간의 의식이다. 그러나 통일적인 확고한 자아동일성은 역사적으로 성장한 것이다. 자기 자신과 개인적 역사를 돌이켜 볼 때 결코 동일하지 않은 비동일성이 나타남에도 불구하고 자아동일성을 확립한 주체는 동일화시키는 개념을 통해 무정형한 현상의 흐름을 동일한 것으로 파악한다. 사물의 동태적인 속성이 정적인 동일성의 개념장치 속에 맞추어지게 된다. 동일성의 원리는 자연을 정신에 환원시킨다. 이는 그 지식을 절대적인 것이라 생각하게 만든다. 개념적 지식, 주관적 지식이 이미 전체이고 객관적이라 생각하며 물자체가 개념과 일치한다는 가상을 만들어낸다.

이에 반해 변증법적인 사유는 객체를 주관성이라는 집 속에 밀어 넣지 않으며 객체의 자기동일성이라는 있은 그대로의 것을 말하려는 것이다. 철학의 과제는 개념과 사물의 비동일성을 지각하면서 사물을 주체에 동일화함이 없이 사물의 자기동일성을 생각하고 사물을 시간의 대해 속에 묻힌 역사적 맥락 속에서 보고 그 변화 가능성을 함께 반성하는 것이다. 이제 아도르노에게 전체는 비·진리로서, 특수자의 권리를 찾아줄 유일한 가능성은 총체성의 카테고리 대신 현존하는 것에 대한 총체적이고 구체적인 부정, 즉 특정한 부정이다. 특정한 부정을 통해 나온 결과는 긍정적이거나 궁극적일 수 없다. 궁극적인 것은 다만 비판으로서의 특정한 부정 그 자체이다. 모순에 대한 지적에서는 특정적이지만 결과

---

42) 위의 책. pp.125-127.

로서는 불특정적이다. 즉 부정변증법의 목표는 철학적인 관점들을 내재적으로 비판함을 통해 폐쇄적인 사유의 강압 기제로부터 빠져 나오는 것이다. 이것은 한 번의 도약으로 가능한 것이 아니라 동일화하는 사고를 내부에서부터 끊임없이 붕괴시켜나가는 계속되는 부정을 통해서 가능하다.

칸트가 '물자체'의 존재를 부정하지 않았을 뿐만 아니라 그 존재를 주관성의 분석에서 필수적인 것으로 해명하려 했다는 점에서 칸트철학은 아도르노에게 타자, 비동일성, 비주관적인 것을 구제하려는 시도로 보인다. 객관성을 주관성 속으로 해소시켜버리지 않으려 했다는 것이다.

칸트는 주체와 객체의 비동일성을 해결하려 하지 않고 내버려둔다. 하지만 이것은 동시에 한계를 갖는데 주체와 객체 사이의 균열이 극복될 수 없는 것이다. 이에 대해 아도르노는 "객체는 주체에 의해 사고될 수 있으나 주체에 대해 항상 다른 무엇이다. 주체는 그 고유한 속성에 있어 이미 또한 객체이다. 주체로부터 객체는 이념으로서 결코 떼어내어 생각할 수 없다. 그러나 객체로부터 주체는 떼어낼 수 있다."라고 한다. 이는 주관성이 객관성에 의해 매개되어 있다는 것이고 주체는 처음부터 객체 밑에 있는 것이다. 즉 인식주체 없이는 자연에 대한 인식이 없지만 이로부터 의식의 우선적 권리가 구성될 수는 없고 인식대상이 의식내용 속에서 해소될 수도 없다.

객체 없는 주체란 육체 없는 혼에 불과하고 그러한 주체는 현실의 인간이 될 수 없다. 아도르노는 모든 인식이 개념에 결부되며 인식주체는 '물자체'를 파악할 수 없다는 것을 인정한다는 점에서 칸트주의자이지만 아도르노가 모든 인식에 선행하는 개념들은 주체를 초월하는 것 그래서 더 이상 뒤를 캘 수 없는 개념이 아니라 역사적으로 발전된 것이라고 이해하는 점에서 비칸트주의자다. 따라서 아도르노의 인식론은 관념론에 대한 비판으로서 주체가 설정한 관념보다 객체를 우위에 둔다는 점에서 유물론의 성격을 지니면서도 이것이 '객체의 진리'라는 주장을 부정하며 사유의 부단한 자아비판 속에서 유물론을 지향하는 하는 사상이라 할 수 있다.

(3) 부정 변증법

아도르노의 『부정 변증법』은 인간이 스스로 잉태시켜 강제적으로 빠져든 불의의 총체적 연관 관계로부터 인간이 해방될 수 있는 가능성을 모색하는 목적으로 집필된 책이다. 아도르노는 도구적 이성이 구축한 불의와 폭력의 연관 관계로부터 벗어나는 것은 이성의 자기 자각이 유일한 길이라고 주장한다.[43] 그러나 이성의 자기 자각은 구체성이 없는 추상적 대안일 뿐이다. 이런 이유에서, 불의의 총체적 매개 관계로부터 벗어나 있는 어떤 것을 구체적으로 찾아나서는 아도르노의 고뇌가 담겨져 있는 『부정 변증법』에서는 아도르노가 모든 악의 근원으로 지목한 동일화 사고로부터 빠져나오는 대안들이 제시되고 있다.

모든 것을 사고에 동일화시킴으로써 모든 것을 모든 것과 매개시켜 총체적 현혹의 연관

43) 문병호, 『비판과 화해 -아도르노의 철학과 미학』 철학과 현실사. 2006, p.43.

관계를 형성하게 하는 동일화 사고는 아도르노에게는 모든 폭력의 근원이다. 이처럼 모든 폭력의 근원인 동일화 사고에 대한 아도르노의 비판과 동일화 사고로부터 벗어나는 인식의 가능성에 대한 아도르노의 집착은 동일화 사고에 의해 지배되지 않는 것인 '동일하지 않는 것'을 구출하는 것으로 이어진다. 『부정 변증법』을 '동일하지 않는 것'의 구출로 해석해도 될 만큼 '동일하지 않는 것'이 차지하는 비중이 절대적이다.

부정 변증법은 현실의 어떤 측면이든 역사적으로 조형되었다는 점뿐만 아니라, 현실은 그 내부에 '가능성' 또는 그것이 어떻게 될 것인가에 관한 상을 포함하고 있다는 점을 밝혀 준다. 따라서 '변증법'이라는 말은 주체와 객체 간의, 또는 언어와 현실 간의 또는 개인과 그가 '보는' 것 간의 또는 역사와 현재 간의 지속적인 상호작용을 뜻한다. '부정적'이라는 말은 '보이지 않는 것', '잠재력', '생성', '가능성' 또는 실제적인 것에 함축되어 있는 것, 지각된 현실 속에 포함되어 있는 모순과 부정을 뜻한다. 따라서 부정 변증법은 개념과 대상, 관념과 물질세계 사이의 관계가 결코 정지되어 있거나 고정되어 있지 않으며 절대적으로 일정한 것이 아니라는 점을 시사한다. 이것이 변증법이다. 더욱이 부정 변증법은 현실의 사실성과 잠재성 간의 모순을 밝혀 준다.

(4) 아도르노의 예술이론

아도르노의 예술이론은 문화산업이론을 위시한 계몽비판에서 이미 드러난 바 있는 이데올로기 비판에서 출발한다.[44] 더 나아가 그의 저작 전체를 관류하고 있는 이데올로기 비판은 이른바 '부정적 변증법'이라는 그의 철학적 기본입장에 연결되어 있다. 헤겔이 대표하는 관념론적 변증법과 대립되는 아도르노의 부정적 변증법은 객관적 현실에 대한 주관적 사유의 우월성을 강조해 온 전통적인 의식철학으로부터 결별한 유물론적 입장에 바탕을 둔다. 그러나 아도르노는 추상적인 이념의 세계 속에 은거함으로써 현실세계에서 무기력해진 입장을 반대하는 아도르노의 부정적 변증법의 철학은 주체와 객체는 변증법적 긴장을 유지하는 가운데 상호 매개되어야 한다는 입장을 견지하면서, 물화된 사유가 자기반성을 통하여 실천의 변화를 지향하는 보다 강화된 사유로 전환될 것을 요구한다.

더 나아가 물화된 현실을 부정하는 데 본질을 두는 진정한 의미의 사유는 화해되지 못한 세계를 넘어서는 초월적 타자를 지시해야 하는데, 여기에 바로 예술의 본질적인 계기를 이루는 유토피아적 이념이 자리한다. 다시 말해, 사유가 마땅히 물화된 세계를 뛰어 넘는 경우에만 비판의 기능을 다할 수 있는 것과 마찬가지로, 예술은 현실과의 긴장을 유지하면서 그것을 넘어서는 '타자'를 지시할 때만 기존의 사회에 대한 비판적 기능을 수행 할 수 있는 것이다. 이와 같은 사회비판적 관점에 입각하여 현대예술에 관한 논의를 전개하고 있는 아도르노는 미완성 유고로 출간된 『미학이론』에서 근대 시민사회에서 성립, 발전한 예술의 자율성이 가지는 이데올로기를 비판하는 데 주력한다.

19세기 말 유미주의에서 단적으로 드러났듯이 예술의 자율성이 가지는 허위는 그것이

44) 이병진 외, 『문학 그 사이의 존재: 독일문학사조와 문학이론』 이학사, p.305.

부정하는 현실과 유리된 결과 바로 그 잘못된 현실을 변호하게 된다는 점에 있다. 그리하여 동일성의 원칙 아래 대립항쟁적인 사회현실에서 지속되는 객관적 모순들을 해결할 수 있는 것으로 가장했던 관념론적 철학의 경우와 마찬가지로, 현실에서 관철되는 자연지배 법칙을 통일성의 창출이라는 미적법칙으로 승화시키는 자율적 예술에는 이데올로기적 성격이 내재적이다. 이러한 이데올로기 비판적 관점에서 예술의 역사적 발전과 사회적 위상을 고찰대상으로 삼는 아도르노는 특히 근대 이후 본격화된 계몽의 과정에서 탄생한 자율적 예술이 다른 문화현상들과 마찬가지로 점차 사회의 야만적 변화라는 역사과정 속에 휩쓸려 들어갔다는 사실에 주목한다. 미적 자율성이 내세우는 이른바 절대 자유라는 것이 사회에서 지속되는 부자유와 극단적인 모순관계를 이루는 한 예술의 자명성은 사라져버렸으며, 미적 자율성이 극단화됨으로써 계몽의 이념에 반하여 비인간적이 된 사회를 긍정하는 데 기여하게 된 이상, 미적 자율성이 추구했던 인간성의 이념은 이제 극히 의심스럽게 되었다는 것이다.

그렇기 때문에 객관적 현실의 물화 경향과 이에 상응하는 주관적 의식의 물화경향이 가속회된 산업시대의 개막과 더불어 시작된 현대예술은 더 이상 이른바 순수예술이 탐닉했던 아름다운 가상의 세계로 도피할 수 없는 것이다. 그러나 이제 환상이 사라진 오늘날에 요구되는 예술은 또한 19세기 말 유미주의에서처럼 현실세계와 극단적으로 대립해 있던 예술을 상품사회로 끌어들인 문화산업에서 제공되는 값싼 위안을 얻는 것으로도 만족할 수 없다. 그렇듯 아도르노가 역사적으로 형성된 예술의 자율성이 지니는 이데올로기적 성격에 대해 가하는 비판의 궁극적인 목적은 예술의 자율성에 내포된 비판적 잠재력을 다시 활성화시키는 데 있다. 왜냐하면 근대 시민사회에 성립한 자율적 예술은 종래의 종교적, 정치적 지배관계로부터 해방된 인간의 자유의식을 함축하고 있기 때문이다.

더욱이 그가 강조적인 의미에서 파악하고 있는 예술을 현실과 가르는 차이는 예술이 불가피하게 현실의 긍정으로 흐르는 경향이 있다고 하더라도 동시에 현실에 대한 비판을 담고 있다는 데 있다. 그러므로 현실의 반영이면서 동시에 현실에 저항해야 하는 진정한 예술은 현실과의 긴장을 유지하면서 물화되고 기능화 된 세계와 타협하지 않는 부정성을 기초로 한다. 이러한 맥락에서 아도르노는 20세기 초 순수예술에 대한 반작용으로 등장했던 전위예술의 현실 비판적 기능을 옹호한다. 현실과 상관관계에 있는 예술은 더 나아가 부정적인 현실을 넘어서는 유토피아적인 화해이념을 선취함으로써 기존사회에 대한 비판적 기능을 수행할 수 있는 것이다.

(5) 권위주의적 인성

가장 잘 알려진 아도르노의 책은 『권위주의적 인성』[45]이다. 동료들과 함께 쓴 그 책은 광범위한 프로그램, 즉 호르크하이머가 지휘한 편견연구의 한 부분이었다. 가공할 만한 나

45) 렉스 깁슨(Rex Gibson), 이지헌・김회수 역, 『비판이론과 교육, 성원사』 pp.47-48.

치의 유태인 학살 정도가 폭로되고 있던 시기에 수행된 프로그램으로서 편견의 모든 측면들, 즉 반유대주의, 소수집단들에 대한 불관용, 편협, 인종적·종교적 증오 등에 관한 광범위한 고찰이었다. 아도르노의 연구는 '개인으로 하여금 괴벨스[46]의 선동에 어느 정도 기꺼이 응하게 하는 모종의 것이 개인의 심리에 있지 않는가?'라는 물음에 답하고자 하였다.

권위주의적 인성에 관한 아도르노의 글 전반에 걸쳐 사회적인 것과 심리학적인 것의 관계가 중요한 초점이 되고 있다. 완고성, 위계, 벌, 강제성, 복종시키고 복종함으로써 얻는 희열 등은 그 원인을 심리적 원천과 사회적 원천에서 찾을 수 있다. 그 연구는 '흔히 개인에 관한 정치적, 경제적, 사회적 확신이 폭넓고 응집력이 있는 양식을 형성한다. 이러한 양식은 개인 인성의 심층에 있는 경향을 표현한 것이다'라는 가설에 따라 진행되었다.

매우 다양한 연구방법을 사용해서 아도르노의 연구는 외면의 편견과 뿌리 깊은 어떤 인성 특질들 간의 밀접한 상관관계를 설정했다. 그의 연구는 또한 유명한 F척도(F가 있는 곳=파시즘), 즉 그러한 권위주의적 특질들을 측정하기 위한 도구를 내놓았다. F척도는 잠재적으로 파시스트 성격을 나타내는 개인에게 있어서 중심이 되는 아홉 가지 경향성을 밝힌다고 주장한다. 아홉 가지 경향성에는 관례적인 중류계급 가치를 엄격히 고수하는 태도 ; 내집단(in-group)의 이상화된 도덕적 권위에 대한 복종적, 무비판적 태도 ; 주관적인 것, 상상적인 것, 이상주의적인 것에 대한 반대 ; 엄격한 범주 내에서 사고하는 경향 ; 권력자들과의 동일시 ; 난폭하고 위험한 일이 세상에서 진행되고 있다고 믿는 경향 ; 성적 '소행'에 대한 과도한 관심 등이 포함된다.

따라서 그의 연구에서는 불관용의 이데올로기를 밝히고 이러한 반민주적 감정을 상세하게 진술하려고 한다. 아도르노는 권위주의적 인성의 근원을 어머니에 대한 사랑을 금기시하는 것, 엄격한 성격을 가진 별거 중인 아버지, 엄격한 훈련에 대한 강조, 아동들이 부모를 이상으로 생각하고 부모에게 복종하는 것 - 이러한 것들은 완고한 초자아와 나약한 자아를 낳게 하는데 - 등에서 찾고 있다. 이는 프랑크푸르트학파가 프로이트주의를 이용한다는 것을 의미하는 것이다. 이러한 것들이 불관용적인 선전과 파시스트의 호소에 응하려는 개인들에 대해 아도르노가 찍은 낙인이다. 그러한 개인은 나약한 사람에게 대들고, 미주주의를 얕보며, 복종하고 지배하는 데서 기쁨을 얻는다.

『권위주의적 인성』은 많은 비판을 받고 있는데, 이 책의 방법과 표본상의 문제, 이 책이 프로이트주의에 의존하고 있다는 점, 사회학적 설명을 하는 데 실패한 점 등으로 비판을 받고 있다. 그럼에도 불구하고 그 책은 여전히 사회심리학에 있어서 기념비적 위업으로서 뿐만 아니라 교사들과 그리고 반민주주의, 반교육적 경향 및 점차적으로 1980년대를 특징짓는 권위주의에 반대하고자 하는 사람들을 위한 풍부한 아이디어의 원천이 된다. 서글프게도 만년에 아도르노는 권위주의로 왜곡·변형되고 만 급진주의에 의해서 희생되었다. 그는 혁명적 실천을 단념했다는 이류로 1960년대 학생 급진 당원들로부터 욕설과 비난을 받았다.

---

46) 독일 나치스 정권의 선전장관, 국회의원, 당 선전부장으로 새 선전수단 구사, 교묘한 선동정치로, 1930년대 당세 확장에 크게 기여했다. 국민계발선전장관 등으로 문화면을 통제, 국민을 전쟁에 동원했다.

(6) 아도르노 철학의 영향

아도르노의 비판 이론은 근대 서구의 이성과 계몽, 서구 시민사회, 자유주의, 전체주의, 사회주의, 자본주의와 산업 문명, 국가독점 자본주의 등 근대 서구 이후 전개된 체제 긍정적 문화, 부르주아지 문화, 소비문화에 대한 총체적 비판이다. 아도르노의 이러한 비판 중에서 한국사회의 현실과 관련하여 검토해볼 수 있는 부분은 이성 비판, 전체주의 비판, 자본주의 및 자본주의 문화 비판이 될 수 있다.

농경문화와 불교, 유교 문화에 바탕을 둔 한국의 역사와 사회는 20세기 들어서서 서구 이성의 영향을 받게 되었다. 조선 후기 천주교의 전래 이후 구한말부터 기독교가 유입되면서 서구의 문화가 한국의 교육과 사회에 영향을 미치기 시작한 것이다. 서구의 근대화를 모범으로 삼아 근대화를 시작한 일본이 한국을 강점하면서 서구적 의식과 사고가 한국에 간접적으로 유입되었고, 해방 후에는 미국 문화가 남한에 거주하는 한국인들의 삶에 결정적 영향력을 행사하였다. 20세기에 들어서서 서구의 이성은 한국인들의 삶에도 영향을 미친 것이다. 서구 이성이 민주화, 경제 성장 등 한국 사회의 발전에 기여하였음을 부인하기는 어렵다. 서구 이성이 갖고 있는 지배성과 도구성이 우리나라 사회에서 부정적으로 작용했다.[47]

또한 1960년대 이후 시작된 한국의 산업화가 성공하면서 물질적 풍요를 위해서는 대상을 수단으로 이용해도 된다는 의식이 구조화되었으며 동시에 사물화가 한국인들의 의식에 깊게 뿌리를 내리게 되었다. 아도르노가 지적한 도구적 이성이 한국인들의 의식과 사고에도 부정적 영향을 미친 것이다. 한국사회에서 도구적 이성은 왜, 어떻게 발원하였으며, 그 구체적 형태는 어떤 모습으로 출현하며, 그것이 한국 사회에 미친 해악은 어느 정도이고, 해악을 극복하는 방법과 대안은 어떻게 모색할 수 있는가 하는 문제들을 논구하는 데 도구적 이성에 대한 아도르노의 이론이 줄 수 있는 도움이 적지 않을 것이다.

또한 대상을 사고와 동일화시키는 동일화 사고도 한국인들의 사고와 한국 사회에서 일상적으로 발생하는 병리적 현상이다. 인식하는 주체의 이해관계에 따라 대상을 주체에 동일화시키는 인식은 군사 독재의 시기에는 개인과 권력의 관계에서 주로 발생하였고, 시장과 자본의 권력이 다른 권력보다 우위를 점하는 현재의 상황에서는 개인과 자본의 관계에서 출현한다. 아직도 정당 권력과 언론권력은 대상을 인식주체의 이해관계에 동일화시키는 폭력의 행사를 완전히 배제시키지 않고 있다.

마지막으로 아도르노가 자본주의를 통렬하게 비판한 것은 자본주의에서 도구적 이성, 동일화 사고, 교환합리성, 사물화, 이데올로기가 총체적으로 구조화 된다고 보았기 때문이다. 자본주의에서는 아도르노가 비판한 '잘못된 삶'이 반복될 뿐이며, 그가 주장한 '올바른 삶'은 실현되지 않는다. 한국사회에서 자본주의의 발달과 함께 현실화되고 있는 교환 합리성의 부정성을 극복하는 대안을 아도르노가 제시한 대안을 참조하되 그것을 구체적으로 발전시킨 수준에서 모색하는 것도 한국사회의 발전을 위해 긴요할 것이다.

47) 문병호, 앞의 책, pp.63-71 참조.

5. 폴 스위지(Paul Malor Sweezy)의 자본주의 비판

1. 폴 스위지의 생애

[그림 23] 폴 스위지(1910-2004)

스위지는 사회주의 경제학자로서 1910년 은행 부행장인 아버지를 둔 부유한 가정의 막내아들로 태어났다. 하버드대학에서 경제학자 조지프 슘페터 아래서 수학했으나 졸업 뒤 런던정경대학(LSE)에 유학하면서 마르크스주의에 눈을 뜨게 됐다. 당시 경제공황과 파시즘의 대두에 큰 영향을 받았기 때문이다.

하버드대 은사인 조지프 슘페터 하버드대 교수는 학문적 관점의 차이에도 불구, 스위지의 교수직 확보를 적극 지원했으나 결국 이 자리가 주류 경제학자에게 돌아가자 하버드를 떠나 출판과 저술에 전념하게 됐다. 스위지는 훗날 하버드에서 배운 주류경제학은 20세기의 주요 사건과 경향에 대한 이해에 거의 도움을 주지 못한다고 확신했다. 이에 새로운 관점에 기초하여 자본주의를 서술하였다.

1942년 스위지는 『자본주의 발달 이론 (The Theory of Capitalist Development): 부제 마르크스주의 정치경제학 원리 Principles of Marxian Political Economy』을 출간, 서른두 살의 나이에 이미 뛰어난 이론적 실력을 갖춘 진보적 경제학자로서 고전적 명성을 얻게 된다. 이 책은 마르크스주의를 명쾌하게 설명하고 이를 경제, 사회적 분석 도구로 사용하는 방법을 제시했다는 평을 들었고, 1960~70년대 유럽 좌파운동의 이론적 지침서로 자리 잡았다. 스위지는 또 자본주의의 근본적 모순이 선진국과 개도국의 관계로 표출된다고 지적하면서 P. A. 바란 등과 함께 종속이론의 기초를 쌓았다.

그는 〈사회주의〉, 〈역사로서의 현대〉, 〈독점자본〉 등 20여 권의 저작과 100편이 넘는 논문을 통해 마르크스주의 이론을 발전시켰다. 하버드대학 조교수로 일하던 1949년 『먼슬리 리뷰(The Monthly Review)』를 창간해 활발한 사회 비평 활동을 벌였다. 창간호에 실린 앨버트 아인슈타인의 기고문 '왜 사회주의인가'를 비롯해 장 폴 사르트르, 체 게바라 등 당대 유명 마르크스주의자들의 글을 많이 실어 세계 사회주의자들이 열독하는 비평지로 만들었다. 마르크스주의 경제학자 폴 바란과 함께 지은 〈독점 자본 : 미국 경제 및 사회 질서에 관한 에세이〉나, 모리스 돕 케임브리지대 교수와의 논쟁을 정리한 책 〈자본주의 이행논쟁〉은 한국진보 지식인 운동에도 영향을 미쳤다. 2004년 2월 27일 뉴욕자택에서 심장질환으로 타계했다.

2. 폴 스위지의 사상과 주요업적

(1) 자본주의 비판과 대안마련

폴 스위지의 존재는 좌파 운동의 명맥이 끊어질 위기에 처해 있던 미국 사회에서 자본주의의 야만적 현실에 대한 비판적 저항과 대안의 모색을 이어오게 하는 데 실로 중요한 역할을 했다는 점에서 높이 평가된다. 이는, 우리의 경우 마르크스주의 정치경제학의 현실적 가치를 유행처럼 좇다가 냉전지형의 세계적 변화 앞에서 초개처럼 버리고 만 지난 시기와 크게 대조되는 것이 아닐 수 없다. 프랑스의 마르크스주의 철학자 다니엘 벤자이드(Daniel Bensaid)가 명확하게 주목했던 것처럼 칼 마르크스의 현대적 의미는 스탈린주의[48]의 허상에서 자유로워진 사회주의 논쟁의 현실에서 더욱 진정성을 가질 수 있게 된 것을 우리 지식인 사회에서는 간과하고 있는 듯하다.

미국 사회에서 대중에 대한 좌파 진영의 정치적/사회적 영향력은 약하지만 지식인 사회에서 최근 일어나고 있는 마르크스의 적극적 복권과 아메리카 제국주의 문제에 대한 심도 깊은 논쟁은 폴 스위지와 같은 독립적 좌파 운동의 선구자들이 터를 닦은 위에서 진행되고 있다는 점에서 깊이 주목할 일이다. 좌파는 아니나 진보적 정치학자 찰머스 존슨(Charlmers Johnson)이 최근 내놓은 『제국의 슬픔(The Sorrows of Empire)』, 마르크스주의 이론가 데이비드 하비(David Harvey)의 『신제국주의 (The New Imperialism)』 등등의 역작들은 모두 오늘날 미국 자본주의체제가 드러내고 있는 모순과 역사적 한계, 그리고 그 위기적 징후에 대한 분석이라는 점에서 미국 자본주의 발전에 대한 영구적 신념에 도전했던 폴 스위지 등과 같은 좌파 지식인들의 노력에 그 맥을 이어주고 있다.

현실 사회주의의 몰락과 함께 자본주의 외에는 대안이 없다는 후쿠야마류의 반동적 헤겔주의에 빠진 오늘날과 같은 시대에, 소수 특권계급의 이윤과 권력이 아니라 인간의 필요에 봉사할 체제를 모색하려는 노력은 결코 낡은 것이 아니다. 역사적 상상력과 실천의지를 통해 인간에게 자유와 해방의 권리를 부여하려는 지극히 어려운 투쟁은 그 시대마다의 모순과 마주하면서 언제나 새로운 울림을 갖게 되어 있는 것이다.

스탈린주의에 매몰된 러시아 혁명의 현실에 대한 비판을 통해 미국에서 트로츠키 운동을 주도했으며 마르크스주의의 내면에 존재하는 보편적 인간애를 강조한 라야 두나예브카야(Raya Dunayevskaya 1910-1987)는 "마르크스주의는 처음부터 끝까지 인간해방을 목적으로 하고 있다" 라고 갈파한 바가 있다. 폴 스위지는 그러한 점에서 바로 이 마르크스주의의 본질적 목적에

48) 1920년대부터 30여 년 동안 소련 공산당과 국제 공산주의 운동을 지도한 스탈린의 정치 노선을 통틀어 이르는 말. 마르크스 레닌주의의 왜곡 및 교조화와 극단적인 독재 권력의 추구를 의미한다.

최선을 다해 충실하려 했던 지식인이라고 할 수 있다. 그는 폴 바란이 늘 주장했듯이, 시대를 장기적 관점에서 조명하면서 현실에서 은폐되고 있는 모순들을 정직하게 드러내고 인간의 자유와 존엄성이 최대한 확보될 수 있는 길이 어디에 있는지 지치지 않고 추구해 왔다.

(2) 『자본주의 발달 이론』 출간

1942년, 폴 스위지는 약관 서른두 살에 『자본주의 발달 이론 (The Theory of Capitalist Development): 부제 마르크스주의 정치경제학 원리 Principles of Marxian Political Economy』을 출간, 그 나이에 이미 뛰어난 이론적 실력을 갖춘 진보적 경제학자로서 고전적 명성을 얻게 된다. 미국 정치의 근본적 혁파를 겨냥한 마르크스주의 정치경제학 입문서라고 할 이 책의 출간은 자본주의 경제의 끊임없는 발전과 번성에 대한 사회적 신념이 지배하고 있던 미국 사회에 일격을 가한 셈이었다.

또한 폴 스위지의 『자본주의 발달 이론』은 1950년대~70년대에 걸쳐 좌파 지식인 세대를 길러내는 책이 되는데 이보다 한 십년 앞선 1934년에 미국 공산주의 운동의 최고 이론가 루이스 코리(Lewis Corey)가 펴낸 『미국 자본주의의 쇠락(The Decline of American Capitalism)』 이후 미국 좌파운동이 얻게 된 귀중한 이론적 성취였다. 이는 마르크스주의에 대한 1940년대 당시 미국 좌파 운동권의 일반이해에 대한 비판의 의미도 가지고 있었다.

이 시기 미국 좌파 운동은 대체적으로 정치와 경제에 대한 총체적 분석, 계급투쟁의 정치적/실천적 의미 등을 치밀하게 밀고나가기보다는 기계적 유물론에 따른 경제주의 환원론, 즉 자본주의 경제의 위기가 심화되어 가면 자본주의 체제는 저절로 붕괴되어갈 것이라는 생각에 깊이 의존하는 경향을 보였었다. 유럽 파시즘의 등장을 자본주의 체제의 위기에 따른 수세국면으로만 파악했던 제3인터내셔널[49]의 인식과 궤를 같이하는 것이었고 이러한 인식은 파시즘 세력에 대한 치열한 투쟁을 어느새 약화시키고 말았던 것이다.

이러한 생각은, 굳이 혁명적 방식이 아니고라도 자본주의 체제 내부의 개혁을 통해 새로운 세계가 올 수 있다는 견해를 미국 좌파 운동권 내부에 유포시켰다. 이에 반해 폴 스위지는 혁명적 변화를 추구하는 역사적 의지가 계속 축적, 정치적으로 발휘되지 않고서는 인간에 대한 착취와 억압, 그리고 빈곤과 전쟁을 강요하는 자본주의 체제의 근본 모순을 해결하기는 어렵다는 입장을 취했던 것이다.

(3) 특권계급보다 인간필요에 봉사하는 체제추구

그의 이론적 좌표는 특권적 소수의 이윤에 봉사하는 체제가 아니라 대다수 인간의 필요를 위해 봉사하는 체제로 정치경제적 질서의 혁명적 전환을 시도하는 것이 양심을 가진

---

49) 공산주의 인터내셔널(Communist International)을 지칭하는 것으로서, 이를 코민테른(Comintern)이라고도 한다. 제1차 세계대전으로 제2 인터내셔널이 와해된 후 러시아의 V.I. 레닌의 지도하에 각국 노동운동 내의 좌파가 모여 1919년 모스크바에서 창립된 것으로, 마르크스-레닌주의를 사상적 기초로 중앙집권적 조직을 가지며 각국 공산당에 그 지부를 두고 있다. 프롤레타리아독재를 통한 사회주의의 달성이라는 노선에 입각하고 있다는 점에서 제2 인터내셔널과 구별된다.

지식인의 임무라는 자세를 평생을 통해 견지하도록 하는 근거가 되었다. 그가 당시 하버드 대학에서 경제학을 가르치고 있었고, 런던 정치경제 대학(London School of Economics)에서 케인즈 연구를 했다는 경력으로도 세간의 이목은 그에게 집중될 수밖에 없었다. 동부 뉴잉글랜드의 상류계층 출신으로 최고수준의 교육을 받은 그가 일신의 안락을 위해 기성질서의 옹호와 유지에 힘을 쏟기보다는, 일부 소수 지배계급의 부와 권력을 위해 빈곤과 착취, 억압과 폭력이 제도화되어 있는 현실에 저항하게 된 것은 특이한 일이었다.

그러나 그의 사회적 역할은 단지 연구에 몰두하는 강단학자로서 그치지 않았다. 폴 스위지는 마르크스의 말대로, "지식인의 임무는 현실을 해석하는 것에 있지 않고 현실을 바꾸는 것에 있다"라는 신념으로 그의 역사적 헌신의 영역을 정치사회적으로 확대해 갔던 것이다. 3선을 했던 루즈벨트 대통령 시기에 한 차례 부통령을 지냈고 1944년에는 상무성 장관을 역임한 헨리 월러스(Henry Wallace)가 1948년, 미국 공산당과 연계를 갖지 않은 독립적 좌파세력의 정치조직 진보당(Progressive Party)의 대통령 후보로 나서면서 폴 스위지는 현실정치에 뛰어든다. 헨리 월러스는 트루먼 정권이 루즈벨트의 뉴딜 정책[50)]을 하나하나 파괴해나가고 대외정책이 극단적인 반공(Anti-Communism)으로 기울면서 뉴딜 정책 시기에 형성되었던 진보세력과 자유주의세력 간의 대연대가 유지해 온 기반이 무너지자 이에 반발, 진보당을 기반으로 대권에 도전했던 것이다.

하지만 월러스는 자본주의 체제 자체에 대한 비판보다는 개량주의적 정책비판에 머물고 기대에 미치지 못하는 득표로 패배한다. 이러한 정치상황 앞에서 폴 스위지는 진보세력과 자유주의 세력 간의 연대에 기초한 인민전선(Popular Front)적 투쟁방식에 대한 반성과 함께, 보다 근본적인 혁명성을 가진 지식인 연대의 공간을 마련하는 일에 집중하게 된다.

(4) 좌파진영의 비판과 대안 제시

투쟁은 완전한 인간해방의 날까지 결코 낡은 것이 아니다. 우리 사회에는 빈부의 격차로 더욱 심화되고 있는 사회적 양극화와 이에 따른 빈곤의 절망적 현실 앞에서 좌절하고 있는 대중들이 여전히 존재하고 있다. 그와 함께, 냉전의 이념적 유산이 사상과 언론의 자유를 제약하고 있으며 거대한 아메리카 제국주의의 지배 아래 놓여 있는 민족적 처지에 대한 패배주의가 내면화되고 있는 한국 현실에서 폴 스위지와 같은 지식인의 노력과 헌신, 그리고 굴하지 않은 용기와 실천은 진지하게 평가되어야 할 것이다.

그것도 세계 자본주의의 핵심적 대본영인 미국에서 미국 스스로의 진로와 미래를 향해 치열한 비판적 육성을 쏟아내었다는 것은, 오늘날 반미, 친미 수준의 논쟁에서 벗어나지 못한 채 본격적인 비판과 대안의 모색에 진전이 없는 우리 자신을 돌아보는 데에도 중요한 근거가 될 수 있다. 미국 사회의 내면에 존재하고 있는 좌파진영의 역사는 각자의 이념적 지향과는 별도로 보편적 교훈을 가지고 있는 것이다.

좌파에 대한 여전한 이념적 매도와 마르크스주의를 이미 낡은 것으로 치부해버리는 야

50) 미국 제32대 대통령 F.D.루스벨트의 지도 아래 대공황(大恐慌) 극복을 위하여 추진하였던 정책.

만적인 지적 현실이 우리 사회의 역사적 발전을 얼마나 심대하게 가로막고 있는지를 생각해볼 필요가 있다. 폴 스위지는 미국사회의 우파적 기득권에 저항하여 좌파진영의 섬세하고도 구체적인 이론적 대안 제시에 주력했다는 점에서 그 공헌한 바가 적지 않다.

진보진영의 사회적 발언이 때로 낡은 이념과 비현실적 이상주의라는 매도 속에서 냉소의 대상이 되기조차 하고 있는 우리의 현실에서 폴 스위지의 반세기 이상에 걸친 지적 충실성과 역사적 용기, 실천적 의지는 소중하게 다가온다. 기만과 억압, 착취와 폭력이 보다 다양하고 교활한 형태로 유지, 진행되고 있는 이 시대에 인간의 자유와 존엄성을 위한 투쟁은 결코 시대착오적인 과거형이 아니다. 그것을 낡았다고 규정하는 지배세력의 주장이야말로 너무나도 오랫동안 되풀이 되어온 낡은 것이다.

폴 스위지가 평생을 통해 의연하게 실천해왔듯이, 이 구태의연한 자본주의 권력의 발언과 논리, 강제력에 맞서서 은폐된 진실을 드러내고 해방의 동력을 발견하여 이를 우리 모두의 권리로 삼아 나가는 노력은 역사를 진전시켜 나갈 것이다. 이 땅의 진보세력은 현실적 조건의 제약 앞에서 후퇴함이 없이, 자신의 역사적 전망과 정치적 용기, 그리고 대중적 확신을 뿌리 내리는 일에 "비둘기 같은 순결함과 뱀 같은 지혜"로 시대가 부과한 책임을 다할 일이다. 역사는 그에 대하여 "유형, 무형의 진보(進步)"로 반드시 대답해줄 것이다.

미국에서 그간 무수한 좌파 진영의 매체가 명멸을 거듭해 온 가운데 50년 이상의 역사를 지속시켜온 『먼쓸리 리뷰』, 그리고 그 창간자 폴 스위지의 삶과 그 궤적은 시대의 진보적 대의를 믿는 모든 이들에게 소중한 용기와 격려가 될 것이다. 한 사람의 위대한 지식인은 한 시대의 운명을 뒤바꿀 수 있다는 점에서, 폴 스위지의 유산은 인류적 가치를 지니게 될 것이다.

(5) 인간해방과 자유에 대한 뜨거운 헌신

『먼쓸리 리뷰』를 통해 활동한 폴 스위지의 주변에는 이후 미국 독립적 좌파 운동의 흐름을 만들면서 오늘날에 이르기까지 그 영향력을 지대하게 미치고 있는 좌파 지식인들이 운집하게 된다. 특히 리오 후버만, 폴 바란(Paul Baran), 그리고 1968년 이후 해리 매그도프(Harry Magdoff) 등은 폴 스위지와 함께 『먼쓸리 리뷰』를 무대로 주도적 역할을 하는 좌파 지식인 군단을 형성한다.

리오 후버만의 경우, 스물아홉 살의 나이에 『우리들 인민(We, the People)』이라는 미국 민중사를 1932년 출간했으며, 4년 뒤인 1936년에는 대중들을 위한 자본주의 경제사 『인간의 재화(Man's Worldly Goods)』를 내놓았고 이는 이러한 분야의 책으로서는 당시 경이적인 수치인 50만부 이상의 판매를 기록하는 등 진보적 지식인으로서의 명성을 날렸다.

후버만은 창간시기부터 그가 1968년 사망할 때까지 폴 스위지와 함께 『먼쓸리 리뷰』의 발전을 책임졌었고, 1960년 폴 스위지와 『쿠바 혁명에 대한 실질적인 분석(Cuba: Anatomy of a Revolution)』을 내놓아 미국의 대 쿠바 정책이 가지고 있는 기만과 위선을 폭로하는 동시에 제3세계 민족해방운동을 새롭게 조명하는 노력을 기울였다.

폴 바란(1910-1964)만큼 마르크스 경제학자로서 폴 스위지의 지적 탐구의 깊이를 심화시킨 동지도 없을 것이다. 그는 스탠포드 대학의 교수로서 매카시즘의 시기에 자신이 마르크스주의자임을 공개적으로 천명한 드문 경우로서, 1957년 그가 내놓은 『성장의 정치경제학(The Political Economy of Growth)』은 세계경제의 제국주의적 구조에 의한 제3세계의 빈곤 문제를 집중적으로 분석, 이후 종속이론의 중요한 준거가 되었다. 그의 사후 폴 스위지가 내놓은 바란과의 공저인 『독점자본(Monopoly Capital)』은 미국 자본주의의 본격적인 정치경제학적 규명을 이룩했다는 점에서 지금까지 그 영향력이 수그러들지 않고 있다.

(6) 지성군단의 형성

후버만이 사망한 후 1968년 『먼쓸리 리뷰』에 합류한 해리 매그도프는 폴 스위지로 하여금 『먼쓸리 리뷰』가 제국주의 문제에 대하여 보다 분명한 입장과 분석을 심화시킬 수 있는 기회를 제공했다. 베트남 전쟁에 대한 반대 운동이 일어나고 있던 시기인 1966년, 매그도프의 『제국주의의 시대(The Age of Imperialism)』를 필두로 하여 폴 스위지가 매그도프와 함께 작업한 경제학적 작업들은 이루 헤아릴 수 없다.

『스태그네이션과 금융시장의 폭발(Stagnation and the Financial Explosion)』를 1982 또는 『돌이킬 없는 위기(The Irreversible Crisis) 1988』 등에서 제기된 미국 자본주의 실물경제가 처하게 되는 금융시장의 혼란과 부채경제의 심화, 그리고 노동자들의 빈곤 문제에 대한 분석은 오늘날 미국 경제가 처하고 있는 모순을 명확히 예견한 탁월한 견해이자 이론적 해명이라고 할 수 있다. 폴 스위지와 매그도프의 경제 분석을 읽으면서 느끼게 되는 것은 유럽 마르크스주의자들이 대체로 거대담론에 대한 논쟁에 파묻히는 반면, 이들은 매우 구체적인 현실을 분석대상으로 하여 생생한 실물적 접근을 시도한다는 점이다. 이러한 이론적 경향은 이른바 주류경제학의 실물분석역량을 능가하는 구체성을 증명해냄으로써 마르크스주의 정치경제학이 이데올로기적 수사로 머물지 않게 하는 길을 열었다.

노동운동가이자 잡지 편집자 출신의 해리 브레이버만(Harry Braverman 1920-1976)이 폴 스위지의 작업에 합류한 것은 『먼쓸리 리뷰』의 지평을 새롭게 넓힌 사건이기도 했다. 그의 『노동과 독점자본(Labor and Monopoly Capital) 1974』은 바란과 스위지가 함께 분석했던 독점자본의 대척점에 있는 노동문제를 파고들었으며, 이 책은 오늘날에 이르기까지 여전히 최고의 판매부수를 자랑하는 『먼쓸리 리뷰』의 출간목록 가운데 하나가 되고 있다.

이렇게 폴 스위지 자신의 정치경제학, 후버만의 진보적 역사관, 바란의 제3세계 정치경제학, 매그도프의 제국주의 분석, 브레이버만의 노동문제 분석 등으로 다양한 마르크스주의 이론의 영역을 개척해 나간 『먼쓸리 리뷰』는 이후에도 영국 좌파 계간지 『뉴 레프트 리뷰(New Left Review)』의 편집위원 앨랜 마이크신즈 우드(Ellen Meiksins Wood) 등과 같은 제2세대, 제3세대 마르크스주의 이론가들을 꾸준히 발굴, 등장시킴으로써 미국 좌파운동의 흐름에 큰 획을 그었다.

폴 스위지와 『먼쓸리 리뷰』의 성장사를 이야기할 때 또한 빼놓을 수 없는 것은 〈먼쓸리 리뷰 출판국(Monthly Review Press)〉의 시작이다. 『먼쓸리 리뷰』 하나를 꾸려 나가기에도 벅찼던 폴 스위지는 진보적 언론인으로 명성을 높였던 아이 에프 스토운(I.F.Stone)이 미국의 냉전형 대외정책을 비판하면서 기성의 대중적 상식과는 배치되는 한국전 관련 원고가 어디에서도 출판이 되지 못하는 현실을 알게 된다.

(7)『한국전 비사(秘史)』 출판의 제안

폴 스위지는 스토운과 같은 언론인의 발언이 사장되는 것은 진보적 대의에도 어긋난다면서 매카시즘이 밀어내고 있는 진보적 지식인들의 출판공간을 확보하는 것도 매우 중요한 좌파 운동의 영역으로 인식, 스토운의 책을 출간한다. 그것이 오늘날 한국전과 관련한 고전적 저서로 남게 된『한국전 비사(The Hidden History of the Korean War) 1952』이다. 이 책의 제목도 폴 스위지가 제안한 것으로서 미국의 한국전쟁과 관련한 공식적 설명이 은폐하고 있는 진실을 규명한다는 의도를 가지고 있었다. 이 책은 이후 브루스 커밍스가『한국전쟁의 기원(The Origins of the Korean War) 1981』을 쓰는 데 있어서 결정적인 지적 충격을 주는 근거가 되었다는 점에서 폴 스위지의 지식으로서의 용기가 오늘날의 우리와 어떤 인연을 맺고 있는지를 알 수 있을 것이다.

『먼슬리 리뷰』 출판국의 영향력은 어쩌면『먼슬리 리뷰』 자체보다도 더 강력하게 되었는지도 모른다. 수정주의 역사학의 대부인 윌리암 애플만 윌리암즈(William Appleman Williams)가『먼슬리 리뷰』에 글을 쓰기 시작한 것은 그가 왕성한 활동으로 명성을 얻게 되는 1960년대가 아니라 이미 1952년부터였으며 그의 저서『미국, 쿠바, 카스트로(The United States, Cuba and Castro) 1963』 등을 비롯하여 〈먼슬리 리뷰 출판국〉은 미국의 기존 출판계가 기피하거나 외면하는 좌파 지식인들의 역저들을 쏟아낸다.

폴 스위지가 주도한『먼슬리 리뷰』 출판국은 마르크스주의 고전들에 속하는 로자 룩셈부르크, 니콜라이 부하린, 칼 코르쉬 등의 저서들을 번역 출간하는 한편 안드레 군더 프랑크(Andre Gunder Frank)의『자본주의와 라틴 아메리카의 저개발(Capitalism and Underdevelopment in Latin America) 1967』, 체 게바라(Che Guevara)의『쿠바 혁명전쟁 회고록(Reminiscences of the Cuban Revolutionary War) 1968』, 에른스트 만델(Ernest Mandel)의『마르크스주의 경제학 이론(Marxist Economic Theory) 1970』, 루이 알뛰세르(Louis Althusser)의『레닌과 철학(Lenin and Philosophy) 1971』, 에드아르도 갈레노(Eduardo Galeano)의『라틴 아메리카의 절개된 정맥(Open Veins of Latin America) 1973』, 사미르 아민(Samir Amin)의『세계적 수준의 자본축적론(Accumulation on a World Scale) 1974』, 헐 드레이퍼(Hal Draper)의『칼 마르크스의 혁명 이론(Karl Marx's Theory of Revolution) 1976-1990』, E. P. 톰슨 (E.P.Thompson)의『이론의 빈곤(The Poverty of Theory) 1978』 등 일일이 열거할 수 없을 정도이다.

이 책들은 폴 스위지가 가장 왕성한 활동을 했던 1960년대에서 1970년대 후반에 이르는 기간 동안 나온 것들로서『먼슬리 리뷰』가 세계적 좌파 운동의 출판 근거지로 자리매김을 하는 데 결정적인 작업들이 된다. 이후에도『먼슬리 리뷰』 출판국의 출판활동은 매우 적극적인 양상을 보이게 되는데 1990년대 초 동유럽 사회주의 국가들의 몰락에 의한 소강기를 잠시 지나 오늘날까지 손꼽기 어려울 정도로 중요한 저작들을 출간함으로써 좌파 이론의 지적 재고를 충실히 축적해 가고 있다.『먼슬리 리뷰』가 매년 발간하는 〈사회주의 기록부(Socialist Register)〉는 미국 좌파 진영의 이론적 집결처의 구실을 하고 있는데 금년의 경우, 제국주의 문제를 집중적으로 조명함으로써 폴 스위지와 해리 매그도프가 지속적으로 제기해 온 문제들에 대한 보다 심화된 논의를 담았다고 말할 수 있다.

연습문제

1. 『프로테스탄트 윤리와 자본주의 정신』에서 베버가 규명하고자 했던 주요과제는?

① 자본주의 체제의 모순의 심화와 자본주의 정신과의 관계
② 마르크스의 주장과 프로테스탄트 윤리와의 배타성
③ 개신교 윤리와 자본주의 정신과의 관계
④ 중세 중상주의와 자본주의 정신과의 관계

2. 자본주의 정신을 규정하기 위해 베버는 벤자민 프랭클린 설교문을 소개하는 것으로 시작하였다. 다음 중 벤자민 프랭클린 설교문의 내용만으로 묶은 것은?

① ㉠, ㉡, ㉢ ② ㉠, ㉡, ㉥ ③ ㉡, ㉢, ㉥ ④ ㉢, ㉣, ㉥

㉠ 시간은 돈이다. ㉡ 신용은 돈이다. ㉢ 돈의 번식력은 한계를 갖는다. ㉣ 사소한 지출이 모이면 더 이상 늘어나지 않는다. ㉤ 무조건적인 금욕적 생활이 신에게 다가가는 길이다. ㉥ 근면, 검소, 시간엄수, 신용, 정직, 공정성 등이 미덕이다.

3. 다음은 베버의 연구와 관련된 중요개념이다. 베버가 연구하고자 했던 개념은?

(   )(이)란 직업을 소명으로 생각하는 정신적 태도를 말하며, 이런 정신은 자연적으로 주어지는 것이 아니고, 또 고임금이나 저임금을 통해서 직접적으로 얻어지는 것도 아니다. 오직 길고도 지속적인 교육 과정의 산물일 뿐이다.

① 중상주의 정신 ② 금욕주의 정신 ③ 자유주의 정신 ④ 자본주의 정신

4. 윤리적, 도덕적 가치관을 가진 노동자와 기업가의 정신적 태도, 즉 자본주의 정신을 추적하기 위해 베버가 사용한 방법은 무엇인가?

① 형식형 ② 행동형 ③ 이념형 ④ 계량형

5. 루터의 종교개혁이 『프로테스탄트 윤리와 자본주의 정신』에 공헌한 점은 무엇인가?

① 현세의 노동에 대한 의미를 부여함으로써 가톨릭의 견해를 옹호하였다.
② 현세의 노동에 대해 신의 소명을 구체적으로 실천하는 뜻있는 행위라는 의미를 부여했다.
③ 직업은 신의 섭리로 받은 것이므로 인간은 엄격한 도덕적 계율과 신의 명령을 강조하는 금욕적 수도원생활을 해야 한다고 일깨워 주었다.
④ 현세의 노동에 대한 의미는 자본주의 발달을 저해하는 요인으로 간주하였다.

6. 현세의 노동에 의미를 부여한 것이 '자본주의 발달을 가져온 동인'이라고 설명하기에는 불충분한 점이 많다. 노동에 대한 의미부여와 자본주의 발달 사이의 연계를 충족시키기 위해 베버가 끌어들인 힘은 어디에 담겨 있는가?

① 예정설 ② 조명설 ③ 절충설 ④ 윤회설

7. 프로테스탄트 윤리에서 강조하는 생활태도에 속하지 않는 것은?

① 근면성 ② 절약성 ③ 이타주의 ④ 금욕주의

8. 다음 중 근대 자본주의 정신의 가장 중요한 원천이라고 베버가 주장한 것은?

① 경쟁적 자유방임주의 ② 긍정적 실증주의
③ 자유주의적 실용주의 ④ 금욕적 프로테스탄티즘

9. 프로테스탄트 윤리와 자본주의 정신의 유사성에 대해 가장 바르게 기술한 것은?

① 프로테스탄트 윤리와 자본주의 정신을 상호배타적이다.
② 프로테스탄트 윤리의 소명 의식은 자본주의의 이윤 극대화 측면과 긍정적인 관련이 없다.
③ 프로테스탄트 윤리의 금욕과 소비 억제적 개인행위는 지속적 재투자를 불가능하게 한다.
④ 프로테스탄트 윤리와 자본주의 정신은 서로 촉발시키는 역할을 수행한다.

10. 현세의 노동에 의미를 부여한 것이 자본주의 발달을 가져온 동인이라고 설명하기에는 불충분한 점이 많다. 노동에 대한 의미부여와 자본주의 발달 사이의 연계를 충족시키기 위해 베버가 끌어들인 힘은 어디에 있는가?

① 칼뱅설 ② 조명설 ③ 절충설 ④ 윤회설 ⑤ 진화설

11. 프로테스탄트 윤리와 자본주의 정신의 관계에 대해 바르게 기술한 것은?

① 프로테스탄트 윤리와 자본주의 정신은 상호 배타적이다
② 프로테스탄트 윤리의 소명의식은 자본주의의 이윤극대화 측면과 긍정적인 관련이 없다
③ 프로테스탄트 윤리의 금욕과 소비 억제적 개인행위는 지속적 재투자를 불가능하게 한다.
④ 프로테스탄트 윤리와 자본주의 정신은 서로 친화적이다.
⑤ 프로테스탄트 윤리는 자본주의에 영향을 주지만 자본주의의 가장 근본정신은 아니다.

12. 프롬은 자본주의 사회에서 인간의 소외를 무엇과 결부시켜 분석했는가?

① 인간의 행동 유형 ② 인간의 성격 유형 ③ 인간의 지적 능력
④ 인간의 물질적 능력 ⑤ 인간의 발달 유형

13. 현대 산업사회의 인간소외에 대한 설명으로 잘못된 것은?

① 현대의 소외는 근본적으로 현대 산업사회의 대중화, 관료제화, 물질화에 기인한다.
② 마르크스는 자본주의 사회하에서 인간소외 문제의 극복은 불가능하다고 보았다.
③ 아도르노 등의 네오 마르크스주의의 소외론은 자본주의의 철폐를 주장하고 있다.
④ 소외를 극복하기 위해서는 노동의 창조적 의미가 되살아나야 한다.
⑤ 노동에 대한 새 가치관을 세우고 사회구조의 병폐를 고쳐야 인간소외를 극복할 수 있다.

14. 공산주의 철학이론에 속하지 않는 것은?

① 유물론 ② 노동가치설 ③ 변증법 ④ 소외이론

15. 공산주의 사상을 이론적으로 체계화시킨 최초의 인물은?

① 레닌 ② 헤겔 ③ 마르크스 ④ 포이에르바하

16. 유물론에 대한 설명으로 부적당한 것은?

① 엥겔스는 유물론이야말로 자연세계와 인간세계를 분석하는 데 있어 필수기초라고 했다.
② 유물론에 기초함으로써, 의식과 이념이 세계의 근본적인 변화를 일으킬 수 있다는 전통적 관념론을 거부, 비판했다.
③ 유물론은 의식과 정신을 모든 만물의 근원으로 보았다.
④ 플라톤이나 칸트가 주장한 인식의 선험적 성격을 전적으로 부정한다.

17. 유물론을 보고 에리히 프롬은 어떤 변화를 추론하였는가?

유물론은 물질이 모든 정신에 앞서서 독립적으로 존재한다고 주장하는 이론으로, 물질이 일차적이고 근원적이며, 정신은 그 물질로부터 파생된 이차적인 것이라고 한다. 이에 대해 프롬은 현대 산업 사회의 병폐를 극복하기 위해서는 인간 개개인이 소유 지향적인 삶을 버리고 존재 지향적인 삶을 지향하는 정신 혁명을 추구하는 것 이외에 사회구조의 근본적인 변혁이 필요하다고 본다. 프롬이 보기에 인간은 천성적으로 삶과 창조를 지향하지만 그것이 제대로 실현되지 못하는 것은 사회적 환경 때문이다. 따라서 사회 구조의 변혁이 요청되는 것이다. 프롬은 자신이 지향하는 사회를 인본주의적이고 공동체주의적인 사회주의라 부르고 있으며, 그러한 사회가 이루어지기 위해서는 경제적, 정치적, 문화적 차원에서의 변화가 수반되지 않으면 안 된다고 말하고 있다.

18. 헤겔변증법과 마르크스 변증법, 그리고 아도르노 변증법의 차이는 무엇인가?

마르크스는 세계의 본질을 물질로, 헤겔은 이념이나 정신으로 보고 변증법을 다루었다. 헤겔은 변증법을 절대정신을 향한 자기의식의 전개과정으로 본 반면에 마르크스는 세계의 발전이 정신이나 이념 대신에 물질이 모순에 의해 자체를 전개시켜 나가는 과정으로 보았다. 반면에 아도르노의 부정 변증법은 주체의 인식을 통해 객체의 진리를 포착하려는 시도 또는 개념으로써 특수자를 파악하려는 전통철학의 시도를 무너뜨리려는 작업이다. 아도르노의 부정 변증법은 진리를 인식하려는 노력의 좌절로 미학으로 넘어가게 된다. 이에 따라 철학의 중심과제도 개념에 의한 진리파악이 아닌 예술의 해석이 된다. 아도르노의 부정 변증법에서는 주체와 객체의 화해는 불가능하고 오직 주체와 객체의 분열에 대한 의식만이 가능하다.

19. 마르크스의 역사발전 5단계 설의 내용과 이에 대한 폴 스위지의 대안은 무엇인가?

마르크스는 유물론적 역사관을 가지고 인류역사를 생산양삭의 변화에 따른 다섯 단계로 구분하였다. 그 다섯 단계란 원시적 생산 양식, 노예적 생산 양식, 봉건적 생산 양식, 자본주의적 생산 양식, 사회주의적 생산 양식이다. 각 단계는 생산력에 조응하는 고유한 생산관계를 갖는다. 역사발전 5단계 설은 다양한 요인들을 배제하고 물질적 생산에 의해서만 역사단계를 구분하고 있는 이론으로서 지나친 단순화의 오류를 범하고 있다. 그리고 자본주의 사회가 필연적으로 사회주의 사회로 이행한다고 했지만 현실을 보면 자본주의 사회는 계급 간의 갈등이 줄어들고 있으며 다양한 정책을 통해 자체 문제를 해결하고 있다. 오히려 오늘의 현실은 사회주의권이 붕괴하고 있는 실정이다.

이러한 문제점을 보고 폴 스위지는 자본주의 권력의 발언과 논리, 강제력에 맞서서 은폐된 진실을 드러내고 해방의 동력을 발견하여 이를 우리 모두의 권리로 삼아나가는 노력은 역사를 진전시켜 나갈 것이다. 이 땅의 진보세력은 현실적 조건의 제약 앞에서 후퇴함이 없이, 자신의 역사적 전망과 정치적 용기, 그리고 대중적 확신을 뿌리내리는 일에 "비둘기 같은 순결함과 뱀 같은 지혜"로 시대가 부과한 책임에 응답할 것을 강조하였다. 역사에서의 교훈은 '유형, 무형의 진보(進步)'의 상관계기로 상통하면서 응답할 것으로 보았다.

20. 잉여가치설은 기업이윤을 어떻게 설명하는지를 밝히고 그 내용을 비판하시오.

잉여가치설의 기업이윤이란 자본가는 화폐자본을 가지고 시장에서 생산수단과 노동력을 구매한다. 그리고 이 두 요소로 상품을 만들어 시장에 내다팔면 회수된 자본은 처음보다 더 큰 화폐량을 갖는다. 즉 이윤이 첨가된 것이다. 이윤은 노동자의 노동력에서 창출된 것이다. 노동자의 필요 노동을 초과한 것이 바로 이윤이며 이는 기업이윤이 된다. 따라서 기업이윤은 노동자의 노동력에 의해 창조되었음에도 불구하고 노동자에게 환원되지 않고 자본가가 자신의 자본축적을 위해 빼앗는 부분이다. 기업이윤은 잉여가치의 착취이다.

잉여가치설은 자본주의경제를 지나치게 도식화시켜 자본의 역할을 축소시키고 있다. 이윤은 노동자의 노동력에서만 발생하지 않고 자본의 투자 속에서도 있으며 자본가의 노동도 이윤을 칭출하는데 일익을 담당한다. 현대 자본주의 경제에서 자본역할은 매우 키지고 있다.

21. 마르크스가 주장한 이윤율저하법칙은 타당한 경제법칙인가?

그렇지 않다. 이윤율저하법칙의 전제부터가 잘못되어 있다. 상품의 가치가 노동에 의해서만 창출된다는 노동가치설이나 잉여가치가 임금이 지불되지 않은 노동자의 잉여노동에서 나온다는 잉여가치설은 너무 단순하며 마르크스 자신의 폭력혁명론을 정당화하기 위한 주장일 뿐이다. 따라서 잘못된 전제에서 나온 이윤율저하법칙도 타당한 경제법칙이 아니다. 그리고 점점 이윤율이 저하되어 나중에는 공황이 일어나고 결국 자본주의 사회는 붕괴한다는 결론도 옳지 않다. 현실을 보면 자본주의 사회에서 공황이 주기적으로 일어나지 않을뿐더러 붕괴가 아닌 성장의 길을 걷고 있다. 공산주의권이 경제적 어려움을 겪고 있는 형편이다.

22. 공산주의들은 국가를 어떻게 보며, 국가가 왜 소멸해야 한다고 주장하는가?

마르크스주의는 국가나 정부는 지배계급의 이익을 차지하고 확대하는 역할과 빈곤한 다수의 대중을 억압하는 도구일 뿐이라고 한다. 그러니까 다수의 노동자는 빈곤한 대중이 억압받지 않는 사회라면 지배와 억압이 도구인 국가가 소멸한 사회여야 한다는 논리다. 마르크스주의에 따르면 프롤레타리아혁명을 통해 건설된 공산주의 사회에서는 계급이 없는 국가는 자연스레 소멸하게 된다고 한다. 그러나 현대사회에서 국가의 기능은 다양하다. 빈부차를 줄이고 생존을 위협받는 국민은 없어야 한다는 의식 아래 복지국가를 건설하기 위한 다양한 정책과 그 기능을 수행하고 있다.

23. 마르크스의 사회계급론이 타당하지 않는 이유를 카리스마 관점에서 언급하시오.

인류역사를 보면 계급의 대립과 투쟁만이 아닌 다양한 원인과 성격을 지닌 역사적 사건들이 있다. 그리고 현대사회에는 마르크스가 예견하지 못한 중간계급이 존재한다. 다양한 계층으로 이루어진 중간계급은 현대의 정치, 경제, 문화에 커다란 영향을 끼치고 있다. 그러므로 마르크스의 사회계급론은 더 이상 현실성이 없다.

막스 베버의 '카리스마'관점에서 살펴보면, 인간의 삶에는 온갖 종류의 '무상의 선물'이 베풀어진다는 점을 간과하고 있다. 즉 자비로운 마음이나 성령의 특별한 은혜가 있을 수 있다. 개개인이 개별적으로 받게 되는 소명(召命) 또한 여기에 기인한다. 각자 자기 나름의 카리스마를 받아 단일하고 다양한 '축복과 은총의 관리자'로서 생활하게 된다.

24. 프롤레타리아독재이론의 근거를 '작은 담론'의 관점에서 비판하시오.

프롤레타리아독재이론은 국가소멸론을 전제로 한 이론이다. 국가소멸론이 비현실적인 이론이기 때문에 프롤레타리아독재론은 기반부터 상실하게 된다. 그리고 지금 공산권에서 일고 있는 변화를 보면 마르크스가 말한 프롤레타리아독재론은 전혀 실현되지 않고 있음을 알 수 있다. 노동자계급을 위한 정치형태라는 허울 아래 프롤레타리아독재는 오히려 노동자계급을 억압하는 공산당 일당독재체제로 변질되고 말았다. 새로운 지배와 권력을 움켜쥔 소수의 당 간부와 관료들은 새로운 착취계급일 뿐이다.

료타르의 '작은 담론'은 역사에 대한 주체적 목적성의 배격, 삶 자체의 유희적 관조에 대한 성찰을 담고 있다. 야심과 자기정당화 장치를 조작적으로 구축해가는 현대문화의 초극을 위하여 다원주의적 가치의식을 새롭게 강조하고 있다. 따라서 료타르에게 있어서 탈현대의 주제는 자유와 해방을 의미하는 방향으로 집약되어 국가소멸론은 부정된다.

25. 마르크스주의의 철학, 경제, 정치 사이의 체계적 연관에 대해 비판하시오.

마르크스주의의 기본관점은 기존사회를 완전히 부정하고 새로운 사회를 건설하는 데 있다. 이런 생각의 이론적 근거를 마련하기 위해 우선 인간과 자연 및 사회를 철학적으로 분석한 철학이론을 새웠다. 이 철학이론을 바탕으로 하여 구체적으로 자본주의 경제체제를 분석하고 비판한 이론이 경제이론이다. 이 경제이론은 자본주의 체제가 필연적으로 결론을 끌어내고 있다. 이러한 경제이론을 가지고 사회주의 혁명을 완수하기 위한 구체적 내용을 담은 사회, 정치이론을 체계 짓고 있다.

『기호의 정치경제학』에서 보드리야르는 마르크스의 체계적 연관의 임의성을 부각시켰다. 그는 상품의 기호적인 가치를 강조하고 상품가치에 근거한 마르크스의 정치경제학을 비판했다. 그는 상품구조와 그것이 후기 자본주의 사회에서 일으키는 현상이 기호의 구조와 리얼리티에 정확히 부합된다는 사실을 증명하는데 중점을 두었다. 증여된 물건은 상징적 교환가치를 갖는다. 이것이 선물의 역설이다. 이러한 선물은 임의적이며 결정적이 될 수 없다.

문제해답

제 1 장

1 / ③	2 / ①	3 / ③	4 / ④	5 / ③	6 / ④	7 / ②	8 / ④	9 / ①	10 / ②
11 / ④	12 / ②	13 / ③	14 / ①	15 / ②	16 / ③	17 / ④	18 / ③	19 / ①	20 / ③
21 / ④	22 / ②	23 / ④	24 / ④	25 / ②					

제 2 장

1 / ③	2 / ②	3 / ④	4 / ③	5 / ②	6 / ①	7 / ③	8 / ④	9 / ④	10 / ①
11 / ④	12 / ②	13 / ③	14 / ②	15 / ③	16 / ③				

■ 참고문헌

강유원 외 옮김, 데이비드 파피노 외 지음, 『철학, 더 나은 삶을 위한 사유의 기술』 유토피아, 2008.

김문조, 「포스트모더니즘의 사상적 개관」, 『한국학연구』, 1993.

김형효, 『구조주의 사유체계와 사상』 서울 : 인간사랑, 1990

막스 베버 지음, 김현욱 옮김, 『프로테스탄티즘 윤리와 자본주의 정신』 동서문화사, 2009.

에리히 프롬 지음, 원창화 옮김, 『자유로부터의 도피-고전으로 미래를 읽는다』 홍신문화사, 2006.

에리히 프롬 지음, 차경아 옮김, 『소유냐 존재냐』 까치, 2006.

에리히 프롬 지음, 황문수 옮김, 『사랑의 기술』 문예출판사, 2006.

이명호, 「포스트모더니즘이란 무엇인가의 질문에 답하여」, 『경희대대학원고봉논집』, 1992.

장 보드리야르 지음, 이상률 옮김, 『소비의 사회』 문예출판사, 1992.

장 자크 루소 지음, 최석기 옮김, 『인간불평등기원론』 동서문화사, 2007.

이종하 지음, 『아도르노 고통의 해석학』 살림, 2007.

전경갑, 『현대와 탈현대의 사회사상』 한길사, 1997.

존 스튜어트 밀 지음, 박홍규 옮김, 『자유론』 문예출판사, 2009.

Buber, Martin. *Paths in Utopia*. The beacon Press, 1949.

Daniels, Roberts V. *The Conscience of the Revolution: Communist Opposition in Soviet Russia*. Cambridge, Mass: Harvard Univ. Press, 1960.

Erlich, Alexander. *The Soviet Industrialization Debate,* 1924~1928. Cambridge, Mass: Harvard Univ. Press, 1950.

Federn, Karl. *The Materialist Conception of History:* A Critical Analysis. New York: International Publishers, 1939.

Fromm, E. ed., *Marx's Concept of Man*. New York: Frederick Ungar, 1961.

Gilles Deleuze, Foucault, Editions de Minnuit, 1986

Joll, James. *The Anachists*. Boston and Toronto: Little, Brown and Company, 1964.

Kamenka, Eugene. *The Ethical Foundations of Marxism*. London: Routledge, 1962.

Louis Althusser, Pour Marx, Libraire FranÇois Maspero, 1965

Marcuse, Herbert. *Reason and Revolution: Hegel and the Rise of Social Theory*. Boston: The Beacon Press, 1954.

Moore, Barrington. *Soviet Politics-The Dilemma ef Power: The Role of Ideas in Social Change*. New York: Harper and Row, 1950.

Tucker, Robert C. *Philosophy and Myth in Karl Marx*. Cambridge: The Cambridge Univ. Press, 1961.

제3장 탈현대사회의 가치교육

처신

마음을 지키고 입을 지키고 또 몸을 닦아라. 세상살이 안위는 처신에 달렸다.
벗을 택하고 이웃을 택할 때 덕 있는 사람과 친하라.
허영과 탐욕은 결국 목숨을 해치고 바르지 않게 재물을 취하면 도리어 몸을 해친다.
사람을 원망하지 마라. 행복은 자신이 직접 구하고 다른 사람에게서 구하지 마라.

- 박노해의 시문집 《구름 속에 밭을 갈며》 중에서 -

제3장 탈현대사회의 가치교육

Story-Telling : 산적과 황소

옛날에 북부 인도의 산악지대의 어두컴컴한 숲 속에 숨겨진 동굴이 있었는데, 그곳에는 라쿠샤라는 사악한 산적과 그의 일당이 살고 있었다. 이 포악한 강도는 약탈, 살인, 노략질을 하며 살았다. 호랑이는 목까지 차오를 정도로 고기를 포식한 다음에도 동물들을 죽이는 재미를 맛보기 위해서 계속 동물들을 죽인다는 말이 있다. 마찬가지로 호랑이 같은 산적 라쿠샤는 잔학함에서 남다른 재주를 발휘하였다. 모든 영적 법칙을 비웃고 조롱하고 다니는 그는 진정으로 사악함의 화신이었다. 다음에 나오는 사건은 극치에 달한 악행의 한 예에 지나지 않는다.

라쿠샤는 일당을 데리고 숲의 변두리에 있는 작고 가난한 마을을 노략질하러 나섰다. 그는 숲을 통과하면서 그저 재미로 울새들을 죽이는 잔치를 벌였다. 그가 숲의 끝에 도달하였을 때 그는 1마일 정도 되는 진창길이 마을로 이어진다는 것을 알았다. 이 길에는 키 큰 나무들이 늘어서 있었다. 그 나무들은 여행자들에게 동양의 태양의 타는 듯한 열기로부터 시원한 그늘을 만들어 주는 것이라고 산적 패거리들 중의 한 명이 말하였다. 산적 두목이 말하였다. "흐음, 너희들은 모두 서둘러서 저 나무들을 둘러싼 다음 껍질을 벗겨내어서 말라죽도록 하라. 저 나무들은 이제 더 이상 마을사람들에게 그늘을 제공하는 관대함을 베풀지 못할 것이다." 그의 명령은 시행되었다.

강도 일당이 마을에 들어가려고 할 때 그들은 물이 고인 웅덩이 진창에 푸석푸석한 벽돌 몇 장이 디딤돌처럼 놓여있는 것을 발견하였고 그것들을 밟고 건너야 한다는 것을 알았다. 그들이 웅덩이를 건넌 다음에 산적 두목은 생각하였다. "이 벽돌들을 치워버리자. 어느 누구도 이것들을 밟고 건너는 안락함을 누리고 진창을 밟는 불쾌한 경험을 놓치는 일이 있어서는 안 돼." 그러나 그는 다시 생각한 끝에 자기 자신이 숲 너머에 있는 자신의 소굴로 돌아가기 위해서는 그 웅덩이를 다시 건너야 한다는 사실을 깨달았다. 그래서 그는 그 벽돌들을 치우지 않기로 하였다. 산적과 그의 졸개들이 마을에 들어가고 있는 동안에 몇 명의 성스런 사람들이 마을을 떠나고 있었는데, 그들은 진창 웅덩이에 놓인 벽돌들을 밟고 건너면서 자신들의 신발이 더러워지지 않게 된 것을 기뻐하였다.

산적들은 마을을 노략질하면서 남자들과 여자들 그리고 아이들을 살육하였고, 자신들의 동굴로 돌아가는 여행에 나섰다. 또다시 산적 두목은 진창 웅덩이에 놓여 있는 벽돌을 밟고 건너야 했다. 그러나 그와 그의 악당들이 그 벽돌을 이용하는 일을 끝냈을 때, 두목은 자신의 긴 창으로 그 벽돌들을 진창 웅덩이의 가장 깊은 구덩이로 밀어 넣어서 아무도 그 벽돌들을 이용하지 못하도록 하였다.

이 일이 있은 직후에, 라쿠샤는 강도 무리를 지배하고 싶어 하였던 자신의 부하들 중의 한 명에게 배반을 당하여 살해되었다. 힌두 경전에 의하면, 모든 사람은 두 명의 천사를 갖고 있는데 각자 장부를 한 권씩 갖고 있다고 한다. 한 명은 그의 왼쪽 어깨에 그리고 다른 한 명은 그의 오른쪽 어깨에 눈에 보이지 않게 자리 잡고 있다고 한다. 왼쪽에 있는 천사는 자신의 장부에 그 사람의 모든 악행을 기록하고, 오른쪽에 있는 천사는 그의 모든 덕행을 기록한다고 한다. 라쿠샤의 영혼이 특별히 어둡고 무시무시한 지옥의 한편으로 호송되고 있을 때, 천국과 지옥을 관장하고 있는 재판장이 어떤 불공정도 행해지지 않도록 하기 위하여 그 강도의 두 천사에게 자신들의 장부를 들여다보고 무엇이 기록되어 있는지 말하라고 요청하였다. 왼쪽의 천사가 말하였다. "영예로운 나리. 죄를 기록한 장부는 이 사람의 사악한 행위들로 가득 있어서 저는 장부의 모든 면의 여백에도 온통 이 사람의 악행을 기록해야만 하였습니다."

오른쪽의 천사가 말하였다. "제가 갖고 있는 장부는 모두 비어있습니다. 저는 이 잔인한 강도가 선행을 행하였다는 기록을 단 한 줄도 발견할 수 없습니다." 오른쪽의 천사는 자신의 장부를 철저하게 재조사하라는 요청을 받았다. 마침내 그가 외쳤다. "아! 마지막 면에서 단 한줄, 그것도 간접적으로 덕행을 한 기록이 있습니다. 라쿠샤는 다시 건널 때 이용하려고 진창 웅덩이에 몇 개의 벽돌을 남겨둔 적이 한 번 있습니다. 비록 그는 다른 누군가도 그 벽돌들을 이용하는 혜택을 입을 수도 있다는 생각을 하고 싫어하긴 하였지만요. 그러나 몇 명의 성스런 사람들이 그 웅덩이를 건너느라 그 벽돌을 이용하는 일이 생겼기 때문에 그는 그에 대한 보답을 받을 수 있습니다."

그러자 천국과 지옥을 관장하고 있는 천사가 산적 영혼에게 말하였다. "너에게 두 시간 동안 천국이나 지옥에서 완전한 자유를 누릴 수 있는 시간을 주겠다. 너의 마지막 소망을 말해보아라." 산적은 한참 생각한 뒤에 대답하였다. "지옥에서 날아오를 수 있는, 길고 날카로운 뿔이 달린 황소 한 마리를 주시오." 날아다니는 사나운 황소가 도착하였다. 산적은 그 동물의 등을 탄 다음 자신이 명령하는 대로 그 동물이 행할 것이라고 확신하면서 말하였다. "황소 양반, 지옥의 모든 문지기들을 돌격하시오." 지옥에서는 전에는 결코 없었던 소동이 벌어졌다.

혼란이 일어났다는 소식을 듣고 천국과 지옥을 모두 관장하는 천사는 날아다니는 자신의 조수들과 함께 지옥에 있는 자신들의 동료들을 구출하기 위하여 현장으로 급히 달려갔다. 기분이 대단히 좋아진 산적 영혼은 곧바로 황소에게 그의 긴 뿔로 천사 지도자의 몸을 들이받으라고 명령하였다. 자신의 파멸이 다가옴을 보고서, 산적에게 호되게 쫓기고 있는 천사는 조수들을 데리고 천국의 안전한 문 너머에 있는 은신처를 찾아서 우주공간을 내달리기 시작하였다. 지옥의 문지기들은 이 끔찍한 난동에 대하여 천국으로 정신감응의 통신을 보냈다. 대천사들이 구출에 나서기 위하여 모여들었지만, 포고령에 의하여 어느 누구도 사악한 산적의 명령을 받고 있는 날아다니는 황소의 공격에 저항할 수 없었다.

황소는 달아나는 천사들의 발꿈치를 바짝 쫓아서 진주로 꾸민 문으로 들어갔다. 그러자 천국이 소동에 휩싸였다! 마침내 날아다니는 황소를 탄 라쿠샤가 옥황상제인 주님의 황금 옥좌에 도달하자마자 산적에게 주어진 두 시간의 자유가 끝났다. 황소는 고삐 풀린 듯이 마구 들이받던 짓을 갑자기 멈추었다. 천사들은 날개를 접고서 휴식을 취하였다. 그러나 천국과 지옥의 문지기가 이제 힘을 잃은 산적에게 다가가서는 외쳤다. "흥! 너는 이토록 다른 세상에서도 너의 사악한 방식을 따라야 했구나. 너와 너의 날아다니는 황소에게 지옥의 가장 나쁜 지역에서의 중노동을 부여할 것이다. 천국은 너에게는 너무 좋은 곳이라 안 되겠다."

그러나 하늘에 계신 아버지가 외쳤다. "안 돼! 저 사악한 산적과 그의 황소를 다시 지옥으로 던져 넣으면 안 돼. 그들은 천국에 도달하였기 때문에 이미 해방된 것이다. 여기에 어떻게 들어오는지는, 매우 적은 선에 의한 것일지라도, 문제되지 않는다. 영혼이 한번 천국에 도달하면 그 영혼은 다시 지옥에 가지 않을 것이다."

* * *

Point Up : 이 일화는 과거에 무슨 잘못을 저질렀든 여러분이 더 이상 죄를 짓지 아니하고 조그마한 선이라도 계발한다면, 그 선이 영원한 기쁨과 자유의 천국으로 통하는 관문이 될 것이라는 점을 여러분이 깨닫도록 도움을 주기 위해 마련된 것이다. 요점은, 우리 영혼과 진리 사이의 거리에 대하여 자꾸 신경 쓰지 말고, 매일 선을 조금씩 행함으로써 진리를 향하여 계속 걸어가라는 것이다. 그러면 여러분은 마침내 가치의 근원에 대한 진리에 도달하게 될 것이다.

근원에 대한 외경심은 동시에 가치의 원천을 이루는 것이다. 생명 존중, 생명 사랑으로부터 다른 인간 가치가 파생되어 나온다. 기독교의 '사랑', 공자의 '인', 불교의 '자비' 등은 모두가 생명 경외로 수렴된다. 상생은 오행설(五行說)에서, 금(金)은 수(水)를, 수는 목(木)을, 목은 화(火)를, 화는 토(土)를, 토는 금(金)을 나게 하거나, 도움의 관계를 이르는 말이다. 나무에 불을 지펴서 태우면 따뜻한 열기가 발생하듯이 서로 소멸하지 않고 더 기운을 상승 시켜 주는 것을 상생이라고 한다. 생명을 상생시키면 평화와 화목이 찾아와서 살기 좋은 세상을 만들게 될 것이다.

I. 가치교육의 통합적 접근

1. 가치교육의 의미

로키치(Milton Rokeach)는 가치란, 전통사회에서 탈현대사회로 전이되면서 바람직한 민주시민 양성이라는 목적이 뚜렷이 이어져 오고 있다. 사회적으로 많은 문제들에 관한 합리적인 해결, 즉 의사결정 능력을 요구하고 있음에 비추어 볼 때 가치교육은 더 없이 중시되고 있다.

게첼스(Getzels, J. W. 1966)는 가치를 '바람직한 개념', 즉 실재적으로 '바람직한 것' (what is desired)이 아니라 '바람직해야 하는 것'(what ought to be desired)으로서 '행동의 선택에 영향을 미치는 것'이라고 정의하였다. 타일러(Tyler, R. W. 1973)는 가치란 '흥미, 태도, 만족 등을 규제한다는 점에서 교육적 중요성을 지니고 있는 것으로서 개인이 간직하고 있는 어떤 대상물, 활동이나 행동양식, 또는 아이디어'로서 정의하였다, 흥미와 태도는 어떤 사람이 간직하고 있는 가치에 의해 영향을 받게 되기 때문에 가치와 구별되고 있다.

플랭캘(Fraenkel, J. R. 1977)이 말한, '가치는 삶에 있어서 어떤 사람이 중요하다고 생각하는 아이디어'임을 고려하면서 종합해 볼 때, 가치의 의미를 이와 같이 정리할 수 있다.

첫째, 가치는 바람직해야 하는 것, 중요하거나 소중한 것, 그리고 어떤 행위나 존재의 표준이 개인적으로, 사회적으로 받아들여질 수 있는 것 등에 대한 신념에 해당한다.
둘째, 가치는 어떤 것에 영향을 미치거나 그것을 방향 지워 안내하는 것이다.
셋째, 가치는 지속적인 것이다. 즉, 가치는 꽤 오랜 기간 동안에도 비교적 변하지 않고 지속된다. 그래서 태도나 흥미보다 잘 변하지 않고 변화시키기도 어렵다고 말할 수 있다.

실제적으로 학습되면 그 대상이 존재할 때마다 동일감정을 일관성 있게 경험하게 된다. '가치의 속성'을 교육적인 관점에서 볼 때 무엇보다 중요한 것은 태도가 학습된다는 사실이 중요하다. 즉, 사람들은 어떤 특정 대상에 대해 감정을 부착시키는 것을 배우게 된다는 것이다. 감정 그 자체는 학습될 수도 있고 학습되지 않을 수도 있으나 그 감정을 어떤 특정 대상에 부착시키는 것은 바로 학습되는 것임을 알아야 한다. 예컨대, 호의성은 학습된 감정일 수도 있고, 학습되지 않은 감정일 수도 있으나 여러 가지 다양한 대상(자동차, 교회, 교직 등)에 호의적 감정 또는 비호의적 감정을 부착시키게 되는 것은 바로 학습을 통해 이루어진다. 요약하면, 태도는 전형적으로 어떤 대상을 향하는 호의적 또는 비호의적 감정이지만 감정과 어떤 대상 간의 결합은 학습될 수 있으며, 일단 학습이 되면 그 대상이 존재할 때마다 그것과 동일한 감정을 일관성 있게 경험하게 되는 것이다. 개인적으로나 사회적으로 '좋아하는 것의 신념을 형성한 상태'로 보면서, 어떤 대상을 좋아하되 그것과 대비되는 대상에 비해 '더 좋아하는 것' 또한 가치는 좋아하는 신념이기는 하되 단순한 신념이 아니라 '지속적인 신념'에 해당하는 것으로 밝혔다. 또한 셰이버(James Shaver)는 가치는 '판단을 위한 표준과 원리'이며, 가치란 우리가 사람, 물건, 아이디어, 행동, 사태 등의 사물에 대해 '선하다', '바람직하다', '가치 있다', 또는 '악하다', '가치 없다' 등의 판단 기준이 되는 것이다. 가치교육은 가치관 교육이며, 가치관은 가치에 대한 관점 또는 견해이다. 가치교육은 지도자가 아동·학생들이 가치에 대한 관점을 수립할 수 있도록 도와주는 교육으로서, 물질적 가치보다는 정신적 가치에, 외재적 가치보다는 내재적 가치에 선호를 두는 관점을 형성할 수 있도록 도와주는 것이 중요하다.

가치는 개인의 경험적 산물이므로 사람에 따라 또는 사회에 따라 다를 수 있다. '가치가 다르다'는 것은 가지고 있는 가치의 종류가 다르다는 것이기보다는 그 가치 대상에 각자가 부여하고 있는 가치의 정도가 다르다는 것을 의미한다. 로키치의 경우처럼, 모든 사람들은 목적 가치를 가지고 있다. 사람들의 가치가 다르다는 것은 그들이 가지고 있는 가치들 간의 우선 순위에서의 차이가 나타난다. 이는 곧 가치들 간의 서열, 조직 형태가 있음을 함의하고, 가치 체계는 결국 서열화의 조직에 해당한다.

따라서 가치교육이란 지도자가 학생들의 가치를 형성하고 가치를 판단하여 가치관을 수립할 수 있도록 그들을 도와주는 일이다. 당연히 가치교육의 과제는 지도자가 아동·학생들이 가치를 스스로 형성할 수 있도록 도와주며, 가치 문제를 합리적으로 해결할 수 있는 판단력을 기를 수 있도록 하며, 가치관 또는 가치 체계를 수립할 수 있도록 도와주어야 하는 것이다. 가치내면화는 '문제 파악의 단계', '수용의 단계', '유지의 단계'를 거쳐서 형성된다. 먼저 '문제 파악의 단계'는 학생들이 그 가치문제에 대하여 흥미를 가지게 하고 그에 관한 지적 배경을 이해하게 하는 단계이다. 경제발전에 기여해야 하는 까닭, 절약, 저축 등에 깊은 관심을 갖게 하는 것이 그 예이다. 사례 자료, 뉴스, 이야기, 특종 사건, 극화된 자료 등은 가치문제에 대한 좋은 발상 자료가 된다.

또한 '수용의 단계'는 대부분의 사람들이 옳다고 생각하거나 당연시하는 가치를 학생들이 이해하고 받아들이는 단계이다. 이 경우 교사는 설명 이외에도 다양한 방법을 활용하여 그렇게 하지 않으면 안 되는 이유를 학생들로 하여금 깨닫게 하고, 이를 실천에 옮기려는 뚜렷한 신념을 형성하도록 초점을 맞추는 것이 중요하다.

그리고 '유지의 단계'는 학생들이 수용한 가치를 계속적으로 매개할 수 있도록 신념체계를 형성하게 하는 것이다. 그러므로 학생들이 몸으로 익힐 때까지, 의도하여 행동할 수 있도록 여러 가지 생활 조건을 마련해 주거나 적절한 자극을 주도록 한다. 평상시에 절약하고 저축하는 습관을 장려하거나 행사 때마다 국민의례를 함으로써 공공의식을 신념체계로 형성하는 것이 그 좋은 예이다. 가치 내면화가 당위가치를 수용하는 과정이라고 한다면,

가치 탐구는 올바로 가치판단을 내리도록 가치명료화에 중점을 두는 과정이라고 할 것이다. 가치형성을 위해 할 일은 각자가 자기가 가지고 있는 가치가 무엇인가를 알 수 있도록 도와주며, 그들이 어떤 가치를 가지고 있는지가 불분명할 때는 잠재가치를 정가치가 되도록 촉진하며, 스스로 가치를 형성할 수 있도록 도와주어야 한다. '가치 명료화'는 잠재적 가치를 정가치가 될 수 있도록 도와주는 '가치형성의 과정'에 주된 관심을 두게 된다.

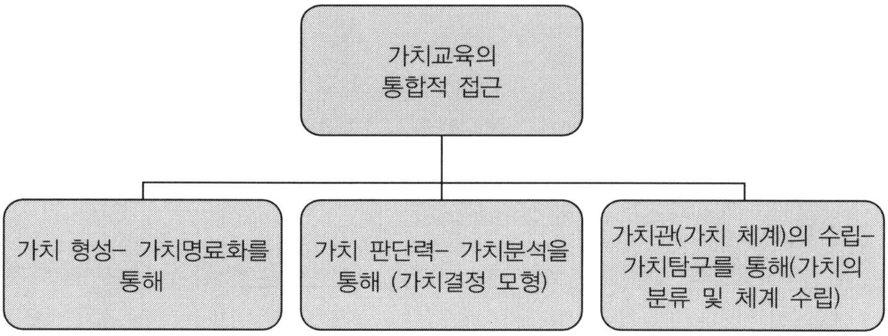

〈가치 명료화 과정의 7단계〉

(1) 자유롭게 선택하기
(2) 대안들 가운데서 선택하기
(3) 대안들 각각의 결과를 고려한 후에 선택하기
(4) 아끼고 소중하게 여기기
(5) 공언하기
(6) 선택한 것을 행동하기
(7) 선택한 것을 반복하여 행동하기

이상의 일곱 가지 단계에 긍정적으로 대답할 수 있으면, 가치로 확인되나 하나의 준거라도 만족시키지 못했다면 가치라고 말할 수 없을 것이다. 학생들이 일상 속에서 언행이나 생각이 불명료함을 나타낼 때, 그들이 가치에 대한 사고나 행동을 보다 명료화할 수 있도록 자극함으로써 그들의 잠재적 가치를 정위 가치로 형성할 수 있도록 도와주어야 한다. 허용이어야 하고, 위협적이지 않아야 하며, 또한 강요되지 않도록 유의해야 한다.

쿰즈(J. Coombs)가 제시한 합리적 가치판단을 위한 가치분석의 교수 전략은 다음과 같다.

(1) 가치 문제를 확인하고 명료화하기
(2) 알려진 사실들을 수집하고 조직하기
(3) 알려진 사실의 확실성을 평가하기
(4) 사실의 타당성을 명료화하기
(5) 잠정적 가치를 결정하기
(6) 결정에 수반된 가치원리를 검사하기

2. 가치분석

가치분석은 '가치판단'에 영향을 끼치는 사실들을 수집하고 검토하여 사실과 합리성에 기초한 '가치판단'을 할 수 있도록 강구하는 것이며, 가치분석에서 '분석'이란 '가치판단'에 대한 분석을 말한다. 따라서 가치분석은 가치 판단력의 증진을 중심으로 하는 가치 교육 접근법에 근거하게 된다.

(1) 카스퍼(G. Casper)의 '가치 판단 결정모형'

* 가치판단의 분석 모형
* 준거, (사실적)기술, 평가로 구성
* 연역 논리인 대전제(준거), 소전제(기술), 결론(평가)으로 구성되는 삼단논법의 모형과 가치판단 모형에서 일치
  날카로운 장난감은 나쁘다.(대전제)
  나의 장난감은 날카롭다.(소전제)
  그러므로, 나의 장난감은 나쁘다.(결론)

이처럼 평가 준거와 사실 지지를 받아야 하는 것은 가치평가 과정의 본질이다.

(2) 가치 판단 모형의 구성요소

* 평가(ratings) : 가치 대상에 대한 가치 판단이다. 예를 들면, '이 책은 유익하다' 또는 '그 아이 크림은 좋다'에서 아이스크림은 가치 대상이며 좋다는 말은 가치 용어가 된다. 가치 대상은 평가되고 있는 어떤 것, 가치 용어는 가치 대상에 대한 모종의 가치 판단이다.
* 기술(descriptions) : 가치 대상에 대한 사실적 진술이다. '대기 오염은 폐기종을 일으킨다.'에서 대기오염은 가치 대상, '폐기종을 일으킨다.'는 기술이다. 가치 대상과 특성의 두 요소로 구성된다.
* 준거(criterion)는 가치 판단에 사실을 타당하게 해주기도 하고, 사실에 가치를 부여해 주기도 한다. 사실이 긍정적 평가를 지지하는가, 부정적 평가를 지지하는가를 결정해 준다. '속이는 것, 도둑질하는 것, 살인하는 것은 나쁘다.', '약속을 지키는 것, 건강한 것은 좋다'는 가치 준거의 예가 된다. 가치 준거는 평가와 사실적 기술의 의미를 함축 하고 있다. 이를테면, 평가는 '그 칠판은 효율적이다.'이며, 기술은 '그 칠판은 움직일 수 있다.'이며, 준거는 '움직일 수 있는 필면(筆面)은 효율적이다.'이다. '필면'은 비교 부류, '움직일 수 있는'은 특성, '효율적이다'는 '가치 술어이다.',

'비교 부류'란 주어진 특정의 가치 대상을 포함하되 그것보다 더 일반적인 것을 가리킨다.

평가, 즉 가치 판단은 준거와 사실적 기술에 의해 지지를 받음으로써 그것의 타당성 내지는 합리성을 유지한다. 가치판단이 하나의 준거와 하나의 사실적 기술에 지지를 받는 것보다 둘 또는 그 이상의 준거와 기술에 의해 지지를 받는다면 타당성, 합리성, 안전성이 보다 보장될 수 있다. 가치 원리가 가치 판단의 결과 그 산물로서 드러나는 것이라고 할 때, 합리적인 가치 판단은 판단에 수반된 가치 원리를 판단 자가 수용할 수 있어야 한다.

(3) 가치관(가치 체계)의 수립

시몬즈(D. Simmons)는 "가치탐구는 '자아 이해'를 목적으로 개발된 가치교육 접근법이다." 자아 이해는 무엇보다도 개인이 그 자신에게 존재하는 가치가 무엇이며 어떤 것들인가를 알지 못하고서는 이루어질 수 없는 성질의 것이다. 자아이해는 자신의 가치 체계(가치관)를 통해서 가장 잘 이루어질 수 있다. 시몬즈의 가치 탐구는 보다 직접적으로 가치 체계(가치관)의 수립에 기여할 수 있다.

* 시몬즈의 가치탐구 워크숍의 3단계

'가치의 분류 및 체계 수립'을 통하여 개발한 '시몬즈의 가치 탐구지'를 통해 이루어진다. 그의 가치 탐구지는 100개의 가치들로 구성되어 있다. 가치 체계 수립은 '지시 분류'와 '자유 분류'에 의해 이루어진다. 지시 분류는 지시대로 이루어지는 가치 분류를 통해 가치 체계를 수립하는 경험이며, 자유 분류는 '지시'에 구애됨이 없이 자유롭게 분류하여 그의 가치 체계를 수립해 보는 경험을 말한다.

'지시 분류'는 말 그대로 지시에 의한, 즉 일종의 강제적인 분류에 의해 이루어진 가치 체계의 수립이다. 이것은 참된 가치 체계로 보기 어렵다. 그러나 지시 분류는 가치탐구 워크숍의 참여자들에게 일정한 절차와 방법에 의해 가치 체계의 수립을 연습해 보는 기회를 제공한다. 자유 분류는 개인의 가치 체계를 잘 반영해 준다. 참여자가 성실하고 진지하게 참여하여 시몬즈의 가치 탐구지를 수정, 보완, 가감하여 자신의 참된 가치 탐구지를 만들고 자신에게 적절하게 조정하여 분류한다면 자신의 참된 가치 체계가 수립될 것이다.

* 시몬즈가 생각하는 가치 체계

가치는 독특하게 조직된 가치 체계의 구성요소로서만 존재한다. 가치는 진공상태에서 존재하는 것이 아니라 가치들 간에 상호 조직·관련된 상태로 존재한다. 인간 각자는 하나의 조직된 그리고 비교적 통합된 가치 체계로 이해될 수 있다는 것이다. 각자의 가치 체계는 독특하다고 보고, 한 사람의 가치 체계에 포함되는 또는 잠재적으로 포함될 수 있는 가치의 수는 무한할 것으로 간주하지 않는다.

가치의 습득은 노출에 의한 것 이외에도 인식과 선택에 의한 것도 있을 수 있다. 가치 체계의 독특성에 영향을 미치는 또 다른 중요한 요소는 가치의 분류 조직이다. 분류 조직에 의해 하나의 가치 체계는 그 안에 몇 개의 하위 체계를 구성할 수 있다. 이처럼 가치 체계를 구성하는 내적 조직은 사람에 따라 다르다.

가치 체계는 수정 가능한 위계로 조직된다. 어떤 사람들의 가치 체계는 그것을 구성하는 일부의 가치들이 절대적으로 작용하는 데 비해, 다른 어떤 사람들의 가치 체계는 가치들이 상대적 우선순위를 형성하며 작용한다. 가치 중에서 어떤 가치가 우선성을 가져야 하는가를 정하는 문제는 가치 체계를 구성하는 가치들이 일정한 순서를 가진 위계적 가치 체계의 형성을 가능케 해준다.

각자의 가치 체계는 나름대로의 내적 유동성이 있을 수 있다. 그러므로 개인의 가치 체계는 그 자체의 본질적인 구조적 변화가 없어도 어느 정도의 임의적인 변화는 가능하다. 우선순위에 따라 조직된 가치 체계는 수정 가능한 위계적 조직이다. 가치 체계는 안팎의 압력에 반응하여 변화와 재조직을 거듭하는 역동성을 가진다. 이에 시몬즈는 가치 체계의 몇 가지 변화가능성을 제시한다.

첫째, 가치 체계는 가치의 부가(附加) 및 소거(消去)에 의해 변화될 수 있다.
둘째, 몇 개의 내적 유동성이 작용하여 가치 체계가 변화될 수 있으며, 내용과 구조는 상호 의존적이다.
셋째, 가치 체계는 자아의식의 증가에 의해 변화될 수 있다.
넷째, 가치 체계는 외적 영향에 의해서도 변화될 수 있다.
다섯째, 가치 체계는 가치에 대한 재해석에 의해서도 변화될 수 있다.

어떤 가치들은 가치 체계의 조직과 실현을 조정하는 영향을 미친다. 특정한 가치는 체계 내의 가치 상호 간의 관계성을 조정하는 작용을 할 수 있다고 본다. 가치 체계는 영원한 이상으로 작용할 수도 있고 즉시적인 열망으로 작용할 수도 있다. 시몬즈는 가치 체계가 두 가지 양식으로 작용한다고 본다. 하나는 영원한 이상으로 작용하는 것이고, 다른 하나는 즉각적인 열망으로 작용하는 것이다. 그러나 두 가지 양식으로 작용한다는 것이 양자가 상호 배타적임을 의미하는 것은 아니다. 하나의 가치 체계가 한동안 이상으로 작용하다가 일정한 시간이 지나면서 즉시 열망으로 작용할 수도 있기 때문이다.

지금까지 가치 교육을 '가치를 형성하고 판단하여 가치관(가치 체계)을 수립하는 것'으로 보고 이른바 통합적 접근을 시도하였다. 이를 위해 '가치의 형성'은 가치명료화 이론을, '가치의 판단'은 가치분석이론을, 그리고 '가치관(가치 체계)의 수립은 가치탐구 이론을 직・간접적으로 활용하였다. 이들 세 접근은 전체적으로 볼 때 각각 이론과 배경을 달리하고 있다. 앞으로 세 이론의 강점과 특징을 살려 하나로 통합하고 재구성하며 가치 교육에 대한 방법론에 대해 지속적인 연구가 필요하다.

3. 겨레얼의 가치분석

겨레얼(영혼)의 가치는 '한'의 다양한 사상을 함축한다. 그 주요 사상은 경천사상, 인간존엄사상, 생명존중사상, 조화사상, 평화애호사상이다. 절망에 빠진 개체를 다시금 일어설 수 있게 해준 것은 겨레에 대한 신명이고, '신념을 가져라!'라는 글귀이다. 시대나 인간의 마음은 세월이 흐르면 변하기 마련이지만 이러한 신념만은 이어지고 유지될 필요가 있다. 인간의 근본을 지탱해 주는 기둥으로서 근본적인 신념이 흔들렸을 때 인생은 그 의미와 가치를 잃고 만다. 이에 우리는 무엇보다 처음의 마음을 잊지 않기 위해 힘써 노력할 필요가 있다.

먼저 우리 민족은 예부터 삶이 하늘의 뜻에 따라 이루어진다고 믿어, 하늘의 뜻에 따라 살려는 사상이 경천사상이다. 이는 곧 하늘을 경외하는 사상으로, 하늘은 천지자연의 법칙을 운행하면서 인간사를 제어하고, 인과율에 저항할 수 없는 힘을 가진 존재이며, 신명을 내리는 존재였다. 이는 겨레의 삶을 이해하는 근원의미가 되었으며, 윤리적 병폐가 만연하는 경우에도 겨레공동체 삶의 방향을 제시하는 나침반으로 작용하였다. '하늘을 우러러 한 점 부끄러움이 없다'는 윤동주의 시어에서 드러나듯이, 배달겨레는 하늘을 따르는 삶을 가장 존귀한 가치로 삼았으며, 그것을 가장 바람직한 삶의 길잡이로 간주하였다.

또한 인간존엄사상은 한국의 인본주의 전통이 되었으며, 지구촌의 인간을 사랑하는 인간애(人間愛)를 내포한다. 이러한 인간존엄사상은 인간종이 아닌 생명전체를 사랑하는 생명존중사상으로 그 외연이 넓어짐으로써, 생명존중의 자비사상이 겨레얼에 자리잡게 되었다. 신라의 원광법사가 가르친 살생유택(殺生有擇)의 정신에도 드러나듯이, 아무리 작은 것이라도 함부로 죽이지 않음이며, 그러한 사상에 의해 어쩔 수 없이 살생(殺生)의 순간에도 신중한 도덕선택을 통해서 생명존중의 정신을 잃지 않게 되었다. 이러한 생명존중사상은 현대 사회에서도 생태계의 위기, 생명경시풍조에 대한 놀라운 해답을 제공하여 준다. 결국 생태계의 모든 대상을 소중하게 인식하는 생명외경사상으로 발전해 간다. 생명에 대한 공경의식은 겨레공동체 사상의 포용력을 보여준다.

그리고 겨레얼은 유불선 삼교와 샤머니즘을 포용하면서 자연・인간의 유기체적 공생관계를 가능하게 하였다. 이로써 미학적 생태주의가 가능해져서 자연과의 조화정신이 자리 잡았다. 이러한 조화정신은 서로 대립되거나 갈등을 일으키는 요소들을 융합하여 새로운 하나의 형태로 만들어 가는 주체의식을 가능하게 하였다. 여기서 조화는 다양한 의견과 입장들을 커다란 하나로 뭉치게 하는 것을 말하기 때문에, 단순한 단일성이 아니라, 하나이면서도 둘이고 둘이면서 하나인 차이 존중의 포괄성을 함축한다. 겨레의 조화정신은 이러한 횡단매개를 통하여 고운의 풍류도, 원효의 일심사상, 백운의 홍덕사상, 율곡의 중화사상, 수운의 동학사상으로 이어졌다. 특히 조화정신과 원융정신에 입각하여, 외래문화를 주체적으로 수용함으로써 우리의 민족문화를 끊임없이 개신하는 창조력을 발휘하였다.

또한 겨레공동체의 평화애호사상은 국내·외적으로 사회가 전쟁이나 무력 충돌 없이 평온한 상태를 유지하는 사상이다. 평화는 서로를 이해하는 것뿐만 아니라, 적으로부터 자기 민족을 지켜낼 수 있도록 해 주는 적극적인 의미를 함께 지니고 있다. 이러한 평화를 무엇보다 사랑하는 민족이 한민족이다. 우리 민족은 전쟁을 무서워하는 겁 많은 백성이 아니었고, 모든 사람들이 함께 잘 살 수 있는 것에 먼저 관심을 두었다. 우리 민족이 평화를 사랑하는 정신은 평화로운 사회 질서를 확립하고, 평화를 해치는 것에 대해서 강력하게 응징하는 일상적 규범에서 확인된다. 그 대표적인 예가 고조선의 팔조법금이다.

팔조법금은 고조선의 고유한 관습법으로, 살인자는 즉시 사형에 처하고, 남의 신체를 상해한 자는 곡물로써 보상하며, 도둑질한 자는 소유주의 집에 잡혀 들어가 노예가 되도록 하여 당시 사회의 평화질서를 유지하는 데 엄격하게 적용되었다. 이것은 불의를 참지 못하는 결백성과 사회적인 정의감으로 연결되어, 평화를 지키려는 겨레공동체의 특색으로 자리 잡았다. 삼국 시대와 고려 시대에 불교중심의 '동체대비(同體大悲)' 평화애호사상을 가지게 되었다. 그 이후의 조선시대에는 평화를 일상으로 실천하는 예의 숭상을 통해 더욱 겨레얼에 평화애호정신이 뿌리를 내렸다.

이와 같이 한민족은 자유주의보다 공동체주의를 선호하는 경향을 나타낸다. 공동체 성격의 겨레공동체 사상을 정신의 축으로 삼아 한민족 구성원은 함께 느끼는 '한'의 귀속정신을 중시하게 되었다. 즉, 행동, 정신, 의무, 권리 등이 하나의 공동체를 이루어 나가는데 필요한 조건임을 중시면서 개인보다 '우리 겨레'라는 정신을 키워 나갈 수가 있었다. 이러한 공동체지향의 기상은 현대사회에서 자행되는 배타적 이기주의를 극복하고 더불어 함께 사는 공동체의식을 확장시켰다. 이러한 겨레공동체 정신을 통하여 세계화 시대를 맞이하면서 지구촌과 조화를 이루어 평화롭게 살아가는 자세를 계승하고, 서양의 상극 문명을 벗어나 겨레공동체의 상생문화를 선도함으로써 지구촌 문화의 새로운 전기를 마련할 수 있을 것이다.

겨레얼의 표상은 다양하게 나타나서 겨레얼이 상징하는 이념을 지향하게 한다. 겨레얼은 한인(환인: 桓因)에 대한 타자지향성과 삼태극을 통한 홍익매개원리를 표상함으로 극기의 사유특징을 지닌다. 이는 음양의 이분법 논리에서 타자를 배척하고 자기 동일성 논리로 회귀하여 타자를 자신에게 동화시키려는 자기 동일시 사유와 구별된다. 겨레얼의 '한'은 횡단매개를 통하여 유연하게 작용 가능하기에 탄력성을 갖는다. 한민족 수난의 아픔에서 기억과 역사와 수집을 벗어나서 결국 타자로서 '한인'에 대한 이념적 지향성을 드러낸다. 이처럼 '한인' 타자는 자의식의 동일시 사유로서 갖는 주제화나 개념화를 벗어나 창조성을 보여준다.

분명히 동일자와 타자의 관계는 거리개념이다. 겨레얼의 '한인' 지향성은 '한인' 외재성에 대한 열망을 갖게 한다. 이 열망은 역사적으로 여러 형태의 신앙을 수용하는 계기가 되었으며 타자의 다름을 존중하며 타자의 무한의미를 수용하는 방식으로 이어졌다. 타자의 다름을 열망하는 태도에서 타자로의 초월은 가능해지며, 이는 '한'에 대한 존재론적 열망을 담게 된다. 이러한 타자지향의 열망은 '한'의 횡단매개로 작용하여 한반도에 면면히 계승되는 홍익가치를 구현해냈다. 외재적인 것에 대한 욕망의 초월성은 완성될 수 없고 통합될 수 없는 불확정성의 특성을 갖는다. 타자로 욕망되는 '한'의 존재는 외재성의 특징을 갖는다.

초월의 관계에서 '한'은 하나, 여럿, 가운데, 위대함, 대강의 '홍익생명 영성작용'으로 나타나서 타자성은 겨레에게 하늘을 공경하게 하였다. '한인'을 통한 타자의 발견은 거리를 유지할 수 있는 계기로서 쉽게 자아로 회귀하거나, 통합함을 막아주는 보루가 된다. 자기의 내면성을 지닌 자아로부터 한인타자를 향해 초월함으로써 홍익의 매개가치를 겨레얼의 역사 속에 구현한다. 이처럼 자아로부터 한인 타자로의 초월, 나로부터 홍익가치를 구현하는 대상이 되는 타인에로의 초월은 겨레얼에서 '우리 의식'을 자리 잡게 하였다. 이러한 타자 초월은 본질 너머로 옮겨가는 이행의 실천력을 보여준다. 이들이 구체적으로 지칭하는 것은 타자 얼굴로의 이행이며 단군사상에서는 홍익을 매개로, 『천부경』에서는 전변을 매개로 나타난다.

타자는 자아를 바라보며, 자아를 문제 삼으며, 무한의 '한인'에 의하여 개성을 지닌 자아에게 고유한 의무를 부과하게 한다. 타자존재는 자신의 의무토대이며 근원적인 덕이 된다. 자아와 한인타자가 형성하게 되는 횡단매개는 다종교사회를 이룬다. 다종교사회에서 자아와 타자의 관계는 '내 안의 남과 남 안의 나'로 그 관계를 형성한다. '한'에 의한 타자를 통하여 자아를 새롭게 발견함으로써 타자의 무한성에 다가간다. 이 다가감은 타자에 대한 책임의식을 지니게 하며, 한인타자를 지향하면서 내면의 응답으로 확인이 된다. 겨레얼의 주체성은 한인의 타자성에 대한 '자기 비움'이다. 이는 한인타자에 대한 책임은 겨레얼의 응답으로, 어떤 자유로운 선택보다 근원적이다. 결국 겨레얼의 호소를 외면하지 못하기에 응답하면서 한인의 표상에 다가선다.

그 전거가 되는 『삼국지』 위지 동이전에 의하면, 동명왕은 왕과 신녀, 그리고 신 계자(태양신의 아들) 사이에서 태어나서, 육축관명의 두 토템(돼지, 말)의 도움으로 살아남아 신명과 통하여 나라를 세우는 내용을 수록하고 있다.

> 위략(魏略)에서 말한다. 구지(舊誌) 기록을 보면 옛날 북방에 고리국이 있었다. 그 왕의 시비(侍婢)가 임신을 했다. 왕이 죽이려 하니 비가 말했다. 닭의 자식의 기운이 내려와서 내가 임신을 했고, 그 후 자식을 낳게 되었다. 왕이 가축우리에 버리려고 하니 돼지가 입김을 불어넣었다. 마구간으로 옮기니 말이 기운을 불어넣어 결국 죽지 않게 되었다. 왕이 '하늘의 아들'인가 의심했다. 마침내 그 어머니가 거두어 기르니 그의 이름이 바로 동명이다.[1]

1) 국사편찬위원회, 『중국정사 조선전 역주 1』, 1990, pp.213-214. 『삼국지(三國志)』 卷30, 위서(魏書)30, 오환(烏丸) 선비(鮮卑) 동이전(東夷傳) 제(第)30, 《위략(魏略)》왈(曰): 구지우언(舊志又言), 석(昔)북방(北方) 유(有)고리지국자(〈高離〉之國者). 一然, 『三國遺事』 卷一, 紀異 高句麗에서는 동명왕을 聖帝로, 삼국사기에는 聖王으로 동명왕을 표현하고 있다.

『삼국유사』의 고구려 건국신화에도 동명왕과 저가와 마가의 도움 이야기가 전하고 동명왕이 북부여에 또 하나의 도읍을 세운 내용이 서술되어 있다. 해부루왕은 부여의 왕으로 있다가 동부여로 도읍을 옮기고, 북부여에는 해모수가 등장한다. 고구려 추모왕 건국신화는 《호태왕비문》, 《모두루 비문》, 『삼국사기』, 『삼국유사』 등에 나타난다.

『삼국유사』의 고구려 추모왕 건국신화는 천제자 해모수와 하백녀 사이의 결합, '한인'의 표상이 되는 구가, 저가, 마가, 우가, 조가, 수가 보호로 살아남는 이야기와, 왕이 되는 이야기를 전해준다. 『삼국유사』에서 고구려 건국신화의 마가, 우가, 저가, 구가, 조가는 고구려의 5부족 연맹체를 의미하고, 수가는 수렵 종족이다. 《호태왕비문》에서 추모왕은 북부여 천제(天帝)의 아들과 하백녀 사이의 아들로 태어난다. 《모두루 비문》에서 추모왕은 하백의 손자이고 일월의 아들로 등장한다. 당시에 한인의 타자표상으로 하늘과 하백의 구별만 존재한 것으로 보이며, 달(月)은 후대에 하백과 통하는 물의 정령을 표상한다.

『삼국사기』와 『삼국유사』에서 신라는 조선 유민이 세운 나라이고 통일 신라 이후에는 한반도의 중심이 된다. 『삼국유사』에 실린 발해는 고구려의 후예이다. 발해는 지배층이 고구려의 후예이며 그 백성이 말갈족 출신이다. 『고려사』에 따르면 발해가 거란에게 망한 후에 지배층의 상당수가 고려에 편입된다. 왕의 출생신화에서 나오는 한인표상의 태양조, 삼족오(『산해경』, 고구려 벽화), 까마귀와 까치(석탈해), 일광을 받고 태어난 왕(주몽), 태양을 상징하는 닭의 자식(동명왕)은 모두 한인표상의 태양에 대한 숭배의식을 보여주고 있다.

이러한 한인표상의 광명을 중시하는 겨레얼은 북부여 동명왕, 고구려 주몽, 신라 박혁거세, 석탈해, 김알지 가계까지 공통적으로 나타나는 표상으로, 『천부경』에서는 '본심·본태양(本心·本太陽)'으로 드러나서 한인타자의 표상의미가 광명임을 확인할 수 있다. 아울러 겨레얼은 이종교배(異種交配, hybridization)의 산물로서 겨레공동체의 얼굴을 끊임없이 새롭게 하였다. 이러한 한얼 가치는 단군신화에서 찾을 수 있으며, 그 전거는 1911년, 다섯 종류 역사서를 합본하여 계연수(桂延壽)가 펴낸 『한단고기(桓檀古記)』에 자세히 드러나고 있다.

2. 가치교육과 인격교육

1. 지식기반 사회의 가치교육

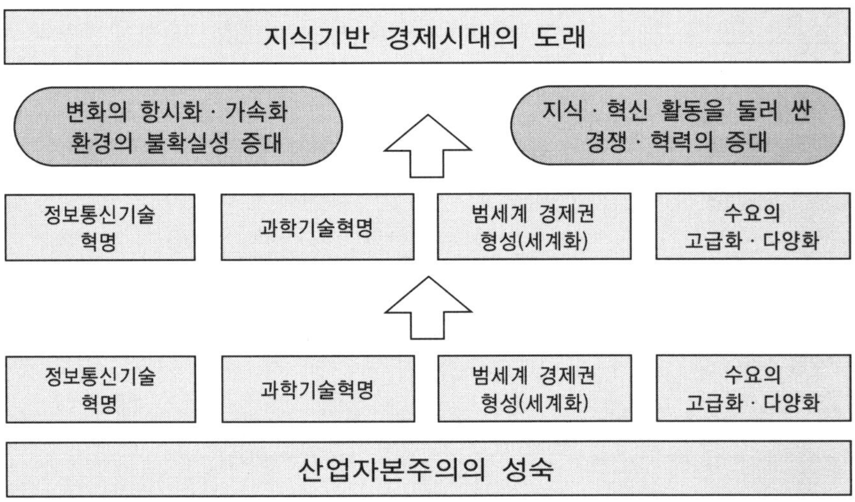

· 급변하는 사회 환경

지식의 폭증, 인구의 급증과 고령화, 뉴미디어의 발달, 여가 증대, 세계화

· 도덕교육의 목적

- 학교에서의 가치 판단 능력의 신장 및 유덕한 인격자 양한에 있다. 지성적인 총명함과 도덕적 선함이며, 도덕교육의 위대한 두 가지 지표를 갖는다. 도덕교육은 결코 새로운 아이디어가 아니다. 사실상 도덕교육은 교육 그 자체만큼이나 오래된 것이다. 역사적으로 살펴볼 때 교육의 사명은 지적인 총명함과 도덕적 선함을 모두 추구해 왔다.

· 자신의 변화된 차원

도피안(到彼岸)은 피안에 이른다는 말로 완성을 뜻하는 불교용어이다. 하나로 모으면 인간교육, 둘로 펼치면 가치교육과 인격교육이다. 이를 연결하는 매개성을 교사가 찾아서 학생들에게 화두로 던져주고 느끼게 한다. 그러기 위해서는 자신을 비워야 한다. 나 자신의 변화된 차원의 유도 그것은 가치교육과 인격교육이 추구해야 할 지향이라 본다.

· 가치교육에 대한 요청

한 인간을 도덕이 아닌 머리로만 교육하는 것은 사회에 대한 하나의 위험인물을 교육하는 것과 다를 바 없다. – 루스벨트

오늘날 학교가 직면하고 있는 핵심적인 문제는 도덕적인 문제이다. 교육개혁도 가치와 인격을 최우선시 하는 것에 기반을 두어야 한다. – 길패트릭

모든 젊은 사람들이 겉만 번지르르한 도덕기준들을 지니고 있는 것은 아니다. 분명히, 그들 가운데 많은 사람들은 그들의 부모 세대나 그 이전 세대들에 비하여 훨씬 높은 도덕의식(인간의 권리에 대한 확고한 다짐, 환경에 대한 염려, 세계문제에 대한 인식)을 나타내주고 있다. 하지만 전반적인 젊은세대의 경향은 그렇지가 않다. 리코나에 의하면, '훌륭한 인격(good character)'은 다음과 같다.

① 성숙한 도덕적 인간이란 훌륭한 인격을 갖추는 것, 즉 선에 대해 알고 그것을 의욕하며 또한 행동으로 실천하는 것으로 구성된다.
② 훌륭한 인격은 도덕적 지식(선을 아는 것 또는 정신적 습관), 그리고 도덕적 행동(선을 행하는 것 또는 행도의 습관) 등 상호 관련된 세 요소로 이루어진다.
③ 상호 분리된 영역이 아닌 서로 상호 연관적 기능을 수행한다.
④ 행위 속의 가치들, 작동 가치들로 조작적이다.

· 두 가지 목표의 통합 노력 필요

도덕교육의 목표는 무엇이 올바른 것인가를 탐구하는 도덕적 추론 능력을 발달시키는 것이다. 도덕교육의 목표는 공정함이나 친절, 타인에 대한 존중과 같은 습관적인 반응 양식으로서의 인격 특성들을 형성시키는 것이다. 도덕적 지식이나 판단력과 같은 인지적 영역과 함께 도덕적 가치와 태도, 행동 성향과 같은 정의적 영역을 중점적으로 다루려고 노력한다. 특히 도덕규범과 예절에 대한 교육은 학생들이 지적 인식에 머무르지 않고, 정서적 공감대를 형성하여 행동으로 옮길 수 있도록 교사가 확고한 신념과 열정을 가지고 지속적 지도할 필요가 있다.

· 통합적 접근에 대한 커센바움의 지적

가치와 도덕을 직접 교수하는 것이 필요하다.
가치와 도덕을 모델링하는 것이 요청된다.
가치와 도덕 발달은 촉진시키는 것이 중요하다.
가치 발달 및 도덕 능력을 위한 기능을 발달시키는 것이 통합적으로 시행될 필요가 있다.

· 통합적 접근을 위한 교사 역할

여러 교수 방법과 기법들은 나름대로 상대적인 강조점과 장점을 가지고 있으므로, 교수 학습 전개에 있어 각별히 주의해 적절한 방법을 구사할 수 있어야 한다.

도덕성의 세 측면이 지니고 있는 역동성을 유념하는 가운데, 어느 한 가지에만 배타적으로 치우치는 것을 막을 수 있어야 한다. 학생들이 보편적으로 적용 가능한 도덕 원칙들을 능동적으로 구성해 가는 과정 자체를 중시하고, 자유주의 입장에서는 정의에 대한 자율적인 내적 기준을 발달시키는 것이 중요하다고 본다.

· 피아제의 기본 입장은 정의의 문제에 대한 도덕적 추론은 불변의 단계를 통하여 발달하기에, 도덕교육은 도덕적 추론의 단계를 고양함을 목표로 삼아야 한다고 보는 것이다. 그는 도덕성을 인간이 다른 사람과의 관계 속에서 어떤 도덕 규칙을 기준으로 행동의 방향을 결정하는가를 판단하는 추론 능력이며, 인간을 스스로 자극을 추구하는 능동적 존재로 간주하였다.

· 피아제의 도덕성 발달 단계(1) : 타율적 도덕성

① 아이들은 성인들이 부여한 객관적 규칙에 근거하여 도덕 판단을 내림.
② 아이들이 성숙한 도덕성을 발달시키는 데 있어 장애 요인이 됨.
③ 법의 정신이 아니라 법의 조문에 복종
④ 행동의 결과를 동기보다 중요하게 여기고, 타율적 도덕성을 발달시킴.
⑤ 도덕적 실재주의 경향, 도덕 의무를 외적 권위의 복종으로 간주함.
⑥ 도덕규칙이 자연에 내재되어 물리 세계가 자동적으로 처벌하는 것으로 믿음.

· 피아제의 도덕성 발달 단계(2) : 자율적 도덕성(공평과 협동의 도덕성)

① 아동 중기부터 자율성과 상호성에 대한 주관적인 감각을 발달시킴.
② 사회적 경험(동료 간의 상호작용)은 자율적 도덕성 함양의 주요한 도구가 됨.
③ 상호성은 자율적 도덕성을 발달시킴. → 상호성은 탈·중심화와 관점을 채택하기 위한 심리학적 기초를 제공

· 피아제의 도덕 발달 촉진 방법은 또래 간의 상호 작용으로 이해됨.

① 또래 관계는 '평등'의 상호성에 대한 인식
② 다른 아동을 자신처럼 보는 역할을 채택 하는 데 있어 또래집단은 특별한 흥미 감을 불러일으킬 수 있다. 교사는 지나치게 권위에 의존해서는 안 되며, 규칙의 필요성에 대한 근거를 제시해야 한다. 즉 아동 상호 간에 협동과 책임을 조장하는 집단 활동과 자치제도를 시행할 것을 강조할 필요가 있다.

2. 가치명료화

구분	가치분석	가치명료화	도덕추론
개념	대안의 제시와 결과에 대한 예측으로부터 학생이 특수한 가치를 선택하고 그 선택의 논리적 정당성을 발견하는 데 중점(결과에 대한 공정한 분석)	학생들로 하여금 자신의 가치를 보다 명확하게 드러내어 인식하게 하고, 자신이 선택한 가치를 소중히 여기고 자긍심을 가지게 하여 선택한 가치와 행동에 일관성이 있도록 함(행위)	개인의 견해에 반대되는 견해를 제기함으로써 개인의 현재의 표현 단계에서의 가치들을 직접적으로 공격하는 동시에 이러한 과정을 통해 미해결된 갈등 수용(근거를 제기하고 평가)

· 가치명료화와 가치분석의 공통분모

공통분모	·선호된 행위나 행위의 결과들을 분석함으로써 가치를 명료화함. ·개인의 가치 논쟁에 민감하게 반응하고 가치와 관련된 적절한 인지 수준을 개선하는 것을 목표로 함. ·민주적인 사회에서 보다 수용하기 쉬운 바람직한 개인적·사회적 행동으로 인도하는 통합된 가치 체계의 발달을 목표로 함.

· 가치명료화와 가치분석 및 도덕적 추론 - 차이점

구분	가치분석	가치 명료화	도덕적 추론
상호작용	교사와 학생	교사와 학생	학생 상호
내용	다양한 가치	다양한 가치	옳고 그름에 관한 논쟁
과정	행위에 내포된 가치분석	가치 입장을 명시하고 그 입장을 방어, 비판	가치 입장을 명시하고 그 입장을 방어, 비판
추론조사	사고나 추론을 엄밀히 조사(인지 강조)	상세한 인지적 조사 회피(정의 강조)	사고나 추론을 엄밀히 조사(인지 강조)
분위기	활발한 의견표출	균형유지	의견대립 창출

· 가치분석의 이론

가치분석 모형은 학생들의 가치판단의 원칙이나 기준에 대한 다양한 검사를 통하여 합리적인 가치 분석과 도덕적 판단 능력을 신장시켜 주는 모형이다. 가치 분석 모형은 논쟁의 여지가 있는 공공의 쟁점들을 강조하고 학생들이 가치문제를 해결하는 데 있어, 다양한 관점에 따른 관련된 사실들의 수집과 합리적인 가치 결정 과정을 구체적으로 제시하고 있다.

· 가치분석의 절차(1)

* 가치 질문의 확인 및 명료화

① 판단을 해야 하는 관점 명료화, 가치판단의 대상 구체화.

② 용어 정의 및 그 용어가 의미하지 않는 것까지도 제시함.

사실이라고 주장되는 것들을 수집(유의미한 사실들의 수집)함.
사실 수집에 앞서 사실적 진술과 평가적 진술 구분함.

* 사실이라고 주장된 것들에 대한 진위 평가
① 특수한 사실, 일반적 사실, 조건부적 사실 구분
② 사실적 진술들의 평가 : 이것이 사실이라는 것을 어떻게 아는가? 이것이 사실이라는 것을 나타내는 어떤 증거가 있는가? 이것이 사실이라고 누가 말했는가? 우리는 이 사람이 말한 것을 왜 믿어야 하는가? 다른 권위자들도 그가 말한 것과 의견을 같이 하는가?

· 가치분석의 절차(2)
사실의 적절성의 명료화
일반적인 관점에 의해서, 그리고 가치 결정이 이루어지는 근거가 되는 특수한 기준에 의해서, 사실의 적절성 판단
잠정적 가치결론의 도출
결정 속에 함축된 가치원칙에 대한 검사
① 새로운 관련 사례 적용 가능성 검사 : 원리가 적용되지 않는 사례가 있는가?
② 포함관계 검사 : 더 보편적 가치 원칙 속에 포함되는가?
③ 역할 교환 검사 : 나에게 이런 일이 있으면 어떻게 하겠는가?
④ 보편적 결과 검사 : 그 결과를 받아들일 수 있는가?

· 가치 갈등의 해결 원리
논리 원리 : 가치 갈등을 논리적 요소로 분석하고, 분석된 논리적 요소를 구별하고, 가치 대상, 준거 원리, 사태를 재해석하고, 타당할 때마다 인식론적 규칙에 호소하는 것.
절차 원리 : 갈등의 원인을 확인하고, 중요성에 따라 갈등의 원인을 서열화하는 것. 사실 수집표와 증거카드를 사용하여 갈등의 원인을 조직하는 것.
심리 원리 : 어려운 갈등에 앞서 쉬운 갈등을 먼저 해결하는 것, 큰 갈등을 작은 갈등으로 나누어 작은 갈등을 먼저 해결하는 것 등.

· 가치 명료화의 이론적 특징
학생들로 하여금 그들이 지니고 있는 가치가 무엇인지 명료하게 인식할 수 있도록, 선택한 가치를 소중하게 여겨 가치와 행동 사이에 일관성이 있도록 지도한다.
기본 가정에서는 결정적이고 합의가 이루어진 명백한 도덕 원리나 도덕 가치는 존재하지 않는다. 가치를 학습자에게 가르치지 말고 '가치화의 과정'을 가르친다. 가치 명료화의 목적은 가치 획득을 도와주며, 지속적인 가치를 갖도록 한다.

· 가치 명료화의 단계(1)

래스, 사이몬, 하민

1) 선택하기(선택)

(1) 자유롭게 선택하기

(2) 대안으로부터 선택하기

(3) 각 대안의 결과를 고려한 후 선택하기

2) 소중하게 여기기(존중)

(4) 선택한 것을 소중히 여기고 기뻐하기

(5) 선택한 것을 다른 사람들에게 기꺼이 자신있게 얘기하기

3) 행동하기(행위)

(6) 선택한 것을 행동에 옮기기

(7) 생활 속에서 반복하여 행동하기

· 가치 명료화의 단계(2)-커센바움(Kirshenbaum)

1) 사고

(1) 다양한 수준 위에서 사고하기

(2) 비판적으로 사고하기

(3) 더 높은 수준 위에서 도덕적으로 추론하기

(4) 이전의 것과 다른 혹은 창조적인 사고를 하기

2) 느낌

(1) 평가하고, 소중히 하기

(2) 자아에 관하여 좋은 감정을 갖기

(3) 자신의 감정을 인식하기

3) 선택

(1) 대안으로부터 (2) 결과를 고려하기 (3) 자유롭게 (4) 성취계획 수립

4) 의사소통

(1) 명확한 메시지를 보낼 수 있는 능력

(2) 감정이입-다른 사람의 준거 체제를 수용하고 경청하기

(3) 갈등 해결

5) 행위

(1) 반복적으로 (2) 일관성 있게 (3) 행동하는 영역 속에서 능숙하게 행동하기

· 가치 명료화 전략(1)

명료화 반응 - 개인을 대상으로 하는 대화 전략, 학생들로 하여금 그들이 한 말이나 행동에 대하여 더 생각해 보도록 학생들을 자극하고 권유하고자 교사는 학생들이 보여주는 어떤 반응을 관찰한다. 교사는 학생들을 존중하고, 허용하고, 무비판적 · 수용적 · 중립 태도를 견지한다.

· 가치 명료화 전략(2) -가치지

* 가치지 - 집단을 대상으로 하는 쓰기 전략으로 가치 시사가 담긴 사고를 자극하는 진술 또는 질문을 담은 종이. 학생들의 관심을 명료화하는 매개지.

* 가치지 작성 유의사항

① 가치지를 만들거나 가치 토의를 할 경우, 도덕적 가치의 주입을 삼간다.
② 양자 택일식의 질문은 피한다.
③ 가능하면 민감한 부분, 중요한 부분을 다루는 것이 좋다.
④ 한 가치지에 너무 많은 질문은 삼간다.
⑤ 학생들의 반응을 근거로 점수를 주는 평가는 절대 삼간다.
⑥ 가치지에 '당신'이라는 말을 사용한다.
⑦ 모든 가치지는 자유로운 선택, 대안 고려, 대안의 결과를 심사숙고한다.
⑧ 실제의 행동에 대하여 질문한다.

· 가치 명료화에 대한 평가

장점	단점
답을 고양하며, 재미있는 수업 창출 완화 · 개방된 분위기 조성 교실에서 사용하기 쉬운 전략	가치의 본질과 속성에 대한 철학적 분석이 소홀함. 가치나 윤리적 상대주의 문제점 : 가치 갈등의 문제 해결에 기여 못 함. 리코나 : '원하는 것'과 '해야 하는 것' 사이의 구분을 하지 않음을 비판. 도덕과 관계있는 것과 그렇지 않은 이슈들이 동등한 위치를 지님. – 사실과 당위의 혼란 야기 도덕적 가치와 행동 사이의 관계가 불명확 : 의지의 취약성을 간과하고, 단순히 가치화 과정이 곧 행동으로 연결될 수 있다는 단순 논리

· 콜버그의 자유주의적 도덕교육론

소크라테스, 플라톤, 칸트, 피아제, 롤즈의 정의론에 근거하고 있다.

① 도덕적 추론 강조
② 정의문제에 중요한 위상을 부여
③ 옳음과 도덕을 동일시

· 콜버그의 3 수준 6 단계

1 단계 : 벌과 복종의 단계

2단계 : 욕구 충족의 단계
3단계 : 대인 동조의 단계
4단계 : 질서 유지의 단계
5단계 : 사회 계약의 단계 → 공리주의 도덕성을 함의
6단계 : 보편적 원리의 단계 (칸트, 롤즈 입장)

· 콜버그(Kohlberg)의 도덕 발달 단계 특징
1단계에서 6단계까지의 각 단계는 질적으로 다름.
각 단계는 단계별로 구조화된 전체를 이룸.
단계들은 불변의 계열성을 형성.
단계들은 위계적으로 통합되어 있고, 단계의 계열은 문화적 보편성을 지님.

· 수업 시 교사의 발문 전략
좋은 도덕 딜레마의 특징
① 딜레마는 학생들의 삶의 경험, 교과 활동에 기반
② 가능한 단순하게, 하나의 주인공과 집단을 포함.
③ 결론이 눈에 보이지 않는 목표가 개방된 것
④ 도덕적 함축을 지니고 있는 둘 이상의 논거를 포함.

· 딜레마 토론 발문 전략(1)

도입 단계에서의 발문 전략 : 발문은 학생들이 논리적으로 사고하도록 도와주고, 친구들과의 상호작용을 유도하고, 자신의 의견 정당화를 요구하고, 인지 갈등과 역할 채택을 자극하는 유용성이 있음.

상황을 복잡하게 만들어주는 발문(2가지) :
1) 주어진 도덕 문제 상황에다 새로운 정보를 추가하는 것 → 상황의 복잡함은 인지적 불균형을 유발하고, 역할 채택 시 사고의 분화를 지각할 수 있음.
2) 도덕적 문제로부터 학생들의 도피를 방지하는 질문.

· 딜레마 토론 발문 전략(2)

심화 단계의 발문(심층발문전략) :

도입 단계에서의 발문으로 학생들이 어느 정도 도덕의식이 형성되었다고 판단될 때 도덕적 추론의 변화를 위해 사용하는 전략

① 정제된 발문들(다듬기 발문), 심층 탐색 질문의 5가지 발문 전략 : 명료화 탐색 발문, 특정한 문제의 탐색 발문, 갈등 해소를 위한 발문, 역할 채택을 자극하는 발문, 보편적 적용 결과를 묻는 발문, 학생이 선택한 입장을 모든 사람에게 보편적으로 적용될 경우 일어날 결과에 대해 심사숙고하도록 하는 발문.

② 상위 단계의 입장을 부각 하는 발문 = +1전략
명료화와 요약을 위한 발문, 역할 채택을 위한 발문

· 도덕 교육 목표로서의 '사회화'
학생들에게 전통적 가치들을 가르칠 것을 제안
도덕교육의 내용은 한 사회에서 중요시 여겨왔던 '전통'의 가치들
도덕적 행동을 위한 습관 형성에 관심을 둠.
교사의 역할은 한 사회의 가치들을 대변하는 창도자
교화는 어쩔 수 없는 것 (교사들은 인격과 행동에 있어 도덕적 모범을 보여야 하고, 모범적인 사례를 담고 있는 문학을 접하도록 해야 함) - 뒤르켕

· 뒤르켕의 도덕성의 구성요소
① 규율정신 : 도덕규범이 명하는 바를 의무로 받아들이고 그것의 권위를 존중하여 이에 기꺼이 따르려는 경향성을 말한다. ⇒ 도덕적 습관 교육 - 규칙성과 권위
② 사회집단에의 애착 : 사회집단 속에서 다른 사람들과 관계를 맺음으로써 자신의 정체성을 확립하고, 서로 도우며 조화롭게 어울려 사는 것을 지향하는 성향 ⇒ 도덕적 정서와 의지의 교육 - 인간에 대한 애착의 성향과 사랑, 이타심
③ 자율성 : 도덕에 대한 합리적 이해를 바탕으로 도덕적 인격의 한 특성을 말함. ⇒ 도덕적 이성의 계발

· 전통적 인성교육론 -베닛
고전과 인문학에 중점을 둔, 전통적인 인격교육으로의 복귀를 주장한다.
도덕교육의 내용으로 '덕'을 강조한다.
콜버그의 인지 발달적 접근과 가치명료화가 지닌 한계를 지적
① 두 접근들은 숙고를 강조하는 반면 습관을 무시
② 도덕적 선택을 내려야만 하는 실제적인 상황으로부터 도덕성을 배제
③ 도덕성을 일상생활에서의 선한 행동보다 문제해결과 의사결정훈련으로 봄.

· 전통적 인성교육론 -위인과 위대한 전통들은 도덕 원리보다는 습관을 중시함. 도덕성을 일상생활에서의 선한 행동으로 보았고, 도덕적 가치들이 사람과 사람 사이의 상호작용을 통해 전수됨을 강조하였고, 도덕적 행동을 위해 지속적이고 일관된 강화를 중시하였으며 우리는 이러한 전통으로 되돌아가야 함.
학교는 본질적으로 교화적인 성격을 띠고 있으며, 또한 그렇게 되어야만 함.
전통적인 도덕 가치들을 학생들에게 직접 전수해야 함.
도덕교육은 도덕적 행동에 초점을 둔 '인격교육'의 형태를 띠어야 함. → 선을 아는 것, 선을 사랑하는 것, 선을 행하는 것이 가능하도록 실행

· 전통적 인성교육 -킬 페트릭(W. H. Kilpartrick)

도덕교육은 학생들에게 도덕적 모델을 전하게 함으로써 도덕생활에 비전을 제시해주고, '이야기'를 통해 구체적인 덕목을 전수하는 데 초점을 두어야 한다.

윤리적 딜레마 이론이 도덕적으로 무엇이 옳고 그른지 알지 못하는 도덕문맹 세대를 양산했다고 비판한다.

도덕적 이야기의 도덕교육적 의의

① 도덕적 용기의 모델, 덕의 모델들을 학생들이 쉽게 식별하게 해줌.

② 전통의 가치와 지혜를 다음 세대에게 전수하여 새 세대의 도덕 자질 함양함.

③ 공통된 준거점을 심어주며, 감동과 감화를 통해 선의 열망을 불러일으킴.

④ 삶의 다양한 모습을 살아 있는 형태로 배울 수 있음.

· 위인과 라이언(문학이나 이야기가 지닌 도덕교육적 의의)

선한 사람들과 악한 사람들의 삶에 대한 지적인 이해와 감정적 이해를 가능하게 해주며, 동시에 무엇이 그들로 하여금 그렇게 행동하도록 하였는가에 대한 이해를 도모한다.

정의와 동정심에 대한 구체적인 감각을 얻을 수 있으며 이야기 속 주인공을 통해 모범적인 행동을 배울 수 있음.

주인공의 삶에 대한 대리 경험을 통해 도덕적 상상력과 민감성을 높일 수 있음.

개인의 구체적 행동을 올바르게 이끌어 줄 도덕적 모델을 내부에 저장시켜 줌.

· 리코나(Lickona)의 통합적 도덕교육론

전통적인 인격교육의 부활이 아니라 인지 발달 이론과 전통적인 인격교육의 장점을 보완해서 도덕성 3요소(인지, 정서, 행동)가 통합되어 인격교육이 됨을 강조하였다. 그의 인지발달이론은 인격교육론과 구성주의를 통합한 것으로 인격에 있어 존중과 책임을 중시하였다.

· 훌륭한 인격의 모습 : 도덕적으로 아는 것은 정신의 습관이다.

① 도덕적 인식은 문제 상황이 도덕적 판단을 요구하고 있음을 파악하고, 올바른 행동을 생각하기 위해 지성을 사용하고, 도덕 판단을 내리기 전에 그와 관련된 구체적 사실들을 알고자 하는 노력이다.

② 도덕 가치들에 대한 지식-다양한 상황에 가치를 적용하는 방법을 아는 것이다.

③ 입장 채택 - 자신을 어떤 상황에 투사하거나 우리의 행동으로 영향을 받게 될 당사자들의 역할을 투사해보는 것이다.

④ 도덕적 추론 - 타인에 대한 우리의 의무를 판단하는 것이다.

⑤ 의사 결정 - 사려 깊고 체계적인 방식으로 도덕적 결정을 내리는 것이다.

⑥ 자기 자신에 대한 지식 - 자신의 인격이 지닌 장점을 인식하는 것이다.

* 도덕적 감정(=마음의 습관): 도덕적 앎과 도덕적 행동의 간극을 줄이는 역할

① 양심 - 무엇이 옳은지를 아는 인지적 측면과 옳다고 여기는 것을 행하려는 의무감인 감정적 측면으로 이루어지며, 성숙한 양심은 도덕적 의무감과 건설적인 죄책감으로 이루어짐.
② 자기존중 - 자신의 가치와 존엄성에 대한 적절한 존중
③ 감정이입 - 다른 사람의 내적 상태에 대한 대리 경험(입장채택의 감정 측면)
④ 선을 사랑하는 것 - 의무의 도덕성만을 열망하는 도덕성을 지니게 되는 것
⑤ 자기 통제
⑥ 겸양 - 진리에 대한 개방성 및 실패를 교정하는 적극적 의지

* 도덕적으로 행동하는 것(= 행동의 습관)

① 능력 - 도덕적 판단과 감정을 효과적인 도덕적 행동으로 옮기는 능력
② 의지 - 옳다고 여기는 것을 행동으로 가능하게 하는 힘
③ 습관 - 사고와 감정의 일관된 유형

* 도덕적 추론의 발달 단계

리코나 = 콜버그(Kohlberg) + 데이먼(William Damon) & 셀만(Robert Selman)

도덕적 추론의 발달 과정 : 수직적 발달 (낮은 단계에서 높은 단계로 한 단계씩 발달) + 수평적 발달 (새로운 단계를 광범위한 삶의 경험들 속으로 확장하는 것으로 추론에 따른 행동경향성이 높아짐.)

3. 도덕적 추론발달

(1) 리코나의 추론 단계

0 단계 : 자기중심적 추론(4세 정도)
① 본성적인 자기중심성
② 옳고 그름의 기준은 자기 생각대로 하는 것이며 선을 행하는 이유는 상을 받고 벌을 피하기 위함.

1 단계 : 무의식적 복종(5세)
① 어른들의 명령에 아무런 의심 없이 복종

② 옳고 그름의 기준은 어른들이 시키는 것을 하는 것이며, 선을 행하는 이유는 처벌을 피하기 위함.

2단계 : 이기적 공정성(5세 중반~7세)
① 어른들과 자신들이 도덕적으로 평등하다고 생각
② 자신이 베푼 것에 상응하는 보답을 요구
③ 옳고 그름의 기준은 자신의 이익을 먼저 취하도록 하되 자신에게 공정하게 대하는 타인에게서는 공정하게 대하는 것
④ 선을 행하는 이유는 자신의 이해관계에 따라

3단계 : 인간 관계적 동조(초등학교 중반~10대 초중기)
① 타인과의 일치
② 인습적 도덕성의 초기 단계로 다른 사람의 복리에도 관심을 기울임.
③ 옳고 그름의 기준은 착한 사람이 되어 나를 알고, 나에게 관심을 갖고 있는 다른 사람들의 기대에 부응해야 한다.
④ 선을 행하는 이유는 사회적 인정과 자기존중을 얻기 위해서이다.

4단계 : 체제에 대한 책임감(고등학교 시기)
① 자신이 속한 사회체제에 책임을 이행하려는 경향.
② 옳고 그름의 기준은 사회체제에 대한 책임감이며 선을 행하는 이유는 체제의 존속과 자기존중 감각을 유지하기 위해서이다.

5단계 : 원리적 양심(성인 초기)
① 모든 사람의 권리를 존중
② 옳고 그름의 기준은 각 개인의 인권에 대해 최대한 존중을 표현하며 개인들의 권리를 보호하는 사회 체제를 지지하는 것
③ 선 실천 이유는 인간존중의 양심에서 우러나오는 의무감에 충실하기 위함.

· 단계 발달을 촉진시키는 자녀 교육의 10가지 원리-리코나
도덕성은 존중이다.
아동들의 도덕성은 천천히 단계를 통해서 발달한다.
어른들은 아동들을 존중해야만 하고, 아동들에게 어른들을 존중하도록 요구해야 한다.
아이들을 양육함에 있어 훌륭한 모범 사례를 통해 가르쳐야 한다.
아이들을 말이나 이야기를 통해 도덕적 가르침을 주어야 한다.
아이들이 생각하는 방법을 배우도록 도와주어야 한다.

아이들이 진정한 책임감을 지닐 수 있도록 도와주어야 한다.
아이들의 독립심과 어른들의 규제가 균형을 이룰 수 있도록 노력한다.
아이들을 사랑하고, 긍정적 자아개념을 발달시키도록 도와주어야 한다.
아이들의 도덕 생활을 촉진하고 행복한 가정생활을 영위하도록 노력한다.

· 교사와 학교가 발달시키도록 도와주어야 하는 일곱 가지 특성
① 자기 존중
② 사회적 입장 채택
③ 도덕적 추론
④ 본질적 가치와 문화적으로 중요한 가치들에 대한 지식
⑤ 다른 사람과 협동하는 데 필요한 기능 (의사소통, 문제 해결, 조정 행동)
⑥ 습관적 반응양식으로서의 인격 특성들 (공정함, 친절, 진실, 타인 존중)
⑦ 성인의 긍정적 영향에 대한 개방성

· 인격함양을 위해 교실에서 활용할 네 가지 전략
① 자아 가치의 형성과 도덕공동체 조성
② 협동학습
③ 도덕적 숙고 기회부여
④ 참여적 의사결정

·「인격교육을 위한 교육」- 교실 안
① 따뜻한 배려를 해주는 사람, 역할 모델, 스승으로서의 교사 (교사의 역할)
② 교실에 하나의 도덕공동체 만들기
③ 교실 안에 도덕적 규율 도입
④ 학급 회의를 통한 민주적인 교실 환경 창조
⑤ 교육과정을 통하여 가치를 가르치는 것
⑥ 협동학습 (협동학습의 장점) :
1) 학습 과제 해결 시에 서로 존중해주는 것을 생활화,
2) 공동과 해결에 있어 개별적·집단적 책임감 고양,
3) 인간관계에 필요한 기능, 친사회적 가치들을 발달시키는 데 유익
⑦ 업무의 양심 : 일에 있어서의 성실성에 대한 관심
⑧ 도덕적 숙고를 권장하는 것
⑨ 갈등해결 능력을 가르치는 것
⑩ 자신에 대한 지식을 갖게 하기 위해

· 도덕적 숙고를 권장하는 것
  ① 일상적인 삶 속에 깃들어져 있는 도덕적 차원을 인식
  ② 도덕 가치들에 대해 이해를 돕고, 가치를 상황에 적용하는 방법을 알게 하기 위해
  ③ 다른 사람의 입장을 취해 보기 위해
  ④ 도덕적으로 잘 추론하도록 하기 위해
  ⑤ 사려 깊은 도덕적 결정을 내리는 능력을 기르기 위해
  ⑥ 자신에 대한 지식을 갖게 하기 위해

·「인격교육을 위한 교육」
 - 학교 활동
학교 활동 속에서 활용하기 위한 전략
  ① 교실을 넘어선 따뜻한 배려 - 시민성을 지니도록 조장
  ② 학교 내에 긍정적인 도덕적 문화 창조
  ③ 학교·부모·지역 사회의 협조 체제 구축

(2) 리코나의 통합이론의 한계와 시사점

* 이론적 한계

① 도덕성을 존중과 책임감이라는 두 가지로 요약된다고 보아 도덕성을 지나치게 단순화 함.
② 존중과 책임감이 문화적으로 보편성을 지닌 가치라고 보고 있으나 이에 대한 구체적이고 경험적인 증거 제시가 불충분하다.
③ 리코나가 제시한 도덕교육의 방법들이 통합적인 인격 개념과 구체적으로 어떻게 관련되는가에 대한 설명이 부족하고, 통합적 인격의 개념을 뒷받침할 구체적 증거가 불충분하다.
④ 도덕적 타락을 개인의 인격 결함에서 비롯된다고 보아 사회구조나 제도의 도덕성 자체에 대한 논의를 배제하고 있음이다.

* 시사점

① 모든 교사가 윤리적 스승, 역할 모델, 배려의 제공자가 되어야 한다는 사실을 일깨워 줌.
② 도덕 교육에 있어 학급 담임의 역할이 중요하다고 간주함.
③ 리코나가 제시한 통합적 인격 개념은 도덕과 목표 설정에 단서를 제공함.
④ 공동체로서의 교실과 학교의 중요성을 시사하고 있음.
⑤ 도덕교육은 학교·부모·지역사회의 유기적인 협조체제로 인해 가능함.

3. 가치수업의 형식과 모형

1. 가치 수업의 기본형식

가치 수업은 학생 입장에서 가치 대상에 관해 합리적이고 옹호할 수 있는 가치판단을 내리는 과정을 말한다.

(1) 밀톤 메(Milton Meux)의 가치판단의 종류

① 규칙의 사용 - 판단은 그것이 규칙에 일치하느냐 않느냐에 따라 평가되는데, 규칙으로는 연역적, 수학적, 증거적, 법문적인 규칙을 들 수 있다.
② 평가 기준과의 비교 - 평가는 평가의 기준에 의하여 결정 된다.
③ 개인적인 요인의 호소 - 평가는 개인적인 느낌, 좋아하고 싫어하는 것, 기호 등에 의하여 지지되고 옹호된다.
④ 결과의 검사 - 두 가지로 결정할 수 있는데, 하나는 행위, 사건, 과정 등의 평가 대상의 결과에 대한 결정이고, 또 다른 하나는 규칙의 적용, 평가 기준과의 비교, 그리고 개인적인 요인에의 호소에 의하여 평가의 결과를 보는 것이다.

(2) 엔니스(R. Ennis)의 가치진술을 입증하는 전략

① 이유 획득하기 - 평가를 내리는 이유를 공개적으로 생각해 보는 것이다.
② 사실 점검하기 - 주어진 추측되는 사실들을 조사하는 것이다.
③ 일반적 원리 적용하기 - 모든 사람들에 의해 받아들여지는 것을 택하는 것이다.
④ 상세하게 결과 검사하기 - 두 개의 가치가 있을 경우 각개의 결과를 세밀하게 경험적인 조사를 하여 그 차이점을 보는 것이다.
⑤ 다른 일반적 목적을 고려하기 이다.

※ Meux와 Ennis에 의하여 가치 판단 내지 평가의 종류를 요약하면 귀납적, 연연논증에 의하거나, 주관적인 느낌에 의하여서 결정되는 것으로 분류된다.

2. 경험적 가치 검사 모형

(1) 라츠(L. E. Raths) 모형

(1) 모형을 나타내는 가치화 과정에서 중요 요소가 된다고 보는 선택, 존중, 행위 등의 측면에 따라 7단계의 가치화 과정을 구상, 제안하고 있다

선택단계는

① 자유롭게
② 여러 방도로부터
③ 각 방도의 결과에 대한 깊은 고려 후에

존중단계는

④ 선택에 대해 행복을 느끼면서 선택한 가치 존중
⑤ 공적으로 그 선택한 바를 확언하려 함.

행위단계는

⑥ 선택한 바를 행위로 나타냄.
⑦ 반복해서, 어떤 생활양식으로서

(2) 모형의 적용 - 이 모형을 적용하여 수업하는데 가장 기본적인 것으로 명료화 응답을 들 수 있는데, 이는 학생들이 무엇을 말하거나 어떤 행동을 나타낼 때 이에 응답하는 것이다.

< 가치 명료화 수업 모형 >

(1) 도덕적 문제 사태 제시하기

(2) 선택하기
① 자유롭게 선택하기
② 여러 대안들로부터 선택하기
③ 대안들의 결과를 심사숙고하여 선택하기

(3) 존중하기
④ 선택한 바를 소중히 하고 기뻐하기
⑤ 선택한 바를 다른 사람들에게 기꺼이 확언하기

(4) 행동하기

3. 경험적 · 논리적 가치검사 모형

1. 헌트 메카프(Hunt · Metcalf) 모형

(1) 모형에 나오는 수업 절차

① 무엇이 평가되어야 할 대상, 사건, 정책의 성질인가? - 개념 분석

② 결과 문제

③ 결과에 대한 사정

④ 평가기준의 정당화

2. 뱅크(J. A. Banks) 모형

- 학생들로 하여금 자기들의 가치와 타인의 것을 인식하고, 어떻게 가치 갈등이 일어나는가를 결정하고, 가치 대안을 인식하고, 다른 방도의 가치의 결과를 하고, 그리고 자유롭게 그들이 인식하는 가치를 선택하는 것은 가능하게 할 수 있게 되는 것을 중시

(1) 가치탐구 모형의 절차

① 가치문제에 대한 정의와 인식 : 관찰과 구별

② 가치 적절 행동의 서술 : 서술과 구별

③ 서술되는 행동에서 예시되는 가치의 명명 : 인식 - 서술, 가설

④ 서술되는 행동 속에서의 갈등을 일으키는 가치의 결정 - 분석

⑤ 분석되는 가치 원천에 관한 가설 : 가설 설정(가설을 지지하는 자료의 인용)

⑥ 관찰되는 행동으로 예시되는 가치에 대한 다른 방도의 가치 명명 : 회상

⑦ 분석되는 가치의 가능한 결과에 관한 가설 : 예측, 비교, 대조

⑧ 가치 선호의 선언 : 선택

⑨ 가치 선택의 이유, 원천, 가능한 결과의 진술 : 정당화, 가설, 예측

(2) 가치 적용

첫째 단계 : 가치문제에 대한 정의와 인식에서 학생들은 결정을 요구하는 문제의 가치 요인을 인식할 수 있어야 하고 정의적인, 가치적인, 그리고 경험적인 문제를 구별할 수 있어야 한다.

둘째 단계 : 가치 적절 행동의 서술에서는 학생들이 가치문제 이야기 속에 나오는 사람의 행동을 서술하는 것이다

셋째 단계 : 서술된 행동에서 예시된 가치를 명명하는 것으로, 학생들은 전 단계에서 그들이 서술한 바의 행동에 의하여 입증된 가치를 명명하려고 노력하는 것이다

넷째 단계 : 서술되는 행동 속에서 갈등을 일으키는 가치를 결정하는 시기로, 교사들은 학생들에게 특수 개인에 의하여 예시되고 다른 사람들의 행동 속에서 자명한 갈등을 일으키는 가치를 지명할 것을 요구한다.

다섯째 단계 : 분석되는 가치 원천에 관한 가설 설정으로, 모든 가설을 세움에 있어서 교사는 학생들에게 진술의 이유를 제시하기를 요구하여야만 한다.

여섯째 단계 : 관찰되는 행동에 의하여 예시되는 가치에 대한 다른 방도의 가치의 명명 단계로서, 학생들이 가치 대안을 발견하는 것을 돕도록 설계되었다.

일곱째 단계 : 분석되는 가치의 가능한 결과에 관한 가설을 들 수 있는데, 이 단계에서 교사가 하여야 할 일은 학생들이 다른 가치는 다른 결과를 야기한다는 것을 알게 하는 것, 그들이 지니고 있는 가치의 결과를 받아들이는 것을 배우는 것, 그리고 다른 신념들의 결과를 고찰하는 것이다.

여덟째 단계 : 가치선호의 선언으로, 학생들은 주어진 사태에서 개인의 행동을 기술하고, 관련되는 가치를 인식하고, 어떻게 그것들이 갈등을 일으키는가를 결정하고, 가능한 결과를 예측한 후에 그들의 개인적인 가치선호를 선언하도록 요구되어야 한다.

아홉번째 단계 : 가치 선호의 이유, 근원, 가능한 결과를 진술하는 것으로, 교사는 학생들로 하여금 자신의 가치를 도출할 수 있도록 도와줄 의무가 있으며, 동시에 학생들로 하여금 그들의 가치의 근원과 왜 그것을 가지고 있느냐 하는 이유를 결정하도록 도와줄 책임을 가지고 있는 것이다.

3. 기타 모형

(1) Massialas와 Cox가 요약한 Columbia의 결정내리는 모형

(2) Oliver와 Shaver의 사회문제 분석 모형

① 구체적인 상황으로부터 일반적 가치를 발본
② 차원적인 구성으로서 일반적 가치 개념의 사용
③ 가치 구성 사이의 갈등을 인식
④ 가치 갈등 사태의 종류의 인식
⑤ 고려 중인 문제와 비슷한 가치 갈등 사태에 대한 발견 및 창조
⑥ 일반적인 제한된 사태를 향한 노력
⑦ 제한된 가치 사태 뒤의 사실적인 가정의 검사
⑧ 진술의 적절성 검사

4. 생명상생의 가치

1. 생명상생 원리

생명상생 원리에서 마음은 정의(正義) 판단을 하는 역할을 하며, 정신은 수월(秀越) 판단의 역할을 하고, 몸은 호감(好感) 판단의 역할을 한다. 이러한 가치판단을 기준으로 삼아서 의(義)·수(秀)·호(好)의 3가지 가치에 따라 행동과 실천이 이루어진다. 상생(相生)은 기본적으로 상대방의 존립을 전제로 하기에 서로가 동등인격으로 존중하며 역지사지(易地思之)로써 배려함을 일컫는다. 이는 '사람'을 '인간(人間)'으로 부르는 연유로서, 생명의존과 상호존립에 필요한 상생윤리 원리이다. 이에는 자율 존중 원리, 악행 금지 원리, 선행 원리, 정의 원리가 포함된다.

(1) 자율 존중의 원리

인간은 각자 존엄한 인격체로서 저마다 처한 다양한 상황에서 독립적으로 자신의 신념과 자유로운 의사에 따라 결정하며, 이 결정에 따른 행위는 타인에게 해를 끼치는 행위가 아닌 한, 도덕적으로 정당화된다고 본다. 이러한 자율 존중의 원리는 자유주의 윤리 이론에 따른 것으로서, 무엇이 개인에게 도덕적인 선인가는 다수의 판단이나 어떤 초인격적 권위에 따라 결정되는 것이 아니며, 저마다 스스로 옳다고 생각하는 바에 따라 결정된다. 오류를 범할 권리까지를 포함하는 자유! 그러나 자율 존중의 원리가 다른 도덕 원리와 갈등을 일으키는 경우에는, 이 원리가 항상 우선하는 것은 아니다.

내용면에서 자율존중의 원리는 칸트를 연상시킨다. 그에 따르면, 이성을 가지고 있는 자유롭고 평등한 인간은 결코 단순한 수단으로 취급되어서는 안 되고, 언제나 목적으로 취급되어야 하는 도덕적 존재, 바로 자율적인 존재이다. 환자에 대한 의사의 의무도 이런 의미에서 정언 명령의 한 형태를 띤다고 볼 수 있다. 환자의 자율적 결정이라는 의미에서는 자율 존중원리는 네 원리 중에서 비교적 나중에 형성된 원리이다. 히포크라테스 선서나 미국의사협회와 세계의사협회의 초기 강령에도 이 원리를 반영하는 내용은 들어 있지 않다.[2)]

2) 구영모 엮음, 『생명의료윤리』 서울: 동녘, 1999, pp.35-44. T.L. Beauchamp & J. F. Childress, *Principles of Biomedical Ethics* (Oxford: Oxford University Press, 1994), 'four principles' 참조.

(2) 악행 금지 원리

'남에게 해를 입히지 말라'는 도덕 원리는 동서고금을 통해 사회윤리의 근본 명제의 하나로서 전해져 왔다. 그리고 이 원리는 특히 의학에서 중요시되는바, 의료인은 환자에게 해가 되는 행위를 해서는 안 된다는 것이다. 악행 금지의 원리는 히포크라테스 선서에서 특히 강하게 나타나 있다. 물론 치료 과정에서 불가피하게 따르는 고통이나 불편은 환자의 건강 회복이라는 더 큰 복지를 위한 것인 한, 도덕적 해악이라고 볼 수 없을 것이다. 요컨대, 악행 금지의 원리는 환자에게 불가피한 고통과 위험은 최소화되어야 한다는 의미로 받아들일 수 있다. 악행 금지의 원리로부터, 의료인이 환자에게 치료에 관련된 정보를 가능한 한 자세하게 전달해야 할 의무가 도출된다. 생명을 다루는 의료인들이 낡은 지식을 가지고 환자들을 치료할 경우 그들에게 부당한 고통과 해악을 줄 수 있다면, 악행 금지의 원리는 의료인들이 그들의 지식과 기술을 끊임없이 연마해야 한다는 의무의 기초가 된다.

(3) 선행 원리

도덕적 행위는 단지 타인에게 해를 끼치지 말아야 한다는 소극적 명제 이외에, 타인에게 이득을 주거나 타인의 복지를 증진하라는 적극적 명제도 담겨진다. 이에 따라 생명을 다루는 의료인은 환자의 복지를 추구함과 동시에 해악을 제거하고 또 사전에 예방할 의무를 진다. 동양의 의료 윤리에서 특히 강조된 것이 이 원리이다. 의사의 우선적 사명은 환자를 이롭도록 돕는 일이다. 서구의 원리적 접근에서 자율 존중의 원리가 강조된다면, 동양에서는 선행 원리가 전면에 배치된다.

선행 원리로부터, 고통 받는 사람들의 건강을 위해 인체 조직이나 장기의 이식이 가능하도록 지원해야 한다는 사회 성원들의 의무를 도출할 수 있다. 만약 중대한 위험과 고통에 처한 갑을, 거기에서 구하기 위해 을의 행위가 요구되는 상황에서, 을에게 심각한 위험이나 비용 부담이 없거나 혹은 있다 할지라도 갑이 얻게 되는 이득이 을이 입게 되는 상해나 비용 부담을 능가하게 되는 경우에는, 을은 갑에 대해 도덕적으로 선행의 의무를 진다. 선행의 원리는 일반적으로 강요당해서는 안 된다. 선행의 원리와 자율성의 원리가 충돌할 때, 우리는 일방적으로 선행의 원리만을 지지할 수는 없다. 최대 다수의 최대 행복을 가져오는 행위라 할지라도 그것이 타인의 권리와 자율성에 미치는 영향을 고려해야 하기 때문이다. 그러므로 생전에 자신이 죽은 후의 장기 기증에 대해 명시적인 반대 의사를 표시하지 않은 경우에 사체 장기 기증에 동의한 것으로 추정하는 입장은, 개인의 자율성을 침해할 우려가 있다.

(4) 정의 원리

정의 원리는 해악과 이득의 공평한 분배의 문제를 둘러싼 윤리적 관심과 연관되어 있다.

보건 분야에서 이 원리는 희소 자원의 공정한 배분, 개인의 권리 존중, 법률의 존중 등을 의미하는 것으로 파악되기도 한다. 정의의 원리는 존 롤즈의 두 가지 법칙 – 각자 자유에 대한 동등한 권리 존중의 법칙, 최소 수혜자에게 이익이 돌아가게 하기 위한 불평등을 인정하는 차등의 법칙 – 을 받아들인다. 고대 중국의 의서에서 존 롤즈의 차등의 법칙을 상기시키는 말이 나온다. 정의의 핵심이 각자에게 그의 것을 주는 것이라 한다면, 과연 무엇을 기준으로 각자에게 그의 것을 주는가를 둘러싸고 의견이 분분할 수밖에 없을 것이다.

절대적 평등주의에 입각하여 '각자와 똑같은 것을 주라'는 견해에서부터, '각자에게 공적에 따라 그 몫을', '각자에게 그가 한 일의 결과만을', '각자에게 법에 따라 그의 것을' 등에 이르기까지 여러 견해가 나타났다. 자유주의자들은 보건 의료 분야도 경제적 권리를 근간으로 하는 시장의 유연성 및 효율성에 의해 운영되어야 한다고 보는 반면, 공동체주의자들은 공공복리의 극대화라는 차원에서 필요에 따른 어느 정도 계획적인 수급 체계가 더 공정하다는 입장을 보이고 있는 것이다.

그렇다면 정의의 원칙을 활용하여 우리는 예컨대 기증된 장기들을 어떻게 할당하는 것이 가장 공정한 것인지를 고려해야 하지만 현실의 여러 요인들을 분석한 자료들을 토대로 다양한 윤리적 견해들 사이의 절충을 꾀할 수밖에 없다.

(5) 원리 접근 의의와 한계

[그림 24] 생명윤리의 문제 영화 GATTACA

원리주의자들은 많은 갈등에 처했을 때, 일관성 있고 납득 가능한 해결책을 개발하기 위해서는 원리들의 '특수화', '균형 잡기와 우세 잡기' 작업을 거쳐야 한다고 주장한다. 이 작업 과정은 불가피하게 각 공동체의 문화적, 역학적 배경에서 오는 요소들의 영향을 받게 된다. 전통적으로 가족가치나 공동선을 강조해 온 문화권에서는 개인의 권리, 프라이버시, 자기 결정 같은 것들에 무게중심을 두는 자율 존중의 원리보다는, 사회적 가치를 지향하는 선행의 원리나 정의의 원리가 주도하는 조화 작업이 시도될 것이다. 생명윤리 논의는 갈등과 물음을 제기하는 특수한 사례와 답을 정당화해 줄 일반적 원리들 사이를 오가면서, 이 원리들 간의 조화를 시도하는 논증 작업이다. 이를테면 복잡한 사례에서 원리들 간의 조화를 시도하는 논증 작업인 것이다. 적어도 원리들에 의존한 일련의 형량 절차를 거쳐 잠정적인 의견 조정에 이를 수 있다. 태아 조직 이식과 관련해서는 환자의 복지 증진의 관점에서 허용은 하되, 낙태 결정과 이식 행위 사이의 연결 고리를 차단시키는 이른바 분리 원칙을 견지하든가, 인간 배아 연구에서도 허용하되, 연구 목적의 배아 제작은 허용하지 않는다는 정책 결정은 윤리 절충의 한 형태이다.

상생윤리 논의를 원리로 전개해 나가는 데는 나름대로 장점이 있다. 우선 원리에서 도덕

판단을 이미 옳은 것으로 전제하는 이론 구조나, 그에 의존한 일반 규범으로부터만 이끌어 내야 된다고 보는 연역추리에서 간과하기 쉬운 사례의 중요성을 적절히 일깨운다. 사례들이야말로 생명윤리 이론을 원리 정당화의 방식으로 전개하도록 하는 데 큰 역할을 해 왔다. 첨단 생명공학기술의 적용이 던지는 윤리적 이슈들은 아직 그 기술이 진행 단계에 있고 그 진상들이 낱낱이 드러나 있지 않은 까닭에, 사례 접근을 겸할 수가 없다.[3]

상생윤리는 원리 고찰로써 끝날 수 있는가? 생명윤리 문제는 상황의 딜레마를 포착하여 이에 대한 처방을 제시해야 하는 문제이다. 그러므로 구체적 상황에서의 합리적 논증이 최선의 작업방식이다. 생명윤리 이슈에서 일반 원리에만 호소하여 만족스러운 답을 얻을 수 없는 이유가 여기에 있다. 우리는 현실의 사례에 적용할 일반 원리를 찾기에 앞서, 현실 자체의 분석을 중요시해야 한다. 이를 통해 사례의 독특함에 대한 민감성을 키우고 각 행위자의 역할, 의사소통 모델 개발에 힘써야 한다. 마지막으로 새로운 것, 알려지지 않은 것들에 대한 열린 자세도 중요하다.

[그림 25] 나비의 다양성과 통일성

3) 다양한 사례의 수집과 분석, 비교가 중요한 만큼, 일반 규범을 가지고 재단을 해서는 오히려 고통을 가중시킬 뿐인 것이다. 따라서 사례의 민감성, 중요성을 포착할 수 있는 도덕적 논증이 필요하며, 이는 다양한 원리에 의존하는 편이 더 적절할 것이다. 사례들은 언제 우리가 원리들을 수정해야 하는지에 대해서도 말해준다. 예컨대 전염병 연구에서 초기에는 자율존중의 원리에 따라 동의 없는 연구는 금해야 한다는 입장이 지배적이었으나, 에이즈 급증 사례는 개인의 프라이버시가 보장될 수 있다면 경우에 따라서 동의 없는 연구도 허용될 수 있다는 방향으로 선회하고 있다.

5. 배아복제의 기술가치

1. 배아복제 기원과 전망

신생아 치료의 놀랄 만한 진보로 10, 20년 전까지만 해도 태어나자마자 바로 죽을 수밖에 없었던 신생아들이 살 수 있게 되었다. 죽음의 병과 위험이 가장 큰 미숙아들에게 있어서 의학의 진보는 가히 극적이다. 그리고 어떤 선천적인 결점을 지닌 유아들의 생존율 상승이 놀랄 만큼 보고되고 있다. 그러나 심각한 병을 가진 아이들이 모두 잘사는 것은 아니다. 미숙아와 심각한 결함을 지닌 어떤 아이들은 오랫동안 살아남지 못한다. 그러한 심각한 병을 가진 신생아들을 살릴 수도 있는 의학의 발달된 능력은 의학의 개입으로 이익을 얻을 수 있는 아이뿐 아니라 무익해 보이는 유아까지도 진단을 시도해야 하는 의사나 부모들에게는 어려운 임무로 확대되어 보이기도 한다. 수술 후에 어떤 장애가 생길지라도 생명을 구해야 하는 아이들과 즉시 수술을 받는다고 해도 심각한 해를 입거나 죽을 수도 있는 아이에게 초점이 맞추어졌다.

(1) 의사결정의 윤리적 기초

유아들은 의사를 결정하기가 불가능하므로 그들은 항상 그들을 위해 결정해 줄 대리인을 필요로 한다. 거의 모든 경우에 아이들 치료를 결정하는 데 있어서 부모와 의사가 최상의 위치에 있다. 의사의 선택은 부모의 선호를 반영해야 한다. 부모들은 유아들의 최선의 이익이 먼저 고려되길 바란다. 부모뿐 아니라 전문적인 의료기관이나 사회도 또한 의사결정이 적합한지를 결정하는 데 책임이 있다. 가족은 사회에서 가장 중요한 단위이다. 가족은 아이들을 양육하는 데 많은 것을 제공한다. 공공의 정책은 문제가 심각하거나 위태로워지지 않고 잘 극복될 것 같으면 개입을 하지 말아야 한다.

부모들의 의사결정 과정이 아이들에게 최대의 이익을 줄 수 없을 때에는 공적 개입이 자유로워야 한다. 이 문제는 대개 부모의 가치와 사회 대부분의 상식이 다를 때 야기된다. 부모는 그들의 아이들에게 종교적 믿음을 가르치는 데에는 자유로울 수 있지만, 수혈이 생명에 필요할 때와 같은 판단에 있어서는 부모는 아이들의 이익을 위해 공적인 개입을 허용해야 한다. 지체부사유아의 탄생은 선상한 유아를 낳으리라는 보편적 믿음을 지녔던 부모에게 충격을 줌으로써 부모의 합리적인 의사결정을 괴롭힌다.

부모들은 그들이 상상한 건강한 유아 대신 결함아를 가졌다면 그 충격은 의사결정 과정에 감정적으로 작용할 것이다. 이 문제의 상황에서 그들이 사전의 어떤 경험도 없었다고 가정하면, 그들은 아이들의 미래에 대한 전망에 대해 불충분한 정보를 얻을 수도 있고, 재정적인 압박을 겪을 수도 있으며, 형제 그리고 가족에게 걱정을 줄 수도 있다. 게다가 유아의 상태는 엄마가 출산으로부터 회복되어 가고 있는 중에 긴급한 응답을 요구할 수도 있다. 그러나 대부분의 부모들이 아이들의 이익을 위한 의사결정을 돕는 적절한 원조는 되고 있지 않다. 최선의 결정을 위해서 부모들은 예상되는 정확한 평가를 포함하는 적절한 정보를 들어야 한다. 그들이 받는 의학정보는 최신의 것이 되어야 한다. 의학전문의와 종교적 지도자, 먼저 경험한 부모들은 이 상황에 도움이 되어야 한다. 확실한 것은 의사결정이 적절치 않은 성급함을 피하고 아이들의 삶을 충분히 배려하도록 적용되어야 한다는 것이다. 부모들이 아이의 최선의 이익을 위태롭게 하는 심각한 현실의 위험에 있다면, 할 수 있는 한계 내에서 예방책이 주어져야 한다. 부모들의 결정이 무능하거나, 동의가 가능하지 않는 상황에서 건강보호기구(보모의 권한을 대신, 비자발적 안락사를 최소화함)에서 부모를 대신하는 법적 대리인을 임명해야 한다.

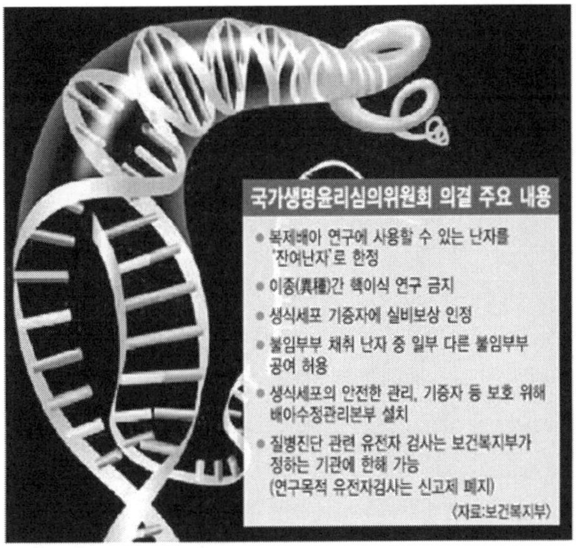

[그림 26] 국가생명윤리심의위원회 의결 사항

정보뿐 아니라 부모들의 공감과 이해도 필요하다. 건강보호 전문가들의 큰 노력은 부모들에게 생명가치를 이해하도록 만드는 데 있고, 의사를 결정하는 능력을 향상하는 데 있다.

(2) 유아를 위한 최선이익에 대한 고려

대부분의 상황에서 사람들은 치료가 환자에게 최선의 이익을 제공할 것에 동의한다. 그러나 때때로 올바른 결과를 위한 결정은 명확하지가 않다. 왜냐하면 아이들을 위한 최선의 이익을 평가하기가 어렵기 때문이다. 위원회는 만약 어떤 시도가 특별한 경우에 적용되는 세 가지 상황으로 결정한다면 의사결정 과정이 향상될 것이라고 믿는다. ① 치료는 명백히 아이에게 이익을 부여해주는 데 이용된다. ② 모든 치료가 무익하다. ③ 많은 선택으로부터 아이에게 부여되는 이익 가능성이 명확하지 않다. 이상의 세 가지 상황은 그들이 다른 응답을 요구하기에 각각 독립해서 고려해야 할 필요성이 있다.

먼저 명백히 이익이 되는 치료(아이에게 실질적인 도움이 되느냐, 되지 않느냐의 관심)에서 이 위원회는 치료가 아이들에게 이익이 된다면 보류되지 않기를 지시한다. 부모들은 대부분의 상황에서 필요한 의학적인 치료가 제공되기를 원한다. 부모들은 비슷한 이익을 가져오는 대안들을 선택할 수는 있으나, 장애인에게 명백히 이익이 되는 치료를 거절해서는 안 된다. 결함아의 생명을 구하는 치료는 장애를 남길 수도 있지만, 그런 장애 때문에 결함아의 치료를 거절해서는 안 된다. 하지만 그런 장애가 너무 심각해서 생존한 유아의 삶에 이익이 되지 못한다면, 치료의 고려는 정당화될 수 있다. 모든 대행자는 유아의 관점에서 이익과 부담을 평가해야만 하는 의무가 있다.

또한 명백히 무익한 치료가 분명하다면, 비자발적인 안락사도 가능하다는 입장이다. 이러한 실질이익 고려에서 어떤 치료도 유아에게 이익이 없을 때, 치료를 하지 않을 수 있다는 대리인들의 결정은 윤리적으로나 법적으로 정당화될 수 있다. 그런 치료들은 아이들을 돕지 않고 오히려 고통을 줄 수가 있다. 이런 유아들에게 오히려 죽음의 순간은 짧아야 한다. 물론, 어떤 부모들은 아이의 삶의 연장을 위해 무익한 어떤 치료를 의사들에게 요구할 수도 있다. 그러나 삶을 구하기가 어려운 환자들은 편하게 죽을 수 있도록 하는 것이 의무이다. 단기간밖에 살지 못하는 유아들의 치료는 고통을 경감시키는 방법이 되어야 한다.

마지막으로 불확실한 경우이다. 결함아들의 이익이 되는 치료와 무익한 치료 사이의 선택이 가능한 경우도 있지만, 대부분의 경우에 있어서는 어떤 치료가 이익의 관점에서 제공될 것이냐 아니냐를 접근해 가기가 어렵다. 미숙하거나 결함을 가지고 태어난 아이들에게 집중된 치료를 배제하게 되는 확실한 계기는 그들이 결국 생존할 수 없다는 것이다. 신생아 학문은 새로운 분야의 학문이라서 합병증과 장애를 지닌 아이들의 정확한 예후를 알 수가 없다. 이런 어려움을 피하는 한 방법으로 삶을 유지시키는 아이를 구별할 수 있는 객관적인 규범의 적용을 들 수 있다. 그런 규범은 그들의 적용이 정확한 결정을 내릴 수 있다는 명백한 증거가 있다면 정당화될 수 있다.

그러나 어떤 비평가들은 모든 경우에 충분하게 예상될 수는 없을 것이며, 그것의 명확한 과학적인 증거가 부족하다고 반박한다. 가정해 보건데, 척추 이분 증상의 객관적 기준은 의사결정을 향상시키는 것처럼 보이지 않는다. 대신에 그들의 규범에 대한 적용은 객관적 규범에 의거한다는 주장에서 너무 쉽게 책임감에서 벗어나려는 것처럼 보인다. 그러므로 아이들을 위한 정말로 가치 있는 선택이 무엇인지 신중하고 통찰력 있는 판단이 요구된다.

그 대안으로 배아복제 문제가 거론된다. 사실문제로 따지자면 배아복제 문제는 아주 유용할 수 있다. 인간배아를 복제해서 그 안에서 발생하는 세포들이나 조직, 기관들을 떼어난치병 환자들에게 이식한다면 다수의 난치병을 치료해서 죽어가는 유아들을 살릴 수 있을 것이며, 또 이후에 발생할 문제에 대한 여러 가지 연구도 진행할 수 있다. 따라서 사실 문제로만 따지자면 배아복제는 인류에게 측정불가의 상당한 이익을 가져올 수 있다. 농업혁명→산업혁명→정보혁명→생명공학 혁명으로 연결될 수 있다. 한 생명 한 생명이 모두 짓밟혀서는 안 될 존귀한 가치를 지니고 있는데, 한 생명을 죽여서 서너 명의 목숨을 구하는 것은 윤리가치에서 수반되는 다양한 문제들이 따를 수밖에 없다.[4)]

2. 인간 복제의 문제

(1) 종교윤리적 문제

유일신이 인간을 창조하였으며 인간의 생명을 관장하고 있다고 믿는 기독교계에서는 생명은 창조주의 고유 영역이라는 교리에 의거하여 인간 생명을 인위적으로 조작하는 행위를 신에 대한 모욕이자 도전이라고 보고 있다. 불교의 입장에서는 생명복제가 우주의 섭리인 달마(Dharma)를 파괴하는 행위로 생태계 파괴를 비롯한 엄청난 후유증을 낳을 것이라 생각한다. 윤리적으로는 인간 복제가 인간의 존엄성을 대단히 훼손할 것이라는 우려가 있다. 인간의 존엄성이 그 생명과 인격은 절대적으로 고유하며 전 우주에서 유일한 것이라는 사실에 기반을 둔다고 한다면 인간 복제의 가능성은 이를 뒤흔드는 것이다. 인간 복제 연구 및 시술 과정에서 수많은 수정란이나 배아가 희생될 것이 분명하기 때문에 이는 인간 생명의 존엄성에 반한다.

[그림 27] 인간 복제 영화 아일랜드

4) 제임스 왓슨 외 저, 류지한 외 번역, 『인간 복제』, 울력, 2005. pp.14-15.

(2) 법률적 문제

현행 법률상의 가장 큰 문제는 혈연과 가족 공동체에 기반을 둔 법리가 모두 혼란에 빠진다는 것이다. 우선 복제된 인간의 법률적 지위를 어떻게 볼 것인가의 문제가 있다. 아버지의 복제인간은 내게 형제인가 작은아버지인가, 혹은 아무것도 아닌가? 이는 혼인과 가족제도에 기반을 둔 현행 법률로는 해결될 수 없는데 문제는 여기서 그치지 않고 유산 상속과 보험 등 친족제도와 관련된 모든 법률에까지 미친다는 것이다. 모자보건법과 형법상의 낙태죄 등 임신 및 출산과 관련된 법규들도 적용이 어려워질 것이다.

(3) 사회적 문제

인간 복제가 가능해 진다면 현재 인류 사회의 근간을 이루는 결혼과 가족제도가 심각한 위기를 맞을 것이다. 친족관계가 혼란에 빠질 것은 물론이고 반드시 결혼을 하거나 남녀가 결합하지 않아도 아기를 가질 수 있기 때문에 다양한 형태의 가족이 등장하게 될 것이며 독신자나 동성애자 커플들도 부모가 될 수 있을 것이다. 또 복제기술을 통해 부모가 되려는 이들은 가급적 우수한 유전형질을 가진 아기를 낳으려 할 것이기 때문에 새로운 우생학적 차별과 그에 따른 사회 계급이 생겨날지도 모른다. 이런 상황은 심각한 사회불안의 요소가 될 것이다.

(4) 인간 복제의 개인적, 사회적 순기능과 역기능

① 개인적 순기능

㉮ 인간 복제는 일부 사람들이 현재 겪고 있는 불임이라는 짐을 덜어줄 새로운 수단이 될 것이다. 인간 복제는 난자가 없는 여성이나 정자가 없는 남성들도 자신들과 생물학적 혈연관계가 있는 자손을 생산할 수 있게 해줄 것이다. 착상에 필요한 배의 수를 늘리고 임신성공률을 높이기 위해, 배도 핵 이식이나 배분할 과정을 통해 복제될지 모른다.

㉯ 인간 복제는 부부 중 한쪽이 심각한 유전병을 앓고 있을 때, 그 병을 자손에게 물려주지 않고 번식할 수 있게 해준다. 지금도 기증된 정자나 난자를 이용하면 인간 복제를 이용하지 않고서도 그런 유전적 위험 정도는 피할 수 있다. 그러나 그것은 아이에게 부부 중 한쪽의 유전자를 물려주는 것이 아니라 제3자의 유전자를 도입하는 것이기 때문에 받아들일 수 없다거나 그보다는 차라리 인간 복제가 더 낫다고 생각하는 부부도 있을 수 있다. 인간 복제는 유전병이 자손에게 이어지는 것을 막는 합리적 수단이 될 수 있다.

㉰ 상당한 시차를 두고 쌍둥이를 만드는 인간 복제는 이식용 장기나 조직을 제공할 수 있다. 인간 복제는 일치하는 장기나 조직을 가진 제공자를 찾아야 하는 문제를 해결하고 이식 거부 반응이 일어날 위험을 아예 없애거나 현저하게 줄여줄 것이다.

이러한 목적을 지닌 인간 복제는 특정치료를 가능하게 해주는 일종의 보험에 해당한다. 물론 시간이 너무 급박해서 이식용 조직이나 장기를 얻기 위해 복제, 임신, 성장을 기다릴 여유가 없는 경우도 있을 수 있다.

㉱ 인간 복제는 죽은 아이처럼 특별한 의미를 가진 누군가를 복제하도록 할 수 있다. 인간 복제가 가능해지면, 그것을 이런 목적으로 사용하려는 사람들이 틀림없이 나타나겠지만, 그들의 욕망이 대개 심각한 정신적 혼란을 기반으로 하고 있으리라는 것은 부인할 수 없다. 복제된 아이가 부모가 사랑했던 과거의 아이를 대체하진 못할 것이다. 복제는 단지 같은 유전자를 지닌 다른 아이를 창조할 뿐이다. 그들이 사랑했던 과거의 아이는 단지 유전자만으로 형성된 것이 아니라, 자신의 환경과 선택과정을 통해서도 형성된 유일한 존재다.

② 사회적 순기능

인간 복제는 위대한 재능, 천재성, 인격 등 귀감이 될 만한 품성을 지닌 개인을 복제하는 데 이용될 수 있다. 앞의 네 가지 이유가 특정 개인에게 이익을 주는 데 반해, 이 이유는 모차르트, 아인슈타인, 간디, 슈바이처 같은 비범한 사람들을 복제함으로써 사회 전체에 이익을 주는 것처럼 보인다. 인간 복제에 대한 지지와 반대 의견들이 대개 그렇듯이, 이 이유도 유전자 결정론, 즉 개인의 유전자가 그 개인이 어떤 인물로 자라고 무엇을 행하며 무엇을 성취할 것인지를 전적으로 결정한다는 혼란스럽고 틀린 가정에 크게 의존하고 있다. 모차르트, 아인슈타인, 간디, 슈바이처를 비범한 인물로 만든 것은 그들의 독특한 유전적 자질과 그들이 성장하고 살아온 환경 및 그들이 서로 다른 방식으로 휩쓸렸던 특정한 역사적 순간들의 집합체였다.

③ 개인적 역기능

㉮ 인간 복제는 뒤늦게 태어난 쌍둥이에게 심리적 압박감과 피해를 줄 것이다. 앞서 태어난 쌍둥이가 어떤 인생길을 걸었는지 알았을 때, 정신적으로 나쁜 영향을 미칠 수 있다는 것은 분명하다. 설령 그것이 오해라 해도, 뒤늦은 쌍둥이는 자신의 운명이 사실상 이미 눈앞에 펼쳐져 있기 때문에, 자기 스스로 자유롭게 자신의 운명과 인생을 설계하고 그것에 책임을 져야 한다고 느끼기 어려울지 모른다. 뒤늦은 쌍둥이가 어떤 특별한 능력과 업적을 지닌 인물의 클론이라면, 그는 앞선 쌍둥이에 버금가는 높은 수준의 능력과 업적을 보여줘야 한다는 과중한 압력을 받을 수도 있다. 이렇게 가해지는 다양한 정신적 영향은 뒤늦은 쌍둥이에게 과중한 희생을 강요하고 심각한 부담을 줄 수 있다.

㉯ 인간 복제 과정은 클론에게 용납될 수 없는 위험을 끼칠 것이다. 지금 인간을 복제하려고 시도한다면, 클론에게 받아들일 수 없는 위험이 가해질 것은 분명하다. 그 과정을 인간에게 적용하는 행위가 윤리적으로 받아들여지려면, 인간에 대한 안전성과 효

과성을 확립하기 위한 연구뿐 아니라 동물을 대상으로 한 연구도 더 많이 진행되어야 한다는 것은 명백하다. 클론에게 나타날 수 있는 위험은 착상, 성장, 발달이 제대로 일어나지 않는 것이지만, 그 클론을 윤리적 또는 법적 보호를 받아야 할 인간으로 생각하는 시대가 오려면, 무수한 배아들이 파괴돼야 한다.

④ 사회적 역기능

㉮ 인간 복제는 개인의 가치를 떨어뜨리고 인간적인 삶의 존엄성을 훼손할 것이다. 인간 복제는 개인을 대체 가능한 존재로 생각하게 함으로써 우리가 인간의 삶에 부여해 온 가치와 존엄성을 훼손할 것이다. 인간 복제는 인간을 공장에서 제작될 수 있는 것 또는 '손으로' 제작될 수 있는 것으로 여겨지게 함으로써, 개인의 가치나 존엄성을 훼손하는 결과를 낳는다는 것이다. 이렇게 인간 생명의 창조가 신화에서 떨어져 나옴으로써, 우리의 존중심, 인간의 생명과 그것의 자연적인 창조를 바라보면서 느끼는 경이로움도 줄어들 것이라고 한다.

㉯ 인간 복제는 상업적 이익을 얻을 목적으로 사용될 수 있다. 인간 복제를 반대하는 쪽과 지지하는 쪽 둘 다 복제된 배아를 매매하는 행위가 허용되어서는 안 된다는 점에서 동의한다. 과학소설의 관점에서 보면, 상업적 이익이 유전적으로 인증되고 보증된 판매용 배아, 즉 다양한 재능, 능력, 기타 바람직한 특성을 지닌 개인들로부터 복제한 다양한 배아의 상품 목록이 시장을 통해 제공될 수 있을 것이라고 상상할 수 있다.

㉰ 인간 복제는 정부나 다른 집단에 의해 비도덕적이며 착취적 목적으로 사용될 수 있다. 『멋진 신세계』(1932)에서 올더스 헉슬리(Aldous Huxley)는 한정된 능력과 조건을 지니도록 인위적으로 가공함으로써, 사회에 필요한 천한 일을 행복한 마음으로 할 사람들을 복제한다는 상상을 했다. 창조될 사람들을 고르고 통제하는 기준은 창조되는 사람들의 이익이 아니라, 사회의 이익과 그들을 창조하는 데 드는 비용이다. 인간 복제를 그런 목적으로 사용하는 것은 클론을 오직 타인의 이익을 위한 수단으로 착취하는 것이며, 클론이 완전한 도덕적 개인으로서 지니고 있는 평등한 도덕적 가치와 존엄성을 침해하는 것이다. 만약 미래에 인간 복제가 허용된다면, 그것은 그러한 비도덕적 착취를 단호히 금지하는 규제 조치와 함께 이루어져야 한다.[5)]

(5) 비판 관점

어떤 존재가 호모사피엔스라는 종족의 구성원이라는 의미에서 인간이라는 것은, 그 존재를 죽이는 것이 그릇된 일이 되는 것과는 무관하다. 차이를 만드는 것은 오히려 합리성과 자율성 그리고 자의식과 같은 특징이다. 결함아들은 이 같은 특징을 결여하고 있다. 그래서 그들을 죽이는 것은 정상적인 인간을 죽이는 것이나, 어떤 다른 자의식적인 존재를 죽

5) Dan W. Brock, *Cloning And Cloning*, 2000, 참고.

이는 것과 같을 수는 없다. '죽이거나 다른 존재와 대체하는 일이 그릇 되다'라고 주장할 수 있는 근거를 제공하는 자의식은 태아에서나 신생아에서나 마찬가지로 발견되지 않는다.

여기에 적용되어야 할 것은 공리주의의 원칙이다. 유아의 삶이 너무도 비참해서 살 가치가 없다면, 그리고 유아를 살아있게 할 '외적인' 이유, 예컨대 부모의 감정과 같은 것도 없다면, 공리주의 원칙에 따라 죽이는 것이 보다 낫다. 그러나 결함이 아이의 삶을 정상적인 아이의 삶보다는 상당히 덜 행복하게 만들 것이기는 하지만, 살 가치가 없을 정도로 그렇게 불행하게 만들지는 않을 것이라는 전망이 있는 경우에는 보다 어려운 문제가 생겨나며, 두 견해도 더 이상 일치하지 않는다.

또한 정서적·재정적 부담을 경감할 수 있는 제도화의 장치가 필요하다. 신생아 자신의 판단이 불가능한 경우는 자발성의 결여가 문제시 된다. 죽는 사람이 삶과 죽음을 선택할 능력을 갖지 못 할 때 안락사는 자의와 무관한 것이다. 이는 불구인 아이나 출생 이후 정신적으로 심하게 지체된 좀 더 큰 아이의 경우, 또 한때는 정상적인 선택을 할 수도 있었으나 지금은 그러할 수 없는 사람으로서, 지금과 같은 상태라면 어떻게 하겠다고 과거에 아무런 말도 하지 않았던 사람의 경우이다. 삶과 죽음의 선택을 한 번도 할 수 없었던 사람의 경우가, 그 같은 선택능력을 가지고 있었으나 지금은 상실한 사람의 경우보다 다소 간단하다.

(6) 배아 복제에 관한 견해

(가) 반대 논거

배아 복제의 반대논거는 두 가지 전제를 포함한다. 첫째, 배아분리의 기술은 배아의 파괴를 의미한다. 2내지 8세포 단계에 있는 배아를 분해함으로써 첫 번째 배아가 파괴된다는 것이다. 둘째, 임신의 시작과 더불어 이미 발달하고 있는 태아는 보호되어야 한다. 여기에는 세 가지의 다양한 견해가 있다. 하나, 인간은 임신의 시작과 더불어 이미 완전히 보호할 가치를 지닌다고 보는 것이다. 둘, 배아의 발전 정도에 따라 다양한 보호가치가 있다는 견해이다. 셋, 배아는 처음에는 아무런 보호를 받지 못하며 임신 후 일정한 시점이 지나야 비로소 보호를 받을 수 있다. 따라서 본래의 배아를 파괴하는 결과를 초래하는 배아분리가 도덕적 문제를 제기하는가에 대한 물음은 배아의 보호가치가 시작되는 배아의 발전 시점에 의해 좌우된다.

(나) 찬성 논거

① 배아가 착상하기 이전에 산전 진단에 이용, 배아의 복제는 착상 전 산전 진단을 가능하게 한다. 배아분리를 통한 복제는 착상 전 진단에 필요한 전제조건이 된다. 여기서 배아는 다른 것의 이익을 위한 도구가 되며, 결국 임의성의 문제가 제기된다.

② 배아의 복제는 시험관 수태가 실패할 경우를 대비해 확보해 놓아야 할 진료용 배아

의 수를 최소화할 수 있게 된다. 시험관 수태 진료의 신체적 위험이나 부담에서 벗어나게 해주며 재정적 비용도 매우 절감시킬 것이라 하여 긍정적 평가를 받기도 한다. 시험관 수태 시도가 실패하는 경우를 대비해 냉동 배아를 보관하는 것은 배아의 도구화를 의미하기 때문에 도덕적으로 문제가 있다.

③ 세포, 조직, 장기의 이식을 위해 이용하는 것, 배아의 복제는 세포, 조직, 장기의 이식을 위해 이용될 가능성이 크다. 이식할 경우 신체에 아무런 거부 반응을 일으키지 않을 특별한 형질의 조직과 장기를 확보할 수 있는 가능성을 배아의 복제가 제공한다고 주장한다. 여기서도 배아의 도구화와 파괴라는 도덕적 문제가 제기된다.

[그림 28] 멋진 신세계의 다다이즘

④ 의학적 연구에 이용. 복제는 의학 연구에 도움이 됨을 의미한다.
배아분리를 통한 복제를 이용하는 가장 중요한 한 예는 암 연구와 인간 게놈 연구이다. 인간은 출생 시점부터 보호할 가치가 있다고 보는 사람만이 의학 연구에서 배아를 사용하는 일에 아무런 도덕적 의심을 갖지 않을 것이다. 유전자 분석을 태아진단의 방법으로 이용해 선별낙태를 함으로써 인위적인 우생학적 도태가 시행된다. 우량한 유전인자를 선택해서 양성하려는 우생학에서의 적당한 선별 기준과 그에 대한 책임은 연구자나 의사 개인의 주관적 선호일 수 없으며 사회정책이 될 것이다.

6. 안락사의 생명존엄 가치

1. 안락사의 어원

안락사의 어원은 "좋은 죽음(good death)"을 뜻하는 그리스어 'euthanasia'이다. 이 단어 자체가 좋은 죽음이 있다는 것을 암시하는 반면에 그 자체로 우리에게 어떠한 때가 좋은 죽음인지, 무엇이 좋은 상태의 죽음인지는 말해주지 않는다. 보통 우리는 삶이 죽음보다는 더 좋은 것이라고 생각한다. 우리는 또한 어떤 상황에서는 삶이 힘들고 또 어떤 사람에게는 삶을 계속 유지하기를 판단하는 것이 너무 고통스러운 일이라는 것을 알고 있다.

이런 상황에서, 우리는 선으로서의 죽음과 혹은 악보다는 좀 나은 죽음에 대해 생각해야 한다. 안락사 문제는 결국 윤리적 정당화 문제로 귀결되며, 정당화에 대한 논의는 허용범위에 대한 논의로 귀착된다고 보아도 과언이 아니다. 안락사는 환자의 의사에 따라[6] ① 자발적 안락사(voluntary euthanasia) ② 비자발적 안락사(non-voluntary euthanasia) ③ 반자발적 안락사 (in-voluntary euthanasia)의 세 종류로 분류된다. 또한 시술방법에 따라 ① 적극적 안락사(active euthanasia) ② 소극적 안락사(passive euthanasia)의 두 종류로 분류할 수 있다.[7]

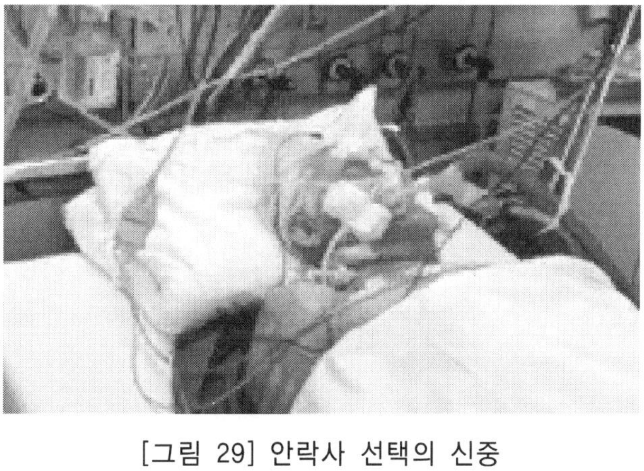

[그림 29] 안락사 선택의 신중

6) 임종식, 『생명의 시작과 끝, 생명의료 윤리입문서』 로뎀나무, 1999.

7) 위의 책, p.300.

(1) 자발적/비자발적 안락사

① 자발적 안락사 : 생명을 고의로, 자유롭게 처리할 것인지를 결정하는 것이다.

② 비자발적 안락사 : 다른 사람이 환자의 생명을 어떻게 할 것인지를 결정하는 것이다. 그 자신이, 스스로 자신의 생명을 어떻게 할 것인지를 결정하지 않고 다른 사람이 생명을 어떻게 할 것인지를 결정한다. 비자발적 안락사는 단순히 자신의 의지를 통한 것이 아니라는 것을 의미하는 것은 아니다. 그들의 의지에 반대된다는 것을 의미하지 않는다. 가끔 환자가 결정을 하는 것이 불가능할 때, 다른 사람이 결정해야 한다. 이것은 유아나 어린아이, 혼수상태의 환자나 식물인간 상태의 사람에게는 사실이다. 이것은 또한 노쇠한 사람이나 정신이 혼란한 사람의 경우에도 사실이다. 많은 경우 충분하게 그들 자신이 결정을 할 자격이 있는 사람의 결정은 명백하다.

비자발적 안락사에도 세 가지 유형의 조합이 있다. 먼저 비자발적, 적극적 안락사의 경우, 다른 사람이 환자에게 치명적인 약물을 많이 주는 것을 결심한다. 둘째, 비자발적, 소극적 안락사, 보통의 수단을 보류하는 것으로 다른 사람이 환자의 생명을 구하거나 생명을 연장하기 위해서 의료 수단을 사용하지 않을 것을 결심한다. 비록 결과는 가망이 있더라도, 비용과 짐을 아주 적게 해야 한다. 셋째, 비자발적, 소극적 안락사, 특이한 수단을 유보함으로써 다른 사람의 생명을 구하거나, 생명연장 관점에서 이익 기회는 적고 괴로움이 크기 때문에 공학 발전에 따른 특이한 의학 수단을 배제하게 된다.

(2) 비자발적 안락사의 신중한 선택

이제까지 살펴본 것처럼, 결함아의 문제뿐 아니라 모든 안락사의 문제에 있어서도 생명을 본인이건 타인이건 맘대로 다루어서는 안 된다고 생각한다. 그래서 생존할 가능성을 조금이라도 지닌 아이라면 마땅히 살려야 한다. 모든 삶은 또 어떤 삶이든지 죽음보다는 더욱 큰 가치와 행복을 지닌다. 즉, 삶 그 자체가 바로 죽음보다는 좋은 것이다. 물론 하나하나의 사례로 볼 경우에 비자발적인 안락사가 정당한 경우가 있을 수도 있다.

비자발적인 안락사를 무조건 반대하는 것이 합리적으로 보이지는 않는다. 만약 비자발적 안락사를 반대한다면 그 주장의 테두리에서 좀 더 합리적이고 보편화된 방법을 찾아야 할 것이다. 그 방법 중에서 제일 중요한 것은 사회 제도의 뒷받침이라고 본다. 만약, 결함아의 치료를 경제적 부담 때문에 할 수 없다면 사회 제도화의 장치를 통해서 치료를 가능하도록 해야 한다. 또한 어떤 이유에서인지 결함아를 키울 수가 없다면 입양가능성을 고려하거나 그런 아이를 키울 수 있는 사회적 여건을 마련해 주어야 한다.

(3) 적극적/소극적 안락사

적극적 안락사와 소극적 안락사의 구별은 개념적인 구별이다. 환자에게 치명적인 약을 주는 것은 적극적 안락사로 분류된다. 그리고 환자가 죽을 것을 알면서도 삶을 연장하는 치료를 중지하거나 시작하지 않는 것은 소극적 안락사로 분류된다. 결과주의자나 행위공리주의자의 시각에서라면 우리는 결과의 측면에서 행위에 관심을 가져야 한다. 수단 자체는 중요하지 않다. 단지 결과에 차이를 둔다면 중요하다. 사람의 죽음이 제일 나은 이익을 가져온다면 치명적 약을 처방하든 생명유지 치료를 중단하든 죽음의 수단은 중요치 않다.

규범공리주의의 시각에서라면 우리는 관습이나 정책의 결과에 관심을 갖는다. 우리는 다양한 대안적인 관습이나 정책의 어떠한 것이 최상의 결과를 가져오는가를 알고 싶어 할 것이다. 적극적 안락사를 경우에 따라 허용한다면 점점 더 많은 경우를 확실히 부당하다고 생각하기 전까지는 그 우위를 강조하게 된다.[8)]

2. 생명존엄의 가치

호모 사피엔스라는 종족의 구성원으로서의 인간은 그 유기체의 염색체의 성질을 검사함으로써 구분하고 수정 이후부터 인간에 포함하며, 식물인간도 인간으로 규정된다. 그리고 자의적이지도 않고, 사회적이지도 않고, 미래를 생각하지 않아도 여전히 인간으로 간주한다. 인격체로서의 인간은 자의식, 자기 통제, 미래감, 과거의 느낌, 사회성, 타인에 대한 관심, 의사소통, 호기심 등을 갖춘 존재로서의 인간을 의미하며, 합리성과 자의식이 인격 개념의 핵심이다. 자의식적인 존재는 자신이 과거와 미래를 가지는 개별적 존재임을 알고 있기에 자기 미래에 대한 욕망을 가질 수 있는데 이들 생명을 뺏으면 미래에 충족시킬 욕구를 좌절시키는 일이 되므로 다른 생명의 죽임보다 더 나쁜 짓이라고 말할 수 있다.

안락사에 시사점을 던져주는 사건들이 초기 경장에 나타나 있다. 탐욕, 성냄, 어리석음을 여읜 아라한에 도달했거나 죽음으로 아라한에 도달할 수 있는 경우에 그 사람에게 고통을 벗어나기 위한 자살은 승인되었다. 즉 아라한이 자신의 피할 수 없는 불치병으로 인한 육체적인 고통에 때문에 스스로 자살하는 경우에 한해서, 그 자살은 새로운 업보를 만들지 않기 때문에 종종 교단에 의해서 허용되었다. 해탈하지 못한 자일 경우 그가 중병을 앓더라도 그 고통을 벗어나기 위해 스스로 자결하거나 남이 안락사를 유도하는 것은 허용되지 않는다. 율장에는 직간접적으로 자발적인 안락사이건 비자발적인 안락사이건 안락사를 유도하는 경우에는 심지어 단지 환자의 공덕을 찬양하면서 천상세계에 태어날 것을 기대하여 죽음을 선동하여 음식섭취를 중단하게 만드는 경우에도 공동체에서의 추방이라는 단두 죄로 다스려졌다. 따라서 일반적인 안락사는 불살생계를 범한다는 의미에서 불교적으로 옳지 않다.

안락사와 관련하여 또 다른 대안을 찾는다면, 아라한의 자결이 시사해 주는 불교적 의미를 찾아 탐욕, 성냄, 어리석음이 소멸되는 방향으로 안락한 죽음을 이루어지게 할 수 있다. 불교 가르침에 입각한 탐욕, 성냄, 어리석음을 소멸시키는 운동, 즉 자신의 현재의 삶을 긍정적으로 받아들이며, 죽음을 삶의 자연스러운 일부분으로 받아들이도록 돕는 호스피스 운

8) James Rachels, 'Active and Passive Euthanasia', *New England Journal of Medecine 9*, 1975, pp.78–80

동이 바람직하다. 호스피스는 죽음을 앞둔 말기 환자와 그 가족을 사랑으로 돌보는 행위로서 환자가 남은 삶 동안 인간으로서의 존엄성과 높은 삶의 질을 유지하면서 삶의 마지막 순간을 편안하게 맞이하도록 가족이 신체적, 정서적, 사회적, 영적으로 도우며, 사별가족의 고통과 슬픔을 경감시키기 위한 '총체적 돌봄(holistic care)'이라고 정의할 수 있다.[9)]

『범망경(梵網經)』이란 경전은 생명존엄의 가치를 〈10중대계(十中大戒)〉를 설하고 있는 율장이다. 불자로서 꼭 지켜야 할 10가지 무거운 계율과 48가지 가벼운 계율을 가르치고 있다. 우리에게 익숙한 살・도・음・망・주의 5계는 이 경의 10중대계 중 앞의 다섯을 추린 것과 같다. 그런데 이 경의 대의는 '살생하지 말라(不殺生)'라고 하는 제1 계에 집약되어 있다. 불살생은 불교윤리의 처음이자 끝이며 자비행의 핵심을 이룬다. 불살생은 생명에 대한 경외심을 갖는 것으로 그치는 것이 아니라 실천을 통하여 다른 중생의 삶을 돕고 살려내는 데 그 본뜻이 있다. 『범망경』 제20경계는 불행구계인바, 불자는 자비한 마음으로 산 목숨을 살려주는 일을 해야 한다고 강조하고 있다. 이에 따르면, '일체지수와 일체화풍이 모두 내 전생의 몸이니 항상 산목숨을 살려주어야 한다.'라고 말한다.

[그림 30] 불조직지심체요절

9) 김혜자, 『호스피스 개요』 생명문화연구소 세미나자료집(15), p.10.

인격체는 또한 자율성을 갖는다. 자율성이란 말은 선택하고, 결심하고, 결심에 따라 행위하는 능력이다. 죽는 것과 계속 살아가는 것 간의 차이를 파악할 수 있는 존재만이 자율적으로 삶을 선택할 수 있다. 그러므로 죽지 않기로 선택한 인격체를 죽이는 것은 그 인격체의 자율성을 존중하지 않는 것이다. 죽지 않기로 선택한 인격체를 죽이는 안락사는 인간의 자율성에 대한 있을 수 있는 가장 심각한 침해인 것이다. 의사판단이 어려운 경우를 대비하여 사전 지침을 설정한다.

3. 사전 지침(Advance Directives)의 요청

이를 '생존 의지(Living Will)'라고도 한다. 이는 비자발적 안락사(환자의 의사에 반하는 결정을 해서 행하는 안락사)를 대비(對備)한 것으로, 불행한 일이 닥쳤을 때, 병으로, 자신의 미래에 대한 소망을 글로 표현해 놓은 것이다. 만약 그녀가 죽어가고 있고, 자신의 의사를 표현을 할 수 없다면, 그녀는 사전 지시를 통해 그녀가 생명을 연장하기 위해서 어떤 특이한 수단도 원하지 않는다고 말할 수 있다. 1969년 미국 안락사 교육협의회에 의해 발의, 기안하여 캘리포니아 주 외에 미국 21개 주에서 입법한 사전지침 내용을 보면 다음과 같다.

"나는 정상적인 정신 및 자유의사로 다음과 같은 사항에 있어서는 나의 죽음을 인위적으로 연장하지 않기를 원한다. 만일 내가 두 사람의 의사에 의해 말기 상태라는 것이 확인된 불치의 질병에 있으며 단지 연명장치가 나의 죽음을 인위적으로 연장하고 있을 뿐으로 나의 죽음이 임박하였다고 판단되는 경우에 그 연명 장치를 사용하지 말 것이며 또는 철거하고 단지 약물과 간호만으로 나의 죽음을 자연스럽게 맞이할 수 있도록 하여주기 바란다."

생명 지지의 특별한 수단과 평범한 수단 사이의 구별의 유용성에 대한 불일치가 있다. 안락사는 환자 자신의 고통을 줄여줄 수 있고, 가족들의 부담도 덜어 줄 수 있는 최선의 방법이라고 생각한다. 단, 안락사에 있어서 문제가 된, 고의적 살인의 가능성을 막아야 한다. 그것은 규범공리주의자들의 주장처럼 사회에 의한 안락사의 규범화에 의해 이루어져야 한다. 사회 제도적인 감시와 통제가 필요하다. 사회가 만든 공적인 위원회에 의해서 안락사가 행해져야 한다. 안락사가 행해질 수 있는 경우를 생각해 보면, 살 가망이 없다고 의학적으로 검증된 사람에 한해서이다. 가망은 없는데, 환자 치료비용을 가족들이 충당할 능력이 없다고 사회적으로 인정되어야 한다.

안락사에 있어서 환자 자신의 자발성이 매우 중요한 문제라고 생각한다. 환자가 사전에 미리 자신이 안락사를 행할 경우에 처했을 때 어떻게 해야 할지를 결정해야 한다. 안락사의 논쟁에서 환자가 자신의 의사를 표현할 수 없을 경우, 그리고 사전 지시도 없다면, 가족들의 의사에 맡겨야 한다. 가족들의 의사 결정은 사회적으로도 인정을 받을 수 있는 정당성이 있어야 한다. 안락사의 논쟁에서 가장 좋은 것은 환자의 의견에 따르는 것이다. 그것이 사전 지침이든, 그 상황의 환자의 결정이든지 간에 중요성을 갖는다. 따라서 안락사는 사회적으로 인정을 받을 수 있는 정당성이 있을 때에만 허용되어야 한다. 안락사는 고의적 살인과 같은 남용을 막기 위해서 보편타당한 사회 제도의 정립이 요구된다.

연 습 문 제

1. 뇌사, 인공유산, 안락사, 장기이식 등 주로 의학 및 생물과학과 관련하여 삶과 죽음의 문제를 다루는 윤리학을 무엇이라고 하는가?

① 생의 윤리학 ② 메타윤리학 ③ 법칙주의 윤리학 ④ 정서주의 ⑤ 환경 윤리학

2. '태아가 인격체인가'라는 문제를 끌어들이지 않고 인공유산의 도덕적 허용 가능성에 대해 대답하려 한 자는?

① 공리주의자 ② 실존주의자 ③ 실증주의자 ④ 보수주의자 ⑤ 환경주의자

3. 인공유산문제와 관련한 윤리논쟁에서 보수주의자와 자유주의자들 사이의 쟁점은?

① 인공유산의 시기의 문제 ② 산모의 자유의사에 관한 문제
③ 태아도 인격체인가라는 문제 ④ 이해관련 당사자의 범위문제
⑤ 상황에 따른 인공유산 적용 가능성 문제

4. 다음 중 안락사를 쉽게 정당화할 수 있는 원리는?

① 간접주의 원리 ② 보수주의 원리 ③ 자율성 원리 ④ 창의성 원리 ⑤ 생태주의 원리

5. 생명공학의 지식과 인간의 가치 체계를 결합한 새로운 윤리영역을 가리키는 것은?

① 직업윤리 ② 생명윤리 ③ 일반윤리 ④ 도덕윤리 ⑤ 시민윤리

6. 의료기술의 발달로 나타난 현대의 의료문제와 가장 거리가 먼 것은?

① 안락사 ② 생명복제 ③ 낙태 ④ 동물실험 ⑤ 사형

7. 안락사와 뇌사의 문제에 대한 내용 중 옳다고 볼 수 없는 것은?

① 우리나라에서는 소극적 안락사가 문제 되고 있다.
② 공리주의적 관점에서 안락사는 바람직하지 않다.
③ 뇌사는 죽음으로 판정할 수 있다.
④ 뇌사 인정을 통한 장기기증은 존엄성 확보라고 할 수 있다.
⑤ 의료직에 종사하는 사람들이 보여 주어야 할 윤리적 태도는 정보 전달과정의 투명성 담보와 적절한 의료기기 사용의 기준 확보이다.

8. 의료직 종사자들이 자부심을 갖고 그에 맞는 윤리의식을 갖기 위한 전제가 되는 것은?

① 생명윤리의식 ② 개인의 도덕성 ③ 민주시민의식
④ 사회구조적 배경 ⑤ 의료기술발달

9. 현대 의학계에서는 뇌사를 죽음으로 보고 있다. 뇌사에 대한 찬성 논거로 옳은 것은?

① 환자의 불필요한 고통을 줄이고 인간답게 죽을 권리를 보장한다.
② 뇌사는 신체의 일부가 죽은 것일 뿐이다.
③ 장기 이식을 위해 뇌사가 악용될 수 있어 인간생명의 존엄성을 훼손할 수 있다.
④ 뇌사 진단에는 고도의 전문적인 식견이 필요하기 때문에 오진의 가능성이 있다

10. 다음 중 생명공학의 정치적·사회적 쟁점이 아닌 것은?
① 민주적 통제 ② 상업주의화 ③ 인공수정 ④ 불평등과 양극화

11. 생명공학의 민주적 통제에서 과학·기술 영역에 대한 시민의 참여를 보장하는 것을 무엇이라 하는가?

① 특허제도 ② 정보사회 ③ 기술적 시민권 ④ NGO ⑤ 민주사회

12. 특허제도에 대한 설명으로 올바른 것은?

① 생명공학 발명품의 특허는 윤리적 문제를 제기한다.
② 생명공학의 발전을 저해한다.
③ 지적재산권이 침해된다.
④ 경제적 가치가 있다고 볼 수 없다.
⑤ 경제 발전을 저해한다.

13. 생명공학의 상업주의화에 대한 부정적 측면이 아닌 것은?

① 사적인 이윤추구논리에 지배당한다.
② 국가와 기업의 경쟁력을 높인다.
③ 인간생명의 유전자가 돈벌이의 수단으로 전락한다.
④ 공공성이 파괴된다.

14. 다음 중 인공수정에 대한 설명을 올바르지 않은 것은?

① 대리모 임신의 경우 윤리적 타당성의 문제가 제기된다.
② 불임부부의 문제를 해결할 수 있다.
③ 인공수정 아이의 자아정체성에 혼란을 줄 수 있다.
④ 여성의 지위를 높인다.

15. 생명복지의 복제방법에 따른 분류에서 수정란이 분열되어 생긴 배아를 분리하여 동일한 유전자를 가진 배아를 만드는 것을 무엇이라고 하는가?

① 체세포 핵이식복제　　② 배아세포 분리복제
③ 체세포 분리복제　　④ 배아세포 핵이식복제

16. 인간 복제에 대한 설명 중 틀린 것은?

① 아노미 현상이 줄어들 수 있다.
② 인간 복제가 산업화된다면 인간생산공장, 맞춤인간 등이 출현할 것이다.
③ 불임부부의 문제를 해결할 수 있다.
④ 불치병에 필요한 장기를 생산할 수 있다.

17. 인간 복제에 대한 반대 입장의 견해 중 의무론적 윤리론자들이 주장하는 것은 무엇인가?

① 생명과정의 인위적인 조작은 자연법에 위배
② 인간 정체성의 혼란
③ 복제인간의 자유 침해
④ 기존 가족관계 해체

18. 다음이 설명하는 것은 무엇인가?

- '미끄러운 경사 길'에 한번 발을 잘못 들어놓으면 자신의 의지와는 상관없이 끝까지 밀려가 파국을 맞는다는 뜻으로, 인간의 생명과정은 연속적인 것이어서 배아, 태아, 인간을 엄밀히 구별하기 어려우므로, 배아복제를 허용하면 다음 과정인 태아·인간 복제를 막기 어려워진다는 의미를 갖는다. -

① 최대 다수의 최대 행복　　② 선행원리　　③ 미끄러운 경사 길 논증
④ 정의원리　　⑤ 용기원리

19. 생명체 생성과정에 존재하고, 윤리적인 문제가 제기되는 것은?
① 배아줄기세포　　② 성체줄기세포　　③ 체세포　　④ 수정란

20. 비첨과 차일드레스가 제시한 생명윤리의 원리가 아닌 것은?

① 자율성 존중 원리　　② 귀납주의 원리　　③ 정의 원리
④ 선행 원리　　⑤ 악행금지 원리

21. 생명윤리를 위한 국제적인 노력으로 볼 수 없는 것은?

① 스톡홀롬 협약　　② 뉘른베르크 강령　　③ 헬싱키 선언
④ 생의학 인권협약　　⑤ 인간게놈과 인권에 관한 보편선언

22. 헬싱키 선언에 대한 설명으로 올바른 것을 고르면?

① 사람을 대상으로 한 실험에서 지켜야 할 10가지 기본 원칙을 선언했다.
② 치료적 연구와 비치료적 연구를 구분했다.
③ 1996년 유럽평의회(Council of Europe)에서 발표했다.
④ 생명윤리 및 안전에 관한 사항을 심의하고자 '국가생명윤리심의의원회'를 둔다.
⑤ 인간 대상의 생명과학 연구를 금지하였다

23. 다음 중 생명의 시작 지점과 관련하여 문제가 되는 2주전의 수정란에 대한 견해가 아닌 것을 고르면?

① 독자적인 감각을 갖지 않은 어머니 신체의 일부인 세포덩어리로서의 지위
② 단순한 세포덩어리로 생명체로 볼 수 없음.
③ 인간과 동일한 인격적 자율성을 가진 생명체로서의 지위
④ 완전한 인간생명체는 아니지만 인간생명체가 될 잠재적 성질을 가진 잠재적 인간생명체로서의 지위

24. 생명의 시작 지점을 확정하는 것이 어려운 이유는?

① 전배아, 배아, 태아의 구분이 가능하기 때문이다.
② 의료기술이 아직 발달하지 못했기 때문이다.
③ 배아가 보호되어야 하기 때문이다.
④ 생명과정은 연속선상에서 지속적으로 이루어지기 때문이다.
⑤ 사람마다 생명의 시작 지점이 다르기 때문이다.

25. 생명공학 시대의 특징을 설명하시오

생명공학이 사회 발전의 주도적인 동력으로 부상한다. 생명공학이 윤리학, 철학, 종교학 등의 인문학의 발전에 지대한 영향을 미친다. 가치관의 혼란이 증대한다. 생명형상에 대한 인위적인 조작과 개인이 증대하고 이에 따라 음식문화, 의료문화, 가족문화 등 삶의 문화가 전반적으로 변화될 가능성이 높다. 생명연구에 대한 학제 간, 산학 간 협력이 증대된다.

26. 뇌사에 대한 찬반의 근거를 설명하고 자신의 견해를 제시하시오.

뇌사에 대한 찬성의 논거로 뇌는 고차원적인 정신활동을 가능하게 하며 인격체로서 인간존엄성의 전제조건일 뿐만 아니라 뇌가 없이는 신체의 자율적인 통제와 조절이 불가능하다는 점, 가족의 부담과 고통을 줄이고 의료진과 의료기기의 낭비를 줄임으로써 다른 환자에게 혜택을 줄 수 있다는 점, 장기 이식으로 다른 생명을 구할 수 있다는 점, 환자의 불필요한 고통을 줄이고 인간답게 죽을 권리를 보장한다는 점 등이 거론된다. 그에 반해

반대의 논거로는 뇌는 인간 신체의 일부로서 인간 전체와 동일시할 수 없으므로 뇌사는 신체의 일부가 죽은 것일 뿐이라는 점, 뇌사 진단에는 고도의 전문적인 식견이 필요하기 때문에 오진의 가능성이 있다는 점, 장기 이식을 위해 뇌사가 악용될 소지가 있어 인간생명의 존엄성을 훼손할 수 있다는 점 등이 제시된다. 뇌사 인정 여부의 기본적인 기분은 공리주의적인 실용성보다는 인간의 존엄을 실현하는 일이 되어야 할 것이다. 이런 점에서 심장사나 뇌사 중 택일하여 죽음의 징표로 삼는 것보다는 심장사와 뇌사를 합해서 죽음의 징표를 최대화할 필요성이 있다.

27. 생명공학을 둘러싼 정치사회적 쟁점을 열거하고 각각을 설명하시오

- 민주적 통제 : 과학은 사적인 소유물이나 독점물이 아니라 공익에 봉사하는 공공물이라고 할 수 있다. 과학이 대다수 사회 구성원들의 삶과 연관되어 큰 영향을 미치면 미칠수록 이러한 공공성은 더욱 커진다. 과학의 공공성은 생명공학에서 더욱 크게 나타나고 요구된다. 생명공학으로 인류 공동의 지적유산을 토대로 발전한 것이고, 인간의 생명과 안전에 매우 큰 영향을 미치기 때문이다. 이러한 생명공학의 공공성은 생명공학과 관련된 의사결정에 대한 민주적 통제를 불가피하게 만든다.

- 상업주의화 : 생명공학 발명품에 대한 특허제도는 생명공학 발전을 도모하는 동시에 상업주의화 촉진하는 강력한 유인책이 되고 있다. 특허권만 보장받으면 일정 기간 독점적이고 배타적인 이익을 안정적으로 얻을 수 있기 때문이다. 생명 공학 발명품에 대한 특허는 주로 생명체, 유전자와 관련되기 때문에 일반 발명품에 대한 특허와는 달리 많은 윤리적 문제를 제기한다. 특히 살아 있는 생명체 또는 인류의 자연적, 보편적 유산인 유전자 정보를 특허의 대상으로 할 수 있는가, 이러한 특허는 개인의 프라이버시 또는 학문의 자유를 침해하지 않는가와 관련하여 윤리적 쟁점이 형성된다.

- 불평등과 양극화 : 생명공학을 활용하여 생산물을 얻기 위해서는 고도의 지식과 투자가 필요한데 이러한 지식획득과 투자에는 오랜 시간과 막대한 자금이 필요하다. 따라서 시간과 자금의 여유가 없는 사람은 생명공학을 활용하여 부를 축적할 수 없다. 결국 생명사회에서 부익부 빈익빈 형상은 가속화되어 기존의 사회적 불평등이 더욱 심화될 가능성이 높아진다. 생산, 분배뿐만 아니라 생명공학 산출물의 소비 측면에서도 불평등과 양극화 현상은 가속화 될 것으로 예측된다. 생명공학의 강국, 즉 주로 오늘날 선진국들은 유전자 정보를 잘 간직하고 있는 후진국들의 생명자원과 유전자원을 수탈하여 자신들의 것으로 사유화 하고 있다. 생명자원과 유전자원을 제공하는 나라들에는 아무런 보상을 하지 않으며 오히려 이를 상품화하여 비싼 가격으로 되팔고 있다. 이러한 선진국들의 수탈과 사유화는 특허제도로서 독점회되고 합리회된다.

28. 생명공학의 발달에 따라 제기되는 생명윤리적 쟁점을 열거하고 간단히 설명하시오.

- 인공수정 : 수정장소, 난자, 정자, 자궁의 제공자 등이 복잡하게 얽혀 있어서 오늘날 부부관계, 부모 자식의 관계에서 많은 윤리적 문제를 제기한다.
- 생명문제 : 동물복제는 인간 개체의 복제로 연결될 가능성이 있어 논쟁의 대상이 된다.
- 줄기세포 연구 : 배아줄기세포를 얻는 과정에서 배아를 파괴해야 하기 때문에 윤리문제가 제기되고 있다.
- 기타의 쟁점으로 유전자 검사와 치료, 유전자 조작 식품, 여성의 인권보장 등이 있다.

29. 생명윤리의 의미와 원리를 설명하시오.

- 생명윤리는 생명공학의 지식과 인간의 가치 체계를 결합한 새로운 윤리영역으로 생명의 존엄성을 토대로 생명과 죽음의 본질, 생명복제, 유전자 조작과 개입, 유전자 치료와 연구 등에 관련되는 옳고 그름, 좋음과 나쁨을 판단하는 규범체계라고 할 수 있다.
- 생명윤리의 원리로는 비첨과 차일드레스가 제시한 자율성 존중의 원리, 악행금지의 원리, 선행의 원리, 정의의 원리가 있다. 자율성 존중의 원리는 개인이 자유의지에 따라서 결정하고 행동하는 것을 도덕적으로 정당한 것으로 여기고 존중하라는 것이다. 악행금지의 원리는 타인에게 피해를 주거나 위험을 초래하는 행위를 하지 말라는 것이다. 선행의 원리는 적극적으로 타인의 복지에 기여하고 선을 실행하라는 것이다. 정의의 원리는 공정함을 추구하여 어느 한쪽에 부당하게 치우치지 않고 각자에게 자기 몫을 주는 형평성을 지키라는 것이다.

30. 생명윤리의 접근방법 중 롤스가 주장한 것으로 보편적인 도덕원리를 도출하기 위해서 먼저 구체적인 윤리문제에 대해 충분한 정보를 토대로 객관적이고 냉정하게 숙고된 도덕 판단을 수합하여 이를 가장 잘 설명해 주는 도덕원리로 도출하는 방법은 무엇인가?

- 반성적 평형방법이다. 숙고된 도덕 판단에서 도출된 도덕원리를 배경이론에 비추어 수정, 보완해 가면서 더 이상 도덕원리와 배경이론의 부정합이 없는 평형상태에 도달할 때 합당한 도덕원리나 판단이 성립된 것으로 본다.

문제해답

1 / ①	2 / ①	3 / ③	4 / ③	5 / ②	6 / ④	7 / ③	8 / ④	9 / ①	10 / ③
11 / ③	12 / ①	13 / ②	14 / ④	15 / ②	16 / ①	17 / ③	18 / ③	19 / ①	20 / ②
21 / ①	22 / ②	23 / ②	24 / ④						

■ 참고문헌

김재충 외, 『초등학교 사회과 평가의 원리와 실제』(서울 : 한국교육개발원, 1981)
남궁달화, 『가치교육론』(서울 : 도서출판 문음사, 1997)
박용헌, 『가치교육의 변천과 가치의식』(서울 : 서울대학교출판부, 2002)
변창진 외 역, 『정의적 특성의 사정』(서울 : 교육과학사, 1987)
설재풍, 『가치분석과 명료화』(서울 : 한국학술정보, 2007)
송용의 역, 『가치탐구수업을 어떻게 할 것인가?』(서울 : 교육과학사, 1985)
윤민봉, 『현대인성 도덕 가치교육 e-Book』 학문사, 2006.
Lawrence E. Metcalf 지음, 정선심 옮김, 『가치교육』 철학과 현실사, 1992.
정세구, 『가치 · 태도교육의 이론과 실제』 배영사, 1983.
정세구, 『초 · 중 · 고 사회 · 도덕교육의 정의적 영역평가』 배영사, 1987.
탁선산, 『오류를 알면 논리가 보인다』 책 세상, 2001.
하버드 커센바움 지음, 추병완 옮김, 『도덕 가치교육을 위한 100가지 방법』 울력, 2006.
황정규, 『학교학습과 교육평가』 교육과학사, 1984.
Fishbein, M. and Ajzen, I. *Belief, attitude, intention and behavior*(Reading, Mass.: Addison Wesley, 1975)
Fraenkel, Jack R., *How To Teach About Values: An Analytic Approach*(Englewood Cliffs: Prentice Hall, 1977)
Fraenkel, Jack R., "Inquiry into Values", in Eugene Gillian ed., *Pratical Methods for Social Studies*(Belmont, California: Wads worth, 1977)
Geztels, J. W., "The Problem of interest: A Reconsideration" in Robinson H. A. ed.,
Heading: *Seventy-five years of progress.* (Supplementary Education, Monographs, 1966)
Raths, L. E. Harmin, M. and Simon, S., *Values, and Teaching*(Columbus, Ohio: Merrill, 1978)
Rokeach, M. *The nature of human values* (New York : Free press, 1973)
Tyler, R. W. "Assessing education achievement in the affective domain." *Measurement in Education,* 1973.

제4장 생태공경의 가치

좋은 유산

지금 생각해보면 삶이란 자신의 정체성을 찾는 과정에 다름 아니라는 생각이 든다.
자신이 진정 어떤 사람인지, 진정 어떤 일에 재능이 있는지를 끝내 모른 채 죽는다면 참으로 서글픈 일이다. 좋든 나쁘든 우리가 이곳에서 한평생을 살았기 때문에 세상이 조금은 달라졌기를 바란다.
훌륭한 삶의 구성요소란 살고, 배우고, 사랑하고, 유산을 남기는 것이다.

\- 찰스 핸디의 《포트폴리오 인생》 중에서 -

제4장 생태공경의 가치

Story-Telling : 원숭이 의식

젊은 사업가인 마하비라는 자신의 사업 거래를 다지기 위하여 런던으로 가려고 자신이 힘들여 번 돈의 상당한 양을 지출해야 하였다. 그는 비용을 절감하기를 간절히 원하였으나, 아무리 간접비용을 삭감하여도 결코 만족할 수 없었다. 그는 늘 돈을 절약할 방도를 생각하고 있었다. 마하비라는 부유한 사업가였지만 돈을 아끼기 위해 자신이 직접 선원으로 일하면서 런던으로 가보겠다는 생각까지 해봤을 정도였다.

어느 날 마하비라가 돈을 절약할 새로운 방도에 대한 생각을 하고 있을 때, 갑자기 눈 깜빡할 사이에 광대한 공간을 가로지르는 전기처럼 그 자신을 빨리 움직일 수 있도록 만들지 않았는지 의문을 품게 되었다. 바로 그때 그의 지나친 절약 관념을 잘 알고 있던 친구 중의 한 명이 그에게 서둘러 다가와서 흥분한 목소리로 말하였다. "마하비라, 갠지스 강변으로 가보게. 공중 부양을 할 수 있고 물 위를 걸을 수 있는 사람을 발견하였는데, 그 사람은 합당한 학생한테는 그 방법을 기꺼이 가르쳐 준다고 한다네."

그 말에 감명을 받은 부유한 마하비라는 중얼거렸다. "공중 부양하는 선생을 저에게 보내주시다니 신이시여 감사합니다. 그에게 그 방법을 가르쳐 달라고 요청해야지. 그러면 매년 유럽으로 가는 사업 여행에서 소비되는 모든 돈을 절약할 수 있을 거야."

그는 공중 부양하는 선생이 임시로 야영하고 있는 강변으로 서둘러 가서 공중 부양 기술을 가르쳐 달라고 요청하였다. 그 스승은 마하비라에게 다음과 같은 가르침을 주었다. "얘야, 매일 밤 침실의 불빛을 어둡게 하고, 문을 잠근 다음 등받이가 똑바른 의자에 동쪽을 향하여 똑바로 앉고서, 눈을 감고 한 시간 동안 우주 진동의 성스런 단어인 '옴'을 마음속으로 찬송하여라. 한 달 지나면 너는 공중을 통하여 땅 위나 물 위를 달릴 수 있을 것이다."

사업가는 가르침이 너무나 단순한데 대하여 마음속으로 의아하게 생각하면서 스승에게 감사를 드리고 집으로 돌아가려고 하자, 스승이 그를 불러 세우고는 부드럽게 주의를 좀 더 주었다. "공중 부양 기법에 대하여 좀 더 말해줄 것이 있었는데 깜빡 잊었구나. 네가 마음속으로 '옴'을 찬송하면서 집중하는 동안 원숭이에 대한 생각을 해서는 안 된다."

사업가는 대답하였다. "그건 쉬운 일입니다. 물론 저는 원숭이에 대해서는 생각하지 않을 것입니다." 그는 성자에게 인사를 드리고 집으로 돌아왔다. 저녁에 마하비라는 창문이 닫혀 있는지 확인하고, 차일을 치고, 침실에서 등받이가 곧은 의자에 앉아서 공중 부양 기법을 수행하였다. 수행을 시작하자마자 머리에 떠오른 첫 번째 생각은 "원숭이 생각은 말아야지!"였다.

2분이 지나고 마하비라는 마음속으로 여러 번 다짐하였다. "원숭이 생각은 말아야지." 10분이 지났을 무렵, 그는 온갖 종류의 원숭이에 대한 생각을 하고 말았다. 남미와 인도와 아프리카와 수마트라와 그리고 계속해서 생각나는 또 다른 장소에 서식하는 원숭이들까지.

마하비라는 화가 치밀었다. 난감해 하는 자신의 마음의 창문을 통하여 줄지어서 빠른 속도로 뛰어다니고 있는 원숭이들에 대한 생각을 없애버리려고 애를 썼다. 한 시간이 지난 후에 그는 자신이 온통 원숭이 생각밖에 한 것이 없음을 깨달았다. 그는 매일 충실하게 명상하였지만, 실제로는 곤혹스럽게도 그의 마음으로 뛰어 들어오고 있는 수백만 마리의 상상속의 원숭이들을 생각하지 않으려고 미친 듯이 노력하고 있었을 뿐이라는 것을 깨달았다.

마하비라는 금지된 원숭이에 대한 집중을 한 달이나 한 다음, 스승에게로 달려가서 외쳤다. "스승님, 공중 부양에 대한 당신의 가르침을 거두어 가세요! 당신은 원숭이에 대하여 명상하는 법만을 나에게 가르쳐 준 것입니다. 당신의 방법은 나에게 원숭이 의식이 생기게 했을 뿐입니다."

성자는 즐겁게 웃었다. 그는 이슬처럼 상큼한 목소리로 제자에게 충고의 말을 하였다. "얘야, 나는 오직 너의 집중하는 정신 상태가 얼마나 훈련되지 않았는지 그리고 얼마나 세속적인지를 보여주고자 한 것이니라. 너의 마음이 네 말에 복종하도록 하는 것을 배우지 않으면, 너는 공중 부양의 힘을 획득하는 것과 같은 어려운 기술은 말할 것도 없고 어떤 물질적 성공도 성취할 수 없느니라. 먼저 마음의 통제를 획득하는 것을 배우도록 하라. 그 다음에는 그 힘을 사용해서 작은 것들을 성취하도록 하라. 그리고 네가 그 일을 해내면, 점점 더 큰 성취를 이루어낼 수 있도록 하라. 그리하여 너의 내적인 힘이 공중부양을 이룰 수 있을 만큼 발달되게 하고, 또는 더 나아가서 너의 의식에서 영적 기적을 달성할 수 있을 만큼 발달되게 할 수 있다면 훨씬 더 좋은 것이다."

* * *

Point up : 우리는 정보의 바다에서 기쁨이라는 작은 거품을 확장할 수 있다. 집중이라는 호흡을 그 거품에 계속 불어 넣어서 그것이 나의 얼굴 전체로 퍼지고, 나의 가슴으로 그리고 나의 온몸과 마음 전체로 그리고 나의 의식 안에 숨겨져 있는 무한의 정보 바다로 퍼져나가도록 정신적 집중력을 높여 나갈 수가 있다.

이 과정에서 디지털 인간의 모습은 '컴퓨터에 의해 지원받는 인간'(CaHu: Computer aided Human-being)이다. 컴퓨터, 인터넷, PCS 등을 사용하여 자신의 감각 및 지각능력을 확장시키는 사람을 '캐후'라고 부른다. 그러나 디지털 혁명의 진전은 캐후를 넘어서서 디지털 인간보다 진화된 모습으로 나아간다.

인간의 감각 융합과 확장을 지원해 주던 단말기로서의 컴퓨터는 사라지고 우리를 둘러싼 생태계 자체가 거대한 감성 인터페이스 '몰'을 구성하는 가운데, 전 지구 수준에서 생태지능과 인공지능이 벽 없이 자유롭게 교감하고 소통하는 새로운 생명의 명상과 정보세계가 펼쳐져 나갈 때, 인간은 '비후', 즉 진정한 '바이오-디지털 인간'(Bio-digital Human-being)으로 거듭날 것이다. 이러한 변화의 중심에 사이버소통이 자리 잡게 된다.

1. 생태윤리 교육

1. 생태윤리 교육의 현실

생태윤리 교육은 본래 운동의 형태로 출발하였다. 생태윤리 운동은 1972년 스톡홀름에서 열린 유엔 주최의 '인간 환경에 관한 회의'에서 본격적으로 태동하여 유네스코가 펼쳐 온 '지속가능한 발전'을 위한 교육프로그램과 유엔이 추진해 온 국제 생태윤리 교육 프로그램의 활동으로, 현재까지 이어지면서 끊임없이 발전해왔다. 흔히 '지구적으로 생각하고 지역적으로 행동하라(think globally, act locally)'라는 모토로 요약되는 생태윤리 교육 운동은 세계의 모든 국가들에 생태 윤리 교육의 필요성을 주지시키는 데 일단 성공했으며, 더 나아가 나름대로의 생태윤리 교육을 전개하게끔 자극하였다.

우리나라가 생태윤리 교육을 학교교육의 정식 내용으로 도입하기로 결정한 것은 1997년 확정된 〈제7차 교육과정〉에서이다. 그리고 2001년에 들어서야 중학교용 환경 교과서 몇 종이 개발되었다. 흔히 다루는 중심 내용은 생태위기와 그 근원, 개체주의 생태윤리, 전체주의 생태윤리, 심층 생태윤리, 사회생태윤리, 생태 여성주의, 한국인의 전통 생태윤리, 한국의 NGO와 생태주의 운동, 현대 사회에서 생태위기 극복을 위한 다양한 실천 사례 소개, 생태철학에 근거한 생태윤리 교육의 방안, 생태철학에 근거한 삶과 교육을 위한 자세 및 태도 등을 다루게 된다.

생태윤리 교육의 방향이나 방법은 환경에 대한 철학과 무관하게 이루어지지 않는다. 환경 철학에 대한 상이한 이론은 환경 교육의 다른 방향들을 제안하고 있다. 최근에 비약적으로 관심이 쏟아지고 있는 생태적 관점의 철학은 이전의 환경보전이나 환경 관리 중심의 이론과는 상이한 교육 방향을 제안하고 있는 것으로 보인다. 하지만 어떻게 이들을 다루어야 하는가? 우리는 이론적 발전에 따라 어느 한쪽을 취하고 이전의 다른 이론적 관점에서 제안된 방법들을 폐기해야 하는가?

이러한 문제를 논의하기 위해 생태윤리 교육의 기본 이념과 학제적 특성 및 생태적 윤리의 특성을 살펴보자. 먼저 우리나라에서 생태윤리 교육을 어떻게 파악하고 있는가? 교육부 1997년 12월 30일 고시한 〈제7차 초·중등학교 교육과정〉에 따르면, 환경 교육의 목표란 "환경에 대한 이해를 바탕으로 올바른 가치관, 감수성 및 태도를 기르고, 환경문제의 해결 방안을 탐구하여 쾌적한 환경을 보전하기 위한 활동에 적극적으로 참여한다."는 것이다.

또한 환경 과목의 성격을 "생태계에 대한 이해를 바탕으로 환경보전에 참여할 수 있도록 가치 탐구와 태도 변화에 비중을 두는 과목"이라고 특징짓고 있다.

또한 미국의 '국가 환경 교육 자문 심의회'는 환경 교육을 다음과 같이 규정한다. "환경 교육이란 환경과 그것에 연계된 도전에 대한 사람들의 지식과 인식을 증대시키고, 그런 도전을 타개하기 위한 필수적인 숙련과 전문역량을 개발하며, 그리고 정보에 근거한 결정을 내리고 책임 있는 행위를 실행하는 태도, 동기, 개입을 육성하는 학습과정이다." 그리고 일본의 경우, 초·중등 환경 교육은 자신을 둘러싸고 있는 환경을 자기 행위가 미치는 범위 안에서 관리하고 통제할 수 있는 인성의 계발에 그 지향점을 두고 있다. 그 목적은 여섯 가지 범주로 구체화된다.

a) 인식 : 환경과 관련한 문제를 감지하고 또한 인지하는 인식.
b) 지식 : 환경과 관련한 문제, 환경을 위한 인간 책임과 소명을 기본적으로 이해하는 지식.
c) 태도 : 가치와 환경에 대해 감수성을 가지며, 환경보호에 참여하려는 태도.
d) 기술 : 환경문제를 어떻게 해결할지를 배우는 기술.
e) 평가능력 : 환경과 그 교육 프로그램의 측정법을 여러 관점에서 평가하는 능력.
f) 참여 : 생태 위기를 깊이 깨달음으로써 환경문제를 해결하려는 확신을 다지는 참여.

생태윤리 교육의 통합적 특성으로 이 교육은 환경에 대해 알고, 환경을 느끼고, 환경을 의식해 행동하는 활동이라는 주장이다. 풀어 말한다면, 점증하는 환경적 지식을 적절하게 터득하는 일은 환경적 태도에서의 바람직한 변화를 유발하며, 그런 태도 변화는 최종적으로 환경적 행위에 결정적인 영향을 미친다는 것이다.

2. 생태윤리 교육의 특성

이러한 통합적 특성을 지닌 환경 교육은 무엇을 보다 우선적으로 생각하고 접근하는지에 따라 환경윤리 교육, 생태윤리 정서 교육, 환경과학 교육이 함께 시행되고 있다. 환경문제의 근원에는 도덕적 문제가 내재해 있다고 판단한다. 즉 자연의 도덕적 지위와 권리문제 및 그에 따른 인간의 책임과 가치론적 근거가 그 핵심을 이룬다. 사실 생태윤리 교육의 독특성은 지식에 기초한 인지적 측면과 경험에 기초한 태도-행위적 측면이 유기적으로 통합되는지 여부에서 드러난다. 거기에는 "환경을 어떻게 알고, 따라서 어떻게 대할 것인가?"라는 철학적 물음이 숨어 있다.

그 물음에 응답하기 위해서 무엇보다 먼저 자신의 형이상학적 세계관을 확인해야 한다. 그래야 자연에 대한 자기인식이 인간중심적인지, 동물중심인지 생명 중심인지 혹은 제4의 입장인지를 판가름할 수 있을 것이다. 그리고 환경을 어떻게 대할 것인가의 문제는 자신의 가치론적 정향을 확정해야만 해결할 수 있다. 요컨대 환경윤리 교육은 자연과 환경에 대한 인간의 책임을 도덕적 책임의 연장선상에서 구하려고 한다.

또한 환경정서 교육은 환경 교육의 두 축을 이루는 인식-지식적 측면과 태도-행위적 측면 가운데 후자를 더욱 강조한다. 환경 교육을 환경에 대한 인간의 책임 있는 태도의 형성 과정이라 볼 경우, 환경정서 교육은 심리학적 견지에서 인간의 심리적 기능에 주목할 것이다. 환경정서 교육은 자연에 대한 책임 있는 태도를 사회적 상호작용, 과학적 지식, 일상적인 개념, 숙련된 기술, 생태적 느낌, 도덕적 감각, 정서적 접촉 등이 한꺼번에 포괄되는 마음 안의 종합 혹은 심리적 일반화로 간주한다. 그중에서도 동물, 식물, 사물과 같은 자연적 대상과 정서적 접촉이란 요소를 중시한다.

이는 환경적 책임을 절감하는 일이 도덕적 사고를 통한 도덕적 자각보다는 정서적 접촉을 통한 심리적 동감에 더 의존한다는 견해이다. 결국 환경윤리 교육이 환경적 책임을 형성하기 위한 윤리적 원리와 도덕법칙에 골몰하는 데 비해, 환경정서 교육은 심리적 법칙과 마음의 규칙을 도출하려 애쓰고 있는 것이다.

그리고 환경과학 교육은 환경 교육을 전문적인 과학 교육의 일환으로 여긴다. 그리하여 과학 교육으로서의 환경 교육을 "해당 분야의 과학 활동으로 인해, 그리고 특히 그 결과물의 직·간접적 응용으로 인해 초래되는 즉각적 혹은 중장기적 환경 변형의 양상을 효율적으로 예견 평가하는 데 필요한 자세와 방법론을 습득하게 하는 것"이라 규정하고 있다. 이때 과학 활동의 범위를 자연과학적 활동뿐 아니라 사회과학적 활동까지로 확장하여도 무리가 없다. 또한 환경적 책임에 도달하는 방법은 자연 혹은 사회에 대한 과학적 사고를 통해 수행된다고 할 수 있다.

생태윤리 교육은 그 학제적 성향에 따라 윤리 교육 혹은 정서 교육 혹은 과학 교육의 면모로 각각 특성화 될 수 있지만, 환경에 대해 의무를 환기하는 의식과 책임을 다하려는 태도를 견지하게 만들 목표만큼은 모두가 일관되게 지향하고 있다. 환경에의 책임, 즉 '생태적 책임'이야말로 환경 교육의 공통된 목적이자 궁극적 본질인 것이다. 그렇다면 환경 교육에서 정서적 동감이나 과학적 사고의 중요성도 간과할 수 없지만 책임의 원초적 기원인 도덕적 사고의 발달에 관심을 집중하는 것은 지극히 자연스러운 일이다.

3. 생명사상과 생태윤리의 만남

전통 환경사상과 현대적 생태윤리의 만남은 더 이상 새삼스러운 일이 아니다. 전통 생명사상을 연구하고 환경윤리와 접목하려는 시도들은 많이 있다. 또한 서양생태 철학과 환경윤리에 정통한 서양철학자들도 전통 생명 사상에 관심을 드러내기 시작했다. 그런데 문제의 핵심은 서로 대화하고 있다는 사실 자체가 아니라 그 대화의 질적 수준이다. 이제 둘은 "상대방에게 무엇을 줄 수 있으며, 또한 상대방으로부터 무엇을 얻어야만 하는가?" 라는 다소 실질적 논의로 옮겨가야 할 시점에 놓여 있다.

대화의 질적 수준을 가늠하는 척도로서 '이론화의 정도'를 생각해 볼 수 있다. 그리고 이러한 척도에서 현재의 전통사상에 대한 논의가 어느 정도의 단계에 와 있고 앞으로 어떤 작업들이 계속되어야 하는지에 대한 논의를 하고 있다. 전통 생명사상의 독특성을 오늘의 문제 지평 위에서 되살려내는 바른 길이라 판단하기 때문이다. 이미 미국의 생태윤리학자 롤스턴은 그런 방향을 예리하게 지적한 바 있다. 서양이 동양에 기대하는 것은 유익한 대화의 확대나 충분한 사상의 나열이 아니라 진정으로 논증과 창조적 해결 방안의 제시에 있다는 주장이다.

(1) 이론화의 정도에 대한 논의

전통 생명사상의 이론화 필요성을 살펴보자. 오늘날 생명담론은 거대한 틀 바꿈에 대해 이야기 한다. 다양한 시각에서 천차만별의 주장이 난무하지만, 궁극적으로 생태학적 세계관에 입각한 생활의 전환을 지향하고 있기 때문에, 이런 틀 전환의 시기에는 논리보다는 아름다움이나 가치가 선도해 나가는 법이다. 과학사에서 패러다임의 전환은 순수한 논리적 과정만으로는 설명이 잘 되지 않고 사상적·문화적·종교적·상징적 관념이나 가치와 의미 있게 연관되어야 설명가능하다는 것은 잘 알려진 사실이다.

전통 생명사상에 매력을 느끼는 연유도 아주 흡사하다고 본다. 전통 생명사상이 함축하는 미적인 조화, 단순성, 종교적 신비성, 영적 참신성들이 현대인들에게 새로운 영감을 불어넣고 잠재했던 상상력을 발동시키는데, 이것은 이채롭기까지 할 정도이다. 그러나 그런 탈논리적이고 이론 외적인 요소들은 결국 오래가지 못한다. 어떤 사상이나 담론도 합리적이고 논변적인 공적 의사소통을 통해 이론적으로 검증되지 못한다면 문학적 취향 수준이나 종교적 선호 차원을 벗어나기 어렵다. 과학적 엄밀성은 차치하더라도 학문적 객관성을 일정 수준 확보해야만 하는 것이다.

사상이나 담론은 이론화를 통하여 타당한 설명력과 논리적 설득력을 겸비할 때 비로소 사람들이 제대로 수용할 수 있다. 또한 이론적인 질서 틀이 분명하게 잡힌 다음에야 현실 정책에의 실질적 반영을 겨냥한 실천적 능력까지도 배양될 수 있다. 이론화란 한 마디로 사상에서 이론으로의 전환을 말한다. 즉 전통적인 생명 사상을 현재의 학문 흐름에 들어맞는 생명이론으로 체계화하는 작업일 터이다.

'사상'이란 각 대인 또는 집단이 처한 자연적 사회적 역사적 존재 조건에 기초하여 주어진 현실을 이해하고 해석하여 변혁하려는 구상 혹은 전망이라 할 수 있다. 그렇다면 이론은 그런 사상이 표명하는 구상 혹은 전망을 구체적으로 실현하려는 실천의 타당한 구도와 정합적 틀을 모색하고 구성하는 일이 된다. 이론은 가능한 한 일반화될 수 있는 지식의 형태로 존재하는 것이 바람직하고, 궁극적으로는 체계적으로 정리된 진술 체계 혹은 엄밀하게 조직화된 형식체계로 구축되어야 할 것이다. 물론 둘의 관계는 상호 보완적이어야 한다. 이론은 계기적 측면에서 사상에 전적으로 의존한다. 그러나 체계성의 측면에서는 이론이 오히려 사상에 그 내용과 의미를 부여한다.

(2) 이론화의 단계

이론의 의미를 질서 짓는 틀, 개념화, 가설 혹은 설명으로 이해하는 세이어의 견해를 참고해 보자. 개념화의 1단계는 개념적 사상 틀로서의 이론을 말한다. 여러 연관된 이념, 개념들이 짜임새 없이 소박하게 얽혀 있는 상태이다. 개념화의 2단계는 명제적 논변 틀로서의 이론을 구성하는 단계이다. 여기서는 테제 혹은 명제로 구성된 주장들이 일정한 논리적 구조를 갖춤으로써 논리정연하게 논증할 수 있는 수준을 말한다. 마지막으로 이론 체계화의 단계이다. 이는 설명 또는 가설의 틀로서의 이론을 정립하는 단계이다. 기존의 개념, 논변 지식들을 질서 있게 정리하면서 그 가운데 드러나 보이는 새로운 이론 구조를 찾아내고, 이를 다시 정교하게 만들어 정합적이면서도 설명력 있는 체계 틀로 다듬어 내는 수준이다. 이러한 단계를 홍대용의 생태실심을 통해 살펴보겠다.

4. 홍대용의 생태실심 구조

18세기 조선의 생태사상가로 알려진 담헌(湛軒) 홍대용(洪大容:1731-1783)의 학문업적은 철학, 사학, 문학의 각 분야에서 다양하게 이루어져 다각도로 평가되었다.[1] 그는 생태탐구를 통하여 기행문인 『을병연행록』을 남긴 여행가로, 『해동시선(海東詩選)』을 편찬한 문학가로, 거문고와 서양의 철현금(鐵絃琴)을 연주한 예술가로, 수학책인 『주해수용(籌解需用)』을 저술한 수학자로, 지구설(地球說)·지전설(地轉說)·인력설(引力說)·무한우주설(無限宇宙說) 등의 생태 사상을 제시한 자연과학자로, 혼천의와 자명종과 같은 관측기구를 제작한 전문기술자로 다양하게 평가되고 있다.

그의 학문과 사상은 성리학을 벗어나서 근대를 지향하려는 성격으로 파악된다. 그는 기존의 학문풍토에 의문을 제기하고 비판하면서 공평무사한 눈으로 바라보는 공관병수 방법을 강조하였다.[2] 담헌은 '공관병수 방법에 입각하여 생태유기체 관점에서 실다운 마음으로 사실을 탐구할 것'을 강조하였기에 '생태적 실심(ecological true mind)'을 부각시킨 실학자라고 할 것이다.[3] 생태적 실심으로 추구하려는 바람직한 학문 유형으로 담헌은 고학(古學)·실학(實學)·정학(正學)의 연관관계에서 실학을 논하고 있다. 그는 이를 운용하여 올바른 학문의 목표·대상·방법 등을 사색하게 된다.[4]

담헌의 실학은 전통적인 내성외왕(內聖外王)·수기치인(修己治人)의 정신을 적용시킨 학문구조를 골격으로 한다. 따라서 그의 실학은 기본적으로 성리학자들의 실학과도 상통하며, 내면적 수양과 사회적 실천을 모두 중시했다. 그러나 그는 실심과 실사, 윤리와 사물을 구별하고, 특별히 사물의 영역을 중시함으로써 성리학자와 차별성을 드러냈다. 여기에서

1) 강춘화, 「홍대용의 실학적 인식론에 대한 연구」, 고려대학교 박사학위논문, 2000. 참조.

2) 공관병수(公觀倂受)는 공사공매(公私共媒)의 공공철학의 방법으로 공평무사한 실심에 입각하여 다른 사상의 차이점을 두루 받아들이는 담헌이 사용한 방법을 말한다.

3) 생태유기체를 강조한 단서는 당시 식자층의 通念과 偏見을 배격하고 人物 天文地理 古今華夷 등을 다룸에 있어 상호유기성을 갖도록 치밀하게 구성하여 지구를 活物의 有機體로 다루었기 때문이다.

4) 김문용, 『홍대용의 실학과 18세기 북학사상』 예문서원, 2005. p.30.

생태적 실심을 추구하는 고학, 실학, 정학은 각각 출세(科宦)・물욕・호강(宴安), 사장・기송・훈고, 공리・노불・육왕과 대별되는 것으로 상정된다.

그런데 각각의 대비 층위가 다르다. 출세・물욕・호강은 올바른 학문 추구에 방해가 되는 현실적 욕구들을 의미하기에 생태적 실심을 추구하는 고학(古學)과는 구별된다. 그에게 고학과 실학은 이름만 다를 뿐 실제로는 거의 같은 것으로 '진실로 근원이 오래된 학문'이다. 다시 말해 고학은 실학에 수렴되며 정학은 거짓이 없는 올바른 생태적 실심에 기초하기에 이단에 반대되는 것으로서 '벽이단론(闢異端論)'의 오랜 전통을 배경으로 삼는다.[5] 이는 고학이나 실학과 구별되는 담론이다.

『담헌서』에서는 총명예지를 다룬 고학(古學)를 짐작할 수 있는 구절이 드러나는데, 한 가지는 "나는 십 수 세부터 고학에 뜻을 두기에 장구(章句)를 일삼는 미련한 유자(儒者)가 되지 않기를 맹서하고, 아울러 군국경제지업(軍國經濟之業)을 흠모하였다"라고 천명하였다. 여기에서 고학은 장구지학(章句之學), 즉 경전을 축자(逐字) 이해를 통한 암송 방식과 비교되면서 국가경영 및 백성구제와 연관된 학문임을 의미한다. 김삼연(金三淵[6])이 지은 다음의 시(詩)세계는 담헌이 즐겨 이용하는 것으로서 그의 생각을 여실히 드러내고 있다.

그러므로 유학이 이제 예를 강구하는 집으로 돌아가니 조금만 고증할 줄 알면 문득 서로 자랑하는구나. 오고 가는 편지에 의식만 논하면서 이것으로 성명 덕업 완수한다네. 엄연히 깃발을 날리면서 황옥[7]에 들어 앉아 유종이라 지칭하고 호걸인 체하는구나.[8]

실심을 지니고 기른다는 이 조존(操存)은 예부터 심학(心學)에 대한 격언(格言)으로 된 것이니, 일이 있고 없을 때를 따질 것 없이 항상 조존(操存) 공부를 더해서 동(動)할 때도 마음이 안정되고 정(靜)할 때도 마음이 안정된 뒤라야 마음자리가 깨끗하고 밝아져서 일을 처리함이 이치에 맞게 된다. 담헌의 실심공부는 한갓 고요히 앉았기만을 위한 것이 아니고 본원의 실심을 함양(涵養)키 위한 것이다.

이처럼 담헌의 친구 이송(李淞 1725~1798)은 홍대용의 「묘표(墓表)」에서, "유독 옛 육예의

---

5) 정통(正統)을 수호하고자 이단(異端)을 배척하는 관점으로 전통권위를 확인하고 기존질서를 고수함으로써 사회적 안정을 기할 것을 희구하는 명분이나 그 정치기반을 정통이라고 하며, 이와 대립하여 기성체제를 부정하고 전혀 상반되는 가치를 창출함으로써 자가(自家)의 권익을 스스로 옹호하는 이해집단이나 그와 같은 입장에 서는 계층을 이단이라고 부른다. 이단배척에 관한 가장 뚜렷한 기치(旗幟)는 위정척사(衛正斥邪)로서, 정학(正學)을 보위(保衛)하고, 사학(邪學)을 거척(拒斥)한다는 주장이다. 기호학파(畿湖學派) 중에서 척이(斥異)의 당파성이 철저하였던 송시열(宋時烈)은 윤휴가 경전주석에 관하여 주희(朱熹)의 미비하였던 점을 지적하고, 독자 견해를 가지고 보완한 일에 대하여 〈사문난적(斯文亂賊)〉이라고 규탄함에 근거한다. 위정척사의 연원은 송시열의 존명양이사상(尊明攘夷思想)과 직결되고, 그의 배청(排淸) 북벌론은 주희의 반금적(反金的) 양이사상과 연결된다. 위정척사론은 정통과 이단의 준별(峻別)에서 이념투쟁으로 간다.

6) 삼연(三淵)은 김창흡(金昌翕)의 호.

7) 임금의 수레를 말하나, 여기서는 정승이 거처한 집으로 보임.

8) 儒學今歸講禮家 差能考證便相誇 聯翩書牘商儀節 便是誠明德業完 儼然左纛居黃屋 喚作儒宗亦自豪

학문(古六藝之學)에 뜻을 두었다"고 말한 바 있다. 이송은 이어서 고학에 대하여 '옛 육예의 학문'을 상수(象數)와 명물(名物), 음악(音樂)의 정변(正變), 천문의 전차(纏次), 일월의 왕래, 상형제기(象形制器), 점시측후(占時測候) 등에 관한 학문으로 부연 설명한다. 이는 주로 자연과학에 해당하는 것이지만, 실제로 예악사어서수(禮樂射御書數)의 육예를 모두 포괄하는 것은 아니다. 육예가 일상생활에 유용한 실다운 기예(技藝) 혹은 실다운 학문을 표상하는 것임을 고려한다면, 이송의 표현은 바로 생태적 실심을 탐구하는 본원이 오랜 학문의 당체임을 밝힌 것으로 이해될 수 있다.

담헌의 생태적 실심은 실학을 전개하는 마음에서 비롯하고 있다. 이는 '실학'과 구조적 연관관계에 있다. 생태적 실심에 대한 구조적 이해는 그가 40세 전후에 쓴 것으로 추정되는 다음의 편지글에서부터 확인하는 것이 좋을 듯하다.[9)]

인생의 궁핍(窮乏)과 현달顯達)은 스스로 정해진 운명이 있으니, 겸선(兼善)이든 독선(獨善)이든 곳에 따라 분수를 다할 뿐이다. 우리 유학자들의 실학은 본래 이와 같다. 문하에 생도들을 가르치면서 자기와 다른 것을 배척하여 암암리에 승심(勝心)을 만족시키고, 오직 나만 존재한다고 오만하게 생각하는 사람이 있으니, 근세 도학(道學)의 법도는 실로 매우 혐오스럽다. 오직 그 실심(實心)과 실사(實事)로써 나날이 실지(實地)를 밟아 먼저 이 진실한 본령(本領)을 갖추어야 한다. 그러한 후에야 무릇 주경(主敬)·치지(致知)·수기(修己)·치인지술(治人之術)이 바야흐로 조치하는 바가 있어 허영(虛榮)으로 돌아가지 않는다.

이것은 당시 도학의 무분별한 '벽이단론(闢異端論)'이 헛된 것임을 비판하면서 생태적 실심을 향하는 가치의 중요성을 피력한 말이다. 여기에서 실학은 도학과 대별되며 그의 실학은 정학(正學)과 연관된다. 그에게서 실학은 '실심과 실사로써 나날이 실지를 밟아 진실한 본령을 갖추는 것'으로 정의되기에 구조적 연관성을 보여준다.

여기서 우리는 실심과 실사의 구체적인 내용이 확인되지 않기에 실학의 의미를 규정하기에는 이르다는 것을 알 수 있다. 그는 세손(世孫) 시절의 정조에게 조헌(趙憲, 重峯, 1544~1592)과 이지함(李之菡, 土亭, 1517~1578)을 논하면서, 그들의 성취는 '실심실학(實心實學)'의 추구 때문이라고 하였다.

정심(正心)·성의(誠意)는 실로 학(學)과 행(行)의 체(體)이다. 개물성무(開物成務)는 학과 행의 용(用)이 아니겠는가? 읍양승강(揖讓升降) 실로 개물성무의 급무(急務)이니, 율력(律歷)·산수(算數)·전곡(錢穀)·갑병(甲兵)은 어찌 개물성무의 대단(大端)이 아니겠는가? 지금 당신은 율력·산수·전곡·갑병을 소도(小道)라 하니 그럴 듯하지만, 홀로 그것을 자임하지 않고 가르침을 베풀되 읍양(揖讓)·승강(升降)의 주석의 주석에 머문다. 나는 당신의 여탈(與奪)과 부억(扶抑)이 중정(中正)하여 편벽됨이 없는지를 확인할 수가 없다.……[10)]

9) 김문용, 『홍대용의 실학과 18세기 북학사상』, p.32.

이처럼 담헌은 정심·성의와 개물성무를 그의 학문과 실천의 본체와 작용으로 분류하고, 다시 읍양승강과 율력·산수·전곡·갑병을 개물성무의 급무와 대단으로 분류한다. 여기에서 정심·성의는 학문 주체의 내면적 수양을 의미하고 개물성무는 사회적 활용을 의미한다. 또한 읍양·승강을 사회적 실천 가운데 윤리 혹은 도덕규범(禮, 人事)의 영역이라고 한다면, 율력·산수 등은 사회적 실천 가운데 물사(物事)의 영역에 해당한다고 볼 것이다. 달리 말한다면, 담헌은 내면 수양이 학문과 실천의 기본(禮)이 되고 사회실천은 그 응용(用)이라고 생각하였으며, 윤리실천이 사회 실천의 시급한 과제(急務)인 반면에 일을 처리하는 물사(物事)의 영역은 사회 실천의 중요한 부분(大端)을 이룬다고 생각하였다.

담헌은 현실과 세계에 대한 통합 구조에 대한 인식을 통하여 이론적 실천 양식으로서 실심(實心) → 실사(實事) → 실지(實地)라는 삼원의 사유 구조를 제시한다. 즉, "오직 실심실사로서 날로 실지를 밟아야 진실한 생태적 실심의 본령에 이른다는 것이다. 실심에 대한 이러한 구조적 이해는 학문을 하거나 실천을 하거나 우리 마음의 주인공을 파악하는 것이 요체가 되며, 마음의 주인공은 생태적 실심으로 이해될 수 있다는 것이다. 이러한 사유의 전개과정에서 우리는 몇 가지 특징을 살펴볼 수 있다.

담헌은 이론과 실천의 모순 없는 실행을 강조하면서 이론 탐구와 실천을 병행해야 한다는 공병관수의 공공철학의 태도를 강조한다. 그리하여 실제적 일에 기초하지 않은 이론 탐구와 실천의 허구성을 경계한다. "독서란 그 공부가 참으로 한정이 없는 것으로서 과연 실다운 학문을 하는 사람의 종신적 사업이다. 그러나 앎과 실천은 진실로 어느 한쪽도 폐할 수 없는 것이요 본말과 경중(輕重)의 구분 또한 크게 차등과 구별이 있어서 여기에 잘못이 있으면 돈오(頓悟)에 빠져 들어가지 않으면 훈고(訓詁)로 돌아가는 것이니 두렵게 여기지 않으면 안 된다."라고 강조하였다.

실지(實地)는 이론실천 양식의 종착점을 현실에 두라는 것이다. 그는 실심과 실사만으로는 허구의 세계로 빠질 수 있는 가능성을 배제할 수 없다고 생각하였다. 그래서 실지라는 현실에서만 실학이 될 수 있다고 생각하였다. 담헌의 생태적 실심의 특징과 의의는 바로 실지에 있음으로써 그 생명력을 갖는다. 그는 "세상 사람은 옛 습관에 안착하여 살피지 않는다. 이치가 눈앞에 있는데도 연구하여 찾지 않기에 평생을 하늘을 이고 땅을 밟건만 그 심정과 현상을 알지 못한다."라고 말한다. 담헌의 생태계에 대한 이론적 실천 양식으로서 '실심 → 실사 → 실지' 라는 삼원사유 구조는 동북 샤머니즘을 공유하는 한·중·일·몽골의 문화기저에 깔려 있는 삼수분화와 연관된다.[11] 삼원사유의 구조는 '삼수분화의 세계관'에서 드러나는 독특한 수(數)의 상징의미를 함축한다.

---

10) 『與人書二道』, 上252면, "正心誠意, 固學與行之體也. 開物成務, 非學與行之用乎? 揖讓升降, 固開物成務之急務, 律曆算數錢穀甲兵, 豈非開物成務之大端乎? 今高明以律曆算數錢穀甲兵爲小道, 則?矣, 獨務?其自任, 而說敎, 則乃在揖讓升降註脚之註脚. 愚未敢知執事之與奪扶抑中正而無偏.乎."

11) 우실하, "도교와 민족종교에 보이는 '3수 분화의 세계관", 『도교문화연구』 (서울: 한국도교문화학회, 2006), 제24집, pp.100-101.

5. 생태적 실심기능

담헌은 사서삼경(四書三經)에서 의심나는 바를 묻고, 의문이 있는 곳을 철저하게 따지는 진지한 태도를 견지하였으며, "맛이 없는 곳에서 맛이 생기듯이, 의문이 없는 곳에서 의문을 찾아야 한다."고 말하였다.[12] 담헌은 석실(石室)서원에서 공부를 시작한 12세(1742년) 이후 9년 만인 21세(1751년) 때에 윤증(尹拯)의 문집을 읽고, 윤증과 송시열(宋時烈)사이의 노소분당(老少分黨)에 관한 논쟁에 대하여 의문을 품었다. 이 문제에 대해서 담헌은 송시열을 비판함으로써 스승인 김원행(金元行)으로부터 꾸지람을 들었다. 이와 관련하여 담헌은 어른 앞에서라도 반드시 질문에 따라 자신의 소견을 분명히 밝히도록 권하였다. 노론의 집안에서 태어나 노론 계통의 문하에서 공부한 담헌이 노론의 대부(代父)나 다름없던 송시열을 비판했다는 사실은, 그가 공부하는 과정에서 창의적 사고 특히, 비판사고에 충실하였음을 방증하는 사례가 되고 있다.

담헌은 헤라클레이토스(Herakleitos)의 지전설(地轉說)을 부정적으로 소개한 『오위력지(五緯曆指)』 등의 한문서학서(漢文西學書)를 보고, 지전설을 긍정적으로 바꾸어 생각할 정도로 독창성을 발휘하였다.[13] 다시 말해, 담헌은 '틀리다고 소개된 학설'의 이치를 궁구한 다음에 오히려 이치에 맞으면 맞는다고 생각할 정도로 생태적 실심에 근거한 독창적 사유를 전개하였다.

담헌은 태양과 달에 고등생물이 살고 있다고 생각하였으며, 무한한 우주 속에 무수한 지적 존재의 세계가 있을 것이라는 '무한우주론(無限宇宙論)'과 '다원세계설(多元世界說)'을 주장하였다. 이러한 담헌의 주장은 서양의 티코 브라헤(Tycho Brahe:1546-1601)의 설과 비교가 된다. (티코가 지구를 유한한 우주의 중심으로 보려하였지만, 담헌은 우주를 무한하다고 생각하여 우주의 중심을 논리로 입증하는 것이 불가능하다고 말한다.[14])

이처럼 담헌은 동양의 사상과 자연관에 대한 비판사고로부터 출발하여, 서양의 과학사상을 긍정적으로 수용하고, 자신의 과학사상을 창의적 사고로 전개함으로써 18세기 조선후기의 생태적 실심의 기능을 중시한 과학자이다. 아울러 자연관과 우주론에서 보인 담헌의 창의적 사유는 오늘의 교육에서도 중시되는 창의적 사유와 다양한 아이디어의 창출과 접목된다.

『의산문답』이라는 저술에서 담헌은 허자와 실옹, 두 사람의 문답을 통해 실심의 창의 기능에 관한 자신의 소회를 분명하게 피력하고 있다. 음양오행을 비판한 것도 그것이 이와 같은 생태적 실심의 창의적 기능에 기초하고 있기 때문이다. 담헌은 생태적 실심의 창의적 기능을 하는 대명사로서 '실옹'이라는 주인공을 내세워 땅에 미치는 상하의 힘을 중력으로 보면서도 해와 별 사이에서 나타나는 힘의 정도가 서로 차이가 남을 미세하게 파악하고 있다. 이는 관찰방법이라기보다 오히려 생태적 실심의 창의적 기능에 근거한 추론과정에 해당한다고 할 것이다. 이러한 생태적 실심의 추론은 실천을 지향하는 특징을 나타낸다.

담헌은 배움(學)이란 앎(知)과 행(行)을 겸해야 하기 때문에, 생각만하고 행하지 않으면

---

12) 유봉학, "북학사상의 형성과 그 성격", 『한국사론』 8집, 1982. pp.183-246.

13) 박성래, "홍대용의 과학사상" 『한국학보』 23, pp.159-180. 1981, p.172.

14) 위의 책, p.175.

이루는 바가 없다고 하였으며, 실행과 실천을 강조하면서, 앞서 살펴본 대로 실심(實心)과 실사(實事)로써 실지(實地)를 밟아야 함을 강조하였다. 또한, 담헌은 글을 읽은 후에는 반드시 읽은 바대로 실천해야 함을 강조하였으며, 북경에서 만난 친구(嚴誠)에게 책을 읽은 연후에는 실행하는 큰 일이 남아 있음을 강조하였다. 석실서원의 동문(同門) 친구(周道以)에게 주는 글에서도 담헌은 '행(行)하라'는 글자를 줄 정도로 실천과 행동을 강조하였으며 이는 인간존중을 위한 실천지향의 특징을 보여주고 있다고 할 것이다.

'천지간 생물 중에 오직 사람이 귀합니다. 저 금수나 초목은 지혜도 깨달음도 없으며, 예법도 의리도 없습니다. 사람이 금수보다 귀하고 초목이 금수보다 천한 것입니다."

실옹은 고개를 젖히고 웃으면서 말하기를,

너는 진실로 사람이로군. 오륜(五倫)과 오사(五事)는 사람의 예의(禮義)이고, 떼를 지어 다니면서 서로 불러 먹이는 것은 금수의 예의이며, 떨기로 나서 무성한 것은 초목의 예의이다. 사람으로서 물(物)을 보면 사람이 귀하고 물이 천하지만 물로써 사람을 보면 물이 귀하고 사람이 천하다. 하늘이 보면 사람이나 물이 마찬가지다.

대저 지혜가 없는 까닭에 거짓이 없고 깨달음이 없는 까닭에 하는 짓도 없다. 그렇다면 물이 사람보다 훨씬 귀하다. 또 봉황(鳳凰)은 높이 천 길을 날고 용(龍)은 날아서 하늘에 있으며, 시초(蓍草)와 울금초(鬱金草)는 신을 통하고, 소나무와 잣나무는 재목으로 쓰인다. 사람의 유와 견주어 어느 것이 귀하고 어느 것이 천하냐?

대개 대도(大道)를 해치는 것으론 자랑하는 마음보다 더 심한 것이 없다. 사람이 사람을 귀하게 여기고 물을 천하게 여김은 자랑하는 마음의 근본이다.'[15)]

위 내용은 민의에 근거하여 생태적 실심에 근거한 실천정치를 하여야 된다는 뜻을 담고 있다. 이처럼 생태적 실심의 실천지향의 의식은 그의 사회개혁사상의 토대가 되며, 이는 물활론에 근거한 생태사상의 근간이 되고 있다.

"땅에 지진(地震)이 있고 산이 옮기는 것은 무엇 때문입니까?"

"땅이란 활물(活物)이며 움직이는 물체이다. 맥락(脈絡)과 영위(榮衛)가 실상 사람의 몸과 같은데 다만 그 몸뚱이가 크고 무거워 사람처럼 뛰고 움직이지 못할 뿐이다. 이 때문에 조그만 변이 일어나도 사람은 반드시 괴이하게 여겨, 재앙이니 상서니 하고 함부로 추측한다. 그 실에 있어서는 수화(水火)와 풍기(風氣)가 두루 유행(流行)하다가 막히면 지진이 일어나고 격하면 밀어 옮기기도 하나니, 그 형세가 그렇게 되어 있는 것이다."[16)]

생태적 실천을 지향한 담헌은, 혼천의를 제작할 수 있었던 나경적(羅景績)과 함께 혼천의 2대와 자명종 등 천문관측기구를 제작하여, 고향에 세운 개인 천문관측소(籠水閣)에 설

15) 위의 책, pp.454-455.

16) 위의 책, p.481.

치하였다. 담헌 자신이 직접 제작하지는 않았다고 하더라도, 주도적으로 제작을 이끌고 제작과정에 참여하였던 것이다. 또한 담헌은 『주해수용』의 「농수각의기지(籠水閣儀器志)」라는 글에서 천문관측기구인 통천의(統天儀), 혼상의(渾象儀), 측관의(測管儀) 및 구고의(句股儀)를 제작하는 방법을 기록하고 있다. 여기서 측관의(測管儀)는 구면상(球面上)의 혼천의를 평면으로 옮긴 것으로, 서양의 천문관측 기술을 충실히 반영하였으며, 천체의 고도(高度), 절기(節氣)와 일출입(日出入) 시간을 관측하는 기구이다.[17)]

이처럼 담헌은 생태적 실심에 근거하여 정치의 경륜과 포부를 밝히면서 통치기구, 통치권자의 권한, 백성의 의무, 축성법, 병제와 병법 등에 관한 견해를 『임하경륜(林下經綸)』에서 밝히며 당시의 제도를 개혁하려는 여러 가지 제안을 하였다. 담헌은 조선의 전 지역에 8세 이상의 모든 학동이 입학할 수 있는 초등학교에 해당하는 '재(齋)'를 세울 것을 주장하였다. 이곳에서 양반과 상민의 자제를 구분하지 않고, 효제충신(孝悌忠信)과 4가지 예(四藝:射御書數)를 가르치도록 하였다. 후자의 4가지 예(藝)는 오늘날의 과학기술과 관련이 깊은 과목으로 생태적 실심의 창의적 기능을 염두에 둔 것이다.

또한 초등에서 재주가 많고 행실이 뛰어난 학동은 중등과 대학을 거쳐서 생태적 실심에 이른 사람의 경우에는 관직에 추천하도록 하였다. 당시 관리를 선발하는 방식인 과거제도를 따르지 않고 학식과 재능에 따라 양반과 상민을 가리지 않고 추천으로 관리를 임명토록 하였다. 이와 같이 이상적인 실천지향의 자세를 지니고 담헌은 생태적 실심에 근거한 개혁방안을 강조하였다.

이처럼 담헌은 인간을 생태적 실심에 근거하여 현실적 모습의 존재 그대로 파악하려는 실제적 입장을 보여주었다. 그는 사람이 다른 사물과 구별되는 것은 마음이고 또한 마음이 다른 사물과 다른 점은 몸(身)에 있다고 보았다. 곧 정신과 신체 모두를 인간존재의 양대 요건으로 파악하였다. 이는 인간본질을 정신적, 특히 도덕적 존재로 강조하려는 주자학적 학풍과는 상이한 것이다. 인간은 그 출발에 있어 사물과 마찬가지로 육체(氣)적인 데서 비롯하였으며, 정신은 그 신체로부터 말미암아 생겨난다는 철저히 물질적인 사유방식이다. 여기서 인간의 육체는 '기화(氣化)'와 '형화(形化)'로 구분할 수 있는데, 상고(上古)시기에는 기화인간이 주류를 이루었으나 중고(中古)이후에는 형화인간이 다수를 점하게 되었다고 하면서 3자(화・토・수)로 이루어진 만물의 공통성으로 인간을 진단한다.

"하늘이란 오행(五行)의 기(氣)요, 땅이란 오행의 질(質)입니다. 하늘이 그 기를 갖고 땅이 그 질을 갖기에 물(物)의 생성이 절로 갖추어지는 것인데, 어찌 태양에만 전속됩니까?"

"우하(虞夏) 때 육부(六府)를 말했는데 수・화・금・목・토・곡(水火金木土穀)이 이것이고, 주역(周易)에 팔상(八象)을 말했는데 천・지・화・수・뇌・풍・산・택(天地火水雷風山澤)이 이것이며, 홍범(洪範)에는 오행(五行)을 말했는데 수・화・금・목・토가 이것이고, 불(佛)은 사대(四大)를 말했는데 지・수・화・풍(地水火風)이 이것이다. 옛사람이 때에 따라

---

17) 위의 책, p.152.

모범될 만한 말을 세워 만물(萬物)의 총명(摠名)을 지은 것은 여기에 한 가지도 보탤 수 없고 한 가지도 줄일 수 없다는 것이 아니고 천지 만물이 이런 수(數)가 있다는 것이다.

그러므로 오행의 수(數)는 원래에 정해진 의론이 아닌데, 술가(術家)는 이를 조종(祖宗)으로 삼아 하도(河圖)와 낙서(洛書)로써 억지로 맞추고 주(周易) 상수(象數)를 파고 들어가 생극(生克)이니 비복(飛伏 점치는데 쓰는 술어로, 비신(飛神)과 복신(伏神)을 말함)이니 하는 지리한 수작으로 여러 술수(術數)를 장황스럽게 이야기하나 끝내 그런 이치는 없다.

대저 화(火)는 태양이요 수(水)와 토(土)는 땅이다. 목(木)과 금(金) 따위는 해와 땅의 기(氣)로 말미암아 생성하는 것이니, 당연히 이 3자(화・토・수)와 더불어 병행될 수 없는 것이다. 또 하늘이란, 맑고 허한 기(氣)가 끝없이 가득한 것인데, 자그마한 지구세계의 움직임을 가지고 이 지극히 맑고 지극히 허한 데 비겨 논할 수 있겠느냐? 이래서 하늘은 기(氣)뿐이요 해는 불 뿐이며 땅은 물과 흙뿐임을 안다. 만물(萬物)이란 기의 찌꺼기[糟粕]이고 불의 거푸집[陶鎔]이며 땅의 군살[疣贅]이다. 이 세 가지 중 하나만 없어도 조화가 이뤄질 수 없다는 것을 어찌 의심하겠느냐?"[18)]

담헌은 도덕적 가치의 문제에서도 객관적 관점에서 상대주의를 주장한다. 객관적 관점(天神)에서 보면, 인간이 생각하는 도덕적 가치도 절대적인 것이 아니라 상대적인 것이라는 도덕적 가치의 상대화는 인간존재의 해명에 있어 중요한 변화를 의미한다. 그것은 도덕적 가치의 절대화에 예속되어 있던 인간 존재를 해방시키는 결과를 예상할 수 있기 때문이다. 여기서 선과 악이라는 인간의 가치 개념으로 볼 때 그것은 절대적이며 필연적인 법칙은 없으며 오직 인간행위에 따라 평가로 규정된다는 도덕 상대주의를 지지하는 셈이 된다.

오늘의 세계는 새롭고 창조적인 사유의 패러다임을 요구하고 있다. 서양에서도 근대 뉴턴의 역학법칙을 바탕으로 한 기계적이고 절대적인 사고에서 벗어나 좀 더 복잡하고 불확실한 현상을 인정하는 상대적이고 유기체사고로 전환되어 가는 모습을 보이고 있다. 이를 위해 동양문명이 오랫동안 자연과의 교섭에서 발전시켜 온 유기체적 사유에 대해 재조명이 필요하다. 이런 관점에서 조선 중기까지 이어온 동양적인 사고, 성리학의 바탕에 실심태도를 동시에 견지함으로 과학적 태도를 보여준 것은 바람직한 대안이 되었다. 실학자들이 처음부터 기존 성리학의 영향을 받았음에도 불구하고 당시의 성리학이 보여준, 현실에 대한 무기력함에 대한 비판적 태도는 당연시되며 담헌의 실심은 이러한 창의적 사유에 토대를 두고 있다고 할 것이다.

실학자들이 등장하기 이전 기존 성리학자들 가운데서도 실학자들의 사상과 통하는 면을 보인 학자들도 종종 있었다. 이를테면 형이상학적 원리나 원칙보다는 실물을 중시하고 기의 존재를 더 기본적인 것으로 보던 서경덕의 기(氣) 철학을 시작으로 하여 조선 후기 실학자들이 보여준 여러 분야의 업적은 우리의 전래 과학에 대한 선입견이나 편견을 없애는 시발점이 되었다. 그 가운데 담헌은 중국과 다른 한국적 가치와 역량을 궁구하고 실심에 기초하여 이를 재구성하여 연마하였다. 우리는 이 글에서 담헌의 생태적 실심의 삼원구조, 생태적 실심의 창의적 기능과 그것의 실천지향의 성격을 체계적으로 규찰함으로써 담헌 선생을 겨레의 얼을 빛낸 인물로 평가하고 그 학문적 정신을 오늘에 살려 면면히 계승할 필요성이 있음을 알게 되었다.

18) 홍대용, 『고전국역총서, 담헌서 Ⅰ』, (서울, 민족문화추진회, 1982), pp.477-478.

2. 생명 중심의 생태윤리

1. 체계적 생태윤리

싱어나 레건 같은 생태윤리가들은 주로 윤리적 확대주의를 주장한 사람이다. 이들의 주장은 전통윤리(칸트주의나 공리주의)를 확대하는 것으로 다음의 세 가지 문제점을 지닌다. 첫째, 싱어나 레건의 주장은 여전히 인간중심적이다. 그들이 제안하는 도덕적 고려 가능성의 기준은 성년인 인간에게서 볼 수 있는 특징들이고 이러한 특징을 공유하는 몇몇 동물들만이 도덕적 지위를 보장받기 때문이다. 그 결과 이러한 확장은 여전히 기본적으로 '위계적'이다.

둘째, 개체주의를 고수한다. 그것은 개별 동물들에게는 도덕적 지위를 보장하지만, 식물, 종, 서식지, 관계에 대해서는 독자적인 도덕적 지위를 보장하지 않는다. 하지만 생태학은 자연의 상호 연관성을 중시한다.

셋째, 윤리적 확대주의는 포괄적인 환경 윤리도 아니며, 또한 애초부터 그런 의도로 출발하지 않았다. 그때그때 발생한 특정 환경문제에 대해서 자신의 윤리 이론을 적용하려고 했을 뿐이며, 이것은 두 가지 불행한 결과를 낳았다. 첫째, 지구 온난화 문제, 오염 등 다른 환경문제들에 대한 그 어떤 지침도 제공할 수 없다. 둘째, 비판 일변도에 머무른다. 특정 정책과 행위가 잘못된 것이라고 비판하지만, 어떤 것이 좋은 삶이 될 수 있는지에 대해서는 말해주는 바가 없다.

체계적인 생태윤리를 구축하려는 여러 시도의 특징으로서 개체주의와 전일주의 간의 매개가 요청된다. 첫째 전통 윤리 이론과 단절을 꾀하면서 인간과 자연의 관계를 근본적으로 다시 고려하는 것들이 많다.

또한 단지 생태윤리라기보다 생태철학에 더 가깝다. 자연에서의 인간의 위치에 대한 포괄적인 설명을 시도하면서, 윤리학적 문제로만 다룰 수는 없기 때문이다. 자연, 자연적인 것, 관계, 체계, 종 등의 존재론적 위상 등 형이상학의 문제들, 기술적 주장과 규범적 주장의 논리적 관계 등 인식론의 문제, 미적·본질적 가치 등과 같은 미학의 문제, 시민 불복종, 에코 테러리즘과 같은 정치철학의 문제들이 논의의 대상이 되고 있다.

그리고 생명 중심 윤리는 인간중심주의에서 탈피하려는 특성을 보이지만 여전히 개체주의 특성을 지니고 있다. 따라서 생명중심의 윤리를 잘 이해하기 위해서는 우리는 잠시 논의를 왜 환경을 보호해야 하는지 그리고 왜 환경 파괴를 걱정해야 하는지를 생각해 보아야 한다.

도덕을 좁게 다른 사람들에게 우리가 갖는 책임과 권리를 탐구하는 것으로 생각한다면 부정적 답변이 제시될 수 있지만, 도덕을 좋은 삶과 인간 번영에 관계된 것으로 생각한다면 환경문제는 우리가 어떻게 살아야 하는가에 대한 규범을 확립하는 가치와 관련된 문제를 제기하기 때문에, 확실히 윤리적인 문제가 된다.

생태 철학의 핵심 문제 중의 하나는 가치의 본질은 무엇이고 그것에는 어떤 것이 있는지를 살피는 일이다. 가치에 대한 설명은 도덕과 관련된 대상을 정의하고, 도덕적 고려를 받을 만한 대상을 정의함으로써 윤리의 영역을 확정하는 데 도움이 된다. 예를 들어 멸종 문제를 고려해 보자. 열대 우림이 파괴되면서 수많은 종들이 멸종되고 있다. 많은 사람들은 멸종사태를 지켜보면서 분노를 느낀다. 그런데 왜 사람들은 분노를 느끼는 것이고, 종의 멸종은 왜 잘못된 것인가? 그것은 가치 있는 것들이 사라지는 일이기 때문이다. 그것도 너무나 종종 인간의 탐욕과 무지로 말미암아 가치 있는 것들이 파괴된다. 야생지, 습지, 나무, 호수, 바다, 물고기, 식물, 그리고 열대 우림의 파괴도 마찬가지로 설명할 수 있다.

자연계의 생명체들은 모두 제각각 가치를 지니는가? 생명체들은 도구적 가치만을 지니는가? 도구적 가치는 무엇인가? 도구적 가치는 다른 가치 있는 것을 획득하는 데 사용될 수 있기 때문에 갖는 가치이다.

자연물을 자원의 관점에서 보는 것은 자연물을 도구적 가치로 다루는 것이다. 예를 들어, 핀쇼는 자연보호운동을 산림과 야생의 도구적 가치를 지키는 행위로 강조한다. 야생지는 인간에게 필요한 자연 자원을 보유하고 있기 때문에 보호되고 보전되어야 한다는 것이다. 자연 환경의 도구적 가치는 이외에도 많다. 깨끗한 공기와 물은 그것이 없다면 인간의 건강과 복지가 위협받기 때문에 가치 있는 것이다. 동식물의 종은 의학적으로 농업적으로 막대한 잠재력을 가지고 있기 때문에 가치 있다. 이렇듯 자연의 도구적 가치는 공리적, 경제적 근거에서 제시된 것이다.

자연환경의 도구적 가치를 강조하는 것은 정치권에서는 효과적인 전략일 것이다. 자연을 접할 기회가 없어졌다거나, 또는 자원이 심각할 정도로 고갈되었다는 주장은 여론의 민감한 반응을 불러일으킨다.

자연 환경의 도구적 가치를 강조하는 일은 환경 보전을 정당화하는 튼튼한 기초가 될 수 없다. 인간의 이익과 필요는 변하기 마련이고, 그에 따라 자연 환경의 용도도 변하기 때문이다. 자연체계의 생명체들은 제각각 가치를 지니는가? 생명체들 모두가 목적적 가치를 지니고 있음을 정당화할 수 있는가?

어떤 대상이 목적적 가치를 갖는다는 것은 그 대상이 그 자체로서 가치를 갖는다는 것을 의미이다. 만일 친구를 유용성으로만 평가한다면, 그것은 우정을 잘못 이해한 것이다. 벨 도서관, 타지마할, 불국사 등과 같은 역사적 기념물, 문화 유적, 심미적 대상도 마찬가지이다.

많은 이들은 생명은 그것이 어떤 형태를 취하든지 간에 그것이 생명이라는 사실만으로 목적적 가치를 지닌다고 생각한다. 회색곰의 도구적 가치는 별로 없지만 옐로스톤의 공원 안에 존재한다는 사실은 많은 사람들에게 중요한 의미를 지니고 대머리 독수리의 상징적 가치는 도구적 가치를 초월한다. 또한 개발되지 않는 미지의 야생지도 높게 평가받는 것이다. 그래서 심지어 그곳을 방문할 계획도, 사용할 계획도 없는 사람들조차도 야생지의 가치를 높게 볼 수 있다.

상당수의 생태윤리학자들에게 있어서 최대의 과제는 바로 도구적 가치에 기초한 논증을 격파할 수 있는 목적적 가치 이론을 정립하는 것이다. 이것이 어려운 일은 바로 가치라는 것이 인간이 평가하는 것이기 때문이다. 만일 평가하는 사람이 없다면 가치가 있다는 말은 납득되기 어렵다. 따라서 종종 수단적 가치에 호소하는 논변이 힘을 지니게 된다. 하지만 많은 생태윤리학자들은 가치가 인간의 유용성에만 호소되는 것이 아니라고 생각하며, 자연물의 목적적 가치를 확립하고자 한다. 또한 도구적 가치(이윤)와 목적적 가치(야생지의 아름다움)가 충돌할 때, 도구적 가치는 측정 가능한 반면, 목적적 가치는 표현되기 힘든 무형의 특징을 지니기 때문이다. 생명 자체가 목적가치가 있다는 주장이 제기되었는데, 바로 슈바이처와 테일러의 주장이 그것이다.

2. 슈바이처의 생명 외경

슈바이처는 종교, 음악, 윤리 역사, 철학 등 광범위하게 글을 썼으며, 아프리카의 오지에서 의료 봉사를 하며 일생을 바쳤다. 생명 외경(reverence for life)은 현대 생명중심 윤리의 원조가 되고 있다. 생명 외경은 바로 현대 산업 사회의 문제를 해소할 수 있는 중요한 해결책이다. 물질과 과학의 발전에 기초한 산업 사회는 자연을 무관심하고 몰가치적인 기계적인 힘으로 이해함으로써 자연과 윤리를 분리하였다. 따라서 생명외경은 산업사회로 인해 발생되는 문제를 해결하기 위해서 인간과 자연의 유대를 재확립하는 것이자 생명과 자연의 선을 연결하는 일이다.

이처럼 생명의 외경의 이념은 다소 신비적 색채로 표현된다. 아프리카에서 강의 상류로 바지선을 타고 하마떼를 헤치면서 올라갈 때, 갑자기 생명 외경이 떠올랐다고 고백하는 이념이다. 외경은 놀라움과 두려움에 해당되는 용어로서 생명에 대한 존경과 두려움을 말한다. 자아가 살려고 애쓰는 생명체라는 사실을 자각하는 일이 중요하다고 주장한다. 그리고 윤리는 이러한 사실을 자각하는 데서 출발한다.

모든 생명체는 내재적 가치를 가지고 있기 때문에 우리는 이들을 존중하고 경외해야 한다는 것이다. 생명 외경의 윤리는 우스운 주장으로 치부될 수도 있다. 과연 바이러스나 박테리아의 생명이 인간의 생명만큼 소중하다고 할 수 있을까? 개미의 생명을 인간의 생명만큼 존중해야 하는 것인가?

슈바이처 역시 이러한 문제점을 인식하고 있었다. 때때로 생명을 죽일 수밖에 없는 필연성을 몰랐던 것은 아니다. 생명을 유지하기 위해서 다른 생명체를 먹어야 하는 것이 우리의 현실이다. 하지만 슈바이처는 갈등 상황에 적용할 수 있는 규칙을 발전시키지는 않았다. 그러한 위계는 생명 존중보다 더 근본적인 규칙이나 기준이 있다는 것을 함축함으로써 생명 외경의 기반을 무너뜨릴 것이기 때문이다.

슈바이처에게 생명 외경은 우리가 행해야 하는 바를 결정해 주는 일종의 규칙이라기보다는 우리의 현재 인격을 나타내 주는 태도이다. 즉 도덕적으로 훌륭한 인격을 갖춘 사람은 생명의 내재적 가치를 경외하고 존중한다는 것이다.

아무리 훌륭한 사람이라도 생명을 죽어야만 하는 상황이 있다. 그 경우 슈바이처는 일말의 책임감을 느껴야 한다고 본다. 그러한 일들은 어쩔 수 없이 행해져야 하지만, 채무의식을 느끼면서 그리고 그러한 사실을 의식하는 상태에서 행해져야 한다는 것이다. 생명 외경은 우리에게 이러한 책임감을 느끼게 해주는 성품이다. 그것은 또한 생명을 죽이는 것이 무엇을 의미하는지를 자각하게 해주는 태도이다. 결국 그의 이러한 견해는 너무나 낭만적이고 소박하기 때문에 대중한테도, 학자들에게도 많은 지지를 얻지는 못하였다.

3. 테일러의 생명중심 윤리

생명중심주의 윤리는 인간중심주의 윤리의 폐쇄성을 탈피하여 모든 생물들에게 윤리 공동체의 문호를 개방하고, 그들을 그 공동체에 포함시켜야 한다고 주장한다. 공동체의 영역을 확장함과 동시에 도덕적으로 고려되어야 할 대상의 영역도 확대하고 있다. 이러한 입장에서는 인간의 전형적인 생활방식 자체가 '자연과 다른 인격에 대한 범죄 행위'라고 주장한다. 따라서 지구와 우리의 생명 유지 시스템의 파괴를 피하기 위해서는 인간중심주의 윤리를 포기하고 생명중심주의 윤리를 받아들여야 한다는 것을 강조한다. 인간 이외의 존재들은 인간을 위한 단순한 도구적 가치가 아니라 인간과 동등한 내재적 가치를 지니고 있다.

이러한 생명중심주의 윤리를 가장 잘 체계화한 사람이 테일러이다. 그는 슈바이처의 생명사상을 체계적인 생명중심주의 윤리로 발전시켰다. 테일러는 "어떤 존재가 도덕적 지위를 갖는 것으로 볼 수 있는 특징은 쾌락과 고통의 감수 능력이 아니라 도덕 행위자들에 의해 촉진되거나 손상 받을 수 있는 고유한 선을 가지고 있는지의 여부"[19]에 의거한다고 말한다.

테일러에 의하면, 우리의 도덕적 관심을 요구하게 만드는 것은 살아 있는 유기체가 지니고 있는 자연적인 목적 추구 능력이다. 이러한 목적 추구 또는 목적 지향적 성격은 동식물들이 그들 환경의 어떤 요소는 추구하고 다른 요소는 거부하는 방식에서 잘 드러난다. 개가 불을 보고 도망치는 것이나 식물이 늘 태양을 향하는 것 등이 그 예이다. "의식이 있든 없든 모든 존재는 자기 보존과 행복을 향하여 움직이는 목적 지향적 활동의 단일화된 체계라는 점에서 동등한 목적론적 삶의 중심"[20]이라고 말한다. 모든 생명체는 생존, 성장, 발전, 번식 등의 목적을 가지고 있고, 이러한 목적을 지향한다는 점에서 목적 지향적 삶의 중심이라는 것이다.

그런데 모든 생명체가 자기 고유의 선을 갖는다는 것이 객관적 사실이긴 하지만 이러한

---

19) 김일방, 『환경윤리의 쟁점』, 서광사, p.244.

20) 위의 책, p.245.

사실이 우리에게 생명체에 대한 윤리적 의무를 부과하지는 못한다. 즉 생명체가 자기 고유의 선을 갖는다는 사실 자체가 그 생명체에게 도덕적 지위를 부여하게 하지 못한다는 것이다. 모든 생명체는 도덕적 지위를 가지며, 따라서 우리는 생명체에 대한 의무가 있다는 규범적 주장을 테일러는 내재적 존엄성[21)]이라는 개념을 통해 설명한다.

테일러는 이 개념으로부터 두 가지 규범적 판단, 즉 ① '내재적 존엄성을 지닌 존재들은 마땅히 도덕적 고려를 받아야 한다'는 것과 ② '모든 도덕 행위자는 내재적 존엄성을 지닌 존재들의 선을 존중할 의무가 있다'는 것을 도출해낸다. 여기서의 문제는 어떤 생명체가 자기 고유의 선을 갖는다는 점과 내재적 존엄성을 갖는다는 것은 어떤 관계에 있는가 하는 점이다. 테일러에 의하면 생명체가 자기 고유의 선을 갖는다는 것은 내재적 존엄성을 인정받을 수 있는 필요조건은 되지만 충분조건은 되지 못한다. 이 충분조건에 해당하는 것으로 테일러는 '생명 중심적 관점'을 제시한다. 즉 생명체가 내재적 존엄성을 지닌 것으로 인정받으려면 자기 고유의 선(필요조건)과 생명 중심적 관점(충분조건)이 요청된다는 것이다.

테일러에 따르면 생명 중심적 관점은 다음 네 가지 핵심적 신념으로 구성된다. ① 인간은 다른 생명체와 동일한 의미에서 지구생명공동체의 구성원이다. ② 인간 종은 다른 모든 종과 함께 상호의존 체계의 통합적 구성 요소이다. ③ 모든 유기체는 자신의 선을 자신의 방식대로 추구하는 독특한 개체라는 의미에서 목적론적 삶의 중심이다. ④ 인간은 내재적으로 다른 생명체보다 우월하지 않다.

테일러는 생명 중심적 관점이야말로 합리적·과학적 근거에 기초해 있기 때문에 합리적인 사람이라면 반드시 채택해야 할 자연관이라고 한다. 그리고 우리가 생명 중심적 관점에 기초하여 생명체를 내재적 존엄성의 담지자로 인정하게 되면 그것은 곧 자연 존중의 태도를 취하는 것과 다름없다고 본다. 자연 존중의 태도란 자기 고유의 선을 갖는다는 이유에서 다른 생명체의 선을 증진하고 보호하는 성향을 갖는다는 것을 의미한다.

테일러는 도덕 행위자와 도덕 주체의 개념을 사용하며 도덕적 권리에 관한 논변을 전개하고 있다. "도덕행위자는 도덕적으로 또는 반도덕적으로 행동할 수 있고, 의무와 책임을 지닐 수 있으며, 자신의 행위에 대해 설명할 수 있는 능력 등을 소유하는 모든 존재이다. 이들 능력 가운데 가장 중요한 것은 옳고 그름에 대한 판단 능력이다. 그것은 도덕적 숙고 능력, 즉 자유로운 선택 행위의 다양한 과정에 찬성하거나 반대하는 도덕적 이유들을 고려하고 심사숙고하는 능력, 그 이유들을 근거로 결정 내리는 능력, 그 결정들을 이행하는 데 필요한 결의와 의지력을 행사할 수 있는 능력, 그리고 그 결정들을 이행하지 못하는 이유

21) 테일러는 목적적 가치, 내재적 가치, 내재적 존엄성이란 용어를 구분해 쓰고 있다. 목적적 가치란 인간이나 다른 의식적 존재가 추구하는 목적과 관심이 성취되었을 때 누릴 수 있는 가치다. 어떤 행위가 그 자체를 위해서 또는 그것 내에 있는 목적을 위해서 수행되는 한 결과에 관계없이 그 행위는 그것에서 만족감을 얻는 이들에게 목적적 가치를 지닌다. 내재적 가치란 어떤 대상이나 장소에 주어지는 가치로서 이것은 유용성이나 상업적 가치 때문이 아니라 오직 아름다움, 역사적 중요성, 문화적 훌륭함 때문에 부여되는 가치다. 이 둘은 인간에 의해서 부여되는 주관적 가치라고 할 수 있다. 반면에 내재적 존엄성이란 인간에 의해 부여되고 평가되는 주관적 가치가 아니라 인간과 상관없이 주어지는 객관적 가치이다.

를 타인들에게 스스로 대답할 수 있는 능력이다."

사람들은 대개 위의 능력들을 모두 인간적 능력으로 여긴다. 그래서 우리는 단순하게 도덕 행위자 계층과 인간 존재자 계층을 구분하지 않고 동등시하는 경우가 많다. 그러나 테일러는 그렇게 생각하는 것은 오류라고 지적한다. 그 이유로 첫째는 모든 인간들이 다 도덕 행위자인 것은 아니라는 점이고, 둘째는 인간이 아닌 도덕 행위자들도 존재할 수 있다는 점이다.

테일러는 도덕 행위자인 인간은 동시에 도덕 주체일 수도 있다고 말한다. 인간은 타인에 대해 의무와 책임을 가질 수도 있지만, 타인들이 의무와 책임을 지는 대상이 될 수도 있기 때문이다. 즉 인간은 도덕 행위자의 역할 면에서는 타인들을 옳거나 부당하게 다룰 수 있지만, 도덕 주체의 역할 면에서는 타인들에 의해 옳거나 부당하게 다뤄질 수 있는 것이다.

그러나 도덕주체 계층은 도덕 행위자 계층보다 더 크다고 테일러는 말한다. 모든 도덕 행위자들이 도덕주체이긴 하지만, 모든 도덕주체가 도덕 행위자인 것은 아니다. 이것은 도덕주체가 도덕 행위자의 제 능력을 결여할 수도 있기 때문이다. 그럼에도 불구하고 주목할 점은, 도덕주체는 도덕행위자가 의무를 져야 할 실체의 지위를 갖는다는 점이다. 예를 들면 우리는 미치광이나 심각한 정신박약자를 해치거나 학대해서는 안 될 의무를 가질 수도 있다. 그들은 우리에게 도덕주체가 되는 위치에 있는 것이다.

테일러는 또 도덕 주체들은 그들 자신의 선을 가지고 있는 실체들이라고 한다. 그러한 실체들에는 유기체의 특정 집단인 인간뿐만 아니라 살아 있는 모든 유기체들도 포함된다. 그러나 생명이 없는 대상들(돌, 모래알, 물웅덩이, 눈, 불, 공기)은 도덕주체에 포함되지 않는다. 그들은 그들 자신의 선을 가지고 있지 않고 따라서 옳거나 부당하게, 호의적이거나 악의적으로 다뤄질 수 없기 때문이다.

테일러는 자신이 권리 보유자라는 사실을 이해할 수 없는 존재들에게도 권리를 부여하는 것이 가능할 수 있으며, 또 그것이 실제로 이루어지고 있다고 말한다.[22] 그 예로써 유아, 심각한 정신지체자, 미치광이 등을 든다. 다른 모든 법적 권리 보유자의 경우처럼, 이들 역시 합법적으로 자신들의 권리를 주장할 수 있고, 보호받을 수 있다는 것이다. 그러나 이들이 자신들의 법적 청구권을 직접 주장할 수는 없다. 따라서 테일러는 대리인과 보호자, 친구와 친척들이 이들을 위해 대행해야 한다고 말한다. 물론 권리가 대행된다고 해서 이들의 권리 소유에 변화가 오는 것은 아니다. 왜냐하면 법이 그들의 권리 소유 사실을 명기하고 있고, 그 공동체의 모든 이가 그들을 대하는 방법에 대한 강제까지 설정하고 있기 때문이다. 테일러는 법적 권리에 대한 이러한 개념이 동식물들에게도 아주 쉽게 적용될 수 있다고 주장한다.

유아, 심각한 정신지체자들과 같이 동식물 역시 도덕 행위자에 의해 옳거나 부당하게 다뤄질 수 있는 자기 고유의 선을 갖고 있기에 법적 권리를 가질 수 있다는 주장이다. 이와 같이 동식물에게 법적 권리가 주어질 때, 동식물의 선은 동식물로 하여금 법적으로 유효한

---

22) 맥클로스키는 많은 생명중심주의자들이 인간이 아닌 존재, 즉 동식물, 숲, 산 등에 법적 권리를 부여하는 논거와 도덕적 권리를 부영하는 논거를 혼동하고 있으며, 이러한 혼동으로 인해 이에 관련된 많은 논증들은 그 설득력을 상당히 잃어버렸다고 주장한다. 하지만 그의 주장을 불식시키기라도 하듯이 테일러는 법적 권리와 도덕적 권리를 엄격히 구분해서 논하고 있는데 이 점은 특히 주목할 만하다.

청구권을 행사할 수 있도록 해주며, 사람들은 그 청구권의 합법성을 승인하도록 법에 따라 요구받는다. 그러한 사회에서는 동식물의 권리에 대한 존중이 인간의 권리에 대한 존중만큼이나 동등한 의의를 가지고 있는 것으로 여겨진다.

테일러가 말하는 도덕적 권리의 개념에 대해서 알아보겠다. 동식물도 권리를 가질 수 있다는 점에 대해 동의하지 않는 사람들 간에 쟁점이 되는 핵심 사항은 법적 권리보다는 도덕적 권리와 관련된 것이다.[23] 동식물이 도덕적 권리를 갖지 않는다는 것을 입증하기 위해 가장 빈번하게 제기된 주장은, 그들이 청구권을 갖는다는 것은 상상도 할 수 없기 때문에 그들은 결코 도덕적 권리를 가질 수 없다는 것이다. 이 입장에 따르면 동식물이 도덕적 권리를 갖는다고 말하는 것은 개념적으로 혼란을 초래하며, 논리적으로도 불합리한 것으로 여겨진다.

그러나 테일러에 따르면 이것은 도덕적 권리의 개념을 전통적인 방식으로 이해했을 경우이다. 테일러는 도덕적 권리의 개념을 확대 수정하여 제시함으로써 동식물도 도덕적 권리의 소유자가 될 수 있음을 주장한다. 불합리하거나 혼란됨이 없이 동식물에 적용될 수 있는 또 다른 도덕적 권리 개념이 있다는 것이다.

"도덕적 권리의 또 다른 수정된 개념이 있는데 그것은 동식물이 그러한 권리를 갖는다는 것을 믿을 수 있도록 만드는 개념이다. 이 수정된 개념에 대한 접근방식으로서 제3장의 주장(자연에 대한 생명 중심적 관점)을 고려해 보자. 만일 그 주장이 확고하다면 합리적인 인격체들은 생명 중심적 관점을 구성하는 신념 체계를 수용할 것이다. 그들은 따라서 자연에 관한 존중의 태도를 취할 것이고 야생 생명체들은 내재적 존엄성을 소유하는 것으로 간주할 것이다. 이러한 방식으로 동식물을 이해한다면 합리적인 인격체들은 그들을 도덕적 관심과 고려를 받을 만한 가치가 있는 것으로 판단할 것이다. 합리적 인격체들은 또한 그들 자신을 야생 생명체의 선이 목적인 그 자체로서 그리고 그들의 이익을 위해 보호되어야 한다는 도덕 원리에 인도될 것이다. 이 원리는 행위 규칙과 품성 기준의 전 윤리 체계를 위한 기초이다. 이들 규범에 따라 생활함으로써 도덕 행위자들은 자신의 행위와 품성에 있어서 자연에 대한 존중의 태도를 표현한다."

이 수정된 도덕적 권리의 개념은 전통적인 인간중심적 관점에서는 결코 이해될 수 없다. 수정된 도덕적 권리 개념의 이해를 위해 테일러가 우리에게 요청하고 있는 가장 기본적인 자세는 자연에 대한 존중의 태도이다. 우리가 자연 존중의 태도로 말미암아 생명체를 내재적 존엄성의 소유자로 간주하게 될 때, 동식물은 도덕적 권리를 소유할 수 있다는 것이다. 그러나 그 도덕적 권리의 소유가 곧 도덕 행위자로 이어진다고 생각해서는 안 된다. 동식물이 도덕적 권리를 갖는다는 것은 인간이 순전히 자신의 이익을 위해 동식물을 옳거나 부당하게 다루는 것이 아니라 동식물의 이익과 선을 위해 행동해야 한다는 의미로 해석되기 때문이다. 동식물은 자신들의 고유한 이익과 선을 고려 받을 만한 내재적 존엄성을 소유하고 있고 인간은 그 점을 고려해야 할 도덕적 의무가 있다는 것이다.

23) '도덕적 지위'는 어떤 행위를 할 때 도덕 행위자에 의해 도덕적으로 고려받는 자격이라 할 수 있는 반면, '도덕적 권리'는 도덕적 고려를 받을 수 있을 뿐만 아니라 그것을 요청할 수 있는 자격이라 할 수 있다. Tom Regan, "All That Dwell Therein", p.203. 참조.

테일러는 이론적 주장과 더불어 실천적인 문제에 대해서도 관심을 기울인다. 그의 생명주의 윤리의 실천 규범은 두 가지 문제에 초점을 두고 있다. 첫째는 자연 존중의 기본적 태도에서 파생되는 네 가지 의무이고, 둘째는 인간과 다른 생명체들의 권리 주장이 상충될 경우 이를 해결해 주는 우선성의 원리들이다.

먼저 자연 존중의 기본적 태도에서 파생되어 나오는 의무에는 불침해, 불간섭, 성실, 보상적 정의 네 가지가 있다.[24]

불침해란 자신의 고유한 선을 가지고 있는 자연 환경 내의 모든 실체들에 대해 해를 끼쳐서는 안 된다는 의무이다. 이것은 생명체에 대해 해를 끼쳐서도 안 되지만 우리가 야기하지 않은 해를 방지할 의무까지 부과되는 것은 아니므로 테일러는 이를 소극적 의무로 받아들인다. 불간섭 역시 소극적 의무인데 두 가지로 나눠진다. 하나는 개별 유기체의 자유를 제한하지 않는 것이고, 다른 하나는 개별 유기체에 대해서 뿐만 아니라 전 생태계와 생명공동체에 대하여 '간섭하지 말라'는 일반적인 정책을 취하는 것이다. 성실의 의무는 오직 야생 상태에 있는 개별 동물과 관련된 인간의 행동에만 적용되는 것으로, 야생동물은 도덕 행위자에 의해 속임을 당하거나 기만당해서는 안 된다는 것이다. 성실의 의무를 깨는 흔한 예가 사냥, 덫, 낚시이다. 보상적 정의란 도덕주체가 행위자에 의해 부당한 취급을 받았을 때, 그 양자 사이에 정의의 균형을 회복하는 의무를 말한다. 인간이 다른 생명체에게 손해를 입혔을 경우 인간은 그것을 당연히 보상해야 한다는 것이다.

그런데 이 네 가지 의무들이 서로 갈등을 일으킬 가능성도 배제하지 못하므로 테일러는 이들 네 가지 의무들 간의 우선성의 관계에 대해서 논한다. 그는 먼저 불침해의 의무를 '자연에 대한 가장 기본적인 의무'로 간주한다. 다음으로 보상적 정의의 의무〈성실의 의무〉 불간섭의 의무 순으로 그 우선성이 부여된다.

생명 중심주의 윤리에 대한 가장 큰 도전은 인간의 이익과 비인간적 존재들의 이익 간에 충돌이 일어날 때이다. 이러한 갈등은 인간의 이익을 증진하거나 인간의 권리를 충족시키는 것이 인간 이외의 유기체나 생명공동체의 복리에 해를 끼칠 때, 또는 야생 생명체의 선을 보호하는 것이 인간의 이익에 해를 끼칠 때 늘 발생하게 된다.

이러한 갈등은 생명체의 내재적 존엄성을 인정하기 때문에 발생하는 것이다. 인간의 이익을 우선시키지 않고서 이 갈등을 해결하기 위해 테일러는 다섯 가지 원리를 제시한다.[25] 그것은 ① 자기 방어 ② 비례 ③ 최소 악 ④ 분배 정의 ⑤ 보상적 정의의 원리 등이다.

자기 방어는 비인간적 존재의 이익이 인간의 건강이나 생명을 위협할 때, 인간의 이익을 먼저 정당화시켜 주는 것이다. 따라서 당연히 인간에 대해 공격적인 회색곰을 죽이거나 해충을 근절시킬 수가 있다. 그런데 이 원리는 인간의 자기 방어 경우처럼 최후 수단으로만 적용되어야 한다. 나머지 원리들은 인간을 위협하는 심각한 해가 없을 때 작동하는데, 기본적 이익과 비기본적 이익의 구분에 의존한다. 비례의 원리와 최소악의 원리는 비인간적

24) Taylor, "Respect for Nature", pp.169~92. 참조.

25) 위의 책, p.263. 참조.

존재의 기본적 이익과 인간의 비기본적 이익이 갈등을 빚을 경우 적용할 수 있다.

인간의 비기본적 이익이 비인간적 존재의 기본적 이익과 양립 가능해졌을 때는, 최소악의 원리가 인간의 이익을 만족시키는 여건을 설정해 준다. 따라서 비록 다른 생명체에게 불리한 영향을 미치더라도 수력발전소 건설을 위해 강에 해를 입히는 것은 허락될 수도 있다.

분배 정의의 원리는 인간의 기본적 이익과 비인간적 존재의 기본적 이익 간의 갈등을 해결하기 위한 여건을 제공한다. 이 원리는 이익과 부담의 분배가 공정하게 이뤄지도록 하는 것이다. 보상적 정의란 갈등 해결이 최소악이나 분배 정의의 원리에 의해 설정된 여건을 충족시키지 못했을 때 그 보상이 이뤄지도록 하는 것이다.

테일러는 각각의 종은 그 종 특유의 활동을 하고, 그것에 의해 특유의 본질을 가진다고 주장했다. 이 방법 말고, 종들을 구분할 방법이 있는가? 이익 갈등을 중재하기 위해 테일러는 인간의 이익을 기본적 이익과 부수적 이익으로 구분했다. 이러한 구분은 유용한가? 기본적 이익에 해당되는 것은 무엇이고, 부수적 이익에 해당되는 것은 무엇인가? 어떻게 이것을 다른 생명체의 기본적 이익과 부수적 이익과 비교할 것인가? 테일러의 입장에서 야생지가 강, 생태계에 이익이나 선을 부여하는 것이 의미 있을 수 있는가? 그런 것들도 목적론적 삶의 중심이라고 할 수 있는가? 여러 가지 추론이 요청되고 있다.

4. 슈바이처와 테일러의 생명 중심 윤리 비교

테일러의 『자연에 대한 존중』(Respect for Nature, 1986)은 생명 중심 윤리의 가장 발전되고 철학적으로 정교한 형태로 볼 수 있다. 그는 슈바이처와는 달리 왜 자연존중의 태도를 취하는 일이 합리적인가를 아주 주의 깊게 옹호했다.

첫째, 내재적 가치/ 궁극적 도덕적 태도/ 도덕적으로 책임 있는 방식으로 행위의 가치다.

어떤 존재가 내재적 가치를 가진다고 주장하는 것은 그 존재가 도덕적 고려를 받을만하며, 도덕 행위자는 그 존재에 대한 의무를 갖고 있다는 규범적 주장을 하는 것이기 때문이다. 따라서 자연의 생명 중심적 관점이라고 부른 것을 이해하고 받아들이는 것은 어떤 존재가 고유의 선을 갖고 있다는 기술적 주장에서 그것이 내재적 가치를 가진다는 규범적 주장으로 나아가는 것이다. 즉 궁극적인 도덕적 태도를 채택하는 것이며, 이는 곧 책임 있는 방식으로 행동한다는 것을 의미한다.

둘째, 내재적 가치를 정당화하는 목적론적 삶의 중심은 중요하다. 생명체의 선에 대해 말하는 것은 의미가 있다. 그리고 그것은 사람들의 신념이나 의견에 의존하지 않는다는 의미에서 객관적이다. 설사 생명체 그 자체는 스스로 의식하지 못한다 할지라도 그의 고유한 선이 있음은 자연과학적 사실을 검토해 보면 안다.

생명체의 목적은 성장, 발전, 생존, 번식이다. 생명은 이러한 목적을 향해 나간다는 의미에서 목표 지향적이다. 각각의 생명체는 이러한 목표 지향적 활동의 중심이다. 즉 모든 생명체는 목적론적 삶의 중심인 것이다. 레건은 삶의 주체의 논변보다 생명의 범위를 보다 포괄적으로 진술하고 있다.

셋째, 생명 중심 윤리의 도출: 내재적 가치와 고유의 '선'과 연결한다. 생명 중심적 관점은 내재적 가치의 필요조건일 뿐, 충분조건은 아니다. 또한 생명 중심적 관점은 다른 생명체와 우리의 관계를 개념화해 주는 신념 체계이다. 그것은 자연계에 대한 그리고 자연계와 우리 관계에 대한 근본적인 세계관을 제공하는 신념 체계이다.

인간은 다른 생명체와 똑같은 이유에서 지구 공동체의 구성원이다. 인간을 포함해 모든 종은 상호의존 체계의 일부이다. 모든 생명체는 자기 고유의 방식으로 자기 고유의 선을 추구한다. 인간이 다른 생명체보다 내재적으로 더 우월한 것은 아니다. 생명 중심적 관점이야말로 합리적이면서 사실에 대해 정통한 사람이라면 반드시 채택해야할 자연관에 해당하는 것이다.

다른 생명체도 존중하는 태도가 중요하다. 다른 생명체가 고유의 선을 가진다는 이유에서 다른 생명체의 선을 증진하고 보호하는 성향을 갖는다는 것을 의미한다. 이것은 다른 존재의 선을 자기의 행위 근거로 받아들이는 것이다.

테일러의 생태윤리는 첫째, 자연 존중의 태도에서 나오는 일반 규칙과 의무들, 둘째, 인간과 다른 생명체들의 윤리적 권리 주장이 상충할 경우, 이것을 해소해 주는 우선성의 규칙들이 포함되어 있다.

(1) 일반의무

① 불침해(소극적 의무), 다른 생명체에게 해를 가해서는 안 된다.
② 불간섭(소극적 의무), 개별 유기체의 자유를 간섭해서도 안 되고, 또한 생태계나 생명 공동체에 간섭해서도 안 된다.
③ 성실(fidelity, 야생 동물에게만 적용), 야생 동물을 속이거나 기만해서는 안 된다. 사냥, 낚시, 덫은 대개 야생동물을 속이고 기만하는 것과 관련된다.
④ 보상적 정의, 인간이 다른 생명체에 해를 끼쳤을 경우, 마땅히 피해를 보상해야 한다고 규정한다.

(2) 우선성의 규칙

① 불침해 의무가 가장 근본적이며, 의무들 간의 충돌이 일어났을 경우 불간섭보다 성실의 의무가, 성실의 의무보다 보상적 정의의 의무가 우선한다고 주장한다.
② 인간의 이익과 동물의 이익이 충돌 시의 원리
생명중심 윤리가 넘어야 할 가장 큰 벽은 바로 인간의 이익과 다른 존재의 이익이 충돌할 때 이를 해결해 줄 원리를 제시하는 것이다. 이것은 생태 철학에 대한 중요한 배경이 된다. 이에 공평한 해결책을 위해 형식적·절차적 규칙을 제시한다.

1) 자기방어 2) 비례 3) 최소악 4) 분배적 정의 5) 보상적 정의

자기 방어는 다른 생명체가 인간의 건강과 생명을 위협할 때 인간의 이익에 우선권을 주는 원리이다. 나머지 원리를 위해서는 기본적 이익과 부수적 이익을 구분하는 것이 중요하다. 비례의 원리와 최소악의 원리는 인간의 부수적 이익과 다른 존재의 기본적 이익을 충돌할 때 적용되는 원리이다. 악어 백이나 구두가 금지되고 있다.

인간의 부수적 이익과 다른 존재의 부수적 이익이 충돌(최소악의 원리를 적용)하는 경우, 최소악의 원리는 인간이 자기 이익 추구를 원천적으로 금지하지 않는 것이다. 댐건설 허용이 그 사례이다. 분배적 정의는 인간과 다른 존재의 기본적 이익이 충돌할 경우 적용되는 원리이며, 보상적 정의는 최소악이나 분배적 정의에 의해 설정된 조건이 이행되지 않았을 때 적용된다.

테일러의 생명중심 윤리는 다음의 두 가지 중대한 반론에 직면해 있다. 먼저 자연계에 대한 인간의 불간섭을 강조하는데, 이러한 테일러의 입장은 인간과 자연의 관계에 대한 잘못된 관점에 기초한다는 비판이다. 인간은 자연 밖에 존재한다고 생각하기 때문이다. 그렇다면 자연에서 발생한 것이라고 무조건으로 방치해야만 할까? 인간은 다른 존재와 마찬가지로 자연과정의 일부이다. 그렇다면 환경변화가 인간에 의해 초래되었다고, 그것에 특별히 윤리적 의미를 부여할 필요는 없다.

그리고 개별 생명체에 대해서만 관심을 보이기 때문이다. 먼저 개체들 간의 관계를 대립적으로 가정하고 있다. 그래서 갈등 해결 절차에만 주력한다. 하지만 개체들은 협력과 상호의존관계도 있음에 유의해야 한다. 또한 개체에 대한 강조는 딜레마를 유발할 수 있다. 예를 들어 테라스 만들기의 경우, 많은 미생물의 생명을 죽이는 일이기에 인간의 부수적 이익과 충돌이 일어난다. 따라서 금지되거나 왜 인간의 이익이 우선시되어야 하는지에 대한 정당화가 요구되고 있다.

[그림 31] 호주의 악의 천사(최소악의 배분)

3. 한스 요나스의 생명 철학

1. 생명의 원리접근

한스 요나스는 자연과학적 방법론의 한계에 머물지 않고, 철학적 방법론으로 '생명현상'과 '생명의 문제'를 해석한다. 그는 생명을 물질적인 영역과 정신적인 영역을 모두 포함하는 총체성을 지닌 '살아 있는 생명체'로 보고 있으며, 생명이 지닌 철학적 특성으로 '전체성', '연속성', '초월성'을 들고 있으며, 또한 '자유' 개념을 생명의 실마리로 이해한다.

그는 생명체들은 모두 목적을 가지고 있다고 보며, 이 목적론을 토대로 하여 '가치'의 문제를 해결하려 한다. 또한 그는 생명을 절대적인 가치로 보고 있으며, 그에 대한 '책임', 특히 '여기 이 순간'의 책임의 감정을 요청한다. 그는 '인류는 실존해야만 한다'는 존재론적 명령을 가장 근본적인 것으로 보고 있으며, 책임의 구체적인 내용을 생명의 지속이라고 보고 있다. 『생명의 원리』는 총 12장으로 구성되어 있는데, 차례대로 그 내용을 간략하게 살펴보면서 한스 요나스의 관점을 고찰해 보고자 한다.

『생명의 원리』라는 책 제목이 함축하고 있는 바를 한마디로 요약해서 말하자면, 생명의 원리는 〈자유〉이다. 생명체는 물질과는 달리 이미 언제나 내면성의 현상을 보여주고 있는데, 이 내면성을 좀 더 자세히 살펴보면 여러 가지 생명의 특성을 포착해낼 수 있다. 그 어느 특성들보다도 생명현상을 설명하는데 결정적인 단서가 되어 주는 것이 〈자유〉의 원리이다. 한스 요나스가 언급하는 〈자유〉는, 우리가 일상적으로 사용하는 의미보다 넓게 사용된다. 〈자유〉는 정신과 의지의 영역에 국한되는 것이 아니라, 가장 원시적이고 낮은 수준의 아메바 종류에서 시작하여 모든 생명체에서 활성화되고 있다.

먼저 〈존재의 이론에 있어서의 생명과 신체의 문제〉를 주제로 하고 있다. 한스 요나스는 철학이 시작되기 이전의 존재에 대한 표상에서부터 철학사에 등장하는 여러 형태의 생명에 대한 입장들을 유형적으로 정리하고 있다. 그는 인간이 존재를 사유하던 초기를 지배한 사유의 유형으로서, 모든 것이 살아 있다고 보는 생명론적 일원론과 죽어있는 물질과 살아 있는 생명을 과격하게 분리하는 이원론의 고대적 및 근대적 형태 그리고 이원론의 장기적인 지배에서 해결되지 않은 채로 남아 있는 물질과 생명의 패러독스, 생명에 대한 관념론 그리고 유물론의 근대적 및 현대적 형태 등의 특징과 한계를 소개한다.

그 다음 주제는 지각, 인과성, 그리고 목적론이다. 한스 요나스는 우선 의식(주관)과 외부세계(객관)의 관계에 대한 수수께끼를 흄과 칸트의 인과론을 비판하면서 다루고 있다. 각종 관념론이나 상황주의 그리고 심리물리적 병행주의는 제 나름대로 이 수수께끼를 해명하고자 하였으나 실패하였다. 그들은 내면세계의 고립주의에 빠지거나, 흄과 같이 극단적 회의주의에 빠져 버리거나, 병행주의에 빠진다.[26] 그러나 한스 요나스에 따르면, 의식에서 외부세계로 연결되는 인과성의 일차적인 측면은 규칙적 연결이나 필연적 연결이 아니라 힘과 작용이며, 우리가 외부세계를 힘과 작용으로서 경험하는 원천은 감각지각이 아니라 살려고 애쓰는 신체이다.

우리의 신체가 입증하는 명증성에서 출발하여, 동물적인 생명의 감각지각과 자유 등의 문제를 과감하게 탐구하는 것은 생명철학이 인간동형론[27]을 범한다는 비난을 무릅쓰고 탐구해야 할 문제이다. 근대 자연과학의 기계론적 세계상은 연장되어 있는 외부세계의 현실성을 인정하면서도, 자신에게 합당하지 않은 목적론과 최종 원인에 대한 이론들을 추방하였다. 또한 인간 내면세계의 경험을 투사하여 외부세계를 설명하는 모든 이론들을 배제시켰다. 기계론적 세계상이 이들을 배제시킨 이유는, 기계론적 세계상이 연장되어 있는 물리적인 외부 세계의 사태를 양적·수학적 가치로 환산하고 기술한 결과, 이러한 사태 기술에 적합하지 않은 대상이나, 인식론적인 입장은 제거할 필요성이 있었기 때문이다. 의식과 물리적 외부 세계라는 두 질서 사이의 인과적 무관련성을 주장하려고 애쓰는 상황주의나 심리물리 병행주의는 생명체의 내면과 외부 세계를 어떻게든 연결시켜 보려는 절망적인 시도에 불과하였다.

또한 다원주의의 철학적 측면을 다룬다. 인간중심주의적인 스토아주의의 경우에 따르면, 인간은 이성을 소유한다는 이유 때문에, 존재의 위계질서에서 최상에 위치한다. 기독교의 경우는 인간만이 신의 형상을 닮은 유일한 존재이기 때문에 지상의 생명존재들 가운데 최상의 존재이다. 데카르트의 이론도 인간중심적이기는 마찬가지이다. 몸과 영혼의 이원론에 따르면, 비록 인간의 몸은 동물적 자동기계에 불과하지만 인간의 정신은 사유하는 실체이기 때문에, 결국 인간은 순전히 연장되어 있는 물질에 불과한 그 밖의 동물적 자동기계나 식물적 자동기계보다 우월한 존재이다.

데카르트주의는 인간의 몸이라는 자동기계와 동물이라는 자동기계가 보여주는 생명현상을 순전히 물리적인 사태, 즉 물리적인 자동기계의 부수현상으로 간주하며, 인간만이 영혼을 소유하고 있고, 영혼은 물리적 생명기능을 위해서 꼭 필요한 것은 아니라고 본다. 데카르트주의는 영혼은 인간에게조차도 생명의 원리가 아니라고 봄으로써, 영혼을 세 종류로 분류하는 아리스토텔레스의 전통을 무너뜨렸다. 데카르트주의는 우리의 일상적인 심리물리

---

26) 한스 요나스, 한정선 옮김, 『생명의 원리』 아카넷, pp.66-70.

27) 〈Anthropomorphismus〉는 '인간형태적'을 의미하는 그리스 어 〈anthropomorphos〉에서 유래한다. "인간의 형태를 취하고 있는, 인간적인 방식으로 있는"것으로 이해하면 될 것이다. 인간동형화시킨다는 것은 인간적인 특성이나 방식을 사물, 동물, 자연, 신과 같이 인간이 아닌 존재에게 전이시키는 것이다.

적 경험이 자명하게 증거하는 사태들을 묵살해 버렸고, 생명체가 살려고 애쓰는 자기목적을 가지고 있다는 사실도 묵살해 버렸으며, 우리의 의지작용이 신체의 일부분을 움직이게 할 수 있다는 사실조차도 알 수 없는 수수께끼로 만들어 버렸다. 스피노자나 라이프니츠 그리고 칸트 이후까지도 이런 데카르트주의를 수정하려는 일에 매달렸다.

19세기 중반에 출현한 다윈의 진화론은 데카르트주의를 무너뜨렸다. 다윈의 진화론은 생명체가 환경세계에 적응하는 과정에서 우연히 겪게 되는 유전자의 돌연변이와 자연선택의 메커니즘으로 생명의 종 변화와 진화를 설명한다. 고등동물이나 인간의 출현도 이런 메커니즘에 따르면, 최초로 단세포 생명체인 아메바가 기나긴 진화의 역사 속에서 겪어야 했던 이종의 병리가의 역사에 불과하다. 다윈주의는 일종의 기계론적 생물학인데, 한스 요나스는 이 이론이 생명현상을 포괄적인 의미에서 잘 포착하고 있다고는 생각하지 않는다. 어쨌든 다윈의 진화론은 돌연변이에 의한 우연한 종의 변형 이론과 자연도태 이론을 제시함으로써, 자연으로부터 목적론을 추방하였으며, 종의 견고성에 대한 플라톤주의의 믿음을 무너뜨렸다. 과거의 생명이론이 신봉하던 생명이 가지고 있던 불변하는 형상적 특성이 진화론에 의해 아무런 내용을 함축하지 않은 생명의 추진력으로 둔갑해 버린 후 나타날 수 있었던 이론들은 바로 힘에의 의지를 주장하는 니체의 허무주의나 현대의 실존주의다.

그리고 조화·평형·생성의 개념들을 중심으로 고전적인 존재론과 근대 이후의 생명체계 이론을 다루고 있다. 이 장의 쟁점은 체계의 개념을 생명체에 적용시키는 문제이다. 고대의 존재론은 존재와 생성이라는 두 대립자들 가운데 존재를 좀 더 조화로운 폐쇄된 체계로서 그리고 존재의 보다 완전한 현현을 항상성으로 이해하였다. 근대의 생명이론에서 균형의 개념은 고대의 조화의 개념을 대체하였다. 데카르트의 동물 자동기계 이론[28]은 최초로 체계의 개념을 살아 있는 물체에 적용시킨 것이다. 생명체계는 행성계와 같은 물리적인 체계와는 다르다. 폰 베르탈란피의의 개방체계이론이나 위너의 인공지능학적 체계이론도 생명체에 대한 체계이론이다. 폰 베르탈란피는 개방체계이론에서 유동평형의 개념을 창안하였다. 인공지능에서도 평형과 조절의 개념은 중요한 역할을 하며, 특히 피드백의 개념을 사용하는 성과를 거두었다. 생명체의 경우에 피드백 제어된 행동은 오류를 교정하기 위하여 역전하는 기능을 보여주는데, 이것은 생명체의 목적론적 행동의 특유한 징표이다. 그리고 생명체계가 보여주는 기능은 유동평형을 생산하고 재생해낸다.

아울러 '오랜 역사를 가진 신은 수학자이다'라는 명제를 검토하고, 이 명제에 위반되는 것으로서 물질대사를 하는 생명체의 특성을 대비시킨다. '우주를 창조한 신은 수학자이다'라는 명제의 의미 속에는 이 명제를 만들어낸 특정한 시대가 우주, 우주의 창조, 수학에 대해 가지고 있떤 표상이 함축되어 있다. 한스 요나스는 이러한 개념들을 중심으로 고대에서 현대에 이르기까지 그러한 명제를 산출해낸 시대들이 안고 있던 자연의 수학화, 고전적인 창조론과 유대적-기독교적 창조론, 그리고 정신과 물질의 이원론을 정리하면서, 수학자로서의 신의 다양한 의미를 추적해 본다. 그 다음 단계로, 한스 요나스는 '우주를 창조한 신은 수학자이다'라는 명제가 과연 참인지 아닌지를 검토하기 위해서, 창조의 증거의 일부

28) 한스 요나스, 앞의 책, pp.122-123.

라고 할 수 있는 살아 있는 생명체를 주목한다. 그리고 그는 살아 있는 생명체가 이 명제에 대해 보여주는 반증들을 생명체의 살아 있는 몸, 물질대사, 생명체가 보여주는 변증법적인 자유, 초월, 내면성, 자기자신성, 생명체가 자유와 필연성의 양극에 걸쳐 있는 사태, 생물학적 시간과 공간, 목적성 등에서 찾아내 제시한다. 결국 이러한 반증들을 제시함으로써, 한스 요나스는 물질대사를 통해서 가능해지는 생명 과정과 생명체 자체를 수학적-역학적 개념틀에 의해 포착하려는 자연과학적, 자연주의적인 분석의 부적절함에 대해 경종을 울린다. '신은 본질적으로 그리고 오로지 수학자인가?'에 대한 답은 한마디로 '아니다'이다.

이에 다음 사항을 주제화하고 있다. '자연을 수학에 적용한다'는 말은 '자연현상에 수학적 특성을 부여한다'는 것이다. 이것은 수학적 특성을 자연의 구조들과 연결시키느냐 아니면 역동성과 관계시키느냐, 자연의 질서형식과 관계시키느냐 아니면 질서형식을 드러내 보여주는 변화의 연속과정에 관계시키느냐에 따라 다양한 의미를 지닐 수 있다. 그리스 자연철학에서의 자연의 수학화는 첫 번째 경우이다. 그리스의 자연철학은 자율적인 전체성의 형태적 구조에 집착하였고, 이를 모범으로 천문학을 전개하는 형태학적인 태도를 보여주었다. 최상의 전체인 〈코스모스〉는 자신의 총체적인 〈형식〉을 통하여 최상의 〈충만성〉과 〈자족성〉을 보여주며, 전체의 다양한 부분들 자신은 비록 등급이 낮기는 하더라도 그러한 전체로서의 코스모스를 모방한다.

그리고 식물적 생명과 비교하는 가운데, 동물적 생명의 기본 특성을 기술한다. 식물적 생명으로부터 동물적 생명은 세 가지 특성, 즉 운동과 지각과 감정의 능력을 통해서 구별된다. 이리저리 공간이동을 할 수 있는 능력과 먼 곳의 사물을 지각할 수 있는 지각능력은 동물적 생명에게 〈공간〉을 열어준다. 생존하고자 하는 본능을 가진 동물적 생명은 이 본능에서 나오는 욕구들이 발동되는 시점에 있어 이것이 충족되는 시점으로 나아갈 수밖에 없다. 감정의 능력은 동물적 생명이 자신과 자신의 대상 사이에 존재하는 시간적 간격의 원리에 의해 발달한다. 한스 요나스는 동물적 생명이 가지고 있는 세 가지 기본 능력들이 상호작용하는 것과, 특히 운동과 감정 사이의 연결을 기술하면서, 이것이 생명 이론의 차원에서 의미하는 바를 포착하고자 한다. 동물적 물질대사의 경우, 이미 존재하고 있는 생명으로부터 영양분을 취하는 동물은 환경세계 속에서 자신을 죽음으로 몰고 가는 요소들을 차단하고, 더 나은 노획물을 위해 환경세계를 더 주의 깊게 살펴야 한다. 이러한 필연성은 운동성, 지각, 감정 등 여타의 능력들이 투입되어야 하는 것이기 때문에, 결국 이들 능력들 간의 상호적인 발달을 촉진시킨다. 그러므로 동물적 생명의 진화 과정에서 욕망의 강도, 쾌락과 고통을 느끼는 능력도 진화한다. 동물적 생명은 본질적으로 열정적이고 생존의 어려움을 안고 있는 존재이며, 자신의 사멸성의 한계 안에서 모험으로 내던져져 있는 존재이다.

게다가 목적과 목적론이라는 개념을 중심으로 인공지능학[29]을 비판한다. 인공지능학이 기계의 자동조절 메커니즘을 기계론적, 역학적 모형과 개념에 의존해서 설명한 공헌은 인

29) 인간과 기계 사이의 공통적인 관계를 근거로 하여 오늘날 제어이론, 자동기계이론 그리고 전에는 사람이 하던 시간이 많이 걸리는 계산과 의사결정 과정을 단축시키는 프로그램 등에 이용된다.

정할 수는 있지만, 정신적 현상이나 인간적인 태도, 인간의 사유 과정 및 사회문화적 생명의 영역에까지 월권해 들어와서 이들에게 기계론적, 역학적 모형과 개념을 적용시키는 데에는 문제가 있다. 서로 상호작용하는 동물 몸의 감지기관과 작용기관도 언뜻 보기에는 인공지능학과 피드백 모형과 유사한 역학적 측면이 없는 것은 아니지만, 이 둘 사이의 결정적인 차이점은 동물적 생명은 욕구를 가진 존재이고, 이 욕구는 생명체의 기본적인 충동에서 솟아난다는 사실이다. 자기를 보존하려는 본능과 이것의 감정으로의 표출은 상호 연결되어 그 동물의 행동을 목적추구로 만든다. 기계는 감정의 요소를 결여하고 있으며, 동물이 보여주는 바와 같은 목적지향성도 결여하고 있고, 또한 살려고 애쓰지도 않는다. 기계는 멈출 수 있지만 생명체는 그럴 수 없다. 인공지능학은 이런 요소들을 적절하게 설명하지 못한다.

이처럼 한스 요나스는 구체적으로 지각의 현상학을 시도하고 있다. 특히 시각이라는 감각이 나머지 다른 감각들보다 특이한 점을 요나스는 모상화하는 능력으로 평가하고 있다. 운동적인 활동성의 자기지각은 운동능력이 있는 생명체에게 운동과정에서 변화하는 공간적인 간격과 시간적인 연속계열의 구성을 잘 파악할 수 있도록 해준다. 우리의 눈이 외부의 자극을 순전히 기록하는 것 이상의 어떤 일을 해낸다면, 눈에서 일어나고 있는 감각감지가 시각으로 고양되기 위해서는 운동성이 개입해야만 한다.

특히 한스 요나스는 동물과 인간을 구별해 주는 증거이나 인간의 본질을 가장 잘 드러내 주는 것이 모상화하는 인간의 능력[30]이라고 보고, 모상의 특성을 중심으로 인간의 본질을 정당화하고자 한다. 모상의 속성을 원래 사물과의 유사성을 보여주는 것이라 보고, 이 속성을 매우 자세히 기술하였다. 원래 대상을 물리적으로 완전하게 모사할 수는 없지만 그래도 그 대상의 형상을 파악하고 그 형상을 그 대상의 물리적인 측면으로부터 구별해 낼 줄 아는 능력으로 사물들을 재창조하는 능력이기도 하다. 유사성을 보여줄 수 있는 능력은 자유의 능력과도 직결되어, 결국 인간에게 있어서 동물의 수준을 훨씬 넘어서는 능력은 상상의 형상적 통제와 운동성의 형상적 통제 능력이다.

무엇보다도 인간에 대한 철학이 주제가 된다. 전자에서는 식물적 생명, 동물적 생명과 인간 생명을 포함한 총체적 생명의 현상과 본질이 다루어지면서, 다른 생명들과 구별되는 인간 생명의 특성들도 탐구된다. 그리고 인간의 특성 가운데서도 자신을 대상화할 수 있는 인간의 특성은 이제 자신의 본질을 탐구하는 존재로 그 모습을 드러낸다. 종교와 윤리와 형이상학은 존재 전체를 해석하는 지평 속에서 이 문제에 대답하고자 하는 결코 완결되지 않은 시도들로 이러한 학문들과 함께 지금까지 생명체에 대하여 탐구하던 철학적 생물학은 인간의 역사를 탐구하는 인간학으로서의 철학에게 자리를 내준다.

요나스는 이론 자체는 가치중립적이므로 여기에서는 선한 의도와 책임이 흘러나올 수 없다고 한다. 그리고 가치들은 현대의 자연과학적인 방법으로 탐구할 수 있는 학적 대상도 아니라고 본다. 가치들을 받아들일 수 있는 존재는 바로 인간, 인간이야 말로 모든 가치를 창출해낼 수 있는 원천이다. 그러므로 더 높은 인격의 내면화를 전제로 하고 있는 사람만

30) 한스 요나스, 앞의 책, p.296.

이 이론을 인간의 일상적인 삶을 위해 실천할 자격이 있다. 그런데 17세기 이래로 확립된 기계론적 자연과학의 방법은 현대의 이론의 특성을 고질화하였다. 즉 분석의 방법으로 자연을 수학적이고 물리적 방법으로 분석하는 것은 과학기술적이며, 사물들을 구성하고 있는 기본요소들을 조작하는 특성을 지니고 있다. 이러한 방법들이 심리학과 사회학 등의 학문에 영역에까지 침투되는 것은 문제가 있으며, 역동적 발전의 진보 이념을 현대인들은 맹목적으로 환호하고 있다. 하지만 인간의 인식이나 이론은 인간 공동체의 상태를 개선시키는 선한 방향으로 사용되어야 하는데, 그렇게 되기 위해서는 인간이 인간의 궁핍과 고통에 대해 깊이 염려하고, 이웃을 사랑하는 마음을 가져야 한다.

후반부에서는 영지주의와 현대의 허무주의와 실존주의를 비교하고 있다. 영지주의와 실존주의에 깔려 있는 허무주의적 요소, 이것에 깔려 있는 인간의 세계에 대한 표상, 무코스모스주의, 내던져져 있음이라는 인간의 상황, 영지주의[31]에서의 우주경멸과 실존주의에서의 자연의 탈가치화, 인간과 자연의 이원론을 중심으로 이것들의 유사성을 언급하여 마지막으로 현대의 허무주의적인 상황에 처해 있는 인간이 어떻게 위기를 극복할 것인가에 대한 문제를 던진다. 현대 허무주의에 젖어있는 인간이 이원론이 몰고 오는 위기를 극복하는 것은 오늘날의 철학이 해결해야 할 과제이다.

아울러 불멸성과 오늘날의 실존 문제를 다룬다. 오늘날의 인간이 불멸성을 생각하지 않는 경향을 살피면서, 그럼에도 불구하고 불멸성의 이념이 인간의 삶에 영향력을 미칠 수 있지는 않은지, 그리고 인간이 불명성의 이념을 다시 찾을 수는 없는지에 대해 살펴본다. 불멸성이 오늘날의 인간에게 빛이 될 수 있다고 생각하기 때문이다. 우리는 신이 인간의 손에 우주 전체 과정을 내맡겼으며 따라서 인간은 우주 전체 과정을 책임지는 관리자이며, 이 과정을 잘 관리하느냐 못 하느냐는 전적으로 인간의 행업에 달려 있다고 생각해 볼 수도 있다. 이러한 상징은 그것이 상징에 불과하지만, 우리에게 의미가 있을 수 있다. 우리의 내면성이 경험하는 것으로서 선한 행업을 하는 동안에, 후회와 고통 속에 있을 때 경험하는 사실은, 우리가 영원에 대해 관심을 가지고 있다는 사실 자체이다. 그리고 이것이야말로 인간 본성의 불멸적인 측면을 보여주는 유일한 경험적 표적일지 모르며, 우리는 비판적인 자세에서 이런 표적을 받아들을 준비가 되어 있다.

한스 요나스는 이러한 상징들과 자신의 내면성이 보여주는 증거와 지금까지 전개한 생명체의 철학을 바탕으로 신화적인 가설을 제시한다. 태초에 알 수 없는 선택에 의해 신은 우연과 모험으로 가득한 세계의 생성과정에 자신을 내맡기기로 결단하였다. 그리하여 물리적인 우주의 탄생과 진화와 더불어 언젠가 그 속에서 생명이 탄생하였고, 마침내 인간이 탄생하였다. 우주의 운명은 인간의 손에 달려있게 되고, 우주 전체의 과정이라는 신적인 과업이 이제 인간의 손에서 판가름 나게 되었다. 영원한 생명이 우리를 기다리고 있지 않을지라도, 우리가 의미를 부여하는 이러한 가설에서 새로운 윤리이론이 정초될 수 있을 것

31) 1·2세기 무렵에 그리스, 로마 등지에서 기독교를 극복하려던 지적·신비주의적 사상의 경향. 구약의 신을 비인격적·관념적인 것으로 바꾸어 율법을 배척하고 방탕한 생활을 하며 그리스도의 역사성을 부정하였다.

이다. 생태계의 위험, 핵폭탄과 과학기술의 위협이 언제 인류의 파멸을 초래할지 모르는 오늘날의 급박한 상황에 요청되는 윤리가 정초될 수 있을 것이다. 새로운 윤리의 원천은 우리의 내면성이며 그리고 우리의 내면성이 부여하는 의미 속에 불멸성은 자리 잡고 있다.

이처럼 한스 요나스는 생명철학의 한 분과 영역으로서 새로운 윤리학이 포함되어야 할 필요성을 강조한다. 이 책의 전체 주제인 생명철학은 생명체의 철학과 정신의 철학을 포괄한다. 정신의 철학은 인간 정신이 부여하는 의미에 의해 정초될 수 있는 윤리학을 포함할 수 있다. 그리고 새로운 윤리학은 생명체가 존재하는 한 지속되는 연속성과 자연이 지속되는 한 지속되는 정신의 연속성과 함께 자연철학의 일부분이 된다. 새로운 윤리학의 원천은 인간을 의무지움으로 불러내는 인간 내면성이겠지만, 새로운 윤리학은 또한 생성되어 가는 자연 전체와 생명 전체를 관찰하고 해석한 결과들을 그 내용으로 삼을 것이다.

2. 유기체로서의 생명

요나스는 존재를 생명으로 이해한다. 그에게 있어 생명은 물질대사적인 생명, 또한 살아 있는 물체, 즉 유기체적 존재이다. 존재를 생명으로 그리고 유기체로 해석함으로써, 존재는 "스스로의 활동으로서의 유기체 존재", 즉 유기체 자신의 행위를 통해서만이 유지되는 존재로 특징지어진다.

모든 유기체는 자신의 생명을 보존하려는 자기 목적성을 가진다. 이러한 생명보존의 목적은 다른 목적으로부터 파생되는 것이 아니라 오직 하나밖에 없는 자기 자신의 생명을 보존하려는 일차적인 목적을 가지고 있는 생명체의 실존적인 상황을 시사한다. 즉 생명체는 살기 위해서는 능동적인 의욕을 보이고 애쓰는 경향을 본성적으로 가지고 있다.

이렇게 살려고 애쓰는 내면적인 차원을 요나스는 '변증법적 자유'라 부른다. 그는 이 자유가 생명을 이해하고 해석하는 데 실마리가 된다고 말하면서 "존재의 심층부에는 자유의 경향이 자리 잡고 있고, 이는 생명 없는 물질로부터 생명체로의 이행 과정을 근거 짓는 원리로 기능한다."라는 형이상학적 가설을 세운다.

요나스는 자유의 최초 형식으로 생명의 기초 행위라고 할 수 있는 '신진대사'를 들고 있는데, 이 최초의 생명은 오늘날 말하는 정신적 활동과는 아직 거리가 멀다 하더라도, '객관적으로 구별할 수 있는 존재 양태', 즉 '생명체에 대한 고유한 실존 방식'을 서술한다는 점에서 자유의 형식이라고 한다.

생명체는 질료적 존재로서 외부 세계에 내맡겨져 있기는 하지만, 동시에 자신의 자유로운 지각, 운동, 감정을 통해 외부 세계와 '선택적 관계'를 맺고 있다. 식물적 생명에 있어서 공간은 단순한 물질적 의존의 차원에 불과하지만, 이 공간이 동물적 생명에 있어서는 점진적으로 자유의 차원으로 전환되고, 특히 동물은 스스로 움직일 수 있는 운동의 능력과 먼 거리에서도 지각할 수 있는 능력을 통해 공간적 거리를 자유의 계기로 전환한다. 동물은 자기 생명을 위하여 욕구와 대상, 자기와 외부 세계 사이에 있는 거리를 제거해야 하고, 또 그렇기 때문에 본래의 목적과는 구별되는 '간접적 행위'를 하고 있다. 요나스는 인간 역시 동물이지만 동물적 존재에서 발견되는 간접성의 혁신적 발전에서 인간의 초동물의 특성을 발견하고, 인간의 세계 관계에서 나타나는 간접성이 동물의 그것과는 질적으로 다르다는 것을 보여주는 인간학적 징표들로서 도구, 그림, 무덤을 들어 설명하고 있다.

생명의 가치는 생명의 자기 목적성을 추구함에 있다. 요나스는 생명을 자신의 생존을 보존하려는 목적을 가지고 자신의 죽음과 대결하고 있는 존재로 정의하면서, 모든 생명체가 우리 인간에게 보여주는 생명의 현상은 '생명체가 살려고 애쓰는 것'이라고 한다. 생명체에게는 사는 것이 살 만한 가치가 있는 것이다. 그러므로 생명체에게는 삶이 죽음보다 선한 것이다. 살려고 하는 목적을 가진 생명체에게는 삶이 죽음보다 선한 것이다. 살려고 하는 목적을 가진 생명은 그런 목적이 없는 물질보다 우월하다. 그는 바로 이 '모든 생명체가 살려고 애쓴다'는 사태 자체가 그 생명체들을 그 자체로서 가치 있는 것으로 만든다는 것이다.

이것은 우리 인간이 주관적으로 그리고 인간에게 얼마나 유용한가에 따라서 그 생명체의 가치를 평가하고 인정하는 것과 관계없이, 생명체들 자체가 생명을 살 만한 가치가 있는 것이라고 스스로 증거하고 있는 객관적인 측면이다.

이러한 객관적 가치의 확립은 오늘날의 생명에 대한 몰가치적이거나 가치 상대주의적 경향의 만연으로 인한 가치의 혼란을 사라지게 한다. 특히, 인간의 주관에 좌우되지 않는 그런 가치에서부터 객관적 존재 당위와 존재 보존을 위한 의무, 즉 존재를 향한 책임이 추론될 수 있다.

요나스는 목적론적 사유 방식을 토대로 하여 가치의 문제를 해결하려고 한다. 그는 생명의 전체 과정을 목적론적으로 파악하여, 우주 만물에는 그에 합당한 목적들이 있다고 한다. 그는 합목적성은 자연 자체의 인과율적인 존재 양식으로서, 이는 생명에 대한 경험에서 확증된다고 한다.

요나스는 사물의 목적과 그것이 존재와 어떤 관계를 맺고 있는지를 망치, 법정, 걷는 것, 소화 기관의 4가지 예를 들어 설명하고 있다.

첫째, 망치와 법정은 인간이 만든 도구로서 물리적인 것과 관념적인 것들을 대표하는 것이라 할 수 있다. 이러한 범주에 있어서, 망치는 망치질하기 위해서, 그리고 법정은 정의를 실현하고 판결하기 위해서라는 각각의 목적이 있기 때문에 존재한다는 말이다. 하지만 이러한 범주에 있어서 '목적의 척도'는 인간이고 따라서 이렇게 인간중심적으로 설정된 목적에 의해서는 절대적이고 객관적인 가치가 확립될 수 없다.

둘째, 걷는 것은 대상적인 어떤 도구의 범주가 아니라 주어진 도구를 사용해서 수행하게 되는 의식적 활동을 대표한다. 이러한 의식적인 활동 가운데서 어떤 목적은 그런 의식적 활동을 촉발하는 힘으로서 작용한다고 할 수 있다. 요나스는 모든 생명의 현상을 단지 기계적이고 물리적으로만 설명하지 않고 정신적이고 물리학적 상호작용으로 설명한다. 그래서 그는 생명의 제 현상들에서 목적의 현실성은 합리성이나 사변 또는 자유 선택 그리고 나아가서는 인간 자신에 국한되지 않는다고 말한다. 여기서 인간의 주관에 매이지 않는 어떤 객관적인 목적을 발견할 수 있는 가능성을 얻게 된다.

셋째, 소화기관은 숨을 쉬고 눈을 깜박거리는 활동을 하는 기관을 대표한다. 요나스는 이러한 무의식적인 활동 가운데서도 어떤 목적을 발견할 수 있다고 말한다. 특별히 소화기관의 활동이 무의식적으로 이루어진다는 점에서, 여기에서 발견되는 목적은 본질 그 자체 속에 부여된 객관적인 목적이어야만 한다. 요나스에 의하면, 그러한 목적이 될 수 있는 것은 바로 전체로서의 생명 때문이라고 한다. 즉, 유기체의 모든 기관은 유기체의 생명유지라는 목적을 갖는다는 전제하에서 소화기관 역시 동일한 목적을 갖는다는 것이다.

생명의 유기체에서 생명에 대한 책임의 특징이 두드러진다. 생명체들은 목적을 가진다. 요나스는 식물이나 의식의 밑바탕에 있는 무의식적이고 비자의적인 생명 영역, 즉 소화기관 또는 생명체의 최소 단위인 세포에까지 목적이 있다고 하여 목적론을 부활시키고 있다. 즉 요나스의 이러한 시도는 자연 전체에 목적이 존재한다고 주장하는 것이나 다름없다. 그가 보기에 자연은 자신의 목적의 관심을 생명을 통해서 가장 잘 나타내 주고 있으며 생명은 자연의 목적일 뿐만 아니라 자신의 고유한 목적이기도 하다.

요나스는 인간의 목적성과 여타 존재의 목적성이 갖는 가치에 대한 차별을 반대하는데, 만약 차별을 인정한다면 결국은 인간중심적 논리로 발전할 수밖에 없고, 인간의 가치보다 하위인 여타 존재의 가치는 인간의 가치를 위해 수단으로 전락할 가능성을 배제할 수 없게 된다는 것이다. 이것은 전통 윤리학이 바탕을 두는 논거로서, 존재론적 책임이 아니며 결코 새로운 윤리의 과제가 될 수 없다.

이러한 이유로 그는 '인간에 대한 인간의 책임'을 일차적인 것으로 간주하고 있다. 그런데 이러한 까닭은 인간이 여타의 존재보다 권리상 우위에 있기 때문이 아니라 인간은 여타의 존재의 생명에 대한 책임을 자신의 책임의 대상으로 정립할 수 있는 능력을 인간의 책임성 속에 포함하고 있기 때문이라고 한다. 그리고 그는 이러한 책임 능력은 다른 존재의 목적들을 자신의 직접적인 목적으로 정립하여 추구할 수 있게 하는 인간의 자유 속에서 찾아진다고 한다.

이러한 입장은 다음과 같이 요약될 수 있다. "요나스는 자기의 책임 개념을 존재 책임 내지 존재론적 책임이라고 부른다. 그의 논의에서 책임 개념은 존재와 당위의 연결점으로서의 역할, 인간적 자유와 존재가 갖는 가치성 사이의 매개로서의 역할을 한다. 존재론적 책임은 존재론적 사실에서부터 시작해서 존재론적 당위로 전개된다. 인간이 존재한다는 순수한 존재론적 사실이 존재론적 명령이 되며, 인간의 능력으로부터 인간의 당위로 넘어간다."

오늘날 기술공학의 발전은 인간의 생명을 대상으로 할 지경에 이르렀다. 이에 유전자 조작과 인간의 복제 등 앞으로 태어날 후손들을 조절하고 있는 상황에까지 이르렀다. 이제 현대인들은 인간은 존재해야만 한다는 존재론적 특권마저 회의하게 될 정도로 기술문명의 모험을 계속하게 되었다.

요나스는 기술이 지배하고 있는 오늘날의 기술공학의 세계를 불안한 것으로 인식하고 인간은 오늘날 기술과학이라는 위험지대 안에서 살고 있다고 말한다. 그러나 그렇다고 해서 기술을 포기해서는 안 되고, 오히려 무한히 발전해 나가는 기술로부터 유래하는 위험을 예방힉 위해 우리에게 맞는 새로운 윤리를 찾아야 한다고 역설한다.

요나스는 기술공학 시대에 행해지고 있는 유전자 조작적인 기술을 크게 두 가지로 나누어 설명하고 있는데, 하나는 생명을 유지하고 상태를 호전시키는 기술이며 다른 하나는 창조적이며 유전적인 기술이다. 전자의 경우 소극적 우생학과 같이 병이 악화되는 것을 막거나 병을 미리 예방하는 생물학적 조처로서 이는 윤리적으로 받아들여질 수 있다고 보고, 후자의 경우는 적극적 우생학과 같이 생물학적 유전의 보전을 지향하지 않고 우성을 추구하기 때문에 받아들여져서는 안 된다(개체성의 상실)고 말한다.

요나스는 개량적으로 유전자를 조절하려는 유전공학을 받아들이는 것은 표준적인 인간의 본질을 형이상학적으로 파괴하는 것이며, 동시에 다음의 결과를 예측할 수 없기에 생명을 담보로 하는 것과 다를 바가 없다고 한다.

전통 윤리학에서는 잘못된 행위에 관한 인과적 책임만을 문제 삼았다. 즉 인간중심적으로 모든 인간을 행위의 근접 영역으로만 설정하여 주제를 삼아왔다. 하지만 이러한 인간중심적 책임론은 더 이상 타당성을 지니지 않는다. 왜냐하면 근대와 더불어 자연은 생활 세계에서 이미 많은 영향을 받고 있기 때문에 인간들이 만들어 낸 가공할 만한 기술공학은 새로운 책임의 차원을 요구하고 있다. 이제까지의 인간과 인간의 관계 항들로 이루어진 전통 윤리학은 인간과 자연의 관계 항들로 새롭게 구성해야 한다는 것이다. 새로운 윤리학은 자연에 대하여 인간이 책임져야 한다는 관점이 추가된다. 요나스는 목적론적 형이상학에 근거하여 자연의 도덕적 고유 권한과 도덕적 요구를 밝히는 책임론을 주장하고 있다.

『시민윤리』 교과서에서는 생태파괴의 원인을 생명의 경시에서 찾고 요나스는 그에 대한 대안을 진술하고 있다. 생태파괴의 원인을 인간의 우월성에서 찾고 요나스는 그에 대한 함의를 제시하고 있다. 미래 세대의 책임과 관련해서 요나스를 해석할 수도 있다는 점에 주목하게 된다.

4. 토지 윤리

1. 알도 레오폴드의 『모래 군의 열두 달』

알도 레오폴드는 '근대 생태윤리의 아버지'이자 전체로서의 토지를 대상으로 하는 새로운 윤리 체계를 제시한 석학으로서, 인간의 윤리가 궁극적으로 토지 윤리를 향해 진화할 것이라는 예언을 하였다.[32] 레오폴드가 주장한 토지 윤리는 지나치게 급진적이었다. 따라서 레오폴드의 사상은 미국인들의 전통적인 가치관[33]과 행태 그리고 진보의 의미에 대한 철저한 재성찰을 요구했다. 이처럼 토지 윤리는 당시까지 미국인들이 자연을 다루어 온 방식에 종지부를 찍도록 요구하는 급진적이고도 혁명적인 제안이었다.

오늘날 흔히 '토지'하면 대부분의 사람들이 물질적 풍요를 위해 개발되어야 할 '자원'으로 생각하거나 아니면 '자산보유 및 증식 수단', 조금 심할 경우는 '투기의 대상'으로 생각한다. 그런데 이 '땅'이라는 것은 인간도 동물의 한 종(種)이라는 것을 염두에 둔다면 결국 우리를 포함한 지구생태계를 담는 그릇이다. 이런 점에서 이제 우리는 땅이 '단순한 자원', 즉 파고 갈아엎고 메우고 시멘트를 붓고 하는 이용과 개발의 대상이 아니라 인간을 포함한 모든 생명체들의 삶의 터전 혹은 생태계 그 자체라는 사실을 직시하고 땅에 대한 새로운 윤리[34]를 절실히 모색해야 할 시대에 접어든 것이다. 레오폴드의 토지 윤리는 그것을 지적하며 또한 요구한다.

결국 레오폴드에게 땅이란 수많은 생명체들이 토양, 물 등과 함께 살아가는 하나의 공동체이다. 그 속에서 인간이란 장구한 진화의 세월을 함께 해온 다른 동료 생물들과 동등한 '평범한 시민' 혹은 구성원일 뿐이다. 이것을 자각한다면 우리는 땅을 사랑과 존중으로 대하게 될 것인데, 이때 싹트는 땅에 대한 윤리의식이 곧 토지 윤리다. 레오폴드의 대표적 저작인 『모래 군의 열두 달』의 원 서문[35]말미의 내용을 보면 토지 윤리는 다윈의 생명 및

32) 송명규, 앞의 책, p.59.

33) 전통적인 미국인들의 가치관은 오늘날 세계적으로 강국으로 부상한 미국의 발전은 환경과 자연의 정복과 착취의 연속인 지난 수백 년간의 개척을 바탕으로 하고 있다.

34) 땅에 대한 인류의 새로운 도덕과 의무의 모색이 필요.

35) 이 서문은 원래 레오폴드가 1947년 9월에 앨프레드 노프(Alfred A. Knopf) 출판사와의 『모래 군의

윤리 진화론, 찰스 엘턴[36]의 생명공동체의 개념, 우스펜스키의 자연 유기체론의 레오폴드 결합이라고 할 수 있다.

레오폴드는 지구를 하나의 거대 유기체로 보면 동물과 식물, 토양과 물 등은 하나의 유기체에 통합된다고 한다. 즉, 종은 그 기관이고 개체는 세포라고 할 수 있다. 이처럼 생명공동체로서의 레오폴드의 토지는 또한 하나의 거대한 유기체였다. 그러므로 그 속에서는 토양과 물도 인간과 동등한 동료 구성원이 되는 것이다. 이런 의미에서 토지 윤리는 전일주의적[37] 관점을 가지고 있음을 알 수가 있다.

레오폴드가 말하는 보전이란 인간이 토양과 물, 식물과 동물들과 함께 동료 구성원이 되며, 각 구성원은 서로를 의지하고, 각 구성원에게 자신의 몫을 차지할 자격이 부여되는 하나의 공동체에서 시민의 역할을 담당하게 될 때 비로소 가능해 진다고 보았다. 그러나 인류에게 정복자의 역할이 맡겨지고 토지는 그 노예나 하인의 역할을 담당하는 한 보전이란 하나의 몽상이 될 뿐이다.

우리의 전통 문화 속에서 '토지' 혹은 '땅'이란 삶의 터전, 더 나아가서 '삶 그 자체'였다.[38] 즉, 땅이란 우리가 태어나고, 우리의 삶과 추억, 고뇌와 한과 희망이 배어있고, 우리의 생활에 갖가지 제약과 조건을 부여하며, 우리가 죽어서 돌아갈 곳, 우리의 후손이 다시 우리처럼 살아갈 곳으로 생각했다. 간단히 말하면, 우리의 전통적 사고방식 속에서 땅은 우리가 나고 또 돌아가야 할 정신적 '고향' 이었다. 이 같은 가치 체계 내에서의 땅은 개발과 착취의 대상이 아니라 숭배와 존중의 대상이다. 이처럼 생태 문제를 해결하기 위해서는 우리의 토지관을 근본적으로 바꾸어야 할 필요가 있다.

2. 토지 윤리의 배경

물질적 풍요를 위해 개발되어야 할 자원으로서 토지관으로부터 모든 생명체의 삶의 터전이다. 레오폴드가 탄생하기 이전 그리고 생존기간에 윤리적 고려의 대상이 성인 백인 남성으로부터 노예, 인디언 여성, 노동자, 흑인에게로 확장되던 시절이었다. 이에 영감을 받은 레오폴드는 궁극적으로 자연 그 자체를 대상으로 하는 영역으로 확장될 수밖에 없을 것이며, 또 그래야만 한다고 믿게 되었다. 이처럼 자연 그 자체에 대한 윤리의 확장, 이것이 곧 레오폴드가 촉구하는 토지 윤리 그리고 그 뒤를 이은 현대 생태윤리의

열두 달』 출판 교섭을 위해 집필한 것인데, 노프사는 한 달 뒤 계약을 거절했다. 그 후 위스콘신대학 레오폴드 문서실에 보관되었다가 캘리코드의 편저(Callicott 1987 b;281-288)에 처음 실렸다. 우리가 『모래 군의 열두 달』에서 보는 서문은 1948년에 새로 집필한 것이다.

36) 전체주의 관점의 영향

37) 공동체 자체에 대한 존중을 요구하는 전체주의적 입장으로 개별 동식물보다는 좁게는 그 종 전체, 군집, 특정 생태계, 넓게는 지구 생물권 전체의 보호를 위한 인류의 윤리의식을 촉구하는 입장.

38) 다른 민족의 예로 아메리카 인디언을 들 수 있다.

목적이다.

찰스 다윈의 생명 및 윤리 진화론을 밝힌 『종의 기원』과 『인간의 유래』의 영향을 받았다. 『종의 기원』은 2천 년 동안 지속해 온 인간과 자연의 이분법을 뒤엎고 인간을 자연의 지배자로부터 다른 동물과 혈족 관계에 있는 하나의 종의 지위로 끌어내렸다. 비록 개개의 생명체는 치열한 생존경쟁을 벗어날 수 없는 운명이지만 영겁에 이르는 장구한 진화의 세월을 돌이켜 본다면 모든 생명체는 거대한 혈족관계이다.

인간의 진화와 더불어 윤리도 진화하였다. 다윈은 동정심은 신체와 마찬가지로 진화의 산물이고 인간의 사회적 영역은 오직 이기심만으로 충만한 전윤리적 상황으로부터 출발하여 소부족, 마을 공동체, 대규모 공동체에 이르기까지 확대된다. 이에 따라 윤리의 영역도 무용한 사람에게로 확대된다.

또한 이런 생각은 생명 공동체 개념을 밝힌 찰스 엘튼으로부터 영향을 받았다. 그는 먹이사실, 에너지 순환, 생태적 지위, 생물 피라미드 생명공동체와 같은 생태학적 개념에 접하게 된다. 땅을 통합하는 것은 먹이사실과 에너지 순환이며, 경제학, 생태학의 어원은 집을 뜻한다. 생태학은 군집, 혹은 공동체 체계 그리고 전체에 관한 학문이다.

그리고 우스펜스키는 자연 유기체론의 관점에서 유기체적 지구관을 강조하였고 대지 윤리는 이것에 영향을 받았다고 할 것이다. 그는 강, 바다, 산 같은 실체들로 단순한 기계적 존재가 아니라 어느 정도의 생명을 지닌 존재라고 보았으며, 또한 생태학적 견지에서 유기체와 비유기체의 전통적인 구분은 공허하다고 생각하였다.

3. 토지 윤리의 이론

(1) 윤리 진화의 동인과 발전 방향

윤리 진화의 동인은 다윈에 따라 생태학적 진화과정이다. 이러한 진화의 동인은 "발달 중인 공동체적 본능"으로 전개된다. 신과 이성에 근거한 윤리의 확장을 설명하는 이론을 거부하고, 윤리의 기원과 성장에 대한 진화론적 설명의 출발점을 감정에 두며, 도덕 공동체의 경계, 즉 도덕적으로 배려되어야 할 대상들의 범위는 그 사회가 인식하는 물리적 경계와 일치한다고 보고 있다. 오늘날 인류는 거대한 하나의 공동체를 이루고 있기에 인권윤리가 발달하였다. 그렇다면 인권윤리를 넘어선 다음단계의 윤리의 발달 단계는 무엇일까? 자연사적 윤리 진화론의 시각에서 볼 때, 개인 간의 관계를 규정했던 최초의 윤리가 개인과 사회의 관계를 포함하는 단계로 발전했으며, 앞으로는 '인간과 토지 및 그 위에서 살아가는 동식물의 관계'를 다루는 세 번째 단계로 진화할 것으로 간주하게 된다.

(2) 전일주의 대 개체주의

전일주의 입장은 생명공동체가 동료 구성원뿐만 아니라 생명 공동체 그 자체가 도덕적 배려의 대상이 된다. 그러나 개별 동료구성원의 존중을 완전히 버리지 않았지만 개체의 존중과 공동체 자체의 존중 사이에 갈등이 발생할 때 공동체를 우선(개별 구성원에 대한 도덕적 배려를 생명공동체 전체의 통합성과 안정성 그리고 아름다움의 보전에 종속. 그러므로 식물, 동물, 토양 물 등의 존속할 권리와 야생화, 명금류, 맹금류, 포식자 등의 생명적 권리가 생명공동체의 통합성과 안정성 그리고 아름다움의 보전과 상충되면 생명공동체를 우선시하게 된다. 이는 자연사적 윤리 진화론의 영향이다.

(3) 토지 윤리와 환경 파시즘

생명 공동체의 먹이사슬 구조는 영양 이전을 특징으로 한다. 이러한 구조는 인간의 눈에 불합리하게 보이지만 이러한 특성을 수용하고 보전하고자 한다. 토지 윤리에서 중요한 것은 구성원 각각의 복지가 아니라 토지 공동체 전체의 건강이다. 그렇다면 토지공동체의 구성원인 인간은 다른 구성원들과 마찬가지로 토지 공동체 전체의 건강을 위해 희생될 수 있다는 추론을 허용해야 한다. 적어도 이론적으로 인간은 특권적 존재가 아니기 때문에 이러한 염려는 가능하고 비판자들은 이러한 토지 윤리의 성격을 들어 환경 파시즘, 생태파시즘을 초래한다고 비판한다.

레오폴드를 추종하는 캘리코트는 이에 상당한 정당화를 제공하고 있다. 모든 구성원이 동등한 권리를 지니지만 보다 더 존중하고 우선할 공동체가 있고 덜 존중하게 될 공동체가 있다. 우리는 인간 종으로서의 의무가 생명공동체의 구성원으로서 공동체 구성원으로서의 의무보다 우선하게 된다고 할 것이다. 이는 마치 나무의 나이테와 같다는 것이다.

(4) 자연의 도덕적 중립성과 비중립성

피터 프리챌이 제시한 역설 : 우리는 다른 동식물과 동등한 생명 공동체의 평범한 구성원이자 시민- 즉, 평범한 자연적 존재이거나, 그렇지 않거나- 즉, 다른 동식물보다 우월한 존재 - 둘 중의 하나 일 것이다. 만약 생명공동체의 평범한 구성원이자 시민이라면 우리는 다른 동식물 자체에 대해 도덕적 의무를 지니지 않는다. 또한 생명공동체의 구성원이자 시민이 아니라고 해도 아무런 도덕적 의무를 지니지 않는다.

이 역설의 논점은 첫째, 자연이 도덕적으로 중립적인가 하는 것이고, 둘째, 인간이 자연 이상의 존재인가 하는 것이다. 이에 '갤리코트는 중립적이지 않다'라고 답변하며, 둘째에 대해서는 결코 우월하지 않다고 말한다.

(5) 토지 윤리는 심려인가, 아니면 집합적 자기 이익의 의무인가?

레오폴드는 토지 윤리는 진정한 애정, 존중, 흠모, 도덕의식을 요구한다고 선언하는데, 이것들이 용의주도한 자기 이익을 바탕으로 한다면 그것은 위선일 뿐이라고 주장이다. 이에 대한 갤리코트 입장은 심려적인 동시에 의무적-공동체의 내부적 시각이다. 즉 진화된 도덕적 감수성을 지닌 공동체 구성원의 살아 있고 체험적인 관점에서 보는 토지 윤리는 의무적이다. 이때의 토지 윤리는 진정한 애정, 흠모, 자기희생 등이 요구된다. 공동체의 외부적 시각에서 보는 토지 윤리는 심려이다. 생태학적 관점에서 볼 때 인류가 토지에 영향을 끼친 각종 해악으로부터 살아남으려면 어쩔 수 없이 토지 윤리가 필요하다.

(6) 대지 윤리에 대한 비판과 대응

생태공동체와 관련해 윤리적 전체주의를 채택하는 일이 왜 합리적인가? 자원관리와 관련해 가장 현실적인 접근방식이다. 생태학에 함축되어 있는 '인식론적' 전체주의에 의해 함축된다. 생태계에 대한 충분한 이해는 인식론적 전체주의를 수용하게 한다. 가치는 전체주의적 윤리에서 부여되어야 한다. 그래서 개체 유기체가 아니라 요인들에 승인하는 또 하나의 논거를 제공한다. 생태적 전체의 '형이상학적' 실재성을 인정한다.

윤리적 전체주의를 채택하는 가장 현실적인 이유는 개체주의 사유가 실패했기 때문이다. 생태계의 상호의존성을 무시하는 것은 필연적으로 생태계의 파괴를 초래한다는 것을 보여주는 많은 증거들이 있다. 대지윤리에 대한 비판은 사실과 가치의 괴리에서 생기며, 이는 곧 윤리학적 함의에 대한 비판이 된다. 즉 '왜 우리는 생태계의 온전함과 안정을 소중하게 생각해야 하는가?'의 문제이다.

(가) 유기체 모델

지구 자체가 살아 있다면, 그리고 그것에 '건강한, 아픈, 성장하는, 죽어가고 있는'이라는 형용사를 부여할 수 있다면, 지구가 도덕적 고려를 받을 가치가 있다고 주장할 수 있는 것이다. 대지 윤리는 공동체의 모델에 의존한다. 특히 엘튼의 기능주의적 공동체 모델과 강하게 관련된다. 하지만 탠슬리의 에너지 모델의 개념을 사용한다. 하지만 이러한 공동체와 에너지라는 용어를 사용하는 일은 단지 일종의 비유에 불과하다. 유기체가 온전하고 안정적이라는 것과 공동체와 에너지 회로가 온전하고 안정적이라는 것은 전적으로 다른 문제가 된다.

생태계에 대한 레오폴드의 모델은 도대체 어떤 것인가? 만일 이러한 모델이 정확치 않다면 윤리적 의미를 채택하는 일은 어렵게 된다. 만일 엘튼의 기능주의 모델에 초점을 두게 된다면 먹이사슬의 보전에 초점을 두어야하겠지만, 회로를 통해 흐르는 에너지에 초점을 두면 이러한 사슬은 보전해야 한다는 윤리적 함의를 갖지 않게 된다.

지구가 가장 큰 유기적 전체로 고려된다. 문제는 왜 지구의 안정과 온전함은 가치가 있는가라는 문제가 또다시 제기되기 때문에 소용없게 된다는 것이다. 개별 유기체와 마찬가지로 발전단계가 있다는 주장이 있다. 이것은 모든 지역에서 생태적 변이가 목표하는 단 하나의 극상단계가 있다는 것, '극상군집'의 존재를 가정해야 한다. 하지만 생태계가 다양한 방식으로 변화, 발전한다는 것을 전제한다면 이 방법은 설득력이 없다.

(나) 에너지 모델

먹이사슬과 같은 문제에 봉착하게 된다. 결국 레오폴드의 규범적 결론은 어떤 방식에서 보면 생태학의 사실로부터 도출되는 것으로 보인다. 하지만 생태계에 온전함, 안정, 아름다움을 귀속시키는 사실적, 의미적 토대가 실제로 존재한다고 할지라도 이러한 사실들이 가치와 관련된 결론으로 연결되는지는 분명치 않다. 생태학적 사실은 그 자체로 생태적 온전함과 안정이 윤리적 가치라는 것을 증명해 주지 않는다. 따라서 윤리적 혁명은 인간의 심리상태가 근본적으로 바뀔 때에만 가능하다고 레오폴드는 주장한다. 도덕과 생태교육을 통한 심리변화야말로 존재와 당위의 간극을 메울 수 있는 요건이 된다.

(다) 대지 윤리의 한계

전체주의 윤리는 '전체의 선을 위해 개체의 선을 희생하는 것을 용인하는데, 이때 공동체의 구성원을 희생시킬 수 있는가?'의 문제를 야기한다. 이에 실용주의적 전체주의를 발전시키는 방법의 대응과 윤리적 전체주의가 다양한 함의를 가질 수 있는 문제를 인식하여 행위규칙이 아니라 도덕적 성향에 초점을 두게 된다.

이에 캘리코트의 대지 윤리 수정이 이루어 졌다. 그는 먼저 존재와 당위의 간격을 추가하고 언명(사랑, 인간 심리)을 첨가하여 이끌어내고 있다. 그리고 레오폴드의 이론을 형이상학적 전체주의를 채택한 것으로 해석한다. 캘리코트의 생태학은 형이상적 함의만 지니는 것이 아니라 윤리학적인 결론에로 나아가야 한다고 믿었다. 이에 캘리코트는 생태학에서 형이상학으로, 그리고 다시 윤리학으로 추론할 필요를 느꼈다. 그리고 형이상학은 생태학적 사실과 윤리적 가치로의 횡단매개의 역할을 하였다.

5. 녹색불교의 생태윤리

1. 자연에 대한 불교 이해

'녹색불교(Green Buddhism)'는 '비불교적 생태환경론자들이 제기한 제반 문제에 대해서 현대불교의 응용윤리 관점에서 생태지혜의 성립 근거와 그 실천 가능성을 모색하는 실천적 불교 관점'으로 정의되고 있다.[39] 이러한 관점은 헬레나 노르베리-호지의 『오래된 미래』를 통해 잘 반영되어 있다.[40] 헬레나 노르베리-호지(Helena Norberg-Hodge)는 반세계화와 탈중심화를 위한 국제연대의식을 맺고 인도 북부의 라다크(Radak)에서 녹색불교 생태운동을 전개함으로써, 1986년 환경 분야 노벨상인 '바른 생활상'을 수상하였다. 우리는 전통불교와 달리 녹색불교 시각에서 생태지혜와 실천윤리를 어떻게 강조하는지를 살펴보고, 그 주장에 함의된 비판적 문제점을 함께 다루고자 한다.

헬레나 노르베리-호지는 녹색불교 실천윤리 공동체로서 라다크를 통해 부유하지는 않지만 풍요로운 무릉도원, 차별받지 않는 사회, 탐욕스런 현실로 말미암아 아름다운 공동체와 미래의 파괴 가능성을 경고하고 있다. 당시의 비판적 문제의식은 자연의 위계질서 개념에 대한 거부의식에 관한 것이다. 노르베리-호지는 서양의 유기체적 생태개념에 근거하여 불교 공동체의 위계질서의식을 부정하며 인간과 자연의 평등성을 중점적으로 거론하고 있다. 그런데 전통불교의 인간의 수행법에서는 영성적 위계질서 의식이 강조되면서 반야에 이르는 의식의 위계변화를 강조하고 있다. 이에 따라 서구적 자유와 평등의식의 관점을 부각시킨 가운데 전통불교의 지혜추구의 위계적 개념이 제거된 녹색불교 실천윤리 의식에 대한 비판적 논의가 거론될 필요가 있는 것이다.

서구 전통에서의 기술위협에 따른 생태환경에 대한 관심이 고조되면서, 생명의 평등성에 근거하여 실천윤리 논의가 다양하게 나타나고 있다. 지구환경이 심각한 도전을 받게 되면서, 크게 두 가지 유형으로 이러한 심각성이 드러났다. 한 가지는 인구의 폭발적 증가, 숲의 황폐화, 야생의 소멸, 생물종의 감소, 동물에 대한 잔인성 등의 문제와 연관된 특수한 것이며, 또 다른 한 가지는 동식물계, 생태계 등등의 현상세계와 관련된 보편정의 구현의

39) Martine Batchelor and Kerry Brown ed., *Buddhism and Ecology* (London: Cassell, 1992), preface.

40) 헬레나 노르베리-호지, 『오래된 미래』 서울: 녹색평론사, 2004. pp.199-211.

문제이다.[41] 앞의 경우는 1960년대 이후 환경비관론에 근거하여 생태위기 의식을 고조시킨 데 역점을 둔 데 반하여, 뒤의 경우는 환경변화론에 근거하여 실천함의를 강조하는 경향이 있다. 인간의 생존을 위협하는 생태의식수준과 생명공동체를 파괴하려는 범죄예방의식의 차이점이 드러난다. 헬레나 노르베리-호지가 라다크의 불교공동체가 서구문명에 어떻게 파괴되는지의 실상을 알리고 자본이 불교전통을 송두리째 빼앗아 가기에 앞서 범죄예방 차원의 대비를 역설한다.[42]

이러한 논의에 있어 인간은 더 이상 인류 우선의 이익만을 부각시키거나 생태계에서 인격의 존엄성만을 당당하게 내세울 수 있는 처지가 되지 못한다. 이에 따라 생태환경의 정의 구현이 요청되고 그 외연이 확장되었으며, 생태환경의 정의에 대한 관심은 범지구적인 것이 되었다. 전통불교와 달리 미래세대에 대한 책임의식이 강조되며, 생태 실천윤리의 정의 구현 영역을 인간계를 너머서 동식물계뿐만 아니라 생태전반으로 확장시키는 데 불교의 생명평등관이 요청되기에 이르렀다.

일반적으로 생태윤리의 정의문제는 여러 관점에서 다양한 문제를 제기한다. 사회정의 일반론의 관점에서 존 롤스(John Rawls)의 '사회정의론'을 방법론적으로 원용하면서도, 인간중심적 관점에서 제기된 문제에서 출발하여 인간의 이성적 가치와 합리성을 전제로 체계화된 수정 자유주의의 한계성 때문에 그대로 생태정의에 반영할 수는 없을 것이다. 그러나 생태계 전체를 위한 한정된 지구자원 배분의 '공정성(fairness)' 문제는 설득력을 지니고 있다. '인간이익(human interests)'의 경계를 너머서 생명 다양성에 이르기까지 수혜이익과 고통분담의 몫을 공정한 기준으로 처리할 것인가의 과제는 다양하게 그 해결방안을 모색할 필요가 있는 것이며 이는 녹색불교에서 부각시킨 자비의 실천의식과 현실적으로 접목되어 있다.

이러한 생태윤리의 정의 문제는 규범윤리 측면과 응용윤리 측면을 함께 내포한다. 1984년, '생태환경의 부정의(injustice of ecological environment)' 사건이 인도의 보팔(Bhopal)에서 발생하였다. 이곳의 탄소 합성 공장에서 화학물질에 대한 취급부주의로 말미암아 뿌리가 약한 나무들이 대량으로 공장으로 넘어져서 독가스를 유출시킴으로 4,000여 명이 사망하고 50,000여 명의 불구자가 발생하였다. 이러한 문제에 대해 피터 벤츠(Peter Wenz)는 '단순히 취급부주의 사실을 확대하여 생태환경 부담금을 가난하고 힘없는 사람들에게 과다하게 부과하는 것은 결코 환경정의에 부합되지 않는 행위'라고 비난하였다.[43] 생태위기의식을 고조시켜 전통규범의 외연을 성급하게 확장하거나 전략적 측면을 동원하여 생태 불의를 자행하면서도 은폐할 경우에는 도덕적·법적 수준의 책임을 부담하도록 의식 변화를 초래하고 있다. 중국은 지난 1950년 군사력으로 티베트를 강점한 뒤 1959년의 독립 봉기를 무산시킨 이후 라싸에 한(漢)족을 대규모로 집단 이주시키고 달라이 라마의 실체를 부정할 것

41) 비외른 롬보르, 『회의적 환경주의자』 서울: 에코리브르, 2003. p.76ff. 로널드 베일리, 비외른 롬보르는 환경비관론의 타당성 조사를 전개하면서 환경비관론의 허구성을 일목요연하게 파헤치고 있다.

42) 위의 책, pp.15-19.

43) Peter Wenz, *Environmental Justice*, Albany, NY: SUNY Press, 1989.

을 강요하는 등 티베트의 정체성을 말살하기 위해 다양한 정책들을 취해 왔다. 그 밖에도 생태환경 부정의 문제는 지역차별, 인종차별, 성차별 문제와 연계된다.

불교경전, 『정법염처경(正法念處經)』에는 살생의 부당성을 이렇게 말한다. '살생이란, 다른 중생에 대하여 중생이란 생각을 내고 죽일 마음을 일으켜 그 목숨을 끊어 살생하게 되는 것이다. 그 살생에도 상·중·하의 세 가지가 있다. 이른바 상이란 아라한 등을 죽이고 아비지옥에 떨어지는 것이요, 중이란 도에 머무르는 사람을 죽이는 것이며, 하란 선하지 않은 사람이나 짐승을 죽이는 것이다. 살생에는 또 세 가지가 있으니, 이른바 과거와 미래와 현재다. 살생에는 또 세 가지가 있으니, 이른바 탐내어 죽이는 것과 성내어 죽이는 것과 어리석어 죽이는 것이다. 탐내어 죽임이란 사냥 따위를 말하는 것이며, 성내어 죽임이란 백정[下性]을 말하는 것이며, 어리석어 죽임이란 외도들이 행하는 재(齋) 따위를 말하는 것이다. 살생에는 또 세 가지가 있으니, 이른바 직접 죽이는 것과 남을 시켜 죽이는 것과 그 두 가지를 겸한 것이다.'[44)]

이처럼 인간뿐만 아니라 인간 이외의 영역의 생태환경의 정의 문제를 노출하면서, 녹색불교는 초기 생태윤리의 '인간중심주의(anthropocentrism)'의 관점에 대한 대안으로 자비관에 근거하여 '생명 중심주의' 또는 '생태전체주의'라는 급진 관점을 표방하기에 이르렀다. 앤드류 돕슨(Andrew Dobson)이 주장한 것처럼, 이러한 대안 개념은 인간 이외의 영역에 대한 본래적 가치의 평가보다, 그동안 비인간계에 취해졌던 '불공정한 대우(unfair treatment)'에 대한 울분의 감정을 함축하고 있다.[45)] 실제로 인간의 효용가치와 별도로 자연계의 아름다움은 그 자체대로 미적 가치와 숭고함을 유지하고 있다.

인간은 자유의지, 창작성, 사색, 판단, 실제적인 이성 같은 도덕행위 능력을 지니고 있기 때문에 도덕적으로 우월한 존재라고 믿고 있다. 그러나 녹색불교는 이를 개념적 혼동에 기인하는 것으로 말한다. 도덕행위 능력을 가진 존재는 도덕적이거나 부도덕적이라고 판단할 수 있지만, 이러한 도덕관점을 도덕능력 결핍존재에게 그대로 적용하여 평가하려는 것은 공정한 처리가 될 수 없다. 결국 인간우월성에 근거하여 공평하지 못한 자원의 분배 몫을 인간중심으로 나누어 가진다면 다른 생명에 대한 고유 가치를 침범하는 결과를 야기한다. 이 모순을 반영하여 폭스(W. Fox)는 인간 이외의 생태계를 '인간목적을 위한 단순한 도구로 전락시키는 비인간계의 희생'으로 집약시켜 논의하였다.[46)]

녹색불교와 달리 전통불교 사유 체계에서 강조되는 내용은 인연, 업, 중도, 무상, 무아사

---

44) 『한불전』 「정법념처경」, 1권 5-1802쪽; '살생에는 또 다섯 가지 인연이 있어서 살생하더라도 살생한 죄업이 없는 것이 있다. 첫째는 길을 가다가 무심히 개미 따위의 곤충의 목숨을 끊는 것이요, 둘째는 쇠꼬챙이 같은 것을 던졌다가 살생할 마음이 없었는데 무심히 생물의 목숨을 끊는 것이며, 셋째는 의사가 병을 고치기 위해 병자에게 약을 주었다가 그 약 때문에 목숨이 끊어졌으나 의사에게 악심이 없는 것이요, 넷째는 부모가 사랑하는 마음으로 자식의 버릇을 고치려고 때렸다가 그 때문에 목숨을 끊는 것이며, 다섯째는 무심히 불을 켰는데 벌레가 날아들어 죽는 것이다. 이런 다섯 가지는 비록 목숨을 끊었어도 살생한 죄는 받지 않는 것이다.'

45) Dobson, Andrew, *Green Political Thought,* London, Routledge, 1990. p.61.

46) Fox, Warwick, "Deep Ecology: A New Philosophy of our Times?", *The Ecologist,* 14, 5/6. p.198.

상 등이다. 이러한 사유방식은 필연적으로 삼라만상의 연관관계를 인연으로 밝히는 수평차원과 함께 불타는 화택으로부터 탈출을 강조하며 수행의 위계가치를 중시하는 수직차원을 병행하여 다루고 있다. 불교의 생명력은 무엇보다 고통과 미몽의 세계에서 벗어나 깨달음과 해탈을 실현하려는 데 그 초점이 있다. 상호의존적 연기적 측면과 함께 의식의 각성을 수반하는 깨달음의 수직적 차원이 강조되는 이유가 여기에 있다. 그런데 녹색불교는 결과적으로 서양의 생태환경 정의관 실현에 중점을 두면서 수직적 차원의 반야를 포기하는 관점에서 수평적 차원의 방편을 지나치게 강조하는 경향이 있다. 이러한 문제의식은 서양문화에서 인권의 가치를 부각시키는 과정에서 억압의 질곡으로부터 벗어나려는 논리를 전제로 하기 때문이다. 실제로 서양의 권력의 억압적 위계에서 살펴보면, 수평차원보다 수직차원이 부각되어 상대방에 대한 배려보다 절대적으로 지배권을 강화시키는 결과를 부각하게 된다. 세속적 성공과 이에 수반된 소외의식의 증대는 이러한 지배위계질서를 강화한다.

전통불교의 중심 가치에 해당하는 자비의 위계질서를 어떻게 이해할 것인가? 이 점에 대해서 우리는 두 가지 관점에서 이해할 수 있다. 한 가지는 수직축에 대한 의미를 살려서 지혜 차원에 해당되는 진보의식을 강조함이며, 다른 한 가지는 수평축의 의미를 존중하는 방편 차원의 연기적 상관의식을 부각함이다. 그런데 서양생태윤리에 근거한 현대의 녹색불교에서는 방편적 의미의 위계질서의식을 거부하며 더욱이 수직적 의식 각성이나 지속가능한 개발의 진보의식을 수용하지 않는다. 그런데 불교전통의 자비사상의 내향적 위계질서를 생각해 보면 우리는 의식 각성의 위계를 인정한 가운데 생명의 상호의존성을 부각시키고 있다. 이러한 의존성은 서구의 권력의 억압구조와는 구별되는 것으로, 자연과 인간의 통합, 현재와 미래의 원활한 소통을 부각시키게 된다. 여기서 우리는 전통불교에서 부각시킨 깨달음의 실상에 접근하기 위한 반야의식의 수직적 차원을 염두에 두지 않을 수 없다. 이는 곧 녹색불교에서 전통불교의 보살 인격의 추구가치를 살려내야 할 과제를 보여준다.

따라서 서양의 생태윤리의식과 달리 현대의 녹색불교는 인간과 자연의 평등권을 강조하는 연기의 논리와 함께 반야바라밀의 성취를 주요한 윤리적 과제로 삼을 필요가 있는 것이다. 이처럼 녹색불교는 연기의 수평적 차원을 부각시키는 장점이 있는 반면에, 반야성취를 위한 지혜 추구의 수직적 차원을 배제하려는 단점을 지니고 있다. 그것은 전통불교윤리의 반야추구를 녹색불교에서는 권위의 억압구조와 동일시하기 때문이다. 결국 삼학을 강조하는 전통불교의 정신으로 돌아가서 현대의 녹색불교에서는 생태환경 정의에 대한 통일적 안목을 갖추어 가야 할 것이다. 이는 곧 명상실천의 높은 정신적 상태를 계승하면서 현대의 윤리적 과제로서 생태환경 정의를 실천함을 뜻한다. 이를 우리는 녹색불교가 추구할 실천윤리 과제라고 말할 수 있다. 이러한 녹색불교윤리는 현대의 생태윤리를 근간으로 삼는 생명중심주의 전통, 심층생태주의의 전통의 두 가지 범주를 통해 생태위기의 진단, 생태환경의 정의 구현을 실현하고자 하기 때문에 이에 근거한 녹색불교 실천윤리의 위상을 모색하고자 한다. 녹색불교 위상은 생명 중심의 윤리전통을 통해 불교의 자비정신을 생태공경의식으로 어떻게 살려내며, 심층생태 윤리전통을 통해 자기실현의 생태공경의식을 어떻게 정립하는지를 살펴보면서 그 한계점을 통해 녹색불교의 실천윤리 위상을 정립해보고자 한다.

2. 생명 중심의 실천지향

전통불교는 우주가 성주괴공하고 육신이 생로병사하고 마음이 생주이멸하는 연기적 생명 현상을 중시한다. 그런데 녹색불교는 불교의 세계관과 환경문제의 접목을 통하여 연관된 상호관계 속에서 생명을 강조하므로 서양의 생명 중심 윤리전통과 연관된다. 녹색불교는 한정적인 자비심에서 벗어나 우주와 생명 전체에 대한 무한정의 자비심으로 나아갈 것을 강조하며 인간중심적 한정적인 자비심의 한계를 극복하려고 한다. 특히 『법원주림』에서는 '불자야, 칼과 몽둥이와 활과 화살을 쌓아두거나 가벼운 저울과 작은 말을 사용해서 판매하거나 관리의 권세를 빌어서 남의 재물을 가져가거나 해칠 마음으로 묶어 놓고 남의 성공을 파괴하거나 고양이·삵·돼지와 개를 기르지 말 것이니, 만일 짐짓 기르면 경구죄(輕垢罪)를 범하는 것'으로 간주하여 보살이 중생을 교화할 마음을 일으키지 않음을 경계한다.[47]

실제로 인간은 인종중심적인 사고가 깊게 박혀있어 그동안 인간 이외의 다른 종족에 대한 이익은 고려하지 않았다. 동물들도 사람들과 마찬가지로 고통을 겪고 어느 정도의 감각을 갖추고 있기 때문에 동물들이 상대적으로 불이익을 받는 것에 대해서 고려할 필요가 있다. 사람에게 고통을 주는 것이 옳지 않다면, 동물에게 고통을 주는 것도 정당화될 수 없다. 오늘날의 생태 정의를 고려해 볼 때, 사람들도 종족주의적인 사고에서 벗어나, 동물들의 이익을 침해하거나 간섭하지 말아야 할 것이다. 이처럼 동물을 중심으로 한 '동물중심주의(zoo-centrism)' 정의관과 생태계 전체를 포괄하는 '생태중심주의(eco-centrism)' 정의관은 탈인간중심의 관점을 취하는 점에서 일치된 입장을 보여주고 있다.

이러한 점에서 테일러는 인간과 다른 동물들 사이에 존재하는 도덕적 관계에 대한 체계적이고 포괄적인 설명을 시도하였다. 그는 생명의 내재적 가치를 존중하여 모든 생명체는 '목적론적 삶의 중심(teleological center of life)'이 있기 때문에 도덕적 고려를 해주어야 한다고 주장한다.[48] 테일러를 포함한 슈바이처(Albert Schweitzer), 레건(Tom Regan) 등의 생명중심주의 윤리를 주장하는 입장에서는 '생명이 내재적 가치를 가진다.'는 기술적(descriptive) 설명을 근거로 윤리의무로 옮겨가는 규범적(normative) 주장을 통해 생태환경에 대해 인간이 책임지는 정의를 부각한다. 생명 중심주의(bio-centrism)에서는 몇 가지 특징적인 신념체계를 형성한다. 첫째, 인간은 다른 생명체와 동일하게 지구의 구성원이다. 둘째, 인간을 포함한 모든 종은 상호의존체계의 일부이다. 셋째, 모든 생명체는 자기 고유한 방식으로 선을 추구한다. 넷째, 인간이 다른 생명체보다 내재적으로 우월하지 않다.

이와 같이 개체의 본래 가치는 그것의 장점에 좌우되지 않고 그것의 선의 실현에 본질적인 가치를 두는 것이다. 이는 등급을 매기거나 순위를 정하는 것에 의해 판단되는 특정 장점과 무관하다. 일상적으로 인간의 고유 가치는 장점 면에서 그렇게 많은 것이라고 말할 수는 없다. 이와 동일하게 동물과 식물도 본래적인 가치를 소유한 것으로 간주되는데, 이

---

47) 『한불전』「법원주림」, p.3405, 경구죄(輕垢罪)는 허물이 비교적 가벼운 죄를 일컫는다.

48) Taylor, Paul, *Respect for Nature*, Princeton, Princeton University Press, 1986. pp.78-82.

는 생명체로서 단점이 있음에도 불구하고 자연의 구성원이기 때문에 존중된다. 따라서 생명 중심주의 생태주의에서는 생명 유기체의 도덕적 가치를 고려해야 한다고 말한다.[49]

종의 이익을 고려함에 있어서, 종이 반드시 이를 지각할 필요성은 없다. '합리성뿐만 아니라 고통이나 쾌락경험의 능력, 도덕적 감수성은 고려 조건으로서 필요하지 아니하다.'[50] 따라서 테일러의 관점에서 바라보면, 생태정의를 구현하기 위해서는 인간에 대한 존중과 동일하게 생태공경의 자세가 갖추어져야 한다. 이러한 정의관은 인간에 대한 기여와 무관하게 모든 생명체는 평등한 가치를 갖는다는 것이다. 이는 인간중심적 생태관의 부당성에 대한 대안으로 제시된 생명 중심주의 정의관이다. 따라서 '종족주의를 넘어서 종들에 대한 대우를 어떻게 할 것인가?'의 문제는 생명 중심주의 생태주의의 정의에서 중요한 과제이다.

역사적으로 인간이 다른 종보다 본래적으로 우월하다는 주장은 그리스인들이 인간을 이성적 동물로 정의한 것에서 드러난다. 이성은 우리가 동물보다 우월하다는 열쇠가 되었고, 인간이 평원에서 살게 하여 고귀성을 부여하는 단서가 되었다. 그러나 여기서 고려할 점은 이러한 견해가 실제로 인간 우월성에 대한 논의를 제공하지 못하고 오히려 비인간보다 인간이 우월하다는 생각을 가진 사람들에게는 빌미를 제공했다. 이성 능력에 의해서 인간이 비이성적 다른 존재보다 우월가치를 가지고 있다는 그리스인들의 주장은 다른 요소들 속에서 이성이 삶의 한 요소라는 점을 간과했다. 그리스인의 '인간중심주의' 관점은 우리에게 인간우월성을 입증하는 데 있어 객관적이며 중립적 근거를 제공하지 못한다.

그런데 피터 싱어(Peter Singer)는 생태계의 도덕적 고려에서 동물을 제외시키는 것에 대해 반론을 제기했다.[51] 그는 비인간으로서 동물과 인간의 평등성을 주장하면서 성차별주의, 인종차별주의와 같은 의미로 동물차별주의의 부당성을 강조하였다. 그는 '감수성을 갖춘 동물을 제외하는 것은 잘못된 것이지만, 돌과 같은 무정물은 고통을 느끼지 못하기 때문에 도덕적 고려를 할 필요가 없다'라고 말한다. 이처럼 이익평등 고려의 원칙을 강조하는 가운데, 피터 싱어는 동물에 따라 고통의 깊이가 다르기 때문에 동일하게 대우할 의무는 없으며, 도덕적 감수성(마음의 능력)의 차이를 고려하더라도 동물을 인간과 동일하게 대우할 필요까지는 없다는 주장한다.

반면에 탐 레건(Tom Regan)은 피터 싱어의 주장과 달리 공리주의 이론보다 동기주의 이론을 선호하면서 인간과 동물의 '내재적 가치(inherent worth)' 측면에서 인간과 동물의 평등한 대우를 강조하였다.[52] 따라서 인간의 이익이 동물의 고통보다 앞서더라도 동물을 차별대우 할 수 없기 때문에, 생명의 권리에 대한 차별적 대우를 철폐하는 것이 정의롭다는 주장이다. 따라서 동물을 식용물로 삼는 행위와 동물실험은 도덕적으로 정당화될 수 없다고 말한다. 이처럼 동물과 인간을 평등하게 대우할 필요성은 다음과 같다. 첫째, 인간은 자연에

49) 위의 책, pp.66-68.

50) Goodpaster, Kenneth E., "On Being Morally Considerable", *The Journal of Philosophy*, 1978, p.75.

51) Singer, Peter, *Animal Liberation*, London, Random House,1995. p.5.

52) Regan, Tom, *The Case of Animal Rights*, Berkeley, University of California Press, 1983.

있어서 특별한 존재의 의미를 갖지 못한다. 인간도 동물과 같이 자연의 일부분일 뿐이다. 둘째, 모든 고통은 평등하게 나쁜 것이다. 따라서 동물에게 위해를 가해서는 아니 될 것이다. 셋째, 사소한 인간의 이익이 중대한 동물의 생존권과 동일한 가치를 지니는 것은 아니다. 눈주름을 없애거나 실험을 위하여 동물의 생명을 앗아가는 행위는 도덕적으로 정당화될 수 없다. 거대한 그물망 속에서 감각은 있으나 합리적이거나 자의식을 갖추지 못한 존재를 의식존재라고 한다. 이러한 의식존재의 생명가치를 인격체의 생명체와 어떻게 비교할 수 있는가? 의식이 있는 생명, 쾌락과 고통을 경험할 수 있는 존재의 생명가치는 느끼는 쾌락을 통하여 판단할 수 있다. 그러한 쾌락의 증대에 대하여 두 가지의 접근이 가능하다.

첫째, 전체적 견해로서 쾌락의 전체량의 증대(고통의 전체량의 감소)에 관심을 갖고 현존하는 존재 쾌락을 증대하거나 존재자의 숫자를 증대함으로써 쾌락의 전체량을 증가하는 것이다. 둘째, 사전 존재적 견해로 우리가 결정을 내리기 전에 이미 존재하거나, 적어도 우리의 결정과는 무관하게 존재할 수 있는 자들을 고려하는 것이다.

다양한 생명들 간의 가치서열이 가능하지 않지만, 종들 간의 이익 충돌이 이루어질 때, 이를 조정하는 정의 원리가 필요하다. 실제적으로 한 종류의 동물의 삶이 다른 종류의 동물의 삶보다 더 큰 가치를 가진다는 생각이 수용될 수가 있다. 어떤 중립적인 근거가 발견된다면 이러한 판단을 더욱 지지할 수 있게 되는데 이것은 다양한 종류의 존재가 되는 것에 관한 상상적 재구성을 통하여 이루어질 수 있을 것이다. 일반적으로 존재의식이 높게 발달되면 될수록, 자의식과 합리성의 정도가 크면 클수록, 즉 높은 수준의 의식을 가질수록, 존재가치가 높게 매겨질 것이며 상호 주관적 태도의 가치비교 판단이 가능해진다.

이에 따라 생명 중심주의 관점에서는 생태환경에 대한 정의 구현을 위하여 몇 가지 형식적, 절차규칙을 제시한다. 이는 곧 '자기방어(self-defence)' 규칙, '비례(proportionality)'의 규칙, '최소악(minimum wrong)'의 규칙, '분배적 정의(distribute justice)'의 규칙, '보상적 정의(restituting justice)'의 규칙이다. '자기방어' 규칙은 다른 생명체가 인간의 건강과 생명을 위협할 때, 최후 수단으로서 인간의 이익에 우선권을 주는 규칙이다. 정당방위의 경우처럼 불가피한 경우에만 취해지며 마지막 선택이 되어야 하고 남용되어서는 아니 된다. 인간을 공격하는 맹수를 죽이는 경우가 이에 해당된다.

'비례'의 규칙과 '최소악'의 규칙은 인간의 부수적 이익과 다른 존재의 기본적 이익이 상호 충돌할 때 적용되는 규칙이다. 유행하는 핸드백과 신발을 위해 악어를 죽이지 말아야 하듯, 다른 생명체를 희생하면서까지 인간의 사소한 이익을 추구해서는 정의롭지 못한 행위가 된다. 비례의 규칙이 인간 이외의 이해관계에 우호적이라고 한다면, 최소악의 규칙은 인간의 이해관계에 우호적이라고 할 것이다. 다만 인간의 이익을 구하는 데 몇 가지 제한을 두되 인간의 자기 이익 추구 행위를 원천적으로 봉쇄하는 것은 아니라는 것이다. 댐 건설이 생명체들에게 좋지 않은 결과를 야기하지만 최소악의 규칙을 적용하여 허용할 수 있다는 입장이다. '분배적 정의'의 규칙은 인간과 인간 이외의 이익의 상호 충돌이 발생했을 때, 이익의 분배도 공정하게 부담의 요구도 공정하게 다루어 감을 의미한다. 인간이 다른 생명체에 해를 끼쳤을 경우, 마땅히 피해를 보상해야 한다고 규정한다. 또한 '보상적 정의'의 규칙은 최소악의 규칙과 분배적 정의의 규칙이 이행되지 않았을 때 적용된다. 이는 곧 확립된 상황을 충족하는 데 실패했을 때, 갈등 조정 기능을 나타낸다. 생명에 대해 성실하지 못하고 간섭을 야기했을 경우에 앞서 언급한 이행조건이 충족되지 않으면, 보상해야 한다.

결과적으로 모든 생명은 고귀하고 신성하므로 누구든지 생명에 손상을 입히는 것은 바람직하지 않으며, 생명을 존중해야 한다는 점에 대해서는 많은 사람들이 일치된 생각을 가지고 있는 셈이다. 이처럼 생명은 목적 그 자체로 실존하는 것이며, 다른 종의 목적을 위한 수단으로 전락시킬 수 없다. 생태환경의 정의 구현을 위해서는 먼저 생태계의 생명에 대한 존중이 전제된다. 그리고 인격체의 생명이 가치 서열에 있어 중요하다고 생각한다면 최소한 종의 생명에 대한 정의로운 판단이 이루어져야 할 것이다. 그 밖에도 생태정의를 구현함에 있어서 생명 중심주의 관점에서 벗어나 생태계 전체에 대한 도덕적 고려를 강조한 입장을 생각해볼 수 있다. 이러한 관점은 생태계 전체의 다양성과 안정에 기여하는 방향으로 생태환경의 정의를 추구하기 때문에 '생태전체주의 정의관'이라고 말할 수 있다. 알도 레오폴드(Aldo Leopold)의 대지 윤리의 토대가 되어 서술된, 『알마나 모래나라(A Sand Country Almanac)』에서는 이러한 정의관을 찾아볼 수 있다.[53] 물론 이러한 논의가 자료의 귀납적 체계화에 근거하기보다 직관추론의 관점이기에 설득력에는 한계성이 드러난다.

칼리코트(B. Callicott)가 그의 관점을 계승 발전시키면서, 레오폴드의 '생태전체주의 정의관'을 임마누엘 칸트의 의무론과 벤담의 공리주의 패러다임에 근거한다고 평가하였다. 다시 말하면 칸트의 의무(duty)와 벤담의 감수성(sentiency) 의미를 생태계 전체에 확대하여 생태공경의 태도를 강조한 것으로 간주하였다. 이러한 관점은 생명 개체에 대한 희생을 담보로 생태계의 심미적 질서를 지나치게 부각하는 결과를 초래하였다. 이처럼 생명 중심주의 전통은 전통불교의 자비의 실천이 생태환경의 정의실현에 결정적임을 강조하면서도 그 외연을 확대할 경우 급진적인 정의관으로 치달을 위험을 함축하고 있다. 이제 이러한 생명 중심주의 윤리전통과 구별되는 심층생태주의 윤리전통을 고찰해보고자 한다.

3. 심층생태의 실천지향

녹색불교 이론을 정립한 실바(Padmasiri Silva)는 『불교 환경 윤리학』(Buddhist Environmental Ethics)에서 자연 속에서 평화와 고요에 대한 우리들 자신의 비전을 찾는 길을 역설하였다. 이러한 인간과 자연의 조화로운 공생 관점은 이전의 심층생태주의에 관한 논의에 그 연원을 두고 있다. 심층생태주의에서는 생태환경위기에 대해 제한적이고 단편적이며 얕은 접근을 넘어서서 포괄적인 종교와 철학적 세계관을 새롭게 정립하여 생태정의를 구현하려고 시도하기 때문이다.[54] 그것은 생태환경의 갈등이 유대-기독교적 전통에 뿌리를 둔 자연에

53) Leopold, Aldo. *A Sand Country Almanac*. New York: Ballantine Books, 1970. 참조.

54) 심층생태학은 안 네스(Arne Naess)가 1973년, 발표한 "The Shallow and the Deep, Long-Range

대한 인간 지배의 우월적 세계관에 잘못이 있고, 생태정의를 구현하기 위해 심층 세계관이 요청된다는 것이다. 이러한 생태환경에 대한 깨달음에 근거한 심층생태주의는 인간을 자연보다 우월한 입장에서 제기된, 기술주의 산업사회의 지배적인 세계관과는 날카로운 대조를 이룬다. 오랫동안 서구문화는 우월주의 세계관에 사로잡혀 왔다.[55] 자연에 대한 인간의 우월성, 여성에 대한 남성의 우월성, 가난한 사람에 대한 건강하고 권력 있는 사람들의 우월성, 동양문화에 대한 서구문화의 우월성 등이 그러하다. 심층생태주의 자각은 우리에게 이러한 위험한 환상을 바로 보게 함으로써 생태정의를 기대하는 의식이다.

호주의 폭스(Warwick Fox)는 심층생태주의의 직관방법을 간결하게 요약하였다. '그것은 우리가 존재의 장에서 확고한 구분을 할 수 없다는 생각이다. 인간계와 비 인간계 사이의 분기점은 실제적으로 없다. 우리가 그러한 경계를 지각하는 한, 우리는 심층생태주의 자각에 미치지 못한다.'[56] 이와 같은 기본적인 통찰력은 심층생태 자각에 근거한 것이다. 노르웨이의 안 네스(Arne Naess)는 선불교(Zen Buddhism) 관점에서 '생태의식'에 대한 기본적 직관을 통하여 생태정의를 구현할 수 있다고 말한다. 스피노자가 '인간의 진정한 행복은 신 또는 자연과 합일을 통해 가능하다'라고 밝혔듯이, 안 네스는 생태유기체에 대한 지식이 생태적 조화나 평형을 이루게 하므로 이러한 상태에서 비로소 생태정의의 구현이 가능하다고 보았다. 그는 두 가지의 궁극적 규범 또는 원리에서 생태 정의의 직관을 발전시켰다. 두 가지의 궁극적 규범은 심층적 질문의 과정을 통하여 녹색불교의 반야지혜의 단계로 나아가는 중요성을 드러내주고 있다. 물론 이 두 가지 규범이 보편적인 가정과 자료수집에 근거한 현대과학방법론에 의해 검증된 것은 아니다. 두 가지 궁극규범은 자기실현이며 생명 중심주의 평등이다.

많은 세계종교의 정신적 전통을 유지함에 있어, 전통불교의 깨달음에 상응하는 '자기실현(Self-Realization)'의 심층생태직관은 쾌락을 만족시키거나 개인적 구원의 편협한 감각에 사로잡힌 편협한 자아개념을 넘어서 있다. 심층생태주의에서는 더 성숙되고 성장된 것, 비인간세계를 포함한 인류를 초월한 자기와의 동일성을 요구한다. 우리는 그 범위가 국한된 현대 문화적 가정과 가치들을 넘어서서, 명상적인 심층 질문 방법에 의해 지혜를 직관할 필요가 있다는 것이다. 심층생태주의에서는 이러한 지혜로운 자기실현의 길을 통하여 인간으로서 완전히 성숙된 개성과 유일함을 얻을 수 있다고 말한다. 이러한 관점은 성장하는 자유사회는 전인이 되는 것으로, 생태정의 구현은 상징적으로 자기(self)가 유기체의 전체성을 의미하는 '대아로서 자기(self-in-Self)'를 실현하는 것으로 집약된다. 또한 자기실현의 완전한 펼침은 '우리 모두가 구원될 때까지 아무도 구원받지 않는다.'라는 구절로 요약되며

Ecology Movements" 논문에 기인하며 이 관점은 선불교의 반야의 지혜에 대한 논의를 근간으로 자기실현의 위대함의 가치를 생태지혜의 지향점으로 탐색하게 된다.

55) 이러한 시각은 린 화이트(Lynn White)가 유대-기독교적 전통이 인간중심적 세계관을 갖춘 것으로 비판한 대목과 일치한다. 그러나 존 패스모어(John Passmore)는 이러한 관점은 아시시(Assisi)의 프란시스(Francis)와 많은 수도원에서 겸허를 실천하는 신앙적 태도에 비추어 볼 때 근시안적이며 생태환경 위기가 유대-기독교 세계관을 신봉하는 지역의 전유물은 아니라고 반박한다. John Passmore, *Man's Responsibility for Nature*, New York: Scribner's, 1974. 참조

56) Warwick Fox, "Deep Ecology : A New Philosophy for Our Time?", *Ecologist* 14, 1984, pp.5-6.

이는 지장보살의 서원과 연관된다. '우리 모두(we one)'는 '나를 포함할 뿐 아니라 모든 인간, 고래, 회색 곰, 산과 강, 흙 속의 아주 작은 미생물까지'를 포괄한다.

심층생태주의의 또 다른 축으로서의 '생명 중심적 평등(Bicentric equality)' 직관은 생태계의 모든 물질은 살아갈 생존권과 함께 개성을 만개하는 행복권을 갖추고 있다는 것이다. 더 큰 자기실현을 통하여 그들의 펼침과 자기실현의 고유한 형태에 도달할 수 있는 평등권을 가지고 있다는 것이다. 이러한 직관은 상호의존 관계를 이루는 전체의 부분으로서의 생물권 내의 모든 유기체는 생명으로서 본질적인 가치에 있어서 평등하다. 생명 중심적 평등은 인간이 자연의 일부분에 해를 끼친다면 자연이 반대급부로 인간에게 해를 끼친다는 의미에서 포괄적 자기실현과 관계된다. 인간과 비인간의 구분 경계는 사라지고 상호의존 관계를 가진다. 그러나 우리가 사물을 개체로 지각하는 한에서, 이 통찰력은 인간을 정점에 군림하게 하는 위계 정점이 아니라 생명 그대로의 고유권한을 존중하는 의미를 지닌다.

생명 중심적 평등의 직관은 인간 공동체에서 음식, 물 그리고 사랑, 놀이, 창조적 표현, 특별한 배경(혹은 온전히 그대로 취해진 자연)과 친밀성을 유지하듯이 다른 생명체의 안식처 역할을 하므로, 생명으로서 정신적 성장과 생태정의를 구현하려는 인식에서 시작된다. 이처럼 심층생태주의 관점에서 생명의 성숙을 유도하고 자연과 함께 조화로운 발전에 기여할 수 있다는 생태의식은 생태환경의 부당성에 대항할 수 있는 용기를 제공할 수 있다. 달라이 라마도 초기에는 중국의 도움을 받아 티베트의 개혁을 이루고자 했지만 무신론을 원칙으로 삼는 공산당 정권과 불교를 목숨보다 소중히 여기는 티베트인들 사이는 벌어질 수밖에 없었다. 결국 달라이라마는 인도로 망명했으며 잇따른 티베트인의 봉기를 중국이 무자비하게 진압하는 과정에서 200만에 달하는 티베트인이 학살되고 수십만 명이 인도로 망명한다. 오늘날에도 중국은 티베트가 중국 영토이며 티베트의 독립은 신장 위구르와 같은 다른 소수민족의 독립운동을 부채질하기 때문에 절대 용납할 수 없다는 반응을 보이고 있다. 중국은 많은 한족을 티베트로 이주시키고 개발을 장려해 티베트를 중국화하고자 애쓰고 있다. 최근 달라이 라마 역시 티베트의 완전독립은 불가능하기에 완전자치를 원하는 방안으로 선회했지만 중국에게 이 요구 역시 장기적으로는 티베트 독립의 포석이 되기 때문에 달라이 라마의 요구를 거절한다. 이에 심층생태주의 세계관을 살펴본다.

지배적 세계관 (Dominant World view)	심층생태주의 세계관(Deep Ecology World)
자연을 지배	자연과 조화
인간을 위한 자원으로서 자연환경	본질적 가치/생물종 평등이 있는 자연환경
인구증가를 위한 물질가치	우아하고 단순한 물질 요구
충분한 자원을 확보해 두었다는 신념	한정된 자원을 제공하는 지구
고도의 기술적 방법과 해결책	적당한 기술과 비지배적 과학
소비자 중심	충분한 소비/재활용
국가/중심지향의 공동체	소수의 전통/생물지역

* 심층생태주의 강령[57)]

1. 지구 상의 인간과 생명체들의 행복과 번영은 그들 스스로의 본질적 가치를 갖는다. 이들 가치는 협의의 인간의 목적에서 나오는 유용성과 독립되어 있다.
2. 생활양식의 풍부와 다양성은 그 자체로 가치가 있고 인간과 지구 상에 존재하는 모든 생명체의 삶이 번성하는 데 이바지한다.
3. 인간은 본질적인 필요를 충족시키는 이외에 생명의 풍부함과 다양성을 감소시킬 권리가 없다.
4. 인간의 자연계에 대한 간섭은 지나치고 상황이 급속히 악화되어가고 있다.
5. 인간 삶과 문화 번영은 인구의 근본감소로서 가능하다. 자연계도 인구축소를 요구한다.
6. 더 나은 삶의 조건의 중요한 변화는 정치적 변혁을 필요로 한다. 이 정책들이 기본적인 경제적, 기술적, 그리고 이념적 구조에 영향을 미친다.
7. 이념 변화는 생활수준의 향상에 집착하는 것이 아니라, 삶의 질의 의미를 인식하는 것이다. 큰 것과 위대한 것의 차이에 대한 심각한 자각이 요청된다.
8. 이를 인식하면 필요한 변화를 위해 각자에게 요구되는 행동을 실천할 의무가 있다.

이처럼 생태정의를 추구함에 있어 탈인간적 관점을 유지하면서 '자연의 지배'가 아니라 '자연과의 조화'를 추구하는 공동체 이념을 근본으로 생태정의를 구현하려는 관점을 심층생태주의 정의관이라고 부를 수 있다. 이 관점에서는 범신론적 생태이론을 전개하기 때문에, 폭스(Fox)는 '초인간적 생태론(Transpersonal Ecology)'라고 지칭한다. 생태정의를 구현하려면 생태위기 현상을 초래한 원인을 분석하기보다 오히려 생태계의 온갖 부당성을 용납하려는 세계관을 바로잡아야 한다는 것이다. 선불교의 화두참구와 같은 심층적인 질문을 지속함으로써 생태계의 모순을 파헤쳐야 하며 종교적 신앙관점으로 귀착하게 된다.

안 네스는 생태정의 구현은 자기실현으로 마침내 가능하게 된다고 한다. 흔히 우리는 편협한 자아를 '자기(self)'와 동일시하는 경향이 있다. 그러나 인간의 자연스러운 본성에 비추어 보면, 우리는 우리 자신을 모든 생명체와 동일시하면서 희로애락을 느끼게 된다. 이러한 동일시는 윤리적 의무감을 수반하지 않는다. 오히려 이러한 감정은 순간적이며 즉각적으로 이루어진다. 생태정의를 구현하려면 이러한 확장 코드가 필요하다. 프롬과 마찬가지로 안 네스는 자기실현의 생태정의의 태도에는 자신에 대한 배려와 타인에 대한 배려의 구분은 더 이상 필요치 않다는 것이다. 고통의 흐름에 주객의 경계가 필요 없듯이 자비 또한 구분을 두지 않고 스며들기 때문이다. 따라서 안 네스는 불교의 관점에서 이러한 자기실현의 생태정의를 찾을 수 있다고 말한다.[58)] 폭스에 의하면, 안 네스의 '자기(Self)'개념은

57) Arne Naess, *Ecology Community and Lifestyle,* Cambridge: Cambridge University Press, 1989. pp.26-27.

58) Naess Arne, "Self-Realization: An Ecological Approach to Being in the World", in Seed, John editions. *Thinking like Mountains,* Philadelphia: New Society Publishers. 1988, pp.25ff.

'영원하며 불변의 자기'가 아니라 과녁을 향해 날아가는 화살처럼 진행되는 움직임에 해당된다. 이와 상응하여 세존의 형이상학적 실재와 동일시되는 '자기'라는 개념의 함정을 피하기 위해 '무아'라는 용어를 사용한 것에 주목하게 된다.

서로 다른 신념체계 사이에 형이상학적인 논쟁이 없는 것은 아니지만, 생태정의 구현을 위한 담론에서는 상호 소통하는 바가 크다고 말할 수 있으며 만물은 '그 자체대로 보존되어야 한다'는 입장을 견지하고 있다. 인간 이외의 존재도 인간과 마찬가지로 내재적 가치를 갖기 때문에 인간과 자연을 동위적 존재로 보는 심층생태주의는 인간과 자연 사이의 전일성을 주장하는 이론으로, 각각의 유기체와 생태계로 보고 우주적 공생을 강조하는 '자기실현과 생명 중심 평등'을 중시한다. 이처럼 심층생태주의의 두 축은 다원주의의 다양성과 공생의 상호의존에 역점을 둔다.

안 네스와 대조적으로 리처드 왓슨(Richard Watson)과 폴 테일러(Paul Taylor)는 생태직관으로서는 생태정의 구현이 불가능하다고 말한다. 먼저 왓슨은 네스의 자기실현의 직관은 명상적이며, 비활동적인 것으로 결코 적극적인 생태정의 구현에 이를 수는 없다고 한다. 생명 중심 평등에 대한 직관은 인간이 악한 행위를 범할 잠재적 가능성마저 평가 절하한다고 본다. 실제적으로 생명평등성이 실현된다면 많은 생명체들을 위한 비용부담과 공존적 주거형태로 말미암아 오히려 생태계의 무질서를 초래할 수 있다고 경고한다.[59]

반면에 폴 테일러는 "네스의 주장이 심리적인 요소들에 의한 직관으로 이루어져 있으며, 네스의 '자명한' 직관과 상반된 주장들이 여러 측면으로 제기될 수 있으며 이 경우에 그 누구도 어느 것이 옳은 직관인지를 결정하기 어렵다"고 말한다. 따라서 테일러는 직관보다 올바른 이성에 기초하여 생태정의를 구현하려는 태도가 바람직하며 자연에 대한 인간의 태도가 궁극적으로 변화되어야겠지만, "직관적 판단이 항상 우선권을 차지하는 것은 아니다"라고 비판한다.[60] 이제 이러한 비판점을 전제로 녹색불교 정의의 위상을 찾아본다.

4. 녹색불교의 실천지향

우리는 전통불교에서 반야요소와 방편 요소가 상호 연결되어 있음을 강조할 수 있다. 불교에서 이러한 상호의존적 요소가 부각되고 있음에도 불구하고, 생명 평등성의 생명 중심주의 전통과 자기실현의 심층생태주의 전통에서 방편우선의 모습이 부각되면서 반야추구의 모습이 소홀한 것이 사실이다. 그렇기 때문에 우리들은 불교의 법이 서구에 소개된 이후 이러한 의존관계가 약화되어 한쪽 측면이 지나치게 부각되면서 불교생태윤리에서는 방편과 반야의 상호 연기적 이해가 소홀한 점을 지적하지 않을 수 없다.

생태환경 정의 구현의 측면에서 이러한 역설적 논리가 결과적으로 불교 진리의 잠재적

59) Watson, Richard, 'A Critique of Anti-Anthropocentric Biocentrism', *Environmental Ethics*, 5, pp.245-256.

60) Taylor, P. W. *Respect for Nature*, Princeton: Princeton University Press, 1986. 참조.

역동성을 훼손할 뿐 아니라 근본적으로 생태환경 정의구현을 요원하게 만들 것으로 사료된다. 이러한 문제점은 서구의 문화적 수용력의 한계와 불교의 서구적 도입의 한계에 기인한다. 앞의 경우는 북미대륙의 생태윤리전통이 이루어지면서 녹색불교정립을 생태위기 극복을 위한 목적론적 관점에서 제한적으로 받아들인 경우이며, 뒤의 경우는 스즈키(D. T. Suzuki)와 앨런 와트(Alan Watts)등의 서구인을 위한 녹색불교입문서에 잘 반영되어 있다.[61] 이는 곧 불교에 대한 서구인의 감수성의 한계점으로 집약되며 불교의 평등사상을 지나치게 부각하면서 반야의 수직적인 위계질서 접근 모델을 해체시킨 결과를 보여준다.

그러므로 우리는 서양문화의 양태에서 녹색 불교가 한계를 갖출 수 있음을 지적하지 않을 수 없다. 서구 문화에서 위계질서의 개념은 특권의 의미로 이해되면서 지배의 논리를 담기 때문에 부정적 인식을 배제하지 않을 수 없다. 당연히 불교를 서구의 문화양토에 이식할 때 이러한 부정적 측면을 배제하거나 수용과정에서 평등적 측면을 지나치게 강조함으로 말미암아 불교의 차이 논리를 배제하는 결과를 야기하면서 수직적 반야추구가 거부되는 양상을 초래하였다. 이는 곧 불교를 서구 문화에 대한 이식(transplantation)차원에서 논의함으로 그것의 서구 문화 변용(cultural transformation)의 가능성을 잠재적으로 제거시킨 결과를 빚었다. 예를 들어 막스 베버가 불교윤회의 의미를 생명연기 차원에서 수용하기보다 오히려 업보(karma)의 부정적 개념을 앞세워 서구 합리성을 상실한 의미로 받아들인 해석이 그러하다. 이와 유사하게 우리는 스나이더(G. Snyder) 박사가 녹색불교에 있어서 영성훈련을 '교양(cultivation)' 차원에서 해석한 경우를 찾아 볼 수 있다.

오늘날 가장 세련된 위계질서의 다양성을 주장한 테아르 샤르댕(Teilhard de Chardin)은 '지고한 의식'이라는 이름으로 특별히 진화론적 인간의 영성의미를 강조하였다. 이러한 '영성 다윈주의(Spiritual Darwinism)'는 초월의 생물계 영역의 배후에 지상의 동식물계를 기꺼이 남겨두려고 한다."[62] 이러한 태도는 유일신 중심의 서양종교에 대한 비판으로는 적절할 수 있지만, 의식의 통합적 변형을 추구하는 불교의 신념체계마저 '수직적 불평등' 개념으로 일괄적으로 부정하는 것은 옳지 않다. 그런데 스나이더는 '영성 다윈주의'라는 이름으로 의식의 진보개념을 비판하려고 시도했다. 여기서는 생태환경 정의구현을 위한 일련의 시도에서 진보개념을 거부하고 의식 각성과 깨침의 패러다임을 배척하게 된다.

그러나 서구의 불교전통과 서구문화의 전통에 있어서 위계질서의 차이점을 언급하기는 결코 쉬운 일이 아니다. 따라서 우리는 위계질서에 대한 서로 다른 형태의 개념을 구별하는 것이 전제되는데, 개념의 명료화를 위하여 막스 베버의 이념적 유형으로 접근할 필요가 있다. 이러한 이념형을 사용할 때 생기는 문제점이 없는 것은 아니다. 극단적이거나 양극적인 현상에만 관심을 집중시키는 반면, 현상들 간의 관계를 무시하기 쉬우며 이념형의 구성요소들이 총체적인 사회체계라는 개념과 조화되기 어려운 점을 들 수 있다.

우리는 녹색불교와 연관된 위계질서의 두 가지 유형을 구조적으로 비교해 볼 수 있다.

---

61) D. T. Suzuki, *Time to Change*, New South Wales, St. Lenards Press, 1993.

62) Gary Snyder, *Practice of the Wild,* San Francisco: North Point Press, 1990. p.91.

첫 번째 유형은 '억압의 위계질서'라고 말할 수 있다. 수평축이 관심의 공유를 근거로 한 상호의존관계를 나타낸다면, 수직축은 자신의 이익관심의 정도를 나타낸다. 수직축으로 상승할수록 지배력을 행사하면서 자신의 이익에 몰두하며 마침내 억압의 위계질서를 공고하게 형성한다. 이에 따라 상호연관성에 대한 이해에 대해서는 소홀하게 된다.

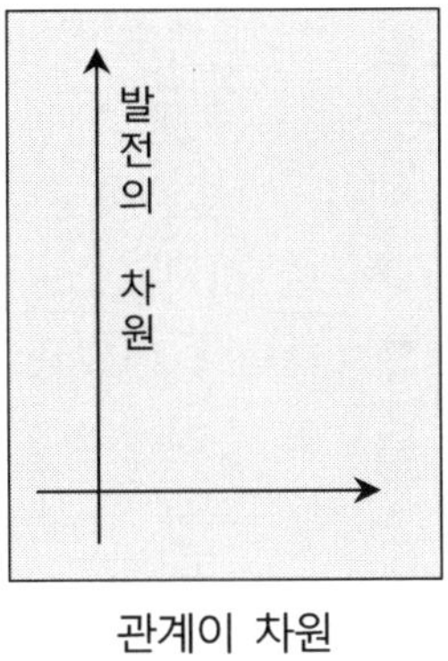

[차원의 관계도]

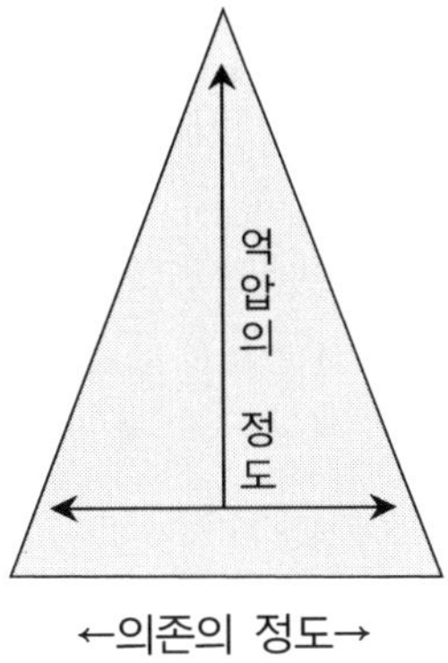

[억압의 위계질서형]

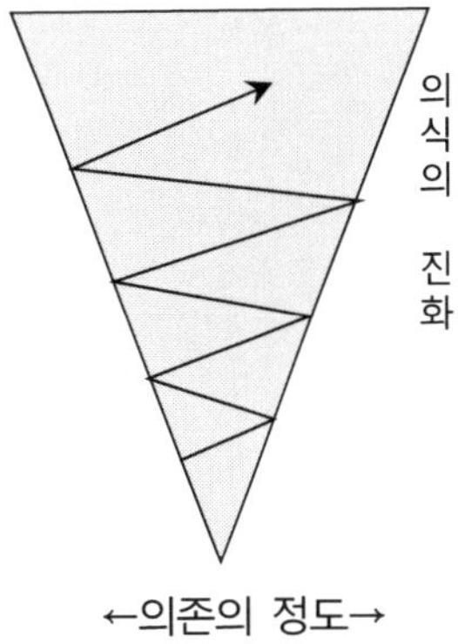

[자비의 위계질서]

위의 도표에서 볼 수 있듯이, 불교의 '자비의 위계질서' 유형에서는 우리는 수직축으로 상승할수록 자비에 충만하고 지혜롭게 되기 때문에 '억압의 위계질서' 유형에서 볼 수 있는 지배적 특징은 나타나지 아니한다. 반면에 '지배의 위계질서'에서는 상승할수록 모든 존재에 대한 지배를 강화하려고 한다. 그러므로 이러한 유형에서 수직축의 극한치에서는 타인으로부터의 소외가 아니라 자기 자신으로부터 총체적 소외를 경험하게 된다. 왜냐하면 상호의존의 연기적 존재로서 자신의 실제적 본성을 거절해야만 이른바 절대자로서 수직축의 극한치에 도달하기 때문이다. 서구문화의 역사를 광기의 역사로서 비판했던 미셀 푸코의 저술에서 드러나듯이 이러한 수직 지향의 서구적 합리성에 대한 비판이 담겨 있으며, 이는 생태윤리학에서도 인간중심적 생태윤리에 대한 거부로 나타났다.

이와 달리 두 번째 유형은 '자비의 위계질서'라고 말할 수 있다. 여기서는 수직축으로 올라갈수록 상호의존성을 확대하여 느끼게 된다. 앞의 경우와 달리 상승에 따른 책임의식 또한 증대된다. 이러한 자각의 상호의존성을 불교에서는 '자비'라고 지칭한다. 불교에서는 자비의 덕성함양을 통하여 자비로운 존재로의 수직적 의식발전을 전제로 삼기 때문에, '억압의 위계질서'와는 차이가 난다. 생태윤리에서 요청되는 환경과 인간의 조화적 삶도 이러한 상호의존적 관계성에 근거를 두기 때문에 생태공경의 지혜를 중시하게 된다. 여기서 우리는 전통불교의 이해방식에 비추어 이러한 반야 수직축의 위상을 제고할 필요가 있다. 『대방광불화엄경』에서 알 수 있듯이 '십주의 지위를 위주로 하여 행을 말하였고,

여기서는 통틀어서 청정한 행을 말하고, 참된 지혜에 의지하여 여래의 열 가지 힘을 닦으므로, 관(觀)과 행(行)이 서로 어울리고 자비와 지혜가 원융하여 처음 발심하는 자리에서 곧 바른 깨달음을 이룬다는 뜻을 밝힌 것'[63]으로 지혜와 자비는 불가분의 상관관계를 이루

고 있다.

이러한 '자비의 위계질서' 유형은 오리건의 명상단체를 통해 확인할 수 있다. 오리건(Oregon)의 명상단체에서는 핵폐기물에 대한 선언을 대승보살의 서원(誓願)형식에 해당되는 '중생무변서원도(衆生無邊誓願度)'라고 말한다. 이는 곧 벽지불이 허공에 솟아올라 신통 변화를 나타내고 또 그 몸으로부터 물과 불을 내어 큰 광명을 놓자, 대신이 이것을 보고 더욱 한량없이 기뻐하여 곧 서원(誓願)을 세우기를, "나의 은혜로 말미암아 생명이 보전되었으니 원컨대 저로 하여금 대대로 부귀를 누리고 수명이 장구하며, 또 천만 배나 수승 기특한 지혜와 공덕을 항상 고루 갖출 수 있게 해 주소서."라는 서원이다.[64] 무한의 중생을 고통으로부터 구원하려는 서원에 의한 자비행이 없다면, 원자핵시대의 핵 위기로부터 어떻게 인류를 구할 수 있을까? 군사적 야망에 의한 생태계 파괴의 고통으로부터 어떻게 무한한 생명체를 구할 수 있을까? 이 자비실천 바라밀에 대하여 8세기 인도의 승려이며 시인이었던 산티데바(Śāntideva)는 "공간이 허용하는 한, 한 생명체라도 남아 있는 한, 고통으로 얼룩진 세계를 일소하기 위하여 그때까지 나 또한 남아 있으리."라고 선언한 바 있다.[65]

반면에 중국은 변방의 우환거리가 동시다발적으로 터지는 것을 경계한다. 중국의 56개 민족 가운데 5개 민족이 주변에 모국(母國) 내지는 망명정부를 가지고 있다. 그것은 몽고족(몽고), 조선족(한국과 북한), 하사크족(카자흐스탄), 티베트족(달라이라마 망명정부), 대만이다. 내몽고의 몽고족은 옛 영광이 사그라지어 중국에 큰 위협이 되지는 않지만, 어떤 상황이 되면 외몽고와의 통일을 주장할 가능성이 있다. 하사크족은 카자흐스탄과 같은 민족일 뿐만 아니라, 그곳에 '동투르키스탄'이란 망명정부도 갖고 있으며, 이들은 이슬람교라는 종교 요인까지 지니고 있어 중국의 걱정거리가 된다. 티베트는 달라이 라마의 망명정부가 자치 형태의 사실상의 티베트 독립을 요구하고 있다. 대만은 '대만독립'을 중요한 구호로 내걸고 있는 상황이다. 중국은 이런 변방의 우환요소들이 한꺼번에 터져 나오는 것을 가장 두려워하고 있다. 중국이 북한 핵문제에 적극 나서는 것도, 북한이 핵문제로 미국과 대립하게 되고 한반도가 위기상황에 빠져 중국이 거기에 말려들게 되면, 그 틈을 타 대만을 비롯한 변방의 독립 세력들이 한꺼번에 들고 일어서는 상황을 우려하기 때문이다. 즉 북핵 문제를 잘 해결해야 다른 변방의 위기요소도 잠재울 수 있다는 판단으로 생태정의를 외면한다.

전통불교에서는 자비를 실천하기 위해서는 강압이나 욕망이 아니라 발심이 중시되며, 계학, 정학, 혜학으로 이어지는 삼학을 수행하도록 한다. 얕은 분야에서 깊은 분야로 순서대

63) 『한불전』「대방광불화엄경」 제80권, p.10008, 이처럼 수행하는 지위를 갖추었으므로 훌륭한 공덕이 저절로 나타나는 것이니, 십주의 공덕은 한 계단보다 다음 한 계단이 더 훌륭함을 말한다. 그중에서 특별히 초발심주의 공덕을 찬탄하였는데, 처음 발심한 공덕은 광대하고 끝이 없어 보현보살의 모든 덕을 포섭하였으며, 인행과 과덕을 구족한 것으로 그 공덕이 법계와 동등하다고 말하고 있다.

64) 『한불전』「찬집백연경」 제10권, p.228, 불교의 사리불은 중생무변서원을 통하여 세존의 32상(相) 80종호(種好)로부터 널리 비추는 광명이 백천의 해와 같음을 보고 이내 환희심을 내어 부처님 앞에 나아가 예배하고서 출가하기를 원하게 되고, 부처님께서도 곧 출가할 것을 허락하신다.

65) Stephen Batchelor, trans., *A Guide to the Bodhisattva's Way of Life* (Dharamsala: Library of Tibetan Works and Archives, 1979), p.193.

로 열거하면, 몸과 말과 생각으로 범하는 나쁜 짓을 방지하고 덕행을 실천하는 계학(戒學), 선정(禪定)을 닦아 마음의 흔들림을 그쳐 고요하고 평안한 경지에 이르게 하는 정학(定學), 번뇌 없이 평정된 마음에서 진리를 있는 그대로 보도록 하는 혜학(慧學)이다. 계정혜(戒定慧) 삼학의 상호관계는 서로 보완적이어서 계율을 실천하는 것은 선정에 도움이 되고 선정은 진리를 바로 보는 데 도움이 된다. 다시 말하면 도덕, 명상, 통찰을 수련하여 모든 생명체에게 유익하게 내면의 불성을 일깨워주고 힘을 스스로 제어할 수 있도록 만든다. '억압의 위계질서'와 다른 유형 특징을 나타낸다.

이처럼 전통불교의 삼학수행법은 체계적인 덕성함양의 수행법으로 핵심적 신념체계에 속한다. 환경위기에 대한 불교적 해결방안도 이러한 기본체계에서 벗어날 수는 없다. 불교적 깨달음이 인간가능성의 정점을 뜻한다면 이는 곧 '자비의 화신(incarnation of mercy)'의 모습을 드러내며, 이는 곧 생태위기의 해결방편으로 다가 올 것이다. 녹색불교의 사유방식은 반야의 수직정점에 대한 가치를 배제한 채 수평축의 생명의존성을 지나치게 부각시켜, 인간과 자연의 유기체적 관련성을 강조하면서도 덕성함양을 위한 지혜의 실천체계는 간과하고 있는 데 그 심각성이 드러난다.

그러므로 녹색불교의 수직축에는 특권의식이나 종속의식이 자리 잡을 수 없다. 수직적 발전이 요청되는 것은 위계질서나 통제의 문제가 아니라 자비의 점층적 확대가 문제되기 때문이다. 반면에 아브라함의 종교의 경우, 창조주로서 신성 가치가 우월하기 때문에 불교의 수직적 축과 구별되는 관념을 형성한다. 결국 불교의 신념체계에서는 영성적 발전의 구조에서 차이점이 부각되기 때문에 인간중심적 관점의 친숙성은 배제되고 있다. 위계질서를 부각시키는 지혜는 자비와 상조하여 역동적 가능성을 강조하는 윤리적 실천의 메시지를 담고 있다. 『정법념처경』의 「관천품」에는 "만일 누구나 그 마음 부드러워 자비스런 마음으로 스스로 장엄하면, 모든 것들의 보호를 받고 뭇 사람들의 칭찬 받으리. 이와 같이 그 마음 부드러우면 모든 감관이 기쁘고 즐거우리니 바른 견해를 가진 이런 선인들 그는 열반에서 멀지 않으리. 만일 자비스런 마음으로 장엄하면 그는 사람 중의 하늘이니라. 사람으로 자비스런 마음 없으면 그는 언제나 빈궁하니라. 만일 누구나 부드러운 마음으로 잘 다루어 순금과 같고 그 마음속에 자비 있으면 그 보배는 다할 때 없으리. 만일 누구나 늘 정진하고 항상 바른 법을 닦아 행하면 그 사람 마음의 지혜 광명은 마치 저 큰 등불 같으리."라고 자비와 지혜의 상관관계를 분명히 밝히고 있다.[66]

조안나 매시(Joanna Macy)는 선불교의 결정적 영향을 받은 심층 생태론자로, 안 네스(Arne Naess)의 '자기실현(self realization)'개념을 이해하면서, 전통불교와 상반된 해석을 내놓았다. 그녀는 자기실현이 인간의 목표라고 한다면 어떠한 윤리적인 노력이나 수행도 필요 없는 셈이 된다고 주장하면서 이는 녹색불교의 것이라기보다 오히려 기독교의 '은총' 개념과 통한다고 말한다. 그녀는 전적으로 수행의 위계질서를 통한 인간통찰의 수직축의 체험을 간과함으로 '단순화의 오류'를 범하였다고 할 것이다.[67]

---

66) 『한불전』 「정법념처경」 제61권, pp.1579-1580.

물론 안 네스의 자기실현 과정에서는 이기주의와 이타주의 사이에 충돌이 일어나겠지만, 자기실현이 이루어지면 '이타주의' 자체도 필요 없다고 말한다. 그것은 자기 자신에 대한 이익의 고려가 타자에 대한 배려 속에 함몰되기 때문이라고 설명한다. 그렇지만 전통불교에서처럼 어떠한 덕성함양이나 수행체계도 전제한 것이 없기 때문에, 조안나 매시의 언급처럼, '일체의 윤리적 노력이 무의미하다'는 극단주의 논리로 치달을 수 있다. 이 점에서 녹색불교는 존재론적 위계질서를 강조하는 서구의 위계질서 위상과 근본적으로 다른 차이점을 보여주고 있다. 회의적·냉소적 논리가 가능적 역동성을 탐색함에 있어 제기될 수 있지만 서구적 수평적 구조가 신학적 개념이나 인간중심적 개념에 반기를 든 배경과 구별되어야 할 것이다. 깨달음과 연기는 보완적이며 분리될 수 없는 의존성을 보여준다. 녹색불교의 실천윤리 위상은 이러한 시각의 차이를 충분히 반영하는 데 관건이 있다고 할 것이다.

이제까지 살펴본 것처럼 생명 중심, 심층생태에 토대를 둔 녹색불교에서 생태환경의 정의구현의 위상은 다양하게 모색된다. 녹색불교에서 생태환경의 정의를 구현하려고 '인간 방어의 원리'가 요청되었다. 생명 평등성으로 인간존엄의 가치가 상실되는 경향이 나타나기 때문이다. 이는 인간중심의 편견에서 벗어나서 인간을 변호할 수 있는 원리를 채택해야 하기 때문이다. 인간은 부득이한 상황에서 동물이나 식물을 해치거나 상해하거나 공격적인 행위를 변호할 수 있는 원리로서 '인간 보존의 원리'가 요청된다. 생명의 평등성을 존중하면서도 인간중심의 시각에서 벗어나서 인간을 보호할 수 있는 원리를 채택한다.

또한 '불균등의 원리'로서 인간 이외의 생명보전과 인간의 기호적 충돌과정에서 지혜로운 선택이 필요하다. 여기서는 우선권에 관한 한도를 제한할 필요가 나타났다. 먼저, 동식물에 대한 기본적 욕구를 공격하게 될 때, 인간이 기본적으로 필요하지 않거나 사치스러운 욕구보다 동식물의 기본적 욕구를 우선순위에 둘 수 있다. 또한, 동식물의 기본적 욕구 충족이 단순히 실패했을 때, 동식물에 대한 기본적 욕구를 옹호할 필요가 있다. 인간 윤리에서 어떤 사람의 기본적 욕구와 다른 사람의 사치스러운 욕구가 충돌할 때, 기본적 욕구 충족에 실패하는 것과 기본적 욕구 충족을 침해받는 것을 구분하는 것은 크게 문제가 되지 아니한다. 어떤 생물종이 다른 생물 종보다 우월하다고 간주할 근거가 없다고 말한다. 이 견해는 생물종들 사이의 차이점이 인간이 다른 동물보다 우월하다는 생각에 근거를 준다는 것을 부정한다.

녹색불교에서는 평형상태에서 항상성 피드백 과정을 통해 유기체와 자아 정체성을 유지하고 에너지를 모으는 대사 과정을 통해 영속적으로 낮은 엔트로피 상태에 있는 생물들도 도덕적 주체에 포함된다. 그러므로 생물종과 생태계를 중요하게 여기는 방향으로 녹색불교의 생태정의에 관한 원리의 적용이 요청된다. '인간 방어의 원리'와 '인간 보존의 원리'는 균등의 원리로서 의미를 갖는 반면에 '불균등의 원리'는 '인간의 사치스러운 욕구를 충족시키기 위한 행동원리'이기에 생태계나 모든 종, 동식물 각각의 개체의 기본적 욕구를 침해할 때 적극적으로 금지해야 할 원리이다.

---

67) Joanna Macy, "The Greening of the Self," in *Dharma Gaia: A Harvest of Essays in Buddhism and Ecology,* ed. Allan Hunt Badiner (Berkeley: Parallax Press, 1990), pp.53-56.

첫째, 녹색불교 실천윤리의 지향에서 연기적 실천방향을 살려가면서 발생 원인과 조건의 상관계기를 생태복원의 가치로 삼아야 한다. 둘째, 생명들의 조화로운 삶의 방식인 사섭법(四攝法)을 실천하는 것이다. 상대를 이해하고 공존의 토대가 모아지고 나면 비로소 나와 상대가 서로 손을 잡아 공존의 삶이 가능해진다. 셋째, 나의 것을 많이 가짐은 나를 병들게 하는 독으로 알아 족함을 아는 생활을 실천함이다. 물질뿐만 아니라 느낌, 생각, 행위, 의식마저도 소유 대상이 아니므로 마땅히 집착을 끊어야 한다. 대가 이상의 수입이 생기면 그것은 남의 것을 소유한 것이 되므로 환원하는 마음자세가 요청된다. 넷째, 소박함을 지키고 화려함을 멀리하여 함께 사는 풍요로움을 누리는 실천지향이다. 물건 본래의 쓰임새를 제대로 볼 수 있는 생활습관이 익숙해질 때 생명과 자연이 풍요로워진다. 다섯째, 보다 적게 쓰고, 보다 적게 사고, 보다 적게 먹는 것을 수행하는 실천지향이다. 여섯째, 무엇을 원하거든 마음이 맑고 깨끗해짐에 따라 국토를 보전하려는 실천지향이다. 한반도 4대강 살리기문제와 티베트 독립문제도 녹색불교의 실천지향에서 그 방향을 모색해야 한다.

녹색불교는 상호의존을 강조하는 수평축과 전통불교의 지혜 목소리를 함께 성찰하여 윤리적으로 감수성을 높일 수 있는 방안을 요청하게 된다. 아울러 명상자각의 단계를 보다 포괄적인 프로그램으로 집약하여 생태환경파괴의 인간욕망을 제어할 수 있는 실천기획이 요청된다. 한반도 대운하의 건설문제는 생태윤리 차원에서 발생되는 제반 문제를 충분히 검토해야 한다. 녹색불교는 서구의 실용주의 사고방식에 근거한 생명 중심, 심층생태 윤리의식에 편중되어 반야지혜를 추구하던 수직적 패러다임의 전통불교 윤리위상을 추락시킨 것으로 판단한다. 따라서 녹색불교의 실천윤리에서는 방편전략과 반야전략의 두 바퀴를 함께 움직이도록 하여 효율성뿐만 아니라 지혜의 방향으로 '지속가능한 생태계(sustainable ecosystem)'를 보존하고 발전시켜 나가도록 해야 할 것이다.

6. 탈현대의 생태윤리

1. 심층생태주의 등장

레이첼 카슨의 『침묵의 봄』이 처음 발간된 1962년은 현대 환경운동의 기원이 되는 해이다. 카슨의 책도 영향력 있는 책이었지만 이미 급진적 생태 사상의 싹은 대두되고 있었다. 찰스 다윈의 진화론, 헨리 데이비드 소로의 도덕적 환경론, 존 뮤어의 기독교적 자연 유기체론, 앨버트 슈바이처의 생명존중 철학, 알도 레오폴드의 토지 윤리가 바로 그것이다.

『침묵의 봄』이 불을 댕긴 생태운동은 인류 중심 자연관에 대한 회의와 생태 중심적 자연관의 모색을 특징으로 하는 1970년 초까지의 이른바 생태 혁명의 시대에서 출간된 책 역시 영향력을 행사하였다. 스튜어트 유덜의 『조용한 위기』, 린 화이트의 『생태위기의 역사적 근원』, 폴 엘리히의 『인구 폭탄』, 『지구의 날』 등이다.

심층생태주의는 1960년대 물질적 성장만을 숭배하는 지금의 풍조는 머지않아 사회와 생태계에 돌이킬 수 없는 파국을 줄 것이 분명하므로 더 늦기 전에 인류와 지구를 구하려면 사회를 근본적으로 뜯어고쳐야 한다고 믿었던 대안문화 운동의 일환으로 탄생하였다. 생태철학의 급진적 생태 철학과 보수적 생태 철학인 인류 중심적 (환경)개량주의로 구분할 수 있다. 심층생태주의자들은 현재 서구의 주류를 형성하고 있는 각 분과, 철학, 과학 전반에 무엇인가 근본적으로 잘못된 것이 있기 때문이라고 보고 있다.

(1) 급진적 생태 철학

① 급진적 심층 생태철학(deep ecology), 생태여성주의(ecofeminism), 사회생태학(social echology)로 세분화된다.

② 구분의 계기 : 생태위기의 근원을 진단하는 점에서 차이가 있다.
심층생태학(인류중심주의), 생태여성주의(가부장제), 사회적 생태주의(계층구조)

③ 공통점 : 모두 생태 위기의 관념적 정신적 사회적 근원을 밝히는 데 주안점을 두고 있으며, 오직 혁명이나 문화적 패러다임의 대전환만이 파멸을 막을 수 있다고 믿는다. 아울러 과학과 기술의 진보와 제도의 개선을 통해 환경문제를 해결하려는 보편적인 접근 방식은 생태 위기의 근원에 대한 치료가 아닌 단순한 대중 요법에 불과하기 때

문에 단기적으로는 몰라도 장기적으로는 별 성과가 없을 것으로 보고 있다.

④ 1970년대 심층생태학을 중심으로 서로 간의 입장 차이가 분명하지 않았으나 1980년대 후반 사회 생태주의자와 생태여성주의자가 심층생태학에 비판을 가하며 집단 내부의 의견 차이가 뚜렷해진다.

(2) 인류 중심적 (환경) 개량주의 : 보수적 입장

① 생태위기의 근원은 인간의 무지, 탐욕, 그리고 근시안적 사고에 기인한다고 보는 입장이다.

② 환경문제를 해결하기 위해서는 오염 규제를 강화하고, 제도적 장치를 정비하고 환경교육을 확대하고, 미래 세대에 대한 현 세대의 도덕적 의무를 강조하고, 자연의 현명한 이용과 공평한 분배를 추구하면 충분하다고 주장한다.

③ 자연에 대한 도구적 이해 : 의식주 해결에서부터 아름다운 풍경이 주는 심미적 가치에 이르기까지 자연은 매우 광범위한 가치를 지니지만 그것은 어디까지나 인간의 욕구 충족을 위한 도구로서의 수준을 넘지 않는다.

④ 생태주의 철학에 대한 비판 : 심층생태학자나 생태여성주의자, 사회생태학자들과 같은 급진적 생태론자들에 대해서는 그들이 생태문제의 근원이라고 주장하는 사회적 태도나 체제는 그렇게 쉽게 바뀔 수 있는 것은 아니며, 또 그렇게 된다고 하더라도 그 과정과 결과에서 상황이 더 나아진다는 보장이 없기 때문에 매우 순진한 생각이라고 비판한다.

(3) 심층생태학의 기원

① 철학 및 과학계의 정치·사회적 운동의 일환으로 공식적으로는 1973년 안 네스(Arne Naess)의 표층생태운동과 「심층적이고 멀리 보는 생태운동」이란 논문을 기원으로 한다.

② 심층생태학은 산업사회가 일으킨 심각한 환경파괴로부터 지구 생태계를 구하려면 우리의 인식과 가치 그리고 생활방식이 근본적으로, 즉 사회의 지배적 패러다임이 뿌리째 바뀌어야 한다고 본다. 이는 인류중심 세계관에서 생태중심 세계관으로의 변화이다.

③ 안 네스는 미국의 환경운동, 노르웨이 등 유럽 국가에서 진행되고 있던 생태학적 연구 성과로부터 큰 영향을 받았다. 스피노자와 간디를 존경하고 오랫동안 연구하였으며 히말라야 등반을 즐겼던 세계적 등반가인 동시에 야생의 자연을 즐겨 찾던 인물로서, 당시 한창 부상하고 있던 인류중심주의에 대한 비판과 그 속에 담긴 혁명적이고 사회적, 철학적인 의의에 크게 고무되어 논문을 작성하게 된다.

④ 네스가 표층과 심층으로 구분하게 된 것은 환경운동을 하는 데 있어서, 표층적인 까닭은 산업사회의 패러다임에 내포된 이념과 형이상학적 전제가 근원적으로 옳고 그

름에 대해 전혀 의문을 품지 않는 반면, 심층적인 까닭은 우리의 세계관과 문화와 생활양식 따위에 대해 근원적인 질문을 던지면 그것들은 새로이 형성되고 있는 생태학적 비전과 조화되도록 개조하는 장기적 안목의 급진적 생태운동을 지칭한다.

⑤ 심층생태학의 일곱 가지의 원칙

- 환경 속의 인간이란 관념을 버리고 '유기적인 전체-장'이란 관념을 받아들일 것.
- 범생물권 평등주의를 지향할 것.
- 다양성과 공생의 원칙을 존중할 것.
- 반계급을 지향할 것, 즉 사회 계급을 타파할 것.
- 오염과 자원고갈에 맞서 싸울 것.
- 복합성을 존중할 것.
- 자방자치와 분권화를 지향할 것.

⑥ 생태 지혜로서 생태 철학

- 생태학이 단순히 하나의 과학으로서 이른바 '가치중립적' 이론이나 '사실'의 영역에만 머물러서는 안 되며, '땅에 대한 지혜를 행위규범과 연결하는' 보다 광범위한 철학적 조망을 갖추어야 한다고 주장한다. 심층생태운동은 과학으로서의 생태학으로부터 논리나 연역 등을 통해 직접적으로 도출되는 것은 아니다.

(4) 심층생태학의 배경

① 1950년대 앨런 와츠나 다이세츠 스즈키 같은 사람들의 저술을 통해 동양의 정신적 전통, 특히 선불교 사상이 서구사회에 유입되기 시작한다.

② 1960년대와 70년대에 있었던 미주 원주민 문화에 대한 재평가이다.
미주 인디언의 고유문화와 전통, 철학과 종교, 사회 조직 등을 객관적·비교 분석적·비평적 방식으로 재평가하여 진지하게 이해하려고 한다.

③ 서구 철학과 종교 속에서 발견되는 소수파의 전통: 소크라테스 이전의 생태중심적 자연종교와 자연지향적 우주론이 소크라테스의 지배적 조류에도 불구하고 남아 있었다.

④ 생태학의 발흥

심층생태학은 단순히 가치중립적인 하나의 과학에 그치는 것이 아니라 하나의 세계관으로 받아들였다. 레오폴드의 산(山) 같은 사고나 폴 세퍼드의 하나의 저항운동은 생태학적 접근이다.

⑤ 자연의 아름다움을 표현하려 했던 예술가의 영향을 받았다.

(5) 심층생태운동의 의미

① 심층생태 운동의 정수는 세상에 대해 보다 심층적인 질문을 던지는 것이다. 심층생태

학은 모든 사회적 관행과 공공정책의 보편적 접근방법에 대해 어떠한 것도 자명한 혹은 주어진 것으로 간주해버리지 않고 그 뒤에 숨어 있는 가치관과 철학 및 종교적 대전제와 형이상학적 가정들에 대해 끊임없이 "왜?"라는 질문을 던질 준비가 되어 있으며, 또한 이런 문제의식과 대안적 삶의 방식(어떻게)을 매우 중요하게 평가한다는 것이다. 서구 세계관을 비판하며 근본적 변화를 추구하는데, 이는 곧 '수단은 소박하되 목적은 풍요로운 삶'이다.

② 왜 우리는 근본적 의문을 품어야 하나?

- 편협한 인류 중심적 입장의 정책들이 많은 위험을 내포하고 있기 때문이며, 보다 고차원의 목표들과 상충되기 때문이다.
- 인류 중심적 정책들은 지나치게 기술지향이며 또한 전문적이기 때문에 일반인들의 이해와 협조를 얻기 어렵다. 또한 전문가들 사이에서 종종 불필요하고 낭비적인 논쟁을 야기하며 이 때문에 실천이 지연된다.
- 이미 인류가 생존을 위한 필수적 요소를 충족시키고 있다면 현 수준 이상의 기술진보를 위한 노력은 큰 가치가 있는 일이 아니다.
- 생태위기의 극복에 더욱 필요한 것은 전문 기술과는 무관한 우리의 일상적 생활양식의 변혁, 즉 수단은 소박하나 목적은 풍요로운 삶이다.

③ 하나의 사회운동으로서의 생태철학

단지 강단 철학으로 머물지 않고 운동이라는 표현을 자주 쓰는 것은 전문 철학자가 아니라 창작 활동을 통해 자유로이 영감을 표현하고 전달할 수 있는 예술가나 문학가들이 심층생태운동에 오히려 더 큰 영향을 주며 기여를 하기 때문이다.

(5) 심층생태학의 추론 체계

심층생태학은 철학 사상 혹은 사유체계라기보다 하나의 사회운동에서 출발하였으며, 후에 주로 네스에 의해 조금씩 이론적인 골격을 갖추기 시작했다. 심층생태학이 비록 완성된 철학 체계는 아니지만 네스는 앞치마처럼 생긴 도표를 통하여 심층생태학의 전제에서 결론에 이르는 논리 체계를 예시적으로 설명하고 있다.

1) 수준 1 : 근본적 전제 및 생태 지혜

① 더 이상 소급할 수 없는 근원적인 규범이나 대전제, 가정 혹은 생태지혜들로 구성되어 있다. 그 원천은 스피노자나 화이트헤드의 철학일 수도 있고 기독교나 불교, 도교 같은 종교일 수 있다. 얼마든지 다양한 원천이 있을 수 있으므로 이를 바탕으로 하는 근원적인 규범이나 대전제, 가정 혹은 생태지혜들도 매우 다양할 것이다.

② 네스는 특히 불교가 심층생태운동에 가깝다고 본다. 그 까닭은 불교의 기본 정신인 비폭력, 자비, 생명존중 등이 심층 생태학의 기본 원칙과 일치하기 때문이다.

③ 생태지혜 : 최대의 대아(大我) 실현(Self-realization)
대아란 우주의 모든 생명체와 그들 각각의 자아(개별영혼)를 모두 포함하는 것이다. 최대의 대아 실현은 모든 생명의 징표들을 최대로 발현하는 것이며, 최대의 다양성의 실현과 일맥상통한다. 자기 정체와 역시 타자와의 일체 의식이 깊어질수록 '이타의식'이 저절로 싹트게 된다. 어떤 주체의 자아실현이 진전되면 타자와의 일체 의식도 필연적으로 증대될 것이며, 우리의 자아실현의 수준이 높아짐에 따라 타자 속에서 우리 자신을 발견하게 될 것이고, 타자 또한 우리 속에서 자신을 발견하게 될 것이다. 이런 식으로 자아는 타자 속에 숨어 있는 자아의 잠재력이 실현됨에 따라 더욱 확대되고 심화된다. "모든 존재를 위한 자기실현" 이라는 규범을 도출할 수 있고 "최대의 다양성이라는 규범"과 "최대의 다양성은 공생의 실현"이라는 규범에 도달하게 된다. 이런 식으로 추론을 계속하게 되면 자연스럽게 〈8조 강령〉에 이르게 된다.

2) 수준 2 : 심층 생태학의 〈8조 강령〉

① 인간을 포함한 모든 동식물의 복지와 번영은 본래적 가치를 지닌다. 이 가치는 이들 동식물이 인간에게 어떤 쓰임새가 있느냐와는 무관하다.

② 생명 형태의 풍요와 다양성은 이들 가치의 실현에 기여하며 또한 그 자체로서 본래적 가치를 지닌다.

③ 인류는 필수적 요소의 충족을 위한 경우를 빼면 이 풍요와 다양성을 해칠 어떤 권리도 없다.

④ 인류의 생활과 문화의 번영은 인구가 현재보다 현격히 감소한다고 하더라도 성취 가능하다. 동식물의 번영을 위해서는 인구가 줄어야 한다.

⑤ 현재, 인류의 동식물에 대한 간섭은 정도가 지나치며 상황은 급속히 악화되고 있다.

⑥ 따라서 정책의 변화가 필요하다. 새로운 정책은 기본적인 경제적, 기술적, 이념적 구조에 영향을 미칠 것이며, 그 결과로 얻게 될 상황은 현재와는 근본적으로 다를 것이다.

⑦ 이념의 변화는 지속적인 생활수준의 향상에 대한 집착보다는 생활의 질에 대한 평가를 지향하는 것이어야 하며, 거대함(bigness)과 위대함(greatness)의 차이를 깊이 깨달아야 할 것이다.

⑧ 이상에 동의하는 사람들은 직접적이든 간접적이든 필요한 변화를 취하기 위해 노력해야 할 의무가 있다.

이처럼 네스는 심층생태운동의 참여자가 철학이나 종교 면에서 다양한 배경을 갖고 있는 것이 사실이지만 심층생태학자들이라면 수준2의 강령에 모두 동의할 것이라고 생각하였다. 심층생태학이 중시하는 것은 이 강령에 대한 동의이지 그 위의 차원에 속하는 어떤 형이상학적 믿음이나 존재론이나 윤리론 자체에 대한 근원적 합의가 아니다.

3) 수준 3 : 일반적인 규범적 결과와 사실적 결론

수준 2로부터 일반 규범 결과와 사실적 결론이 도출될 것이다.

4) 수준 4 : 구체적인 상황에서의 행동규칙 및 의사결정

네스는 대아실현을 위한 구체적 실천 영역에서는 특히 다양성의 최대한 수용과 "아름다운 행동, 그리고 수단 면에서는 검소, 목표 면에서는 풍요로운 생활양식의 실천이 매우 중요하다고 강조한다.

2. 사회생태주의

머레이 북친(Murray Bookchin)은 뉴욕의 맨하탄에서 러시아계 이민자의 아들로 태어났다. 10대의 어린 나이에 주물공장, 자동차공장의 노동자로 일하면서 노동운동과 사회주의 운동에 깊이 간여하게 되었다. 1937년 스페인 내전을 경험하면서 그는 아나키즘에 경도되었다. 레오 트로츠키(Leo Trozki)가 살아 있는 동안에 그는 〈미국 트로츠키주의자 모임〉에 열성적으로 참여했고, 1960년대 초반까지는 전미 자동차노조(UAW) 지도자로, 신좌파운동(New Left Movement)의 중심인물로 활동하였다.

1950년대 말부터 환경문제에 관심을 가진 북친은 환경문제를 사회문제로 인식한 최초의 사람이었다. 인간의 자연 지배는 인간의 인간 지배라는 위계구조로부터 파생된 것이며, 이를 타파하지 않는 한 환경문제는 해결될 수 없다는 자신의 기본 사상은 이미 그의 초기 저술 『우리의 종합적 환경』(Our Synthethic Environment, 1962)에서부터 전개되었다.

그러나 비슷한 시기에 나왔지만 전 미국인들을 환경적 경악과 자각으로 몰아넣었고, 우리에게도 널리 알려진 레이첼 카슨(Rachael Carson)의 저 유명한 책, 『침묵의 봄』(Slient Spring, 1964)만큼 주목받지 못했다. 그 이유는 아마도 그가 대학을 다니지 않은 사회운동가로서 아카데미즘으로부터 의도적으로 배척당했기 때문일 것이다. 70년대 초반 미국에서 환경운동이 본격화되자 '사회생태주의'로 자신의 노선을 분명히 하고, 아나키즘 이론에 근거하여 생태문제를 '자연의 문제'가 아닌 '사회문제'로 인식하고, 사회의 위계적 지배구조의 파괴야말로 인간과 자연에 대한 정상적인 관계를 가능하게 한다고 주장한다.

머레이 북친은 55년 이상 사회운동가로 아카데믹한 철학자로 활동해 왔다. 1930년대와 40년대에는 과격한 노동운동의 핵심이었으며, 1960년대와 70년대에는 뉴레프트, 다문화주의 운동 등 공민권 운동에 깊숙이 개입하기도 하였다. 그가 환경, 생태 문제에 관심을 가진 것은 이미 1950년대 초반부터이다. 로데릭 내시(Roderick Nash)가 적고 있듯이 "오랫동안 생태학적 전쟁터의 최전방에 머물러 왔다."[68] 당시에 북친은 생태학이라는 단어를 포괄적인 의미로 사용했다. 70년대가 되면서 그는 생태 운동을 위한 정교한 이론, 말하자면 생태철

68) Roderick Nash, *The Right of nature: A History of Environmental Ethics*, Madison: University of Wisconsin Press 1989, pp.164 ff.

학과 생태사회이론이 필요하다는 사실을 깨닫기 시작했고, 1974년에는 결국 댄 초도코프(Dan Chodorkoff)와 함께 〈사회생태 연구소〉를 세웠다. 1952년 이후 (1995년까지) 그는 사회생태학 이론, 사회이론서 등 13권의 저술을 펴냈다.

'사회생태론'[69]은 두 가지 문제를 동시에 해결하려고 한다. 하나는 생태, 즉 환경 문제이고 다른 하나는 사회적 지배와 권력관계의 문제이다. 생태 문제는 과학과 기술문명이 만들어 낸 산업사회의 권력관계는 그냥 놔둔 채, 인간의 자연에 대한 물질적, 도덕적, 영적인 태도의 변화만을 의도해서는 안 된다는 입장이다. 북친은 외연적, 개념적으로는 '자연생태론(심층생태론이 자연생태론의 한 예이다)'에 대립해서, 그리고 내포적으로는 환경주의에 대립해서 자신의 '사회생태론'을 제시한다. 북친의 사회생태론은 페터 크로포트킨(Peter Kropotkin)의 아나키즘에 크게 영향을 받았다.[70] 그러나 고전적 아나키즘과는 달리, 페미니즘 이상과 공동체주의 비전을 포함하는 에코아나키즘(ekoanarchismus)의 영역에 속한다.

북친이 심층생태주의와 자신의 입장을 구분하기 시작한 것은 1985년 무렵부터이다. 근대 기계적 세계관의 부정, 생태중심주의적 접근, 사회적 위계와 지배 관계의 철폐 등 사회생태론은 심층생태론과 여러 모로 유사점이 있다. 그러나 사회생태론은 자연과 사회의 일원성과 연속성을 주장한다. 원시적 자연 사회에서는 인간과 자연이 평등한 수평적 연대를 유지했다는 것이다.

사회생태론은 생태계 또는 생태계 위기의 중요성을 강조하지만, 그중에서도 특히 사회적인 측면에 강조점을 두고 있다. "'사회적'이라는 형용사를 생태학에 첨가함으로써 사회가 자연으로부터 분리될 수 없음을" 강조한다.[71] 그러므로 사회생태론은 "비인간에서 인간을, 자연에서 사회를 도출하는 작업에서 불변의 법칙성을 찾고자 하지 않는다. 오히려 자연은 사회에 생태윤리, 즉 자기선택과 진화를 통한 자유와 개체성의 보장에 근거한 상이성과 참여의 원리를 제공해주며, 지배와 위계질서를 비교, 변경하는 패턴을 제공하고, 기존의 위계질서와 지배를 부정하도록 해준다. 따라서 사회생태론은 과정의 철학이며, 참여의 철학이라고 주장된다."[72]

북친은 "우리는 현재의 억압적인 산업 자본주의의 세계를 반위계적 사회관계에 근거한, 탈중심—민주적 공동체로 변형시켜야" 한다고 주장한다. 이 공동체에서 식량을 생산하는 탈중심적 방식은 생물권을 효율적으로 만들고 생태학적으로 지속 가능케 해준다는 점 말고도, 인간의 땅, 동물, 식물, 태양, 바람과의 계약관계를 더욱 친밀한 것으로 환원시켜 준다는 점에서도 대안적 생산방식이 될 수 있다.

북친은 인간의 거주 환경이나, 지구의 자연생태계에 대한 관리, 보호, 보존의 이념은 나쁜 것은 아닐지라도 여전히 보수적이며, 인간중심적이라는 발상이라고 보고 있다. 사회관계에 대한 생태학적 혁명이 선행되지 않으면 어떤 환경운동도 환경관리주의, 환경관리윤리(Ethics

69) M. Bookchin, *Toward an Ecological Society*, Montreal: Blcak Rose Book 1980, p.76.

70) M. Bookchin, Social Ecology versus Deep Ecology, in *Socialist Review*, vol, 18. 1988, pp.26 ff.

71) M. Bookchin, *The Modern Crisis*, Montreal: Black Rose Books Ltd., 1987, p.16.

72) 최병두, 『환경사회이론과 국제환경문제』, 한울 1995, p.77.

of Environmental Management)[73]에 불과하다는 것이다. "문제는 장기간의 지배와 억압적인 인간 정신과 체제인데, 그것은 인간의 인간에 대한, 그리고 인간의 자연에 대한 억압과 지배를 포함한다. 인간과 자연의 갈등은 인간과 인간 간의 갈등이 확대되어 인간과 자연의 갈등이 발생한다. 생태운동(ecological movement)이 모든 측면에서의 지배의 문제를 포괄하지 않는다면 우리 시대의 생태운동의 근원적인 원인을 제거하는 데 '아무런' 기여도 하지 못할 것이다. 생태운동이 단순히 오염 통제나 환경 보존을 위한 통제라는 개혁적 수준에 머문다면, 한마디로 보다 광범위한 혁명의 개념으로 다루지 않고, '환경주의(environmentalism)'[74]에 머문다면 자연적, 인간적 착취라는 기왕의 체제에 봉사하는 운동이 되고 말 것이다."[75]

이처럼 미국의 철학자 머레이 북친을 중심으로 일종의 생태학적 아나키즘, 스스로를 좌파-녹색이라고 부른다. 북친의 생태학적 관심은 1963년의 저서 『우리의 인조 환경』에서 시작되나 사회생태학의 기원이 되는 저술은 1982년 『자유 생태학』이다.

(1) '변증법적 자연주의' : 변증법적 요소와 자연주의의 결합

변증법적 요소란 모든 존재는 변화와 발전의 과정에 있고, 모든 현상은 전체 속에서 영향을 주고받으며, 이런 의미에서 서로는 분리될 수 없다는 관점이며, 한편 자연주의란 모든 실재하는 것은 자연이며 따라서 인간이든 사회든 문화든 모든 존재는 자연적 존재라고 간주한다. 즉 자연은 스스로를 파악하고 있으며, 자기의식적인 실체라는 믿음의 존재론과 인식론의 출발점으로 삼는다. 『자유 생태학』에서 나타난 자연의 세분화를 살피면, 1차 자연과 2차 자연 그리고 자유 자연이 있다.

2차 자연은 문화를 말하는데, 그것은 1차 자연에서 나오며, 자유 자연은 대립관계에 있던 1차 자연과 2차 자연이 화해와 조화를 이루는 새로운 상태로서, 이것은 지금까지 진화해왔고, 앞으로도 인류에 의해 창조될 세계이다.

1차 자연은 협동과 상부상조라는 특징을 지니며 비계층적이고 관용적이고 상조적인 사회적 관계 형성의 모델이다. 2차 자연은 인간 문화로 1차 자연과 마찬가지의 협동과 상부상조하는 특성뿐 아니라 경쟁과 계층 구조를 지니고 있다. 인간은 원천적으로 자연의 일부이기 때문에 1차 자연적 성향으로서의 협동적 기질을 함양한 사람이라면 경쟁과 계층구조를 어렵지 않게 버릴 수 있을 것이라고 본다.

자유는 대단히 포괄적이며 적극적인 개념으로 자기결정(self-decision)을 의미한다. 미래에서 자연과 완전한 조화를 이룬 자유로운 인간 사회를 통해 자연이 가장 발전된 형태의 자신을 성취하게 되면, 당장에는 영성과 감정이 없는 단순한 물질적 존재로 간주되는 자연은 궁극적으로 '자유 자연' 즉, '자유로운' 존재로서의 자연으로 변모한다.

73) 구승회, 「환경윤리의 학문적 성격과 그 가능성과 필요성에 대한 논증과 비판」, 한국사회윤리학회 발표논문, 1996. 5. 31. 참조.

74) 북친은 사회생태론에 반대되는 개념으로 이렇게 표현한다. M. Bookchin, *Toward an Ecological Society*, Montreal: Blcak Rose Book 1980, p.77.

75) M. Bookchin, *Toward an Ecological Society*, p.43.

(2) 진화론적·목적론적 시각

사회생태학은 생명과 정신의 모든 발전 과정은 어떤 '지향점'을 지니고 있으며, 보다 광역적인 가치의 전개를 향한 운동이다. 그 지향점은 다름 아닌 자유이다.

이는 발전론적 시각이라고도 할 수 있다. 북친은 각각의 현상은 고유의 역사를 갖는다고 보며, 진화의 각 단계를 향상으로 파악하고, 각각의 연속적 단계는 그 속에 그때까지의 전 과정을 간직하고 있는 것으로 해석한다. 진화는 다양성의 증대와 새로운 가치 실현을 향한 과정이며, 자연적 실체로서의 생명과 정신 역시 어떤 지향점을 향해 발전한다고 본다. 그 지향점은 계층과 지배구조가 없는 사회로 발전하는 것을 목표로 한다.

(3) 생태위기의 근원으로서의 계층구조

다른 사람과 자연을 정복하고 지배하고자 하는 오랜 역사에 걸친 인간의 노력은 사회와 자연의 진화를 가로막는 주된 장애물이 되어왔다. 여기서, 인간이 자연을 정복하고 지배하고자 하는 충동은 무엇보다도 다른 인간을 지배하고 억압하고자 하는 충동에서 비롯된다. 지배에는 다양한 형태가 있는데, 어떤 것이든 계층구조를 통해 명시적 혹은 묵시적으로 자행된다. 따라서 인류사회에서 계층구조가 사라지지 않는 한 인류의 자연지배와 착취는 영속될 것이며 그것은 결국 생태 재앙으로 이어질 수밖에 없다. 그러므로 인류와 자연 사이의 균형을 도모하고 그래서 진정으로 친생태적인 사회를 건설하려면 기존 제도와 사회 관계를 의존적으로 변화시킴으로써 계층과 지배구조가 없는 사회로 나아가야 한다.

생태위기의 근원을 계층구조라고 말하는 만큼 이 계층구조가 언제 어떻게 시작되었는가 하는 것은 중요한 물음이 된다. 북친에 따르면, 최소의 사회적 위계는 부족사회의 장로정치에서 비롯되었다. 이 체제에서 노년층은 청장년층을 지배함으로써 육체적 노쇠로 인한 생존의 문제를 해결하였다. 후일 일부 장로들이 사면이나 사제의 역할을 떠맡게 되면서 그들이 사회적 지위는 더욱 고양되고 강화되었다. 젊은 층을 합법적으로 지배할 수 있는 주술적·종교적 근거가 마련된 것이다. 그리고 이 체제가 점차 남성의 여성 지배를 초래하게 되었다.

어떻게 계층구조가 자연 지배로, 또 생태위기로 진전되었는가? 북친에 따르면, 권력 추구적 엘리트들은 일단 사회적 위계질서를 구축한 다음 그것을 자연에 투사하기 시작하였다. 인간에 의한 인간 착취가 심화되면서 이것은 다시 자연을 지배하고자 하는 노력을 낳았다. 이 같은 자연 지배가 무분별한 자연 착취로 이어지면서 오늘날과 같은 생태위기를 초래하였다. 생태위기의 근원이 계층구조, 즉 인간에 의한 인간의 지배와 착취에 있다면 그것을 극복할 수 있는 길은 계층구조의 폐지에 있을 것이다. 그러므로 사회생태학에 따르면 인간과 자연간의 문제는 궁극적으로 인간과 인간 간의 문제로 되돌아온다.

사회생태학은 인간과 자연 간의 균형을 도모하고 그래서 진정으로 친 생태적인 사회를 건설하려면 정치적으로 급진적인 사고가 필요하다고 주장한다. 구체적으로 말하자면 기술관료적 정치권력과 자본주의적 경제체제는 공동의 생태학적 가치와 공동의 생활 서약을 통해 규제되는 유기체적 공동체, 간단히 말해 생태공동체로 대체되어야 한다는 것이다. 사회생태학자들은 생태공동체야말로 자본주의 사회의 '소비를 위한 소비'를 지양하고 아름답고 쾌적한 환경을 조성하여 창조적이고 적극적이며 친밀한 인간활동 및 인간관계를 성취하여 자연과 공존 공생할 수 있는 이상적인 사회라고 말한다.

사회생태학자들은 생태공동체 내에서는 사회생활의 전 영역에서 협동 체제가 출현할 것으로 기대한다. 이 협동 체제 속에는 아동의 양육과 교육, 생산과 분배, 문화활동, 놀이와 유희, 정신수양과 같은 개인들 간의 교호적 활동이 포함될 것이다. 생태 공동체 내의 조직은 자본주의나 국가 통제 체제에서와 같이 권력의 요구에 기초를 두는 것이 아니라 주민들이 자유로운 사회적 존재로서의 자신을 실현하고 인간이 자연 전체와 평등하게 상호작용하고자 하는 욕구에 기초를 두는 것이다.

이와 같은 원리에 따라 사회를 개조한다면 그것은 작은 단위로 구획되어야 하며, 분권화되어야 하며, 비계층적이어야 하며, 대면적 민주주의에 기초하여야만 한다. 북친은 생태공동체의 적정 규모는 소도시나 근린사회 정도며, 거기서 정치적으로 가장 중요한 역할을 담당하는 것은 의회라고 말한다. 의회는 시민들이 바라는 것과 필요로 하는 것을 공개적으로 논의할 수 있는 장소로, 시민포럼을 통해 공동체 안팎의 복합성과 다양성을 인식하고 조정하여 필요에 따라서는 통합하게 되며, 시민들은 이 과정에서 지역사회의 선을 체험하게 된다.

낱낱의 생태공동체가 이상적 사회조직의 하부구조라면 그것의 상부구조는 이들의 연합이다. 물론 이 연합 내부의 관계 역시 상하의 위계가 없는 수평적인 것이어야 한다. 사회생태학자들은 이런 체제를 생태 민주주의라고 부른다.

3. 상호관점의 소통

(1) 공통의 관점

사회생태학과 심층생태학은 서로에 대한 격렬한 비판에도 불구하고 급진적 생태사상으로서 많은 점을 공유하고 있다. 우선 지향하는 궁극적 가치가 유사하다. 즉, 심층생태학의 '최대의 자아실현'은 사회생태학의 '우주의 변증법적 발전'을 통한 최대의 다양성과 최대의 자유 실현과 일맥상통하는 면이 있다.

양자는 공히 기성 문화를 비판하고 그것을 대체하려 했던 대안 문화운동의 소산으로서, 생태학적 측면의 다음과 같은 점에 동의한다.

- 인간은 자연의 일부다. 자연은 언제나 스스로를 새롭게 하는 자생적 존재이며 본래적으로 고귀하다.
- 생태계의 다양성을 유지하기 위해서는 인간의 영향이 최저로 미치는 원생 지역의 지정과 보존이 필요하다.
- 지구를 구하기 위해서는 새로운 생태적 감수성과 정신성이 요구된다.
- 현대 정치·경제·사회 체계는 계층 구조적이며 생태 파괴적이다. 따라서 분권적이고, 비

계층적이고, 다원적이고, 생태적으로 지탱가능하고, 생명 지역적으로(bioregionally) 연합된 생태공동체 사회로의 전환이 필요하다.

이에 북친은 1987년부터 심층생태학과 그 행동대원으로 생각되는 환경단체 〈어스퍼스트!〉에 대해 돌연 일련의 맹렬한 비판을 퍼붓기 시작한다.

- 우선 심층생태학이 제대로 소화도 안 되고 제대로 무르익지도 않았고 또 뒤틀려 있는 관념들이라고 하더라도 그럴듯하기만 하면 몽땅 쓸어 담는 '블랙홀' 같은 것이라는 비판으로 포문을 열었다.
- 북친은 자신이 심층생태학을 혹독하게 비판하게 된 몇 가지 중요한 이유를 들고 있다.

(2) 비판과 논쟁

포먼의 말 속에는 인종차별주의적 성향과 강대국의 지배와 착취에도 그 책임이 있는데 제3세계의 기아를 자연이 스스로 치료할 '자연적인 것'으로 돌리는 책임전가도 엿보인다. 심층생태학의 행동대원을 자처하는 〈어스퍼스트〉가 "에이즈는 인구를 줄여서 지구에 가해지는 압박을 줄여주기 때문에 하나의 축복"이라는 내용의 인간 혐오적인 글을 기관지에 실었던 것이다. 포먼은 인간은 자연의 암세포라고까지 말했다.

그렇다면 생태주의는 인간혐오주의나 인간 불신주의인가? 심층생태학자 워릭 폭스는 사회생태학자들이 심층생태학을 일종의 인간혐오주의로 비판하는 것은 견강부회에 지나지 않으며, 사회생태학은 심층생태학의 인류중심주의 비판을 마치 인류가 생태위기의 근원이라는 것을 의미하는 것으로 곡해하고 있다고 불평한다. 폭스에 따르면 심층생태학자들이 비판하는 것은 결코 '인간' 그 자체가 아니라 희랍시대 이후 지금까지 서양의 철학적, 사회적, 정치적 전통의 지배적 이념으로 군림하여 온 '인류중심적사고'이다.

인간의 간섭이 최대한 배제된 자연지대가 곧 원생지대인데, 심층생태학자들은 실천적인 영역에서는 원생지대의 지정과 확대를 가장 중요한 사안으로 본다. 왜냐하면 충분한 원생지대가 보존되어야만 심층생태학자들이 지향하는 최고의 가치, 즉 '인간을 포함한 모든 생명체들의 최대의 다양성, 최대의 공생, 최대의 대아실현'이 가능하기 때문이다. 이를 두고 북친은 심층생태학자들을 '원생지대의 광'이라고 부른다. 북친은 한때 캐나다 북부 툰드라 황야지대를 "자원개발을 금지하고 아주 신중하고도 친생태적인 방식으로 다양한 생물상을 부양하는 지역으로 바꾸자"라고 제안했다.

이에 대해 심층생태학자들은 그곳은 말과 달리 결코 황야가 아니며 수천년 간 고유의 생태계가 진화해 온 곳이기 때문에 절대로 손을 대어서는 안 된다고 생각한다. 심층생태학자들은 북친이 하고자 하는 바는 대지의 복원이 아니라 개량(improvement)이며, 그것은 북친의 이념이 자연의 평정임을 암시하는 것이라고 본다.

1989년 인도의 사회생태학자 라마찬드라 구하는 제3세계의 입장에서 볼 때 생물 다양성과 야생 생태계 보호를 특히 강조하는 심층생태운동은 제3세계 국가들의 관심사와는 거리가 멀다고 비판했다. 그는 심층생태학자들이 자주 들먹이는 인류중심주의와 생태중심주의의 대비는 제3세계와는 별 관련이 없으며, 정말로 심각한 두 가지 생태문제는 상업국가와 제3세계 도시 엘리트의 과소비 그리고 군비경쟁이라고 주장하였다.

구하는 호랑이와 같은 멸종위기에 처한 생물보호를 위해 인디아에 야생동물보호구역을 설정하려는 노력을 엘리트주의적 생태제국주의의 한 형태이자 "빈곤층으로부터 부유층으로의 직접적인 자원 이전"이라고 비판한다. 구하는 제3세계 빈곤층은 자연이나 생명체의 '본래적 가치' 따위에는 관심이 없으며 그들에게 가장 급박한 것은 생존 그 자체이지 결코 삶의 질 향상 같은 것이 아니라고 말한다. 또 제3세계적 환경론은 '평등'과 '사회정의'와 같은 인간적 문제 그리고 환경오염이나 토지사유제가 빈곤층에게 얼마나 악영향을 미치는가 하는 문제 등을 주로 다루어야 한다고 말한다.

네스는 구하가 세계 대다수 생태학자들이 가장 심각한 전 지구적 문제라고 생각하는 것들, 즉 세계인구의 지수적 팽창, 오존층 고갈, 온실효과, 야생동물의 서식지 감소, 동식물의 대량멸종 같은 문제들을 도외시하고 있다고 비판한다. 또 야생세계가 줄면 줄수록 인간을 포함한 모든 생명체의 대아 실현 기회 역시 줄게 된다는 점을 강조한다. 네스는 제3세계 사람들도 경제적으로 진보해야 하며 선진사회의 과소비는 절제되어야한다고 생각한다. 그러나 생태위기의 극복이라는 목적을 달성하기 위한 의미 있는 진보가 이루어질 때까지는 생태학적 논제에 최고의 우선순위가 매겨져야 한다고 주장한다.

4. 상호작용의 처방

북친은 아무리 자비로운 사회라 하더라도 "인간에 의한 인간 지배를 단절하지 않고서는 결코 자연 지배라는 목표를 버릴 수 없다"라고 말함으로써 생태위기 극복의 관건은 계층구조의 철폐임을 분명히 한다. 그러나 심층생태학자들, 예를 들면 폭스는 사회의 계층구조가 철폐된다고 해서 반드시 인간의 자연 지배가 종식되는 것은 아니라고 반박한다. 계층구조가 없는 평등한 사회라고 할지라도 사람들이 자연을 원료와 도구로서 취급하기로 합의할 수 있기 때문이다.

또 생태위기의 근원이 인간에 의한 인간 지배이며 그 해결책은 그것의 철폐에 있다고 한다면, 그것은 인류중심주의라고 할 수밖에 없다는 것이 심층생태학자들의 주장이다. 따라서 사회생태학은 생태위기의 대안이 될 수 없다.

(1) 북친의 비판

북친은 심층생태학자들이 "비이성적이고 반동적인" 태도와 실천에 경도되어 있다고 비판한다. 그 근거로 그는 심층생태학자들이 원시부족이나 아메리카 인디언처럼 최근까지도 부족집단으로 남아 있던 사회의 생태의식이나 자연에 대한 태도나 전통에 대해 찬미하고 그것을 부활하려 한다는 것을 든다.

심층생태학이 생태파시즘을 조장할 수 있다는 것이다. 심층생태학의 교의의 중핵인 생태중심주의는 나치즘의 자연 숭배와 유사한 점이 많다는 것이다. 즉 생태중심주의에 내포된 원생지대와 야생 동식물 보호에 대한 최우선의 배려, 그것과 관련된 인구 과잉에 대한 우려와 인구 규모 축소를 위한 노력, 고금의 부족사회와 그들의 생태의식에 대한 동경, 자연의 신비화와 낭만화 경향, '자연의 법칙'에 순응하는 삶의 추구, 환경윤리 면에서 전일주의적 성향 등은 '대지와 피의 순수성을 지키려는 대자연의 냉혹한 명령'을 수행하는 '자연 숭배교'로서의 나치즘의 자연주의적 이데올로기와 일맥상통하는 점이 있다는 것이다.

(2) 북친의 비판 한계

지머맨은 북친이 유독 심층생태학에 대해서 이처럼 심한 비난을 퍼붓는 이유를 북친 자신이 자연을 지나치게 강조함으로써 보다 중요한 역사성이라는 요소를 상대적으로 약화시키고 있다는 좌파의 비난을 비껴가기 위해 자기 이론의 "그림자"를 심층 생태학에 드리우려 하기 때문이라고 본다. 즉, 자기 이론의 어두운 면을 심층생태학에 덮어씌우려 한다는 것이다.

북친도 인간을 "숙주를 죽이고 결국 자신마저 죽이는 아주 파괴적인 기생충"으로 묘사할 수 있으며, 인간은 "자연 진화에 대한 하나의 저주"라고 말한 적이 있다. 북친도 역시 이성과는 거리가 먼 감각적이고 예술적인 영역의 탐구를 고무하기도 하며 부족중심주의를 찬양하고 그것으로의 복귀를 주장하기도 하기 때문이다. 북친은 대안문화 운동가로서 대안문화의 감성과 부족중심주의와 아나키즘의 합일에 대한 찬미를 계승했다. 이렇듯 북친은 자신이 부족중심주의를 찬양하면서도 심층생태학자들이 그런 경향에 대해 "반동적"이라는 딱지를 붙였다.

5. 생태여성주의 이해

(1) 반다나 시바(Vandana Shiva)

반다나 시바는 이론 물리학자였으나 생태적으로 건전하고 페미니즘적인 자급과학과 기술, 여성과 민중에 기반을 둔 풀뿌리 지식과 과학을 추구하였다. 그녀는 근대과학의 인식론적 전통이 근본적으로 환원주의적인 것이고, 이러한 환원주의 과학이 여성과 자연에 대한 폭력의 근원이라고 보았다. 에코페미니즘, 즉 자연과 여성에 대한 강제와 폭력을 낳는 근대과학을 전면적으로 부정하고 생명들의 공생관계, '살아 있는 관계의 재창조'를 주장하였다.

반다나 시바는 환경, 여성인권, 국제문제에 관한 세계에서 가장 역동적이고 선구자적인 사상가 가운데 한 사람이다. 핵물리학을 전공했다가 서구 과학기술의 문제점을 깊이 인식하고 생태운동에 투신한 활동가이다. 인도에서 다국적기업의 삼림파괴에 반대하는 칩코운동(Chipko movement)을 조직했으며, 제3세계의 생물 다양성 문제와 다국적기업의 생물해적질에 깊은 관심을 가지고 다양한 반대운동들을 펼쳤다.

사바는 1995년에 또 하나의 노벨상으로 알려진 '올바른 삶의 훈장'(Right Livelihood Award)을 수상했다. 현재는 과학·기술·생태학연구재단의 책임자로 있다. 주요 관심 분야는 제3세계 생태운동, 에코페미니즘, 생명공학과 특허 문제, 다국적기업의 생물해적질, 농촌지역 공동체의 자생적 발전 문제 등이다. 활발한 저술활동을 했으며 널리 알려진 책에는 『살아남기』, 『녹색혁명의 폭력』, 『정신의 획일화』, 『에코페미니즘』 등이 있다

환경운동과 여성해방운동의 사상을 통합한 생태여성론은 1970년대 후반에 등장한 운동으로, 자연생태계와 인간을 하나로 보고, 생명의 가치, 평등한 삶의 가치를 실현하려는 사상이다. 또한 지금까지 남성중심·서구중심·이성중심의 가치와 삶의 방식이 세상을 지배하면서 황폐화되었다고 주장하면서 이를 뒤바꾸려는 실천 지침이기도 하다. 여성의 억압과 자연의 위기가 동일한 억압구조에서 비롯되었다는 비슷한 속성을 가지고 있다고 보고 이 문제를 동시에 해결해야 한다는 의식에서 출발한다. 남성이 곧 문명이고 여성이 자연이라고 볼 수 있지만, 남성과 인간문명을 타도 대상이 아닌 남성과 여성, 자연과 인간문명은 처음부터 하나였다고 본다. 그리고 이들의 어울림과 균형을 통해 모든 생명체의 통합을 강조한다.

1970년대에 이르러 지구 멸망의 위기감이 대두되면서 복합적 양상의 생태계 파괴의 심각성이 인식되기 시작했다. 이때 생태계 파괴가 남성, 여성, 아동에게 영향력을 미치는 정도와 방식은 다르므로 각각 연구되고 다르게 실천될 수밖에 없다는 문제의식에서 출발하였다. 또한 남성 환경운동가들의 성차별에 대항하여 새로운 방식의 여성운동을 고민하게 되었다.

에코페미니즘 안에서도 여러 가지 스펙트럼이 있는데 그중에서도 사회비판적 생태여성주의는 신자유주의에 대항하여 싸우고 있다. 사회비판적 생태여성주의는 자연의 열등화를 문제시한다. 인간 생활은 자연과 문화 두 영역 모두에 걸쳐서 이루어진다고 주장하지만, 자연을 더 우월시하지 않고 여성이 문화로부터 배제되는 것에 문제를 제기하면서 이를 사회 역사적으로 해석하고 자연과 여성의 독특한 관계를 설명한다. 실천은 주로 주민자치, 녹색가게, 녹색소비, 의제 21 등 다양한 생태적 사회운동으로 펼치고 있다.

생태운동과 여성운동을 결합한 시바의 에코페미니즘은 서구의 과학을 '가부장제적 기획'으로 보는 데서 출발한다. 그녀의 눈으로 보기에 유럽에서의 과학 혁명은 '어머니인 대지'인 자연을 기계와 원자재의 자원으로 바꾸어 놓는 것에 불과하다. 과학이라는 미명하에 자연이 이렇게 변형됨으로써, 여성과 자연에 대한 착취와 침범을 제한하는 모든 윤리적인 제약들을 제거해 버렸다는 것이다. 에코페미니즘의 시각에서 여성은 곧 자연이고, 남성은 과학문명이다.

따라서 시바에게 '가부장제의 기획'인 과학은 여성과 자연의 지식과 창조성을 무시한 원흉일 따름이다. 그녀는 이런 생각들을 구체적인 사례에 적용해 설명하는데, 이 가운데 대표적인 것이 지적재산권에 관한 문제다. 이에 대한 그녀의 비판은 바로 여성 지식의 비(非)전문화와 파괴에 대한 저항이기도 하다. 사례로 시바는 인도의 숲이 식민지화하는 과정에서 숲의 파괴와 더불어 임업에 관해 여성들이 갖고 있던 전문 지식도 파괴됐다고 본다. '과학적 임업'이란 실제로는 이윤 극대화를 위한 서구적 욕심에서 비롯된, 여성을

배제하는 임업에 불과한 것이다. 인도 가르왈 지방 여성들의 칩코운동은 이런 '배제'에 대한 저항이었다.

자연친화적인 여성의 지식이 비전문적이라고 무시되는 것은 이뿐만이 아니다. 남성 과학자와 의학자들에 의한 모성(母性)의 파괴를 살펴보자. 시바는 여성이 남성 과학자나 의학자들의 시술 대상에 불과하다는 주장까지 거침없이 한다. 예를 들어 원래 아이에 대한 최고의 전문가는 어머니이다. 그럼에도 불구하고 과학의 합리성을 내세운 의사들은 어머니의 지식을 무시하며 산모를 무지한 '몸뚱이'로 생각한다. 이때는 의사만이 지식을 갖춘 '정신'이 된다. 시바는 이런 이율배반적인 과학을 거부하며 모성회복을 강조한다.

시바의 이런 시각은 여성의 몸만이 아니라 생물 하나하나가 자기 발생적이고 유기체적인 지식을 갖고 있다고 보는 데까지 확장된다. 자연을 약탈한다 함은 자연의 '몸'을 무지한 것으로 간주하고 마음대로 침범하는 것을 의미한다. 시바가 말하는 '생물해적질' 행위를 지칭하는 것이다.

또한 시바는 특허라는 명목으로 생명체의 소유권을 갖는 생물해적질은 서구 자본의 새로운 식민지 '발견'일 뿐이라고 주장한다. 그녀에 따르면, 서구의 자본은 이제 여성·식물·동물의 내부 공간, 육체라는 새로운 식민지를 만들어 약탈하기에까지 이르렀다. 서구의 발달된 유전공학은 모든 생명체들이 갖는 유전자 코드를 식민화하고 있다. 일례로 미국의 미리어드 제약회사는 진단과 검사를 독점하기 위해 여성의 유방암 유전자에 대한 특허를 냈다. 여성의 몸의 일부는 제약회사가 갖는 꼴이 되었다. 파푸아 뉴기니의 하가하이 인디언의 세포주(cell line)는 미국 상무부가 특허를 갖고 있다.

그럼 이를 극복할 방법은 없는가? 시바는 우선 자연과 여성의 관점에서 서구의 과학기술문명과 다국적기업의 폭력에 대한 재정의가 필요하다고 말한다. 제3세계 여성들의 시각에서 볼 때, 생산성이란 생명과 생계를 생산하는 척도이며, 잉여란 공동체에 필요한 물자 이상으로 생산된 물질적인 것이 아니라 자연과 여성들로부터 폭력적인 방식으로 강탈하고 착취한 것을 말한다. 나아가 지금까지 개발이라고 불린 것은 성(性)차별에 근거해 여성의 능력을 무시하고 생태위기를 조장하는 자연고갈에 대한 동의어이다.

생태여성주의자로서 시바의 중요성은 여성을 단순한 희생자로 부각시키지 않는다는 점에 있다. 여성과 자연은 지금까지도 높은 수준의 지식과 창조성과 생산성을 보여주었다고 평가한다. 그러나 시바는 여성적 원리를 강조함으로써 여성을 다시 전통적인 '대지(자연)인 어머니'의 이미지로 묶어둘 위험이 있다. 또한 인도 내부의 계급문제보다는 세계체제 비판에 더 비중을 두는 아쉬움도 있다. 하지만 이 지구 상에서 더 좋은 환경을 만들기 위해서는 여성이 처한 환경이 달라져야 함을 강하게 역설한다는 점에서 그녀의 목소리에 귀를 기울일 필요가 있다.

제3세계의 여성, 어린이, 민중이 처한 위기는 바로 우리가 살고 있는 세상의 위기를 측정하는 바로미터다. 하나의 특정 계급(부르주아)이나 하나의 특정 종(인간)의 특정 인종(백인), 그 인종의 특정 성(남성)이 앞장서서 자연과 지식을 획일화하고 사유화하는 세계는 분명 오염된 세계다.

(2) 생태여성주의의 갈래

생태여성주의는 여성주의의 산물이다. 여성주의의 갈래에 따라 생태여성주의로 구분된다. 현대 여성주의도 대안문화 운동의 일환으로 1960년대 중반 미국의 시민권 운동이 절정을 이루었을 때 등장하였다. 먼저 자유주의적 입장은 헌법이 보장하는 평등권을 여성에게도 확장하여 남녀가 교육과 취업, 보수 면에서 실질적으로 동등하게 대우받기를 요구한다. 또한 마르크스주의적 입장은 여성에 대한 것을 포함한 모든 착취의 구조적 근원, 곧 자본주의를 철폐해야 한다고 주장한다. 사회주의적 입장은 성차별과 인종차별 같은 형태의 억압은 단순히 생산수단의 소유관계를 바꾼다고 해서 사라지는 것이 아니기 때문에 모든 형태의 연합을 근절하려면 계층적이고 권위주의적인 사회 구조를 청산해야 한다고 주장한다. 그리고 급진적 입장은 가부장제의 모든 형태는 억압과 착취의 근원이며, 남성은 공포의 대상인 자연과 죽음으로부터 자신을 보호하기 위해 여성과 자연을 지배하려 한다고 본다. 급진적 여성주의자들에 따르면 가부장제는 여성을 단지 아이를 낳고 기르는 것, 혹은 남성의 성욕을 충족시키는 것을 주요 '기능'으로 하는 존재로 정의함으로써 여성을 억압한다. 생태여성주의의 출범에 가장 큰 기여를 한 입장은 이 급진적 여성주의이다.

문화적 여성주의의 영향으로 1960년대에서 1970년대 초까지 대부분의 여성주의자들은 신체적인 특징을 제외하면 여성은 남성과 본질적으로 다르지 않다고 생각했다. 남성들이 여성은 육체적으로 나약하며, 그렇기 때문에 선천적으로 가사나 육아 같은 일에 적합하지 소위 남자가 하는 일에는 어울리지 않는다는 논리로 여성을 배제하고 억압하려는 것에 대해 반박한다. 남녀의 차이는 문화적인 것이지 생물학적인 것이 아니라고 주장. 그러나 점차 여성만의 특징에 대해 긍정적으로 평가하기 시작한다.

또한 가부장제가 모든 억압의 근원이라는 급진적 여성주의를 수용하면서 성차별, 위계구조, 억압과 착취, 호전성과 폭력으로 얼룩진 가부장 문화를 대체할 여성적 대안문화를 창달해야 한다고 주장한다. 문화적 여성주의는 생물학적 본질주의와 구성주의로 나뉜다.

생물학적 본질주의에 따르면, 여성은 출산 능력과 같은 여성만이 지닌 특질들 때문에 본래적으로 남성에 비해 보다 관계적이고 자애롭고 양육적이고 창조적이고 자연과 맞닿아 있다. 여성 억압의 빌미가 되는 남녀의 차이는 섹스와 젠더인데, 이것은 섹스와 젠더는 분명히 다르며 본래적인 것이라 아니라 문화 변용의 결과이자 사회적 구성물이라고 주장한다.

대부분의 문화적 여성주의자들은 구성주의자로 볼 수 있지만, 양자의 입장 차이가 어떠하든지 간에 문화적 여성주의자들은 전통적으로 남성보다 여성 쪽에 훨씬 발달되어 있는 관계적이고, 타자 지향적이고, 양육적인 여성적 특질을 발현하는 새로운 문화의 창달이 필요하다는 데에는 동의한다.

우리가 일으켜야 하는 변화는 우리의 삶을 매우 풍부하게 만들 수 있다. 우리가 얼마나 덕을 보는가를 깨닫는 것이 아니라 무엇인가를 포기하고 더 적은 것으로 견뎌야 한다는 데 강조점이 주어지고 있는 것이다. 우리는 끝없는 경제성장과 물질적인 번영이 정신적·사회적 빈곤, 심리적 불안정 그리고 문화적 생명력의 상실을 대가로 한다는 사실을 잊어버리고 있다. 라다크가 주는 가장 중요한 교훈은 행복과 관련된 것이다. 라다크에서 특히 마음의 평화와 삶의 기쁨을 누리는 것을 타고난 당연한 권리라고 생각하는 사람들을 알게 되었다.

공동체와 땅과의 긴밀한 관계가 물질적인 부나 고급기술과는 비교도 할 수 없이 인간의 삶을 풍부하게 만들 수 있음을 보았다. 문화적 또는 경제적 고립주의로 후퇴하지 않고도 우리는 우리 자신의 지역 전통을 북돋울 수 있다. 문화적 다양성을 진정으로 존중한다는 것은 우리의 문화를 남들에게 강요하는 것도 아니고, 이국적인 문화를 우리의 소비를 위해 꾸러미로 만들어 이용하고 상업화하는 것도 아닌 불필요한 무역을 줄이도록 영향력을 행사하는 것이다. 지역경제를 강화하고 다양화하는 일이다. 수송을 위한 보조금의 감축과 제거를 통해 우리는 결정적으로 쓰레기와 오염을 줄이고, 농민의 지위를 높이고, 공동체를 강화하게 될 것이다.[76)]

(3) 프랑수와즈 도본느의 생태윤리

생태여성주의라는 용어는 1972년 프랑스 여성주의자 프랑소와 도본느가 설립한 〈생태여성주의 센터〉에서 처음 쓰였다. 1974년 『여성주의 아니면 죽음』의 「생태여성주의 시대」라는 장에서 "생태여성주의는 지금껏 별개로 생각되었던 두 가지 투쟁, 즉 여성운동과 생태운동의 통합을 추구하는 것"이라고 정의하고 지구를 구하기 위한 생태혁명에 여성들이 앞장설 것을 호소하였다. 이 용어는 미국으로 건너와 1976년경 북친의 〈사회생태학 연구소〉에서 활동하던 이네스트라 킹의 '생태여성주의 강좌'를 통해 더욱 발전되었다.

프랑스의 도본느는 1972년 '새로운 행동의 시작, 생태여성론' 프로젝트의 한 부분으로 '생태학-여성성'을 연구하였고, 1974년에는 '에코페미니즘을 위한 시간'이란 주제로 생태여성론에 한 장을 할애한 책 『페미니즘인가 아니면 죽음인가』를 발표하였다. 이 책에서 도본느는 '페미니스트의 최전선'에 서 있던 여성들이 기존 운동에서 이탈해 나와 '생태학-페미니즘'이라는 명칭의 정보 센터를 세웠다고 기술하고 있다.[77)] 또한 '생태여성론'이라고 명명된 새로운 실천 운동은 두 가지 투쟁, 즉 이전에는 분리된 것으로 생각되었던 페미니스트운동과 생태운동을 종합하려 한 것이었다고 진술하고 있다.

당시 호전적인 급진 페미니스트였던 도본느는 인구 폭발 문제부터 세계화된 오염, 미국의 소비 문제, 도시 인구 집중 그리고 폭력 등에 이르는 지구적인 질병들을 제시하면서 지구가 죽음을 목전에 둔 상황이라고 판단하고, 그 원인은 자본주의도 사회주의도 아니며 남성 중심적인 사회에 있다고 주장하였다. 따라서 미래의 인간을 구원하기 위해서는 지구를 오늘의 남성 중심적 인간 사회에서 분리시켜야 하고, 만일 남성 사회가 지속적으로 이에 저항한다면, 인간을 위한 내일은 존재하지 못할 것이라고 예측하였다. 도본느는 19, 20세기 고대 모권 사회의 지지자들, 즉 바호펜, 엥겔스, 브리폴트 그리고 베벌의 분석 노선을 좇아, 이미 5천 년 전에 가부장제적 권력이 시작되면서 남성들이 지구와 여성 모두를 흩뜨리는 권력을 가지게 되었다고 주장한다.

---

76) 헬레나 노르베리-호지, 『오래된 미래』. 녹색평론사. 2003. pp.213-215.

77) Francoise d'Eaubonne, *Feminisme or Death*(Paris: Pierre Horay, 1974).

이 가부장제적 권력이 자연 착취적인 농경 활동과 산업 팽창을 만들어냈고, 이에 '지구, 상징 그리고 위대한 어머니 지구의 보전' 등이 저항해 왔지만 그리 쉬운 것은 아니었다는 것이다. 오늘날에도 여성의 자궁을 지배하는 남성 우월주의자들과 이를 신봉하는 권력의 담지자들이 그대로 존재하는데, 이들의 모습이 여성의 육체를 통제하고 그들에게 자신의 정자를 뿌리는 남편, 여성의 자궁을 검사하는 의사 그리고 대가족 제도를 요구하는 남성 성직자들이라는 것이다.

도본느가 생각한 생태여성론은 새로운 인간주의를 지향하는 것이다. 왜냐하면 생태여성론에서 '여성 대중들'의 목표는 거듭난 세계를 평등하게 관리하는 곳에 설정되어 있기 때문이다. 그리고 여성적인 사회는 여성의 손에 권력이 있는 것을 의미하는 것이 아니라 어디에도 권력이 존재하지 않음을 의미하기 때문이다. 이 사회에서 인간은 인간으로 다루어져야지 여성이나 남성으로 다루어져선 안 된다.

그러면 왜 굳이 도본느는 생태 인간론 또는 인간적 생태론 이라는 개념을 사용하지 않고 생태여성론 또는 여성적 생태론 이란 개념을 사용하였는가? 그 이유는 오늘날 왜곡된 남성성과 이들의 관심은 공동체 일반의 이해관계에서 분리된 것이지만, 억압받고 있는 자로서의 여성들은 전체 인간 공동체에 대해 더 많은 관심이 있어서, 도본느에게 이 여성성은 이원적으로 분리된 협소한 의미의 여성성이 아니라 새로이 재발견된 인간성을 의미하기 때문이다. 이러한 이유로 "사회의 모든 수준과 자연에 관심이 있는 여성성만이 지구를 죽음에서 구하는 생태적인 혁명을 수행할 수 있다"라고 그녀는 주장한다.

생태여성주의는 환경 개량주의를 비판하고 여성과 자연을 억압과 착취로부터 동시에 해방시켜야 할 대상으로 파악한다는 점에서 일반적인 여성주의와 다르다. 일반적인 여성주의자들은 정치적 입장은 어떻든지 간에 환경 개량주의자들과 마찬가지로 자연을 도구로 보며 여성에 대한 억압과 생태위기 문제를 연계시키지 않는다.

여성주의가 다양한 만큼 그 자손인 생태여성주의도 매우 다양하다. 자유주의적 입장도 있고 사회주의적 입장도 있다. 사회생태학과 심층생태학이 발전함에 따라 사회생태학적 입장, 심층생태학적 입장도 탄생하게 되었다.

생태여성주의의 분파 간의 차이에도 불구하고 공통점이 있는데, 그것은 바로 최소한의 전제를 공유하는 것이다. 여성에 대한 지배와 자연에 대한 지배 사이에는 어떤 뗄 수 없는 관련이 있다는 것이다. 이것에 대한 이해는 여성에 대한 지배와 자연에 대한 지배를 이해하는 선결조건이라는 것이다. 여성주의의 이론과 실천은 반드시 생태론의 시각을 포함하여야 한다는 것이다. 생태문제의 해결은 반드시 여성주의의 시각을 포함하여야 한다는 것 등에 동의한다.

(4) 워렌의 생태윤리

여성과 자연에 대한 이중적 지배의 역사적 기원- 그리고 인과적 고리- 이 무엇인가 하는 것이다. 찰린 스프레트낙이란 아이슬러처럼 기원전 4500년 전 유라시아 유목민들이 서유럽 사회를 침범한 사건으로 보는 견해가 있다. 침범 이전에는 여신을 숭배하는 능력 위주의 모계정착사회였으나 침범했던 유라시아 초원사회의 사람들은 하늘의 신을 섬기는 가부장 사회로서 유목민이었고 이동사회였고 호전적인 집단이었다.

수전 그리핀과 밸 플럼우드처럼 고대 희랍철학과 근대 합리주의 철학전통에서 내포된 합리성 개념에서 그 기원을 찾는 견해가 있다. 서구에서 인간도 자연의 이분법과 관련된 갖가지 이분법들을 확고하게 연결하고, 이성을 남성적이고 합리적인 것으로, 이와 대립되는 모든 속성들을 여성적이고 비합리적인 것으로 단정하는 오랜 철학 전통인 '합리주의' 속에 바로 '여성 곧 자연'이라는 연결고리가 숨겨져 있다는 주장이다.

캐롤린 머천트처럼 16 - 17세기 과학 혁명 시기에 일어난 문화와 과학의 대변혁에 초점을 두는 견해도 있다. 17세기 이전에 자연은 자비로운 여성 혹은 만물을 양육하는 어머니로서 하나의 유기체처럼 인식되었지만, 과학혁명 이후에는 단순히 생명이 없고 움직이지 못 하는 어떤 기계와 같은 것으로 인식된다.

남성중심적으로 여성과 자연을 규정하는 관념적 지배구조를 밝히는 것이다. 생태 여성주의자들은 여성에 대한 지배와 자연에 대한 지배 간의 역사적, 인과적 고리는 궁극적으로 여성과 자연에 대한 남성편향적인 관념적 지배구조에서 비롯된다고 본다.

남녀 간의 성적 차이, 특히 개성의 형성에서 나타나는 차이와 의식의 차이에 초점을 둔다. 여성들은 생물학적 특징 자체가 아니라 여성 특유의 육체적 경험 때문에 여성은 남성과 자연에 대한 처지가 달라진다. 이에 여성과 환경파괴 간의 관계를 보여줄 수 있는 경험적 증거를 찾는다. 종교, 예술, 문학 등에 나타난 여성과 자연의 상징적 결합과 비판에 대해 탐구한다. 생태여성주의 인식론을 구축한다. 생태여성주의 이념을 실천한다. 생태여성주의 관점에서 환경윤리를 정착시킨다.

(5) 사회생태주의와 문화적 생태여성주의

(가) 관점의 비교

사회생태학의 여러 학파들은 우리 사회와 경제적 구조, 그리고 그 기술들의 반생태학적인 본성이 '지배 시스템(dominatory system)'에 그 뿌리를 두고 있다는 자각에 공통된 밑바탕을 두고 있다. 남성가부장제도(patriarchy), 제국주의, 자본주의, 민족주의 등이 착취적이고 반생태적인 사회적 지배의 예들이다. 각기 다른 사회생태학의 학파 중에는 다양한 마르크스주의자들과 무정부주의자들이 있으며, 이러한 사회적 지배의 다양한 패턴들을 분석하기 위해 그들 고유의 개념적 틀을 이용하고 있다.

생태여성주의는 남성가부장제도(patriarchy)라는 맥락에서 사회 지배의 기본적인 역학들을 연구하고 있기 때문에 어느 면으로는 사회생태학의 한 특수 분야라고 볼 수도 있다. 그러나 남성가부장적 제도의 여러 양상들에 대한, 그리고 여성주의(feminism)와 생태학사이의 연관에 대한 문화적 분석들은 사회생태학의 근거를 훨씬 넘어서는 것들이다. 생태여성주의는 여성에 대한 남성들의 가부장적 지배를 계급주의, 군국주의, 자본주의, 그리고 산업주의 등 모든 지배와 착취 시스템의 원형으로 본다.

그들은 특히 자연에 대한 착취가 전통적으로 자연과 동일화되어 온 여성에 대한 착취와 함께 맞물려져 왔다고 지적한다. 이러한 여성과 자연에 대한 고대로부터의 연관성은 여성의 역사와 자연의 역사를 긴밀히 연결해주고 있으며, 여성주의와 생태학 간에 이루어지는 유사성의 근원을 이루고 있다. 따라서 생태여성주의자들은 여성의 경험적 지식들을 실재에 대한 생태학적 관점의 주요 원천으로 생각하고 있다.

사회생태학은 그 원인이 인간에 대한 인간의 지배에 있다고 본다. 사회학과 생태학을 접목시키려는 사회생태학은 미국의 사회학자 머레이 북친(Murray Bookchin)의 이론적인 작업을 근간으로 삼는다. 북친은 심층생태학이 주장하는 생물중심주의(biocentrism)에서 비롯된 반인본주의를 비판하며, 생물중심주의가 결국 에코파시즘(eco-fascism)으로 전락하게 될 것이라고 경고한다. 그는 생태위기가 자연에 대한 인간의 지배보다 인간의 다른 인간에 대한 지배와 억압에 더 근본적인 원인이 있다고 주장한다. 여성에 대한 남성의 억압, 한 계급에 대한 다른 계급의 지배와 억압, 인간의 자연에 대한 지배와 착취가 차례로 이어졌다는 것이다. 따라서 사회생태학에서는 계급 질서를 토대로 한 사회구조를 변혁시켜 평등 사회를 구현하는 것이 생태위기를 극복하는 관건이 된다.

생태여성주의 비평은 환경오염과 성차별이라는 두 가지 문제를 동시에 해결하는 대안을 모색한다. 생태여성주의비평의 이론적 근거인 생태여성주의(ecofeminism)는 급진주의적 여성주의가 앞에서 언급한 심층생태학과 사회생태학을 수용하고 비판하는 과정에서 생겨난 이론이다. 1989년에 캐런 워렌(Karen Warren)의 기본 원칙을 살펴보면, 여성의 억압과 착취, 자연의 억압과 착취 사이에는 이중적 연관성이 있음을 인식하고, 이론과 실천에 있어 여성주의와 생태학이 상호 간에 관점을 공유해야한다는 것이다.

이들은 차이점보다 공통점이 더 많으며, 생태위기는 특정 집단의 인간이 다른 집단의 인간을 지배하고 착취하는 사회 구조에서 비롯되었으며, 그것은 오직 그 같은 사회 구조를 성공적으로 청산할 때만 극복될 수 있다고 주장한다는 점에서 생각이 같다. 다만 사회생태학은 그 사회 구조 속에 모든 형태의 위계를 포함시키는 반면 문화적 생태여성주의자들은 가부장제만 중시한다는 점에서 의견이 갈리고 있을 뿐이다. 양자의 논쟁은 여신숭배와 여체찬미에 담긴 문화적 생태주의의 비합리적이고 비과학적인 요소에도 문제가 있으며, 또한 북친을 대표로 하는 사회생태학 진영의 교조주의적 성향에도 문제가 있다.

(나) 자넷 비엘의 생태여성주의자에 대한 비판

(1) 가부장제가 모든 억압의 근원인가?

이에 대해 사회생태주의는 부정적이다. 모든 형태의 계층 구조적 사회체제와 제도가 사라질 때 여성을 포함한 억압이 사라질게 될 것이라고 말한다. 또한 가부장제가 사라진다고 해도 저절로 인종차별주의나 계급차별이나 지배와 억압의 여타 사회체제가 사라지게 되는 것은 아니라고 말한다. 종교나 신화와 같은 문화적 상부구조의 변화는 경제나 여타 사회적 하부구조에 심대한 영향을 끼치지 못한다. 그러므로 사회비판의 초점은 가부장제가 아니라 자본주의 구조에 모아져야 한다.

(2) 여신숭배의 부활 같은 문화적 생태여성주의자들의 테제가 정치영역에서 논의되고 실천되는 것에 대해 결사적으로 반대한다. 그것은 개인의 문제일 뿐이다. 그럼에도 불구하고 그런 것들이 정치 무대에 발을 들이게 되면 그것은 정치 운동을 특정 신앙을 받아들이도록 종용하는 종교 운동으로 변질시킬 우려가 있다고 비판한다. 유라시아 유목민의 침입을 받아 중앙집권적 호전적인 남신을 숭배하는 가부장사회로 바뀌게 되었다는 역사적 진단에 대해서도 중국, 아즈텍 문명의 예를 들어 반대하였다.

서구 역사는 중심적인 신이 땅을 상징하는 여신으로부터 하늘을 상징하는 남신으로 바뀌면서 쇠퇴해왔다는 문화적 생태주의자들의 주장에 대해, 그것은 오히려 해방적 이념을 따라 진보해 왔다고 보는 다른 진영의 여성주의자들의 여성주의는 해방이라는 이 이념이 여성들에게도 적용되어야 한다는 요청이 있기 때문에 정당성을 갖는다고 말한다. 그러므로 비엘은 여성주의 궁극적인 목표를 여성해방이라고 볼 때 문화적 생태여성주의는 그런 목표를 담을 수 없다고 비판한다.

(다) 생태여성주의자인 스프레낙의 대응

스르레낙은 고대 여신 숭배 사회를 논하는 것은 계층구조의 기원에 대해 완벽한 설명을 하려는 것이 아니라 한때 사람들은 '여신으로 상징되는 우주의 창조력'을 존중하며 생태적으로 사회적으로 평등하고 조화롭게 살았었음을 일깨움으로써 주류 종교의 가부장적인 요소를 비판하려는 것이라고 말한다. 비엘은 종교를 전적으로 허무맹랑한 것으로 치부할 뿐만 아니라 그것을 마치 어떤 정당 강령 같은 것으로 보기 때문에 정치 영역에서 종교가 논의되는 것을 하나의 영역 침범으로 보고 있다고 비판한다.

또한 사람들의 정치적 성향을 바꾸기를 원한다면 종교를 비엘식으로 비난해서도 안 된다. 왜냐하면 기독교 문화권에서 종교는 여전히 시민들의 정체성 정립에서 아주 중요한 역할을 담당하고 있기 때문이다. 정신적·영적 변화가 곧 사회적·정치적 변화를 성취하는 길이라고 주장하는 것이 아니라 사람들이 정신적 지향 없는 의미 있는 사회적·정치적 변화가 일어날 수 없다는 이치를 일깨우고 있는 것이라고 말한다.

문화적 생태주의가 여성운동을 비정치적이고 비현실적인 것으로 변질시킴으로써 그것의 실천성과 실효성을 약화시키고 있다는 비엘의 비판에 대해서도, 실제로는 많은 문화적 생태여성주의자들이 녹색정치에 참여하고 있으며, 거기에서 경제적·사회적·국제적인 것들을 비롯해 광범위한 문제들을 다루고 있다고 반박한다.

본질주의적 생태여성주의와 문화적 생태여성주의 간의 논쟁이 있기는 하지만 정체성에 대한 이해는 상대적 관점에서 파악되어야 할 것이다.

(6) 심층생태학과 문화적 생태여성주의의 관점

심층생태 학자들과 문화적 생태여성주의자들은 자연을 인류 복지를 위한 수단이자 도구로만 인식하는 도구적 자연관에 대해서 비판을 같이 한다. 즉 도구적 자연관과 그것이 깊이 뿌리 박고 있는 권위주의적 정치 경제, 사회 구조의 근본적 개혁이 없이 자연의 기술적 지배를 통해 부와 안녕을 추구하려는 현대 사회는 결국 인간과 자연을 파국으로 몰고 갈 생태 재앙을 피할 수 없다는 것이다.

문화적 생태주의는 사회생태학처럼 비록 "생태"나 "자연"이라는 말을 사용하고 있기는 하지만 궁극적으로 인간 사이의 문제에 초점을 맞춤으로써 명시적 혹은 묵시적으로 심층생태학의 타도 대상인 인류 중심적 사고를 바탕에 깔고 있거나 그것의 정당화에 기여하고 있다고 비판한다.

또한 세션즈에 따르면 문화적 생태여성주의의 최대 관심사인 여성해방은 결국 인간 사이의 문제로 환원되는데, 심층생태학이 제기하는 문제는 인간이라는 종과 자연, 혹은 종과 종 간의 문제이지 결코 '인간'이라는 종 내부의 문제는 아니다.

자신들도 인류중심주의의 극복을 중요한 과제들 중의 하나로 본다고 반박한다. 다만 자신들에게 더 중요한 과제는 가부장제의 극복이라는 것이다. 그들에 따르면, 남성 심층생태학자들은 자신의 주장을 경청하려 하지 않으며, 또 자신들이 비판하는 가부장적 개념과 범주들을 무비판적으로 수용하고 있기 때문에 어쩔 수 없는 남성중심적 윤리 혹은 사상체계를 벗어나지 못하고 있다고 비판한다.

특히 이들은 광역적 정체감에 대해 비판을 곤두세운다. 심층생태학의 기본 교의는 자신의 자아를 동식물과 생태계는 물론 다른 사람까지 포함하도록 확대하는 사람은 "광역적 정체감"을 체득하고 이를 통해 동식물과 생태계를 자발적으로 보살피게 된다는 것이다.

그러나 문화적 생태여성주의자들은 바로 이 광역적 정체화를 근대 남성적 자아의 자기 확장으로, 또한 사물, 남녀의 차이성을 무시하고 어정쩡한 통합을 성취하고자 하는 가부장적인 태도에 다름 아닌 것으로 본다.

짐머맨과 같은 심층생태학자는 문화적 생태여성주의의 말에 귀를 기울이며 공감도 한다. 가부장제가 생태파괴를 조장하고 정당화 하였다는 것에 동의한다. 하지만 가부장제로부터 사회를 해방시킨다고 하여 저절로 인류의 자연지배가 종식되는 것은 아니라고 반박한다.

소모적 논쟁을 지양하고 건설적인 비판을 주고받도록 도모하려는 노력이 전혀 없었던 것은 아니지만 논쟁의 격렬함이 그런 노력들을 무색하게 만든다. 이들 간의 논쟁은 종종 상대의 일관된 입장이 무엇인지에 대한 명확한 이해가 없이 이루어지거나, 어떤 차이점이 있는지에 대해서는 알고 있지만 대안을 제시할 정도에 이르지 않아서 소모적이다.

생물학적 본질주의	문화적 구성주의
여성만이 지닌 특질등 때문에 본래적으로 남성에 비해 보다 관계적이고, 자애롭고, 양육적이고, 창조적이고, 생명존중적이고 자연과 맞닿아 있음을 강조한다.	여성 억압의 빌미인 남녀의 차이는 섹스가 아닌 젠더(gender)이며, 이것은 본래적인 것이 아니라 문화변용의 결과이자 사회적 구성물이다.

■ 참고문헌

고창택, 『환경철학에서 생태정책까지』 이학사, 2005.
교육부, 『도덕』 및 『시민윤리』
데자르뎅 저(김명식 옮김), 『환경윤리』 서울: 자작나무, 1999.
박덕제, 「환경위기와 경제학의 책임」,『녹색평론』 대구: 녹색평론가, 1993.
박태윤 외 5인, 『환경 교육학개론』 교육과학사, 2003.
반다나 쉬바, 「과학, 자연, 성(性)」, 『녹색평론』 대구: 녹색평론가, 1991.
비외른 롬보르 저(홍욱희 · 김승욱 옮김), 『회의적 환경주의자』 서울: 에코리브르, 2003.
시민환경연구소, 『환경이 아프면 몸도 아프다』 나남, 2004.
양명수, 『녹색윤리』 서울: 서광사, 1997.
오귀스탱 베르크(김주경 옮김), 『대지에서 인간으로 산다는 것』 서울: 미다스북스, 2001.
이도원 편, 『한국의 전통생태학』 사이언스 북, 2004.
진교훈, 『환경윤리』 민음사, 1998.
차명제, 『환경』 아르케, 2005.
한국불교환경 교육원, 『동양사상과 환경문제』 서울: 모색, 1996.
한면희, 『환경윤리』 철학과 현실, 1997.
헬레나 노르베리-호지, 『오래된 미래』 서울: 녹색평론사, 2004.
EBS/KBS 환경 스페셜
Attfield, Robin, *The Ethics of Environmental Concern*, New York: Columbia University Press, 1983.
Bill Devall and George Sessions, *Deep Ecology: Living as if Nature Mattered*, Salt Lake City, Peregrine Smith Books, 1985.
Carson, Rachel, *Silent Spring*, Boston: Houghton Mifflin, 1962
Dobson, Andrew, *Green Political Thought*, London, Routledge, 1990.
D. T. Suzuki, *Time to Change*, New South Wales, St. Lenards Press, 1993.
Gary Snyder, *Practice of the Wild,* San Francisco: North Point Press, 1990.
Goodpaster, Kenneth E., "On Being Morally Considerable", *The Journal of Philosophy*, 1978.
Joanna Macy, "The Greening Self," in *Dharma Gaia: A Harvest of Essays in Buddhism and Ecology*, ed. Allan Hunt Badiner (Berkely: Parallax Press, 1990)
Leopold, Aldo. *A Sand Country Almanac*. New York: Ballantine Books, 1970.
Naess Arne, "Self-Realization: An Ecological Approach to Being in the World", in Seed, John editions. *Thinking like Mountains*, Philadelphia: New Society Publishers. 1988.
Rolston, Holmes, *Environmental Ethics*, Philadelphia: Temple University Press, 1988.
Sagoff, Mark, *The Economy of the Earth*, Cambridge: Cambridge University Press, 1988,
Singer, Peter. *Practical Ethics*. 2nd edn. Cambridge: Cambridge University Press. 1993.
Taylor, Paul, *Respect for Nature*, Princeton, Princeton University Press, 1986.
Unger, Peter. *Living high and Letting* Die, New York: Oxford University Press. 1996.
Wenz, Peter, *Environmental Justice*, Albany, NY: SUNY Press, 1989,

연 습 문 제

1. 다음은 무엇에 대한 설명인가?

- 영국의 식물학자인 탠슬리(A. Tansley)가 처음 사용한 용어로 오늘날 환경오염, 환경 문제의 심각성을 나타내기 위해서 널리 사용되고 있다. -

① 환경 ② 생태계 ③ 인간중심주의 ④ 존재위기 ⑤ 녹지

2. 인간과 생태계 사이의 도덕적 관계, 인간에 의해 야기된 생태계 문제 해결을 위한 인간의 바람직한 행동방식에 대한 규범을 무엇이라 하는가?

① 도덕윤리 ② 일반윤리 ③ 생태윤리 ④ 생활윤리 ⑤ 시민윤리

3. 생태윤리에 대한 설명 중 옳지 않은 것은 어느 것인가?

① 인간만이 도덕적 지위를 갖는 인간중심주의로 생태계 문제를 해결할 수 있다.
② 미래세대의 생태에 대한 권리를 인정해야 한다.
③ 계층, 국가, 인종, 성별 간에 환경이익과 위험이 공평히 분담되어야 한다.
④ 생태계 문제는 결국 인간의 생존을 위한 것이다.

4. '우리는 미래세대에 대한 책임윤리를 바탕으로 현재 세대와 미래 세대의 환경에 대한 권리를 조화시켜야 한다.'라고 말한 사람은 누구인가?

① 데 자르댕 ② 칸트 ③ 요나스 ④ 소크라테스 ⑤ 플라톤

5. 다음 중 생태계 문제의 해결을 위한 방안으로 볼 수 없는 것은?

① 인간의 도덕적 권리 강화
② 인구와 과소비 억제
③ 대체자원과 에너지의 개발
④ 기업의 환경에 대한 책임성 확립
⑤ 국제 사회의 연대

6. 다음 중 지구온난화의 주범은?

① 황산화물 ② 질소산화물 ③ 이산화탄소 ④ 일산화탄소 ⑤ 수산화물

7. 다음 중 지구온난화에 의한 영향이 아닌 것은?

① 생태계의 파괴 ② 전염병의 창궐 ③ 자연재해 증가
④ 해수면 하락 ⑤ 기상이변

8. 다음 중 지구온난화와 화석연료의 고갈을 해결하려는 움직임으로 가장 옳은 것은?

① 온실기체 배출을 증가하려고 노력하고 있다.
② 원자력으로 해결하려고 하고 있다.
③ 재생가능 에너지를 확대하려고 노력하고 있다.
④ 지금까지의 에너지 시스템을 변화시키지 않는 한도에서 다양한 모색을 하고 있다.
⑤ 대중교통 사용은 줄이고, 승용차의 사용을 늘려나간다.

9. 원자력으로 에너지 문제를 해결할 때, 일어나는 문제라고 볼 수 있는 것은?

① 원자력은 전 세계에서 소비되는 2차 에너지의 7%도 담당하지 못하고 있다.
② 원자력이 담당할 수 있는 1차 에너지의 비율은 85% 정도이고 나머지 15%는 여전히 화석연료가 담당해야만 한다.
③ 화력과 원자력에 의존하는 중앙 집중적인 에너지 시스템을 포기하는 것이다.
④ 원자로의 연료로 사용되는 경제성 있는 우라늄의 매장량에도 한계가 있다.

10. 다음 중 정부의 대체 에너지 공급 계획에서 가장 많은 부분을 차지하는 것은?

① 태양열 ② 바이오메스 ③ 폐기물 ④ 태양광 ⑤ 풍력

11. 다음 중 원자력 발전 문제라고 볼 수 없는 것은?

① 건설 예정지 주민들의 반대로 인해 건설 부지를 찾지 못하는 일이 발생할 수 있다.
② 원자력 발전소가 많아질수록 대형사고의 확률이 높아질 것이다.
③ 핵폐기물이 점점 늘어날 것이다.
④ 원자로의 연료로 사용되는 우라늄의 독점이 우려된다.
⑤ 원자력 발전소의 건설이나 유지하는 데에 막대한 비용이 소모된다.

12. 환경위기에 대한 사회결정론의 기본적인 입장을 가장 바르게 기술한 것은?

① 환경위기의 극복은 사회의 과학기술 수준에 달려 있다.
② 환경위기는 사회구성원 모두가 갖지 않는 한, 해결될 수 없다.
③ 환경위기의 극복은 국민과 정부 간의 협조를 통해 이루어 낼 수 있다.
④ 환경위기는 이윤을 추구하지 않을 수 없는 자본주의 사회가 그 주범이다.
⑤ 환경위기는 자연을 지배하려는 인간의 사고가 없어지지 않는 한 극복이 불가능하다.

13. 환경문제에 대한 설명으로 잘못된 것은?

① 기술결정론자들은 환경문제의 해결책을 과학기술의 진일보한 발달에서 구한다.
② 사회결정론자들은 기업이 이윤을 추구하지 않을 수 없는 자본주의사회 자체가 환경오염의 주범이라고 주장한다.
③ 환경위기는 무엇보다도 환경윤리와 생태의식의 확립으로 극복될 수 있다.
④ 생태주의자들은 인간이 자연환경을 지배하고 변형하는 힘을 길러야 한다고 주장한다.
⑤ 인간도 자연의 일부라는 생각을 갖고 자연과 조화를 이루려는 생각을 가지면 환경문제는 극복가능하다.

14. 다음 ( )에 알맞은 단어는?

- 지구환경 보전을 내세우는 다자간 환경협약이다. 친환경 산업이 가능한 기술력과 자본적 토대를 갖춘 선진국이 주도하는 ( )는 개발도상국의 경제발전에 부담이 되고 있다. -

① 종교혁명 ② 그린라운드 ③ 생의학 인권협약 ④ 헬싱키 선언 ⑤ 시민혁명

15. 현재 인류가 사용하는 전체 에너지원 중 석유의 의존도는?

① 15% ② 25% ③ 35.5% ④ 43.5% ⑤ 50%

16. 다음 〈보기〉의 ( )안에 알맞은 말이 순서대로 나열된 것은?

인류가 앞으로도 계속 현재와 같은 수준으로 화석 연료를 사용한다고 가정할 때 이 연료들의 매장 연한은 ( ) 40년, ( ) 60년 정도로 추정된다.

① 석유, 가스 ② 석유, 원자력 ③ 석유, 석탄 ④ 석탄, 가스 ⑤ 석탄, 원자력

17. 화석 에너지 소비에 따른 환경문제가 아닌 것은?

① 수질오염 ② 산성비 ③ 대기오염 ④ 지구온난화

18. 원자력은 전 세계의 일차에너지 소비량 중에서 얼마 정도를 공급하는가?

① 약 7% ② 약 15% ③ 약 17% ④ 약 20% ⑤ 23%

19. 다음 중 지구온난화와 화석연료의 고갈을 해결하려는 움직임으로 가장 옳은 것은?

① 온실기체 배출을 증가하려고 노력하고 있다.
② 원자력으로 해결하려고 하고 있다.
③ 재생가능 에너지를 확대하려고 노력하고 있다.

④ 지금까지의 에너지 시스템을 변화시키지 않는 한도에서 다양한 모색을 하고 있다.
⑤ 대중교통 사용은 줄이고, 승용차의 사용을 늘려나간다.

20. 원자력으로 에너지 문제를 해결할 때, 일어나는 문제라고 볼 수 있는 것은?

① 원자력은 전 세계에서 소비되는 2차 에너지의 7%도 담당하지 못하고 있다.
② 원자력이 담당할 수 있는 비율은 85% 정도이고 나머지 15%는 화석연료가 담당한다.
③ 화력과 원자력에 의존하는 중앙 집중적인 에너지 시스템을 포기하는 것이다.
④ 원자로의 연료로 사용되는 경제성 있는 우라늄의 매장량에도 한계가 있다.

21. 생명사회(biosociety)의 긍정적인 영향으로 볼 수 없는 것은?

① 노화 방지 ② 유전자 정보에 의한 인간 통제 ③ 난치병 치료
④ 생명 연장 ⑤ 식량난 해결

22. 다음 중 생명공학 시대의 특징이 아닌 것은 어느 것인가?

① 생명연구에 대한 분화가 촉진된다.
② 생명공학이 사회 발전의 주도적인 동력으로 부상한다.
③ 생명공학이 윤리학, 철학, 종교학 등의 인문학의 발전에 지대한 영향을 미친다.
④ 가치관의 혼란이 증대한다.
⑤ 생명연구에 학제 간, 신학 간 협력이 증대한다.

23. 생명공학 시대의 특징 중 가치관의 혼란이 증대하면서 나타나는 현상은 무엇인가?

① 시민혁명 ② 아노미 현상 ③ 계급주의 ④ 분업화 현상 ⑤ 전문화 현상

24. 생물학적 측면에서의 생명의 특징이 아닌 것은?

① 신진대사 ② 자극에 의한 반응체계 ③ 진화성
④ 도덕 주체성 ⑤ 자기복제 생식성

25. 콜린 캠벨(C. Campbell)은 지금까지 석유 채취량의 증가추이를 분석해서 증가 모델을 만들어냈다. 이에 따라 전 세계의 산유량이 절정에 달하는 시기는?

① 2002년 ② 2005년 ③ 2010년 ④ 2015년 ⑤ 2020년

제5장 생태정의 실현

물 한 방울

모든 노력은 단지 바다에 붓는 한 방울 물과 같다.
하지만 만일 내가 그 한 방울의 물을 붓지 않았다면
바다는 그 한 방울만큼 줄어들 것이다.

- 박완서의 《호미》 중에서 -

제5장 생태정의 실현

Story-Telling : 생태지혜의 고요

히말라야의 산기슭의 외딴 곳에 라마 이름이 성자가 살고 있었다. 물질적으로 대단히 풍부한 공양을 실천하는 세속적 부자가 그를 자주 방문하였다. 그러나 이 부자는 한 때 큰 죄를 범한 죄인이었지만 현재는 개과천선을 한 것처럼 보였다. 이 부자는 주로 자신의 오래된 버릇을 감추려는 목적에서, 또한 자신이 종교적인 사람이 되고 있는 것처럼 보이게 하려고 이 위대한 성자와 자주 어울리고자 하였다.

이 위선적 세속인은 자신이 성자에게 대단한 헌신을 갖고 있는 것처럼 보이기 위하여 성자로부터 영성 가르침을 받게 해달라고 요청하였다. 아내와 두 명의 하인을 데리고 산기슭에 도착한 그는 성스런 입문의식을 요청하기에 이르렀다. 성자는 그 부자를 맞이한 다음 이렇게 말하였다.

"무엇보다도, 나는 나의 영성 시험을 통과하는 사람들만 제자로 삼는다는 것을 당신과 당신 일행(一行)은 알게 되기를 바랍니다."

부자와 두 명의 하인은 즉시 외쳤다. "물론입니다! 저희들은 기꺼이 당신의 시험들에 응하겠습니다. 저희들은 그 시험을 통과할 수 있으리라고 확신합니다." 그러나 겸손한 아내는 온순하게 말하였다. "당신의 시험에 응하려는 저의 노력들을 신께서 축복해 주시기만 한다면, 저는 성공할 수 있을 것입니다."

그러자 성자는 그들을 떠나서 자신의 바나나 숲으로 갔다. 그는 곧 8개의 바나나를 들고 돌아왔다. 그는 남편과 아내, 그리고 두 명의 하인들의 네 사람 각자에게 바나나 2개씩을 주었다. 그 다음 성자가 말하였다. "여러분 각자가 발견할 수 있는 가장 고독한 장소로 혼자 가서 바나나를 몰래 먹은 다음 나에게 돌아오세요. 명심하세요. 나의 시험을 통과하고 싶다면 여러분이 바나나를 먹고 있는 동안 전혀 들키지 말아야 하며, 저녁때까지는 반드시 돌아와야 합니다."

남편은 자신만만하게 친구의 집에 있는 어둡고 창문 없는 벽장 속에 숨었다. 거기서 그는 주머니에 숨겨두었던 바나나를 꺼내서 급히 먹어치웠다. 그는 재빨리 성자한테 돌아와서 말하였다. "영예로운 선생님. 해냈습니다." 라마는 미소를 지으면서 응대하였다. "아무도 존재하지 않는 진짜 고독한 장소를 그토록 짧은 시간 내에 발견할 수 있었다니 이상한 일이오."

두 명의 하인은 한참을 찾은 후에 마침내 숲속 깊이 들어갔다. 그들은 각자 다른 동굴로 들어가서 바나나를 먹고는 성자에게로 돌아왔다. 라마는 그들을 보고서 말하였다. "여러분이 최적의 숨을 곳을 발견해서 아무에게도 들키지 않고 바나나를 먹었다고 생각하다니 놀라운 일이오. 아무도 여러분을 지켜보지 않고 있었다는 것을 여러분은 어떻게 알지요?"

하인들은 다음과 같이 대답하였다. "선생님. 어느 누구도 우리가 바나나를 먹은 동굴을 들여다 볼 수 없었습니다. 바나나를 먹고 있는 동안 우리도 바나나를 볼 수 없었는데요."

성자는 미심쩍은 미소를 지으며 부드럽게 말하였다. "바로 그와 똑같은 이유로 누군가가 여러분을 주목하고 있었을 수가 있다는 것을 여러분은 결코 알지 못하지요."

마침내 저녁이 되자 부자의 겸손한 아내가 돌아왔다. 그녀는 지치고 풀이 죽어 있었다. 그녀는 두 개의 바나나를 성자 앞에 내려놓으면서 입을 열었다. "영예로운 현자시여, 저는 유감스럽게도 당신의 시험을 통과할 수 없다는 점을 인정합니다. 저는 하루 종일 비밀스런 장소를 찾아다녔습니다. 밀폐된 방들에서, 사람이 떠나간 자연의 야생 정원들에서, 깊은 계곡들에서, 숲속에서, 산골짜기들에서, 어두운 산악동굴들에서, 그리고 저의 마음의 비밀스런 사원에서. 그러나 저는 바나나를 먹을 수 있는 장소를 발견할 수 없었습니다. 제가 광야로 들어가니 무언의 존재가 풀잎들에서 고개를 끄덕이는 모습을 보았습니다. 야생화의 정원을 탐색하였을 때 거기서 저는 누군가가 꽃잎들의 열린 입술을 통하여 저에게 미소 지으며 고독한 장소를 찾고자 하는 저의 쓸데없는 노력을 비웃는 것을 보았습니다. 저는 계곡들과 산골짜기들을 탐색하였는데 누군가의 키가 크고 바위투성이인 산머리가 떨리면서 제가 주목받고 있음을 알았습니다."

"그 다음 저는 낙담해서 산악동굴들을 탐색하였습니다. 그러나 저는 바나나를 먹기 시작하면서 무형의 존재가 있음을 느꼈습니다. 저의 웃음소리를 듣는 것 같았고 누군가가 '보아라. 나는 칠흑 같은 어둠속에서도 그리고 산허리의 암흑 속에서도 빛을 발하는 빛이다.'라고 말하는 소리가 들리는 것을 느꼈습니다. 저는 그렇게 웃는 목소리를 무시하였지만, 바나나를 먹으려고 시도할 때 어둠이 부서지면서 한 줄기의 빛이 바나나를 비추었습니다."

"저는 눈을 감고서 바나나에 비치는 빛에는 신경 쓰지 않고서 바나나를 먹기로 마음먹었습니다. 갑자기 저는 저의 모든 생각들이 저의 마음의 어두운 사원에서 깨어나는 것을 보았는데, 그들은 저를 꾸짖으며 다음과 같이 말하는 것 같았습니다. '너는 혼자서 바나나를 먹을 수 없다. 우리는 모두 너를 지켜보고 있다. 그리고 우리를 태어나게 하신 우리의 지고의 아버지는 언제나 우리의 내면에 있으며, 무형이면서 감촉으로 너를 지켜보고 있다. 그분이 살지 않는 장소이면서 만물에 스며있는 그분의 시선에서 해방된 그런 장소를 발견할 수 있다고 생각하는 미혹에 네가 빠지지 않도록 하기 위해서이다.' 그래서 저는 포기하였습니다. 이제 성스런 아버지, 저는 당신 발아래 엎드립니다."

성자는 눈에서 빛을 발하며 말하였다. “성스런 부인이여, 나의 시험의 목적을 진정으로 이해한 사람은 당신뿐이오. 그리고 당신의 겸손함과 차분함에 의하여 당신은 매우 영예롭게 그리고 경탄스럽게 영성시험에 통과하였습니다.” 그는 자만심에 가득 차있는 남편과 그의 하인들을 향해서 명령하였다. “바라보시오. 이 부인이 여러분의 스승이오. 여러분은 부인으로부터 교훈을 받아야 하오. 그것이 나한테 가르침을 청하러 온 여러분에게 내가 주려고 하는 첫 번째 교훈이오!”

* * *

Point Up : 역설적 내용을 담고 있는 ‘생태지혜의 고요’에 대한 이 이야기는 우리에게 섬세한 감수성의 가치를 보여주고 있다. 생태문제에 대해 접근하려면, 내면적 고요의 관문을 통과해야 될 것이라는 역설의 메시지로 우리를 일깨워주고 있다. 이제 자신과 진리 사이의 거리가 멀다는 점에 자꾸만 신경을 쓰면서 진리의 문턱에서 서성이지 말고, 매일 고요한 마음으로 최대한 감수성을 일깨워 생태환경 복원을 위해 조금씩 실천함으로써 생태정의에 도달할 수 있다는 것이다. 그렇게 되면 우리는 마침내 ‘지속가능한 발전’이라는 녹색사회의 목표에 도달하게 되고 생태정의를 구현하는 개신의 사회에 희망을 가질 수 있게 될 것이다.

도시화와 산업화의 문명에 사는 사람들은 너무나 분주하여 점점 더 고요의 생태지혜를 잃어간다. 인간은 분주함에서 고요를 발견하면 우주의 또 하나의 지혜의 행성을 발견할 수 있다. 행성으로서 지구는 스스로 조직하고 스스로 조절하며 스스로 고치는, 그야말로 살아있는 유기체이다. 생명이 있는 곳에 고요하면 어디든지 지혜와 생명력을 느낄 수 있다. 생태지혜는 생태계가 갖추고 있는 지혜의 체계이다.

사람은 본래 지혜롭다. 그러나 도시화와 산업화 사회에서는 대부분, 사람이 만들거나 기술과 인공으로 덧입힌 환경에서 살아간다. 에어컨이 있는 집들, 차들, 사무실은 우리를 생태계와 따로 떨어진 유형의 고치라는 틀 속에 우리를 붙들어 놓는다. 이제 공학 기술자들이 지구가 품고 있는 지혜를 발견하여 지속가능한 미래로 나아가는 최선의 방안을 마련하고 또 다시 개신해 나가야 할 것이다. 인류가 자연과 공생하는 생태지혜의 고요를 찾지 못한다면, 생태정의 실현은 요원해지며 기후변화와 같은 생태계의 도전은 인류를 삼킬 수도 있다.

“오, 영양이 풍부한 음식의 향미(香味)속에 당신 존재의 정수가 담겨 있습니다. 당신의 영원한 달콤함이 그 속에 고요하게 감추어져 있습니다.”

1. 생태위기와 책임

생태파괴 문제는 현대사회가 지니고 있는 여러 문제들 중에서 전 인류가 직면한 가장 범위가 큰 문제라고 볼 수 있다. 그래서 이 문제는 공범의식을 가지고 공학자, 지역사회, 국가가 국제적 시각에서 대처해 나가야 해결할 수 있는 국내문제이면서 국제적 문제이기도 하다. 국내적으로는 환경 보전을 위해서 대기, 수질, 폐기물, 토양, 해양, 식생, 도시 등의 환경문제를 다루고, 국제적으로는 사막화, 지구온난화, 오존층 파괴, 자연재해 등을 생태학적 관점에서 함께 다루어 나가야 한다.

원래 생태학(ecology)은 집이나 삶의 장소를 의미하는 그리스 어 '오이코스(oikos)'로부터 유래한 말이며, 가정에서의 유기체(organisms)를 연구한 데서 비롯하였다. 생태학(ecology)은 유기체들의 관계나 환경과 유기체들과의 관계 혹은 살아 있는 조직들과 환경의 상호 관계를 연구하는 과학이었다. 생태학에서인간은 자연의 부분으로 이해되었다. 생태학은 환경생물학(environmental biology)이라고 할 수 있다.

이제 생태계의 자연스러운 순환은 더 이상 기대할 수 없는 상황에 이르렀다. 지구의 자정능력도 이미 초과수준에 도달하였다. 생태학자, 킨젤바하(Ragnar K. Kinzelbach)는 생태학의 위기 해결은 인간의 내면 위기를 해결하지 않고서는 불가능하다고 지적하였다. 그는 생태학의 위기는 인간의 위기이며, 이러한 위기의 내면에는 인간의 잘못된 생각이 자리 잡고 있다고 설명한다.[1)]

[그림 32] 기술발전에 따른 온실효과

1) 진교훈, 『환경윤리』 민음사, 1998. pp.26-27.

[그림 33] 60주년을 맞은 세계인권선언

이처럼 공학의 눈부신 발전의 이면에는 생태 파괴라는 부산물이 자리 잡고 있다. 생태파괴는 기술혁신의 부메랑이 되어 우리의 미래를 어둡게 한다. 그 증상은 이미 오래전부터 진행되어 후천개벽의 시대가 도래할 것으로 보고 있다. 민족 종교에서는 선천상극이 끝나고 후천개벽이 도래할 것임을 예견하는데, 이는 생명상생의 원리로 생태위기를 협력하여 극복해 나갈 수 있다는 주장이다.

지구가 자정능력을 상실했다는 점은 인류가 이 지구에 대해서 누릴 수 있던 특권이 사라지는 것을 위미한다. 이제 인류의 노력 없이는 생태환경의 파괴로부터 야기된 환경재앙을 피할 수 없게 되었다. 생태위기 현상은 여러 가지로 나타나지만 크게 보면, 지구온난화, 인구증가, 자원남용, 공해확산으로 집약된다.

먼저 지구온난화의 발생은 이산화탄소 배출량의 증가와 가축의 분뇨 등의 부패에서 나오는 메탄 등이 그 원인이다.

2007년 들어서 온난화의 정도는 그 속도가 3배나 빠르게 진행되고 있다고 보고되었다. 북극과 남극, 알래스카의 빙하가 녹아내리는 속도는 해마다 빨라지고 있어서 해수면의 높

이가 해마다 높아지고 있다. 이러한 해수면의 상승은 대도시들을 물에 잠기게 할 것이다. 지구의 온난화는 기후의 변화와 더불어 빙하를 녹이고 해수면을 상승시켜 지구의 대륙 감소현상으로 이어져 인류가 살아갈 육지를 축소시키는 결과를 초래하고 있다. 생태위기의 문제는 이제 국경을 뛰어넘어 지구촌의 재앙으로 등장하고 있는 것이다.

또한 인구 증가도 생태위기를 가속화한다. UN에 따르면, 2006년 현재 지구에 살고 있는 65억의 인구 중에 단지 1/5만이 적절한 음식과 집, 그리고 안전한 식수를 사용하고 있다고 한다. 오염된 식수와 부적절한 물의 공급이 개발도상국가의 모든 질병 원인의 10%를 차지하고 있다. 어린이 사망률은 개발도상국가가 선진국에 비해 10배 이상이나 된다. 가뭄과 홍수와 같은 자연 재해는 인구 증가에 의해 더욱 악화되고 있다. 이처럼 지나친 인구과잉은 인류의 안전과 평화에 큰 위협이 되고 있다.

그리고 자원남용의 문제도 생태위기를 초래하는 원인이 되고 있다. 재생 불가능한 자원들은 사용할수록 고갈된다. 이러한 자원들이 인류의 남용에 의해 고갈상태로 치닫고 있다. 1996년 지구 상에서 4,630종(species)의 포유류(mammals) 가운데에서 25%가, 9,675종(species)의 조류(birds) 가운데에서 11%가 사멸(extinction)의 위기에 처해 있다.[2] 인류의 생존은 다른 종(species)의 삶에 의존한다.[3] 토양체계(land systems)는 심각한 위험에 처하고 있다. 땅 표면의 10%가 사막으로 바뀌고 있다.

자원사용은 저개발 국가들의 번영의 원천이 되고 있으며, 선진국도 많은 자원을 소비하고 있다. 미국은 세계에서 가장 많은 석유를 소비한다. 저개발 국가들도 선진국을 닮아가고 있다. 따라서 개발도상국과 선진국은 개발과 발전을 위한 자원소비에 혈안이 되어 가고 있다.

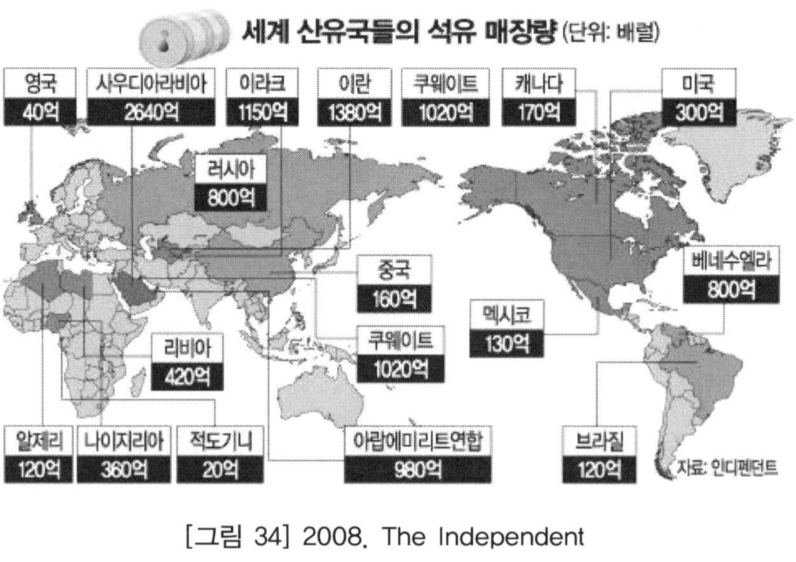

[그림 34] 2008. The Independent

2) Johannesburg Summit, 26. Aug – 4. Sep 2002. Brochure.

3) Douglas H. Strong & Elizabeth S. Rosenfield, "Ethics or Expediency: A Environmental Question." Shrader-Frechette, Kristin S. eds,, *Environmental Ethics*, The Boxwood Press, CA. 1981. p.10.

이와 병행하여 공해 확산도 세계 도처에서 나타나고 있다. 공해문제는 선진국과 저개발 국가들에서 동시에 나타난다. 여러 나라들이 공해를 줄이기 위한 장기적 계획을 설정하면서도 그 실천은 제대로 이루어지지 않고 있다. 공해 확산은 주로 아황산가스 발생과 유황유 등의 산업자원화로 말미암는다. 수많은 차량이 내뿜는 질소산화물은 황산화물과 아울러 산성비의 원인이 되고 있다.[4] 더구나 오늘날 원자력 발전소의 핵폐기물은 인류의 새로운 불안이 되고 있으며 썩지 않는 쓰레기도 공해확산의 요인이 되고 있다.

이러한 생태위기의 근본적 원인에 대하여 다양한 견해가 나타나지만, 대부분 기독교의 자연관과 인간중심의 사고가 생태위기를 초래하였다고 주장한다.[5] 기독교적 자연관은 땅을 정복하고 다스리라는 창세기의 말씀에 기인한다. 이러한 기독교적 자연관에서는 물활론을 배격하고 자연에 대한 성스러운 감정과 신비의식을 소멸시켰다. 아울러 자연을 인간의 필요를 충족하기 위한 대상물로 전락시켰다. 기독교의 인간중심의 구원사상은 인간의 욕구충족을 위해 자연을 이용하는 것을 정당화시켰다. 이러한 기독교적 자연관의 비판적 견해가 린 화이트(L. White)의 주장에서 나타나며, 인간이 창조물의 군주의 자리에 앉아 자연을 모독하는 정신적 기반을 제공했다고 주장하고 있다.[6] 실제로 창세기 1장 28절에서는 "…땅을 정복하라. 바다의 고기와 공중의 새와 땅에서 움직이는 모든 생물을 다스리라 하시니라."라고 기술되어 있다. 린 화이트는 여기서 인간중심적 세계관이 형성되고 자연을 무제한으로 약탈하고 훼손시키는 만행이 자행되었다고 지적한다. 아울러 그는 유대·기독교에서 물활론(物活論)이나 만유령유론(萬有靈有論)을 거부하고 자연을 인간의 필요를 위한 대상물로 간주했다고 비판하고 있다.[7] 이에 대해 슈레더와 프리쳇(K. S. Schrader-Frechette)은 유대·기독교가 비난 받을 만큼 욕심을 부린 일은 없으며, 종교를 비판할 것이 아니라 인간행위 자체를 비판해야 한다고 주장한다.

그런데 철학적으로는 데카르트의 이원론적 사고에 생태위기의 원인이 있다고 보는데, 정신과 물질을 이분법적으로 구분하는 사고방식에서 인식주체와 대상은 분리되었다는 것이다.[8] 인간이 자연을 대상화할 때 인식 주체인 인간은 자연을 정복하고 약탈하게 된다는 주장이다. 인간을 자연의 지배자로 보는 데카르트의 인간중심의 사고가 생태위기의 출발점이 되었다는 지적이다.[9]

아울러 생태위기의 원인으로 진보신앙에 대한 종교적 믿음을 모색하는 주장도 나타난다. 진보신앙은 산업혁명에 이은 공학발전과 연관된다. 이것은 자연을 객체로 파악하고 구체적인 기술과 과학영역의 발전을 시도하는 데 영향을 주었다. 이러한 진보신앙에 대한 믿음은

4) V Bhaskar & Andrew Glyn, eds., *The North The South*, United Nations Press, New York, 1995. p.11.

5) 황종환, 『생태윤리학』 한남대학교출판부, 2001. pp.23-43.

6) 진교훈, 『환경윤리』 민음사, 1998. pp.33-35.

7) 위의 책, p.34.

8) 황종환, 앞의 책, pp.23-43.

9) 위의 책, p.27.

공학발달을 초래하였으며 자연도태를 정당화하였고, 인간의 자연 지배를 합리화하였다. 이에 따라 자연은 조화와 균형을 상실하고, 공학발전에 따른 생태위기는 가속화되었다고 여기게 된다.

진보신앙에 근거한 기술에 대한 비판은 니체, 베버, 하이데거, 마르쿠제, 하버마스 등 다양한 관점에서 이루어졌다. 하이데거에 의하면 현대인은 인간 복제기술, 핵무기, 생태위기 앞에서 망연자실하게 된다. 그는 세계의 황폐화, 신들의 사라짐, 대지의 파괴, 인간의 대중화, 모든 창조적이고 자유로운 것에 대한 증오와 의심이 지구 상에 만연되었다고 진단하고 있다.

이러한 현상을 하이데거는 고향 상실의 니힐리즘으로 본다. 고향 상실은 과학기술로 말미암아 인간이 이제는 마음 놓고 발 붙일 수 있는 고향이 없다는 의미이다.[10] 과학기술의 문명은 존재자들의 근거를 계산할 수 있거나, 인간이 자신의 목적에 따라 이용할 수 있는 자연법칙으로 파악하였다. 존재자들의 근거는 인간이 진보신앙을 믿고 그것을 이용해서 존재자들을 자신의 뜻대로 조작하는 원리들로 이루어진다. 존재가 존재자를 지배하는 수단으로 전락하면서 기술본질은 자연을 자신의 확대재생산을 위한 '부품'으로 삼는 익명의 물화체계로 전환되었다.

진보신앙에 대한 믿음과 함께 공리주의 철학은 생태위기에 대한 비판의 대상이 되고 있다. 도덕의무에 관한 공리주의 사고는 옳고 그름(right and wrong)의 기준이 "유용성의 원리(principle of utility)"에 있다. 공리주의는 전체 인류를 위해서 모든 인간들의 도덕적인 목표를 악을 능가하는 선(good)의 최대화에 둔다. 공리주의의 도덕목적은 인간 종(species)을 위한 선의 최대화, 즉 최대다수의 행복을 실현하는 것이다. 여기에는 생태의 희생과 파괴가 전제된다.

[그림 35] 밀 (John Stuart Mill)

이와 반대로 그린(R.M. Green)은 공리주의 견해에서는 행복 창출이 중시되며, 이러한 의무 요구는 미래까지 확대되어야 한다고 말한다. 문제는 인간의 행동을 바꾸는 것이 중요할 뿐이며 공리주의를 생태파괴 사유로 볼 수 없다는 것이다.[11]

질적 공리주의의 관점에서 밀이 공리성의 개념에 의거하여 쾌락이 선이고 고통이 악이라고 주장한 점은 벤담과 동일한 시각이다. 하지만 밀은 쾌락을 모두 계산할 수 있다는 것을 부정하고 어떤 종류의 쾌락은 다른 쾌락보다도 질적으로 우세하다고 보면서 쾌락을 정신적 쾌락에까지 확대하였다. 그는 쾌락의 본질을 자율과 책임에

10) M. Heidegger, "The Question Concerning Technology", *Martin Heidegger Basic Writings*, ed., by J. Glenn Gray, Haper & Row, Publishers, 1977. pp.244-247.

11) K.S. Schrader-Frechette, *Environmental Ethics*, Boxwood Press. 1981. p.21.

서만 존재한다고 보고, 사회공익이 개인의 쾌락보다 앞선다고 주장하였다. 벤담이 쾌락의 양적 측면에 다소 제약적인 면이 있었다면, 밀은 질적 차이를 주장함으로써 벤담의 공리주의를 보완하였다고 볼 것이다. 이렇게 밀은 질적 쾌락을 인정함으로써 개인이 공공이익을 위해서 행위 할 수 있는 근거를 마련하게 되었다.[12]

생태위기와 기술발전은 상관관계가 있으며 기술자는 건강을 보호하는 환경을 개선할 의무를 가지게 된다. 공학헌장에는 환경을 보호할 공학자의 의무에 대하여 명백하게 언급되어 있다. 공학자는 깨끗하고 살기에 훈훈한 생태환경에 관심을 집중하면서, 건강에 이롭도록 생태환경을 보호할 공공의식에 협력해야한다. 또한 생태환경파괴 프로젝트에 종사하기를 강력하게 거부할 기술자의 책임과 의무를 제대로 지켜나가야 될 것이다.

---

12) J. S. Mill, *Utilitarianism*, London: Longmans, Green Co., 1863, part.2. 밀은 개인 행복에 대해 큰 관심을 가지고 있는 개개인의 자유가 절대적으로 존중되어야 한다고 보았다. 사상과 양심의 자유 같은 것에 대해서는 어떤 제한도 정당화될 수 없다는 주장이다. 그러나 공공이익을 해치는 행위에 대해서는 개인도 책임을 부담해야 되며 이에 따른 어떤 종류의 징벌도 불가피한 것으로 보았다. 그 어느 누구도 사적 행위가 공공의 해악을 초래할 경우 이를 개인의 자유영역이라고 주장하면서 공공개입을 반대해도 좋을 권리는 없다고 하였다.

2. 기술과 지속가능한 발전

[그림 36] 방독면을 쓰지 않고서는 작업을 할 수 없는 원진레이온 작업장의 모습

21세기를 살고 있는 인류는 공학기술에 의존한다. 의류 재료인 섬유는 공장에서 생산되며, 음식 재료인 곡물은 비료에 의존하며, 의식주 이외의 여러 자재들을 공학 현장에서 획득한다. 반면에 핵무기를 비롯한 가공할 무기생산과 생화학 무기생산은 공학의 부정적 측면이다. 생태환경의 관건은 '지속가능한 발전'의 문제이다.13) 생태계의 근본적인 자정능력(assimilative capacity)은 생태위기가 발생할 때 생태계가 스스로 변화에 적응하고 균형을 유지하는 능력이며, 원래 상태로 회복될 수 있는 능력이다. 이러한 자정능력의 상실은 생태환경이 한계상황에 이르렀음을 보여준다. 이제는 인류와 생태계가 대화하고 협력하여 개신함으로써 상생의 시대를 열어가야 한다. 인간의 생태환경에 대한 새로운 인식의 전환이 필요하며 이러한 인식의 전환 없이는 생태위기가 극복될 수 없다. 생태환경의 분석과 해결은 인류의 역할과 사명을 결정짓는 요체가 될 것이다.14)

1987년 3월 "세계환경개발위원회(WCED: World Commission on Environment and Development)"는 인류가 나아가야 할 전략을 담은 보고서, "우리의 공동미래 (Our Common Future)"를 발표하고, 이 인류의 지속적 발전을 위한 기초적 개념으로서 '지속 가능한 발전(sustainable development)'을 제시하였다. 1992년 리우 회담을 계기로 UN 산하에 '지속가능발전위원회'(United Nations Committee on Sustainable Development: UNCSD)가 설치되었고 이 위원회가 각 국가에 국가보고서 제출을 촉구함에 따라 '국가지속발전위원회'(National Committee on Sustainable Development: NCSD)를 구성하는 등 지속가능한 사회를 만들기 위해 실질적이고 체계적인 정책을 모색하게 되었다.15)

---

13) 권혁길 외, 『공학 윤리』 서울; 인간사랑, 2007. pp.207-215 참조.

14) 구승회, 『생태철학과 환경윤리』 동국대학교출판부 2001. pp.216-217.

15) 문정호, "지속가능한 정책발전" 지속가능발전위원회, 2000.12.2. pp.6-7.

리우 회의에서 채택된 「의제 21(Agenda 21)」은 21세기 지구 환경보전을 위하여 각국 및 국제 사회가 이행해야 할 분야별 실천 방안을 구체적으로 제시하고 있으며, 총체적이고 매우 장기적인 지속가능 발전의 관점에서 생태환경문제에 접근하고 있다. 「의제 21」은 지구적(global), 국가적(national), 지역적(regional) 수준에서 지속가능한 발전실현을 위해 실천해야 할 과제들을 전문 및 4개 부문(사회경제, 자원보전관리, 주요그룹 역할강화, 이행수단)으로 나누어 그 내용을 수록하였다.

『지속가능한 사회(Envisioning a Sustainable Society: Learning Our Way out)』에서는 성장주의 사고, '지배적인 사회적 패러다임(DSP: Dominant Social Paradigm)'에서는 생태지향 사고, '새로운 환경패러다임(NEP: New Environmental Paradigm)'으로의 전환을 촉구한다. 이 변화가 '지속가능한 사회'의 방향이 되고 있으며 미래 세대에 대한 책임의 출발점이 되고 있다.[16)]

[그림 37] 「의제 21」의 구성 및 주요 내용[17)]

분 야 별	내 용
전문(제1장)	서 문
제1부 : 사회 · 경제부문	- 빈곤퇴치, 소비행태 전환, 보건, 인간정주, 인구문제
제2부 : 자원보존 및 관리	- 대기, 토양, 산림, 생물다양성, 해양, 폐기물관리
제3부 : 주요그룹 역할 강화	- 지속가능한 개발과 여성, 민간단체, 과학기술계, 노동계
제4부 : 이행수단 부문	- 재원, 기술, 능력형성, 국제제도, 국내체계

이처럼 「의제 21」은 교육이 사람들로 하여금 환경과 윤리 의식, 가치 및 생활태도, 지속가능한 발전과 일치하는 기술과 행동을 갖도록 하는 데 매우 중요하며, 의사결정 과정에의 효과적인 대중 참여를 위해서도 교육이 매우 중요하다고 지적하고 있다. 공학윤리도 지속가능한 발전을 위한 밑바탕이 될 수 있다.

공학은 생태위기 해법으로서 '지속 가능한 사회'(sustainable society)를 위해서 유용한 방법으로 환경문제 해결모델의 5단계를 제시한다. ① 문제를 확인하고, 진단하는 단계 ② 목표(goals)와 목적(objectives)을 설정하는 단계 ③ 연구의 방법을 고안하고, 실시하는(conduct) 단계 ④ 대안적인 해결 방안을 제안하는 단계 ⑤ 이행하고, 감시하고(monitor), 선택된 해결방법을 재평가하는 단계이다.[18)] 이 모든 것은 생태문제를 해결하기 위한 생태정의 교육을 통하여 가능하다고 생각된다.

16) Robin Attfield, 2nd edition, *The Ethics of Environmental Concern*, The University of Georgia Press, 1991. p.89.

17) 김종천, "지속가능한 발전 정책의 추진현황과 과제", 환경부 국제협력관.

18) Donald G. Kaufman., pp.34-35.

생태윤리를 통해서 생태정의 교육이 절실히 요구되고 있는 현실에서 그 정당성을 찾아볼 수 있다. 생태정의 교육은 먼저, 생태계와 인간과의 관련성을 이해해야 한다는 데서 그 필요성을 찾아볼 수 있다. 인간과 환경과의 관계를 생태계의 일부로 파악토록 한다. 그리고 물, 공기와 같은 환경의 구성요소가 공공재임을 인식토록 한다.[19] 생태계에 관한 인간의 영향과 환경의 소중함에 대한 가치를 재조명하고 인식토록 한다.

또한, 생태계에 대한 생태윤리성을 제고한다. 인간은 생태오염의 피해자이면서 가해자로 생태문제 발생의 주범이다. 무엇보다도 생태문제를 발생시키는 생태 기술자에 의해서 다양하고 광범위하게 생태오염이 일어나고 있음을 바르게 인식하고 교육하는 일이 필요하다.

그리고 자원의 보전과 활용 측면에서도 생태윤리가 필요하다.[20] 인간 활동의 원천은 자원을 공급하는 환경에서 비롯되는 것이므로 이들을 잘 보전하면서 활용해야 한다. 자원으로서의 환경은 무한한 존재가 아니고 유한한 것이다. 생태윤리는 지속가능한 사회를 위해서 생태 기술자가 생태정의를 실현할 방법을 모색해야 할 수 있도록 해 줄 것이다. 생태정의 구현의 교육은 생태계를 알고(knowing), 느끼고(feeling), 행동하는(acting) 것이 필요하다. 효율적인 교육은 학교와 가정과 사회가 협동해야 하며, 복합 접근(multiple approach)이 요청된다. 생태윤리에서 환경캠프(The Environmental Camp)를 효율적으로 운용할 필요가 있다.

자연을 사랑하는 일은 우리의 미래 세대들을 사랑하는 일이다. 21세기의 기술시대에 살고 있는 인류에게 생태윤리는 환경 파괴에 직면하여 보다 쾌적한 삶을 유지하고자 생태친화 규범을 설정한다. 생태윤리의 생태친화 규범의 원칙으로서 균형성의 원칙, 통합성의 원칙, 계속성의 원칙이 제시된다. 먼저 '균형성의 원칙'은 생태교육에 있어서 생태를 위한 교육, 생태에 관한 교육, 생태를 통한 교육이 균형을 이룸으로써 학습자로 하여금 아는 것, 느끼는 것, 행동하는 것의 균형감각을 익히도록 한다. 그렇게 함으로써 교육과정의 다양한 영역과 관련 기능들이 함께 개발될 수 있다. 생태를 위한 교육은 국가, 사회의 지속적인 발달 그리고 현재와 미래의 생태정의를 위해 필요한 이해와 행동요소를 포함한다.[21]

또한 '통합성의 원칙'은 생태문제가 자기증식성, 상호관련성, 광범위성 등의 특성을 지니기 때문에 생태계를 총체적 측면에서 파악하고 범교과적 지식, 방법, 기술을 활용하도록 생태윤리 교육이 통합되어야 함을 의미한다. 교육 내용을 구체화한 생활 속에서 발견하고, 생활 사태의 문제해결에 투입되어 피드백을 확인하는 순환과정으로 통합되어야 한다. 이는 생태정의 전문가들이 모여 각각의 접근방식으로 분석한 뒤 다각적이고 종합적인 조치를 취함으로써 문제를 해결하는 방식이다.

---

19) 김형철, "환경윤리와 사회계약", 한림과학원 편, 『정보사회, 그 문화와 윤리』 소화, 1996, p.74.

20) '지속 가능한 개발'을 흔히 말하고 있다. D. W. Pearce and R. K. Turner, *Economics of Natural Resources and the Environment,* Baltimore : The Johns Hopkins University Press, 1990, pp.23-24.

21) C. Gayford, "Environmental Education : a question of emphasis in the curriculum", *Cambridge Journal of Education,* Vol. 21., No.1. : pp.48-49.

셋째, '계속성의 원칙'은 모든 연령 집단, 모든 국민을 교육 대상으로 하여야 한다는 것이다. 즉 특정 시점을 기준으로 볼 때에는 생태정의 교육은 모든 연령집단, 초중등학생, 대학생, 직장인, 가정주부 그리고 노인에 이르기까지 전 국민에게 동시에 실시되어야 하며, 국민 개개인의 입장에서 보면 평생교육의 일환으로 생태친화와 생태정의 구현을 위한 교육을 받도록 주선한다.

이러한 원칙에 의한 생태 친화 규범과 생태윤리의 만남은 기술시대를 살아가는 우리들에게 중요한 의미를 지닌다. 생태 지혜의 마인드가 기술현장에서 살려져서 올바르게 생각하고, 느끼며, 올바른 행동을 하게 될 때, 우리의 미래는 희망을 가지고 개신하게 되는 것이다.

3. 심층생태주의와 사회생태주의 논쟁

1. 심층생태주의

심층생태주의는 1973년, 안 네스(Arne Naess)의 표층생태운동과 심층적이고 멀리 보는 생태운동이란 글에 기인한다. 안 네스가 표층과 심층으로 구분하게 된 것은 환경운동을 하는데 있어서, 표층적으로 산업 사회의 패러다임에 내포된 이념과 형이상학적 전제가 근원적으로 옳고 그름에 대해 전혀 의문을 품지 않는 반면, 심층적으로 우리의 세계관과 문화와 생활양식 따위에 대해 근원적인 질문을 던지면 그것들은 새로이 형성되고 있는 생태학적 비전과 조화되도록 개조하는 장기적 안목의 급진적 생태운동이기 때문이다.

이처럼 심층생태주의는 생태환경위기에 대해 얕은 접근을 넘어서서 포괄적 종교철학적 세계관을 새롭게 정립하려고 시도한다.[22] 이는 곧 유대-기독교 전통에 뿌리를 둔 인간지배의 우월주의 세계관을 성찰한다.[23] 호주의 폭스(Warwick Fox)는 심층생태주의의 직관을 이처럼 요약하였다. 그것은 우리가 존재의 장에서 확고한 구분을 할 수 없다는 생각이다.

인간계와 비인간계 사이의 분기점은 실제적으로 없다. 우리가 그러한 경계를 지각하는 한, 우리는 심층생태주의 자각에 미치지 못한다.[24] 안 네스는 생태유기체에 대한 지식이 생태적 조화나 평형을 이루게 하므로 이러한 상태에서 생명평등을 기대할 수 있게 된다. 세계 종교의 정신전통을 유지함에 있어, '자기실현(Self-Realization)'이라는 심층생태직관은 쾌락을 만족시키거나 개인적 구원의 편협한 감각에 사로잡힌 고립된 자아개념을 갖춘 서구적 세계관을 넘어서 있다. 심층생태주의에서는 범위가 제한된 현대문화 가치들을 넘어서서, 명상적이며 심층질문 방법에 의해 지혜를 직관할 필요가 있다는 것이다.

---

22) Arne Naess, "The Shallow and the Deep, Long-Range Ecology Movements"에 근거한다.

23) 이러한 시각은 린 화이트(Lynn White)가 유대-기독교적 전통이 인간중심적 세계관을 갖춘 것으로 비판한 대목과 일치한다. 그러나 존 패스모어(John Passmore)는 이러한 관점은 아시시(Assisi)의 프란시스(Francis)와 많은 수도원에서 겸허를 실천하는 신앙적 태도에 비추어 볼 때 근시안적이며 생태환경 위기가 유대-기독교 세계관을 신봉하는 지역의 전유물은 아니라고 반박한다. John Passmore, *Man's Responsibility for Nature*, New York: Scribner's, 1974. 참조

24) W. Fox, "Deep Ecology : A New Philosophy for Our Time?", *Ecologist* 14, 1984, pp.5-6.

탈인간중심적 관점을 유지하면서 '자연의 지배'가 아니라 '자연과의 조화'를 추구하는 공동체 이념을 폭스(Fox)는 '초인간적 생태론(Transpersonal Ecology)'이라고 지칭한다. 심층적인 질문으로 생태계의 모순을 파헤쳐야 한다. 이러한 시각은 궁극 관심이기에 종교 관점으로 귀착하게 된다. 안 네스는 불교의 관점에서 이러한 자기실현의 생태정의를 찾을 수 있다고 말한다.[25] 폭스에 의하면, 안 네스의 '자기(Self)' 개념은 '영원하며 불변의 자기'가 아니라 과녁을 향해 날아가는 화살처럼 진행되는 역동적인 움직임이다. 역사적으로 붓다는 형이상학적 실재와 동일시되는 '자기' 개념의 함정을 피하기 위하여 '무아'라는 용어를 사용하였다.

이에 대한 비판도 나타난다. 먼저 왓슨은 네스의 자기실현의 직관은 명상적이며, 비활동적인 것으로 결코 적극적인 생태정의 구현에 이를 수는 없다고 주장한다. 실제적으로 생명평등성이 실현된다면 많은 생명체들을 위한 비용부담과 공존적 주거형태로 말미암아 오히려 생태계의 무질서를 초래할 수 있다고 경고한다.[26] 반면에 폴 테일러는 "안 네스의 주장은 심리적인 요소에 의한 직관이며, 네스의 '자명한' 직관과 상반된 주장들이 여러 측면으로 제기될 수 있고 이 경우에 그 누구도 어느 것이 옳은 직관인지를 결정하기 어렵다."고 한다. 테일러는 직관보다 이성에 기초한 생태정의 구현이 요청되며 자연에 대한 인간태도가 궁극적으로 변화되어야겠지만, "직관판단이 항상 우선권을 차지하는 것은 아니다."라고 비판한다.[27]

2. 사회생태주의

미국의 철학자 머레이 북친(Murray Bookchin)을 중심으로 이루어진 생태 아나키즘으로, 이를 좌파녹색이라고 한다. 그의 생태관심은 1963년의 저서 『우리의 인조 환경』에서 시작되며 사회생태주의 기원이 되는 저술은 1982년 『자유 생태학』이다. 이는 '변증법적 자연주의'를 주장하며 변증법적 요소와 자연주의의 결합을 말한다.

생태위기의 근원이 계층구조, 즉 인간에 의한 인간의 지배와 착취에 있다면 그것을 극복할 수 있는 길은 계층구조의 폐지에 있을 것이다. 이처럼 사회생태주의는 인간과 자연간의 균형을 도모하고 생태사회를 건설하려면 정치적으로 급진적인 사고가 요청된다. 생태공동체야말로 자본주의 사회의 '소비를 위한 소비'를 지양하고 아름답고 쾌적한 환경을 조성하여 창조적이고 적극적이며 친밀한 인간 활동 및 인간관계를 성취하고 자연과 공생하는 사회이다.

---

25) Naess Arne, "Self-Realization: An Ecological Approach to Being in the World", in Seed, John editions. *Thinking like Mountains*, Philadelphia: New Society Publishers. 1988, pp.25 ff.

26) Watson, Richard, 'A Critique of Anti-Anthropocentric Biocentrism', *Environmental Ethics*, 5, pp.245-256.

27) Taylor, P. W. *Respect for Nature*, Princeton: Princeton University Press, 1986. 참조.

생태 공동체 내의 조직은 자본주의나 국가 통제 체제에서와 같이 권력의 요구에 기초를 두는 것이 아니라 주민들이 자유로운 사회적 존재로서의 자신을 실현하고 인간이 자연 전체와 평등하게 상호작용하고자 하는 욕구에 기초를 둔다. 이렇게 사회를 개조한다면 분권화되어야 하며, 계층적이 사라지고, 대면민주주의가 실현되어야 한다. 시민 포럼을 통해 공동체 안팎의 복합성과 다양성을 인식하고 조정하고 필요에 따라서 통합되며, 시민들은 이 과정에서 지역사회 선을 체험하게 된다. 연합의 관계는 상하의 위계가 없는 수평적인 것이며 이런 체제를 생태민주주의라고 한다.

사회생태주의에서는 '비용편익분석(cost-benefit analysis)'에 의한 정책 결정의 위험성을 제기한다. 생태정의 실현의 목적 자체가 비용으로 환산되어 비용보다 이득이 앞설 경우에만 추구되기 때문이다. 사회생태주의자들은 생태환경 파괴를 광범위한 지배와 위계형태의 하나로 간주한다. 사유재산권, 자본주의, 관료주의, 성차별주의, 계급구조 등의 관행과 제도는 인간이 다른 인간을 지배하는 사회적 위계를 확립한다.

생태합리성은 생태계가 균형을 유지하고 지속가능한 발전을 이루도록 인간 경제와 사회문화 체계를 유지 발전시켜 감을 의미한다. 전략적으로는 소규모 사람들이 시장경제에 참여하게 함으로써 시장경제체계의 익명성과 탈인격 교환 과정에서 야기되는 생태문제들을 줄여가는 것이다. 얼굴을 마주보는 인간관계를 가지며 직접적인 행위로서 사회체계를 형성하게 된다. 머레이 북친(Murray Bookchin)은 면식에 따른 인간관계를 가진 개인들이 직접적인 행위로서 사회체계를 형성할 것을 주장한다.[28)]

이와 같이 회복하려면 신화와 마법의 힘을 복원하여 자연과 혼연일체가 되는 생명공경이 필요하다고 보았으며, 합리화·관료화를 제거하는 공생적 의사소통 과정에 역점을 두었다.[29)] 이러한 자유공동체주의 모델은 생태환경에 있어서도 다양하고, 균형 있고, 조화로운 유기체를 구성하게 된다. 이에 따라 지속가능한 농업과 적정 기술 같은 관행에 근거한 자급적이며 자유로운 생활양식이 가능하다. 결국 사회생태주의 입장에서는 인간이 인간의 지배로부터 자유로운 세계에서만 생태환경의 정의를 기대할 수 있게 된다.

그렇지만 북친의 사회생태주의에 대한 몇 가지 반론이 제기되고 있음은 주지의 사실이다. 그 가운데 한 가지는 사회의 지배와 자연의 지배에 관한 것이고, 다른 하나는 자연의 진화론적 발전에서 인간의 역할에 관한 것이다. 북친은 사회지배와 자연지배 사이의 필연적 연관성을 규명하지 못하였다.[30)] 또 다른 반론은 자연 진화를 이끄는 인간 역할을 '후견자(steward)'로 보고 있다. 그러나 이러한 시각은 자연과 인간의 이익이 충돌할 경우

---

28) Murray Bookchin, *Will Ecology Become "The Dismal Science"?* San Francisco, CA: AK Press, pp.21-29.

29) 위의 책, p.23. 안 네스에 대한 비판의 관점에서 생태위기 문제는 영성적 변화에서 해결방안을 발견할 수 없고 오히려 위계가 없는 의사소통 사회에서 정의구현을 기대할 수 있다고 말한다.

30) Robin Eckersley, *Environmentalism and Political Theory,* Albany, NY: SUNY Press, 1972, pp.148-154 참조.

인간에게 특권을 부여하기 쉽고 일종의 인간중심주의로 환원될 위험이 있게 된다. 북친은 합리성, 의사소통능력, 문화 등 인간 진화의 특징들을 '제2자연'이라고 부르고 원래 상태의 '제1자연'과 구분하였다. 따라서 인류가 자연 진화 과정의 후견인으로서 역할에 책임이 있다고 단정함으로써 결과적으로 북친은 휴머니즘을 부각시킨 인간중심의 생태환경 정의를 제창한 셈이 된다.[31)]

반면에 사회생태주의 관점에서 생태부당성을 적시한 가운데 주목할 사실은 생태환경의 오염과 공해에 대한 부담을 가난한 소수의 사람들이 떠안게 되는 문제이다. 피터 벤츠(Peter Wenz)는 정당한 보상, 사전 승낙, 평등한 대우의 담보 없이 생태환경 위기의 부담을 가난하며 힘없는 사람에게 전가하는 것은 정의롭지 못한 일이라고 말한다.[32)] 생태환경 개선 부담금을 생태환경의 부당성으로 평가할 수 없다는 것이다.[33)]

31) Murray Bookchin, "Social Ecology Versus Deep Ecology", *Socialist Review* 18, nos.1–2, 1988, pp.27–28.

32) Wenz, Peter, *Environmental Justice*, Albany, NY: SUNY Press, 1989, pp.57ff.

33) Boerner, Christopher, and Lambert, Thomas, 'Environmental Injustice', in Theodore Goldfarb(ed.), *Taking Sides*, Guiford, CT: Duskin/McGraw, 1997, pp.74–5.

4. 생태여성주의와 생태정의 실현

1. 생태여성주의

생태여성주의는 여성과 자연을 억압과 착취로부터 동시에 해방시켜야 할 대상으로 파악한다는 점에서 일반적인 여성주의와 다르다. 일반적인 여성주의자들은 정치적 입장은 어떻든지 간에 환경 개량주의자들과 마찬가지로 자연을 도구로 보며 여성에 대한 억압과 생태위기 문제를 연계하지 않는다. 카렌 워렌(Karen J. Warren)은 생태여성주의의 주제를 명료화 하여 여성과 자연에 대한 이중지배의 역사기원과 인과고리에는 세 견해가 발견되고 있다.[34)]

첫째, 찰린 스프레트낙이나 아이슬러처럼 기원전 4500년경 유라시아 유목민들이 서유럽사회를 침범한 사건으로 보는 견해이다. 침범 이전에는 여신을 숭배하는 노동력 위주의 모계정착사회였으나 침범 이후 유라시아 초원사회는 하늘을 섬기는 호전적 유목사회가 되었다.

둘째, 수전 그리핀과 밸 플럼우드(Plumwood, Val)처럼 고대 희랍철학과 근대 합리주의 철학전통에서 내포된 합리성 개념에서 그 기원을 찾는 견해가 있다. 서구에서 인간/자연의 이분법과 관련된 갖가지 이분법들을 확고하게 연결하고, 이성을 남성적이고 합리적인 것으로, 이와 대립되는 모든 속성들을 여성적이고 비합리적인 것으로 단정하는 오랜 철학 전통인 '합리주의' 속에 바로 '여성 곧 자연'이라는 연결고리가 숨겨져 있다고 주장한다.

셋째, 캐롤린 머천트처럼 16 - 17세기 과학 혁명 시기에 일어난 문화와 과학의 대변혁에 초점을 두는 견해가 있다. 17세기 이전의 자연은 만물을 양육하는 어머니로서 하나의 유기체처럼 인식되었지만 과학혁명 이후에는 생명이 없고 움직이지 못하는 기계같이 인식되었다.

이에 따라 생태 여성주의자들은 여성에 대한 지배와 자연에 대한 지배 간의 역사적, 인과적 고리는 궁극적으로 여성과 자연에 대한 남성편향적인 관념적 지배구조에서 비롯된다고 본다. 가치의 이중구조와 계층구조, 지배와 관련된 모든 주의들(성차별주의, 인종

34) 송명규, 『현대생태사상의 이해』 따님, 2004. p.120.

차별주의, 계급차별주의), 남녀 간의 성적 차이, 특히 개성의 형성에서 나타나는 차이와 의식의 차이에 초점을 두었다. 여성들은 생물학적 특징 자체가 아니라 여성 특유의 육체적 경험 때문에 여성은 남성과 자연에 대한 처지가 달라진다.

이처럼 남성의 여성지배와 인간의 자연지배 사이의 부당성에 구조적 유사성을 보이는 것에서 착안하여 생태여성주의는 지배로부터 해방이라는 생태정의를 보여주고 있다.[35] 이른바 억압적인 개념의 구조를 해체하여 지배와 복종의 관계를 극복하려는 관점인데, 억압적인 개념의 부당성으로는 세 가지의 중대한 특징이 발견된다. 이는 높은 가치에 매달리는 '가치 위계의 사고(value-hierarchical thinking)', 반대와 배타성을 드러내는 '가치 이원주의(value dualism)', 종속을 정당화로 이끄는 '지배의 논리(logic of domination)'이다.

공통특징으로 말미암아 여성에 대한 남성지배와 자연에 대한 인간지배 사이에는 역사적, 상징적, 이론적으로 밀접한 연결성을 보여주고 있다. 이 부당성은 자연과 여성의 열등성을 고착화시켜 지배논리를 통한 억압적 개념화이다. 생태여성주의자들에게 지배논리는 다양성과 차이의 상황을 전제한 것에 불과하고 지배논리를 배제한다면 차이성과 유사성이 드러난다고 지적한다.[36]생태여성주의 관점에서 마리린 프라이(Marilyn Frye)는 생태정의를 구현하려는 자세는 정복태도에서 돌봄의 윤리태도로 변모하는 것이라고 말한다.[37] 다시 말하면 오만의 인식에 근거한 정복태도를 버리고 사랑에 기초한 돌봄의 태도에서 생태정의를 기대하게 하는 것이다.

"사랑의 시선은 오만의 시선과 정반대이다. 사랑의 시선은 타자의 독립성을 안다. 그것은 자연이 무관심한 것을 알아보는 보는 이의 시선이다. 그것은 본 것들을 알아보기 위해, 어떤 사람이 그의 의지, 관심, 두려움, 상상력 이외의 다른 어떤 것을 자문하는 이의 시선이다. 어떤 사람은 그것을 바라보아야 한다. 어떤 사람은 보고, 듣고, 확인하고 물어보아야 한다. 사랑의 시선은 주목을 하는 것이다. 이 주목은 자기부정이 아닌 훈련을 요구할 수 있다. 그 훈련은 자기에 대한 지식, 즉 자기의 영역과 경계에 관한 지식이다.… 특히 다른 사람이 내버려두고 다른 것을 시작하는 무관심과 자신의 관심을 구분할 수 있는 문제이다. 사랑의 시선은 먹을 수 있는 어떤 것에 대한 인식의 대상을 만들지 않으며, 그것에 동화되려고 하지 않으며, 보는 이의 욕망, 두려움, 상상력의 크기로 감소시키지 않으며, 단순화시킬 필요성도 없다. 그것은 알려진 새로운 것을 영원히 제시할 어떤 것으로서 복잡성을 안다. 사랑의 시선은 진리의 복잡성에 호의를 보이며 우주의 영원한 흥

---

35) 생태여성주의 (ecofeminism)는 프랑스와 도본느(Francoise d'Eaubonne)가 생태학적인 혁명을 가져오는 여성의 잠재성에 관심을 갖게 하고자 1974년 학계에 이 용어를 소개한 이후로 여러 방면에서 사용되었다.

36) Warren, Karen J. Feminism and Ecology: Making connections. *Environmental Ethics 9*, 1987. pp.17-18.

37) Marilyn Frye, "In and Out of Harm's Way: Arrogance and Love," *The Polities of Reality* (Trumansburg, New York: The Crossing Press, 1983), pp.66-72.

미를 전제로 한다."[38]

이처럼 정복이 아닌 사랑의 시선은 다른 것을 자기와 동일시하려는 침략적·강압적인 시선이 아니라, '알려진 새로운 것을 영원히 제시할 어떤 것으로서 복잡성을 아는' 시선이다. 이를테면, 어떤 사람이 정복자로서 바위를 올라갈 때는 오만의 시선으로 올라간다. 그러나 어떤 사람이 사랑의 시선으로 올라갈 때 그 사람은 주위에 관심을 쏟으면서 보고 듣고 확인하고 물어서 등산한다. 바위와 자신의 경계가 따로 없고, 두 존재 사이를 보완의 관계로 인식한다. 사랑의 시선으로 인식하고 그에 반응하며 주목하기 때문에 독립적이지만 보완관계에 있다.

오만의 시선은 인간을 닮아가는 윤리공동체를 확장하는 방식으로 자기동일성을 확대시키려고 한다. 오만한 인식에 근거한 환경적 운동이나 윤리는 존재의 도덕적 위계질서를 세우고 '자기동일성에서 일체감'을 발견하려고 한다. 반대로 사랑의 인식은 자신과 타인, 인간과 비인간의 차이를 발견하면서 상호보완의 관계를 이루려고 한다.

생태여성주의를 집약하면 다음과 같다.[39] 첫째, 억압에 저항하는 자유의 정의를 존중한다. 이는 지배의 논리와 가치를 반영하는 어떤 행동이나 생각에 대해서도 거부한다. 이를테면 성차별주의, 인종차별주의, 계급주의의 경계를 제거한다.

둘째, 생태여성주의는 역사적 맥락을 중시하는 상황의 정의를 존중한다. 어떤 맥락에서 이루어지는 특정 의도를 중시하면서 그들과 관련 있거나 차이가 있는 상황을 파악하여 타자와의 관계설정을 시도한다.

셋째, 생태여성주의는 차이의 정의를 존중한다. 최소한의 인간본성의 어떤 요소를 발견하려고 노력하며 인간 사이의 차이점을 모색하고 유지하는 데 구조적으로 다원적이다. 이 태도는 차이점의 제거가 아닌 차이 자체에 대한 공경의 인식이다.

넷째, 생태여성주의는 과정이론을 존중한다. 가령 담론 사용에서 과정을 배우고 여성 생활 변화의 과정이 시간에 걸쳐 어떤 모습으로 변천하였는가를 살피게 된다. 이것은 여성과 생태계가 지배에 구속된 과정을 경험한 여성들과 생태계의 목소리를 배척하지 않고 포함하려는 자세에서 나온다.

다섯째, 생태여성주의는 '객관적인'인 관점에서 정의를 구현하려고 시도하지 않는다. 그것은 여성과 자연에 대한 쌍방의 지배를 유지하고 인정하는 사회·경제적인 생태환경과 억압적인 개념형식을 인식의 출발점으로 한다. 이에 따라 돌봄, 사랑, 우정, 믿음과 적절한 상호작용의 가치를 모색하여 인간관계를 존중한다. 그러므로 산을 오르는 행위에서 타자에 대해 정중하게 관심을 갖고 의미를 둘 수 있는 감수성에 대한 목소리를 제공한다.

---

38) 위의 책, pp.75-76.

39) Karen J. Warren, "The Power and Promise of Ecological Feminism", *Environmental Ethics*, Vol.12, No.2(Summer 1990), pp.140-143 참조. Val Plumwood와 같이 페미니즘과 생태주의는 공분모를 추구한다.

여섯째, 생태여성주의는 추상적 개인주의를 부정하는 가운데 구체적인 정의를 존중한다. 여성과 자연에 대한 지배 사이의 내부적인 연결을 명백히 함으로써 구체적으로 책임지는 의무감을 보여준다. 생태환경 위기의 중요한 뿌리로 전통적인 남성중심의 가부장제를 변화시키는 것이 지배구조를 벗어나는 길이 된다. 기존 가치를 급진적으로 변형시키기 위해서 여성운동의 제반 요구가 생태운동의 요구와 통합되어야한다고 촉구하고 있다.

2. 생태정의의 실현

이제까지 살펴본 것처럼 심층생태주의에서는 기술에 너무 의존하지 말고 자급자족적이며 탈인간중심적 공동체 구성원으로서 생활양식을 근본적으로 바꿀 것을 주장한다. 최소한의 소비적 물질욕구만 인정하는 간소한 것이어야 한다. 그리고 지구와 다른 종에 가능한 영향을 주지 않으면서 살아가는 정의 규칙을 내세우고 있다.[40] 이러한 입장의 전체주의적이고 탈인간중심적 경향은 또 다른 파시즘으로 비판받았다. 개인이 실재하지 않고 전체로서 자기가 실재한다는 형이상학적 주장이나 생태환경 주범으로서 인간에 대한 혐오주의는 인간복지를 소홀하게 다루는 한계점을 보여주는 정의이다.

인도의 생태학자 라마찬드라 구하(Ramachandra Guha)는 심층생태주의 정의관은 서구 제국주의 논리이며 동양의 정신가치도 잘못 수용하고 있다고 비판한다.[41] 라마찬드라 구하가 보기에는 심층생태주의 강령을 후진국에 적용하려는 것은 서양의 생태환경주의자의 정의관에 맞추어 일반화할 것을 강요한 것이라고 주장한다. 설령 후진국 사람들이 최저 생활을 유지할지라도 자연을 보전하고 존경하라는 메시지를 담고 있다는 것이다.

반면에 사회생태주의와 생태여성주의 정의관에서는 자연과 여성에 대한 정복과 지배를 근본적으로 죄악시한다. 먼저 사회생태주의 입장에서는 지배의 사회구조가 자연의 지배보다 선행한다고 밝히고 있다. 마르크스주의와 달리, 북친은 위계적 사회가 자연을 학대할 가능성도 있지만 반대로 자연친화적 관계를 가질 가능성도 있다고 말한다. 그것은 생태적 합리성과 자율적인 공동체 활동을 보장하여 모든 형태의 통제와 지배로부터 자유로운 정의사회를 구현하는가에 달려 있다. 이처럼 사회생태주의는 사회주의, 자유주의, 유기체주의 등 다양한 철학적 전통에 뿌리를 두고 있다.

이러한 사회생태주의 정의는 방법론의 측면에서 문제점을 내포하고 있다. 인간을 자연의 진화를 이끌 수 있는 후견자로 보기 때문에 생태환경에서 인간중심적 부당성의 가능성을 용납하고 있음이다. 생태적 합리성, 의사소통능력에 근거한 '제2자연'은 북친이 비판하고 있는 사회적 위계와 지배 이념의 소산이다. 이것에 자연에 대한 진화와 통제를 맡기는 것은

40) Bill Devall and George Sessions, Deep Ecology: *Living as if Nature Mattered,* Salt Lake City, Peregrine Smith Books, 1985, p.68.

41) Ramachandra Guha, "Radical American Environmentalism and Wilderness Preservation: A Third World Critique", *Environmental Ethics* 11, 1989 Spring, pp.71-84.

논리적으로 자가당착의 오류를 범한다고 할 것이다. 그러나 후견인으로서 인간이 생태정의 구현의 주요 역할을 감당해야 된다는 점을 일깨워주고 있다는 면은 무시할 수 있다.

생태여성주의는 여성의 지배와 자연의 지배사이의 연결에 대한 이론과 생각에서 출발한다. 상황주의 관점에서 생태여성주의는 자연이 인간에 대해 부당성을 말하는 것과 다른 억압받는 사람들의 목소리를 심각하게 받아들인다. 이에 따라 최근 수십 년 동안, 여성운동가들은 '돌봄의 윤리(ethics of care)'를 부상시키면서 이를 생태정의 구현에 접목하려는 노력을 지속했다. 따라서 생태여성주의에서는 생태환경에 대한 '자애로운 돌봄'의 역할과 함께, 영성주의(spiritualism)를 정의구현의 방법론으로 부각시킨다. 여성, 자연, 신성의 일체감을 알고 경배할 때, 지구는 신성한 존재로 다가오고 사랑하고 돌보는 대상일 뿐 아니라 영성적 가치로 다가오게 된다. 결국 생태여성주의는 위계와 지배를 의식적으로 피하면서 다양성과 차이를 존중한다.

실제적으로 지구촌 곳곳에는 소수 인종이나 힘이 약한 여성이 밀집한 지역에 환경호르몬 분비가 많이 발생하는 폐기물을 최대한 처리하되 생태환경비용을 최소화하려는 부당한 정책이 실시되었다. 이는 곧 생태부정의를 만연시키는 요인으로 자리 잡고 있으며 이러한 지역의 여자와 아이는 생태환경파괴에 노출되게 마련이다. 따라서 생태환경 정의의 개념화와 이에 따른 사회적 제도화가 시급하다고 할 것이다.

생태환경의 문제는 자연으로부터 발생된 것이 아니라 인간으로부터 발생된 것이라는 사실은 명백하다. 생태환경 문제를 기술 환경이나 자연환경의 비정상적이거나 바람직하지 못한 상태에서 야기되는 문제라고 볼 때, 현대사회에서 문제가 되는 생태환경 문제는 공학기술자의 의지와 작위에 의하여 야기되는 문제라고도 볼 수 있다. 따라서 공학윤리 교육을 통해서 문제개선의 가능성이 있는 것이다. 생태환경 문제의 해결책으로서 공학윤리 교육을 신뢰하고 생태정의 성격과 공학윤리 교육이 조화를 살려 나가야 될 것이다.

생태환경 정책결정의 과정에서는 비용-효과분석과 함께 비용-편익분석이 많이 활용된다. 앞의 경우는 생태환경정책 가운데 비용이 가장 적게 되는 것을 선택하는 방안이며, 뒤의 경우는 추진하려는 목적 자체가 비용을 고려할 때 과연 추구할 만한 것인가를 먼저 결정하는 방안이다. 이를테면 멸종생물보호법의 제정에 있어 멸종되는 생물에 대한 고려보다 이해 당사자, 지역공동체의 손실액과 비용 등을 먼저 결정한 후 생태정의 문제를 고려하려는 관점이다. 이에 수반되는 비용은 수혜 범위의 우선순위를 설정하여 차등적으로 설정하되 비용-효과분석의 방안을 활용하는 것이 공정하다고 생각된다.

마찬가지로 생태정의를 고려한 소유권 인식의 경우, '인간이 소유권을 지니고 있다'는 사실 자체가 '소유자가 원하는 모든 것을 할 수 있다'는 뜻을 함축하지 아니한다. 소유권은 다른 사람들의 권리에 의해 다양한 방식으로 제한된다. 소유권을 권리들의 묶음으로 본다면, 이는 소유자가 모든 것을 할 수 있는 권리도, 소유자가 아무것도 할 수 없는 권리도 아니다. 생태환경의 정의구현을 위해서는 이러한 점을 지닌 소유권 인식에 주목할 필요가 있다. 소유권을 가진 상태에서 소유자로서 자신의 권익을 실현하기 위해서 어느 한계까지 권리를 행사할 수 있는가를 심사숙고하여 자율적이며 합리적으로 제한점을 정하는 것이 공정하다고 할 것이다.

지구촌 시대를 맞이하여 생태정의를 구현하기 위해서는 국제 간의 협조가 그 어느 때보다 절실해졌다. 선진국의 상당수는 개발도상국을 식민지 상태로 관리했기 때문에 현재의 개발도상국 생태환경의 질병에 대해 일정한 부담을 지고 개선해야할 의무가 있다. 심층생태주의 입장을 지지하는 앤드류 브렌넌(Andrew Brennan)은 식민잔재와 제도모순의 간접책임이 있는 선진국들의 기금마련이야말로 생태정의 구현의 선결과제가 된다고 말한다.[42] 선진국의 기금 동참은 식민통치와 자국중심의 개발정책에 대한 보상 측면에서 강조되어야 한다.

앤드류 브랜넌뿐만 아니라 동물에 대한 차별대우론을 주장한 피터 싱어(Peter Singer), 피터 운저(Peter Unger)까지도 빈곤국가의 생태환경에 대한 선진국의 깊은 관심이야 말로 생태정의 구현을 위한 선결과제라고 주장한다.[43]

제한된 자원의 과대소비로 생태위기를 초래한 선진자본국들이 자율적으로 국제협약을 통해 지구촌의 생태환경 부담금을 적절하게 떠맡게 됨으로써, 지구촌의 '지속가능한 개발'의 실천담론이 생태윤리 과제가 되고 있다. 여기에 공학자가 실천적으로 기여할 책임과 의무의 과제가 나타난다. 공학윤리에서는 생태 지혜의 여러 관점을 비판적으로 성찰하게 된다. 생태위기에 대해 공학 기술자는 그 책임을 통감하고, 생태정의를 미래지향적으로 살려나가는 방향으로 지혜를 모아 공학현장에서 다양한 실천을 모색해야 할 것이다.

---

42) Rolston, Holmes, *Environmental Ethics*, Philadelphia: Temple University Press, 1988. Brennan A. *Thinking about Nature*, Arthens, GA: University of Georgia Press, 1988. 참조

43) Singer, P. *Practical Ethics*. 2nd edn. Cambridge: Cambridge Univ. Press. 1993. Unger, P. *Living high and Letting Die*, New York: Oxford University Press. 1996.

5. 동물에 대한 의무와 식품안전

1. 동물 실험과 공장목장

특정 화학 물질의 유독성 기준을 결정하기 위해서는 동물을 대상으로 한 실험 결과(LD50)에 근거한다. 한 해면 16,000번의 실험을 한다. LD 50 테스트는 동물에게 검사물질의 투여량을 점차 늘려, 얼마만큼의 양을 투여해야 실험동물의 50%가 죽는가를 조사하는 것이다. 50%의 동물이 죽기 전에, 실험된 모든 동물은 심한 중독으로 엄청난 고통을 겪는다. 독성이 강한 물질의 경우, 상대적으로 적은 양의 투여만으로 50%의 치사율에 도달한다. 물론 살아남은 50%의 중독 또한 심각하다.

음식 첨가제와 화장품 등 독성이 덜한 화학 물질을 실험할 경우, 50%의 동물이 죽기 전까지 막대한 양을 투여해야 한다. 튜브나 주사 바늘을 통해 검사 물질이 동물들에게 강제로 먹여지고 주사된다. 테스트 물질에 의해서만 죽어야지 과학적 설명력이 있기 때문에, 죽어가면서 고통 받는 동물들에게 고통을 줄이기 위한 '인도적인' 죽음을 선사할 수 없다. 동물권 운동가들의 활동 때문에, LD 50 테스트는 몇몇 나라에서 법적으로 금지되었다.

소, 돼지, 닭들이 사육되는 방법은 동물을 학대하는 또 다른 사례이다. 싱어의 책 『동물해방론』은 현대의 공장식 사육의 실상을 알리는데 큰 역할을 했다. 한 가지 예가 송아지 고기의 사육 방식을 간략하게 살펴보겠다. 송아지 고기는 말 그대로 어린 소의 고기를 말한다. 송아지 고기는 매우 비싸기 때문에 일반적으로 중산층의 저녁 식탁에서는 볼 수 없고, 레스토랑이나 미식가의 식탁에서나 볼 수 있다. 송아지 고기는 특히 그것이 연해서 씹기가 좋을 때, 그리고 핑크색을 띌 때 가치가 올라간다. 그렇다면 연한 핑크빛 고기를 생산하려면 어떻게 해야 할까?

화장품 실험이나 식도락가의 맛을 위해 동물을 학대하고 죽이는 것이 왜 도덕적으로 그른지에 관해 다양한 이유가 있을 수 있다. 그런데 인간중심주의적 관점에도 동물에 관한 윤리적 의무가 있다는 입장을 옹호하는 논거가 있을 수 있을까? 동물은 우리 인간에게 소중한 것이고 동물 학대는 그러한 동물의 가치를 부정하고 무시하는 처사이다. 그렇다고 해서 동물에 대해 도덕적으로 고려해야 할 직접적 책임이 있다고 할 수 있는가?

2. 싱어와 동물 해방 운동

동물로 철학적 윤리학이 확대된 것과 관련해 가장 중요한 사람은 피터 싱어이다. 인종이나 성을 근거로 해서 평등한 도덕적 지위를 부정하는 것이 도덕적으로 그른 것처럼, 우리 종의 구성원이 아니라는 것을 근거로 해서 동물들의 평등한 도덕적 지위를 부정하는 행위는 도덕적으로 그르다는 것이다. 이에 동물에게도 도덕적 지위를 부여해야 한다는 주장이다.

모든 이익관심은 동등한 대우를 받아야 한다는 기본적 전제에서 도덕적 지위를 부여해야 하면, 이익관심을 갖는 필요조건이자 충분한 조건은 유정성인데 동물은 이를 갖추고 있다. 벤담을 따라 "중요한 것은 이성을 갖거나 말을 할 수 있는 것이 아니라 고통을 느낄 수 있는가" 고통과 쾌락의 감수 능력을 갖고 있는 존재라면 적어도 최소한의 이익 관심, 즉 고통을 당하지 않을 이익관심을 가지고 있기 때문이다.

모든 유정 존재만이 이익관심을 지니기 때문에 유정 존재만이 도덕적 지위를 갖고, 따라서 모든 유정 존재를 동등하게 도덕적으로 고려할 책임이 있다. 그러나 인간과 동물을 구분하지 말아야 한다는 것은 아니다. 정신적 능력의 차이는 고려해야 한다. 하지만 궁극적으로 정신적 능력이 기준이 되는 것이 아니라, 정신적 능력 차이로 인해 같은 상황에서 느끼는 고통이 다른 고통의 양으로 지각되기 때문이다. 물론 다른 종 간의 고통을 비교하는 일은 어렵다.

동물에게로 관심을 확대한 사람은 피터 싱어(Peter Singer)[44]이다. 지난 20년 동안, 싱어는 도덕적 고려 대상에서 동물을 제외하는 것은 옛날에 여성과 흑인을 제외한 것과 마찬가지라고 주장해 왔다. 싱어는 종족주의라는 용어를 유행시켰는데, 이것은 인종주의[45] 및 성차별주의와 유사한 개념이다.[46] 인종이나 성을 근거로 해서 평등한 도덕적 지위를 부정하는 것이 그른 것처럼, 우리 종의 구성원이 아니라는 것을 근거로 해서 평등한 지위를 부정하는 것은 도덕적으로 그르다는 것이 싱어의 주장이다.

싱어는 모든 이익관심은 동등한 대우를 받아야 한다는 기본적인 전제에서 그의 논의를 시작한다. 본질적으로 이것은 도덕적 지위를 갖는 존재는 모두 하나로 계산되어야지, 그 이상으로 계산되어서는 안 된다는 형식적 원리이다. 인종주의자와 성차별주의자들조차도

---

44) 불과 20여 년 전만 하더라도 누군가가 동물이 도덕적 고려의 대상이 되어야 한다고 말할 경우 그는 웃음거리가 되었다. 하지만 이제 영미 철학권 내에서 어떤 철학자가 동물이 도덕적 고려의 대상이 될 수 없다고 말할 경우 오히려 그가 비판의 대상이 된다. 피터 싱어(Peter Singer)는 바로 이와 같은 변화를 주도한 자로 세상에 알려진 철학자이다. 피터 싱어는 1946년 호주의 멜버른에서 태어났으며, 멜버른 대학과 옥스퍼드 대학에서 수학하였다. 그는 옥스퍼드 대학, 뉴욕 대학, 콜로라도 대학, 캘리포니아 대학 등에서 강의한 바 있다.

45) 개개 인종의 생물학적·생리학적 특징에 따라 계급이나 민족 사이의 불평등한 억압을 합리화하는 비과학적인 사고방식.

46) 싱어에 따르면, 종족주의란 용어는 Ryder의 논문에서 따온 것이다. R. Ryder의 논문, "Victims of Science"는 *Animals, Men, and Morals*에 실려 있다.

이 점을 인정한다. 하지만 이들은 흑인이나 여성이 동등한 도덕적 지위를 갖는다는 점을 부정한다. 싱어는 따라서 이들이 도덕적 지위를 가질 수 있는 기준을 제시해야 한다고 말한다. 도대체 어떤 성질로 말미암아 동등한 도덕적 지위를 갖게 되는가? 여기서 싱어는 벤담[47]의 문장을 인용한다. "중요한 것은 이성을 갖는 것이나, 말을 할 수 있는 것이 아니라, 고통을 느낄 수 있는가"이다.

고통과 쾌락의 감수 능력이 이익관심을 갖는 전제조건이 있다. 그것이야말로 누군가 이익관심을 갖고 있다고 말해질 수 있기 위해서는 만족되어야 할 조건이다. 어린이가 길가에 있는 돌멩이를 발로 찼다고 해서, 돌멩이의 이익관심이 손상되었다는 것은 넌센스이다. 돌멩이는 고통을 느낄 수 없기 때문에, 이익관심을 가졌다고 할 수 없다. 고통과 즐거움을 느낄 수 있는 능력은 어떤 존재가 이익관심을 가진다고-최소한 고통당하지 않을 이익관심을 가진다고-말할 수 있는 필요조건일 뿐만 아니라 충분조건이다. 예를 들어, 쥐는 발에 채이지 않을 이익관심을 갖는다. 발에 채인다면, 그는 고통을 느낄 것이기 때문이다.[48]

싱어는 도덕적 지위를 설명하기 위해 이익관심의 개념에 주목한다. 하지만 동물에게 권리를 부여하기 위해 이익관심에 관심을 갖는 것은 아니다. 그는 권리 개념이 불필요한 개념이라는 벤담의 주장에 동의한다. 그러나 권리에 집착하는 것이 적어도 도덕적 보호를 확보하는 지름길은 아니라고 생각한다. 그는 이익관심을 갖는 관건이 인지적 능력을 갖는 것이라고는 생각하지 않는다. 이익관심을 갖기 위해 필요한 것은 오로지 고통과 쾌락을 느끼는 능력일 뿐이다.

싱어는 쾌락과 고통을 느끼는 능력을 지칭하는 것으로 유정[49]이라는 개념을 사용한다. 이익관심을 갖기 위해서는 유정성이 필수적이다. 왜냐하면 유정을 갖고 있지 않은 것, 예를 들면 바위는 이익관심을 갖지 않기 때문이다. 싱어는 또한 쾌고 감수성이 이익관심을 위한 충분조건이라고 믿는다. 쾌고 감수능력을 가지고 있는 존재라면 적어도 최소한의 이익관심, 즉 고통을 당하지 않을 이익관심을 가지고 있기 때문이다.

싱어에 따르면, 오직 유정존재만이 이익관심을 지니기 때문에, 유정존재만이 도덕적 지위를 갖는다. 그리고 우리는 모든 유정존재를 동등하게 도덕적으로 고려할 책임이 있다. 하지만 그렇다고 해서 인간과 동물을 구분하지 말아야 한다는 것은 아니다. 인간과 동물은 다르다. 인간과 동물은 서로 다른 이익관심을 갖는다. 말의 등을 채찍으로 때리는 것은 말에게 별로 고통을 야기하지 않으며, 따라서 특별히 비윤리적이지 않다. 하지만 어린이의

---

47) 영국의 철학자·법학자. 인생의 목적은 '최대 다수의 최대 행복'의 실현에 있으며 쾌락을 조장하고 고통을 방지하는 능력이야말로 모든 도덕과 입법의 기초원리라고 하는 공리주의(功利主義)를 주장하였다. 변호사를 하다가 나중에 민간연구자가 되었는데, 의회의 개혁과 같은 정치활동에도 관계한 바 있다.

48) 싱어, 『동물 해방론』, pp.7-8.

49) 1. 인정이나 동정심이 있음.
2. 〈불교〉에서 마음을 가진 살아 있는 중생.

얼굴을 채찍으로 때리는 것은 이와는 다르다. 인간은 정신적 능력을 가졌기 때문에, 그로 말미암아 어떤 행위에 대해서 인간은 동물보다 고통이 더 크다. 하지만 중요한 것은 고통을 감수하는 능력과 고통의 양이 도덕적인 것을 결정한다는 사실이다.

이 견해가 의미하는 바는 무엇인가? 싱어는 고통을 비교하는 것이 매우 어렵다는 것을 인정한다. 특히 서로 다른 종의 고통을 비교하는 것은 매우 어렵다. 하지만 만일 단지 인간의 편의를 위해 동물에게 심각한 고통을 주는 경우로 우리의 관심을 국한시킨다면,

"우리는 동물에 대한 우리의 행위를 근본적으로 변화하지 않을 수 없다. 예를 들어, 우리의 식생활, 동물들의 사육방식, 과학에서의 실험절차, 야생생물과 사냥, 함정, 모피, 그리고 서커스, 로데오, 동물원에 대한 우리의 태도를 변화해야 한다. 우리의 태도가 변한다면, 고통의 양은 엄청나게 줄어들 것이다."[50]

벤담을 인용하고 고통의 최소화를 강조하는 데서 보이듯이, 싱어의 접근은 기본적으로 공리주의에 입각해 있다. 목적적 선(쾌락의 증진과 고통의 감소)에 대한 설명이 그렇고, 전체 고통의 양을 줄여야 하는 윤리적 의무를 강조한 것이 그렇다. 동물복지 견해는 개체동물을 위해로부터 보호하자는 것이지, 종의 권리를 인정하는 것은 아니다. 개체 동물이 삶의 주체이지, 종이 삶의 주체가 아니기 때문이다. 마찬가지로 싱어 또한 개체 동물이 고통을 느낄 수 있지, 종이 고통을 느낀다고는 보지 않는다.

인간과 마찬가지로 동물 또한 복잡한 생태공동체의 일부이다. 끊임없이 변하긴 하지만, 생태공동체는 섬세한 상호균형을 필요로 한다. 많은 환경론자들은 자연생태계의 균형이 환경윤리의 목표라고 한다. 개체동물을 특별히 윤리적으로 보호하는 것은 균형을 위협하고, 생태계에 부담을 준다. 동물권리와 관련해 자유방임적 태도는 생태계에 심각한 재앙을 가져다 줄 수 있다. 종이나 생태공동체는 생태공동체를 구성하는 개체들의 권리에 대한 존중과 관련해서만 보존될 수 있다. 우리는 종이나 개체들 중 어느 한쪽에 우위를 두기보다는 우리의 환경과 생태계를 위해서 모든 개체와 종을 보호하려는 정신을 가져야 한다.

싱어는 상업적인 동물 사육을 사회 전체 차원에서 금지할 의무가 있다고 주장했다. 취미나 영양, 편의, 효율성, 소유권 등 어떤 하나도 동물 사육을 정당화 할 수 없고, 그 어떤 것도 동물을 음식으로 대우하는 것을 정당화할 수 없다. 스포츠로서 사냥하고 덫을 놓는 것은 정의롭지 못하다. 동물을 스포츠나 오락의 대상으로 죽이고, 학대하는 것은 더욱 더 잔인한 짓이며, 이는 심각한 범죄 행위이다.

과학적 연구에 동물을 사용하는 것 역시 부정의하다. 실험에 동의하지 않는 사람을 실험하는 것이 부당하듯이 동물실험의 경우도 마찬가지이다. 「종 자체가 도덕적 지위를 갖는 것은 아니다. 동물복지의 개체 동물을 위해로부터 보호하는 것이지 종의 권리를 인정하는 것은 아니다. 싱어 역시도 한 개체 동물이 고통을 느낄 수 있지, 종이 고통을 느낀다고는 보지 않는다.」

50) 싱어, 『동물 해방론』, pp.16-17.

3. 톰 레건의 동물의 권리

싱어가 공리주의에 입각하여 동물의 도덕적 권리를 옹호했다면, 톰 레건은 권리론에 기초하여 동물의 권리를 옹호했다. 레건은 특히 몇몇 동물은 권리를 가지며, 이들이 권리를 가진다는 것은 인간이 그들에 대한 강력한 도덕적 의무를 가진다는 것을 함축한다고 주장했다. 레건은 과학적이고 상업적인 목적에서 동물을 사용하는 것, 식품으로서 동물을 사용하는 것, 사냥이나 동물원용으로 동물을 사용하는 관행이 비윤리적이라 믿었는데, 그 이유는 그러한 관행이 고통을 산출하기 때문이 아니라, 원리(principle)에 어긋나기 때문이다. 즉 그것은 동물이 갖고 있는 목적적인 윤리적 가치를 부정함으로써 동물의 권리를 무시했기 때문이다. 이를 이해하기 위해 송아지고기를 생산하는 예를 고찰해 보자.

송아지 고기의 생산자가 싱어의 견해를 듣고 감동해서, 사육 방법을 고통을 최소화하는 방식으로 바꿨다고 가정해 보자. 송아지가 적절한 운동을 할 수 있고, 신선한 공기와 균형 잡힌 식단, 정기적인 목욕을 제공받는다고 가정해 보자. 그 소는 그야말로 만족한 소일 것이다. 또한 송아지 고기에 대한 인간의 식욕이 증가해서, 많은 소비자들에게 있어서 송아지 고기에 대한 실제 욕구가 있다고 가정해 보자. 그래서 송아지 고기를 먹을 수 없을 경우, 소비자들은 고통을 느낄 것이라고 가정해 보자.

공리주의적인 입장에서는 송아지 사육방식의 변화로 송아지의 고통을 최소화하고 인간의 즐거움을 크게 할 때 송아지 산업을 허용할 수 있다. 물론 싱어주의자들은 이것이 부당한 비판이라고 반론을 제기할 수 있을 것이다. 그리고 이 반론은 아마도 고통과 쾌락을 계산하는 방법과 관련된 것일 것이다. 하지만 싱어의 입장에서 송아지를 먹기 위해 사육하고, 도살하는 것은 원리적으로 잘못된 것은 아니다. 레건은 바로 이 점에 대해 항의하고 있다.

식용 송아지의 운명을 보고 우리는 슬픔을 느끼지 않을 수 없다. 그러나 여기서 문제는 고통이나 박탈이 아니다. 이것은 무엇이 잘못인지를 혼동한 것이다. 이것은 때때로 상황을 더 악화시킨다. 근본적으로 잘못된 것은 동물을 먹을 수 있고, 조작할 수 있고, 스포츠나 돈을 위해 임의대로 이용할 수 있는 우리의 자원으로 보는 관행 자체이다.[51)]

이러한 입장의 근거는 무엇일까? 이를 이해하기 위해, 인간을 이와 유사하게 대우하는 것이 왜 그른지를 알아보는 것이 좋을 것 같다. 누군가 조나단 스위프트의 '겸손한 제안'[52)]을 따라 불우 아동을 음식으로 간주해 보자. 불우 아동을 안락한 상태에서 고통 없이 사육하여 일정한 때에 아무 고통 없이 도살되어 찌고, 굽고, 튀기고, 끓여진다면 이 경우 아무리 고통보다 쾌락의 총량이 많다 할지라도, 그것이 잘못된 것이라는 점에 모두들 동의할

51) T. Regan, "The Case Ffor Animal Right", P. Singer, *In Defense of Animal,* p.13.

52) 걸리버 여행기로 유명한 조나단 스위프트의 작품 〈겸손한 제안〉에 나오는 이야기다. 공공심이 강한 한 시민이 가난한 부모의 아이들을 부자의 음식섭생으로 보낸다면, 경제 여건이 조금 나아지지 않겠느냐고 제안하는 섬뜩한 이야기다.

것이다. 이것이 도덕적으로 그른 이유는 인간은 일정한 유형의 가치, 즉 '고유의 가치'를 가지고 있기 때문이라고 레건은 주장한다. 고유의 가치를 갖는다는 것은 다른 사람의 이익 관심과 욕구, 사용과 무관하게 가치를 갖는다는 것을 의미한다. 고유의 가치는 스스로 자기 안에서 갖는 가치이다. 이것은 다른 것에 의해 어떻게 사용되는가에 의해 결정되는 도구적 가치와 대비된다.

고유의 가치를 갖는 대상은 그 자체가 목적이고, 다른 것의 수단이 아니다. 인간을 다른 목적에 대한 수단으로 대우하는 것은 잘못이다. 설사 이것이 고통보다 쾌락을 더 많이 산출한다 할지라도 그렇다. 왜냐하면 그것은 인간이 고유의 가치를 갖는 것을 부정하는 것이기 때문이다. 유아와 정신지체아, 혼수상태의 인간은 이해하고 선택하는 능력이 없다. 그들은 도덕행위자라고 말할 수 없다. 그들은 의무를 가질 수 없으며, 그들이 하거나 하지 못한 행위에 대해서 책임을 물을 수 없다. 그들은 실로 도덕 무능력자이다. 하지만 그렇다고 해서 우리 마음대로 그들을 대해선 안 된다. 그들은 비록 도덕행위자는 아니지만 도덕적 지위는 갖기 때문이다. 그들은 도덕적으로 행위 할 수 없지만, 우리는 그들에 대해 도덕적으로 행위 해야만 한다.

이러한 구분을 이해하고, 도덕 행위자는 아니지만 도덕적 지위를 갖는 대상이 있다는 것을 인정한다면, 도덕적 지위에 관한 논의에서 놓치고 있는 것이 무엇인지를 알 수 있을 것이다. 즉 너무 많은 철학자들이 도덕적 지위의 기준을 오로지 도덕 행위자에서 찾았다는 것이다. 도덕 무능력자를 음식과 사냥표적, 오락, 노예로 삼는 것은 왜 원리적으로 잘못된 것인가? 레건의 대답은 그들이 삶의 주체(subject-of-life)라는 것이다. 단순히 '살아 있다(live)'는 것과 다른 의미의 '삶을 산다'는 것이고, 이러한 삶은 매우 복잡한 일련의 특징을 포함한다.

삶의 주체라는 것은 단지 살아 있다는 것, 또는 단지 의식을 갖고 있다는 것 이상을 의미한다. 삶의 주체가 된다는 것은 믿음, 욕구, 지각, 기억, 자신의 미래를 포함해 미래에 대한 의식, 쾌락과 고통 등의 감정을 느낄 수 있다는 것, 즉 선호와 복지에 대한 이익관심, 자기의 욕구와 목표를 위해 행위 할 수 있는 능력, 순간순간의 시간을 넘어서 자신의 아이덴티티를 느낄 수 있고, 타자와는 별개로 자신의 삶이 좋을 수도 나쁠 수도 있다는 의미에서 자신의 복지를 갖고 있다는 것이다.[53)]

레건은 고유의 가치를 갖는 모든 개체에 대해서는 그것에 걸맞게 이러한 가치를 존중하는 방식으로 대우하는 것이 정의롭다고 주장한다. 존중의 원리로 말미암아 레건의 견해는 평등주의(egalitarian) 정의론이 된다. 정의는 모든 개체를 존중할 것을 요구한다. 고유의 가치는 다른 가치 유형으로 환원될 수 없기 때문에, 고유의 가치를 가진 개체는 그에 상응할 만큼 존중되어야지 단지 수단으로 취급되어서는 안 된다. 고유의 가치를 지닌 개체들은 그러한 가치를 지닌 개체 모두가 받는 동일한 존중을 받을 권리가 있다.

레건은 동물들 또한 자기의 삶의 주체일 수 있다고 주장한다. 그에 따르면, 최소한 몇몇

53) T. Regan, "The Case for Animal Right", p.243.

포유류는 '자기의 삶을 사는 데' 요구되는 자격을 갖는다고 한다. 따라서 이들 동물들은 고유의 가치를 지니며, 그들을 존중하는 것이 정당하다고 할 수 있다. 최소한 이것은 그들에게 해를 가해서는 안 될 직견적(直見的, prima facie)의무가 있음을 의미한다.

(1) 레건의 기본 입장

레건은 원리에 어긋난 동물에 대한 관행을 비도덕적인 것으로 비판한다. 여기에는 과학적이고 상업적인 목적에서 동물을 사용하는 것, 식품으로서 동물을 사용하는 것, 사냥이나 동물원, 애완용으로 동물을 사용하는 것이 포함된다. 동물이 갖는 목적적 가치를 부인함으로써 동물의 권리를 무시했기 때문이다. 왜 싱어의 유정성에 근거한 동물 해방은 불충분한 이론인가? 이에 레건은 이렇게 말한다.

고통을 최소화하는 방식으로 사육방법을 바꿔서 만족한 소가 되었지만 송아지 고기에 대한 인간의 수요가 증가해서 많은 소비자가 있다고 가정할 때, 많은 이들은 송아지 고기를 먹을 수 없어서 상당한 고통을 느낄 것이고, 공리주의자는 송아지 산업을 허용할 수밖에 없다. 이 주장은 과도한 비판이 될 수 있지만 원리적으로 송아지 고기의 산업을 막지 못한다는 점을 보여주고 있다.

조나단 스위프트의 『겸손한 제안』의 싱어의 공리주의에 입각하여 동물 해방의 난점을 살펴보자. 아이가 안락한 상태에서 사육되어, 고통도 없는 상태에서 자라지만 만 1살이 되면, 그 아이 아무 고통 없이 도살되어 '찌고, 굽고, 튀기고, 끓여'진다. 이 경우 아무리 고통보다 쾌락의 총량이 많다 할지라도, 그것이 도덕적으로 잘못된 것이라는 점에 모두들 동의할 것이다. 왜 그런가? 그것은 인간이 갖는 고유한 가치를 부정하는 관행이 되기 때문이다

(2) 본래적(inherent) 가치의 기준으로서 삶의 주체

본래적 가치는 본질적으로 고유의 가치를 갖는다. 이것은 다른 사람의 이익관심과 욕구, 사용과 무관하게 가치를 가진다는 것을 의미하며 수단적 가치와는 반대되는 의미이다. 고유의 가치를 갖는 대상은 그 자체가 목적이고, 다른 것의 수단이 아니다. 레건은 고유의 가치를 갖는 기준으로 자율적 행위능력을 거부한다. 레건은 칸트적 경향을 보이지만 고유의 가치를 부여하는 기준으로 자율적 행위능력을 거부한다. 왜 그러한가? 도덕적 지위를 성인에게 흔히 부여한다. 그러나 유아나 정신지체아의 경우 도덕적 행위자로서 행위 할 수 없지만 그들은 여전히 도덕적 지위를 갖는다. 도덕적 무능력자를 음식, 사냥 표적이나 오락, 노예로 삼는 것은 잘못된 일이 된다.

(3) 삶의 주체와 평등주의 정의

이것은 단지 살아있다는 것과 다른 의미의 것으로 믿음, 욕구, 지각, 기억, 자신의 미래를 포함해 미래에 대한 의식, 쾌락과 고통 등의 감정을 느낄 수 있다는 것, 즉 선호와 복

지에 대한 이익관심, 자기의 욕구와 목표를 위해 행위 할 수 있는 능력, 순간의 시간을 넘어서 자신의 정체성을 느낄 수 있고, 타자와는 별개로 자신의 삶이 좋을 수도 나쁠 수도 있다는 의미에서 자신의 복지를 갖고 있는 것을 의미한다.

고유의 가치를 갖는 모든 개체에 대해서 그것에 걸맞게 존중하는 방식으로 대우하는 것이 정의롭다. 일부 포유류는 자기의 삶을 사는 데 요구는 주체의 자격을 갖출 수 있으므로, 그들의 권리를 존중하는 것은 정당하다. 그들에게 해를 가해서는 안 될 직견 의무가 있음을 인정하는 것이다.

(4) 싱어에 대한 비판

이익관심에 대한 동등한 이익 고려의 원리는 유용한 결정의 절차를 제공하지만 '측정의 문제'를 야기한다. 인간과 동물은 다르고, 동물 종 간의 이익과 쾌락의 계산은 난해한 것이 된다. 모든 고통이 다 동일하지 않기에 모든 이익관심이 존중되어야 하는 것은 아니다. 예를 들면, 생명, 먹이, 물, 옷, 직접적 고통으로부터의 해방 등은 기본적인 이익관심이지만 실내 배관, 자동차, 모피 코트 등은 부수적인 이익관심이다.

이러한 구분에도 불구하고 서로 다양하고 상충하는 이익관심을 정확히 어떻게 판가름할 수 있는가? 예를 들면, 굶고 있는 늑대의 이익관심과 거대한 순록 떼에 속한 한 마을의 순록의 이익관심 중 중요한 것은 어느 것인가? 애완동물의 이익관심과 사육 동물의 이익관심은, 또 야생 동물의 이익관심은 어떤가? 이것은 개체 동물의 이익 관심에 중요한 도덕적 가치를 부여하려는 견해가 갖는 문제점을 잘 보여준다. 인간과 땅의 관계는 매우 다양하다. 개체 동물에게 동등한 도덕적 지위를 부여하자는 것은 이러한 논쟁의 시작일 따름이다.

(5) 레건에 대한 비판

레건의 견해는 도덕적 고려의 범위가 너무 좁다. 그가 말하는 삶의 주체라는 기준은 정신적으로 정상적인 1살 이상의 포유류에나 적용될 것이다. 이러한 레건의 입장은 생태 공동체의 중요한 구성원을 무시한다는 비판을 받게 된다. 그러나 레건은 개체가 아닌 종이나 군집을 보호하려는 생태주의를 환경 파시즘이라 비판한다. 환경 파시즘에서는 개인의 권리는 전체의 선을 위해 희생될 수 있기 때문이다.

종에게 권리를 부인하는 것은 권리 이론 내에서 문제가 된다. 예들 들면, 국가나 법인이 권리를 가질 수 있기 때문에 이론적으로 종의 권리를 부인하는 것은 자의적이다. 또한 실제적으로도 문제가 되는데 멸종 위기의 동물과 과잉으로 보이는 동물의 지위는 같기 때문이다. 따라서 도덕적으로 보다 우월한 지위를 차지하는 것은 아니다. 야생 동물에 대한 방임 정책이 인간의 개입 정책보다 낫다고 주장한다.

반론1〉 이미 서식지가 파괴된 동물의 해방

반론 2〉 과잉된 동물에 대한 방임은 종종 생태공동체 자체를 파괴한다. 따라서 일부 선별적 살해의 요구가 있게 된다. 동물은 복잡한 생태 공동체의 일부이다. 생태 공동체는 섬세한 상호 균형을 필요로 하며 많은 환경론자들은 자연 생태계의 균형이 환경윤리의 목표라고 생각한다.

싱어나 레건은 도덕적 지위를 갖는 인간을 상정하고 그 인간과 유사한 특성을 가진 동물에게 도덕적 가치 소유자의 자격을 부여하기 때문에 여전히 인간중심적이다. 예들 들면, 무척추 동물의 경우 작지만 지구상에 산재해 있는 동물이다. 이러한 동물은 왜 보호의 대상이 될 수 없는가? 유정성이나 삶의 주체라는 조건으로 도덕적 지위를 부여하는 것은 충분조건은 되지만 필수 조건은 되지 않는다.

결국 도덕적 지위를 유정존재나 의식적 존재로 제한하는 것보다는 생명 자체가 중요하다. 도덕적 지위를 우리와 닮은 존재로 제한하는 것은 이에 대한 충분한 해명이 없다면 자의적 제한이며, 환경과 관련해서 값비싼 대가를 치르는 것일 뿐이다. 동물 복지 운동은 환경문제의 일부만을 다루는 것이며 충분한 환경 윤리라면, 인간중심주의도 거부해야 하지만, 개체주의도 거부해야 한다.

4. 식품안전

(1) 육식과 공장축산 환경

경제가 성장하고, 농업이 대규모화, 기계화가 되어감에 따라 소는 먹을거리로만 전락하게 된다. 잡초는 제초제를 뿌려 소에게 먹일 수 없고, 밭일은 농기계가 대신한다. 도시화, 산업화로 모두들 농촌을 떠나고 예전의 친환경적 목축은 추억으로만 남게 된다.

게다가 도시에 사는 사람들은 '국민건강증진'의 국가적 목표를 각종 매스컴을 통해 접하게 되고, 밀려드는 서구문물의 영향으로 단백질 섭취에 대한 맹목적 환상을 가지게 된다. 우리 민족은 늘 단백질이 부족하기 때문에 단백질 섭취가 건강의 척도이며, 부의 기준이라고 생각하게 된 것이다.

이와 같은 육류에 대한 환상과 맹신은 가축을 점점 대량 사육하게 만들었다. 이 과정에서 건강한 자연에서 건강하게 자란 가축의 고기는 질이 낮은 질긴 고기로 천시되었다. 근육과 단백질, 지방이 적당한 방목형 고기보다 부드럽고 지방 함량이 높은 고기를 찾게 되면서, 즉 맛있고 부드러운 고기를 찾게 되면서 소들은 자유를 잃었다.

또한 목장주들은 곡물 사료만 먹던 소들을 좀 더 빠르게 성장시키기 위해 육식 사료와 심지어 그들의 동족의 살과 피도 사료로 주었다. 주인에게 더 많은 돈을 가져다주기 위해 소들은 빠른 성장, 거대 성장을 해야 했다. 대량의 성장 호르몬이 투여되었고 어미 소보다 훨씬 큰 슈퍼 소들이 기록을 갱신하며 시장에 나왔다.

좁은 공간에서 운동없이 부피만 키워가던 소들은 결국 병에 걸렸고 막대한 손실을 우려한 목장주는 돌림병을 막기 위해 대량의 항생제를 소들에게 투여했다. 이러한 움직임이 점점 대형화되면서 축산도 공장식으로 변해가고, 그들의 생명가치를 논한다는 것조차 사치스러워져 갔다. 이렇게 오염되고 얼룩진 고기들이 시장을 통해, 각종 가공 방법을 거쳐 우리의 입속으로 들어오게 되었다.

(2) 단백질 신화와 육식 문제

이 믿기 힘든 이야기가 바로 우리 식탁에 올라오고 있는 고기의 현실이다. 고기 이야기를 하면서 단백질 이야기를 안 할 수 없다. 전통 식단의 장단점을 제대로 평가하기도 전에 밀려오기 시작한 서구 음식문화는 우리에게 큰 키와 하얀 피부를 앞세워 국가 차원에서 체력신장이라는 목표를 설정하도록 했다. 이 목표의 실현을 위해 정부와 영향학계는 식물성보다는 육류 위주로 부족한 '단백질'을 섭취할 것을 권고했다. 이러한 적극적인 정책에 힘입어 지난 20년 사이 우리나라 육류 섭취량은 3배나 증가했으며, 1990년도 들어 이미 권장량의 120%를 섭취하게 되었다. 이렇게 사람들이 먹는 고기의 양이 증가하면서 자연스럽게 사육하는 가축의 수도 꾸준히 늘게 되었고, 대형화되어 갔다.

이러한 '공장식 축산환경'으로의 발전은 우리가 믿기 힘든 변화를 가져왔다. 열량 1cal를 내는 고기를 만들기 위해 11-17cal를 낼 수 있는 곡물을 소, 닭, 돼지들에게 먹여야 했다. 사료를 위한 곡물 재배 면적이 늘어나는 만큼 기아로 허덕이는 난민의 수도 늘어났다. 구호용 옥수수는 없어도 천문학적인 양의 옥수수가 가축들에게 먹여졌다. 육식을 위해 2-4배의 땅이 필요하게 되었다. 2003년 〈바이탈 사인〉에 의하면 같은 면적에서 콩, 밀, 옥수수를 재배하면서 육류보다 3-8배나 많은 단백질을 생산할 수 있다고 한다.

또 공장식 축산 환경으로 인해 막대한 양의 분뇨와 대기오염이 발생하게 되었으며, 비좁은 사육 환경으로 인해 발병 빈도도 증가하였다. 한번 질병이 발생하면 걷잡을 수 없이 확산되었고 피해 규모도 커졌으며 결과적으로 항생제 남용을 가져왔다.

보다 심각한 점은 약 52% 정도가 질병 치료나 예방이 목적인 의약품으로 사용되는 것이 아니라 사료에 첨가되어 무작위로 사용되고 있는 것이다. 이렇게 치료목적과 상관없이 사료에 첨가된 항생제는 밀집된 사육환경에서 태어난 가축들이 적응하지 못하고 조기에 사망하는 것을 막을 수 있다. 또한 동물 장기 내의 유해 미생물의 번식을 억제해 사료의 영양성분이 잘 흡수되도록 도와 평균 5% 정도의 체중 증가를 가져올 수 있어 그만큼 빨리 고기를 생산할 수 있도록 도와주기도 한다. 그래서 목장주들은 그 심각성에도 불구하고 항생제 남용의 유혹을 뿌리치지 못한다.

그러나 이렇게 일상적으로 투여된 항생제는 동물의 장기에 남아 내성균을 출현시키며, 배설물을 통해 축산환경 주변까지 오염시키고 있다. 축산농가 주변의 환경오염과 나아가 농가에서 식수로 사용되고 있는 지하수도 오염시킨다.

이러한 공장축산 환경으로 인한 폐해들이 알려지면서 사람들은 점차 안전한 고기를 찾기 시작했다. 유럽에서는 1986년 슈퍼 항생제 내성균의 일종인 VRE가 출현한 이후, 항생제의 일종인 아보파신을 금지시켰으며, 치료를 목적으로 하지 않는 항생제와 사람에게 쓰는 항생제를 사용하지 않도록 하는 정책을 2006년까지 단계적으로 시행할 계획이다. 세계 보건 기구(WHO)도 항균제 내성 문제에 대한 회의를 수차례 한 후, 가축의 성장촉진제로 사용하고 있는 항생·항균제 중 인체에 사용하고 있는 항생·항균제는 사용하지 못하도록 하였으며, Codex(국제식품규격위원회) 또한 항생물질은 치료 목적 이외에 성장을 위하여 사용하지 않은 조건으로 사용을 허가하고 있다.

우리나라도 소비자와 생산자가 함께 운영하는 생활협동조합을 중심으로 깨끗한 고기를 먹기 위한 움직임이 있다. 대표적으로 '한 살림'은 이미 6년 전부터 밀집 사육을 지양하고 축산환경을 되도록 쾌적하게 유지하며, 항생제가 혼합되지 않은 사료를 이용한 축산방법을 채택했다. 이렇게 축산방법을 바꿔 일반 농가를 휩쓸고 지나간 광우병 파동이나 조류독감, 돼지콜레라에도 큰 영향 없이 깨끗한 육류를 안정적으로 생산 소비하고 있다고 한다. 하지만 신종 플루의 발생은 전 세계적 위협이 된다.

우리는 이러한 시도들을 통해 동물과 사람의 생명을 위협하고 나아가 환경까지 오염시키는 공장식 축산환경에서 벗어나야 한다는 사실을 확인할 수 있다. 동물이 쾌적하게 살 수 있는 환경이 바로 사람도 잘살 수 있는 환경이다. 이를 위한 출발점은 다름 아닌 우리가 먹는 고기를 줄여나가는 것이다. 다른 생명체가 건강하게 살 수 있는 권리를 빼앗아 우리의 배를 채우는 행위는 우리에게 부메랑이 되어 되돌아오고 있다. 고기를 덜 먹는 것이 바로 생명을 살리고 환경을 살리는 길이다.

(3) 유전자 조작

1999년 풀무원과 한국 소비자 보호원 간의 '유전자 조작' 두부 사건 논쟁이 일어 유전자 조작 먹을거리가 안전하지 않다는 점을 입증하는 예이다. 유전자조작이라는 말의 정의를 살펴보면 농림부는 '인공적으로 유전자를 분리, 또는 재조합하여 의도한 특성을 갖도록 한 농(수)산물'로 유전자 변형 농산물이라 부르고 있고, 식약청은 '유전자재조합 기술을 이용하여 개발된 물질, 일부 유전자를 교환하거나 새로운 유전자를 삽입시킨 세포나 생물'로 '유전자 재조합 식품'이라 부르고 있다. 두 개념 모두 생태계에서 발생할 수 없는 인위적 방법임을 명시하고 있지만, '조작'보다는 '재조합'이나 '변형'이라는 말을 사용함으로써 거부감을 줄이고자 하는 노력했음을 엿볼 수 있다.

이렇게 생태계에서 자연적으로 생길 수 없는 유전자 조작이 탄생하게 된 배경을 생명공학 회사들은 세 가지 정도로 말한다. 첫째는 세계적 문제인 식량난을 해결하기 위해, 둘째는 식품의 영양을 개선하기 위해, 셋째는 환경문제를 해결하기 위해서라고 주장하고 있다.

유전자조작 기술을 반대하는 많은 사람들은 일단 이것이 안전하지 않다고 말한다. 유전자 정보는 몇천 년을 이어 온 한 생명의 발생 단계부터 지금까지의 정체성이다. 그것이 어떤 특성을 가지고 있고, 어떤 기후에서 살 수 있으며, 어떤 병에 약하고 또 어떤 것을 이겨낼 수 있는지 등 유전자는 생명체 정보의 모든 것이다. 이러한 정보를 해독한 후, 우리에게 필요한 생명체로 다시 만들어내는 것은 어찌 보면 인류기술의 대발전이라고 이야기할 수 있지만, 또 다르게 보면 우리가 그리고 생태계가 수용가능 여부를 아직까지 확인해보지 않은, 이제까지 존재하지 않았던 새로운 물질의 인위적 탄생이다.

조작된 유전자의 전이와 오염은 두려운 일이 아닐 수 없다. 유전자가 조작된 작물이 생태계에서 자랄 경우, 그 종에 그치지 않고 주변으로 전이되거나 오염되어 결국 돌이킬 수 없는 상황을 초래할 수 있다는 것이다. 인류의 큰 재앙이라는 방사능 오염은 시간이 가면 반감되기라고 하지만, 유전자 조작의 경우는 유전자 조작된 작물이 생태계에 치명적 영향을 초래한다는 연구결과가 발표된 후 유전자 조작된 작물을 수거한다 하더라도, 이미 생태계로 전이된 유전자들을 모두 수거하기란 불가능하다.

유전자 조작 식량에 대한 제3세계의 거부가 일어나고 있다. 아프리카나 아시아 등 제3세계의 기아 문제는 가속화되고 있으며 이 때문에 많은 질병에 걸리는 사람들이 나타나고 있다. 이에 유전자조작회사들은 유전자 조작 기술로 이러한 질병을 해결할 수 있다고 호언장담하지만 제3세계 반응은 냉담하기만 한다.

(4) 유전자 식품에 대한 대처

유전자 조작 식품의 큰 병폐 중의 하나는 그것이 유전자 조작된 원료를 사용했는지의 여부 그리고 그러한 식품의 안정성에 대한 각종 데이터나 자료들을 제대로 소비자들에게 공개하지 않는다는 것에 있다. 1990년대 후반 시민단체와 생협, 소비자 단체들이 중심이 되어 유전자 조작된 제품에 그 사실을 표시할 것을 요구하였다. 콩, 콩나물, 옥수수는 2001년 3월부터, 표시제를 시행하게 되었으며, 이들을 원료로 사용한 가공식품 25개 제품은 2001년 7월부터 표시제를 시행하게 되었다. 하지만 유전자 조작된 농산물이 원료로 쓰일 가능성은 식품뿐 아니라 의약품, 화장품 등 다양하기 때문에 표시 대상 품목을 늘려야 한다는 요구가 지속되고 있다.

생태계에 도전장을 던진 지 채 30년이 되지 않은 유전자 조작 식품이 앞으로 우리에게 어떠한 영향을 미칠 것인지는 아무도 이야기 할 수 없다. 안정성을 의심할 만한 특별한 이유가 없다고 해서 그것이 안전한 것은 아니다. 다시 한 번 살펴보아야 할 것은, 만약 그것이 안전하지 않다고 밝혀졌을 경우에 그것을 과연 우리가 해결할 수 있느냐 없느냐 하는 것이다. 위험성이 의심된다는 사실만으로도 그것을 피하고, 섭취하지 않을 권리가 누구에게나 있다.

6. 인간주의와 비(탈)인간주의 논쟁

1. 인간주의와 비인간주의

『대지에서 인간으로 산다는 것』에서 베르크(A. Berque)의 주장은 인간중심주의적 이념과 도구주의 자연관을 밑바닥에 깔고 있다. 이러한 이념들은 두 가지 형이상학적 신념에 의해서 정당화 된다. 인간중심주의는 하나의 형이상학적 신념이다. 이에 의하면, 인간은 존재론적으로 다른 생명체와 달리 형이상학적으로 구별되며 영성가치를 지닌 존재이다.

'환경'은 생물학적・자연적・인과적이며, '거처'는 상징적・문화적・윤리적이다. 환경문제의 평가는 가치의 문제이며 인간 이외의 가치는 존재할 수 없다. 인간 이외의 존재가 도구적 가치만이 있는 이유는 인간만이 자율적 주체성을 가진 동물이고, 그 밖의 모든 존재는 인과적으로 작동하는 타율적 존재에 지나지 않기 때문이다. 오직 인간만이 자율적 존재로서 가치 선택을 피할 수 없는 윤리적 동물이다. 모든 환경문제는 인간이 자연을 어떻게 대해야 하는가에 대한 윤리적 문제를 내포한다.

이러한 인간중심주의 비판에 대한 내용은 다음과 같다. 공간적으로 어떤 위치나 존재가 중심일 수 없다. 모든 존재는 그 자신의 관점에서 볼 때 다 똑같이 중심에 위치해 있다. 신화론, 정신분석학, 생명공학, 인지과학은 의식과 무의식의 차이나 동물과 인간의 차이는 물론, 인간과 물질을 갈라놓는 형이상학적 경계선과 존재론적 벽을 무너뜨리고 있다. 인간을 절대적으로 다른 모든 존재와 단절된 유일한 존재로 볼 수 없다. 오직 인간만이 유일한 윤리적 주체일 수 있는가? 유아나 정박아는 인류라는 범주에 속하더라도 윤리적 주체일 수 없다.

반면에 비인간주의는 인간 역시 생태계의 평범한 구성원이며, 자연을 모든 생명체가 공존・공생하여야 할 공동체로 본다. 모든 존재와 현상들을 절대적 구별이 불가능하게 연속적으로 연결되어 있는 단 하나의 전체로 본다. 일원론적 세계관은 우주 내의 삼라만상인 바다, 광물과 식물, 동물과 인간 등 무한하게 구별되는 존재와 현상들을 무한히 다양한 구별의 환상으로 부정하지 않고 나름대로 객관적 사실로 인정한다. 일원론이 부정하는 것은 그것들 간의 구별은 존재와 현상의 궁극적 실체성일 뿐이다.

일원론적 세계관의 관점에서 볼 때 인간은 자연계는 물론 우주, 존재전체의 주인이 아니고 중심이거나 목적이 될 수도 없다. 일원적 세계관은 역설적이게도 첨단과학으로도 뒷받침된다. 동물과 인간, 물질과 생명은 형이상학적으로 서로 독립된 존재가 아니라 똑같은 존재가 연속적으로 진화되어 나타난 다양한 형태에 지나지 않는다고 주장한다. 여기서는 '생태적으로 지탱 가능한 녹색사회', '자연생태계가 큰 무리 없이 버텨줄 수 있는 사회'를 지향한다. 환경적으로 건전하고 지속가능한 개발 사회가 결코 아니라는 점이다. 지탱 가능한 녹색사회는 오직 물질적 풍요와 경제성장, 지상주의를 포기하고 인간과 자연간의 관계를 새롭게 정립하는 인식론적, 가치론적, 존재론적 대변혁이 있어야만 '평화적'으로 성취가 가능하다.

하딘(G. Hardin)의 "공유지의 비극"처럼 '공유지'(Common Pool Resource)로서의 지구 생태계가 더욱 악화되어 극단적인 조치가 불가피한 상황에 이른다면, 생태위기 극복을 명분으로 하는 거대국가나 연맹이 등장할 수 있다. 그러나 결국 위기에 처한 지구와 인류 사회를 구할 수 있는 자는 결국 인류 자신이며, 그 돌파구는 공공제도의 확립과 인간의 겸손과 자기반성에 있다.

2. 인간주의와 비인간주의의 갈등과 조화

인간중심적 환경윤리와 탈(비)인간주의 사이에 벌어졌던 갈등 쟁점은 네 가지로 정리할 수 있다.

(1) 본래적 가치 혹은 도덕적 지위를 귀속시키는 논거

인간주의는 본래적(내재적) 가치 혹은 도덕적 지위를 오로지 인간에게 부여하는 까닭을 인간의 탁월성에서 찾는다. 비인간적 구성원에 대한 인간의 우월한 능력은 감각적, 이성적, 도덕적, 심미적 능력 등으로 열거된다. 그중에서도 독특한 가치의 영역을 빚어내는 심미적 능력과 다른 실재들에게 값어치를 부가하는 윤리 체계를 만들어가는 도덕적 능력이 특히 두드러져 보인다.

비인간주의는 비인간 실재의 몇 가지 능력과 성격을 들어 인간의 본래적 가치와 도덕적 지위를 구속시킨다. 동물중심주의는 동물이 소유한 감각 능력(고통 지각 능력)을 강조하고, 식물은 자라나고 성장하고 발전하는 번성의 능력이 중시된다. 또한 개별적 실재의 능력보다는 값어치 있는 집합적 실재의 성격에 주의를 집중하기도 한다. 그 자체에 본래적 가치가 들어 있다고 보는 다양성, 종과 생태 체계 그리고 생명공동체를 존중한다.

(2) 도덕적 지위와 권리를 갖는 실재와 그것을 돌보는 가치론적 근거

인간주의는 오직 인간만이 생명권, 건강권, 인격존중, 복지 등의 권리를 가진 도덕적 주체로 간주하며 인간에게는 본래적 가치를, 다른 실재에게는 외재적 가치를 부여한다. 그리하여 모든 인간주의 가치는 그것이 인간을 이롭게 하기 때문에 도구적이라고 주장하는 강한 인간주의 가치론이 설정된다.

보다 힘 있게 펼쳐지는 것은 노턴이나 하그로부가 보여주는 약한 인간중심주의의 입장이다. 노턴은 객관적 가치의 추구라는 비인간주의에서의 형이상학적 논쟁을 피하면서도, 환경적 의사결정의 토대로서 역할을 하는 인간중심적인 본래적 가치의 가능성을 많이 열어 놓는다.

비인간중심주의는 동물은 물론이거니와 더 나아가 식물, 바위 따위를 포함한 자연계의 온갖 실재들도 도덕적 권리의 주체가 될 수 있다고 말한다. 싱어, 리건, 레오폴드, 테일러, 롤스턴, 캘리코트 등이 이와 같이 주장한다. 비인간중심적 가치론에서 가장 먼저 풀어야 할 난관은 가치란 그것을 누리는 인간에 의해서만 부여되는 속성일 따름이란 주장이다. 그래서 아예 인간적 기준을 벗어나는 개념을 제안하기도 한다. 이를테면 어떤 자연적 대상이 고유한 가치를 가진다는 뜻은 어떠한 인간의 가치평가와도 상관없이 독립적으로 그것 자체가 가치 함유적일 경우를 이른다고 한다.

(3) 윤리적 대상에 대한 접근 방법

윤리적 대상에 대한 환경윤리의 접근은 크게 두 가지로 분류된다. 여기서는 개체론 접근과 전체론 접근의 비교를 비인간주의의 틀 안에서 수행한다. 전체론 생태중심주의는 한마디로 생명공동체의 좋음을 가치의 궁극적 준거로 삼는다. 생명공동체의 선이 자신에 속하는 개체적인 조직체나 종에 가치를 부여하며, 나아가서 인간 행위의 옳음과 그름을 가름하는 척도이다. 이에 비해 개체론 동물중심주의는 개별적인 감각적 존재의 욕구와 이해를 옳음과 좋음에 관한 결론으로 잇는 궁극 기초라고 간주한다.

(4) 이론적 근거로 삼는 생태윤리와 실천 함의

인간주의는 얕은 생태학의 정치적 성향을 보인다. 얕은 생태학이란 환경문제에 대중요법으로 다가서고, 그 문제를 잠정적인 개량으로 풀어나가는 온건주의이다. 비인간주의 생태윤리는 심층생태학의 실천적 함축을 가진다고 말해진다. 심층생태학은 환경문제의 해결을 위해선 기존의 가치관과 생활양식의 본질적 개혁이 불가피하다는 급진주의이다.

생태윤리에서의 인간중심주의 문제는 최근 들어 더욱 깊이 있게 토론되는 쟁점들 중의 하나이다. 인간중심주의는 비인간중심주와의 대결적 양상을 보여 주목되고 있다. 인간중심주의는 오로지 인간만이 윤리적 주체일 수 있으며 또한 도덕적 책무의 대상이라고 본다. 이러한 관점은 기존의 도덕 이론에서 생태계에 대한 인간의 합당한 책무가 충분히 추론될 수 있기 때문에 전통 윤리학이 근본적인 틀 바꿈을 할 필요는 없다고 본다.

이에 반하여 비인간주의는 생태학적 틀 바꿈이란 이론적 혁신을 시도하고 있다. 기존 윤리학을 관통해 온 인간중심주의를 해체하고 동물 혹은 생태중심성의 패러다임으로의 대체를 지향한다. 그것은 도덕과 무관한 것으로 여겨져 온 동물은 물론이거니와 식물, 흙, 물과 같은 자연적인 실재들조차 도덕 공동체의 구성원이라고 주장한다.

현재 인간중심주의와 비인간주의 간의 논쟁은 대결적이나 양자의 조화 가능성에 주목할 필요가 있다. 현대 산업사회에 대한 프롬의 규정은 다음 인용문에서 잘 드러난다.

"생명의 세계는 '비생명'의 세계가 되어 버렸다. 사람들은 '비인간'이 되고, 죽음의 세계로 되었다. 이러한 죽음의 상징은 지금에 와서는 청결하고 번쩍거리는 기계이다. 사람들은 냄새가 나는 변소에는 마음이 끌리지 않고, 알루미늄이나 유리의 구조물에 마음이 끌리고 있다."[54]

환경친화 사회의 건설 방안은 요청되는가? 프롬은 기술문명의 폐해를 극복하기 위해서 인간 개개인의 정신혁명 이외에 사회구조의 근본적인 변혁이 필요하다고 본다. 또 프롬은 인간은 천성적으로 삶과 창조를 지향하지만 그것이 제대로 실현되지 않고 파괴와 공격으로 치닫는 것은 사회적 환경이 영향이 크기 때문이라고 말한다. 따라서 프롬은 삶과 창조성이 지배하기 위해서 경제적, 정치적, 문화적 변화가 있어야 한다고 말하고, 그가 지향하는 사회를 '인도적 공동체주의 사회주의'(Humanistic Communitarian Socialism)라고 부르고 있다.[55]

첫째, 경제적인 차원에서 변화는 소비의 증대를 강요하는 자본주의적 생산의 내적인 법칙에 의해서 소비자가 되도록 강요당하지 않는 사회가 되어야 한다고 말한다. 프롬은 생명에 해를 끼치는가를 검토하기 위해서는 대규모적인 연구가 필요하다고 보고 있다.

둘째, 정치적 변화를 말하는데 프롬은 선거권의 확대만으로는 진정한 정치적 민주주의가 실현될 수 없다고 본다. 진정한 의사결정은 대중투표로 불가하고 부락회의나 500명 정도의 소집단에서만 가능하다고 한다. 시민 개개인은 합리적인 결정을 내리기 위해서 구체적인 정보들을 알고 있어야 한다. 시민이 소규모 대면집단(對面集團)의 구성원으로서 어떤 결정을 내리든 간에 그것은 중앙에 선출된 의회의 집행부가 내리는 결정에 직접 영향을 미치면 안 된다.[56] 이 조건들로 시민들의 의사가 잘 표현된다고 그는 믿었다.

셋째, 문화적인 변화를 말했다. 프롬은 산업과 정치조직이 공동체적으로 바뀌기 위해서는 교육과 문화 역시 공동체적으로 바뀌지 않으면 안 된다고 말하고 있는데, 인간은 세계에서 안도감을 느끼기 위해서 머리만이 아니라 모든 감각과 눈과 귀, 즉 몸 전체로써 세계를 파악해야 한다고 말했다.

이처럼 프롬이 제기한 인간주의적인 사회주의라는 이상은 사회주의자들뿐 아니라 현대인들 모두가 지향해야 될 이상이라고 볼 수 있으며, 그러한 이상의 실현을 위해서 모든 인간들이 노력해야 한다. 그와 같은 노력은 현대산업사회에서 인간이 자연 그리고 살아있는 구조에 대한 관심은 소멸해가고, 그 대신에 생명 없는 기계와 인공물 - 자동차 같

54) 에리히 프롬, 『희망이냐 절망이냐』(The Anatomy of Human Destructiveness), 편집부 옮김, 종로서적, 1983, p.207.

55) 에리히 프롬 『건전한 사회』(The Sane Society), p.359.

56) 위의 책, pp.337-338.

은-에 사람들에게 관심이 쏠리는[57] 문제를 해결해 갈 수 있을 것이다. 그리고 환경위기나 원자무기 등을 통한 인류의 파멸을 막기 위해서라도 이와 같은 노력이 절실하게 요구되는 바이다.

(5) 스테바의 원리적 조화 논변

현대윤리학자, 스테바(James P. Sterba)는 양자를 도덕적으로 옹호 가능한 논증 형태로 해석할 경우 그 실천적 요구가 서로 다르지 않다고 하며, 양자 모두가 수용할 수 있는 일련의 원리들을 제시함으로써 그 화쟁의 폭을 한층 넓힐 수 있다고 주장한다. 스테바는 비인간중심주의의 여러 주장을 바탕으로 다음의 논증을 제시한다.

① 우리는 만일 침해하는 것에 대해서 자명하거나 혹은 선결문제가 요구되지 않는 근거가 없는 한, 어떤 살아 있는 존재를 침해해서는 안 된다.
② (정의) 인간을 다른 살아 있는 존재보다 전면적으로 우월하게 다루는 것은 인간의 비근본적인 필요를 충족하기 위해 다른 살아 있는 존재의 근본적인 필요를 희생시킴으로써 그 존재를 침해하는 것이다.
③ (전제 1과 전제 2로부터) 그러므로 우리는 만일 인간을 우월하게 다룰만한 자명하거나 혹은 선결문제가 요구되지 않는 근거를 가지지 않는 한, 인간을 다른 살아 있는 존재보다 전면적으로 우월하게 다루어서는 안 된다.
④ 우리는 인간을 다른 살아 있는 존재보다 전면적 우월하게 다룰만한 자명하거나 혹은 선결문제가 요구되지 않는 근거를 가지고 있지 않다.
⑤ (전제 3과 전제 4로부터)그러므로 우리는 인간을 다른 살아 있는 존재보다 전면적으로 우월하게 다루어서는 안 된다.
⑥ (정의) 인간을 다른 살아 있는 존재보다 전면적으로 우월하게 다루지 않는 것은 인간을 다른 살아 있는 존재와 전면적으로 평등하게 다루는 것이다.
⑦ (전제 5와 전제 6으로부터) 그러므로 우리는 인간을 다른 살아 있는 존재와 전면적으로 평등하게 다루어야 한다.

대부분의 논증이 건전하다고 생각하지만 관건이 되는 것은 바로 전제 4이다. 그리고 비인간중심의 결론이라 생각되는 (7)에는 실제로 스며들어 있는 인간중심적 함축에 있다. 모든 종의 구성원을 평등하게 다루어야 한다는 그 주장에는 모든 인간을 평등하게 다루는 것에서 아직 자기 자신에 대한 선호가 허용되는 것과 동일한 방식으로, 인간과 비인간적 존재에 대한 공평한 대우에서도 역시 인간에 대한 선호가 여전히 허용된다는 점이다. 그런 인간에의 선호를 스테바는 방어와 보존의 개념에 기초하여 다음과 같이 정당화한다.

57) 에리히 프롬, 『희망이냐 절망이냐』(The Anatomy of Human Destructveness) 편집부 옮김, 종로서적, 1983, p.207.

(6) 인간 방어와 보존 원리

인간 방어의 논리란 해로운 공격으로부터 자신과 다른 인간 존재를 방어하는 인간 행위는 설령 그 행위가 동물 혹은 식물을 죽이거나 해치는 일을 필연적으로 수반한다 할지라도 허용될 수 있다는 것이다. 그리고 인간 보존의 원리란 자신의 근본적인 필요나 다른 인간 존재의 근본적인 필요를 충족시키기 위한 필연적인 인간 행위는 설령 그 행위가 동물 혹은 식물의 근본적인 필요를 침해하는 것을 요구할지라도 허용될 수 있다는 것이다.

이 원리는 인간의 근본적인 필요가 위태로울 때 일정 부분에서 인간에의 선호를 고려하는 것이다. 그렇다고 해서 인간 종에 대한 선호의 정도가 모든 종의 평등성을 크게 손상시키는 것은 아니라는 점이 우리를 안심케 한다. 그 이유는 자신이 속한 종의 구성원을 그 정도로 좋아하는 것은 우리와 상호작용하는 모든 종의 구성원이 갖는 공통적 본성이기 때문이며, 또한 바로 그 사실에서 원리의 합당성을 확보하기 때문이기도 하다. 만약 그 점을 그대로 수용한다면, 아무리 강건한 비인간중심주의자라 해도 인간보존의 원리에 표명된 인간에 대한 선호하는 정도의 인간중심주의적 성향을 통째로 거부할 수는 없다. 그럼에도 불구하고 인간에 대한 선호가 종들 사이에 엄존해야 할 평등관계를 무시할 정도로 한도를 넘어선다면 난처한 지경에 빠질 수 있다. 결국 스테바는 비인간중심주의와 양립할 수 있는 일정한 범위를 숙고하면서 세 번째 원리를 제시한다.

(7) 불균등성의 원리

인간의 비근본적이거나 혹은 사치스러운 필요를 충족시키는 행위는 그것이 동물과 식물의 근본적인 필요를 침해할 경우 금지된다. 이 원리는 어떤 사람의 비근본적이거나 혹은 사치스러운 필요를 충족시키기 위해 다른 사람의 근본적인 필요를 침해하는 행위를 금지하는 인간 윤리적 원리에서 곧바로 추론되는 것이다. 이 원리를 채택하는 것은 우리가 지녀 온 생활양식을 근본적으로 바꾸어야 한다는 당위를 시인하는 것이다. 그것은 일단 우리에게 모든 종의 구성원을 평등하게 대우하라는 다소 추상적인 명령으로 다가온다. 그러나 적어도 다음과 같은 뜻인 것만은 확실하다. 비인간 존재의 근본적 필요는 인간의 공격적 행위가 오로지 그들의 비근본적 필요를 만족시키는 데 이바지할 경우에만 한정하여 보호된다는 것이다.

사실상 비인간중심주의는 한편으로 (1), (2)의 원리를 통해 인간에 대한 일정 정도의 선호를 허용하지만, 다른 한편으로 (3)을 통해 그 선호에 확실한 제한을 가한다. 그 제한은 종들 사이의 평등도 인간들 사이의 평등에서 적절하게 유비추리 함으로써 설정된다. 그 귀결은 인간들은 평등하지만 서로 다르게 대우받듯이 마찬가지로 모든 종들도 평등하지만 서로 다르게 대우받아야 한다는 것이다.

이번에는 인간중심주의의 견지에서 세 가지 원리를 간단히 살펴보자. 인간 방어의 원리나 인간 보존의 원리는 둘 다 인간중심주의에 의해 채택되는 데 아무런 문제도 없다.

왜냐하면 인간이 다른 종의 구성원과 평등하든지 혹은 그 구성원보다 탁월하든지 간에 인간을 해로운 공격에서 방어하고 인간의 근본적인 필요를 만족시켜 자신을 보존하려는 행위는 지극히 당연하기 때문이다.

그러나 인간중심주의는 불균등성의 원리를 비인간중심주의와는 사뭇 다르게 이해할 법하다. 만일 인간이 총체적 차원에서 탁월하다는 게 바뀔 수 없는 진실이라면, 다음과 같은 반문이 터져 나올 것이다. 동물과 식물의 근본적인 필요가 인간의 비근본적인 필요를 충족시키는 공격적 행위를 가로막을 때, 비인간의 근본적 필요가 보호할 이유가 과연 있는가?

이 어려움을 스테바는 앞에서 보았던 선호의 정도를 두 갈래로 나누면서 돌파한다. 그것을 선호하는 것은 하나는 인간의 비근본적인 필요를 적극적으로 침해하는 것을 의미하는 경우일 수 있고, 다른 하나는 단순히 인간의 비근본적 필요를 충족시키지 못함을 의미하는 경우일 수 있다. 그것이 후자의 의미라면 그런 선호의 정도는 여러 종들 간의 평등 문제와 충분히 양립될 수 있을 것이다.

결국 스테바의 원리론적 논변을, 특히 종들 간의 평등에 주목하여 서술해 보자. 우리는 우리 종 구성원의 비근본적인 필요를 위해 다른 종 구성원의 근본적인 필요를 침해할 수 없지만(불균등성의 원리), 우리 종 구성원의 근본적인 필요를 위해 다른 종 구성원의 근본적인 필요를 침해하는 게 허용되며(인간 보존의 원리), 또한 다른 종 구성원의 해로운 공격으로부터 우리 종 구성원의 근본적인 필요는 물론 비근본적인 필요도 방어하는 것이 허용된다(인간 방어의 원리). 또한 스테바는 그 세 원리들을 제대로 터득한다면, 인간 복지와 비인간 복지 사이의 관심의 균형을 바로 잡아줄 수 있다고 한다. 또한 이 세 원리의 실천적 함의는 자원의 보존 및 재생 인간과 비인간의 근본적 필요를 충족시키는 자원 재배치 등등의 구체적인 방안을 포괄함으로써 환경 정의를 구현하는 데 긴요한 갈등 해결의 지침으로도 쓰일 수 있다고 주장한다.

(8) 가치론적 조화 논리

스테바는 객관적 가치론과 주관적 가치론을 변론 가능한 형태로 정식화한다면 그 실천적 요구가 거의 동일하다고 역설한다. 객관적 가치론은 어떤 사물의 가치는 그것이 실제로 가진 질적인 속성 때문에 생긴다고 하며, 주관적 가치론은 어떤 사물의 가치는 단순히 인간이 그것에 가치를 부여했기 때문에 생긴다고 말한다.

여기서 그는 변경된 주관적 가치론을 설정한다. 사람들에게 진정으로 가치 있는 것은 그들이 온갖 관련되는 정보를 가지고 있고, 정확하게 추리한 결과에 의존하여 그들이 가치를 부여하는 것이라 하자. 그렇다면 객관적 가치론은 주관적 가치론과 별반 차이가 없게 된다.

왜 그러한 주장이 가능한가? 객관적 가치론은 가치의 있고 없음이란 사물이 실제로 가진 속성에 의해 결정된다고 한다. 그러나 우리가 그 속성에 의존하여 가치 평가를 내리기 위해선, 우리가 그 사물이 실제로 가진 속성에 반드시 접근 가능해야만 하며, 적어도 그 속성은 우리가 모든 관련되는 정보를 가지고 있고 또한 정확하게 추리할 수 있을 때 우리가 가치를 부여하는 그런 종류의 속성임에 틀림없기 때문이다.

이러한 스테바의 조화론은 인간중심주의와 비인간중심주의가 두 주장을 옹호 가능한 논증으로 재구성할 경우, 그 실천적 함의가 거의 다르지 않음을 보여준다. 스테바는 그 점을 두 주장이 다 받아들일 수 있는 세 원리들로 정식화하여 그 수용을 분석하였다. 비인간중심주의는 인간 방어의 원리와 인간 보존의 원리에서는 인간에 대한 일정한 선호를 허용하면서도, 불균등성의 원리를 통해서는 그 선호에 제한을 가하는 특징을 보여준다.

또한 인간중심주의는 인간 방어의 원리와 인간 보존의 원리를 적극 수용하면서도, 불균등성의 원리에는 다소 소극적인 태도로 나온다. 그러나 선호의 정도를 두 갈래로 해석함으로써 그 원리도 역시 적용된다. 따라서 인간중심적 환경윤리와 비인간주의의 조화는 원리적으로 가능하다. 나아가서 세 원리에 대해서는 인간과 비인간 사이에서 관심의 균형을 잡아주는 실천적 역할을 기대하면서 다음 문제를 심사숙고해 풀어 본다. 인간중심주의와 탈인간중심주의, 사회주의와 자본주의, 주관적 가치론과 객관적 가치론 사이에는 '한'의 '홍익생명 영성작용'을 기대 할 수 있다. 이는 양 극단을 매개하고 영성적으로 상통하는 새 길을 열게 할 것이다. 이 길은 자본주의와 사회주의를 초극하여 양자를 상호 매개하여 탈현대사회의 '영성적 휴머니즘'이라는 새 길을 예비하게 될 것이다.

[그림 38] 이슬람의 바위 돔(균형의 평화)

연습문제

1. 조나단 스위프트의 '겸손한 제안'과 현대의 식용 송아지 생산이 갖는 차이는 무엇인가? 유사점은 무엇이고, 차이점이 있다면 무엇인가?

2. 사육 동물과 야생 동물을 달리 대우할 도덕적인 근거가 있는가? 이 문제에 대한 싱어와 레건의 입장은 어떤 것인가? 또한 멸종 위기에 처한 동물과 그렇지 않은 동물을 달리 대우할 도덕적인 이유가 있는가?

3. 채식주의를 옹호하는 논거에는 어떤 것들이 있는가? 그것들 중에서 도덕과 관계된 논거는 무엇인가? 당신은 이러한 주장에 동의하는가? 만일 동의한다면 그 이유는 무엇인가? 동의하지 않는다면 그 이유는 무엇인가?

4. 사냥에 대해서는 어떻게 생각하는가? 사냥하는 것도, 심지어는 낚시하는 것도 도덕적으로 문제가 되는가? 그냥 사냥하는 것과 먹기 위해 사냥하는 것에는 어떤 중요한 도덕적 차이가 있는가?

5. 지역에 따라 사슴의 개체수가 지나치게 많은 곳이 있다. 개체수가 지나치게 많으면, 생태계가 파괴되고, 그리고 사슴도 대량으로 굶어 죽을 가능성이 높다. 이 경우 여러분들은 개체수를 줄이기 위해 선별적 사냥을 해야 한다고 생각하는가?

6. 향을 싼 종이에서는 향냄새가 난다는 뜻으로 자신도 모르는 사이에 몸에 배게 하는 교육을 말하는 개념은 무엇인가?

① 교육 ② 도덕 ③ 자비 ④ 훈습 ⑤ 관습

7. 현대에 와서 주된 초점이 맞춰지게 된 것은 생물학적인 차이보다는 남녀의 성역할이란 사회적으로 구성된 것이라는 생각이다. 사회학적 성의 개념을 표현하는 것은?

① 섹스 ② 에고 ③ 젠더 ④ 이데아 ⑤ 트랜스

8. 지식과 관습적 수준의 도덕이 사회적으로 구성되는 것이라고 본 사람은 누구인가?

① 루소 ② 로크 ③ 푸코 ④ 플라톤 ⑤ 아리스토텔레스

9. 왜 남성과 여성은 평등하게 대우받아야 하는가에 대한 질문의 기본 이론은 무엇인가?

① 자본주의 ② 사회주의 ③ 자유주의
④ 민주주의 ⑤ 다원주의

10. 민주자본주의가 내세우는 핵심적인 세 가지 모순으로 볼 수 없는 것은?

① 정치적 자유 ② 정치적 평등 ③ 경제적 자유 ④ 경제적 평등

11. 여성적 도덕지향을 보살핌으로 남성적 도덕지향을 공정성으로 제시한 학자는?

① 티치맨 ② 길리건 ③ 콜버그 ④ 마틴 부버 ⑤ 에릭슨

12. 다음 중 티치맨이 분류한 페미니즘의 유형으로 바르지 않은 것은?

① 가장 이상적 사회는 남성과 여성에게 할당된 각각 다른 역할들이 확립된다는 입장
② 여성사고가 남성사고보다 여성의 이해관계를 더 잘 보호해 줄 것이라고 주장하는 입장
③ 여성이 남성과는 다른 방식으로 지능사용의 페미니즘 과학과 인식이 가능하다는 입장
④ 여성태도와 감정, 관계를 형성하는 방식이 남성과는 근본적으로 다르다고 주장하는 입장

13. 인간과 생태계의 관계에 대한 설명 중 옳지 않은 것은?

① 생태계는 인간생활의 가장 기본적인 거주공간을 나타낸다.
② 인간은 생태계의 순환체계의 부분으로 구속되어 생태계를 대상으로 인식하지 못한다.
③ 비생물계와 생물계는 상호순환적인 고리를 형성한다.
④ 인간을 제외한 다른 동물과 식물은 생태계의 순환체계에 구속되어 살 뿐 변화시키지는 못한다.

14. 생태계 파괴의 모습으로 올바르지 않은 것은?

① 지구온난화 ② 오존층 파괴 ③ 산성비
④ 태양에너지 개발 ⑤ 수질오염

15. 지구 온난화에 대한 것으로 가장 거리가 먼 것은?

① 자원이 고갈된다.
② 지구의 평균온도가 올라간다.
③ 온실기체가 태양복사열을 방출시키지 않아서 나타난다.
④ 해수면이 상승한다.
⑤ 식생이 변화한다.

16. 생태계 파괴의 원인과 그에 대한 설명으로 바르지 않은 것을 고르면?

① 철학적 원인 - 인간중심 환경인식
② 정치적 원인 - 성장중심 개발정책
③ 경제적 원인 - 소비문화 생활방식
④ 사회적 원인 - 인구증가

17. 다음 중 도덕적인 지위의 범위와 그에 대응하는 윤리적 입장이 바르게 연결 된 것은?

① 인간 - 동물복지주의
② 인간과 동물 - 생명중심주의
③ 모든 생명체 - 인간중심주의
④ 자연계의 모든 요소(생명체와 비생명체) - 생태중심주의
⑤ 동물 - 환경중심주의

18. 인간만이 도덕적 지위를 가진다는 입장은 무엇인가?

① 인간중심주의 ② 동물복지주의 ③ 생명중심주의
④ 생태중심주의 ⑤ 환경중심주의

19. 인간중심주의를 비판하는 의견들이다. 올바르지 않은 것은?

① 인간만이 우월적 능력을 가지거나 도덕적 고려의 대상이 되는 것이 아니다.
② 생태계의 다른 존재에 대해서 모든 면에 인간이 우월하다
③ 인간중심주의는 생태계 파괴를 야기하는 원천으로 인간의 탐욕, 무지, 오만을 손꼽는다.
④ 정도의 차이는 있으나 동물과 식물도 이성이나 지각능력을 가진다.
⑤ 생태계의 다른 존재에 대해서 인간이 우월하지만 어떤 면에선 다른 존재가 우월하다.

20. 동물해방론으로 이어진 동식물권을 인정해야 한다고 주장한 사람은 누구인가?

① 루터 ② 피타고라스 ③ 슈바이처 ④ 칸트 ⑤ 플라톤

21. 테일러(P. W. Taylor)가 제시한 자연생명 존중의 태도로서 네 가지 의무가 아닌 것은?

① 악행금지 ② 간섭금지 ③ 협동 ④ 보상적 정의

22. 이익이 충돌할 때 해결을 위한 테일러(P. W. Taylor)의 주장으로 옳지 않은 것은?

① 자기방어의 윤리 ② 정당성의 원리 ③ 최소 잘못의 원리
④ 보상의 원리 ⑤ 비례의 원리

23. 다음은 무엇에 대한 설명인가?

- 지구 자체가 자가진단, 자기규제, 자기조절적인 살아 있는 생명체로서 지구 내의 생명에게 좋은 상태를 항상 유지한다. -

① 자기방어의 원리　② 대지의 윤리　③ 빅뱅이론　④ 가이아 가설

24. 다음은 미래세대를 위한 현재세대의 생태계 보전의무에 대한 거부의 의견과 그에 대한 반론이다. 바르게 짝지어진 것을 고르면?

A. 악화되어 가는 환경으로도 충분히 부양할 수 있는 정도의 미래 세대만을 출산할 수 있다.
B. 미래 세대의 욕구, 필요, 관심이 무엇인지 알지 못한다.
C. 현재 세대의 당면문제와 욕구 충족이 더 중요하다.
D. 현재 세대와 미래 세대는 직접적인 상호관계가 존재하지 않는다.

㉠ 출산을 하지 않거나 억제하는 것은 불가능하다.
㉡ 생존에서 자아실현에 이르는 인간의 욕구는 현재 세대와 같을 것이다.
㉢ 미래 세대의 당면문제와 욕구충족은 현재 세대의 당면문제와 욕구충족보다 더 중요하다.
㉣ 현재 세대의 어떤 결정이 미래 세대에게 영향을 미칠 수 있고 세대 간은 의존한다.

① D - ㉡　② C - ㉣　③ B - ㉢　④ A - ㉠

25. '(　　　)는 환경 또는 생태계로부터 파생되는 이익, 피해 등이 사회 구성원 또는 국가별로 공정하게 분담되는 것을 의미한다.'에서 (　　　)에 들어갈 말은?

① 환경오염　② 생태환경　③ 지구정의　④ 생태정의　⑤ 생태오염

문제해답

제 4 장

1 / ②	2 / ③	3 / ①	4 / ③	5 / ③	6 / ③	7 / ④	8 / ③	9 / ④	10 / ③
11 / ④	12 / ⑤	13 / ④	14 / ②	15 / ③	16 / ①	17 / ①	18 / ①	19 / ③	20 / ④
21 / ②	22 / ①	23 / ②	24 / ④	25 / ①					

제 5 장

1. 유사점은 강자에 의한 착취이며, 차이점은 그 대상이 아이와 송아지의 차이이다.									
2. 싱어의 경우, 이익관심 고려의 원칙이, 레건의 경우는 내재성의 가치가 적용되었다.									
3. 식물의 내재적 가치는 삶의 주체로서 발견되는 생명력으로, 이를 존중해야 한다.									
4. 사냥자체의 즐거움을 위한 행위는 낚시 못지않게 생명존엄에 위배된다.									
5. 선별적 사냥은 결국 사슴의 종을 멸종위기로 내몰 수 있는 행위이다.									
6 / ④	7 / ③	8 / ③	9 / ④	10 / ④	11 / ②	12 / ①	13 / ②	14 / ④	15 / ①
16 / ③	17 / ④	18 / ①	19 / ②	20 / ③	21 / ③	22 / ②	23 / ④	24 / ④	25 / ④

■ 참고문헌

김동규 편저, 『세계의 환경 교육』 (서울: 교육과학사, 1996)
김명자, 『동서양의 과학전통과 환경운동』 (서울: 자작나무, 1995)
김준호, "자연의 복원에 이바지하는 생태윤리", 『과학과 사상』 창간호 (서울: 범양사, 1992)
구승회, 『생태철학과 환경윤리』 동국대학교출판부, 2001.
구인회, 『생명윤리의 철학』 (서울: 철학과 현실사, 2002).
김두헌, 『현대 인간론』 (서울: 박영사, 1982).
김태훈, 『덕교육론』 (서울: 양서원, 1999).
문정호, "지속가능한 정책발전" 지속가능발전위원회, 2000.
박은정, 『생명공학 시대의 법과 윤리』 (서울: 이화여자대학교 출판부, 2000).
소병욱, 『생명윤리: 기초부터 알자』 (왜관: 분도출판사, 1996).
이용필 외, 『지구촌 생태계 위기와 환경윤리 교육』 서울대출판부, 2002.
이태건, 노병철, 박지운 역, 『지속가능한 사회』 인간사랑, 2001.
진교훈, 『환경윤리』 민음사, 1998.
폴 테일러 지음, 김영진 옮김, 『윤리학의 기본원리』 서광사, 1985
한국철학회편, 『기술문명에 대한 철학적 반성』 철학과 현실사, 1998
황종환, 『생태윤리학』 한남대학교출판부, 2001.
H. Jonas, 이진우 옮김, 『책임의 원칙: 기술시대의 생태학적 윤리』 서광사, 2005.
W. S. 사하키안 저, 송휘철 외 공역, 『윤리학의 이론과 역사』 박영사, 1997.
L. W. Milbrath, *Envisioning a Sustainable Society: Learning Our Way Out,*
Cavalier, R. J. & J. P. Sterba(eds.), *Ethics in History of Western Philosophy*, New York: St. Martin's Press, 1989.
Donald G. Kaufman, *Cecilia M. Franz, BIOSPHERE 2000.*, Kendall/Hunt Publishing Co., 1996.
Douglas H. Strong & Elizabeth S. Rosenfield, "Ethics or Expediency: A Environmental Question" Shrader-Frechette, Kristin S. eds, *Environmental Ethics,* The Boxwood Press, 1981.
Eugene P. Odum, *Fundamentals of Ecology*, second edition, W.B. Saunders Company, 1959.
Gilligan, C. *In a Different Voice*, Cambridge, Mass: Harvard University Press, 1982.
Küng, Hans, *A Global Ethic for Global Politics and Economics*, London, SCM Press, 1997.
Küng, Hans, *Global Responsibility. In Search of a New World Ethic*, London, Continuum, New York, SCM Press, 1991.
Pearce, D. W. and R. K. Turner, *Economics of Natural Resources and the Environment* (Baltimore : The Johns Hopkins University Press, 1990)
UNESCO, "Universal Declaration on the Human Genome and Human Rights", 1997.

색 인

ㅁ

ㅂ

ㅅ

탈현대사회의 가치와 생태윤리

(탈현대사회의 가치와 명상 개정판)

저 자 : 김용환
발행처 : 충북대학교 출판부
발행인 : 임동철
주 소 : (361-763) 충북 청주시 홍덕구 성봉로 410
전 화 : (043) 261-2952, 3014
팩 스 : (043) 274-1256
이메일 : presscbu@chungbuk.ac.kr
등 록 : 제1983-2001-7호
개 정 1쇄 : 1997. 02. 15
재개정1쇄 : 2009. 10. 15
인쇄처 : 삼성디자인기획 042) 221-3111

ISBN 978-89-7295-159-9 93210

값 24,000원